山东建设年鉴 2012

SHANDONG JIAN SHE NIAN JIAN

山东省住房和城乡建设厅 编

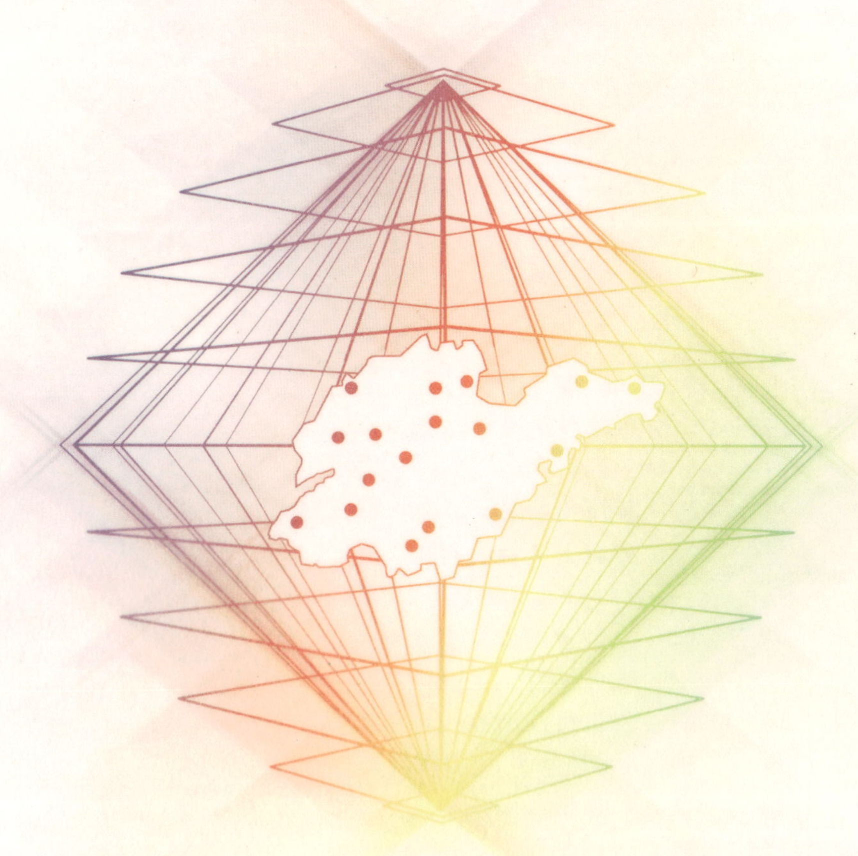

黄河出版社

责任编辑：葛春亮
封面设计：尹　超

图书在版编目（CIP）数据

山东建设年鉴．2012/山东省住房和城乡建设厅编.—济南：黄河出版社，2012.10
ISBN 978-7-5460-0329-0

Ⅰ.①山... Ⅱ.①山... Ⅲ.①城市建设-山东省-2012-年鉴 Ⅳ.①F299.275.2-54

中国版本图书馆CIP数据核字（2012）第232866号

山东建设年鉴2012
山东省住房和城乡建设厅　编

出　版：黄河出版社
发　行：黄河出版社发行部
（济南市英雄山路21号　250002）
制　作：山东省建设发展研究院
济南志鉴图文设计制作有限公司
印　刷：利丰雅高印刷（深圳）有限公司
规　格：889毫米×1194毫米　16开本
印　张：43印张
字　数：1117千字
版　次：2012年10月第1版
印　次：2012年10月第1次印刷
插　页：270
印　数：1-5000册
书　号：978-7-5460-0329-0
定　价：280.00元

《山东建设年鉴》2012
编 纂 委 员 会 成 员 名 单

主　任

杨焕彩	省住房城乡建设厅厅长

副主任

万利国	省住房城乡建设厅副厅长
宋守军	省住房城乡建设厅副厅长
李绍增	省住房城乡建设厅纪检组长
耿庆海	省住房城乡建设厅副厅长
李　力	省住房城乡建设厅副厅长
李兴军	省住房城乡建设厅副厅长
宋瑞乾	省建管局局长

主　审

耿庆海	省住房城乡建设厅副厅长

委　员

崔秀顺	卢晓栋	杨建武	王润晓	宋锡庆
顾发全	齐　鹏	周善东	花景新	王晓瑜
栾厚杰	徐启峰	殷　涛	胡新杰	孙松青
张普林	席思国	冷相明	张秀田	张道远
巩崇洲	梁泽庆	李　明	张永光	朱洪祥
李　印	贾凤兴	张广奎	刘玉涛	田　庄

刘胜凯	王继东	贾玉良	宋永祥	万　里
韩永军	刘建军	单强炜	王亚军	陈培新
邓云峰	王春芳	王树银	杨继明	鹿斌佐
赵衍杰	刘丙伦	孙忠廷	姜　山	李　慧
陈召海	孟繁浩	常淮诚	孙庆荣	郭新民
王建军	邹长清	张冰开	田　炜	于政国
李广东	张恒道	张志勇	王文俊	柳景武
祝清荣	王志泉	董　宏	张广银	吕桂平
王　峰	隋永华	周永迪	周艳斌	颜祥布
许传东	赵久成	徐东高	张绪忠	孔祥义
赵　涛	田敬德	吕德胜	张卫强	任建军
孙　伟	张希彦	张宗义	张永琪	王圣华
杨　毅	孙九鹏	蔺新河	邢朝峰	王　红
张连臣	李猷滨	袁炳臣	岳建国	朱学东
刘来河	周　军	贾学刚	马良德	王乃光
王立言	姜守民	练建军	张宪春	

序　　言

存史资政，鉴往知来。《山东建设年鉴》（2012）集万卷于一册，缩一年为一瞬，以平实的文字、生动的图片、翔实的数据全面记录和反映了2011年山东省住房和城乡建设事业的成就和进展。2011年是“十二五”开局之年，全省住房城乡建设系统以科学发展观统领全局，紧紧围绕经济文化强省建设，以推动转方式、调结构为目标，以实施新型城镇化战略为主线，以保障和改善民生为着力点，突出抓好房地产市场调控、住房保障、农房建设、建设领域节能减排，各项工作进展顺利，建设事业保持平稳较快发展，为全省经济社会发展做出了积极贡献。

城镇化水平实现突破，统筹城乡协调发展态势良好。新型城镇化进程扎实推进，组织了“和谐城乡建设行动”考核，截至年底全省城镇化水平达到50.95%，城镇人口首次超过农村人口，发展速度继续保持稳步提高态势。城乡规划的管控作用进一步增强，省政府批准实施了《黄河三角洲城镇发展规划》和《鲁南地区城镇发展规划》，全省108个市县的城市总体规划已批复实施91个。城市基础设施进一步完善，全年完成城市基础设施建设投资949亿元。新增5个国家园林城市和县城、16个省级园林城市。村镇面貌发生较大变化，全年完成村镇建设投资1388亿元，新建住宅10016.2万平方米。出台了《关于深入开展村容村貌综合整治的意见》，启动了为期5年的村容村貌综合整治，全省村容村貌大为改观。

保障性安居工程有序推进，年度目标任务超额完成。各级党委、政府高度重视住房保障工作，全年省、市、县三级财政筹集专项资金261.6亿元，加快推进建设进度，提前、超额、保质保量地完成了国家和省确定的住房保障目标任务。截至年底，全省开工保障性安居工程39.72万套，开工率122.5%，连同往年结转项目竣工22.91万套，竣工率70.7%。其中，开工建设廉租住房1.66万套、公共租赁住房9.35万套、经济适用住房9.36万套、限价商品住房3.5万套，各类棚户区改造安置房开工和货币补偿15.85万户，新增廉租住房租赁补贴1.82万户，分别为国家下达年度任务的136%、121%、109%、106%、137%、233%。公积金归集使用效率逐步提高。全年提取住房公积金185.7亿元，同比增长19.7%；发放住房公积金个人贷款249.1亿元，同比减少2.8%，个贷率达到59.9%，同比提高0.8个百分点。

农房建设任务全面完成，农村人居环境大为改善。2011年是省政府部署集中开展农房建设与危房改造的最后一年。各地从维护农民群众根本利益出发，坚持惠民利民，引导农民深入推进整村建设改造，建成了一批新型农村社区。全年农房整村改造建设新开工117.8万户，改造危房22.78万户，三年累计新建农房320万户，改造危房61万户，建成7900多个新型农村社区，圆满完成了省政府2009年确定的“每年力争新建农房100万户”的目标，1200多万农民从根本上改善了居住条件和生活环境。

住宅与房地产业稳定健康，房地产市场调控成效明显。全省完成房地产开发投资4108亿元，商品房销售面积9580万平方米，实现销售额4259亿元，分别比上年增长26.4%、3.1%、16%。各地认真贯彻国家和省调控政策，17个设区市、31个县级市按时向社会公布了房价控制目标，济南、青岛出台了居民住房限购政策，投机投资性购房得到抑制，房价过快上涨势头得到控制。继续完善房地产市场信息系统，在全国率先实现省、市、县三级联网，具备了个人住房信息异地查询、市场监测分析和预警预报等三项功能。

建设领域节能减排成绩显著，多项工作走在全国前列。完成既有建筑节能改造1757万平方米，按用热量计价收费的建筑超过6000万平方米，新建建筑施工阶段节能标准执行率98%，新型墙材生产、应用比例分别达到86.8%、98%。完成太阳能光热建筑一体化应用2273万平方米。绿色建筑发展全面提速，全省有22个省级绿色建筑示范项目，11个项目获得绿色建筑星级标识，面积近130万平方米。城市和县城污水集中处理率90.48%，综合考评成绩列全国第2位。新增垃圾处理场33座，实现“一县一场（站）”目标，城市和县城生活垃圾无害化处理率达到86.57%。

工程建设和建筑业稳步发展，质量安全水平持续稳定。建筑业进一步发展壮大，三级以上建筑业企业完成建筑业总产值6483亿元，比上年增长17.9%；完成出省出国施工产值1250亿元，比上年增长14.9%。建筑市场秩序进一步规范，全省招标工程实际招标率、应公开招标工程实际公开招标率均达99%。工程质量稳步提升，全省住宅工程质量通病治理率达75%以上，9项工程获鲁班奖，19项工程获国家优质工程奖。建设领域安全生产保持稳定，建筑业百亿元增加值死亡率0.97，远低于全国平均水平，10个市实现零死亡。

机关效能建设深入推进，公共服务水平不断提升。数字化城市管理模式建设全面铺开，17市全部开通了12319服务热线，7个设区城市和10个县市建成数字化城管系统并正常运行。建设法制工作成效显著，省住房城乡建设厅被评为全国“五五”普法工作先进单位。党风廉政建设不断加强，全系统腐败案件发生率进一步下降。行业精神文明建设成效明显，系统内新增全国文明单位1个、国家级青年文明号7个、省级青年文明号21个。

《山东建设年鉴》承担着准确、系统记载我省住房城乡建设事业发展历程，鉴往知来，服务现实，保存史料，惠及后代的历史使命。作为大型文献史料性工具书，它具有很强的政策性、指导性、文献性，也具有重要的史料价值、实用价值和收藏价值，在全省乃至全国建设领域内的影响日益广泛。在此，我谨代表省住房城乡建设厅和年鉴编委会向为《山东建设年鉴》付出辛勤汗水的领导、专家、编辑以及各相关单位表示衷心感谢！希望《山东建设年鉴》继续发挥好“鉴往知来”的重要作用，办出水平，办出特色，为在新起点上实现住房城乡建设事业又好又快发展做出更大的贡献！

山东省住房和城乡建设厅党组书记、厅长 杨焕彩

二〇一二年九月四日

2012年1月9日，中共山东省委书记、省人大常委会主任姜异康（前左一）视察济南二环西路工程建设工作

（摄影：周中海）

2011年12月31日，副省长夏耕出席全省住房保障暨城乡建设工作会议并作重要讲话

（摄影：刘海泉）

2011年9月27日，省住房城乡建设厅厅长杨焕彩出席全省村容村貌整治工作会议并作重要讲话

（摄影：刘海泉）

2011年3月30日，省住房城乡建设厅副厅长万利国（前中）在全省建设工程质量青岛现场会期间考察天元集团施工现场（省建管局供稿）

2012年2月12日，省住房城乡建设厅副厅长张俊乾（前中）到蒙阴县调研村庄整治和生态文明乡村建设工作（摄影：张树宏）

2011年4月9日，省住房城乡建设厅副厅长吴英（中）出席菏泽市第八届住宅与房地产业博览会开幕式启动仪式

（摄影：周朝义　王亚东）

2011年5月15日，省住房城乡建设厅副厅长宋守军（左三）出席在菏泽市举办的全省性抗震救灾演练活动

（摄影：窦　骞　马鲲鹏）

2011年3月11日至13日，省住房城乡建设厅纪检组长李绍增（前左三）带领机关第八党支部的党员来到西柏坡和大寨，开展党员红色教育学习实践活动（摄影：刘海泉）

省住房城乡建设厅副厅长李力（右二）在援疆一线检查指导疏勒县实验学校建设工作（摄影：潘　峰）

2011年3月15日，省住房城乡建设厅巡视员昝龙亮（左三）视察德州市中心城区焚烧发电场和生活垃圾处理场建设工作 （摄影：洪杰 李宁）

2011年10月21日，省住房城乡建设厅副巡视员耿庆海（前中）在东营参加全省建筑节能与结构一体化技术推广交流会期间到FS复合保温外模板生产厂家实地考察 （东营住房城乡建设委员会供稿）

2011年5月28日，省住房城乡建设厅副巡视员李兴军（左二）出席“东营低碳生态城市（技术）论坛”开幕式启动仪式　（东营住房城乡建设委员会供稿）

2011年8月12日，省建管局局长宋瑞乾（左三）接待尼日利亚考察团来访，双方达成初步合作意向　（省建管局供稿）

2011年6月29日，省住房城乡建设厅领导班子部分成员在庆祝建党九十周年红歌演唱会上激情歌唱

（摄影：刘海泉）

附　录

成就展示

行业风采

数字建设2011

SHUZI JIANSHE

- 全省城镇化率50.95%
- 中国人居环境奖城市6个
- 国家级园林城市和县城33个
- 国家级风景名胜区5个
- 国家历史文化名城8个
- 城市人均公园绿地面积15.09平方米
- 城市供水生产能力2043.56万立方米/日
- 城市人均生活用水量127.87升/日
- 城市用水普及率98.47%
- 实现集中供热城市97个
- 城市燃气普及率90.04%
- 城市污水处理厂集中处理率90.48%
- 城市生活垃圾无害化处理率86.57%
- 既有居住建筑节能改造1757万平方米
- 全社会建筑业总产值9800亿元
- 获中国建筑工程鲁班奖9项
- 获国家优质工程奖19项
- 房地产开发投资4108.1亿元
- 商品房销售面积9579.6万平方米
- 建成新型农村社区7900多个
- 新建及购改租廉租住房16564套
- 新建经济适用住房93638套
- 新建公共租赁住房93517套
- 新建限价商品住房34992套
- 各类棚户区改造安置住房158480套
- 住房公积金累计缴存总额2232.4亿元

图片专版（前）

济宁市住房和城乡建设委员会

创建国家园林城市汇报会

济宁市住房和城乡建设委员会在市委、市政府的坚强领导下，在省住房城乡建设厅的具体指导下，圆满完成了年度任务目标，城乡建设事业实现跨越式发展。

城镇化进程进一步加快。济宁市立足走特色城镇化道路，建设城乡秀美新济宁，围绕“组团布局为骨架、生态宜居为特征的鲁南中心城市”的奋斗目标，着力推动城市崛起、城乡互动、区域协调发展，城镇化水平不断提高。截至2011年末，全市城镇化率达到45%，市区建成区面积达到117.5平方公里，城市人口达到102.4万人，初步形成了以济宁市区为中心、以县级市为骨干、以县城和小城镇为依托，大中小城市并举发展的城镇体系。

河道绿化

宜居城市建设实现重大突破。成功创建国家园林城市，全市建成区绿地面积达到2883.08公顷，全市建成区绿化覆盖率、绿地率分别达到37.52%、32.43%，人均公园绿地面积达到10.9平方米，城市园林绿化等级专家评定达到Ⅱ级。“一心（以北湖湿地、南阳湖湖泊湿地、十里营采煤塌陷区生态恢复区为自然基础的生态、景观、休闲、游憩核心）、五廊（梁济运河滨水旅游景观廊道、洸府河滨水生态景观廊道、廖沟河滨水生态景观廊道、老运河滨水文化景观廊道、城市复合性景观生态廊道）、双环（外围湿地生态绿环、内城滨河文化绿环）、多园（人民公园等大型块状综合公园和专类公园19个）”的园林绿化体系已基本形成。

百花公园一角

城市综合服务水平大幅度提高。圆满完成迎准检查污水垃圾处理建设任务，全市15座城市污水处理厂均达到一级A标准，建成运行规模70.5万立方米/日，建成7座无害化垃圾处理填埋场和4座垃圾中转站，日处理能力达到3420吨。城市供水供热供气加快发展，全市建成城市供水水厂21座，供水普及率100%；城区集中供热面积达1941万平方米，较上年增加434万平方米，增长28.8%，集中供热率达58%以上；城区天然气居民用户达18.5万户，燃气普及率达96.6%。

北湖新区人工湿地

民生工程建设取得新突破。全市城市保障性住房开工建设14693套，完成省下达任务的114.4%，其中经济适用房7524套，廉租房2532套，公共租赁住房4637套，新增租赁补贴2174户。基本建成保障性住房8430套（含结转），竣工率达到65.65%。全市城市棚户区开工14个，安置6389户，国有工矿棚户区开工4个，安置3830户。全市开工建设农村住房13.98万户，占年度任务的174.7%，完成投资193.32亿元，其中集中连片建设项目178个、11.1万户，启动危房改造2.16万户，占年度任务的107.5%，均超额完成了省政府下达的工作任务。

建筑业发展步伐加快。大力整顿规范建筑市场秩序，严查变相转包、以包代管、违法分包等行为，清理拖欠农民工工资3210万元，全市完成建筑业总产值369.4亿元，同比增长17.6%，居全省第6位；企业利润总额16.1亿元，增长13.1%。

2011年，济宁市住房和城乡建设委员会先后被授予“全省建设工程质量管理先进集体”、“全省建设工程安全管理先进集体”、“山东省勘察设计行业全面质量管理先进单位”、“山东省勘察设计行业优秀协会”、“山东省地震应急演练先进集体”等荣誉称号。

杨家河公园

济安桥绿地

杨家河公园

滨河公园

古运河河道一角

聊城市住房和城乡建设委员会

LIAO CHENG SHI ZHU FANG HE CHENG XIANG JIAN SHE WEI YUAN HUI

市委书记、市人大常委会主任宋远方视察城建重点项目

几年来，聊城市住房和城乡建设委员会按照打造江北水城·运河古都的总体思路，充分发挥“5+2”、“白+黑”的建设精神，开发建设了东昌湖、古运河、徒骇河三大风景区，实施了古城保护与改造，形成了鲜明的城市特色；实施了水城明珠、运河文化博物馆、文化广场等一批精品工程，大大提升了城市品味。着眼于改善居民生活环境，大力加强基础设施建设，市人均城市道路面积达到26平方米，污水处理率达85%，建成区绿化覆盖率达到42.33%，城市绿地率达到37.47%，人均公共绿地面积达到17.73平方米，城镇人均住房面积达到32平方米。连续五年开展城乡环境综合整治，创造了优美整洁的城乡环境，被省政府授予“山东省适宜人居环境奖”。聊城市先后荣获国家园林城市、中国优秀旅游城、国家卫生城和特色休闲城市等称号。

市住房和城乡建设委员会主任蒋玉尚陪同市委副书记市长林峰海调研城建重点项目建设

古城区西城门英姿

滨湖绿化带

4A级风景区名人岛

西安交大（聊城）大学科技园项目依水而建，崭露头角

运河四期景色宜人

铃铛湖湿地景观

陈口路徒骇河大桥

限价房鸟瞰

徒骇河世界运河博览园

体育公园全民健身中心

聊城市荣获“山东省适宜人居环境奖”

东营市城乡规划局

市规划局局长　孙庆荣

在深入推进黄蓝国家战略，建设“生态文明典范城市”的新形势下，东营市城乡规划局迎难而上，以不做旁观者，争当引领者的积极心态主动出击，吹响了城乡规划生态文明集结号，围绕“生态文明典范城市”的发展目标，以湿地、水系、绿地、林地为要素，按照“组团发展、集中开发、生态隔离、绿地环抱”的原则，调整优化各组团的功能布局，构筑森林环抱、湿地相间、水系环绕的生态系统，建设绿色家园，彰显“大水面、大绿地、大湿地、大空间”的城市风貌特色。东部滨海区域发展战略研究和滨海新城城市设计、西城改造规划，城市南部区域规划、“金湖银河生态”工程规划、绿地系统规划、绿道规划等一批与生态文明典范城市建设直接相关的规划成果相继完成。东营市生态系统，中心城环城生态工程、中心城东南部湿地绿地系统、广利河景观改造提升等规划编制和研究项目也已经启动。在探索生态发展思路、完善规划体系的征程上，城乡规划工作者的步子越迈越快、越迈越大，一张“森林围城 碧水绕城、公园遍城、水绿交辉、生态宜居”的宏伟的蓝图正在绘就。

全市加强重点区域规划管理工作会议召开

中日生态城市合作项目座谈会

全市城乡规划工作会议召开

举办匈牙利当代建筑展

① 东城商贸城改造意向
② 胜利公园
③ 锦化公园
④ 秋月湖公园
⑤ 汽车站改造片区意向
⑥ 滨海生态城鸟瞰图

济宁市城乡规划局

视察邹城市规划展览馆

深入基层开展调研

济宁市城乡规划局主要负责组织编制都市区规划、城市总体规划、专项规划和近期建设规划；组织规划区内的控制性详细规划和重要地块的修建性详细规划的编制、报批和实施管理；承担对历史文化名城、历史优秀建筑相关的审查报批和保护监督工作；负责城乡规划的编制、审批和实施管理等工作。目前，局系统在编干部职工总人数为150余人，其中95%以上具有大学本科以上学历，具有正高级职称的4人。在局机关和各分局工作人员中，有21人具备国家注册城市规划师资格，占从事规划管理人员总数的58%。

近年来，市城乡规划局在市委、市政府的正确领导下，在省住房和城乡建设厅的大力指导下，认真研究组群结构城市深度融合发展、中心城区规模扩张、城市功能提升，充分发挥城乡规划的宏观调控和引导作用，健全城乡规划体系，为快速提升城市化水平，加快推进城乡一体化进程奠定了扎实的基础。先后获得全省住房城乡建设系统先进集体、全省人民防空先进集体、全市行政审批服务工作先进集体、市直机关先进基层党组织等荣誉称号。

全市城乡规划系统干部读书会

市直规划系统工作务虚会

市城乡规划局解放思想跨越发展动员大会

向联建村小学捐赠图书仪式

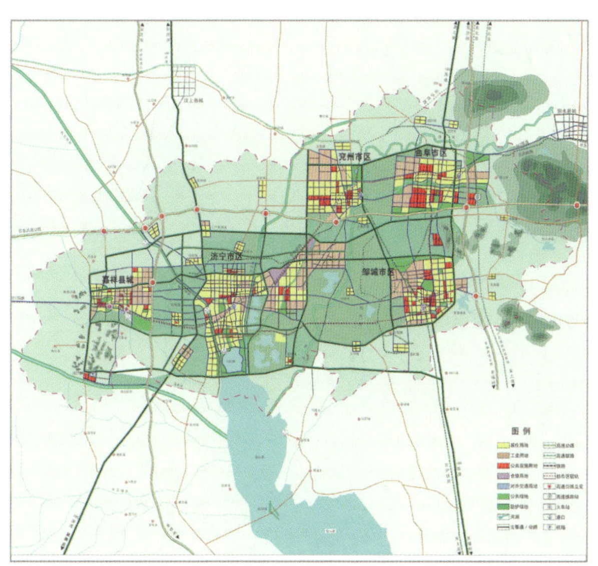

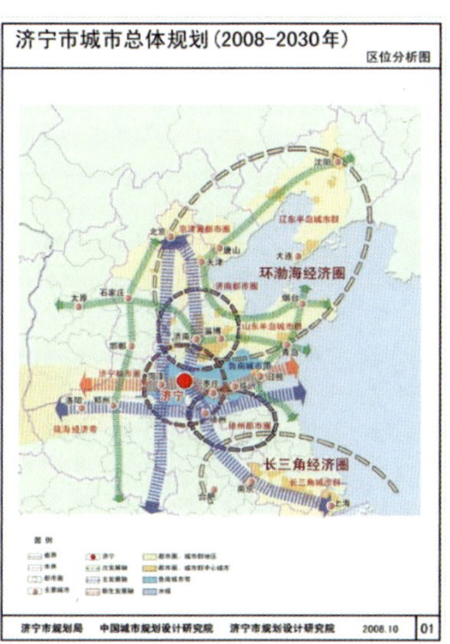

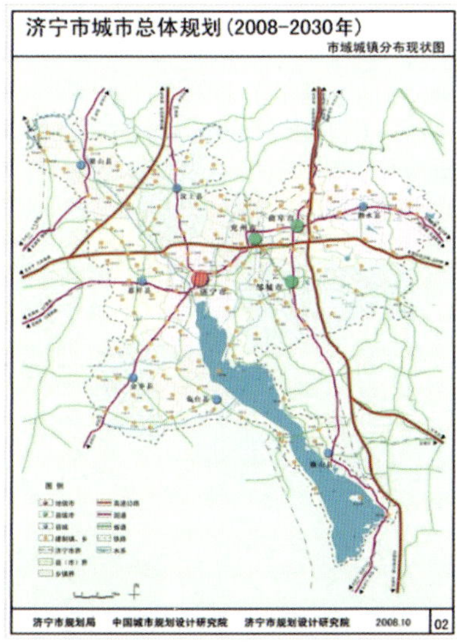

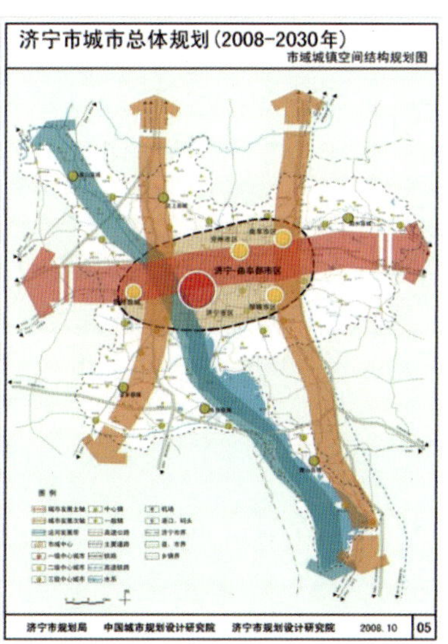

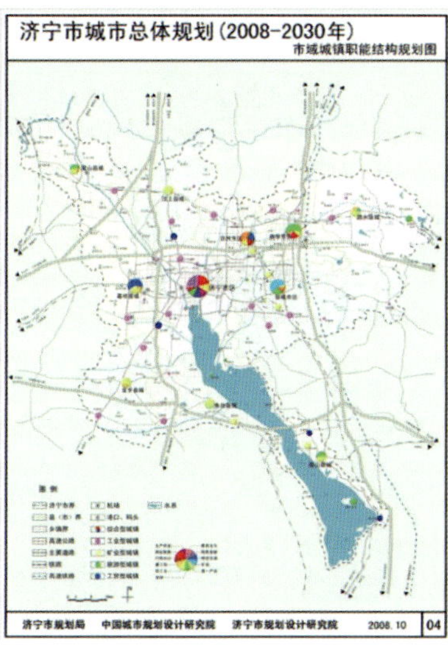

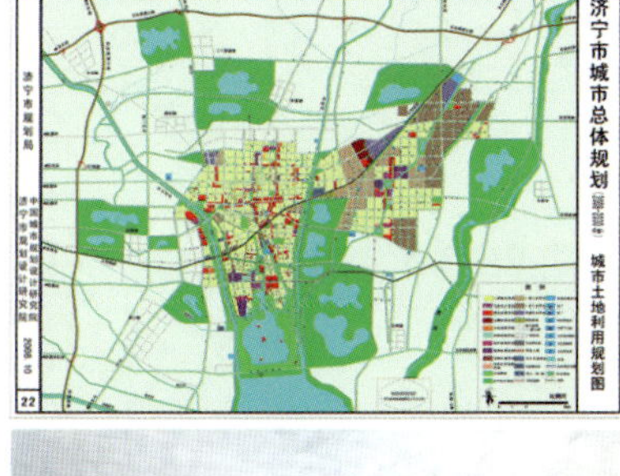

①济宁都市区用地布局规划图
②济宁都市区轨道线网规划图
③区位分析图
④市域城镇分布现状图
⑤市域城镇空间结构规划图
⑥市域城镇职能结构规划图
⑦土地利用规划图
⑧运河风光

滨州市规划局

滨州城区北新开河

2011年，全市规划系统充分发挥城乡规划的统筹协调和综合服务功能，为创建国家园林城市，助推“黄蓝”两区战略实施提供了坚实的规划服务保障。先后荣获全市创建省级文明城市工作先进集体、滨州市生态文明村创建先进集体、全市服务业发展工作先进集体、全市招商引资工作先进集体等荣誉称号，顺利通过省级文明机关复核验收。先后有14人16次获得省级、市级先进个人表彰；有4项规划设计分获省住房城乡建设厅组织的山东省优秀城市规划设计一、二、三等奖。

一是城乡规划体系进一步得到完善。按照“城市生态化、规划国际化”的要求，紧紧围绕“黄河三角洲中心名城”目标定位，落实“东优、西延、南跨、北拓”战略，编制完成《黄河三角洲中心名城概念性规划》等规划，构建科学合理、功能齐全、生态宜居的城市发展格局；以提高城市综合服务能力和承载力为目标，完成《城市雕塑规划》等规划。二是重点区域和重大项目规划建设取得新突破，完成了《滨州黄河四桥方案研究报告》。委托天津市园林规划设计院编制了渤海十八路（南外环至北外环）等规划。三是规划管理、服务效能进一步得到优化。通过组织现场观摩活动，广大干部职工更好地掌握、了解了市城区城乡规划工作基本情况。积极推行“一线工作方法”，加快重点招商落地，到基层进行面对面、

规划大厦全景图

滨州西区一角

彩虹湖

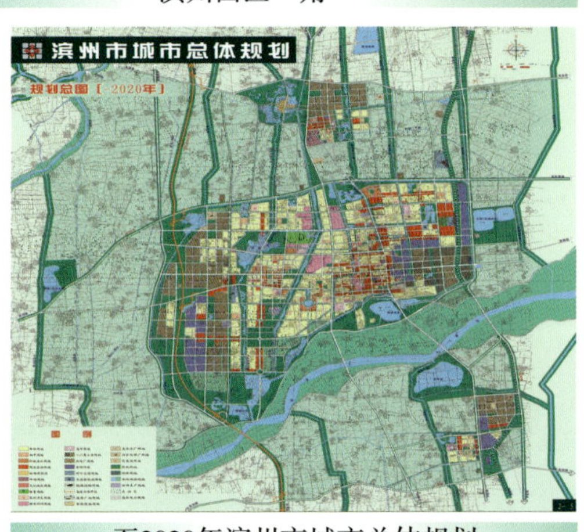

至2020年滨州市城市总体规划

中海全景

点对点的座谈交流，分解落实全年重点项目专员跟踪规划服务任务。四是规划依法行政、监察执法水平切实提升，进一步增强各类规章制度的法定性和可操作性。加大城市规划监管力度，牵头组织市城区规划建设管理综合整治行动。五是大力实施阳光规划、和谐规划。严格落实规划公示和听证制度，就涉及群众切身利益的审批事项组织了多次公开听证。六是基础测绘和信息化建设取得突破。建立测绘日志制度。积极提高技术应用水平，建立地下管网验收、验线整合系统，为滨州基础设施的规划和建设打下坚实的技术基础；成功并入山东省台站网，虚拟参考站VRS技术的应用，极大提高了测量精度，扩大了测绘范围。七是牵头组织全市新八景评选及滨州市城市建设历史文化咨询委员会工作。滨州新八景评选活动由市规划局、市政协文史委·市历史文化研究会、滨州传媒集团·滨州日报社联合成立组委会和评委会专家组，活动经过15个月的评选，最终瀚海景天、银河英姿、三蒲叠翠、红园塔雪、古城流韵、仓堡渔歌、九曲横带、双闸飞潮当选滨州新八景。新八景的评选对于挖掘城市文化内涵、提升城市品位具有重要意义，是打造生态滨州、文明滨州、宜居滨州的重要组成部分。

滨州市空间发展战略规划图

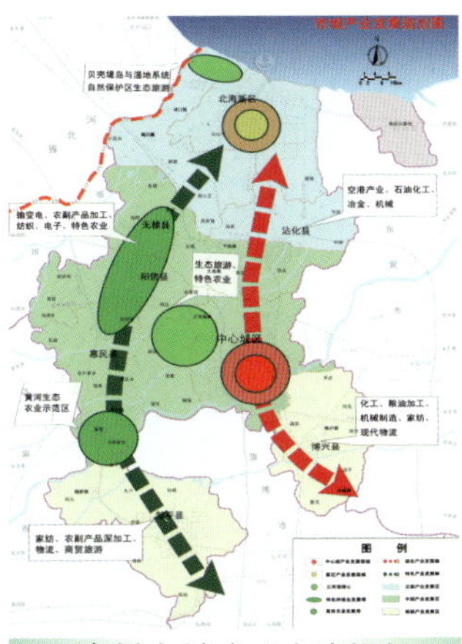
滨州市域产业规划图

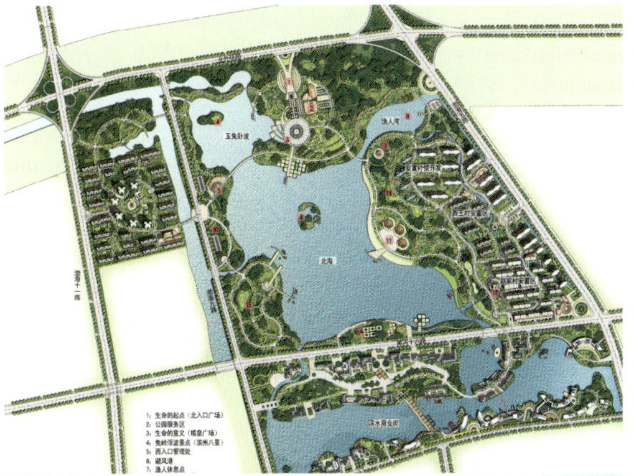
滨州市北海风景区详细规划图

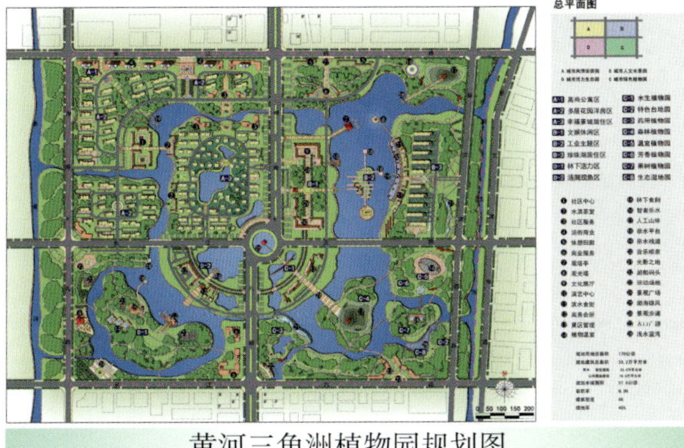
黄河三角洲植物园规划图

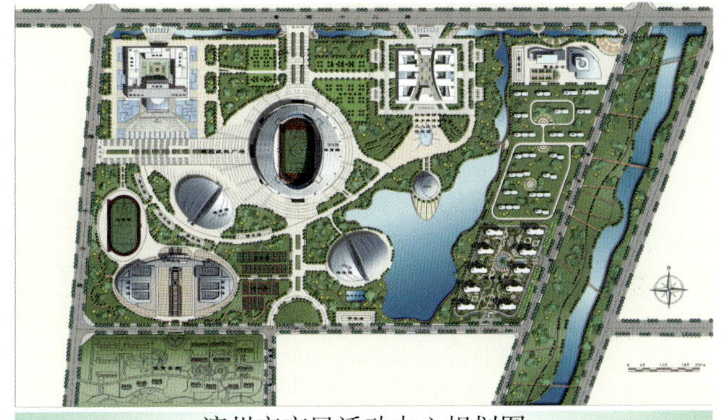
滨州市市民活动中心规划图

济南市城市管理局

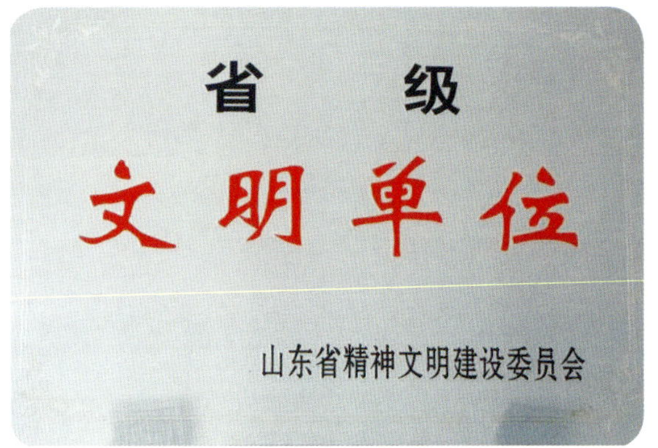

济南市城市管理局、市城管执法局荣获省级文明单位奖牌

2011年，济南市城市管理局、市城管执法局以“构建人民满意城管品牌”为目标，以开展“十大行动，百件实事”为主线，以人民满意为城管工作的出发点、着力点和落脚点，提升境界，创新机制，创先争优，进一步完善了“服务、管理、执法”三位一体和“态度、过程、结果”三个满意的城管新模式，全市城市管理各项工作取得了新的成绩。年内，共拆除违法违章建设682处，41.5万余平方米，整治、拆除全市各类破旧零乱广告牌匾1.5万处，全市累计处置建筑渣土约3000万立方米，建筑渣土源头监管率达到99.6%，密闭运输率达到99.3%，规范化处置率达到99.1%；全市共处理生活垃圾102万吨，发电3906.08万度，第二生活垃圾处理厂（焚烧发电厂）建成并投入使用；完成城乡环卫一体化建设的乡镇（街办）占全市农村乡镇（街办）总数的50%；主城区主次道路机扫率达到68%，洒水冲刷率达到98%。生活垃圾密闭化运输率达到93%以上，无害化处理率达到95%以上；推出了491处西瓜摊点，编制了“西瓜地图”，设置了100余处蔬菜直销点;巩固提升了38条道路的整治成果，重点加强了铁路沿线综合整治，粉刷墙体23.5万平方米，拆除违章、危旧建筑1.8万平方米，清理垃圾10.2万立方米；市数字化城管中心年内共立案约32.4万件，结案32.2万件，结案率99.5%；共受理上级交办及人民来信71件次，答复率100%；接待群众来访521人次，处结率100%；办理人大建议政协提案41件，满复率达到100%。成立了全国首个百姓城管协会，举办了百姓城管协会揭牌仪式暨“体彩杯”首届百姓城管趣味运动会，成立了全国城管系统首个慈善工作站，并设立全国首个摊贩专项救助基金。年内，共救助摊贩特困户、家庭困难保洁员及患

百姓城管在泉城广场义务劳动后合影

济南百姓城管协会成立

济南市城市管理行政执法局

病职工375人，捐助资金20万元，拉近了城管执法人员与占道摊贩的距离。中共中央政治局委员、中央书记处书记、中央组织部部长李源潮在山东调研期间，对济南城管做法给予充分肯定；中央组织部副部长、中央创先争优活动领导小组成员兼办公室主任王秦丰在济南城管调研时给予好评；中央创先争优活动领导小组办公室编发简报，介绍济南城管创先争优典型做法；《求是》杂志社总编辑张晓林莅临济南市城管局调研；3月1日出版的2012年第5期《求是》杂志，刊登了题为《为人民管理城市》的文章，总结肯定济南市探索出一条中国特色社会主义城市管理的新路子。2011年，济南市城市管理局、市城市管理行政执法局被评为山东省文明单位，济南市机扫大队第四机扫班荣获全国“工人先锋号”荣誉称号。

机扫大队被评为全国工人先锋号

保洁员清雪除冰

基层执法中队长解答市民问题

依法强停违法建设

济南市新建成省内首座环保型垃圾转运站

济南市新建成第二生活垃圾处理场

打造阳光房产 构建和谐机关
——菏泽市住房保障和房产管理局

省住房城乡建设厅副厅长万利国在市领导的陪同下参观菏泽住宅产业博览会

2011年12月27日，省、市领导检查指导党风廉政建设工作

菏泽市委书记、市人大常委会主任赵润田在局长练建军陪同下到住博会现场指导工作

菏泽市住房保障和房产管理局是市政府行政序列部门之一，主管全市住房保障、城市房屋征收、房地产开发、房产交易及权属登记、物业管理等工作，内设办公室、政策法规科、房产科、住房保障科、物业科、房屋征收补偿科、房地产开发科7个行政科室和房地产交易中心、房地产交易监理中心、房屋安全鉴定中心、房地产信息中心、房屋产权产籍档案馆、房屋拆迁服务中心、开发区房管中心、房屋租赁管理中心8个事业单位，下设中房物业、菏泽市房地产勘查测绘中心和菏泽安居工程开发公司3个企业。2011年，在市委、市政府的坚强领导和省住房城乡建设厅的大力支持下，各项工作均迈上了一个新的台阶。

保障性住房建设超额完成任务。全市新开工建设各类保障性住房13357套，新增租赁补贴983户，完成省任务目标的116%，主体基本完工的8345套，占任务目标中实物建设量的63%。滨河新城经济适用住房小区规划设计方案顺利通过“国家康居示范工程”评审验收。

房屋征收工作走在全省前列。在全省率先制定了市级房屋征收补偿办法，并迅速研究出台了评估办法以及相关配套政策，2011年全市共实施房屋征收拆迁项目75个，征收拆迁房屋面积401.93万平方米，征收拆迁规模居全省第一。其中，新启动征收项目34个，约占全国征收项目的十分之一。征收工作得到了国家住房城乡建设部和省住房城乡建设厅的充分肯定和认可，2011年12月5日，全省房屋征收暨棚户区改造工作现场会在菏泽召开。12月7日，菏泽作为应邀的九个城市之一，参加了住房城乡建设部的全国房屋征收工作经验交流会，菏泽的工作经验得到住房城乡建设部及与会人员的好评。

房地产开发平稳健康发展。2011年，菏泽有1家开发企业获得“全国房地产开发诚信企业”，5家开发企业获得“山东省房地产开发诚信企业”称号；1家企业晋升为一级资质，实现了菏泽市一级企业零的突破；2家开发企业入选“全省房地产开发企业50强”，房地产开发投资完成246亿元。截至2011年底，全市新建商品住房均价2969元/平方米，市区新建商品住房均价为3429元/平方米，同比分别增长了1.2%和0.12%，远远低于年初制订的房价上涨幅度不高于11%的调控目标，实现了中央和省下达的调控目标。

房产管理更加规范。市及县区房管局均达到省级房产交易及产权登记规范化管理单位。同时，在2011年12月10日，国家房屋登记官考试中，市、区局考试通过率达38%，勇夺全省第一。

物业服务水平不断提高。2011年，菏泽有1个住宅小区顺利通过“国家级”物业示范项目评审验收，实现了住宅类国家级物业示范项目零的突破；5个物业项目顺利通过“省级物业示范项目”评审验收；1家物业公司晋升为物业管理一级资质，填补了一级资质的空白。同时，有1家企业入选了“山东省物业企业30强”；1家物业企业获得“山东省诚信物业企业”称号。

机关建设进一步加强。2011年12月6日和12月27日，市住房保障和房产管理局分别代表全市接受了全省党务公开、落实党风廉政建设责任制和推进惩防体系建设等工作专项检查，受到了省委检查组的充分肯定。先后“全省住建系统四五依法行政先进单位”、“十一五期间，全省住房城乡建设教育培训突出贡献单位”、“全省住房保障目标责任书考核先进单位”、“全省房地产价格统计先进集体”、“全省住建系统思想政治工作先进单位”、“全市依法行政先进单位”、“全市服务业发展先进单位”、“市直廉政文化建设示范点”等荣誉称号。

局长练建军做客市长热线

2011年12月5日，全省房屋征收暨棚户区改造座谈会在菏泽召开

为确保公开、公平、公正、透明，菏泽市对经济适用住房申请摇号仪式实行电视现场直播

2011年12月28日，国家住宅示范小区评审验收小组对菏泽市优秀示范住宅小区进行考评验收

2011年9月30日，市委书记赵润田、市长孙爱军等视察市区保障性住房项目

菏泽市城镇化工作领导小组领导视察市区房地产开发项目建设情况

2011年10月15日，菏泽市滨河新城经济适用住房小区设计方案顺利通过“国家康居示范工程”评审验收

中国移动通信集团设计院有限公司山东分公司

2011年，是移动通信在我国商用的第24年，在这24年里，中国移动通信事业取得了辉煌的成就，逐渐成为国民经济的基础性、支柱性和先导性产业，对社会发展乃至对社会公众的生活产生了深远的影响。

在移动通信产业的发展大潮中，中国移动设计院山东分院秉持“正德厚生、臻于至善”的企业核心价值观，坚持科学发展，不断创新管理机制，实现了从无到有、从小到大的跨越式发展。

中国移动通信集团设计院有限公司山东分公司成立于2000年，山东分院成立后，业务重心定位于做好中国移动山东公司技术支撑服务，主要从事无线、传输、铁塔、电源、交换、数据等专业工程规划设计、系统维护工作，同时承担中国移动集团公司计费结算系统、网管监控系统7×24小时代维服务。业务范围涵盖中国移动集团公司、中国移动山东、天津、海南、深圳、内蒙古公司等。2009年、2010年、2011业务收入连续突破亿元大关。分院目前拥有各类专业技术人才130余名，其中博士研究生2名，硕士研究生50余名，本科及以上学历人员比例达到95%，为中国移动山东公司、中国移动集团公司培养和输送了20多名优秀人才。

成立十一年来，山东分院先后有100余项通信工程可研、工程设计荣获部、省级优秀咨询成果奖、优秀工程设计奖；《绩效考核系统》、《概预算批量生成》等6项自主研发软件获得软件著作权登记证书，有4项专利获得国家专利授权。近年来，经过中国移动山东公司历年滚动发展规划、2G/TD网络规划设计、支撑（BOSS）/经分系统规划设计、第十一届全国运动会信息通信保障、中国移动集团一级业务系统维护等系列大型项目的锤炼，分院技术实力不断增强，能够承接各级、各类通信规划咨询设计、系统维护项目。

2012年是“十二五”关键一年，也是山东省人民政府与中国移动通信集团公司建设“智慧山东”战略合作协议实施的第一年，中国移动设计院山东分院将以“十二五”国家信息化规划为指导，不遗余力，努力拼搏，为推进山东经济文化强省建设作出新的、更大的贡献。

山东分院立足山东，通信工程咨询设计业务覆盖多省、自治区、直辖市

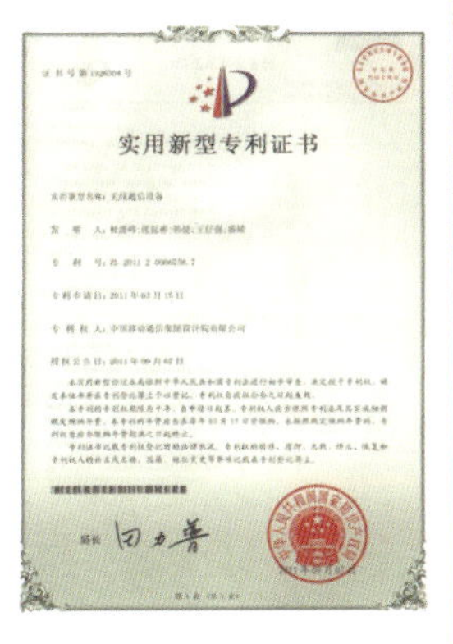

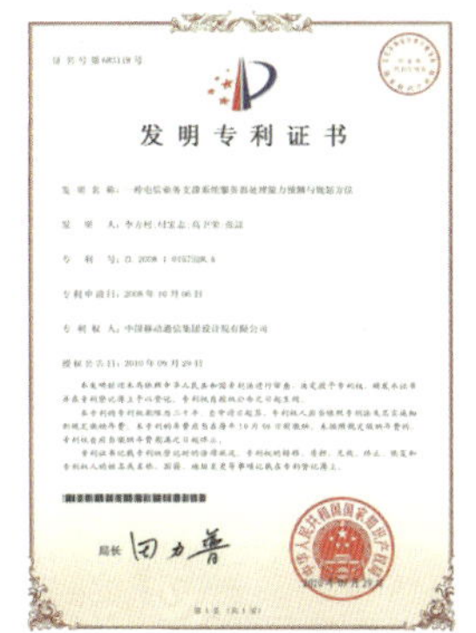

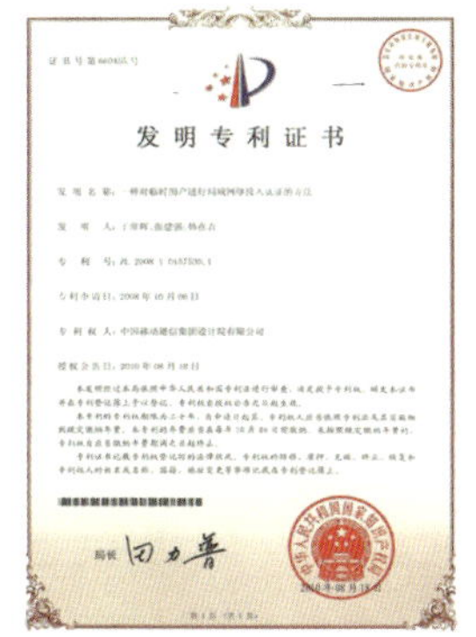

山东分院4项专利获得国家专利授权

山东分院自主研发的《概预算批量生成》、《绩效考核系统》软件

中华人民共和国第十一届运动会组委会

感谢信

中国移动设计院：

在省委、省政府和十一运组委会的领导下，信息技术部以“为竞赛服务、为指挥服务、为新闻宣传服务、为公众服务”为宗旨，认真履行好各项工作职责，切实完成好信息技术保障任务，为全面打造一届“富有特色、平安祥和、人民满意”的体育盛会做出了积极贡献。在各项赛事和活动精彩举办的同时，十一运会信息网络安全畅通、赛程赛果实时发布、通讯保障快速高效、信息服务方便快捷，获得了来自各方面的广泛好评。

十一运会筹办和举办期间，贵公司作为十一运会信息网络系统重要的建设和服务单位，通过大量艰苦和卓有成效的工作，突出应用先进的信息技术手段，圆满保障了十一运会信息网络系统的成功建设和稳定运行。在此，特向贵公司领导和工作人员表示衷心的感谢！

二OO九年[illegible]月二十九日

中华人民共和国第十一届运动会组委会感谢信

山东分院获得部、省级优秀咨询成果奖、优秀工程设计奖百余项

山东高速齐鲁建设集团公司

SHANDONG HIGH SPEED QILU CONSTRUCTION GROUP

山东高速齐鲁建设集团公司是经山东省国有资产监督管理委员会和山东高速集团有限公司批准成立的国有独资企业，是山东高速集团有限公司的全资子公司，下辖山东高速置业发展有限公司、齐鲁建设集团实业发展公司、山东省交通运输管理服务中心、山东高速齐鲁建设集团海阳有限公司4家全资子公司和山东高速绿城置业投资有限公司1家控股公司。公司注册资本5.13亿元，资产总额逾40亿元。具有海外总承包A级、建筑总承包一级、机电设备安装一级、装饰装修一级、房地产开发二级、智能化安装二级等资质。

公司经营范围包括：房地产开发与建筑装修；资质证书批准范围内的对外承包工程业务；进出口业务；施工设备、建筑材料销售；工程技术信息咨询及工程建设项目的设计与施工。

山东高速齐鲁建设集团公司前身是由山东省建设厅援外处。2008年4月，根据山东省国资委的统一部署，齐鲁建设集团的国有出资及其享有的权益全部无偿划转给山东高速集团，成为山东高速集团所属的全资子公司。近几年来，先后承建巴哈马国家体育场、马尔代夫国家博物馆、马里医院等多个国家援建项目，受到了党和国家领导人的高度重视，分别在项目建设的不同时期进行了视察。同时，公司先后开发建设了济南环山盛庭、潍坊仁和盛庭、济南浆水泉仁和盛庭二期、济南高速花园小区等项目，取得了良好的经济效益和社会效益。

公司奉行经济效益与社会责任并重的宗旨，坚持诚信经营、和谐发展的原则。多次被评为省级“重合同守信用”荣誉单位，荣获“省外出施工先进单位”、“山东省建筑工程安全管理先进单位”、“四川省重点工程劳动竞赛先进集体”等荣誉称号。

公司今后将按照山东高速集团关于建设大交通产业集团整体规划，并依托山东高速集团人力、资金和资本运作能力等资源优势，科学决策，用心经营，积极参与土地项目的一级市场和二级市场开发，抓好高速集团内部闲置土地资源的整合利用，全面参与高速集团内部的土建工程市场，积极储备土地资源，全面打造成以房地产为核心，以建筑施工项目为侧翼，相互联动的国内较有影响力的建筑地产类综合企业集团。

巴哈马体育场项目内景

海阳项目花园洋房

东营项目围合别墅

滕州项目沿路透视日景

GUOLONG 青岛国隆房地产有限责任公司

Qing Dao Guo Long Fang Di Chan You Xian Ze Ren Gong Si

董事长　赵国庆

青岛国隆房地产有限责任公司成立于1995年10月，是青岛市首批注册具有法人资格的房地产民营企业，房地产开发三级资质。公司始终秉承“实实在在做人，踏踏实实做事”的宗旨，三年来保障性住房竣工面积达5万平方米。

至2008年，先后开发建设了“汕头路一号”8号住宅楼、长春路“国隆新村”住宅小区、唐山路“翠湖小区”、升平路“升平花园”住宅小区项目，总开发建设和竣工面积达20万平方米，工程质量良好率达到100%。

位于青岛市市南区高雄路16号“国隆·唐巢”综合楼项目，是青岛大学校园区域新开发建设工程的标志性建筑，拥有7000平方米的商业办公用房，将近16000平方米的公寓式住宅。2011年已竣工，公寓住宅已交付使用。

2009年至2012年，公司积极贯彻执行青岛市人民政府“环湾改造、拥湾发展”战略，在四方区政府的大力支持下，先后完成了广昌路7号“昌盛花园”住宅小区、金沙路28号“国隆·金海山庄”住宅小区保障性住房项目等开发建设，竣工面积达12万平方米。“昌盛花园”项目获得国家住房城乡建设部颁发的“2010中国名盘百强影响力最佳人居环境典范楼盘”奖项；青岛市城乡建设委员会评选青岛国隆房地产有限责任公司为“2011年度青岛市房地产开发优秀企业”。

2012年，公司加大在四方区老企业搬迁项目上的投入，投资9.3亿元，在四方区广昌路5号地块建设“昌盛花园二期”商住项目，向政府提供543套限价商品房。

为了打造四方区北部海岸线的商业氛围，公司投入3.1亿元，建设一个50000平方米的大型商业综合体。满足主题性购物商场、美食广场、科技产品展览演示区、商务中心、休闲茶吧、仓储货运的功能，采用LED投影等现代灯光技术，对商场的墙面和顶面设置帷幕，配合大型多媒体广告及震撼的声光效果，创造独特的展览话题性商业购物环境。

建成后的商业综合体，必然成为四方区现代化商业的标志性建筑，能够满足四方北部区域在未来5年增长20万~30万人口享受现代都市生活的需求。该项目将于2012年8月开工，2013年12月商业部分交付使用。

联系电话： 0532－66060368　66060592

GUOLONG

国隆·唐巢

金海山庄规划项目鸟瞰图

昌盛花园二期效果图

昌盛花园鸟瞰图

金海山庄规划局部透视图

昌盛花园二期鸟瞰图

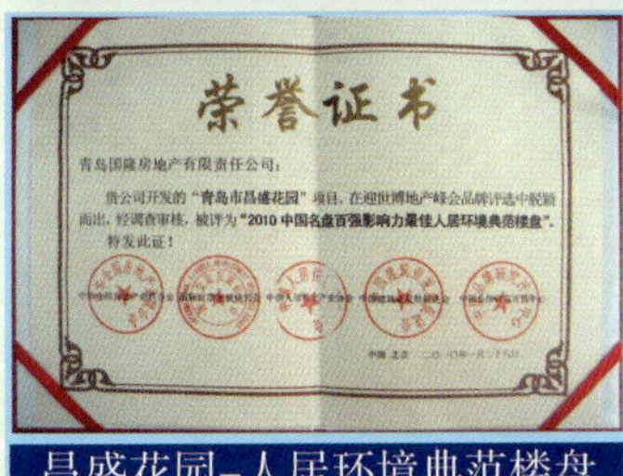
荣誉证书

青岛国隆房地产有限责任公司：

贵公司开发的“青岛市昌盛花园”项目，在迎世博地产峰会品牌评选中脱颖而出，经调查审核，被评为“2010中国名盘百强影响力最佳人居环境典范楼盘”。

特发此证！

昌盛花园-人居环境典范楼盘

国隆地产—优秀企业

青岛市李沧市政工程

青岛市李沧市政工程建设养护有限公司成立于1973年。为国有独资企业，隶属于李沧区城市建设管理局。1987年被山东省城建委批准为具有独立法人资格的市政公用施工三级资质企业。2004年被批准为市政公用施工二级资质企业。

通过多年来不断的努力和发展，公司现有职工145人，其中一级建造师1人，二级建造师21人；公司总资产9673万元，其中固定资产1928万元，机械设备近80台，全公司设3科1室、3个项目公司6个下属单位。

公司于2003年顺利通过了ISO9000国际质量认证，2007年通过了“质量管理、环境管理和安全健康管理”三位一体的“三标管理体系”认证。

公司多次受到上级主管部门和政府的表扬，2010年获得市级文明单位标兵称号；2011年获得青岛市排水先进单位、青岛市市政工程优秀施工企业、青岛市市政设施养护先进单位、创建全国文明城市先进集体、城市管理突出贡献集体等多项荣誉称号。并连续多年被评为李沧区先进单位。

近年来，公司承揽了多项重点市政工程建设：板桥坊河综合治理工程、文昌路工程、瑞金路综合整治工程、巨峰路整治工程、李村河上游综合治理工程、李沧区楼山河口生态恢复工程、永安路改造工程等 ，上述工程全部经过严格审查，一次性验收合格率均达100%，受到了上级和质量监督部门的一致好评，也取得了良好的经济效益和社会效益。

在多年的施工实践中，李沧市政公司设计、施工、质检、实验等水平得到很大的发展和提高，形成了一支善打硬仗敢打硬仗的施工队伍，公司正以不懈的努力向更高的水平迈进，为青岛市实现蓝色跨越，建设宜居幸福的现代化国际城市做出应有的贡献。

办公楼

建设养护有限公司

沥青摊铺

李村河

道路养护工程

防汛应急处置

文昌路改造工程

青岛城市建设投资（集团）有限责任公司

QINGDAO CHENGSHI JIANSHE TOUZI JITUAN YOUXIAN ZEREN GONGSI

青岛城市建设投资集团是经青岛市委、市政府批准，于2008年3月成立的市属三大国有投资公司之一，在原开发投资公司、东奥开发建设集团公司、城建投资中心三家单位基础上整合组建，注册资本30亿元。

作为从事城市基础设施投资、建设和运营的国有专业投资企业，经过快速组建、迅速发展，现已成长为城市基础设施投融资建设的主力军和“城市生命线”建设的指定承担者。集团业务涉及土地开发、路桥建设、环境能源、重点工程和房地产、旅游、教育、文化传媒、社区服务等。2011年，青岛城投集团积极采取有效措施，全力确保重大项目资金到位，圆满完成各项工作任务。

重点工程建设

根据市委、市政府工作部署，先后承担环湾大道、大桥接线等路桥工程，市区污水处理厂升级、雨污水管网改造等市政工程以及市妇儿医院、北部中心医院等民生项目的投融资建设任务。确保在建和续建政府重大项目的资金保障，保证各项工程实现年度工作目标。

路桥建设。主要包括：环湾大道、海湾大桥青岛端接线、重庆路改造、新疆路快速路、市内四区未贯通道路打通、福州路打通等重点项目以及隧道接线、快速路三期、金水路改造的融资任务。

环境能源。按照青岛市对省政府的承诺，多方筹措资金按时完成海泊河等6座污水处理厂升级改造任务，经环保部门监测，出水水质达到国家一级A标准，顺利通过环保验收，实现预定目标。按计划完成485公里的雨污水管网、供水管网改造。

重点民生项目。市妇儿医院、中心医院项目2011年5月20日按期完工并投入使用。青岛第一国际学校的建设有效改善了青岛市乃至全省的招商引资环境。青岛涉及居民最多、拆迁面积最大的旧城改造项目——云南路项目一期交付并实现居民陆续回迁。宜昌馨园、海岸馨园、瑞海馨园等重点工程安置用房建成并陆续交付。

拓宽多元化城建投融资渠道

借鉴外地市先进经验，提出“项目加土地”的工作思路。积极引入战略合作方，坚持大项目融资。

拓展渠道，创新方式，实现直接融资新突破。在市政府有关部门的大力支持下，成功发行17亿元市政项目建设债券。

环湾大道

青岛第一国际学校

青岛市中心医院改扩建项目全景

瑞海馨园保障房建设

大桥接线建设工程

青岛市妇女儿童医疗保健中心

海泊河污水处理厂

李村河污水处理厂

青岛奥帆中心演艺大厅

青岛奥帆中心

青岛建工集团有限公司

城阳祥泰正阳东郡

青岛建工集团有限公司具有房屋建筑工程施工总承包壹级资质和公路工程施工总承包壹级资质，同时拥有公路路基、公路路面、桥梁工程、隧道工程专业承包壹级资质，公路交通工程交通安全设施资质。公司注册资本金6亿元，下设4个子公司、11个区域分公司及一个试验检测中心。公司通过了国际质量管理体系认证、国际环境管理体系认证以及国际职业健康安全管理体系认证。公司主营范围为：承接高层建筑、别墅群、写字楼、各等级公路、桥梁、隧道工程和公路交通安全设施施工任务，以及专利产品的开发销售等。

临沂国宾馆

公司坚持房屋建筑和高等级公路两大板块齐头并进的发展战略，使公司在瞬息万变的市场大潮中有更多的回旋余地和更广的生存空间，也具有更强的生存能力和发展能力。另外，公司坚持组建自己的管理团队实行项目管理、组织优质劳务协作队伍进行工序化施工的管理模式，始终将安全质量放在第一位，让业主放心。

青岛建工集团有限公司发展到现在年施工能力达100亿元以上。公司累计施工高等级公路路基260公里，高等级公路路面630万平方米，公路特大桥17座，房屋建筑总面积1000多万平方米，所有承建项目中，工程合格率100%，优良率96%，赢得了委托方的高度认可。其中承建的房建项

临沂市澜泊湾住宅小区

滨州市麒麟阁住宅小区

山东民营科技大厦

目代表性工程有：青岛山东民营科技大厦项目、城阳祥泰正阳东郡项目、临沂澜泊湾社区工程、枣庄站前广场棚户区改造项目、滨州市祥泰麒麟阁工程等；承建的公路项目代表性工程有：山东青临高速、青岛双积公路、陕西西汉高速、四川巴达高速、河南连霍改扩建、江西奉桐高速、河北沿海高速、内蒙荣乌高速、广东阳阳高速等；承建的公路交通安全设施代表工程有：青岛胶州湾跨海大桥交通安全设施工程、巴彦浩特至银川高速公路内蒙古段交通安全设施工程等。所有承建项目中，工程合格率达100%，优良率达95%以上，多次受到建设单位的表彰。

公司利用所具备的各方面资源优势，已实现了施工机械化、控制标准化、管理科学化的目标。公司恪守“诚信、拼搏、团结、创业”的企业精神，践行着“干一项工程、树一座丰碑，创一方信誉、交一方朋友”的经营理念，踏踏实实做好每一项工程，竭诚为国内外客户提供最优质的服务。

公司承建的连霍高速施工现场

公司承建的蒙城涡河三桥

公司承建的山东青临高速施工现场

公司承建的广东阳阳高速施工现场

公司承建的河北张石隧道

公司承建的沿海高速公路

青岛平建建筑安装股份有限公司

董事长　杜山德

青岛平建建筑安装股份有限公司是由原平度市建筑安装集团公司改制而成，有60多年的发展历史。企业资质现为房屋建筑工程施工总承包壹级，水利水电工程国家二级，房地产开发、市政公用工程、土石方工程、建筑装修装饰工程、建筑防水工程、勘察测绘、混凝土预制工程、管道工程等多项施工资质。公司总资产4亿元，其中固定资产2000多万元，各类专业技术人员300余人，大中型施工机械设备400多台（套）。

公司辖有20个工业厂，60个项目经理部。多年来，公司始终坚持以建筑安装为龙头，以工业和农业为两翼，以企业管理为主体的经营理念，使公司发展成融建筑安装、房地产开发、工业、农业科技、经贸为一体，集设计、勘察、测绘、水电暖安装、公路桥涵、装璜、装饰于一身的多元化集团公司。

近年来，公司承建的小区有平度鑫港花园、荣达名苑、秀月苑、怡文小区、德龙山庄工程，其中“平度鑫港花园工程”获山东省安全文明施工优良工地、青岛标准化示范工地等荣誉。

“质量第一、信誉至上”是公司经营宗旨。多年来，公司秉承创建精品工程理念，先后获鲁班奖、詹天佑奖、泰山杯、青岛杯等优质工程80多个，被评为2007-2009年度青岛市精品工程创建工作先进单位。

公司先后通过质量、安全、环境三项管理体系认证，首创“五包”管理模式获青岛市管理创新成果二等奖，健全的企业管理体制确保公司不断发展壮大。

公司多次获得了国家、省、市各级奖励。先后荣获全国优秀施工企业、山东省精神文明单位、山东省企业信用协会会员，山东省“重合同守信用”企业，“山东省建筑业先进企业”，并多年蝉联平度市先进施工企业。公司法人代表杜山德2002年被评为青岛市劳动模范，并先后被推选为青岛市第十二届党代表和第十三届、十四届人大代表。

质量第一信誉至上

青岛港湾职业技术学院新校区（荣获青岛市标准化工地、青岛优质结构、青岛杯等荣誉）

平度一中教学楼及附属楼为框架结构（荣获山东省优良工程奖）

平度人民医院（荣获山东省优良工程奖）

第29届青岛奥帆中心接待中心工程（荣获鲁班奖、青岛标准化工地、青岛优质结构奖、青岛杯、泰山杯等荣誉）

山东大顺集团

SHAN DONG DA SHUN JI TUAN

党委书记、总裁　李嘉才

山东大顺集团成立于1993年，其前身为山东省淄博市临淄区雪宫街道单家社区居委会（现有住户2860户，人口8750人，党员161人），是一个集房地产开发、石油化工、机电通讯设备销售、建材销售、建筑安装、广告传媒、演出策划、礼宾车队、酒业、生物科技、物业管理、餐饮为一体的村办现代化大型集体企业。山东大顺集团下属企业28家，资产达66.1亿元人民币。集团公司现有职工1.86万人，高级工程师56人、经济师43人、会计师22人。在香港、广州、北京、上海等城市设有办事处。

淄博临淄大顺置业有限公司是山东大顺集团的子公司，全权管理集团的房地产运营工作，开发资质为二级，注册资金7500万元。现开发建设的项目有：高唐大顺花园、巨野大顺花园、滨州大顺花园、惠民大顺花园、临清大顺花园、淄江大顺花园、威海大顺花园、嘉祥大顺花园。大顺置业现有员工220人，其中高级职称32人、中级职称22人、经济师18人，是一个集开发、建设、销售、设计、策划、物业管理为一体的大型置业有限公司。

滨州水岸华庭项目

巨野大顺花园项目

威海大顺花园项目

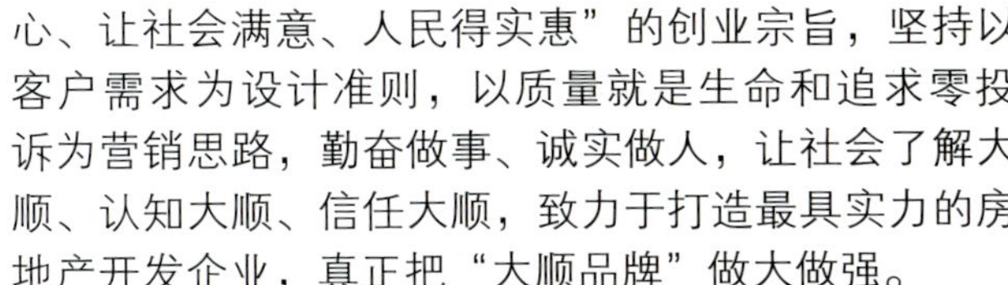

置业公司成立以来，先后开发建设了临淄单家新村一区、二区、单家沿街商住楼、齐都文化体育城、威海荣成大顺花园别墅区、舒舍家园、鸿苑小区、临淄齐都花园C区仕府苑1#、2#商住楼。在搞好本地项目开发的同时，积极开拓外埠市场，先后开发建设了高唐大顺花园、高唐大顺体育场、巨野明珠花园、滨州水岸华庭、惠民大顺花园，临清大顺花园、嘉祥大顺花园，总开发面积320万平方米。公司2009年被评为“山东省十佳经济管理先进企业”、淄博市文明信用企业，被山东省企业信用促进会评为“AAAA级信用企业”，2010年被中共高唐县委、县政府评为功勋企业。国家注册高级经济师、总裁李嘉才同志被评为2008年度“山东省十佳经济风云人物”。

大顺置业有限公司在房地产开发长足发展的同时，不断加强企业文化建设，秉承“投资在哪里，收益在哪里，回报在哪里”的经营理念，“让政府放心、让社会满意、人民得实惠”的创业宗旨，坚持以客户需求为设计准则，以质量就是生命和追求零投诉为营销思路，勤奋做事、诚实做人，让社会了解大顺、认知大顺、信任大顺，致力于打造最具实力的房地产开发企业，真正把“大顺品牌”做大做强。

成绩只能代表过去，山东大顺集团一致放眼于未来的发展和成功。新时期、新形势下的山东大顺集团，将勇敢地迎接新挑战，抢抓新机遇，展示新形象，开拓新局面，秉承包容、务实、忠厚、善良、热情、好客、勤劳、朴实、敬业、向上、诚信、友谊的优良传统，向着更高更远的目标迈进。科学发展、和谐发展、造福社会，为推动房地产行业和谐发展、健康发展做出应有的贡献。

山东大顺集团党委书记、总裁李嘉才先生，携全体员工，真诚欢迎各级领导及社会各界朋友莅临集团总部做客指导工作，共谋发展大计！

惠民大顺花园项目

临清大顺花园项目

高唐大顺花园项目

嘉祥大顺花园项目

嘉祥大顺花园项目

公司荣誉

滨州市政府办公楼（“鲁班奖”工程）

博兴县行政中心综合楼（2008年度国优工程）

邹平天兴城商场（2010年度国优工程）

威海市水务集团有限公司

WEIHAI CITY WATER GROUP CO.,LTD.

诚信水务　情润万家

威海市水务集团有限公司于2003年10月成立，主要负责城市供水、污水处理、中水回用等涉水事务的经营管理，自2009年8月起又承担了市区15条主要河道的综合整治任务。公司现拥有总资产26亿元，职工1368人，先后荣获全国五一劳动奖状、全国模范劳动关系和谐企业、全国模范职工之家、全国巾帼文明岗、省富民兴鲁劳动奖状、省级文明企业、省级服务名牌等180余项荣誉称号。

多年来，威海水务集团紧紧围绕城市发展大局，不断深化城镇供排水体制改革，对中心市区、环翠区、高区、经区和工业新区及周边11个镇全部实行了供排水一体化管理和规模化运营，服务面积由43平方公里拓展到326平方公里。坚持以大投入带动大建设、大发展，先后实施供排水重点工程90多项，完成投资约20亿元，使市区及周边的供排水基础设施实现了由滞后型向超前型、补缺型向功能型的历史性转变，安全保障能力空前提高，为经济社会发展提供了强有力支撑。以生态市建设为己任，卓有成效地推进城市河道治理及污水整治，使市区河道及海域环境实现根本性改观，人居威海的生态优势更加凸显。始终秉承“替政府分忧、为市民解难”宗旨，以群众满意为标准，深入实施“诚信水务，情润万家”服务品牌战略，全面推行快捷化和亲情化服务，真心实意、雷厉风行地为用户排忧解难，切实做到把方便让给用户、把困难留给自己，受到了社会各阶层的广泛赞誉，先后获赠锦旗230多面。在威海市行风评议中连续七年名列前茅。

水务集团办公楼外景

茼山净水厂

供排水调度中心

24小时服务热线

“十八岭”矿泉水生产现场

水务职工全员上阵治河道

治理后的河道景观

经区污水处理厂

山东港湾建设集团有限公司

山东港湾建设集团有限公司，为日照港集团全资子公司，是一家集施工、设计、咨询为一体的大型综合性建筑企业，注册资本7.5亿元。公司具有港口与航道工程施工总承包一级、房屋建筑工程施工总承包一级，地基与基础、土石方、钢结构工程专业承包一级，水运和建筑工程及相应的工程咨询和装饰乙级设计资质、工程勘察乙级等多项资质，并具有对外承包工程经营资格。公司以近海工程、房屋建筑、船舶修造、港机修造、钢构工程为主业，航道疏浚、工程设计咨询、商砼业务、市政工程、地基与基础、检验测绘、爆破、公路路基等产业并举，是伴随着国家改革开放蓬勃发展而起的一支建设新军。

公司在岗职工1200人，其中各级工程技术和经济管理人员700余人。拥有浮船坞、起重船、挖泥船等装备一新的大中型工程船舶，并拥有干船坞一座，各种施工机械500余台，固定资产达8.9亿元。公司通过质量、安全、环保一体化认证，为全国优秀施工企业、国家级“守合同、重信用”企业。

公司秉承“同心同行、共创共享”的价值理念，以打造“新一代工程承包商”为指导思想，立足港口，面向全国，先后承建了日照—仪征原油管道及配套工程30万吨级油码头、日照港集装箱码头、散粮码头、青岛海西湾造修船基地码头、烟台港莱州港区3.5万吨码头及航道施工、威海港三四期工程、天津海滨休闲旅游区北围堤工程、大连辽南船厂船坞船台、秦皇岛哈动力出海口基地码头、连云港港旗台防波堤工程、福建漳州古雷港区30万吨油码头、重庆寸滩港区一期工程、新疆麦盖提城西工业园区道路工程、韩国威亚汽车发动机厂房工程、日照兴业王府金座等工程，工程合格率100%，优良率85%以上。公司以优质工程回报社会，近年来荣获国家优质工程银奖、交通部水运工程质量奖、山东省工程质量泰山杯等省部级以上优质工程奖12项，多项成果获国家、省、市科技进步奖，塑造了良好的企业品牌形象。

建精品工程，创一流业绩，为业主提供最优质服务是企业始终不变的追求，山东港湾建设集团愿与社会各界携手并肩，共创美好未来。

日照教授花园和石化大厦

钢构车间和钢构厂房施工现场

漳州古雷港区30万吨级油码头工程

子公司——工程设计咨询有限公司设计的日照海岸远景和中石化日照调度控制中心效果图

子公司——港达船舶重工有限公司承建的6000HP全回转兼溢油回收拖轮

亚洲最大的管状皮带机矿石输送系统工程

日照—仪征原油管道及配套30万吨级油码头工程

山东临沂宏德新材料有限公司

山东临沂宏德新材料有限公司是一家从事高档节能建材科研、生产、经营、服务为一体的国家重点高新技术企业公司，拥有国家认定企业技术中心、博士后科研工作站和院士工作站；注册资本5300万元，年生产高档砂加气节能墙材80万立方米，发泡混凝土保温板15万立方米，生产规模和综合经济实力位居国内同行业前列。

公司科研力量雄厚，技术装备一流，拥有一大批在建材行业具有丰富经验的专业人才，长期聘请国内外部分资深专家、教授为公司顾问，并与国内部分知名大学和科研院所建立了长期合作关系。先后承担国家创新基金项目3项、国家火炬计划项目32项、国家重点新产品计划1项、省市科技计划30余项；获得省部级以上科学技术奖7项；授权发明专利6项、实用新型专利2项。主导产品获得多项国家发明专利、山东省科技进步奖、山东省重大节能成果奖，被评为国家重点新产品、山东省自主创新产品、山东省高新技术产品、山东省100项节能降耗主推技术等，被列入国家火炬计划项目、国家重点创新基金项目、山东省重大节能工程项目和中央预算内投资项目等；商标被认定为中国驰名商标。

企业先后荣获中国建材行业AAA级信用企业、中国建材500强、山东省文明单位、山东省消费者满意单位、山东省优秀民营科技企业、中国专利山东明星企业、山东省首批创新型试点企业、山东省循环经济试点企业、山东省建材工业最具影响力企业、临沂市清洁生产示范企业等荣誉称号，通过了ISO9001质量管理体系、ISO14001环境管理体系、OHSAS18001职业健康安全管理体系认证和产品质量认证。

HONGD宏德系列产品

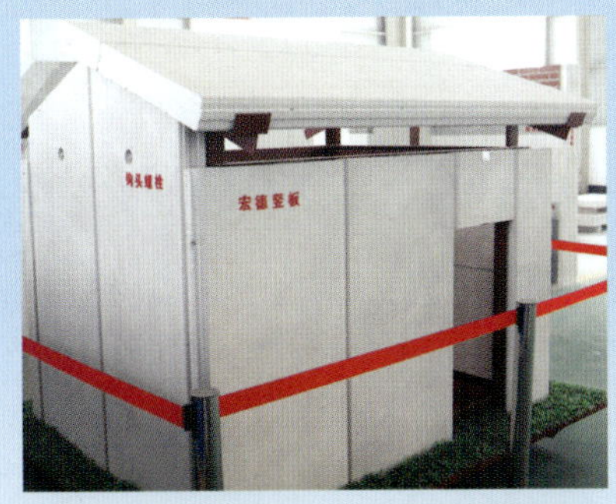

高档砂加气混凝土砌块及板材

产品优势

- 像砖那样坚固耐用，但密度小于水，重量很轻，便于搬运施工
- 像木材那样可锯可刨，便于加工，但更防火、防蛀、防腐，安全
- 保温隔热性能卓越，让房屋冬暖夏凉，四季如春
- 采用德国技术和设备，技术水平国际领先

住宅自保温外墙系统

- 安全：无机不燃保温材料，外墙围护、保温、防火三效合一
- 经济：无需内、外附加保温层，工序少，工期短，造价低
- 可靠：耐久性好，与建筑物同寿命

多功能内墙系统

- 防开裂墙体：产品干燥收缩值可达0.116 mm/m，大大高于国家标准0.5 mm/m，能最大限度地防止墙体开裂通病
- 短工期：产品尺寸精准，只需表面腻子批嵌，无需粉刷找平
- 综合造价低：产品自重轻，施工快，可降低土建结构费用和项目资金周转周期
- 系统多样：产品品种多样，可根据防火、防水、隔音、保温、强度、装修的不同要求提供最佳内墙系统解决方案
- 绿色安全：环保可循环利用，绝无室内放射性和化学污染风险

发泡混凝土保温板

- A级防火，耐久性好，不存在老化问题，与建筑物同寿命，性价比高，建筑节能可达65%以上
- 轻质保温，产品干密度120–200 kg/m^3，导热系数在0.045–0.053 W/(m·K)
- 早强、高强，采用特种水泥发泡，干密度176 kg/m^{3}的产品，1天强度0.2 MPa，28天强度0.4 MPa以上，技术性能居同行业领先水平
- 粘接力强，发泡混凝土保温板为水泥基材料，与建筑主体墙材相容性、亲和力好，粘接牢固，不易脱落，保温系统具有透气性，抗风压、抗震性好
- 施工方便，产品可粘贴或干挂施工，可用于外墙内保温、外墙外保温，也可用于屋面保温隔热，施工方式灵活多样，适应性强，应用面广
- 绿色环保、无毒、无污染、无公害，能利用工业废渣，节能利废

高档建材生产基地鸟瞰图

德州良建集团有限公司
DEZHOU LIANGJIAN GROUP CO.,LTD.

德州市政协委员、德州良建集团有限公司董事长　吕宏举

德州良建集团有限公司，成立于1982年。以“团结、求实、开拓、奉献”为企业宗旨，发展成为以建筑业为龙头的集团企业。集团连年被省市工商局授予“重合同、守信用”企业，2003年被人民日报社新闻信息中心列为“全国诚信单位光荣榜”上榜荣誉单位；2005、2007、2011年度“德州市建筑业综合实力10强”企业；已通过了质量、环境管理、职业健康安全体系认证。集团现为房屋建筑总承包贰级，地基基础工程，建筑装饰装修工程，机电设备安装叁级资质，集团下设建筑工程施工公司、机电设备安装公司、建筑装饰工程公司、机械设备租赁公司、房地产开发公司、铝合金制品等多个分公司；集团公司注册资金3280万元，年施工能力25万平方米，施工产值达2.8亿元。公司积极打造企业质量品牌，工程质量合格率100%，优良率100%，多项工程被评为优良工程，其中德州交警支队车管所办公楼、德州学院留学生公寓等被评为“天衢杯”工程，德州邮政局生产办公楼被评为“泰山杯”奖，并且多项工程施工现场被评为省、市级安全文明工地。集团现在开发建设的“良建万兴庄园”项目，建筑面积10万平方米，高标准、大体量、低密度的多层、高层高档住宅小区。公司目标是“塑企业形象、展企业风姿、力创精品工程、争创一流企业”。

中心医院（省级安全文明工地）

德州市优抚医院（市级优良工程）

中茂家园住宅楼（市级优良工程）

德州学院留学生公寓（天衢杯）

良建万兴庄园

良建万兴庄园

良建万兴庄园（鸟瞰图）

证　书

德州粮建集团建筑安装有限公司

你单位承建的德州邮政局生产楼工程荣获2002年度山东省建筑工程质量泰山杯奖（省优质工程）特发此证

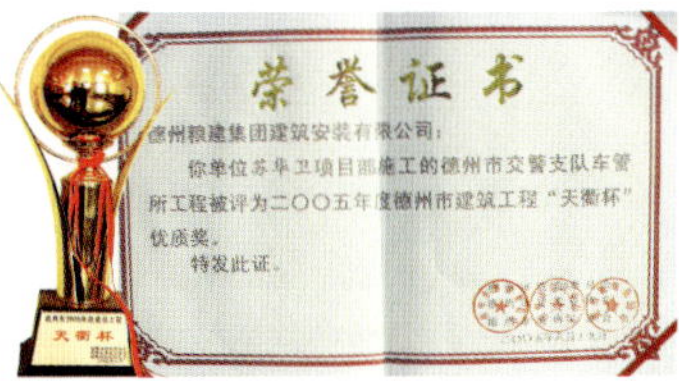
荣誉证书

德州粮建集团建筑安装有限公司：

你单位苏华卫项目部施工的德州市交警支队车管所工程被评为二〇〇五年度德州市建筑工程“天衢杯”优质奖。

特发此证。

省级

守合同重信用企业

山东省工商行政管理局
山东省企业信用协会

德州良建集团有限公司

综合实力十强企业

德州市住房和城乡建设局
德州市建筑业协会
二〇一一年六月

滕州市城建开发集团

滕州市城建开发集团是在滕州市城市建设综合开发公司的基础上，通过内部经营机制调整、股份制改造、集团化发展的方式组建成立的大型综合性城建开发企业集团，拥有各类总资产约6亿元，下属城建综合开发公司、新城建开发公司、东方中石开发公司、新兴置业公司四个开发企业，五个直属经营企业，二十余个相关配套产业公司。形成了门类齐全、配套完整的城建综合服务体系。

近三十年来，城建开发一直被滕州人民亲切地称为“大开发”，是滕州房地产开发最早、综合实力最强、引领滕州房地产潮流的龙头企业。城建开发集团凭借强大的实力、良好的信誉、非凡的业绩，树立了良好的品牌形象。先后获得中国地产百家销售放心房品牌企业、中国地产最具公信度企业、山东省房地产开发综合实力50强企业、山东省价格诚信单位；连续多年被评为枣庄市价格诚信单位；多次被滕州市市委、市政府评为文明单位和先进集体，成为枣庄市房地产10强之首，是滕州城市建设的主力军。

在近三十年的发展中，城建集团树立了“诚建无限新空间”的企业使命，把企业使命放在战略高度。滕州城建以“诚”的心态，新的方式为客户、员工和社会创建无限增值的空间，无限美好的空间。

继往开来，城建集团将秉承“责利相宜，普惠四方”的经营理念，以“成为中国具有影响力可持续发展的房地产企业”为企业愿景，不断强化企业凝聚力、增强企业竞争能力，积极以社会责任打造房地产典范企业，为社会创造文明、和谐、温馨、优雅的人居文化，为城市和历史留下值得典藏的建筑艺术精品。我们相信，在不久的将来，城建集团“成为中国具有影响力的可持续发展的房地产企业”的愿景一定会实现！

青岛沙建建设集团有限公司

董事长　刘学平

青岛沙建建设集团有限公司始建于1984年，经过二十多年的成长与发展，成为今天拥有注册资金9000万元，在职职工200人，有技术职称的160人，其中具有高中级职称的60人，年总产值2亿元的房屋建筑二级，水利水电二级，市政公用三级资质的大型综合性建筑企业。

经过二十多年的艰苦创业，发展成为拥有沙建建筑公司、沙建市政公司、沙建房地产开发公司、康信房地产开发公司、沙建通信公司、沙建塑钢门窗公司、沙建物业管理公司七个子公司的多种经营模式的集团性企业。所建工程的质量合格率达到了100%，优良品率逐年提高，所承建的沙子口海堤工程荣获了国家水利部“大禹奖”、“全国水利系统文明建设工地”；开发建设的麒麟山庄工程荣获山东省“泰山杯”奖、青岛市放心房工程；麒麟山庄一二期工程、南姜住宿楼工程荣获“青岛杯”奖；大河东水库、登瀛水库工程被评为山东省优质水利工程等荣誉。曾数次荣获青岛市劳动竞赛委员会颁发的“质量奖”和“效益奖”，连续多年获得省、市“重合同守信用企业”、“免检企业”等称号。企业先后通过了ISO9002国际质量体系认证、ISO14001环境管理体系认证、OHSAS18001职业安全健康管理体系的认证，实现了多种体系的共同运行。

集团公司在坚持走“一业为主、建工并举、全面发展”的多种经营道路的同时，始终坚持两个文明一起抓，先后荣获了“市级文明标兵单位”、“市百强乡镇企业”、“市级绿化先进单位”、市建设系统“劳动竞赛先进单位”、“安全生产先进单位”、“管理工作先进单位”、“市级建筑业先进单位”、“青岛市劳动保障A级诚信企业”等光荣称号，并连续多年被崂山区委、区政府授予“先进基层党组织”、“园区建设先进单位”、“建安企业先进单位”、“二级经济强企”等荣誉称号。

单位地址： 青岛市崂山区崂山路201号
电　　话： 88811688　88810777　88811559
邮　　编： 266102
电子邮箱： qingshajian@163.com

麒麟山庄

集团办公楼

集团公司大事记

1984年10月　成立崂山区沙子口镇建筑公司
1993年06月　组建青岛市沙子口建设工程总公司
1998年10月　改制为股份合作制企业，成立第一届董事会
2000年08月　成为崂山区首批ISO9002国际质量体系认证企业
2001年08月　通过ISO14001环境管理体系认证OHSAS18001职业安全健康管理体系认证
2006年10月　沙子口海堤工程荣获中国水利工程最高荣誉“大禹”奖
2007年02月　麒麟山庄工程荣获山东省建筑工程质量最高奖“泰山杯”
2008年01月　正式组建青岛沙建建设集团有限公司

沙子口海堤

沙子口海堤工程荣获大禹奖

麒麟山庄工程荣获泰山杯

特载

◇郭兆信在全省住房和城乡建设工作会议上的讲话

◇杨焕彩在全省住房和城乡建设工作会议上的报告

◇山东省住房和城乡建设事业发展第十二个五年规划

◇二〇一一年全省住房和城乡建设工作要点

山东省副省长郭兆信在全省住房和城乡建设工作会议上的讲话

（2011 年 1 月 18 日）

同志们：

这次全省住房和城乡建设工作会议的主要任务是，认真贯彻党的十七届五中全会、中央和全省经济工作会议及全国住房和城乡建设工作会议精神，总结回顾去年的工作，安排部署今年的任务。姜异康书记、姜大明省长对这次会议非常重视，专门为会议致信，对做好下一步工作提出了明确要求。各级各有关部门要认真学习领会，切实抓好贯彻落实。同时，济南、青岛、聊城等 8 个单位作了经验交流。焕彩同志作了工作报告，对今年的工作进行了具体安排，讲得很好，我都同意。下面，我讲几点意见。

一、发扬成绩，认清形势，进一步增强推动建设事业平稳较快发展的责任感和紧迫感

“十一五”以来，全省建设系统深入贯彻落实科学发展观，认真执行中央和省委、省政府的各项决策部署，紧紧围绕转方式、调结构开展工作，取得了显著成绩。房地产市场调控取得积极成效，保障性住房建设、农房建设与危房改造、既有居住建筑节能改造等任务都超额完成，城乡规划建设管理水平明显提升，城乡面貌进一步改善。建设事业为全省经济社会发展作出了重要贡献：一是保障和改善民生成绩突出。“十一五”期间，基本建立了惠及城市中低收入家庭的住房保障体系，开展了大规模的农房建设与危房改造，解决了 50 万户、200 多万城市居民的住房困难，改善了 270 万户、1000 多万农民的生活居住条件。二是拉动了经济增长，促进了财政增收。据统计，过去的五年间，全省城市和村镇建设、住宅与房地产共完成投资 1.9 万亿元，占固定资产投资的 24.8%；房地产业和建筑业缴纳各种税收 2300 亿元，占全省地税和财政系统组织税收收入的 33.2%。三是扩大了城乡就业，增加了农民收入。全省建筑业、市政园林环卫行业、物业管理行业吸纳农民工约 310 万人，每年可增加农民收入 700 多亿元。四是促进了结构调整，加速了城镇化进程。城乡二元结构得到明显改善，各类设施不断完善。建筑节能和城镇减排快速推进，促进了生态文明建设，有力拉动了新材料、新能源产业的发展。全省城镇化水平进一步提高，形成了梯次明显、结构合理的城镇体系，为新型工业化、农业现代化提供了有力支撑。2010 年与 2005 年相比，全省城市和县城建成区面积增加 1120 平方公里，城市道路增加 9660 公里，园林绿地面积增加 6.5 万公顷，分别增长 31.6%、31.9%、52.5%，污水集中处理率由 49% 提高到 85%，垃圾无害化处理率由 58% 提高到 80%。另外，汶川地震后，全省建设系统从板房建设到恢复重建，都勇挑重担、攻坚克难，先后有 4 万多名干部职工奋战在援川一线，出色地完成了中央和省委、省政府交付的各项任务。这些成绩来之不易，是各级党委、政府高度重视、正确领导的结果，是各有关部门密切配合、关心支持的结果，是建设系统广大干部职工开拓进取、拼搏实干的结果。在此，我代表省政府、代表大明省长向同志们表示衷心感谢！

“十二五”是全面建设小康社会的关键时期，是推动经济转型升级的攻坚时期，也是我省由经济文化大省向经济文化强省跨越的重要时期。今年是“十二五”开局之年，中央经济工作会议确定实施积极的财政政策和稳健的货币政策，加快推进经济结构调整，切实抓好节能减排，着力保障和改善民生，保持经济平稳较快发展，促进社会和谐稳定。全省经济工作会议把经济结构战略性调整作为主攻方向，把保障和改善民生作为根本出发点和落脚点，把建设“两型”社会作为重要着力点，要求加快实施重点区域带动战略，积极稳妥推进城镇化，加快推进社会主义新农村建设。这些都为建设工作指明了发展方向，提出了明确要求。全省建设系统一定要把思想认识统一到中央和省委、省政府的决策部署上来，用辩证的眼光看待和分析面临的机遇和挑战。既要珍惜机遇、抓住机遇、用好机遇，又要认清挑战、应对挑战、战胜挑战，化挑战为机遇，变压力为动力，掌握工作主动权，努力推动建设事业平稳较快发展。

二、突出重点，强化措施，把建设领域事关经济社会发展全局的工作抓实抓好

住房建设工作涉及领域多，包含内容广，在经济社会发展中承担着十分重要的任务和责任，在改善民生、促进社会和谐方面发挥着十分重要的基础保障作用。刚才，焕彩同志就今年的各项工作作了全面安排。下面，我再强调几个重点问题。

（一）确保圆满完成保障性住房建设任务。党中央、国务院和省委、省政府对保障性住房建设高度重视。胡锦涛总书记在北京考察民生时强调，要抓好保障性住房建设，改善困难群众的住房条件。温家宝总理多次指出，政府要管好保障性住房，解决中低收入者的住房问题。近期，李克强副总理将主持召开全国保障性安居工程建设座谈会，对今年的建设任务进行部署。异康书记、大明省长多次调度并亲自考察保障性住房建设情况，在全省经济工作会议上明确提出，今年我省将进一步加大力度，确保完成国家分配的各类保障性住房建设任务。据了解，全国今年的任务是1000万套，国家分配给我省的任务是32万套，比原来我们上报的26.4万套增加了6万套。保障性住房建设任务是一项约束性硬指标，必须确保完成。做好保障性住房建设，是各级政府义不容辞的重要职责，也是关注民生的重要体现。各级各部门一定要采取强力措施，全力推动，坚决保质保量完成任务。要多渠道筹集建设资金，积极争取中央补助资金，落实相应配套资金，严格执行土地出让净收益10%以上的提取比例，加大各级财政支持力度，开展好住房公积金贷款支持保障性住房建设试点，鼓励社会资金投入。最近，大明省长主持召开省政府常务会议，研究确定2011年省财政支出5亿元用于支持保障性住房建设。各市也要加大这方面的投入。省住房建设厅要将新的任务指标尽快分解到各市，各市要根据中央和省下达的计划，把建设任务进一步分解，抓紧落实到项目、落实到地块、落实到责任部门和责任人，并向社会公布。具体实施中，一是要把公共租赁住房建设作为重点，充分发挥各类开发区、产业园区和大企业的积极性，重点建设30～40平方米的小户型公租房，加快解决中等偏下收入家庭和新就业职工、外来务工人员的阶段性基本居住问题。二是要继续推进城市和国有工矿棚户区改造，加快实施铁路、林区、垦区棚户区改造。铁路、林业、农业部门要协同动作，形成合力，抓紧编制规划，与铁路沿线环境整治、林区和垦区基础设施建设结合起来，同步推进。铁路棚户区大多位于市区内，要争取纳入城市保障性住房的总体规划，研究运用市场化的办法，统筹协调，整体推进，力争用两年时间基本完成。林区棚户区改造，国家已拨付了补助资金，省里已安排了配套资金，市、县也要筹集落实资金，制定工作计划，落实工作责任，加快推进，确保如期完成任务。三是要继续扩大廉租住房保障覆盖面，保持合理的经济适用住房供应规模，组织好限价商品住房建设。需要指出的是，各市在完成当年廉租房保障任务的前提下，对公租房、经济适用房、限价商品房和各类棚户区改造，在坚持“供应结构可调，任务总量不变”的原则下，可根据当地需求状况灵活确定相应规模。四是要鼓励引导企业和社会机构参与保障性住房建设经营。落实投资补助、贷款贴息、税收优惠、行政事业性收费和政府性基金减免等优惠政策，支持鼓励企业利用自有土地建设公共租赁住房，面向企业内部符合条件的职工出租，搞好运营管理。对企业利用自有土地开展集资合作建房、供应企业内部符合经济适用住房供应条件职工的，经城市人民政府批准，符合城市规划，要纳入经济适用住房的管理范畴，执行相关建设标准，并在用地、税费等方面给予优惠扶持。各市要学习借鉴济南、青岛、济宁、聊城等市的做法，在普通商品房小区中按一定比例配套建设保障性住房。

（二）*继续坚定不移地推进农村住房建设与危房改造*。农村住房建设与危房改造工作开展两年来，总体进展不错。全省经济工作会议确定，今年新建农房80万户、改造危房20万户。数量虽比前两年有所减少，但任务更加艰巨，工作难度更大。在前段召开的省土地综合整治工作领导小组第二次会议和全省农村土地综合整治示范区建设工作会议上，对正在进行的农村住房建设进一步提出了明确要求。第一，我省前段农村住房建设做法是好的，符合国务院常务会议精神，符合山东农村实际，体现了广大群众的意愿，必须坚定不移地推进，不能犹豫动摇，更不能停滞不前。第二，前段工作中，个别地方出现的有些问题是前进中、发展中的问题，要认真分析，及时改进。手续不全的，要帮助补齐；工作不到位的，要进一步完善；做得不规范的，要帮助纠正。特别是要尊重农民意愿，不搞强迫命令。农房建设宜分则分、宜合则合，宜楼则楼、宜房则房，切实加强农村基础设施建设，统筹镇村三次产业发展，解决好农民生产生活问题，特别是长远发展和生计问题，最大限度让利于民。第三，土地综合整治示范项目区的农村住房建设要与土地综合整治工作密切结合。土地综合整治为搞好农村住房建设提供了更加有利的条件。各地要把新型农村社区建设和土地整治以详规的形式落实在具体地域和地块上，实现村镇规划、新型农村社区规划与土地整治规划有机统一，规划审批与项目审批相一致。要始终把维护农民的合法权益放在首位，项目区增减挂钩的土地收益要重点向农村基础设施和农房建设倾斜。全省66个增减挂钩试点项目的村庄，今年必须全部启动农村住房建设。同时，各地要对前两年改造的村庄开展一次“回头看”，重点查看优惠政策是否落实到位、农民是否得到实惠、配套设施是否齐全、房屋建筑是否安全等，进一步提升农村住房建设水平，更好地满足农民群众生产生活需要。

（三）*继续改进和加强房地产市场调控*。总的看，我省房地产市场总体上是理性的、健康的。去年11月，李克强副总理作出重要批示，充分肯定了我省调控房地产市场的做法。但也有部分城市个别地块房价过高、涨幅过快，这个问题已引起了社会广泛关注。下一步，要以遏制房价过高、涨幅过快为重点，采取强有力的综合措施，进一步改进和加强房地产市场调控，加大供应和需求的双向调节力度，保持房地产市场稳定健康发展。一是进一步调整优化住房供应结构，严格执行保障性住房用地政策。国土资源部、住房和城乡建设部联合下发了《关于进一步加强房地产用地和建设管理调控的通知》，明确要求确保保障性住房、棚改项目和中小套型普通商品房用地不低于住房建设用地供应总量的70%，各地要不折不扣地执行到位。在此基础上，结合各地实际，选择地块，探索以划拨和出让方式加大公共租赁住房供地建房、逐步与廉租房并轨、简化并实施租赁住房分类保障的途径。在房价高的地区，要增加中小套型限价住房建设供地数量，以中小套型、中低价位商品住宅为重点，保持合理的房地产投资和开发建设规模。未完成2010年保障性住房建设用地供应任务，保障性住房、棚户区改造住房、中小套型普通商品住房“三类用地”供应总量未达到住房用地供应总量70%的市、县，近期不得出让大户型高档商品住宅用地。二是在支持自住性、改善性住房需求的同时，坚决抑制投资投机性购房，严格实施差别化的住房信贷、税收政策，必要时有关热点城市也可实施住房限购措施。三是完善符合省情的住房体制机制和政策体系，加快住房信息系统建设，提高房地产市场监管水平，规范市场秩序。在这方面，青岛市进行了有益探索，各地要学习借鉴。四是加大违法违规行为清理查处力度。严格查处囤地炒地闲置土地行为，对由于开发商自身原因导致土地闲置一年以上不满两年的，必须征收闲置费；闲置两年以上的，必须坚决收回。严格查处国家机关工作人员在建设用地规划变更、容积率调整中玩忽职守、权钱交易等违纪违法行为，坚决制止擅自调整容积率问题。严格查处商品住房建设和销售的违法违规行为，对房地产开发企业擅自突破住房套型结构比例、不按要求配建保障性住房、无故拖延开竣工时间及捂盘惜售、囤积房源、虚假宣传、哄抬房价等违法违规行为，要严肃查处，决不姑息。五是严格落实工作责任，严格责任追究。在全国住房和城乡建设工作会议上，姜伟新部长表示，2011年住建部将适时会同监察部对省、市人民政府稳定房价工作进行考核，对政策落实不到位、工作不得力的，将进行约谈直至追究责任。省住建厅也要会同监察厅，对各市政府稳定房价工作进行考核，督导各市进一步做好工作。需要指出的是，调控市场并不是遏制产业发展，房地产业和建筑业对优化经济结构、扩大社会就业、增加财政收入作用重大，要坚定不移地做大做强。要培植一批省内大企业，引导房地产和建筑施工骨干企业组成战略联盟，与一些优秀勘察设计、建筑部品生产企业以及科研开发单位密切协作，进一步提高企业实力与核心竞争力。

（四）下大力气抓好工程质量和安全生产。随着保障性住房和房地产业的快速发展，我省建筑领域安全生产形势日趋严峻，群众对工程质量问题反映也日趋增多。出现工程质量和安全问题，原因是多方面的，但最根本的是机制不健全，监管不到位，层层转包、偷工减料现象屡禁不止，现场作业人员责任心不强、操作技能差。现在买套房子几乎要花掉毕生积蓄，有的还要借钱、贷款，非常不容易。但如果买的房子存在质量安全隐患或毛病百出，购房者的不满情绪可想而知。各级建设部门必须以对群众利益高度负责的态度，切实抓好建筑工程质量，最大限度地减少质量通病，让老百姓买放心房、住舒心房。从今年起，在全行业推行责任到人、记录在案、问题追偿的工程质量终身负责制，把勘察、设计、施工、监理、材料供应、质量安全监督等各个环节的所有责任单位和责任人一一记录到工程档案中，一旦出了问题，倒过来追究责任。损失不仅由单位赔偿，个人也要赔偿。要从工程承发包源头抓起，严格规范招投标活动，重点解决虚假招标和层层转包问题。要吸取青州事故教训，把各类开发区、工业园区和城乡结合部的工程项目纳入统一管理，坚决消除安全监管盲区。要吸取上海静安火灾教训，严格进行外墙保温、装饰装修材料阻燃性能检验检测，严格执行特殊工种持证上岗制度，严格按操作规程作业。要吸取南京化工管线爆燃教训，以城市地下管线工程档案归集和查询利用为核心，抓紧建立管线信息动态管理机制，从根本上减少因情况不明、野蛮施工造成的各类管线事故。要搞好市政运营管理。当前正值隆冬时节，各级要紧张动员起来，扎实做好各项工作，确保城乡居民水电暖气正常供给。特别是要千方百计保证供热用煤，抓好备用气源储备，确保燃气、热力稳定供应。要抓好公园和景区安全管理，确保游览场所和游乐设施安全。遇有雨雪冰冻天气，要及时组织力量清扫，保城市道路、桥梁安全畅通。

（五）用城乡统筹的理念推进城镇化。“十一五”期间，我省城镇化发展较快，年均提高0.8个百分点。但总体水平还不高，突出表现在大城市带动能力不强，小城镇整体实力偏弱，城市群发育程度尚需提升，城乡发展还不平衡，村镇规划建设管理仍相对薄弱。全省经济工作会议对加快推进新型城镇化提出了明确要求，各地各有关部门要认真抓好贯彻落实，推动全省城镇化由偏重数量规模增加向注重质量内涵提升转变、由偏重经济发展向注重经济社会协调发展转变、由偏重城市发展向注重城乡一体化发展转变。要继续强化城乡统筹的理念，大力实施新型城镇化战略，确保今年全省城镇化水平提高1个百分点，达到50%以上。要继续抓好山东半岛城市群、济南都市圈、黄河三角洲城镇培育区、鲁南城镇带规划建设，发展壮大区域中心城市，大力发展县级市、县城和中心镇，进一步优化城镇空间结构。要推进大中小城市基础设施一体化建设，改进和加强城市管理，着重抓好对城乡结合部的控制、建设和改造，为市民营造良好生活和工作环境。要借鉴威海市的做法，下决心对乡村环境进行彻底综合整治。要继续实施强镇扩权试点，大力培育中心镇。要加强和改进大城市人口管理，放宽地级市落户条件，全面放开县级市、县城和小城镇落户，引导农村人口就近有序转移。要深化土地流转制度改革，推进就业、住房、养老、医疗、教育等改革，促进农民工“市民化”，为新型城镇化发展提供制度保障。要深入开展和谐城乡建设行动，全面提高城乡规划建设管理水平。

三、加强领导，改进作风，为住房城乡建设工作提供保障

（一）各级政府要进一步加强组织领导。要把建设工作列入重要议事日程，主要领导要亲自过问，分管领导要靠上抓。要及时把握行业动态和工作动向，及时研究工作中遇到的重大问题和深层次矛盾。要把涉及住房和城乡建设工作的重大政策、重点项目、重要指标纳入“十二五”规划，在资金、项目等方面给予重点支持。要加大对城市保障性住房和农村住房建设的投入，建立随经济发展同步增长的投入保障机制。要善于运用督导监管手段抓工作，不仅重视事前部署，更要注重事中督导和事后检查考核。对性质恶劣、造成不良影响、社会反应强烈的违法违规行为，特别是对于一些严重的质量安全问题，一定要依法查处，切实维护广大人民群众利益，树立政府公信力。

（二）部门齐抓共管形成整体合力。建设工作涉及的方面多，经济调节性、社会管理性、公共服务性很强，需要有关部门和社会力量的积极参与和支持配合。各有关部门要牢固树立“一盘棋”的思想，结合自身职能，从政策、资金、项目、税费、资源共享等方面积极支持建设事业发展。对政府和有关综合部门的分管领导来说，支持建设工作是职责要求，也是有所作为的体现。对自己分管的这块工作，要理直气壮、积极主动地争取政策、项目、资金，把工作做实、做细、做到位。建设部门要主动加强与相关部门的沟通交流，及时通报有关情况，积极争取支持配合，形成推进建设工作的强大合力。

（三）运用新机制新方法推动工作开展。面对新的形势和任务，各级要用改革创新的思路，研究运用法制化、市场化、规范化的手段，推动建设事业加快发展。特别是要进一步深化供水、供气、供热等市政公用事业改革，建立完善政府监管、社会投资、市场运作的运行机制。各级政府要转变职能，逐步改变直接经营市政公用事业的做法，集中力量抓好市政公用事业发展规划、引导社会投资、强化市场监管以及营造良好的政策和经营环境，形成良性竞争氛围，切实推进市政公用事业扩大供给能力、提高经营效率、提升服务质量、保障运行安全。要研究制定和落实政策措施，鼓励支持节能环保新型建筑材料的应用推广，尽快推开热气计量到户工作。

（四）建设部门要进一步加强自身建设。建设部门掌握大量资金，掌管资质发证、工程招投标和检查验收等权力，必须要严格落实党风廉政建设责任制，依法规范自身行政行为，坚持用制度管人、管权、管事，最大限度地减少权钱交易、以权谋私的制度性漏洞。要坚持依法决策、科学决策、民主决策，全面推进政务公开、办事公开、阳光操作，强化建设行政执法层级监督，主动接受群众监督和舆论监督。要牢固树立以人为本的工作理念，设身处地为群众着想，虚心听取群众意见，真心实意为群众办事，让老百姓得到看得见、摸得着的实惠。要从思想、工作、生活上关心爱护干部职工，使广大职工保持昂扬向上、奋发有为的精神状态，形成爱岗敬业、诚实守信、办事公道、服务群众、奉献社会的职业道德风尚。

同志们，今年是“十二五”规划的开局之年，新形势新任务对住房建设工作提出了新的要求。各级各部门要在省委、省政府的正确领导下，开拓进取，扎实工作，为推进经济文化强省作出新的贡献，以优异成绩迎接建党90周年。

春节即将到来，我代表省政府提前给大家拜个早年！祝大家工作顺利，身体健康，阖家幸福！

山东省住房和城乡建设厅厅长杨焕彩在全省住房和城乡建设工作会议上的报告

（2011年1月18日）

同志们：

大家昨天参观了聊城城市建设现场，听取了五位同志的典型发言，今天又听取了聊城林峰海市长、济南王良常务副市长、青岛王建祥副市长的经验介绍，感到很受启发、很受鼓舞。刚才省政府张传亭副秘书长传达了姜异康书记、姜大明省长的致信，郭兆信副省长还要作重要讲话，我们一定要认真学习领会，抓好贯彻落实。下面，我讲几点意见。

一、“十一五”期间建设工作取得巨大成就，有力促进了全省经济社会又好又快发展

“十一五”期间，全省建设系统深入贯彻科学发展观，认真执行国家和省的一系列重大决策部署，坚持服务大局、推动发展，坚持以人为本、关注民生，坚持城乡统筹、改革创新，特别在应对国际金融危机和抗震援川工作中勇挑重担、攻坚克难，各项工作扎实推进，主要指标超额完成，建设事业保持了持续快速健康发展的良好态势，为全省经济社会发展做出了积极贡献。“十一五”时期，是全省建设事业大发展、城乡面貌大变化、工作水平大提高的时期，每个城市、每个领域、每个行业都各有亮点、各有优势、各有特色，建设工作的地位和作用空前提升。

——城镇化进程扎实推进。省委、省政府召开了高规格的全省城镇化工作会议，出台了推进新型城镇化的意见，各市相继召开会议、制定政策，加快推进新型城镇化上升到全局和战略层面，在全省上下形成浓厚氛围。“十一五”期间，全省城镇化水平年均提高0.8个百分点，2010年达到49%左右，发展质量明显提高，初步形成了以山东半岛城市群、济南都市圈、黄河三角洲城镇培育区、鲁南城镇带为主体，以济南和青岛为核心、大中城市为中坚、小城市和小城镇为基础的城镇体系。

——住房保障工作成效显著。五年间投入住房保障资金800多亿元，基本建立起多层次、广覆盖的住房保障体系，解决了52.5万户城镇低收入家庭的住房困难。廉租住房制度全面建立，为10万户提供了廉租住房保障，符合条件、提出申请的低保家庭实现应保尽保；新建经济适用住房25万套，改造城市和国有工矿棚户区1450万平方米、15.8万户；17市全面启动公共租赁住房试点，新建1.7万套。住房公积金缴存人数达600万人，缴存总额1219亿元，提取廉租住房建设补充资金32亿元。

——城乡规划的调控指导作用进一步增强。山东半岛城市群、半岛蓝色经济区、山东省海岸带、黄河三角洲和鲁南城镇带等城市群规划的编制实施，对于优化城镇空间布局、促进区域经济发展发挥了重要作用。108个市县全部编制完成了新一轮城市总体规划，75个已批准实施，有力推动了城市空间科学拓展和城镇化有序推进。17市县编制了城乡统筹规划，35个市县实现城市规划建成区控规全覆盖，县域村镇体系规划、农房建设与危房改造3年规划全面完成。城市规划委员会和“阳光规划”制度进一步完善，规划工作的政务公开和民主决策水平进一步提高。

——城市环境面貌发生巨大变化。五年间，全省设市城市和县城累计完成城建投资3330亿元，2010年底污水集中处理率85%、生活垃圾无害化处理率80%、集中供热普及率45%，城市人均道路20.5平方米、公园绿地15平方米，国家园林城市和节水型城市数量均居全国第一。扎实开展迎奥运、迎全运环境整治，城市面貌特别是旧城区、近郊区形象大为改观，打造了一批新亮点。城市管理规范化、精细化、人性化、数字化步伐加快，在全国率先建立了城市地下管线安全管理机制，城市管理效能和水平明显提高。新建了一大批文化设施和体育场馆，历史文化名城、名镇、名村和风景名胜区保护与管理工作进一步加强，为文化产业和旅游业发展提供了良好载体。

——农村生产生活条件明显改善。全省村镇建设完成投资4102亿元，是“十五”时期的2.2倍，村镇自来水普及率83%，小城镇污水处理率14.9%、垃圾处理率69.4%。“百镇千村”建设示范活动深入开展，新增21个省级中心镇。村庄和省际边界地区环境整治扎实推进，4000多个村庄面貌发生较大变化。2009年在全国率先开展政府主导下的农村住房建设与危房改造，两年间整体改造7800多个村庄，完成农房建设投资2700亿元，230万农户的居住条件得到彻底改善，有力推动了城乡一体化发展。

——工程建设管理日趋规范。工程建设程序和标准管理进一步加强，招标投标、施工图审查、施工许可、质量安全监督、竣工验收及备案、建设工业产品备案、建设执业注册、工程档案归集等制度逐步完善，防止拖欠工程款和农民工工资的长效机制基本形成，建筑市场规范化程度显著提高。勘察设计责任保险制度全面推行，繁荣建筑设计创作成效明显。招标代理、造价咨询、建设监理和项目管理行业发展加快，服务水平进一步提高。下大力气抓安全生产，安全事故和伤亡人数逐年下降。深入开展工程质量通病治理和创“质量诚信、用户满意”工程活动，工程质量稳步提高，获“鲁班奖”41项、国家优质工程奖62项、全国建筑工程装饰奖88项，创优总量居全国前列。

——房地产业稳定健康发展。房地产开发投

资年均递增23%，累计超过1万亿元，住房供应结构不断优化，住房二级市场日趋活跃，人均住房建筑面积达到31.8平方米。在全国率先推行房地产开发项目建设条件意见书制度，率先完成房地产市场信息系统省级联网，对于提高开发项目综合品质、调控房地产市场发挥了重要作用。在全国率先大幅度提高拆迁补偿标准，率先实行住宅小区内公用设施投资和维护费用由专营单位承担，有力维护了群众切身利益。住宅产业化走在全国前列，3家企业被命名为国家住宅产业化基地，实施国家康居示范工程24个。住房品质稳步提升，24个项目获“广厦奖”。物业管理行业发展迅速，实行物业管理的面积比“十五”末增加近1倍。

——建筑业发展再上新台阶。做大做强建筑业成效突出，支柱产业地位进一步强化。培育大企业、品牌企业取得突破性进展，2家企业年产值过百亿，5家企业过50亿，17家企业过20亿，特级企业数量达到13家，产业集中度和市场竞争力大幅提高。开拓外埠建筑市场创出佳绩，出省出国施工人数累计突破150万人，完成施工产值2200亿元，比“十五”期间翻了一番。五年完成全社会建筑业总产值2.9万亿元，稳居全国第三；实现增加值8165亿元，约占全省GDP的7%；年均从业人数322万人，每年吸纳250多万农民工就业，为缓解就业压力、促进农民增收做出了重要贡献。

——建筑节能和科技创新卓有成效。在全国率先全面推行建筑节能新标准，建立建筑节能闭合管理机制，建成节能建筑2.2亿平方米，超额完成国家下达的1900万既有居住建筑节能改造任务。集中供热系统节能技改全面展开，供热计量改革取得阶段性成果。所有设市城市、县城和部分建制镇已禁用实心粘土砖，新型墙材生产和应用比例分别达到84%、97.5%。可再生能源建筑应用规模迅速扩大，4市5县被列为国家示范城市和示范县。扶持开发新技术、新产品300余项，2项获国家科技进步二等奖，20项获省科技进步一、二等奖。各类建设执业注册师达到14.5万人，培训各类管理和专业技术人员20万人，资格性岗位和职业技能培训70万人，培训建筑农民工150万人次。

——建设领域改革开放不断深化。省和各市规划建设管理行政机构改革已基本到位，各地城市管理执法体制进一步理顺。城建投融资体制改革迈出新步伐，30多个设市城市成立了城建投融资机构，在筹集城建资金方面发挥了重要作用。市政公用事业改革进一步深化，运营和服务效率明显提高。建设领域对外开放水平不断提高，五年累计吸引外商直接投资项目463个，实际利用外资达到41亿美元，利用世行、亚行贷款项目进展顺利；新签对外工程承包和劳务合作合同额147亿美元，施工地点涉及20多个国家和地区。

——党风廉政、依法行政、精神文明和行业作风建设水平明显提高。深入开展了学习实践科学发展观活动，党员干部的理论素养和行政能力进一步提高。深入落实党风廉政建设责任制，努力从源头上治理腐败现象，党员干部廉洁自律意识不断增强。提请省人大、省政府制定和修订了8件地方性法规和省政府规章，出台了57件部门规范性文件，颁布了80项工程建设标准，建设法规体系进一步完善。全面实行建设行政执法责任制，深入开展各类执法检查，查处了一批违法违规行为。“四五”依法行政工作成效显著，省厅在去年底的全国建设会上介绍了经验。拆迁管理和信访工作得到加强，进京到省上访案件进一步减少。各类精神文明创建活动、重点工程立功和“安康杯”竞赛深入开展，创建了一大批文明工地、文明小区、文明村镇、文明服务窗口。

——抗震救灾和恢复重建贡献突出。汶川地震后，按照中央和省委、省政府的部署，全省建设系统勇挑重担，先后组织8000多人奔赴灾区，建成过渡性安置房3.3万套，提前超额完成国家下达的任务。全系统积极参与北川灾后恢复重建，编制了北川县城乡住房建设规划和17个乡镇重建规划，200多名干部、300多家企业、3.5万名职工奋战在一线，在新县城建设中发挥了主力军作用，涌现出崔学选等一批英模人物，为实现“三年援建任务两年基本完成”做出了突出贡献。

2010年是全面完成“十一五”规划的关键性一年，全系统、按照年初确定的“一二三四五”工作布局，扎实推进各项工作，尤其在事关国计民生、影响全省大局的方面全面完成任务，取得优异成绩。省政府下发了和谐城乡建设行动实施方案，完善了山东半岛蓝色经济区城镇体系规划，黄河三角洲城镇体系规划和鲁南城镇带规划成果通过评审；完成城建投资900亿元，新增城市道路1380公里、绿地5500公顷，新增污水、垃圾日处理能力110万吨、3900吨，17市和部分县市开通了12319热线；截至11月底新建经济适用住房5.1万套、廉租住房1.7万套，新增廉租住房租赁补贴8000户，全面启动公共租赁住房试点并新建1.7万套，改造棚户区7.28万户；农村住房整村建设在建和完工126万户，改造危房25万户；建成节能建筑6000万平方米，建成太阳能光热建筑一体化应用项目1800万平方米，完成既有居住建筑节能改造1010万平方米，实行供热分户计量收费的建筑达到2800万平方米；房地产开发投资和商品房销售双双突破3000亿元，建筑业完成总产值8500亿元，其中装饰装修行业年产值突破1000亿元，房地产业和建筑业缴纳各种税收835.7亿元，占全省财政和地税系统组织税收收入的42.8%。这些成绩来之不易，这是全系统广大干部职工克服种种困难、争取各方面支持、创造性开展工作的结果，这充分体现了我们建设系统是一支干事创业、创先争优的队伍，是一支拼搏奉献、能打硬仗的队伍。

同时，我们要清醒地看到工作中存在的一些不足和问题：一是城镇体系有待进一步健全，大城市辐射带动能力不强，小城镇整体实力偏弱，城市群发育程度尚需提升。二是城乡发展还不平衡，村镇规划建设管理仍相对薄弱，城乡基础设施和公共服务设施水平差距明显。三是保障性住房供应还不能满足群众实际需求，中低收入群众住房困难问题需加快解决。四是建筑市场秩序还不够规范，质量安全管理有待进一步加强。五是城市基础设施总量仍相对不足，市政管网不够完善，园林绿地分布不均，防灾减灾体系还不健全，大中城市交通拥堵和停车难问题日益突出。六是建设领域节能减排任务十分繁重，既有居住建筑节能改造资金缺口较大，按实际用热量计价收费尚未大范围推开。这些问题，我们要在今后工作中认真研究解决。

二、深入贯彻党的十七届五中全会和省委九届十一次全会精神，把握好“十二五”时期建设工作应遵循的原则

党的十七届五中全会，综合分析国内外形势新变化新特点，为制定“十二五”宏伟蓝图确立了指导思想、基本原则、奋斗目标和工作重点，特别就城镇化、住房保障、房地产市场调控、新农村规划建设、建筑节能、城镇污水和垃圾处理提出了明确要求。省委九届十一次全委会深刻分析省情，科学研判了我省“十二五”时期面临的机遇和挑战，确定要坚持结构调整、创新驱动、统筹兼顾、民生优先、绿色发展、改革开放，进一步推动全省科学发展、和谐发展，率先发展，加快建设经济文化强省。中央和省委的重大决策，充分体现了战略性、前瞻性和指导性，为我们做好建设工作指明了方向。

按照中央和省委关于制定“十二五”规划的建议，结合我省建设工作实际，省厅制定了《山东省住房和城乡建设事业发展“十二五”规划》，提出了“十二五”时期的指导思想、发展目标和工作原则，明确了十个方面的主要任务。到2015年，全省城镇化水平55%；城市和县城人均道路面积22平方米，集中供热普及率50%，污水集中处理率90%，垃圾无害化处理率96%，建成区绿化覆盖率42%；小城镇自来水普及率90%，污水集中处理率31%，垃圾无害化处理率22%；新建农村住房300万户，改造危房40万户；新增住房保障户数67万户，住房保障户数占城镇中低收入家庭比重达到20%以上；完成房地产开发投资1.9万亿元，实现全社会建筑业总产值5.8万亿元；执行居住建筑节能75%、公共建筑节能65%的设计标准，完成既有居住建筑节能改造4000万平方米，城镇规划区新型墙材应用比例100%。各地各部门要对照这些目标任务，结合当地实际，根据党委政府统一部署，编制实施本地、本行业“十二五”规划。

“十二五”时期，在建设工作指导上，要把握和坚持五个原则：一是坚持科学发展，提升质量效益。把科学发展观的要求体现到建设工作的各个方面，立足行业实际，突出发展主题，遵循发展规律，破解发展难题，创新发展思路，加快转变建设事业发展方式。要更加注重建设行业发展的综合效益和社会贡献，算好算细投入产出账，把发展成果更多地体现到经济增长、财政增收、产业结构调整、公共服务改进、人居环境改善、职工收入增加上。二是坚持创新驱动，深化改革开放。把创新创造的精神贯穿到建设工作的各个环节，把改革创新和科技进步作为加快转变建设事业发展方式的重要支撑，坚持不懈地推进城乡规划、城建投融资、城市管理、工程建设管理、市政公用事业等各项改革，更加积极地组织研发和推广应用先进适用技术和产品，更加积极地开展对外经济技术合作，为建设事业发展不断增添新活力。三是坚持统筹兼顾，优化城乡结构。把统筹兼顾作为做好建设工作的根本方法，积极稳妥地推进新型城镇化，着力破除城乡二元结构，统筹城市发展与新农村建设，加快推动农村人口到城镇就业定居、城市基础设施向农村延伸、城市公共服务向农村覆盖、城市现代文明向农村辐射，实现城乡共同繁荣。四是坚持绿色发展，建设低碳城镇。把合理的资源环境容量和科学的建设标准作为城乡规划建设的前提，节约集约利用各种资源，保护好生态环境、自然景观和历史文化遗产，构建环境友好、适宜人居、富有文化底蕴的空间载体。把推进建筑节能和城镇减排作为转变建设事业发展方式的重要内容，不断扩大应用新型建材、新式工艺、新型设备和可再生能源的规模，从终端环节拉动新材料、新能源等战略性新兴产业发展。五是坚持民生优先，促进社会和谐。把维护群众利益、保障改善民生作为建设工作的出发点和落脚点，切实抓好住房保障、农房建设、房屋拆迁、环境整治、工程质量、城市安全、物业管理和市政公用服务，努力构建富有行业特点的民生工作长效机制，让广大人民群众共享改革发展的成果。

三、认真扎实做好2011年各项工作，保持住房和城乡建设事业平稳较快发展

2011年是实施“十二五”规划的第一年，是全面建设小康社会、加快经济发展方式转变的关键一年。根据中央和全省经济工作会议、全国住房和城乡建设工作会议精神，结合我省实际，全省住房和城乡建设工作总的要求是：全面贯彻科学发展观，紧紧围绕经济文化强省建设，以推动转方式调结构为目标，以实施新型城镇化战略为主线，以保障和改善民生为着力点，突出抓好住房保障、农房建设、节能减排、产业升级，全面提升城乡规划、城市管理、质量安全、依法行政水平，切实加强党风廉政和行业作风建设，保持建设事业平稳较快发展，实现“十二五”良好开局。重点抓好八个方面：

（一）坚定不移地推进新型城镇化。全省城镇化工作会议和省委21号文件精神，与十七届五中全会对城镇化提出的要求是一致的，要坚定不移地继续抓落实。全省经济工作会议确定，今年城镇化水平要提高1个百分点，年底达到50%。一要扎实开展和谐城乡建设行动。上半年省城市化领导小组将依据实施方案和考核办法，对各市进行检查考核，各市也要组织好对县市区的考评。各市要以和谐城乡建设行动为抓手，坚持大中小城市协调发展，加快推进城乡一体化。重点引导县级市、县城和中心镇加快发展，完善基础设施，强化服务功能，主动承接大城市产业转移，壮大县域经济，为吸纳农民就地就近转移创造条件。要以96个国家级重点镇、252个省级中心镇为重点，制定支持小城镇发展的资金、人才等政策，完善基础设施和公共服务设施，培育一批有一定产业基础、辐射带动能力强、特色鲜明的经济强镇、区域重镇和文化名镇。要配合抓好16个省经济发达镇行政管理体制改革试点，支持潍坊抓好扩权强镇工作。按照规模适度、布局合理、设施配套、服务完善的要求，科学推进迁村并点，搞好新型农村社区建设，推进土地集约利用、农民集中居住，加快实现农民市民化、生活现代化。积极开展“百镇千村”建设示范活动。二要深入推进城乡规划全覆盖。抓好城市总体规划审批，力争由国务院审批的全部上报，由省政府审批的全部批复。各地要重点组织编制城市综合交通、停车场、景观风貌、地下空间开发利用等各类专项规划，编制到2015年的城市近期建设规划，适时更新和调整完善城市控制性详细规划，加快小城镇控制性详细规划和新建社区建设规划编制，提高控规覆盖质量。做好城市中心区、综合体、交通枢纽、繁华街道的规划设计，促进服务业集聚发展。强化规划统一管理，凡是向各类开发区下放规划管理权的，必须全部收回。将“阳光规划”推到村镇，在所有小城镇和村庄实施规划公示制度。加大历史文化名城、名镇、名村、街区和历史优秀建筑保护力度，提升城乡文化内涵。三要加强城镇基础设施建设。精心组织好各类重点城建项目建设，带动城镇承载能力提升，促进城乡面貌改善。积极应对城市交通拥堵的严峻形势，进一步优化路网结构，加强快速路、立交桥、停车场、公交场站等设施建设，保留和完善自行车道、人行道系统。重视管线共同沟、无障碍设施建设，加快改造水气热老旧管线。推动城市供水、燃气、供热、污水和垃圾处理向周边村镇延伸，逐步实现环卫、园林、供水等行业城乡一体化发展，提高城乡基础设施共建共享水平。

（二）坚定不移地推进住房保障。根据国家新下达的计划，今年全省保障性安居工程建设任务为32.43万套（不含租赁补贴），任务相当艰巨。各市要加大力度，确保完成。一要重点推进公共租赁住房建设。公共租赁住房是保障性住房新的增长点，今年全省计划建设7.4万套。要把人才公寓、农民工公寓、干部与教师周转房等纳入公共租赁住房建设和管理，有条件的地方可将公共租赁住房与廉租住房统筹合并建设。要拓宽筹资渠道，各地除财政投入外，可将从土地出让净收益和住房公积金增值收益中提取的廉租住房保障资金节余部分以及房改售房资金，用于发展公共租赁住房。在完成当年廉租住房保障任务的前提下，经同级财政部门同意，可将中央补助廉租住房保障专项资金用于购买、新建、改建和租赁公共租赁住房。二要搞好廉租住房保障和经济适用住房建设。以县市为重点，提高廉租住房保障收入线标准，扩大覆盖面，实现廉租住房与经济适用住房保障准入标准有效衔接，具备条件的可予以并轨，使城市低收入家庭根据自身经济状况自主选择保障方式，宜购则购，宜租则租。加大廉租住房建设和筹集力度，提高实物配租比重。各市要合理确定经济适用住房建设计划，保持合理的供应规模，同时引导有条件、符合政策规定的企业开展集资合作建房，作为经济适用住房统一管理。计划全省新建和筹集廉租住房1.2万套，新增租赁补贴0.8万户，新建经济适用住房8.7万套。三要大力推进棚户区改造。继续坚持科学规划、政府主导、政策扶持、市场运作、群众参与的方针，用好用活优惠政策，积极争取中央补助资金，加大地方财政支持力度，加快改造城市和国有工矿棚户区，积极配合有关部门开展垦区、林区和铁路棚户区改造，计划年内改造11.81万户。另外，有关城市要建设限价商品住房3.32万套。四要完善住房公积金制度。以城镇私营企业、外商投资企业和民办非企业单位以及各类社团组织在职职工为重点，加大住房公积金归集力度。摸清缴交单位底数和情况，加大行政执法力度，提高公积金实缴率。进一步降低门槛，减轻贷款人负担，积极稳妥发放公积金个人贷款，支持居民基本住房需求。要切实完善住房公积金监管体系，加快全省住房公积金监管信息系统建设，健全资产管理和风险管理机制，确保公积金安全。

（三）坚定不移地推进农村住房建设与危房改造。从这两年的工作实践看，农房建设给农民群众带来了实实在在的好处，符合中央统筹城乡发展、加快新农村建设的要求，符合山东省情，要坚定不移地抓下去。一要保质保量完成农房建设与危房改造任务。省政府确定今年完成农房整村建设80万户，确保完成3年300万户的任务，同时改造农村危房20万户。各地要继续以城中村、城边村、乡镇驻地村、大企业周边村、经济强村、矿区搬迁村和土地综合整治示范区内村为重点，深入推进农房建设与危房改造。要正确把握方向，尊重农民意愿，坚持从实际出发，宜合则合、宜分则分，宜楼则楼、宜房则房，加强农村基础设施建设，统筹镇村三次产业发展，扎实解决好农民社会保障和生活成本增加等实际问题。要按照国家六部委要求，探索建立建材下乡操作办法和工作模式。农房集中建设改造项目必须纳入工程建设程序，由县以上建设部门全过程监管，确保质量安全。二要加强新型农村社区基础设施建设。各地要建立土地转换平台，搞好土地收储和出让、转让，城乡建设用地增减挂钩指标优先用于农村住宅、基础设施和公共服务设施，节余土地指标留足农村发展用地。积极推广应用秸秆气化、秸秆型煤、大中型沼气、节能门窗、太阳能、地源热泵等节能环保适用技术，让农民住得好、花得少。对距离城市建成区边缘5公里以上、以多层楼房为主的新型农村社区，鼓励建设小型污水处理设施，省里将直接给予资金和技术支持。三要积极稳妥推进村庄环境综合整治。对没有进行迁村并点或整村建设的村庄，要总结推广威海经验，市县两级筹措资金，支持村庄开展环境综合整治。整治重点是“三清四改五化”，即清理“三大堆”、清理乱搭乱建、清理漫流污水，改水、改厕、该灶、改圈栏，实现容貌净化、道路硬化、街巷亮化、村庄绿化、环境美化。

（四）坚定不移地推进建设领域节能减排。一要抓好建筑节能和墙材革新。要以县市为重点，完善建筑节能闭合管理机制，提高节能标准执行率和工程质量。继续抓好既有居住建筑供热计量及节能改造，推进机关办公建筑和大型公共建筑节能改造与监管体系建设，发展合同能源管理等建筑节能服务业。完善太阳能光热建筑应用监管机制，确保列入强制安装范围的建筑全部实现太阳能光热建筑一体化。加强国家可再生能源建筑应用示范市、示范县和示范项目管理，组织好省级新能源应用示范项目建设，推进低碳生态示范城市和低碳社区建设。大力发展绿色建筑和低能耗建筑，开展绿色建筑评价标识工作。加快建制镇“禁实”步伐，加大新型墙材专项基金征管力度，加强新型墙材建筑节能技术产品认定管理。研发推广节能保温与建筑结构一体化技术和产品，重点发展以煤矸石、粉煤灰、工业废渣、建筑垃圾等为原料的利废新型墙材和无机保温材料。结合农房建设和建材下乡，抓好新型墙材和太阳能热水器的普及应用，组织建设村镇节能住宅示范工程。二要积极推进供热计量改革。按照“政府主导、市场运作、企业参与、用户配合”的原则，加快推进供热计量改革工作。按照供热企业可控、住户用热可调、政府主管部门可管的要求，搭建供热计量远程调节控制技术平台，推动供热计量数字化、系统控制智能化、住户用热自主化、政府监督网络化，实现供热企业降耗、用户节费、社会节能的目的。建立健全供热计量资金筹措、产品准入、工程监管、能耗监测、收费标准等工作机制，加快推进供热计量项目建设，确保所有达到分户计量的项目实现按用热量计价收费。三要提升污水和垃圾处理水平。加快污水处理设施及配套管网建设，改造提升污水处理工艺，提高管网收集能力和再生水利用水平，抓好运行管理和绩效考核。在有条件的重点镇规划建设工艺先进、规模适度、经济实用的污水处理设施。加快垃圾处理设施建设，确保年内实现“一县一场”。建立完善垃圾处理收费制度，积极开展生活垃圾分类收集和袋装化，从源头上控制垃圾的数量和成份。逐步建立“户集、村收、镇运、县市处理”的农村垃圾集中收集处理系统。四要推进城市生态环境建设。以屋顶绿化、道路绿化、停车场绿化为重点，提高旧城区和中心城区绿化水平。鼓励中水回用和再生水利用，搞好节水器具推广，提升城市节水水平。推广节能照明技术，建立节能型城市照明体系。完善城市道路建设联席会商制度，推广不开挖技术，减少道路挖掘。积极创建园林城市和人居环境奖，力争在生态园林城市创建上实现突破。五要推进住宅产业现代化。加快住宅建设模式转变，抓好一次性装修到位、新型住宅建筑体系和住宅部品模块化应用，推进CSI新型住宅体系应用和试点工程建设。推进国家和省级住宅产业化基地建设，争取3年内创建20个省级住宅产业化基地。实行《住宅品质状况表》和住宅产业化技术审查制度，积极创建国家康居示范工程。

（五）坚定不移地做大做强房地产业和建筑业。加快房地产业和建筑业发展，有利于促进二三产业扩容提质、转型升级和地方财政增收，是建设领域转方式调结构的重要内容。一要推动房地产企业健康发展。各地要支持引导房地产骨干企业向专业化、品牌化、集团化方向发展，壮大企业实力，尽快打造一批拥有知名品牌、具有较强竞争力的房地产龙头企业。引导优秀设计单位、建筑施工企业以及住宅部品、材料生产企业，与房地产龙头企业结成战略联盟，提高先进技术和产品集成水平，提高核心竞争力。编制物业管理行业发展专项规划，扩大物业服务覆盖面，培育一批机制新、效益好、规模大、信誉佳的品牌企业。二要加强房地产市场监管。贯彻落实去年的国发10号、国办发4号和鲁政发57号文件，搞好房地产市场调控。继续整顿房地产市场秩序，重点查处未办理规划、施工、预售许可手续进行建设和预售的违法违规行为。推行市场监管、项目监管、企业监管“三位一体”的动态监管模式，实行房地产开发项目规划建设条件意见书和电子项目手册制度，严格执行新建商品房买卖合同网上备案，加强预售资金监管，推行房地产开发项目综合验收制度。继续完善房地产市场信息系统，实现基础信息共享，力争实现各市、县联网。建立健全个人住房信息系统，实现个人住房信息互通互查。完善房地产市场信息发布制度，提高商品住房交易透明度，引导居民理性消费。认真落实《商品房屋租赁管理办法》，规范发展住房租赁市场。加强对房地产中介机构和人员的管理，维护市场秩序。三要推动建筑业转型升级。鼓励引导大型施工企业向关联度较高的上下游产业延伸，走科研、设计、施工一体化和投资、开发、施工一体化的路子，加快向工程项目总承包转变。坚持扶专、扶优、扶强，提高专业企业比重，打造一批品牌劳务企业，鼓励大型优势企业进入基础设施和高技术含量的工程施工领域，引导省内施工企业参与铁路、公路、机场、码头、轨道交通等大型基础设施建设。加速拓展高端和外埠市场，巩固省内市场，扩大沿海发达地区市场，抢占东北、新疆等潜力市场，站稳东南亚、中东等传统境外市场，加大非洲、南美洲等新兴市场开拓力度。四要强化工程建设管理。落实《山东省建设工程勘察设计管理条例》，规范勘察设计市场，打造诚信行业，繁荣建筑创作，提高勘察设计质量和水平。加大招投标监管力度，推行远程异地评标，探索建立统一的招投标网络监管平台。加强工程建设标准特别是强制性条文执行情况的监督检查，强化工程质量管理，深入推进质量通病治理活动和住宅质量分户验收制度。严格按省统一程序和文书执行工程档案“两书一证”制度，把工程质量终身负责制落实到技术资料上。加强全过程计价管理，完善控制价和竣工结算价备案管理制度，遏制拖欠农民工工资、工程款和恶意压级压价行为。规范监理行为，提高监理质量和水平，在政府投资房屋建筑和市政工程中全面推行项目管理制度。强化建设工业产品备案管理和市场监管，开展建机类产品节能认定，扶持骨干企业发展。加强建筑劳保金收缴和管理，提高资金使用效率。

（六）坚定不移地抓好以数字化为核心的城市管理。一要加快推进数字化城市管理。加快12319热线建设步伐，争取所有设市城市年内全部开通运行。推广数字化城管模式，沿海设区城市2011年建成，内陆设区城市2012年建成，县级市2013年建成。落实《山东省城镇容貌与环境卫生管理办法》，推进城市管理科学化、制度化、规范化。组织开展铁路沿线环境整治，实现铁路沿线500米可视范围内景观面貌明显好转。规范城市各类摊点、户外广告设置和管理，实现便民利民、整洁有序。加强城管队伍建设，组织开展“和谐城管”创建活动，倡导以民为本、服务优先的城管理念。二要切实保障城市安全。加强市政公用行业和公园、景区安全运营监管，完善城市应急管理体制，重点落实好供气、供热、供水、城市桥梁等专项应急预案。抓好城市防汛，加快防洪排水工程建设，完善非工程措施，确保汛期安全。抓好抗震设防，组织编制山东半岛城市群及郯庐断裂带综合防御体系规划。贯彻国务院《城镇燃气管理条例》，确保燃气安全。抓好供热用煤采购调运、天然气气源争取及供气计划落实，保障冬季城市供热、供气正常运行。贯彻实施《饮用水卫生标准》，改造提升处理工艺，完善供水网络，确保供水安全。组织开展地下管线综合普查，建立管线信息系统，保证管线安全。建立完善城市桥梁信息管理系统，保证桥梁设施安全。三要提高市政公用事业运营效率。加强市政公用行业运行监管，完善监管体系和工作机制。继续实行市政公用事业特许经营制度，推进行业政务公开、服务公开。加强维护管养，提高市政设施完好率。加快风景名胜区规划编制步伐，建立健全风景区信息管理系统，完善监测监控手段，促进风景名胜资源严格保护和永续利用。

（七）坚定不移地抓好依法行政、科技创新和行业稳定。一要提高依法行政水平。落实“三定一保”立法责任制，确保完成年度立法计划。启动“五五”依法行政和“六五”普法工作，全面推行建设行政执法责任制，加大建设法律法规执法检查力度。强化行政监督，严格执行《行政复议法》和省实施条例，认真受理各类行政复议申请，及时撤销、变更违法或不当行政行为。推进政府信息公开和政务公开，规范运作程序，增加公开内容，增强工作透明度和群众参与度。二要推进建设科技创新和人才队伍建设。坚持科技兴业，组织实施“12223”工程，提高建设科技创新能力。以建设类骨干企业省级技术中心为依托，以重点工程为载体，加强产学研联合，加快核心和关键领域技术创新。以先进成熟适用技术为重点，加大科技成果推广力度。继续实施“阳光工程”、“温暖工程”，开展大规模农民工培训。加强建设执业资格执法监督，推进注册管理信息化，完善建设执业师信用档案，改进和加强继续教育培训，提高建设执业师业务水平和执业能力。积极引进国外先进技术和智力，组织实施好利用世行、亚行贷款的城建环保项目，培养一批建设行业涉外人才。三要维护行业安全稳定。落实施工安全责任制，推行安全生产网格化监管模式，变被动监管为主动监管，变分散监管为集中监管，继续创建安全质量标准化工地，开展“安康杯”竞赛，推动安全形势稳定好转。对发生质量安全事故的从业人员和企业负责人，要限制其从业资格；情节严重的，终身不得从事建筑活动。合理控制城镇房屋拆迁规模，依法强化拆迁管理，坚持先补偿安置后实施拆迁，继续推行“四合法两到位”，加大拆迁信访集中处理力度，化解拆迁信访积案，妥善处理拆迁遗留问题，维护群众合法权益。

（八）坚定不移地抓好党风廉政、行业作风和精神文明建设。一要加强党风廉政建设和反腐败工作。坚持贴近发展大局，紧跟中心任务，落实党风廉政建设责任制，深化廉政勤政教育，筑牢思想道德防线。加强党员干部监督，强化廉政风险点排查和廉政风险防范，确保廉洁务实高效。建设系统各级主管部门从事资质审批的工作人员，两年必须轮岗。大力推进科技防腐，积极施行电子监察。强化监督检查，确保中央、省委和厅党组重大决策部署落到实处。继续开展工程建设领域突出问题等各类专项治理，抓好问题整改。二是加强行业作风建设。结合庆祝建党90周年，抓好创先争优活动，选树一批行业典型。继续组织高端业务讲座，推动学习型行业建设。推进企业文化、行政文化和行业文化建设，抓好行政服务品牌建设。围绕“执政为民”的主题，完善行风建设长效机制，做好政风行风热线上线工作，为老百姓排忧解难，进一步提升建设系统的社会形象。三是积极开展精神文明创建活动。组织开展文明行业考核评选，以文明行业创建为载体，健全完善精神文明竞争淘汰机制，提高精神文明创建水平和质量。继续利用好文明示范窗口、青年文明号、巾帼文明示范岗等载体，推动行业精神文明建设深入开展。

同志们，做好2011年以及今后一个时期的住房和城乡建设工作，责任重大，任务艰巨。让我们在省委、省政府的坚强领导下，求真务实，锐意进取，以更加坚定的信心和更加扎实的工作，促进住房和城乡建设事业平稳较快发展，为经济文化强省建设做出新的贡献！

山东省住房和城乡建设事业发展第十二个五年规划

（2011～2015）

为深入贯彻落实党的十七届五中全会精神，进一步推动全省住房城乡建设事业平稳较快发展，促进经济文化强省建设，根据中共中央和中共山东省委《关于制定国民经济和社会发展第十二个五年规划的建议》，以及《山东省国民经济和社会发展第十二个五年规划纲要》，制定本规划。

一、发展背景与形势分析

（一）“十一五”时期住房城乡建设事业取得突出成就

“十一五”时期是全省建设事业大发展、城乡面貌大变化、工作水平大提高的五年，全省建设系统在省委、省政府的正确领导和住房城乡建设部的指导下，紧紧围绕建设经济文化强省目标，坚持高起点规划、高水平建设、高效能管理，积极作为、科学务实，重点突破、攻坚克难，建设工作实现新突破，建设发展实现新跨越，建设事业呈现出健康持续快速发展的良好局面。“十一五”期间，全省城市建设、住宅与房地产业、村镇建设完成投资2万亿元，占全社会固定资产投资的24.6%，年均拉动GDP增长1.8个百分点。房地产业、建筑业缴纳各种税收2745亿元，占全省地税和财政系统组织税收收入的36.1%，为全省地方财政增收和经济社会发展做出了突出贡献，建设工作的地位和作用空前提升。

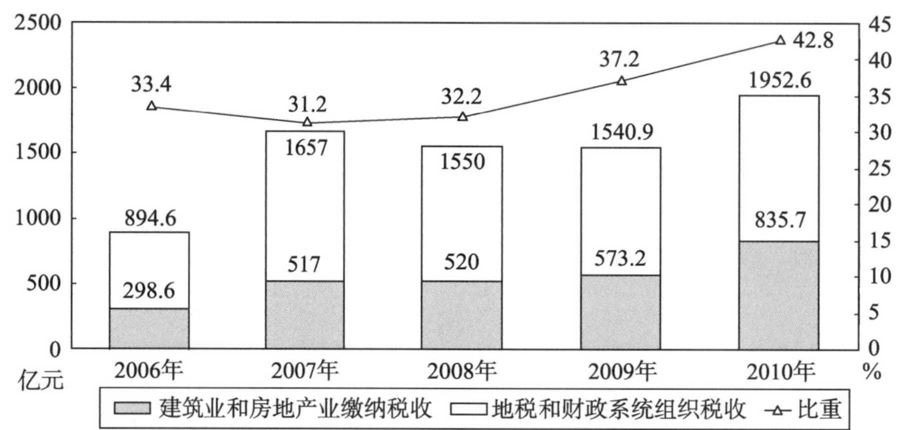

图1 “十一五”期间全省建筑业和房地产业缴纳税收占地税和财政系统组织税收比重

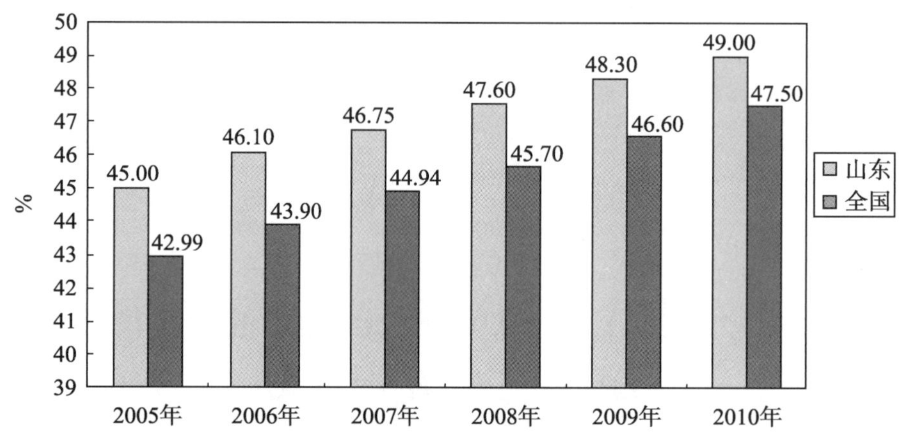

图2 2005～2010年全省和全国城镇化水平比较

——城镇化进程扎实推进。省委、省政府召开了全省城镇化工作会议，出台了大力推进新型城镇化的意见，建立了城镇化监测评价制度，启动了“和谐城乡建设行动”，每年发布《山东省城镇化发展报告》，加快推进新型城镇化已上升到全局和战略层面，在全省上下形成浓厚氛围。“十一五”期间，全省城镇化率年均增长0.8个百分点，2010年底达到49%，城镇化发展质量稳步提升，初步形成了以山东半岛城市群、济南都市圈、黄河三角洲城镇发展区、鲁南城镇带为主体，以济南和青岛为核心、大中城市为中坚、小城市和小城镇为基础的城镇体系。

——城乡规划的调控指导作用明显增强。编制实施了山东半岛城市群、半岛蓝色经济区、山东省海岸带、黄河三角洲和鲁南城镇带等城市群规划，对于优化城镇空间布局、促进区域经济发展发挥了重要作用。108个市县全部编制完成了新一轮城市总体规划，75个已批准实施，推动了城市空间科学拓展。17个市县编制了城乡统筹规划，35个市县实现城市规划建设区控制性详细规划全覆盖，县域村镇体系规划、农房建设与危房改造3年规划全面完成。城市规划委员会和“阳光规划”制度进一步完善，规划工作的政务公开和民主决策水平进一步提高。

——住房保障工作成效显著。“十二五”期间累计投入住房保障资金800多亿元，基本建立起多层次的住房保障体系，解决了56.4万户城镇低收入家庭的住房困难。廉租住房制度全面建立，累计为12.8万户低收入住房困难家庭提供了廉租住房保障，符合条件、提出申请的低收入家庭实现应保尽保；建成经济适用住房25.5万套，改造城市和国有工矿棚户区16.5万户；17市全面启动公共租赁住房试点，建成1.6万套。

——房地产市场平稳健康发展。房地产开发投资年均增长27.2%，累计达到10355亿元，住房供应结构不断优化，住房二级市场日趋活跃，人均住宅建筑面积达到32.1平方米。在全国率先推行房地产开发项目建设条件意见书制度，基本实现房地产市场信息系统省与各市联网，对于提高开发项目综合品质、调控房地产市场发挥了重要作用。修订实施了《山东省城市房屋拆迁管理条例》，大幅度提高拆迁补偿标准，维护了群众切身利益。物业管理行业发展迅速，实行物业管理的面积达到6亿平方米，比“十五”末增加近1倍。

——城市建设管理和环境整治水平全面提升。“十一五”期间，全省设市城市和县城累计完成城建投资3370亿元，年均增长16.9%。2010年底人均城市道路面积达到21平方米，用水普及率98%，燃气普及率93%，集中供热普及率45%，人均公园绿地面积14.8平方米，生活垃圾无害化处理率80%，污水处理厂集中处理率87.8%，污水处理水平位居全国前列。城市园林绿化成效显著，15个城市成功创建国家园林城市，数量居全国第一。深入开展城乡环境综合整治、迎奥运迎全运环境整治活动，城市面貌大为改观。城市管理规范化、精细化、数字化步伐加快，在全国率先建立了城市地下管线安全管理机制，城市管理效能和水平明显提高。

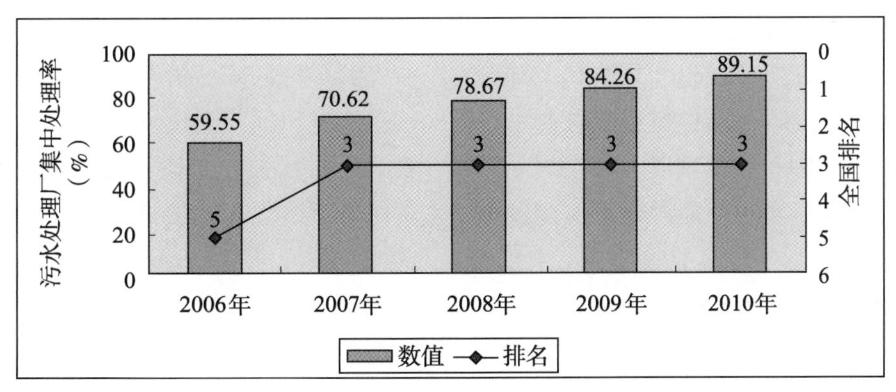

图3　2006～2010年全省设市城市污水处理厂集中处理率及其在全国排名情况

——农村住房和村镇建设力度明显加大。全省村镇建设累计完成投资4129亿元，是“十五”投资额的2.2倍，村镇自来水普及率85.5%，人均住宅建筑面积30.5平方米，人均道路面积17平方米，小城镇绿化覆盖率23.3%，农村生产生活条件明显改善。大力实施农村住房建设与危房改造，310万农户的居住条件得到彻底改善。村庄和省际边界地区环境整治扎实推进，15000多个村庄面貌发生较大变化。深入开展“百镇千村”建设示范活动，新增21个省级中心镇。积极推进城市基础设施向周边村镇延伸，城乡一体化发展态势进一步显现。

——建筑业发展和工程建设再上新台阶。做大做强建筑业成效显著，五年累计完成全社会建筑业总产值29335亿元，年均增长20.7%；建筑业增加值8165亿元，年均增长19.6%，占全省GDP比重保持在7%左右；每年吸纳250余万农民工就业，为缓解社会就业压力、全面建设小康社会做出重要贡献。工程建设造价和标准管理进一步加强，招投标管理和有形建筑市场服务日趋完善，防止拖欠工程款和农民工工资的长效机制初步建立，建筑市场秩序更加规范。勘察设计责任保险制度全面推行，繁荣建筑设计创作成效明显。下大力气抓安全生产，安全事故和伤亡人数逐年下降。深入开展工程质量通病治理和创“质量诚信、用户满意”工程活动，工程质量稳步提高，获“鲁班奖”41项、国家优质工程奖62项、全国建筑工程装饰奖88项，创优总量居全国前列。

——建筑节能和建设科技创新卓有成效。在全国率先全面推行建筑节能新标准，建立建筑节能闭合管理机制，建成节能建筑2.2亿平方米，超额完成国家下达的1900万平方米既有居住建筑节能改造任务。所有设市城市、县城和大部分建制镇已禁用实心粘土砖，全省新型墙材产量占墙材生产总量比例达84%，县城以上城市规划区应用比例达到97.5%。可再生能源建筑应用规模迅速扩大，应用面积达到1.62亿平方米，4市5县被列为国家示范城市和示范县。扶持开发新技术、新产品300余项，2项获国家科技进步二等奖，20项获省科技进步一、二等奖。各类建设执业注册师达到14.5万人，培训各类管理和专业技术人员20万人，资格性岗位和职业技能培训70万人，培训建筑农民工150万人次。

——住房公积金覆盖面迅速扩大。“十一五”期间，全省住房公积金缴存职工总数达到590万人，净增120万人；缴存总额1229亿元，提取总额546亿元，贷款总额804亿元，分别占1993年住房公积金制度建立以来缴存总额的68%、提取总额的74%、贷款总额的83%；住房公积金个贷率达到59.1%，比“十五”末提高43.7个百分点；公积金增值收益总额44亿元，提取城市廉租住房建设补充资金26亿元，有力地促进了廉租住房建设。

——改革开放和城乡管理体制活力凸显。省和各市规划建设管理行政机构改革已基本到位，各地城市管理执法体制进一步理顺。城建投融资体制改革迈出新步伐，30多个设市城市成立了城建投融资机构，在筹集城建资金方面发挥了重要作用。市政公用事业改革进一步深化，运营和服务效率明显提高。集中供热系统节能技改全面展开，供热计量改革取得阶段性成果。建设领域对外开放水平不断提高，五年累计吸引外商直接投资项目463个，实际利用外资达到41亿美元，新签对外工程承包和劳务合作合同额147亿美元，施工地点涉及20多个国家和地区。

——依法行政和行业作风建设扎实开展。提请省人大、省政府制定和修订了8件地方性法规和省政府规章，出台了57件部门规范性文件，颁布了80项工程建设标准，建设法规体系进一步完善。深入开展学习实践科学发展观活动，全面落实党风廉政建设责任制，党员干部廉洁自律意识不断增强。严格推行建设行政执法责任制，深入开展各类执法检查，查处了一批违法违规行为。积极推进12319服务热线建设，17个设区城市和部分县城开通了热线。拆迁管理和信访工作得到加强，建设类企业信用体系建设不断完善，行业诚信状况明显好转。

——抗震救灾和恢复重建贡献突出。全力开展汶川地震救援工作，累计建设过渡安置房3.3万套，超额完成国家下达的援建任务，得到省委、省政府以及住房城乡建设部的充分肯定。大力推进对口支援北川重建工作，编制了北川县城乡住房建设规划和17个乡镇重建规划，200多名干部、300多家企业、3.5万名职工奋战在一线，在新县城建设中发挥了主力军作用，涌现出崔学选等一批英模人物，为实现“三年援建任务两年基本完成”做出突出贡献。

“十一五”期间住房和城乡建设事业主要指标完成情况

序号	指标	计量单位	“十一五”计划	“十一五”完成	完成比例（%）	“十一五”年均增长（%）
1	城镇化水平	%	50	49	98	0.8
2	房地产开发投资	亿元	7830	10355	132.2	27.2
3	住宅建设投资	亿元	7750	10601	136.8	28.2
4	人均住宅建筑面积	平方米	30	32.1	107.0	4.3
5	住房公积金缴存总额	亿元	650	1229	189.1	25.2
6	住房公积金个贷率	%	55	59.1	107.5	14.5
7	城建完成投资	亿元	3850	3370	87.5	16.9
8	用水普及率	%	95	98	103.2	4.1
9	燃气普及率	%	92	93	101.1	3.6
10	人均城市道路面积	平方米	18.5	21	113.5	9.2
11	污水处理厂集中处理率	%	65	87.8	134.9	7.5
12	集中供热普及率	%	45	45	100.0	1.8
13	建成区绿化覆盖率	%	39	39.3	100.8	0.4
14	人均公园绿地面积	平方米	14	14.8	105.7	11.0
15	生活垃圾无害化处理率	%	65	80	123.1	18.0
16	村镇建设完成投资	亿元	3300	4129	125.1	17.1
17	村镇人均住宅建筑面积	平方米	28	30.5	108.9	3.2
18	村镇自来水普及率	%	80.0	85.5	106.9	4.8
19	村镇人均道路面积	平方米	18.5	17.0	91.9	1.2
20	小城镇绿化覆盖率	%	30	23.3	77.7	0.2
21	新型墙材生产比例	%	80	84	105.0	7.2
22	新型墙材应用比例	%	100	97.5	97.5	6.5
23	建筑业总产值	亿元	26000	29335	112.8	20.7
24	建筑业增加值	亿元	6500	8165	125.6	19.6
25	建筑业全员劳动生产率	万元/人	44.9	62.8	139.9	49.5

“十一五”期间，我省住房和城乡建设事业取得巨大成就，但仍存在一些矛盾和问题：一是城镇体系有待进一步健全，大城市辐射带动能力不强，小城镇整体实力还较弱，城市群发育程度尚需提升。二是城镇基础设施总量相对不足，大中城市交通矛盾突出，市政管网不够完善等问题依然存在。三是城乡发展仍不平衡，村镇规划建设管理相对薄弱，城乡基础设施水平差距明显。

四是城市保障性住房供应与群众实际需求之间还存在差距，中低收入群众基本住房困难问题需要加快解决。五是建设领域节能减排任务比较繁重，既有居住建筑供热计量及节能改造资金缺口大，推进节能减排的工作机制有待进一步完善。

（二）“十二五”时期住房城乡建设事业发展的基本环境

“十二五”时期，是全面建设小康社会、实现富民强省新跨越的关键时期，是深化改革开放、加快转变发展方式的攻坚时期，住房和城乡建设事业面临十分有利的发展环境。一是良好的环境形势。省委、省政府对住房和城乡建设工作高度重视，将深入实施新型城镇化战略和重点区域带动战略，制定完善一系列转方式、调结构、保增长、惠民生的政策措施，为推动住房和城乡建设发展提供有力的政策保障。二是扎实的经济基础。我省人均GDP已突破5000美元，经济已具相当规模，产业体系日益完备，支撑能力不断增强，为住房和城乡建设事业发展提供了良好的经济条件。三是广阔的发展空间。人民群众生活水平不断提高，对完善设施水平、改善居住条件、优化人居环境产生了新的期待。山东半岛蓝色经济区和黄河三角洲高效生态经济区建设上升为国家战略，各项工作加快推进，打造了城镇化发展的新优势，拓展了住房和城乡建设事业发展的新空间。四是和谐的行业发展环境。全省住房城乡建设系统多年来在实践中积累的宝贵经验、形成的良好机制、创造的和谐局面，也将为推动“十二五”住房城乡建设事业发展奠定坚实基础。

同时，我省住房城乡建设事业发展也面临诸多挑战，主要是全球温室气体减排责任博弈日趋激烈，建设领域节能减排压力增大；区域竞争与合作格局加速调整，城市群发展面临激烈竞争；传统经济增长模式难以持续，建设领域结构调整任务繁重等。

总体来看，我省经济社会平稳较快发展的态势将持续较长一个时期，有条件支持全省住房城乡建设事业实现可持续发展。住房城乡建设事业在全省发展大局中的地位更加重要，今后五年仍将是我们必须紧紧抓住并可以大有作为的重要战略机遇期。我们既要增强机遇意识、发展意识，又要增强忧患意识、攻坚意识，以强烈的责任感和使命感，奋力开创住房城乡建设事业改革与发展的新局面，为建设经济文化强省做出新的更大贡献。

二、指导思想与发展目标

（一）指导思想

“十二五”期间，我省住房和城乡建设事业改革与发展的指导思想是：以邓小平理论和“三个代表”重要思想为指导，紧紧围绕科学发展这个主题，牢牢把握转变发展方式这条主线，坚定不移地以富民强省为目标，以改善民生为立足点，加快推进新型城镇化战略，坚持高起点规划、高水平建设、高效能管理，深化住房和城乡建设领域各项改革，调整优化房地产业，做大做强建筑业，突出抓好住房保障、城市建设、村镇建设、节能减排、环境整治和质量安全，不断强化科技创新和人才支撑，着力提高城镇发展质量、行业发展效益、依法行政水平和管理服务效率，加快形成城乡互促共进、区域协调互补、社会和谐稳定的发展格局，努力实现全省住房和城乡建设事业长期平稳较快发展。

（二）基本原则

——坚持科学发展，提升建设质量效益。科学发展是解决我省住房城乡建设领域所有问题的关键。要把科学发展观的要求体现到建设工作的各个方面，立足建设行业实际，突出发展主题，遵循发展规律，破解发展难题，确立建设行业发展的效益导向，算好算细投入产出账，在实现建设经济运行更高质量、更好效益、更多实惠上取得更大进展。

——坚持创新驱动，深化体制机制改革。把建设科技进步和体制机制创新作为加快转变发展方式的重要支撑，把创新创造的理念贯穿到建设工作的各个环节，加快重要行业和关键环节改革步伐，坚持不懈地推进规划管理、城市建设投融资、城市管理、市政公用事业等各项改革，为建设事业科学发展、持续发展、创新发展扫除障碍，增添活力。

——坚持统筹兼顾，优化城乡区域结构。把统筹兼顾作为转变发展方式的根本方法，统筹城市发展与新农村建设，加快推动农村人口到城镇就业定居、城市基础设施向农村延伸、城市公共服务向农村覆盖、城市现代文明向农村辐射，实现城乡共同繁荣；加大对欠发达地区的扶持力度，促进区域良性互动、协调发展，提高发展的全面性、协调性和可持续性。

——坚持绿色发展，构建低碳生态城镇。坚持城乡建设与环境保护、生态建设相统一，更加注重生态文明、节能减排、低碳发展。加强资源集约节约管理，加大建筑节能、城镇减排和环境保护力度，推进生态保护和防灾减灾体系建设，推广低碳技术，促进资源节约型和环境友好型城镇建设，提高生态文明水平，增强可持续发展能力。

——坚持民生优先，促进社会和谐发展。把维护群众利益摆在更加突出的位置，更加注重住房保障、环境整治、工程质量和城市安全，促进民生改善、社会和谐。要努力解决群众最关心、最直接、最现实的问题，积极为群众办实事、解难事、做好事，让广大人民群众共享改革发展的成果，实现富民与强省的有机统一，共建共享和谐社会。

（三）发展目标

“十二五”期间，我省住房和城乡建设事业改革与发展的总体目标是：积极稳妥推进新型城镇化，城乡规划的综合调控和区域协调机制更加健全，支撑经济文化强省建设、大中小城市和小城镇协调发展的城镇体系更加完善；保障性住房建设加快推进，房地产市场调控不断加强，城镇居民的基本住房需求得到更好的满足；城市基础设施和公共服务设施更加健全，综合承载能力明显增强；建筑业、房地产业、市政公用事业发展机制更加完善，统一开放、竞争有序的市场体系日趋成熟；城乡体制障碍逐步消除，覆盖城乡居民的基本公共服务逐步完善，城乡发展差距逐步缩小；建设领域转方式、调结构取得重大进展，建设科技含量明显提高，建筑节能和城镇减排成效突出，住房城乡建设事业持续健康发展的基础更加牢固。

——城镇化。按照统筹规划、合理布局、完善功能、以大带小的原则，遵循城市发展客观规律，以城市群为主体形态，以大城市为依托，以中小城市为重点，加快培育山东半岛城市群、济南都市圈、黄河三角洲城镇发展区、鲁南城镇带，促进大中小城市和小城镇协调发展。到2015年，全省城镇化水平达到55%左右，山东半岛城市群达到65%以上。

——城乡规划。强化规划在城乡建设管理中的先导和统筹作用，到2015年，基本建立起城乡全覆盖的城乡规划编制体系、比较健全的城乡规划监管体系、比较完备的城乡规划法规和标准规范体系；加快构建城乡一体的空间规划管治制度，基本适应我省转变经济发展方式、建设节约型社会的需要；历史文化名城、名镇、名村、风景名胜等各类脆弱资源得到有效保护，城乡规划的综合调控作用和社会服务功能进一步增强。

——城市建设。“十二五”期间，城市建设计划投资4950亿元，年均增长8%。到2015年，城市人口用水普及率达到99%，再生水利用率不低于20%，人均城市道路面积达到22平方米，集中供热普及率大、中城市达到60%，小城市达到40%，全社会燃气普及率达到95%以上，县城以上管道燃气普及率达到50%以上，污水处理厂集中处理率不低于90%，生活垃圾无害化处理率96%，城市建成区绿化覆盖率40.3%，人均公园绿地面积16平方米，城镇综合承载能力大幅提升，人居环境进一步改善。

——村镇建设。“十二五”期间，村镇建设计划投资5600亿元；小城镇总体规划覆盖率达到100%，中心村规划编制率达到100%；村镇自来水普及率90%，人均住宅建筑面积32平方米；污水处理厂集中处理率达到31%，生活垃圾无害化处理率22%；小城镇绿化覆盖率25%；管道燃气普及率30%；完成农村住房建设300万户、农村危房改造40万户，新型农村社区建设模式和管理体制基本建立，中心镇建设步伐明显加快，小城镇基础设施和公共服务设施水平大幅提高。

——住房保障。完成国家下达的各类住房保障分解任务，到2015年全省住房保障户数占城镇家庭户数比重达20%左右。大力发展公共租赁住房，使其成为保障性住房的主体；多渠道筹集廉租住房房源，完善租赁补贴制度，稳步扩大覆盖面；保持经济适用住房适度建设规模，高质量完成棚户区改造，多种渠道改善进城务工人员居住条件。

——房地产市场监管。“十二五”期间，全省住宅建设计划投资21600亿元，房地产开发投资21800亿元，商品房竣工面积2.7亿平方米，商品房销售面积5.4亿平方米，存量住房交易面积6600万平方米左右。到2015年，全省城镇人均住房建筑面积达到35平方米左右，居民住房质量和居住水平稳步提高。房地产市场供求总量基本平衡、结构基本合理、价格基本稳定，引导理性投资与消费的机制初步形成。

——住房公积金监管。到2015年，全省住房公积金缴存职工人数达到700万人，缴存总额累计达到3400亿元，公积金个贷率达到65%。公积金缴存总额1650亿元，提取总额710亿元，贷款总额920亿元，提取城市廉租住房建设补充资金等住房保障性资金35亿元。

——工程建设与建筑业。工程建设管理水平逐步提高，工程质量监管和安全生产管理长效机制逐步健全，建筑市场秩序进一步规范，工程质量总体水平明显提高。做大做强建筑业，壮大产业规模，优化产业布局，提升竞争实力，到2015年，全社会建筑业总产值达到58393亿元，建筑业增加值15563亿元；三级以上建筑业企业完成建筑安装总产值43750亿元，出省产值6424亿元，出国产值1490亿元，房屋建筑施工面积28.4亿平方米，竣工面积13.8亿平方米，建筑业劳动生产率达到123万元/人。

——建筑节能与科技创新。县城以上城市规划区施工阶段节能标准执行率达到98%以上，逐步执行居住建筑节能75%、公共建筑节能65%的设计标准；新建建筑可再生能源应用比例达到50%以上。全省新型墙材生产比例达到90%以上，建制镇以上城市规划区建设工程应用比例达到100%。建设科技投入每年增长5%以上，科技进步贡献率明显提高。全省取得各类建设执业资格证书人员达到18万人，专业技术人员参加继续教育比例达到90%以上，建设类职业教育专业在校生年均增长5%以上，一线操作工人持证上岗率达92%。

“十二五”时期住房和城乡建设发展主要指标

序号	指标		计量单位	“十一五”完成	“十二五”目标	“十二五”年均增长（%）
1	城镇化水平		%	49	55	1.2
2	各类住房保障户数		万户	56.4	完成国家分解任务	—
3	住宅建设投资		亿元	10601	21600	11.0
4	房地产开发投资		亿元	10355	21800	10.0
5	人均住房建筑面积		平方米	32.1	35.0	1.7
6	住房公积金缴存总额		亿元	1229	1650	6.1
7	住房公积金个贷率		%	59.1	65	1.2
8	住房公积金缴存人数		万人	590	700	3.5
9	城市建设完成投资		亿元	3370	4950	8.0
10	用水普及率		%	98	99	0.2
11	燃气普及率		%	93	95	0.4
12	人均城市道路面积		平方米	21	22	0.9
13	污水处理厂集中处理率		%	87.8	90	0.5
14	再生水利用率		%	10.6	20	1.88
15	集中供热普及率	大中城市	%	45	60	—
		小城市			40	
16	单位面积集中供热煤耗		公斤标煤/平方米	40	20	–12.9
17	建成区绿化覆盖率		%	39.3	40.3	0.2
18	人均公园绿地面积		平方米	14.8	16	1.3
19	生活垃圾无害化处理率		%	80	96	3.2
20	村镇建设完成投资		亿元	4129	5600	6.3
21	村镇人均住宅建筑面积		平方米	30.5	32	1.0
22	村镇人均道路面积		平方米	17	18	1.1
23	小城镇绿化覆盖率		%	23.3	25	0.34
24	小城镇控规覆盖率		%	25	40	3.0
25	中心村规划编制率		%	96	100	0.8
26	农村住房建设完成户数		万户	310	300	—
27	农村危房改造完成户数		万户	40	40	—
28	建设专业技术人才占职工总数的比例		%	45	70	5
29	一线操作工人持证上岗率		%	63	92	5.8
30	获得各类建设执业资格人数		万人	14.5	18.0	4.4

续表

序号	指标	计量单位	“十一五”完成	“十二五”目标	“十二五”年均增长（%）
31	新型墙材生产比例	%	84	90	1.2
32	新型墙材应用比例	%	97.5	100	0.5
33	可再生能源建筑应用面积	亿平方米	1.62	1.8	2.1
34	建筑业总产值	亿元	29335	58393	14.8
35	建筑业增加值	亿元	8165	15563	13.8
36	建筑企业上缴税金	亿元	665	1171	12.0
37	建筑业全员劳动生产率	万元/人	62.8	123	14.4

三、加快推进新型城镇化，提高城镇发展质量

（一）完善城镇化发展空间布局

1. 优化城镇体系空间框架。实施区域发展总体战略，发挥城市集聚辐射作用，优化城乡布局，积极稳妥推进新型城镇化，构建人口加快集聚、区域发展协调、城镇体系完善的发展格局。以提升城镇化质量为重点，把城市群作为推进新型城镇化的主体形态，围绕打造山东半岛蓝色经济区、黄河三角洲高效生态经济区，积极培育山东半岛城市群、济南都市圈、黄河三角洲城镇发展区、鲁南城镇带“一群一圈一区一带”城镇空间格局，推动全省区域经济加快发展。

2. 重点发展山东半岛城市群。探索建立山东半岛城市群规划建设协调机制，科学规划城市群各城市功能定位，加强规划对接和产业合作，构建区域统筹规划体系、产业统筹布局体系、设施统筹建设体系和社会服务统筹协作体系，推动各城市分工协作、优势互补、错位发展。完善城市群高速公路、铁路和城际交通等区域性基础设施，推进区域内大中小城市基础设施一体化建设、网络化发展，增强城市联系的通达性和便捷性，加快城市群一体化进程，为山东半岛蓝色经济区建设提供强力支撑和优良载体。

3. 推动大中小城市和小城镇协调发展。发展壮大中心城市，做大做强济南、青岛两大中心城市，合理扩大其他设区城市容量。到2015年，全省17个设区城市全部发展为大城市，其中特大城市达到10个左右，济南、青岛达到400万人以上。大力发展县级市、县城，30强县（市）率先发展成为人口集聚能力强、功能完善的大中城市；30弱县加快完善基础设施，扩大城市规模，提升发展实力。重点培育中心镇，选择经济基础好、设施配套齐全、人口规模较大的20个左右的中心镇，加大培植力度，争取用3～5年发展成为现代化宜居宜业小城市。加快建设新型农村社区和中心村，到2015年完成约8000个村庄整体改造。

（二）加强城镇化管理和分类指导

1. 加大城镇化发展的调控力度。健全城乡区域一体化发展体制机制，引导城市基础设施和公共服务设施向农村延伸。在城市规划和建设中，突出节地节能、生态保护和城镇特色，依据资源环境承载能力、开发密度和发展潜力，调整优化空间结构，提高空间利用效率。特大城市以提升功能为主，做好与周边城市的对接，合理确定城市开发边界，加快疏解旧城，形成多中心城市；中小城市主动承接特大城市和大城市辐射，适当提高建成区人口密度，促进集约开发和空间均衡。

2. 开展“和谐城乡建设行动”。根据省政府办公厅制定的和谐城乡建设行动实施方案，加强城镇化工作指导和绩效考核，完善城乡管理、基础设施建设和环境综合整治，推进城乡规划、住有所居、节能减排，健全社会保障和公共服务，探索适合各地实际的新型城镇化发展模式，优化城乡发展格局，建设各具特色的新型城镇，推动和谐城乡建设行动取得实效。

3. 推进城镇化监测评价。完善城镇化监测评价制度，县以上城市适时启动本地城镇化监测评价，统一监测程序，统一评价标准，每年进行一次，逐步纳入全省监测评价体系。健全城镇化发展报告定期发布机制，加强城镇化重大专题研究，适时开展城镇化重大项目和专项工作绩效评价试点，提高城镇化发展预警水平。

（三）突出城乡规划的引导和统筹作用

1. 编制实施区域性战略性规划。开展区域性、战略性规划研究。做好《山东省城镇体系规划》编制、报批和实施工作。组织实施《山东半岛城市群总体规划》、《山东半岛蓝色经济区城镇体系规划》、《山东海岸带规划》、《济南都市圈规划》、《黄河三角洲城镇体系规划》、《鲁南城镇带规划》等规划，推进各区域内基础设施建设、产业布局、环境治理等一体化进程。

2. 加快编制城市专业规划和控制性详细规划。根据城市经济社会发展需要，适时进行城市总体规划修编；做好城市总体规划和土地利用总体规划衔接，加快城市总体规划审批。适应城镇规模扩大、人口容量扩张趋势，以增强城镇承载能力为重点，统筹做好城市道路、供水、排水、供热、燃气、园林、环卫、防汛排涝、绿地系统、特色风貌、商业网点等专业规划，提高城镇综合承载能力和城乡一体化发展水平。推进城市、镇控制性详细规划编制，实现控制性详细规划覆盖全部规划建设区。

3. 进一步完善村镇规划体系。适应城乡统筹发展的趋势和要求，充分考虑人文习俗、资源条件、交通区位和发展基础，积极培育中心镇，适度壮大中心村，支持有条件的中心镇人口规模按3万人以上规划。依据县域城镇体系规划，进一步做好小城镇总体规划修编和实施工作，编制完善村庄布点规划以及给排水、绿地、环卫、消防、道路等专项规划。加大小城镇控制性详细规划编制力度，加快推进中心村规划编制，提高村镇规划覆盖率。

4. 加强城乡规划监管体系建设。全面开放规划设计市场，健全并联审批制度，做好规划制定各个阶段的公开、公示、公布工作，完善规划设计的民主决策机制。制定实施《山东省城乡规划条例》，推进城乡规划管理一体化。建立健全派驻城市规划督察员制度，加强对规划管理的事前、事中和事后监督。严格执行“阳光规划”制度、规划委员会制度和规划许可听证制度。加大城乡规划执法检查，强化对擅自变更规划、调整容积率等违法违规行为的查处，杜绝违法用地、违法建设。

四、完善多层次住房保障体系，促进中低收入群众住有所居

（一）加大保障性安居工程建设力度

1. 大规模推进公共租赁住房建设。“十二五”期间，通过新建、改建、收购、在市场上长期租赁住房等方式，多渠道建设和筹集公共租赁住房，确保完成国家下达的建设任务。新建公共租赁住房以配建为主，也可相对集中建设。外来务工人员集中的开发区、工业园区和产业园区，应积极引导各类投资主体建设公共租赁住房，面向用工单位或园区就业人员出租。鼓励住房困难职工较多的企业利用自用土地建设公共租赁住房，优先向本企业符合条件的职工出租。鼓励有关单位和个人将符合安全卫生标准的存量住房向政府审定的公共租赁住房对象出租。

2. 继续扩大廉租住房覆盖面。进一步降低廉租住房准入门槛，实现廉租住房与经济适用住房准入标准的有效衔接，具备条件的市（县）可以并轨，扩大廉租住房覆盖面。加大廉租住房建设（筹集）力度，加强廉租住房保障形式的分类指导，从各市（县）财力、低收入家庭住房需求、住房租赁市场发育程度等实际出发，灵活采取租金补贴、实物配租的保障方式。适当提高实物配租比例，到“十二五”末，全省廉租住房实物配租比例达到50%左右。

3. 保持经济适用住房适度建设规模。采取“集中建设与配套建设”相结合的方式，合理确定房地产开发项目中经济适用住房配建比例，保持经济适用住房适度建设规模。引导符合政策规定的企业，利用单位存量建设用地开展集资合作建房，并纳入经济适用住房范围，统一规范管理。适当放宽经济适用住房保障范围，逐步将经济适用住房供应对象由城镇低收入住房困难家庭扩大至城镇中等偏下收入住房困难家庭。

4. 积极推进各类棚户区改造。完成集中成片城市和国有工矿棚户区改造，稳步推进非成片棚户区和零星危旧房改造。到2015年，全省完成城市和国有工矿棚户区改造15万户。积极开展旧住宅小区环境综合整治，完善基础设施条件，提升人居环境质量。按照因地制宜、区别对待的原则，科学选择合适的改造模式。棚改安置房有条件的应就地就近建设，零星分散的棚户区危旧房改造也可在一个小区内相对集中，便于设计、建设和管理。

5. 因地制宜发展限价商品住房。建立完善限价商品住房制度，外来购房者较多、房价收入比偏高的城市，要选择交通便利、配套设施齐全的地块，按照“政府组织协调、企业市场运作”的原则，组织建设限价商品住房，定向供应本地中等偏下收入无住房家庭。限价商品住房的套型要控制在90平方米以下，可在普通商品住房项目中按一定比例配建。

（二）建立健全住房保障政策机制

1. 科学确定住房保障范围。保障性住房供应对象主要为城市中等偏下收入家庭及新就业职工中的住房困难群体，有条件的市、县，要逐步将有稳定职业并在城市居住一定年限的外来务工人员纳入供应范围。适当放宽保障性住房供应对象认定条件，低收入认定标准线要逐步调整到当地上一年度人均可支配收入的80%以上，住房困难认定标准线调整到人均住房建筑面积15平方米。

2. 合理界定基本住房保障标准。按照满足现代生活需求、符合安全卫生要求的原则，综合考虑面积、设施、装修和质量等因素，制定基本住房标准。廉租住房套均建筑面积不超过50平方米，新建的成套公共租赁住房，套型建筑面积严格控制在60平方米以内，经济适用住房套型建筑面积应控制在60平方米左右。

3. 加快完善住房保障模式。保障性住房供应，根据保障对象意愿和负担能力，宜租则租，宜购则购。政府可以通过货币方式直接向保障对象提供购房补贴和租房补贴，也可以通过贷款贴息、贷款担保等方式间接向保障对象提供购房或租房补贴。创新住房保障工作模式，推动住房保障方式由以廉租住房、经济适用住房为主向以公共租赁住房为主转变，建设管理模式由政府统包向政府主导和社会参与相结合转变，工作重点由注重住房建设向建设和规范管理并重转变。

4. 健全住房保障管理制度。编制完善住房保障规划和年度建设计划，加强对各级规划执行情况的监督检查。建立居民住房状况调查制度，及时掌握保障需求。健全完善保障性住房准入、申请、审核、公示、轮候、配租、租后管理、退出制度，加强对保障性住房运营的监督管理。建立保障性住房档案信息管理系统和个人信用系统，完善保障对象收入、住房跟踪监测制度。健全住房保障督导检查工作机制，实施规范化管理考核制度，提升市、县住房保障规范化水平。

（三）加强住房公积金管理体系建设

1. 扩大住房公积金覆盖面。加大住房公积金制度执行力度，继续做好行政机关、企事业单位公积金归集工作，重点抓好非公有制企业、规模以上私营企业职工住房公积金的缴存工作，逐步将进城务工人员、农民工纳入公积金缴存范围。

"十二五"期间，各市住房公积金单位和个人缴存比例力争逐步达到各12%的标准，新增公积金缴存职工100万人以上。

2. 支持保障性住房建设。提高住房公积金增值收益水平，支持城市廉租住房建设。在确保资金安全、保证个人贷款和提取的前提下，力争逐步扩大住房公积金贷款支持保障性住房建设试点范围，加大住房公积金对经济适用住房、棚户区改造安置用房、公共租赁住房等保障性住房建设的资金支持力度。研究制定向中低收入家庭倾斜的住房公积金提取使用和贷款政策，不断满足中低收入群众基本住房需求。

3. 完善住房公积金监管制度。制定全省统一规范的公积金缴存、提取、贷款管理办法，统一业务流程，加强与房地产市场管理部门房产信息共享，规范住房公积金业务管理。建立省级公积金监督管理系统，实现对公积金运行的提前预警、动态监管。开展住房公积金管理专项治理活动，严肃查处各类违法违纪行为，确保全省住房公积金健康持续发展。

五、优化住房供应结构，促进房地产业平稳健康发展

（一）加强房地产市场调控

1. 加快房地产市场信息系统建设。指导各县（市）加快建设和优化覆盖增量与存量、买卖与租赁、住宅与非住宅、城市与乡镇的房地产市场信息系统，实现省、市、县三级联网。利用信息系统平台，加强房地产市场动态监测分析，完善数据信息发布功能，定期公布房地产市场信息，实现房地产信息异地有条件查询，形成合理的社会预期和有效的调控体系。

2. 优化住房供应结构。编制实施年度住房建设计划，明确各类住房的建设规模，每个项目的建设时序、规划要求、住房套型结构比例、保障性住房配建比例等控制性指标，保证住房建设规划有效实施，稳定房地产投资者和消费者的心理预期。正确引导住房消费，支持居民自住型住房消费，抑制投资投机性购房需求。重点发展中低价位、中小户型普通商品住房，适度发展中高档商品住房，不断增加面向城市普通居民的住房供应。

3. 活跃住房二级市场。健全完善促进住房二级市场发展的配套政策，加强房屋租赁合同登记备案管理，规范发展城乡房屋租赁市场。研究出台《山东省房地产登记条例》，加强房屋权属登记规范化管理。推进集体土地上房屋登记，加快历史遗留问题房屋的处理。建立房地产估价报告备案和评审制度，增强房地产中介行业公信力，促进房地产中介行业规范健康发展。

4. 规范房地产市场秩序。建立健全房地产市场监管长效机制，推行市场监管、项目监管、企业监管"三位一体"监管模式。实施源头控制机制，全面实行房地产开发项目建设条件意见书制度。强化过程监控机制，加强商品房预售管理；严格执行新建商品房买卖合同网上备案制度，加强商品房预售资金监管，维护消费者权益。健全终端控制机制，全面实行房地产开发项目综合验收制度。加大对房地产违法违规行为查处力度，整顿规范房地产市场秩序，优化行业发展环境。

（二）规范房地产开发管理

1. 做大做强房地产企业。研究制定促进房地产企业做大做强的实施意见，选择部分实力强、业绩优、信誉好、管理规范、技术先进的房地产开发骨干企业，予以重点培育和扶持。引导骨干优势企业以资产为纽带，通过联合、合并重组、集团化发展等方式整合资本，组建具有竞争力的大型房地产开发企业，加快企业上市步伐，提高在全国房地产市场的竞争力。支持房地产开发企业与建筑企业建立企业联盟，培育在全国有较强竞争力的大型综合性企业集团和知名品牌。

2. 依法强化房屋征收管理。按照"先补偿安置、后实施拆迁"的原则，进一步完善以拆迁安置为主要方式的拆迁补偿形式，确保安置房供应。进一步规范城镇房屋拆迁管理，严格执行国务院房屋征收规定，出台《山东省国有土地上房屋征收与补偿条例》，规范房屋征收程序，科学确定最低住房保障和货币补偿标准，切实维护被征收群众合法权益。

3. 完善住宅小区配套设施建设。提高房地产规划设计与施工建设水平，强化房地产开发项目建设质量、内在品质和安全保障，健全商品住房售后工程质量保修服务体系。统筹考虑住宅小区的整体布局与功能配套，新建居住小区项目的公共服务、市政公用、商业等配套设施要与住宅同步建设、同步交付使用，完善已建成小区商业等相关配套服务功能，有效提升住宅小区品位。

（三）推进物业管理规范化

1. 加强物业管理制度建设。贯彻实施《山东省物业管理条例》，进一步完善有关配套政策，健全物业市场纠纷预防机制、物业服务竞争机制、服务质量考核机制、物业纠纷处理机制、行业自律机制、业主自治管理机制，促进物业服务规范化、专业化、规模化。建立完善专项维修资金管理制度、物业质量保修金制度，督促开发企业将已竣工的住宅小区水电气暖等专业设施设备产权加快移交，从源头上理清物业管理的权责关系。

2. 规范物业服务行业管理。推动物业服务行业品牌建设，培育一批机制新、效益好、规模大、信誉佳的品牌企业。制定住宅小区、写字楼等各类物业的服务标准，实行物业服务合同备案制度，加强对物业服务企业的考核监督，不断提高物业服务质量和水平。发挥街道、居委会和物业联席会议的作用，建立健全住宅小区业主大会和业主委员会，开展物业服务招投标，推动物业管理与社区管理有机融合。

（四）促进住宅产业化发展

1. 建立住宅产业化发展长效机制。实行住宅品质状况表制度和住宅产业化技术审查制度，建立健全部品认证体系和技术标准体系，促进住宅部品体系、住宅全装修技术体系与新型住宅体系有机结合，逐步提高全省住宅建设工业化水平。完善住宅性能认定制度，县级城市新建住宅性能认定率和全装修到位率达到30%以上，设区城市新建住宅性能认定率和全装修到位率达到60%以上，住宅部品认定率达到80%以上。

2. 提高住宅建设品质。做好国家康居示范工程、“A级住宅”创建、“广厦奖”推荐和“省优秀住宅小区”评选工作，推广住宅建筑与太阳能一体化应用、新建商品住宅装修一次到位等住宅产业化成套技术，加快发展低碳住宅，鼓励创建低碳建筑和百年住宅示范城市，提高住宅建设的科技含量，延长住宅使用寿命。

六、加强城市建设和环境整治，提高城市宜居水平

（一）完善市政基础设施系统

1. 加强城市道路交通设施建设。引导大中城市加快建设和完善城市快速路系统，加快主干道拓宽改造。完善城区路网体系，结合旧城改造，配套完善次干道、支路建设，提高路网密度，拓宽狭窄道路、卡口路段，打通断头路，提高路网的通达性。加快城市停车场建设，制订停车系统规划，完善停车场建设在土地、税收、金融等方面的优惠政策，合理确定停车收费标准，推进停车场产业化发展。加快青岛轨道交通建设步伐，推进济南尽快形成城市快速轨道交通基本框架，做好烟台等特大城市轨道交通前期工作。

2. 完善垃圾污水处理设施。“十二五”期间，所有县（市）至少建成一座规范化、无害化生活垃圾处理场，实现“一县一场”目标。建立健全生活垃圾分类收集制度，完善垃圾分类收集和综合利用的推进政策，开展餐厨垃圾处理试点，推动城市生活垃圾处理减量化、资源化、无害化。强化污水处理管网配套建设，完成重点流域的城市污水处理厂升级改造。加强污水处理厂污泥处置设施建设，推进污泥再利用，防止污泥二次污染。以强制推行节水器具和推广再生水利用为重点，加大城镇节约用水力度，新建100项再生水利用设施，“十二五”末再生水利用率不低于20%。

3. 强化城市供水水质和安全保障。贯彻落实国家《生活饮用水卫生标准》（GB 5749—2006），积极推进水厂工艺改造、管网更新和水质检测能力提升，改善和提升城市供水水质。到2012年，城市饮用水水质全面达到新国标106项指标监测要求。进一步健全城市水源、水厂安全防护体系，逐步建立城市供水水质督察制度和水质公报制度，加强对供水企业供水全过程的水质监督，确保城市供水水质安全。健全完善城市供水应急预案，制定水质变化、重要设施故障的应急处置方案。加快完善水价市场形成机制和有效的水费计收方式，逐步推行阶梯水价，全面完成居民用水户表改造工作。

4. 加强园林绿化建设。建立健全城市绿化建设管理法规、规范性文件及技术标准、定额，加强绿化工程质量管理，继续开展国家和省级园林城市创建活动，实施道路绿化提升和林荫停车场建设行动，引导绿化发展模式由量的扩张转到质的提升上来。推行立体绿化和屋顶绿化，拓展绿化空间，最大程度增绿扩绿。把城市中心区、老城区作为绿化重点部位，加快街头游园和绿地设施建设，完善城区绿地功能。推行节约型绿化建设模式，合理确定城市绿化建设模式和投资规模，实现绿地景观效益、生态效益和社会效益最大化。

5. 加强燃气热力设施建设和运行监管。加快燃气规划编制实施，推进天然气发展利用，到2015年，全省17个设区市实现天然气主干线全部覆盖，所有市县、30%以上的建制镇用上管道天然气。大力实施管道占压清理和灰口铸铁管改造，着力消除安全隐患。加快热源和供热管网规划建设，所有城市和县城实现集中供热。推进供热系统节能技术改造，把供热煤耗降到每平方米20公斤标煤以下。加快推进供热计量改革，全省新建建筑及完成供热计量改造的既有建筑，实行按用热量计价收费方式。加强燃气热力安全监督检查，规范燃气热力市场和经营行为。

6. 完善城市防灾减灾体系。完善城市防汛预警机制，加快城市消防特别是高层建筑防火、城市防汛、抗震等城市综合防灾体系建设，编制和完善防灾减灾应急预案，提高城市紧急事件处置能力。所有市（县）在“十二五”期间全部编制城市绿地系统防灾避险规划，增强城市绿地防灾避险能力。加快防汛排涝设施建设，加强抢险物资的储备和补充工作，保质保量地备足、备齐各种物料。采取专业队伍与社会力量相结合、常备队伍与预备队伍相结合的方法，建立全民团结联防的应急队伍。

（二）健全城市管理长效机制

1. 理顺和完善城市管理体制。转变城市管理理念，由重建轻管逐步向建管并举、管理优先转变。推进城市管理重心下移，强化街道和社区城市管理的基础地位，全面推行城管执法进社区、进小区制度。完善行政监督、社会监督和自我监督相结合的城市管理监督制度，推行“服务+管理+执法”三位一体管理模式。开展城管执法规范化管理考核，构建“和谐城管”。创新市政养护管理机制，健全市政工程市场准入退出制度，推进养护作业市场化。

2. 推进数字化城市管理模式建设。加强城市数字化、网格化、精细化管理，设市城市全部建成数字化城市管理模式。推动数字化城市管理和12319热线配套联动，建立信息管理、立案、处置、监督、评价的闭环处理模式。加快城建档案数字化建设，设区城市和城区人口20万以上的县市，全部建成运行城市地下管线信息系统，实现城建档案、房产档案数字化。

3. 加强历史文化、风景名胜资源保护和监管。加快风景名胜区总体规划编制，组织编制历史文化遗产保护和利用专项规划、紫线规划，研究出台《山东省历史优秀建筑保护管理办法》、《关于加强文化遗产保护的实施意见》。加强历史文化遗产普查和认定，建立多层次的历史文化遗产保护体系。加强风景名胜区建设项目监管，建立历史文化遗产和风景名胜区信息管理系统，加强规划实施监督和资源动态管理。

（三）开展城市环境综合整治

贯彻落实《山东省城镇容貌与环境卫生管理办法》，以旧城区主要交通干线和枢纽、铁路沿线、城市出入口、城乡结合部、主要商业和历史文化街区为重点，整体策划综合整治方案，提升城市形象。坚持新、老城区统筹发展，积极推进城中村、旧城区、旧住宅区及小街小巷整治改造，优化配置和集约利用存量土地。加强城区户外经营摊点治理和建筑垃圾清运管理，保持市容整洁和交通安全。加大城市环境卫生管理力度，积极推行机械化清扫、垃圾袋装化和分类定点收集，实现环境整治全面覆盖、整体提升。

（四）加快城建投融资改革

全面放开城市建设投融资市场和工程建设市场，采用BT、BOT、TOT和PPP（公私合营）等多种方式，推进建设项目融资创新，完善政府引导、市场运作的多元化投融资体制。鼓励各市县整合分散在各部门的城市资源和资产，按照精简高效的原则设立城建投资公司，推动城建投资公司从单一的政府融资平台向政府投资主体、重大项目建设主体和城市资产运营主体转型。规范城建投资公司运营管理，提高信用等级和融资能力，防范投资风险。

七、全面推进村镇建设和管理，促进城乡一体化发展

（一）稳步推进农房建设和危房改造

1. 加强农村住房建设。坚持先易后难、稳妥推进的原则，重点推进城中村、城边村、乡镇驻地村、大企业周边村、经济强村、矿区搬迁村、城乡建设用地增减挂钩试点村、土地综合整治示范区村整体改造。以县（市、区）为单位，做好集中建设区农村住房建设详细规划编制及实施工作。加快新型农村住宅设计图集推广应用，建设功能齐全、安全实用、经济美观的“百年住宅”。继续实施“建材下乡”活动，为农民建房提供支持。强化农村住房质量和安全管理，把所有农房集中建设改造项目纳入工程建设程序，由县以上建设部门实施全过程监管。

2. 推进农村危房改造。按照以人为本、关爱群众，先急后缓、梯次改善的原则，科学编制农村危房改造规划和年度计划。统筹推进危房改造与农房集中建设，改造户数较多的村庄，合理整合道路、供水、沼气、改厕、环保等建设项目，提高项目建设的效益。严格控制危房改造建筑面积和总造价，引导农户先建40～60平方米的基本安全房。加强危房改造档案管理，推进农村危房改造信息化建设，提高管理规范化、制度化、科学化水平。

3. 建设新型农村社区。坚持群众自愿、因地制宜、量力而行、依法推进，规范建设新型农村社区，改造空心村，建设特色村，引导农民适当集中居住。加强新型农村社区垃圾和污水处理设施建设，配置简易适用的污水处理设施和垃圾收集转运系统，敷设排水管线或沟渠。推动农村社区服务中心建设，提供优质高效的政务、事务服务。以新型农村社区建设为抓手，积极稳妥地推进迁村并点，促进土地集约、资源共享，提高农村基础设施和公共服务水平。

（二）有序推进小城镇建设

1. 加强小城镇建设分类指导。把小城镇作为统筹城乡发展的重要节点，按照规模适度、布局合理、功能健全、特色突出的要求，加强对工业主导型、商业流通型、农业产业化型、交通枢纽型、工矿服务型、旅游开发型、综合发展型等不同类型小城镇建设的分类指导，区分发展时序，突出区位优势、产业优势、规模优势和资源优势，提升小城镇的综合实力和发展水平。

2. 突出抓好中心镇建设。加大对中心镇政策、资金扶持力度，实施扩权强镇，使其尽快发展成为县域经济次中心。编制实施中心镇规划，突出中心镇在县、市域中的地位，做好中心镇总体规划的调整完善和实施工作。加快中心镇垃圾中转站建设，逐步建成“户集、村收、镇运、县（市）处理”的生活垃圾处理模式。继续与国家开发银行等金融单位合作，加大对中心镇建设的金融支持力度。建立中心镇动态管理机制，对已命名的中心镇进行跟踪检查和综合评估，陆续增补一批集聚效应和辐射带动能力更强的镇。

3. 推进村镇基础设施建设和村庄环境综合整治。完善农村路网系统，加强小城镇道路硬化、供水排水、污水和垃圾处理建设，有条件的村镇，按照城市标准，同步配套建设路网、公交站点、停车场所，完善供水、燃气、热力、污水等地下管网设施。大力开展村容村貌整治。对规划确定不予迁村并点、空间布局比较合理的村庄，安排必要扶助资金，开展“三清四改四通五化”，重点解决道路泥泞、排水不畅、垃圾乱扔、人畜混居等问题；对规划确定短期内将整村迁建或改造的村庄，突出抓好环境卫生，坚决防止私搭乱建，原则上不做大的基础设施投入，防止重复建设造成浪费。从推行城乡一体化垃圾处理模式入手，从环境面貌最差的村庄抓起，切实加大农村基础设施建设和环境整治投入，力争全省村容村貌“一年有变化、三年见成效、五年全达标”。2011 年先行整治环境面貌最差的 7000 个村，以后 4 年每年整治 1 万个村，用 5 年时间，将尚未整治和没有开展整村改造的 4.7 万个行政村整治改造完毕，使全省人居环境上一个大台阶。

（三）加强村镇建设管理

1. 健全村镇建设管理制度。探索适应新形势的新型农村社区建设模式，出台《山东省新型农村社区建设技术导则》，提高新型农村社区建设规划设计和建设质量。建立和完善村镇规划建设审批制度，建制镇全面实行一书两证制度，集镇、村庄实行乡村建设规划许可证制度。完善村镇建设监察制度，推动县（市、区）建设、规划、城管行政主管部门试行相对集中行政执法权向乡镇延伸。加强村镇建筑市场监管，坚决取缔无证设计、无照施工，切实保证工程质量。

2. 加快村镇建设管理信息化平台建设。加快建成省级村镇建设管理信息技术系统，依托数字档案、电子地图、统计查询、系统管理和 Google 卫星地图五个子系统，建立完善全省村镇建设数字档案和全省村镇建设规划电子地图，加强村镇建设规划和已建成农房备案管理，实现对村镇规划、建设全过程动态监管，提高村镇管理效能。

3. 积极开展村镇创建活动。加大对中央和省里确定的 16 个经济发达镇的扶持力度，加快建设投融资改革，下放规划、城建、安全生产等涉及住房城乡建设方面的行政管理权限，做好下放权力的衔接工作，确保依法正确履行职责。开展“百镇千村”建设示范、历史文化名镇（村）、特色景观旅游名镇（村）、园林小城镇创建等活动，加大对示范村镇扶持力度，通过分类指导，典型带动，形成一批布局合理、经济繁荣、设施配套、环境整洁的村镇。

八、强化工程建设管理，提升建筑业核心竞争力

（一）做大做强建筑业

1. 拓展大建筑市场。深入实施大建筑业战略，横向拓宽产业领域，以房屋建筑工程为主，加快向市政、交通、水利、电力、矿山等专业工程拓展，形成覆盖房屋建筑、设备安装、土木工程、装饰装修的大建筑业格局；纵向拉长产业链，加快向房地产、新型建材、服务业、制造业延伸，促进产业融合；支持大型骨干建筑企业到省外、国外拓展新市场，加快形成主营和兼营、传统与新兴、高端与低端、省内外、国内外协调发展、共同繁荣的大建筑市场格局。

2. 壮大建筑企业规模。坚持市场培育与政府引导相结合，加大对全省骨干建筑业企业发展的支持力度，指导企业采取合并、联合、改制、重组等方式，培育 10 ~ 20 家大型建筑企业集团，提升企业素质和市场竞争能力。深化建筑企业体制改革，健全现代企业制度，完善公司治理结构，加快形成体制新、机制活、效益优的现代企业群体。引导支持金融机构对实力强、信誉好的建筑业企业开展境外承包工程项目，给予提供人民币长期贷款和外汇周转贷款，提升建筑企业融资建设能力。

3. 转变建筑业发展方式。加快建筑业转型升级，走新型工业化发展道路，推动产业发展方式由粗放型向集约型转变。加快调整产业结构，不断增加高端市场份额，扩大建筑业发展空间，推动产业结构由宏观调整向优化升级转变。研究制定建筑业发展规划及其配套的产业政策，健全完善引导建筑业与房地产业联动发展的政策机制，推动建筑业的工程总承包、专业分包、劳务分包的体制创新，实行规范化、标准化、精细化管理，推动建筑业管理方式由粗放向精细、由传统向现代转变。

（二）优化发展勘察设计咨询业

1. 提高勘察设计质量和水平。促进勘察设计行业做大做强，重点培育2～3家综合甲级勘察设计单位，推出一批勘察设计精品工程。实施《山东省建设工程勘察设计管理条例》，加强勘察设计质量监管、审查、企业质量管理和社会监督，完善勘察设计质量监督管理体系。加快勘察设计企业技术创新，加强勘察设计专有技术、设计文件和设计方案创新和知识产权保护。开展勘察设计行业诚信评估，实施“绿色通道”制度，简化监督检查和备案手续，促进优秀勘察设计企业加快发展。

2. 推进工程监理行业有序发展。出台《山东省工程建设监理管理办法》，完善工程监理行业发展政策。开展工程监理专项治理，加强监理行业监管。培育优秀示范项目监理机构，推行工程建设全过程、全方位监理和项目管理服务。强化监理队伍职业道德、思想作风和责任意识建设，提高监理人员综合素质，不断提升监理行业发展水平。

3. 强化工程造价管理。研究出台《山东省建设工程造价管理办法》。不断完善工程计价依据体系，制定《山东省建设工程工程量清单计价规则》、《山东省城市轨道交通定额》，调整修编《山东省建设工程消耗量定额》，满足建筑节能减排、环保低碳等新技术、新工艺和重点工程计价需要。加强工程造价监管，建立并实施招标控制价、中标合同价、竣工结算价备案管理制度，强化工程造价信息化工作，及时发布建筑市场价格信息。

（三）突出抓好工程质量和安全生产

1. 创新工程质量监管模式。推进工程质量制度建设，制定《山东省建设工程质量监督管理实施细则》、《山东省建设工程质量责任主体和有关机构信用管理办法》。开展住宅工程质量通病专项治理活动。推行住宅工程质量分户验收制度，严把竣工验收备案关。加强工程质量监督队伍建设，实施建设工程质量监督机构和人员考核认定制度，建立工程质量关键岗位定期培训、持证上岗制度。强化工程建设各环节的配套联动管理，严格落实参建各方主体的质量责任和主管部门的监管责任，全面提升工程质量水平。

2. 抓好工程安全管理。夯实安全生产基层、基础工作，完善安全生产预防体系，健全安全生产工作标准，推动安全生产工作经常化、规范化、标准化。开展建筑施工、市政工程、城市燃气、房屋拆迁等重点领域专项整治，有效遏制较大及以上事故，减少一般事故。完善安全监管信息体系，强化重大危险源监控，提高安全生产预警水平。进一步理顺质量安全监管体制，变被动监管为主动监管，变分散监管为集中监管，提高监管效能。

（四）加强建筑市场监督管理

1. 规范建设工程招标投标工作。出台《山东省房屋建筑和市政工程招标投标办法》，完善招标投标制度。建立全省联网的招标投标信息平台和监管平台，推行电子化招投标方式，实现网上投标、开标、异地远程评标。建立招标代理社会评价制度，加强招标代理机构动态管理，推动招标代理行业持续健康发展。建立评标专家评标后评估制度，严格准入清出，提高评标质量和水平。

2. 完善工程建设标准管理。研究制定《山东省工程建设标准化管理办法》，加快编制节能、节水、节材、节地等标准规范，进一步完善地方标准体系。健全工程建设标准监督管理机制，从建设标准执行管理部门、单位和执行标准的关键环节着手，重点抓好标准实施监督。加强企业标准管理，制订企业标准备案管理规定和程序，加大建设工业产品登记备案管理力度，严格备案条件，从源头确保建设工程质量。

3. 健全建筑市场监管体系。开展工程建设领域突出问题专项整治，加快完善建筑市场诚信体系建设，规范合同订立和履约。加强建筑企业动态监管，严格审查企业资质条件和安全生产资格。强化建筑市场准入清出管理，完善行政执法、行业自律和中介服务相结合的市场监管体系。加快完善建设工程总包、分包管理制度，严厉打击转包、违法分包、挂靠等违法违规行为。配合同级人力资源和社会保障部门，做好建筑农民工权益保障工作。

九、加大建筑节能和科技创新力度，增强行业持续发展能力

（一）加快推进建筑节能和墙材革新

1. 提高新建建筑节能水平。完善建筑节能闭合管理和协作联动机制，严格执行节能信息公示等制度，积极推行建筑能效测评标识，加强节能工程施工监管，不断提高建筑节能标准执行率。稳步推进建制镇和农村地区建筑节能，组织开展农村建筑节能示范工程建设，财政资金支持的集中成片的农房项目执行节能标准。推进省住房城乡建设厅与东营市人民政府共建省级低碳生态城市试点，并逐步扩大试点示范范围，争取在全省建成100个左右的低碳生态示范社区，命名3～5个低碳生态示范城市。积极发展绿色建筑和低能耗建筑，实施省级示范工程建设，开展一、二星级绿色建筑评价标识工作，促进建筑节能转型升级。

2. 开展既有居住建筑节能改造。建立既有居住建筑技术指标信息数据库。强化领导机制，加大各级财政投入支持力度；继续推进既有居住建筑节能供热计量及节能改造，积极创建“节能暖房”工程重点市县；健全既有公共建筑节能改造技术标准体系和建筑能耗统计体系，以政府机关办公建筑和大型公共建筑为重点，推行利用合同能源管理模式实施既有建筑节能改造；完善以政策导向和市场化手段相结合的节能改造机制，采取先试点、后推开的方式逐步实行既有公共建筑节能改造。建设全省联网的城市机关办公建筑和大型公共建筑能耗监测平台，全面开展机关办公和大型公共建筑能耗统计、能源审计工作。制定能耗定额标准、用能系统运行标准、超定额加价制度，培育建筑节能服务市场。

3. 推进可再生能源建筑应用。加强可再生能源建筑应用技术研究及标准制订，建立可再生能源建筑应用测评体系，将太阳能光热建筑一体化应用纳入工程设计、施工图审查、工程监理、质量监督等环节。在新建建筑、既有建筑节能改造中大力推广应用太阳能光热技术，合理有序发展太阳能光电建筑一体化利用技术，积极稳妥地推广地源热泵供热制冷技术。实施一批地源热泵、太阳能光电、太阳能光伏与LED结合照明工程示范。组织做好国家可再生能源建筑应用示范市、县建设和太阳能光电建筑一体化应用示范，不断扩大示范效应。

4. 加大墙材革新工作力度。建立“禁实”长效机制，加快建制镇和农村地区“禁实”步伐。严格执行新型墙材建筑节能技术产品认定制度，加强对各类认定产品尤其是外墙外保温材料的动态监管。大力推广节能与结构一体化、Low-e中空玻璃、外遮阳等技术产品，重点发展以煤矸石、粉煤灰、工业废渣、建筑垃圾等为原料的利废型新型墙材，逐步淘汰实心类和含粘土的墙材产品。加大新型墙材专项基金征管力度，加强基金使用管理。加强农村墙材革新工作，推广应用符合农村特点、节能环保的新型墙材和太阳能热水器。

（二）完善建设科技创新和教育培训体系

1. 推进建设科技创新体系建设。建立建设科技计划制度，加强科技研究开发项目统一管理。加大建设科技创新激励和奖励力度，每年组织评选“山东建设技术创新奖”。推进建设科技投入体制改革，建立企业、社会、政府相结合的多元化科技投入机制。组织开展新技术应用示范工程建设，加快实施建设科技“12223”工程，“十二五”期间组织开展建设行业重点科技攻关100项，推广应用新技术、新产品200项，组织实施建设科技示范工程200个，培育省级以上住宅产业化基地20个，建立居国内同行业先进水平的建设技术研发中心30个。

2. 强化城镇管理和专业技术人才继续教育。开展住房城乡建设管理干部教育培训，提高建设管理干部综合素质。加大建设行业关键岗位技术管理人员资格性岗位培训力度，开展建设系统专业技术人员继续教育，促进专业技术人员知识更新和业务水平提高。严格执行职业资格证书制度，全面实施一线操作人员职业技能培训与鉴定，提高持证上岗率。加快培养建设行业高技能人才和技能紧缺人才，培养一支规模大、结构合理、技术精湛的技能型人才队伍。加强农民工就业指导和服务，促进农民工就业，提高建筑业农民工整体技能水平。

3. 完善建设执业资格制度。开展建设执业人才发展战略研究，建立建设执业资格专家委员会制度，完善执业资格专家库；改革建设执业师继续教育培训方式，不断提高执业师业务水平和执业能力；深入开展执业师社会信用评价，努力提高管理和服务水平，建立完善建设执业师信用档案体系；加强建设执业资格执法检查，推进执业资格执法监督，进一步规范执业师的执业行为。

（三）推进建设领域国际合作

扩大建设外经企业与国外公司的交流与合作，加强与日本、韩国、东南亚各国以及香港、台湾地区的合作交流，搭建与国际知名企业合作平台。拓展对外科技交流与合作领域，支持和鼓励建设企业引进国外先进技术。加强与国外科研院所、高等院校在技术研究和人才培养方面的合作，重点推动与日本、新加坡在水处理方面的合作，与德国、丹麦在建筑节能领域的合作。推动省内企业间的强强联合，集中人才、资金、设备优势，全方位、多元化开拓国际市场。

十、推进依法行政和廉政建设，促进社会和谐发展

（一）加快完善行业法制建设

健全完善政策法规体系，出台《山东省城市供热条例》、《山东省海岸带规划管理条例》等6项地方性法规，以及《山东省住宅品质促进管理办法》、《山东省工程建设监理管理办法》等6项政府规章。加大普法宣传力度，开展普法宣讲活动，加强行政执法人员建设专业法律法规培训，提高普法水平和质量。全面推行建设行政执法责任制，完善行政过错追究制度。加强行政监督，完善行政许可、处罚听证制度，提高建设行政效能。加强执法队伍建设，规范执法行为，提高执法水平。

（二）强化行业精神文明建设

加强行业精神文明建设，以“文明行业创建”为重点，以城镇房屋拆迁、工程质量安全为突破口，深入开展住房建设系统精神文明创建活动和创先争优活动。充分发挥各级工会组织的作用，完善职工民主管理制度，全面推行工资集体协商制度。建立行风建设责任制和监督考核制度，健全行风建设长效机制。加强电子政务建设，推行政务公开，规范行政权力运行。开展民主评议政风行风活动，主动接受舆论监督。畅通政风行风热线，搭建与群众沟通平台。推进企业文化、行政文化和行业文化建设，突出抓好行业服务品牌建设。完善诚信档案制度，强化社团和市场中介机构监管。

（三）积极推进党风廉政建设

大力推进学习型党组织建设，建立健全党组织学习制度、培训制度、检查考核制度，提高党员干部的思想政治素质和业务能力。加强党的思想和作风建设，增强党员干部公仆意识，倡导求真务实之风。围绕住房和城乡建设中心工作，强化源头预防与专项治理，严格执行行政问责、述职述廉、诫勉谈话、廉政承诺、廉政风险防范、行政执法责任、经济责任审计等反腐倡廉制度，加强廉洁从政教育和领导干部廉洁自律，形成用制度管权、按制度办事、靠制度管人的工作机制。研究建立党的思想、组织、作风、制度和反腐倡廉建设等量化考核评价体系，把抓党建工作的成效作为评价单位领导班子实绩的重要依据。加强党建工作规划指导、组织协调和督导落实，不断增强党组织的创造力、凝聚力和战斗力，推动住房城乡建设事业长期平稳较快发展。

山东省住房和城乡建设厅

2011 年 3 月 31 日

2011 年全省住房和城乡建设工作要点

2011 年是实施“十二五”规划的第一年，也是全面建设小康社会、加快经济发展方式转变的关键一年。全省住房和城乡建设工作的总体思路是：全面贯彻科学发展观，紧紧围绕经济文化强省建设，以推动转方式调结构为目标，以实施新型城镇化战略为主线，以保障和改善民生为着力点，突出抓好住房保障、农房建设、节能减排、产业升级，全面提升城乡规划、城市管理、质量安全、依法行政水平，切实加强党风廉政和行业作风建设，保持建设事业平稳较快发展，实现“十二五”良好开局。

住房和城乡建设事业主要计划指标：① 住房保障：建设各类保障性住房 32.43 万套，其中公共租赁住房 7.4 万套、廉租住房 1.2 万户、经济适用住房 8.7 万套、限价商品住房 3.32 万套、棚户区改造 11.81 万户；新增廉租住房租赁补贴 0.8 万户。② 村镇建设：完成村镇建设投资 1300 亿元；新建农房 80 万户，改造危房 20 万户。③ 城市建设：设市城市和县城完成城建投资 945 亿元，增长 5%，污水集中处理率、生活垃圾无害化处理率分别达到 86%、85%。④ 房地产业：完成房地产开发投资 3600 亿元，增长 15%；商品房销售和二手房交易面积均增长 5% 以上；⑤ 建筑业：三级以上施工企业完成建筑业总产值 6800 亿元，增长 17.3%。⑥ 建筑节能与墙材革新：建成节能建筑 5000 万平方米，占同期竣工新建民用建筑的 96% 以上；新型墙材生产和应用比例分别达到 85%、98%。

一、坚定不移地推进新型城镇化

（一）扎实开展和谐城乡建设行动。继续落实全省城镇化工作会议和省委 21 号文件精神，组织各市县深入扎实地开展和谐城乡建设行动，按照《实施方案》和《考核办法》要求，组织好检查考核。构筑“一群一圈一区一带”的城镇空间格局，完善城镇布局和形态，促进区域经济优势互补，推动大中小城市和小城镇协调发展。把中小城市、县城和中心镇作为壮大县域经济的重要载体，配套完善基础设施，强化服务功能，主动承接大城市产业转移，为吸纳农民就地就近转移创造条件。加快小城镇发展，实施扩权强镇，以96个国家级重点镇、252个省级中心镇为重点，制定支持小城镇发展的资金、人才等政策，完善基础设施和公共服务设施，积极培育一批有一定产业基础、辐射带动能力强、特色鲜明的经济强镇、区域重镇和文化名镇，争取3～5年将部分镇发展成小城市。搞好“百镇示范”建设活动评选，对中心镇实行动态考核。搞好城镇化监测分析，有针对性地提出对策建议。按照规模适度、布局合理、设施配套、服务完善的要求，科学推进迁村并点，搞好新型农村社区建设，推进土地集约利用、农民集中居住，加快实现农民市民化、生活现代化，促进城乡一体化。

（二）编制实施区域性、战略性规划。组织新一轮《山东省城镇体系规划》修编，完成《山东省城镇体系规划》成果，为统筹重大基础设施建设、优化城镇布局、推进新型城镇化提供依据。修改完善《黄河三角洲城镇体系规划》、《鲁南城镇带规划》，报省政府审批实施。制定《山东省海岸带规划管理办法》，为山东半岛蓝色经济区开发建设和持续发展提供依据。

（三）深入推进城乡规划全覆盖。抓好城市总体规划审批，力争国务院审批的城市总体规划全部上报，由省政府审批的城市总体规划全部批复。严格规范城市总体规划调整，维护规划的科学性和权威性。指导各地重点编制城市综合交通、停车场、生态系统、绿地水系、景观风貌、历史文化名城保护、地下空间开发利用、应急避难场所等各类专项规划，编制到2015年的城市近期建设规划。适时更新和调整完善城市控制性详细规划，督促各地加快小城镇控制性详细规划和新建社区建设规划编制，提高控规覆盖质量。

（四）提高规划管理和设计水平。配合省人大做好《山东省城乡规划条例》立法工作。制定《山东省建设项目选址意见书审批办法》、《山东省派驻城市规划督察员试行办法》，加强对规划管理的监督。继续深入开展房地产领域违规变更规划调整容积率问题专项治理。督导有关城市上收规划管理权，在城市规划区内全部实行一书三证，对各类开发区实行统一规划管理。深入实行“阳光规划”和城市规划委员会制度，健全公开、公正、透明、科学的规划决策机制和管理机制。在所有小城镇和村庄实施规划公示制度。建立村镇建设管理系统，搞好村镇规划、农房建设备案和村镇建设数据管理。创新规划理念与方法，强化城市建设标准化意识。开展城市中心区、重点地段、交通枢纽、综合体、繁华街道等城市设计，集中打造城市新亮点。倡导开发利用地下空间，开拓城市发展新领域。加大历史文化名城、名镇、名村、街区和历史优秀建筑保护力度，提升城乡文化内涵。

（五）加强城镇基础设施建设。深化城建投融资改革，精心组织好各类重点城建项目建设，带动城镇承载能力提升，促进城乡面貌改善。转变城建投资结构，重点投向道路交通、污水处理、垃圾处理、地下管网等“短板”设施。进一步优化城市路网结构，切实加强城市道路、立交桥、停车场、轨道交通、公交场站等设施建设，保留和完善自行车道、人行道系统。加快实施供水、燃气、热力等老旧管线改造，降低网损漏失率，提高供应保障率。重视管线共同沟、无障碍设施建设。积极推进城市供水、燃气、供热、污水和垃圾处理向周边村镇延伸，逐步实现环卫、园林、供水等行业城乡发展一体化，提高城乡基础设施共建共享水平。

二、坚定不移地推进住房保障

（六）扩大保障性安居工程建设规模。鼓励

大中企业在符合城市规划和土地利用规划的前提下，利用自有土地建设经济适用住房、公共租赁住房。引导独立工矿企业通过棚户区改造，组织开展集资合作建房，纳入经济适用住房规范管理。对影响居住安全、功能不全的城市危旧房及非成套住宅（筒子楼）进行维修加固改造。将人才公寓、农民工公寓、干部与教师周转房等纳入公共租赁住房建设和管理。建设保障性安居工程融资平台，深入开展住房公积金贷款支持保障性住房建设试点，引导各类企业、机构投资经营保障性住房。指导市县健全完善规章制度，规范管理运行程序，健全准入和退出机制。

（七）重点推进公共租赁住房建设。将公共租赁住房作为保障性安居工程新的增长点，健全推进机制，加大建设规模，有条件的地方可与廉租住房统筹合并建设。拓宽筹资渠道，除各级财政资金外，将从土地出让净收益和住房公积金增值收益中提取的廉租住房保障资金节余部分以及房改售房资金，用于发展公共租赁住房。在完成当年廉租住房保障任务的前提下，经同级财政部门同意，可将中央补助廉租住房保障专项资金用于购买、新建、改建和租赁公共租赁住房。

（八）扩大廉租住房保障范围。以县市为重点，提高廉租住房保障收入线标准，扩大覆盖面，实现廉租住房与经济适用住房保障准入标准的有效衔接，具备条件的可予以并轨，使城市低收入家庭根据自身经济状况自主选择住房保障方式。加大廉租住房建设和筹集力度，提高实物配租比重。

（九）保持合理的经济适用住房供应规模。指导各市合理确定经济适用住房建设计划，保持合理的供应规模。引导有条件、符合政策规定的企业积极开展集资合作建房，纳入经济适用住房范围，统一规范管理。

（十）大力推进棚户区改造。编制 2011 年～2012 年棚户区改造年度计划，积极争取中央补助资金，加大财政资金支持力度，加强督导检查，确保优惠政策和资金到位。积极配合有关部门，推进垦区、林区和铁路棚户区改造。

（十一）完善住房公积金制度。研究制定《关于加快住房公积金事业发展的指导意见》。以城镇私营企业、外商投资企业和民办非企业单位以及各类社团组织在职职工为重点，加大住房公积金归集力度，扩大归集面。进一步摸清缴交单位底数和情况，加大行政执法力度，提高公积金实缴率。进一步降低门槛，减轻贷款人负担，积极稳妥发放公积金个人贷款，支持居民基本住房需求。进一步完善公积金监管体系，加快全省公积金监管信息系统建设，健全资产管理和风险管理机制，确保公积金安全。

三、坚定不移地推进农村住房建设和危房改造

（十二）保质保量完成农房建设与危房改造任务。继续坚持先易后难、稳妥推进的原则，以城中村、城边村、乡镇驻地村、大企业周边村、经济强村、矿区搬迁村和农村建设用地整治挖潜村为重点，尊重农民意愿，正确把握方向，深入推进农房建设与危房改造，确保完成 3 年任务。对已建成的新型农村社区实行备案制度。按国家六部委要求，探索建立建材下乡操作办法和工作模式，组织编制试点方案并尽快启动。把农房集中建设改造项目纳入工程建设程序，由县以上建设部门实施全过程监管，在项目选址、地质勘察、建筑设计、施工组织、建材选用、技术资料归集整理等环节严格把关，确保农房建设质量安全。

（十三）加强村镇基础设施建设。指导各地建立土地转换平台，搞好土地收储和出让、转让，多渠道筹集建设资金，增减挂钩指标优先用于农村住宅、农村基础设施和公共服务设施，节余土地指标留足农村发展用地。抓好村镇道路硬化和排水管网建设，积极推广应用秸秆气化、秸秆型煤、大中型沼气、节能门窗、太阳能、地源热泵等节能环保适用技术，合理布局医疗、文化、体育等设施。在有条件的重点镇规划建设工艺先进、规模适度、经济实用的污水处理设施，配置垃圾收集和运输设施，逐步建立“户集、村收、镇运、县市处理”的农村垃圾集中收集处系统。在距离城市建成区边缘5公里以上、人口规模超过3000人、以多层楼房为主的新型农村社区，鼓励建设小型污水处理设施，各级财政继续给予资金支持。推广威海经验，继续实施村庄整治。

四、坚定不移地推进建设领域节能减排

（十四）抓好建筑节能工作。做好《山东省民用建筑节能条例》立法调研工作，修编《公用建筑物节能设计标准》等地方标准。以县市为重点，完善建筑节能闭合管理机制，进一步提高节能标准执行率和工程质量。继续抓好既有居住建筑供热计量及节能改造，推进既有高能耗机关办公建筑和大型公共建筑节能改造，推行合同能源管理等节能服务模式。大力发展绿色建筑和低能耗建筑，开展绿色建筑评价标识工作。扩大可再生能源建筑应用规模，完善太阳能光热建筑应用监管机制。加强国家可再生能源建筑应用示范市（县）和示范项目管理，组织开展省级新能源应用示范项目建设，推进低碳生态示范城市和低碳社区建设。加强建筑节能工程档案收集整理，保证建筑节能效果和使用安全。搞好建筑能耗统计、能源审计、能效公示和节能监测系统建设。

（十五）促进墙材革新和建筑节材。巩固“禁实”成果，加快建制镇“禁实”步伐。加强新型墙材建筑节能技术产品认定管理，规范市场秩序，提高产品质量。组织引导节能保温与建筑结构一体化技术、产品研发，重点发展以煤矸石、粉煤灰、工业废渣、建筑垃圾等为原料的利废新型墙材。加大新型墙材专项基金征管力度，支持新型墙材和建筑节能科研开发。

（十六）积极推进供热计量改革。按照“政府主导、市场运作、企业参与、用户配合”的原则，加快推进供热计量改革工作。按照供热企业可控、住户用热可调、政府主管部门可管的要求，搭建供热计量远程调节控制技术平台，推动供热计量数字化、系统控制智能化、住户用热自主化、政府监督网络化，实现供热企业降耗、用户节费、社会节能的目的。建立健全供热计量资金筹措、产品准入、工程监管、能耗监测、收费标准等工作机制，加快推进供热计量项目建设，确保所有达到分户计量的项目实现按用热量计价收费。

（十七）提升污水和垃圾处理水平。加快污水处理设施及其配套管网建设，改造提升污水处理工艺，提高管网收集能力和再生水利用水平，强化运行管理和政府监管。加快垃圾处理设施建设，确保年内实现“一县一场”。建立完善垃圾处理收费制度，积极开展生活垃圾分类收集和袋装化。

（十八）推进城市生态环境建设。积极创建园林城市和人居环境奖，力争在生态园林城市创建上实现突破。以屋顶绿化、道路和停车场绿化为重点，提高旧城区和中心城区绿化水平。鼓励中水回用和再生水利用，搞好节水器具推广，提升城市节水水平。推广节能照明技术，建立节能型城市照明体系。完善城市道路建设联席会商制度，推广不开挖技术，减少道路挖掘。

（十九）推进住宅产业现代化。加快住宅建设模式改变，抓好太阳能与住宅建筑一体化、一次性装修到位、新型住宅建筑体系和住宅部品模块化应用，推进CSI新型住宅体系应用和试点工程建设。完善《山东省住宅产业化基地管理办法》，推进国家和省级住宅产业化基地建设，争取3年内创建20个省级住宅产业化基地。实行《住宅品质状况表》和住宅产业化技术审查制度，全面提高住宅产业化水平。积极创建国家康居示范工程和A级住宅，实现每个设区城市都有国家康居示范工程的目标。

五、坚定不移地做大做强房地产业和建筑业

（二十）推动房地产业健康发展。支持引导

房地产骨干企业向专业化、品牌化、集团化方向发展，通过联合合作、合并重组等方式，扩大经营规模，壮大企业实力，尽快打造一批拥有知名品牌、具有较强竞争力的房地产龙头企业。引导优秀设计单位、建筑施工企业以及住宅部品、材料生产企业，与房地产龙头企业结成战略联盟，提高先进技术和产品集成水平，提高核心竞争力。制定《物业条例》配套文件和服务标准，编制物业管理行业发展专项规划，扩大物业服务覆盖面，培育一批机制新、效益好、规模大、信誉佳的品牌企业。

（二十一）加强房地产市场监管。贯彻落实2010年国发10号、国办发4号和鲁政发57号文件精神，搞好市场分析和调控。继续整顿房地产市场秩序，重点查处未办理规划、施工、预售许可手续进行建设和预售的违法违规行为。推行市场监管、项目监管、企业监管“三位一体”的动态监管模式，实行房地产开发项目规划建设条件意见书和电子项目手册制度，严格执行新建商品房买卖合同网上备案，加强预售资金监管，推行房地产开发项目综合验收制度。继续完善房地产市场信息系统，建设有关子系统，实现基础信息共享，力争实现各市、县联网。建立健全个人住房信息系统，实现个人住房信息互通互查。完善房地产市场信息发布制度，提高商品住房交易透明度，引导居民理性消费。认真落实《商品房屋租赁管理办法》，规范发展住房租赁市场。加强对房地产中介机构和人员的管理，维护市场秩序。

（二十二）推动建筑业转型升级。鼓励引导大型施工企业向关联度较高的上下游产业延伸，走科研、设计、施工一体化和投资、开发、施工一体化的路子，加快向工程项目总承包转变，成为有竞争力的大企业。按照“扶专扶优扶强”的原则，调整优化建筑业企业结构，扶持发展一批经营特色明显、科技含量较高、市场前景广阔的专业企业，提高专业企业在全行业中的比重。加大政策引导和宣传推介力度，打造一批品牌劳务企业。注重与铁路、水利、交通等部门的沟通，加强在轨道交通、公路、铁路、机场、码头等工程项目中的合作，引导企业参与国家大型基础设施建设。引导鼓励大型优势企业进入基础设施和高技术含量的工程施工领域，提升高端建筑市场施工能力。加速拓展高端和外埠市场，巩固省内市场，扩大沿海发达地区市场，抢占东北、新疆等潜力市场，站稳东南亚、中东等传统境外市场，加大非洲、南美洲等新兴市场开拓力度。

（二十三）强化工程建设管理。落实《山东省建设工程勘察设计管理条例》，围绕“建大院、出大师、创大作”的发展目标，规范勘察设计市场，打造诚信行业，繁荣建筑创作，提高勘察设计质量和水平。研究制定《山东省房屋建筑和市政基础设施工程招标投标办法》，加强招投标监管，进一步规范工程建设有形市场。推行远程异地评标，探索建立统一的招投标网络监管平台。加快工程建设标准化进程，加强工程建设标准特别是强制性条文执行情况的监督检查。研究制定《山东省建设工程造价管理办法》，加强工程建设全过程计价管理，完善控制价和竣工结算价备案管理制度。强化工程质量管理，深入推进质量通病治理活动和分户验收制度，逐步消除影响住宅工程结构安全、使用功能的质量缺陷和隐患，推出一批质量样板工程。全面推行责任到人、记录在案、问题追偿的工程质量终身负责制，将勘察、设计、施工、监理、材料供应、质量安全监督等各个环节的所有责任单位和责任人一一记录到工程档案中，一旦发生质量问题、进行责任追究时，由单位和个人双重赔偿，问题严重的实行建筑行业终身禁入。优化监理行业组织结构，规范监理行为，提高监理质量和水平。制定工程项目管理实施办法，在政府投资房屋建筑和市政工程中全面推行项目管理制度。强化建设工业产品备案管理和市场监管，开展建机类产品节能认定，扶持骨干企业发展。加强建筑劳保金收缴和管理，提高资金使用效率。加强建设行业中介机构监督管理，倡导诚信服务，提高质量和水平。

六、坚定不移地抓好以数字化为核心的城市管理

（二十四）加快推进数字化城市管理。落实《山东省城镇容貌与环境卫生管理办法》，推进城市管理科学化、制度化、规范化。加快12319热线建设步伐，争取所有设市城市全部开通。推广数字化城管模式，沿海设区城市2011年建成，内陆设区城市2012年建成，县级市2013年建成。以环境卫生、园林绿化、广告整治等为重点，组织开展铁路沿线环境整治，实现铁路沿线500米可视范围内景观面貌明显好转。编制实施城市市区摊点设置导则，规范各类摊点、户外广告设置和管理，实现便民利民、整洁有序。加强城管队伍建设，倡导以民为本、服务优先的城管理念，开展"和谐城管"创建活动。

（二十五）切实保障城市安全。完善城市应急管理体制，重点抓好供水、城市桥梁、垃圾处理等重要行业应急预案的贯彻落实，提高应急处理水平。抓好城市防汛，加快防洪排水工程建设，完善非工程措施，确保汛期安全。以城市地下管线工程档案归集和查询利用为核心，抓紧建立管线信息动态管理机制，实施地下管线综合普查和信息化建设，从根本上减少因情况不明、野蛮施工造成的各类管线安全事故。贯彻国务院《城镇燃气管理条例》，确保燃气安全。抓好供热用煤采购调运、天然气气源争取及供气计划落实，保障冬季城市供热、供气正常运行。贯彻实施《饮用水卫生标准》，加强供水管网更新和维护，搞好水厂升级改造，改善供水水质，确保供水安全。开展城市桥梁信息普查，建立完善城市桥梁信息管理系统，保证桥梁设施安全。抓好抗震设防，组织编制山东半岛城市群及郯庐断裂带综合防御体系规划。抓好公园和景区安全管理，确保游览场所和游乐设施安全。遇有雨雪冰冻天气及时处置积雪和覆冰，保障城市道路桥梁安全畅通。

（二十六）提高市政公用事业运营效率。加强市政公用行业运行监管，制定监管程序、标准和措施，建立完善监管体系和工作机制。继续实行市政公用事业特许经营制度，推进行业政务公开、服务公开，提升服务质量。加强维护管养，提高市政设施完好率。加快风景名胜区规划编制步伐，建立健全风景区信息管理系统，完善监测监控手段，推进风景名胜区严格保护和永续利用。

七、坚定不移地加强党风廉政、精神文明、依法行政、行业作风和人才队伍建设

（二十七）加强党风廉政和行业精神文明建设。严格落实党风廉政建设责任制，深化廉政勤政教育，加强党员干部监督，大力推进科技防腐，积极施行电子监察。深入开展工程建设、房地产开发、住房公积金等专项治理和治理商业贿赂工作，严肃查处腐败案件。加强廉政风险防控机制建设，最大限度地减少权钱交易、以权谋私的制度性漏洞。继续组织高端业务讲座，推动学习型行业建设。结合庆祝建党90周年，抓好创先争优活动，选树一批行业典型。深入开展文明行业创建活动，健全完善精神文明竞争淘汰机制，提高精神文明创建水平和质量。推进企业文化、行政文化和行业文化建设，抓好行政服务品牌建设。围绕"执政为民"的主题，完善行风建设长效机制，做好政风行风热线上线工作，为老百姓排忧解难，进一步提升建设系统的社会形象。

（二十八）提高依法行政和对外开放水平。落实"三定一保"立法责任制，确保完成年度立法计划。启动"五五"依法行政和"六五"普法工作，加大普法宣传力度，全面推行建设行政执法责任制，加大建设法律法规执法检查力度。强化行政监督，严格执行《行政复议法》和省实施条例，认真受理各类行政复议申请，及时撤销、变更违法或不当行政行为。推进信息公开和

政务公开，规范运作程序，增加公开内容，增强工作透明度和群众参与度。

（二十九）推进建设科技创新和人才队伍建设。坚持科技兴业，组织实施“12223”工程，组织好山东建设技术创新奖评选，提高建设科技创新能力。以建设类骨干企业省级技术中心为依托，以重点工程和大型项目为载体，加快在核心和关键领域技术创新。以先进成熟适用技术为重点，加大科技成果推广力度，打造绿色建筑、精品工程。继续实施“阳光工程”、“温暖工程”，开展大规模农民工培训。加强建设执业资格执法监督，推进注册管理信息化，完善建设执业师信用档案，改进和加强继续教育培训，提高建设执业师业务水平和执业能力。积极开展国际经济技术合作，组织实施好利用世行、亚行贷款的城建环保项目，积极引进国外先进技术和智力，抓好对外招商引资和赴外技术培训。

（三十）维护行业安全稳定。落实建筑施工安全生产责任制，推行安全生产网格化监管模式，变被动监管为主动监管，变分散监管为集中监管，继续开展省建设重点工程立功竞赛、“安康杯”竞赛和创建安全质量标准化工地活动，推动安全形势稳定好转。把各类开发区、工业园区和城乡结合部的工程项目纳入统一管理，坚决消除质量安全监管盲区。严格进行外墙外保温、装饰装修材料阻燃性能检验检测，严格执行特殊工种持证上岗制度，严格按操作规程作业，严防建筑火灾。合理控制城镇房屋拆迁规模，依法强化拆迁管理，坚持先补偿安置后实施拆迁，继续推行“四合法两到位”，加大拆迁信访集中处理力度，化解拆迁信访积案，妥善处理历史遗留问题，维护群众合法权益。

山东省住房和城乡建设厅

2011 年 1 月 5 日

建设大事记

◇实施保障性住房建设三年规划

◇加快推进新型城镇化工作

◇积极促进绿色建筑发展

◇实施城市绿荫行动

1月

1日 省建管局会同省人力资源社会保障厅印发《关于加强全省建筑业技师培养工作的意见》，提出要加大建筑业技师培养力度，扩大技师培训和评审范围，完善技师持证上岗制度和激励机制，保证技师培训和评审质量。

5日 省住房城乡建设厅印发《2011年全省住房和城乡建设工作要点》。2011年，全省住房和城乡建设工作要紧紧围绕经济文化强省建设，以推动转方式、调结构为目标，以实施新型城镇化战略为主线，以保障和改善民生为着力点，突出抓好住房保障、农房建设、节能减排、产业升级，全面提升城乡规划、城市管理、质量安全、依法行政水平，切实加强党风廉政和行业作风建设，保持建设事业平稳较快发展，实现“十二五”良好开局。

17~18日 全省住房和城乡建设工作会议在聊城召开。省委书记姜异康、省长姜大明向会议致信，副省长郭兆信到会讲话，省住房城乡建设厅厅长杨焕彩作工作报告。会议充分肯定了建设系统“十一五”期间的工作成绩，提出下一步的工作重点：要确保完成32万套保障性住房建设任务，改进和加强房地产市场调控；继续坚定不移地推进农村住房建设与危房改造，年内新建农房80万户、改造危房20万户；下大力气抓好建筑工程质量和安全生产，在全行业推行责任到人、记录在案、问题追偿的工程质量终身负责制；要用城乡统筹的理念推进城镇化，深入开展和谐城乡建设行动，确保年内全省城镇化水平达到50%。

21日 济南市政府印发《关于进一步贯彻落实房地产调控政策促进房地产市场健康平稳发展的通知》，提出要进一步加大保障性安居工程建设力度，逐步完善廉租住房、公共租赁住房等多层次住房保障体系，切实落实国家、省关于保障性安居工程土地征用、资金投入、税费优惠等政策，确保2011年全市新开工保障性住房2.5万套（廉租住房2000套，公共租赁住房2.3万套）。同时，大力推进棚户区改造，年内基本完成市区集中连片棚户区改造任务。

24日 省住房城乡建设厅印发《山东省建设工程初步设计审查实施细则》，要求凡是中型及以上的建设工程，均应编制初步设计文件；技术复杂、政府投资或者备案立项的小型建设项目和利用世行贷款、亚行贷款、国债资金的小型建设项目应编制初步设计文件；分期建设的按立项核准及规划审批等相关文件确定；技术简单的小型建设项目可以方案设计代替初步设计文件。

25日 《人民日报》以“山东构筑多层次住房保障体系50万困难家庭圆了安居梦”为题，对山东省保障性安居工程建设予以专题报道。

26日 省住房城乡建设厅印发《山东省超限建筑工程和学校、幼儿园、医院等建筑工程抗震设防专项审查实施细则》（鲁建设字〔2011〕5号），对超限建筑工程和学校、幼儿园、医院的抗震设防专项审查工作提出了明确要求。

28日 国务院办公厅批复同意《泰安市城市总体规划（2005~2020年）》。《通知》要求泰安市重视城乡统筹发展，在2087平方公里的城市规划区范围内实行城乡统一规划管理，并妥善处理好泰山风景名胜区、泰城和南部新城的关系，优化空间总体布局，完善城市功能，坚持集中紧凑的发展模式，到2020年，中心城区城市人口控制在135万人以内，城市建设用地控制在147平方公里以内。该《规划》是山东省第一个获国务院批准的（2005～2020年）城市总体规划。

30日 省长姜大明主持召开第93次省政府常务会议，重点研究保障性住房建设和房地产市场调控工作。会议指出，各级要进一步加大保障性安居工程建设力度，多渠道筹集保障性住房房源，逐步扩大住房保障制度覆盖面。要切实强化城市政府责任，加强监督检查，建立健全约谈问责机制。

本月 潍坊市对农民工工资无保障企业实行“一票否决”。市住房城乡建设局决定，将违反国家、省、市建筑市场管理的法律法规，缺乏农民工工资保障措施，甚至因农民工工资问题引发群体性事件的19家外地进潍建筑企业进行“一票否决”，清除出本地建筑市场。

2月

12日 省长姜大明在省十一届人大四次会议《政府工作报告》中提出：大幅度增加保障性住房供给，实施保障性住房建设三年规划。省级财政对公共租赁房、廉租房建设和棚户区改造的奖补资金从上年的1.3亿元增加到5亿元，市、县政府也要大幅度增加财政投入，确保完成32万套保障性住房的建设任务。

15日 潍坊国建高创热力节能项目被住房城乡建设部批准为国家住宅产业化基地，成为全省第4个、全国第20个国家住宅产业化基地，也是国内供热节能领域唯一被批准的国家住宅产业化基地，对推动全国、全省住宅产业化发展起到重要的示范和导向作用。

16日 全省既有居住建筑供热计量及节能改造工作座谈会在日照召开，省住房城乡建设厅副巡视员李兴军出席会议并讲话。

17日 经省十一届人民代表大会第四次会议审议通过的《山东省国民经济和社会发展第十二个五年规划纲要（2011～2015年）》提出：要强化各级政府责任，加大保障性住房供给，努力满足城镇中低收入家庭、新就业职工和进城务工人员的基本住房需求。大力发展公共租赁住房，使其成为保障性住房的主体。多渠道筹集廉租房房源，完善租赁补贴制度，稳步扩大覆盖范围。

24日 国务院在北京召开全国保障性安居工程工作会议，副总理李克强出席会议，住房城乡建设部部长姜伟新代表国家保障性安居工程协调小组发言并与各省级政府签订了责任书。山东省副省长郭兆信代表省政府介绍了山东省保障性安居工程建设的经验。

28日 全省城市建设管理工作座谈会召开，省住房城乡建设厅巡视员昝龙亮到会讲话。会议强调：在今后国家和省级园林城市考评中，省住房城乡建设厅将进一步强化城市生活垃圾、污水处理设施以及数字化城市管理、12319热线建设运行情况的考核，不达标的实行“一票否决”。

3月

1日 住房城乡建设部印发《关于2010年中国人居环境奖获奖名单的通报》（建城〔2011〕29号），山东省寿光市被授予“中国人居环境奖”，成为有史以来山东省唯一一个获奖的县级市，也是全国获奖城市中唯一的江北县级城市。胶南市海之韵住宅小区海水冲厕示范工程、诸城市辛兴镇新型农村社区建设项目、临沂市临沂城区铁路沿线环境综合整治工程、德州市旧城区改造与环境提升项目等4个项目被授予“中国人居环境范例奖”。

同日　省住房城乡建设厅组织收听收看全国建筑安全生产电视电话会议，并召开全省建设系统安全稳定工作视频会议，省住房城乡建设厅厅长杨焕彩出席会议并作重要讲话，副厅长万利国主持会议。会议分析了全省建设系统的安全生产形势，对“两会”期间及春季保障房建设、村容村貌整治、农村新房建设及危旧房改造、建筑施工、供热供气等安全生产工作进行了安排部署。

2日　山东省城市化领导小组印发《关于加快推进新型城镇化工作的通知》。《通知》确定“十二五”全省城镇化发展目标为：城镇化水平达到55%以上，年均提高1个百分点，每年从农村转移出120万人口。

3日　省政府下发《关于2010年全省城市保障性安居工程建设情况的通报》（鲁政字〔2011〕45号），通报了各市2010年保障性安居工程建设任务完成情况。

7日　省住房城乡建设厅印发《关于全省供热行业管理规范化考核工作的指导意见》《关于山东省燃气行业规范化管理考核工作的指导意见》，在全省燃气热力行业部署开展管理规范化考核工作。

18日　省住房城乡建设厅对2010年度全省工程招标代理机构建设类注册人员核查情况进行了通报，责令43家工程招标代理机构限期、10家代理机构停业整改，注销3家代理机构资格。

20日　省长姜大明主持召开第95次省政府常务会议，研究部署保障性安居工程建设等工作。会议强调，要进一步落实责任，切实加大建设力度，强化政策支持，加强督查考核，确保完成全年建设任务。

29日　省住房城乡建设厅召开全省建设执业资格管理工作会议，省住房城乡建设厅厅长杨焕彩出席会议并讲话。会议要求，全省要充分认识建设执业师在建设事业发展大局中的地位和作用，要认真抓好建设执业资格考试、注册管理、继续教育、执业监管，全面提升执业师素质，依法落实执业师责任。

同日　省住房城乡建设厅发出《关于加强建设项目选址规划管理的通知》。《通知》要求全省要进一步规范建设项目选址意见审查审批管理工作，保障城乡规划实施；建设项目选址规划管理工作应当遵循科学规划、合理布局、保护耕地、节约土地、集约用地的原则，促进资源、能源节约和综合利用，保护自然资源和历史文化遗产，防止污染和其他公害，并符合国防建设、防灾减灾和公共卫生、公共安全的需要。

30日　山东省建设工程质量青岛现场会召开。省住房城乡建设厅副厅长万利国主持会议，省住房城乡建设厅厅长杨焕彩，省建管局局长宋瑞乾出席会议并讲话。青岛市城乡建设委、建管局等8个单位作了典型发言。与会人员到青岛市海信天悦项目、万科金色城品项目建设工地进行了现场观摩。

4月

1日　全省规划工作会议在临沂市召开。省住房城乡建设厅副厅长万利国主持会议，省住房城乡建设厅厅长杨焕彩出席会议并讲话，临沂市市委书记张少军出席会议并致辞，副市长宋培杰出席会议。

同日　省住房城乡建设厅下发《关于下达二〇一一年太阳能光热建筑一体化应用工作的通知》，确定2011年全省太阳能光热建筑一体化应用确保完成1500万平万米建筑面积的工作任务，并将其分解下达给17个设区市住房城乡建设部门，这个任务数比2010年的1200万平方米增加了25%。

同日 全省施工图审查机构开始启用新式施工图审查资质印章。

6~7日 省住房城乡建设厅、省对口援疆工作指挥部组织召开山东援建新疆基层组织阵地工程和新农居设计方案竞赛评选会议。经专家评选，山东援疆基层组织阵地设计方案评出一等奖14个，二等奖25个，三等奖36个；山东援疆新农居设计方案评出一等奖9个，二等奖20个，三等奖35个；评出优秀组织奖4个。

7日 省政府召开保障性安居工程和农村住房建设工作电视会议，贯彻落实全国“两会”和全国保障安居工程工作会议精神，总结工作，交流经验，安排部署全省保障性安居工程、农村住房建设与危房改造和房地产市场调控工作。副省长郭兆信主持会议，省委副书记、省长姜大明出席会议并讲话。

8日 省住房城乡建设厅发布2010年度山东建设技术创新奖获奖名单。由济南规划局等联合完成的“济南市新世纪科学发展城市规划集成研究”等9项成果获一等奖；由山东省建设发展研究院完成的“山东特色新型城镇化发展道路研究”等17项成果获二等奖；由济南市勘察测绘研究院完成的“全运会地理信息专题服务系统”等29项研究成果获三等奖。

11~15日 由财政部党组成员、部长助理王保安带队，财政部、住房城乡建设部、发改委、监察部、税务总局、国务院法制办等部门组成的国务院督察组一行11人，来山东督查房地产调控政策落实情况和调控成效。省委副书记、省长姜大明，省委常委、副省长孙伟，副省长郭兆信会见了督查组成员。12日上午，副省长郭兆信代表省政府向督查组汇报山东房地产市场调控工作情况。

13~15日 省住房城乡建设厅、省财政厅、中国人民银行济南分行、省银监局、省监察厅等部门，联合对全省17个设区城市住房公积金管理工作进行了检查考核。

15日 东营市创建国家园林城市暨环境综合整治动员会议召开，东营市委、政府、人大、政协、纪委等主要领导，各县区、市直部门单位负责人出席会议。省住房城乡建设厅巡视员昝龙亮出席会议并讲话。

19日 省住房城乡建设厅、省监察厅、省国土资源厅等三部门在临沂联合召开全省“禁实”工作现场观摩会，全省11个设区市和26个县（市、区）的100多名代表参加会议。

22~27日 省住房城乡建设厅、省文物局联合对省内7个国家历史文化名城、1个中国历史文化名镇、4个中国历史文化名村的保护工作进行检查。

26日 在省政府召开的全省节能奖励大会上，省住房城乡建设厅被省政府表彰为“山东省节能突出贡献单位”，并记集体一等功，获得奖励50万元，是6个获奖厅（局）之一。

同日 省住房城乡建设厅幼儿园举行“济南市十佳幼儿园”揭牌仪式，省住房城乡建设厅厅长杨焕彩、副巡视员耿庆海以及济南市教育部门负责人出席揭牌仪式。

同日 全省建设系统工会女职工工作理论征文评选结果揭晓。济南市环境卫生科学研究所陈娟等15人获一等奖，济南市泉城广场管理处桑海燕等25人获二等奖，济南市大明湖风景名胜区管理处刘红等27人获三等奖。

27～28日 全省勘察设计工作会议暨省勘察设计协会六届三次会议在济南召开。会议总结了"十一五"及2010年的全省勘察设计工作，研究部署了"十二五"的工作总体思路和2011年的工作任务。省住房城乡建设厅厅长杨焕彩出席会议并讲话，副厅长宋守军作工作报告。

29日 潍坊山东科灵空调设备有限公司地下水源热泵取水与回灌技术研究项目通过住房城乡建设部专家组验收。地下水回灌双极双表电测井装置属国内首创，达到国际领先水平。

5月

5日 省政府召开约谈会，副省长郭兆信约谈垃圾处理设施建设进度慢、工作滞后的15县、市政府负责人，要求突出重点，加大力度，强化措施，确保年底前实现垃圾处理"一县一场"目标。省监察厅副厅长徐国力主持约谈会，省住房城乡建设厅巡视员昝龙亮在约谈会上宣读了《关于城市生活垃圾处理重点项目督查情况的通报》。

同日 济南市能源消耗量定额管理试点正式启动，首批20家单位先行试点。

同日 山东建筑大学节约型校园建筑节能监管平台示范项目通过住房城乡建设部、教育部验收。山东建筑大学是全国第一批12所高等学校节约型校园示范单位之一，也是全省第一个通过国家验收的节约型校园建筑节能监管平台示范建设单位。

9日 省政府批复了滨州、日照两个设区市和胶州、平度、滕州、蓬莱、海阳、兖州、邹城、乳山、乐陵、禹城10个县级市城市总体规划。

10日 省住房城乡建设厅下发《关于组织建筑节能监测系统技术产品应用认定工作的通知》，确定对建筑能耗数据采集器等建筑节能监测系统技术产品实施应用认定管理。

同日 省住房城乡建设厅下发《关于成立省住房城乡建设厅绿色建筑发展领导小组的通知》，省住房城乡建设厅副厅长万利国任组长，省住房城乡建设厅副厅长宋守军、省建筑工程管理局局长宋瑞乾、省住房城乡建设厅副巡视员李兴军任副组长，领导小组下设办公室，办公室设在省住房城乡建设厅节能科技处。

同日 省政府印发《山东省人民政府关于任命李力职务的通知》（鲁政任〔2011〕50号），任命李力为山东省住房和城乡建设厅副厅长（试用期一年）。

同日 全球第一个CPC中高温系统在工业热能领域的应用项目——力诺瑞特CPC中高温太阳能锅炉落成暨"工业绿动力"计划在济南启动，标志着中国太阳能光热产业进入工业热能用能阶段。

13日 曲阜圣阳电源350 kWP太阳能光电建筑应用示范项目通过省财政厅、省住房城乡建设厅的验收，成为自2009年国家开展太阳能光电建筑应用示范项目以来，山东省第一个通过验收的项目。

15～16日 全国工程建设标准定额工作座谈会在泰安举行，住房城乡建设部副部长陈大卫出席会议并讲话，泰安市委书记杨鲁豫、山东省住房和城乡建设厅厅长杨焕彩分别致辞。

19日 省住房城乡建设厅下发《关于在可再生能源建筑应用工程中使用省统一认定技术产品的通知》，加强对可再生能源建筑应用技术产品的管理，确保应用于建筑工程的太阳能光热、地源热泵系统的质量和安全。

同日 全国房地产交易与登记规范化管理工作经验交流会在山东寿光市召开。同时，山东省在寿光召开全省加快房地产市场信息系统建设暨房地产交易与登记规范化管理现场会。省住房城乡建设厅副厅长吴英出席会议并讲话。

20日 全省风景名胜区管理工作会议在泰安市召开。省住房城乡建设厅巡视员昝龙亮主持会议，省住房城乡建设厅厅长杨焕彩出席会议并讲话。杨焕彩在讲话中指出，风景名胜区工作不"重帽子、轻工作"，更不可热衷于"要名分"、"拿牌子"，要注重保护风景名胜资源，切实做好"十二五"期间风景名胜区管理工作。

21日 省政府办公厅下发《关于开展征地拆迁制度规定落实情况专项检查的通知》，决定在全省开展征地拆迁制度规定落实情况专项检查，切实贯彻落实征地拆迁的各项制度规定，严防发生暴力强制拆迁和致人伤亡等恶性案件，切实维护被征收群众合法权益。

23日 省住房城乡建设厅出台《山东省建设科技成果推广应用管理办法》和《山东省建设科技示范工程管理办法》，旨在加快全省建设科技进步和成果转化步伐。

23~25日 全省生态文明乡村建设现场会议在临沂市蒙阴县召开。省委副书记、省政协主席刘伟出席会议并讲话。与会人员现场观摩了蒙阴县八达峪村、烟庄村、北楼村和百泉峪社区生态文明乡村建设现场。

26日 省住房城乡建设厅出台《山东省工程勘察市场自律管理意见》和《山东省工程设计市场自律管理意见》。

31日 省政府办公厅印发《关于切实落实保障性安居工程用地的通知》（鲁政办发〔2011〕27号），要求对保障性安居工程用地实行计划单列、优先保障、应保尽保。

6月

8日 省住房城乡建设厅、省发改委、省财政厅、省政府节能办四部门联合下发《山东省建筑节能"十二五"发展规划》，提出了未来五年全省建筑节能工作的发展目标和政策措施。

9日 财政部、住房城乡建设部在北京联合召开北方采暖区既有居住建筑节能改造工作会议暨部分省市节能改造工作协议签字仪式。山东省副省长郭兆信代表省政府与财务部副部长张少春、住房城乡建设部副部长仇保兴签订了山东省既有居住建筑节能改造工作协议。会上，日照市、文登市被确定为国家"节能暖房"工程重点市县。

9~12日 省政府组织省发改委、公安厅、监察厅、财政厅、国土资源厅、住房城乡建设厅、农业厅、人民银行济南分行、法制办、地税局等10个部门，组成8个检查组，开展了全省落实征地拆迁制度规定、房地产市场调控政策措施和保障性安居工程建设情况专项督查。

10日 省政府办公厅转发省住房城乡建设厅

等部门《关于推进济南铁路局（危旧房）改造实施方案》，决定启动铁路棚户区（危旧房）改造。该《方案》将济南铁路局职工住房中符合棚户条件的棚户区（危旧房）纳入全省棚改规划，力争用3年时间完成1033栋、24305户、1390283平方米的铁路棚户区改造任务，改善铁路职工特别是低收入住房困难职工的住房条件，将铁路棚户区（危旧房）改造成房屋质量优良，功能完善、设施齐全、生活便利、环境优美的新型城市社区。

14日 全省保障性安居工程质量安全领导小组成立，省住房城乡建设厅厅长杨焕彩任组长；副厅长万利国、吴英，省建管局局长宋瑞乾任副组长，领导小组下设办公室，办公室设在省建设工程质量监督站。

同日 省住房城乡建设厅会同省财政厅、省经济信息化委联合下发《山东省建材（水泥）下乡试点实施方案》。

18日 省住房城乡建设厅印发《关于在全省组织实施城市绿荫行动的通知》，要求自2011年6月开始，用三年时间，在全省基本建成以林荫公园、林荫休闲广场多点布局，以城市林荫路系统为网状框架，以林荫庭院、小区为全面覆盖的点、线、面有机结合的城市绿荫体系。

20~22日 省住房城乡建设厅组织开展了全省建设工程质量安全及建筑市场监督执法检查。全省各市共检查在建工程项目11万项次，下发整改通知单3.5万份、停工整改通知单3100余份，对260余家企业进行了行政处罚；省住房城乡建设厅抽调专家，随机抽查了68个在建工程，发现各类问题和隐患138项，下达整改通知书34份，责令停工整改工程1个。

21日 全省城市园林绿化工作会议在东营市召开。省住房城乡建设厅厅长杨焕彩在会上作了题为《实施城市绿荫行动，建设生态园、民生园林、文化园林》的讲话。

22日 全国首家权益资产类房地产交易所——新华（山东）房地产交易所在济南市挂牌成立。新华（山东）房地产交易所由新华社金融信息交易所牵头组建，主要从事房地产信息、房地产权益资产和实物资产的信息发布和交易。

29日 省住房城乡建设厅举行红歌演唱会迎接党的九十华诞。厅机关各处室和厅属各单位共选送了22个节目参加演唱，干部职工以饱满昂扬的风貌和深情豪迈的乐章热情赞颂党的丰功伟绩，抒发对党和祖国的热爱与祝福之情。

30日 世界最长跨海大桥青岛胶州湾大桥、世界第三国内最长海底隧道青岛胶州湾隧道正式通车，青岛交通进入真正意义上的桥隧时代。胶州湾大桥全长41.58公里，位于青岛和黄岛之间，包括三座可以通航的航道桥和两座互通立交以及路上引桥、黄岛侧接线工程和红岛连接线等。大桥主线工程起于青岛侧胶州湾高速公路李村河大桥北200米，终点位于黄岛侧胶州湾高速公路东1公里处。海底隧道下穿胶州湾湾口海域，全长约7800米，其中海底段隧道长约3950米。

7月

1日 济南市开始在供水、供气、供热、12319热线、市政设施建设、城市道路照明、市政设施管理和城市排水8个行业中全面推行标准化服务。济南由此成为省内率先在整个市政公用系统全面推行服务标准化工作的城市。

4日 省政府出台《关于推进供热计量改革与既有建筑节能改造的意见》，要求坚持“政府主导、部门组织、企业参与、用户配合”的原则，加快推进供热计量改革和建筑节能改造。

同日 省住房城乡建设厅以鲁建发〔2011〕9号文印发《山东省国有土地上房屋征收补偿房地产价格评估机构选定办法》《山东省国有土地上房屋征收停业损失补偿办法》和《山东省国有土地上个人住宅房屋征收优先住房保障办法》，对全省国有土地上房屋征收、房地产评估机构选定、停产停业损失补偿和优先住房保障作出规定。

4~5日 以“促进节能减排，建设生态城乡”为主题的全省人大城乡建设与环境资源保护工作座谈会在莱芜召开，省人大常委会副主任连承敏出席会议并讲话。

7日 省政府在威海召开全省供热计量改革与既有建筑节能改造工作会议，交流推广威海等地的先进经验，研究部署“十二五”供热计量改革工作。副省长郭兆信出席会议并讲话，省政府副秘书长张传亭主持会议，省住房城乡建设厅厅长杨焕彩、省财政厅副厅长文新三出席会议并代表省政府与17市政府签署了“既有居住建筑供热计量及节能改造目标责任书”。

同日 山东省城镇水大会暨省城镇供水排水协会成立大会在烟台召开。中国水协会会长李振东、省住房城乡建设厅巡视员昝龙亮出席会议并讲话。

11~14日 住房城乡建设部副部长齐骥率领国务院征地拆迁制度规定落实情况第一督查组一行9人，到山东省检查指导征地拆迁工作。

18~19日 全省物业管理工作座谈会在济南召开。省住房城乡建设厅副厅长吴英出席会议并讲话，会议对全省物业管理统计和专项维修资金审计工作进行了部署。

19日 省住房城乡建设厅印发《关于进一步加强全省保障性安居工程质量安全管理的通知》，要求各级各有关部门切实把思想统一到中央和省委、省政府的决策部署上来，进一步增强使命感、责任感和紧迫感，进一步强化工程质量安全管理，确保把保障性安居工程建成质量过硬、群众满意、经得起历史检验的德政工程。

20日 住房城乡建设部、国家旅游局公布山东省临朐冶源镇、滕州柴胡店镇、安丘石埠子镇、泗水县泗水镇、文登界石镇、莒县浮来山镇、沂南铜井镇、淄川太河镇、昌乐鄌郚镇、荣成西霞口村等9镇1村为第二批国家级特色景观旅游名镇。

22~25日 2011中国（烟台）国际住宅产业博览会举办。全国政协常委、中国房地产研究会会长、中国房地产业协会会长刘志峰，烟台市委副书记、代市长王良，省住房城乡建设厅副巡视员耿庆海等出席博览会开幕式。

29日 省住房城乡建设厅组织收听收看全国住房城乡建设安全生产和质量管理电视电话会议，并召开全省住房城乡建设安全生产和质量管理工作视频会议，省住房城乡建设厅厅长杨焕彩出席会议并讲话。

同日 省住房城乡建设厅印发《关于公布二〇一一年度山东省优秀工程勘察设计评选结果的通知》评出一等奖51个、二等奖100项、三等奖142项。

本月 省住房城乡建设厅组织开展了全省监理专项检查和资质核查。各市共普查监理企业549家，在监项目4650个，检查发现问题2194项，跟踪整改1474项，处罚处理企业100家，处罚监理人员11名。省住房城乡建设厅抽调专家随机抽查监理企业132家，在监项目127个，下达整改通知书70份，责令整改237项，建议处罚5项。

8月

2日 省政府批复章丘、龙口、招远和青州等四城市总体规划。

3日 省政府批复实施《黄河三角洲城镇体系发展规划》《鲁南地区城镇体系发展规划》。

5日 2011年度全省工程建设（勘察设计）QC小组评审工作结束，共评出一等奖22个，二等奖28个，三等奖33个，授予山东省地质矿产勘查开发局、济宁市住房和城乡建设委员会、淄博市住房和城乡建设局、山东省勘察设计协会化工专业委员会“全面质量管理先进单位”称号，授予张敏、沈守田、姜晓兰、侯益民、张戈“全面质量管理先进个人”称号。

8日 全省保障性安居工程与农村住房建设南片区调度会在临沂市召开。副省长郭兆信出席会议并讲话，省政府副秘书长张传亭，省住房城乡建设厅厅长杨焕彩，副厅长张俊乾、吴英等出席会议。与会人员实地参观了兰山区玫瑰湖社区、杏花玉苑、昆仑花园、屠苏岛片区等保障性安居工程和农村住房建设现场。

11～14日 尼日利亚奥贡州前州长丹尼尔及李氏集团李文龙一行6人来山东考察。8月12日下午，省建管局局长宋瑞乾介绍了山东省建筑业的基本情况，重点推介了省在外施工领域的优秀企业，探讨了山东省建筑业企业承揽尼日利亚道路、桥梁等基础设施建设项目的方式，并就合作细节与尼方进行了商谈，双方达成初步合作意向。

12日 省住房城乡建设厅印发《关于进一步推进保障性安居工程建设的通知》（鲁建发〔2011〕10号）。

同日 全省保障性安居工程与农村住房建设调度会在龙口市召开，副省长郭兆信，省住房城乡建设厅厅长杨焕彩、副厅长吴英参加会议。郭兆信在会上强调：各级政府要明确责任，找准路子，确保保障性安居工程与农村住房建设任务的完成。有关部门对工作不力的要及时约谈，对完不成年度任务目标的，省政府将实施问责。

19日 省住房城乡建设厅印发《山东省建筑节能与结构一体化技术产品认定条件》，对建筑节能与结构一体化技术产品实行专项认定，确定对抽样检测合格并通过专家评审的一体化技术产品，颁发“新型墙材建筑节能技术产品应用认定证书”。

22～31日 省住房城乡建设厅杨焕彩厅长率山东建设代表团一行7人，对德国和波兰进行友好访问。

23日 济南市政府发布第1号《房屋征收决定公告》，对济南市历城区招待所片区改造项目国有土地上房屋进行征收，标志着省城房屋拆迁工作进入“征收时代”。

9月

2日 住房城乡建设部、国家发改委在北京联合召开了全国节水型城市创建工作会议，为获得第五批“国家节水型城市”称号的17个城市颁奖。山东省泰安市、龙口市、文登市被评为第五批（2010年度）国家节水型城市。

8日 全省工程建设行业对外承包工程工作会议在烟台长岛县召开。省住房城乡建设厅副厅长宋守军、省商务厅副厅长曹文、省建筑工程管理局局长宋瑞乾出席会议并讲话。

14日 全省住房城乡建设教育培训工作会议在济南召开。会议由省住房城乡建设厅副厅长万利国主持，省住房城乡建设厅厅长杨焕彩出席会议并讲话。会上印发了《关于进一步加强全省住房城乡建设教育培训工作的意见》，同时举办了全省建设教育培训成果展。

19日 省住房城乡建设厅印发《山东省建设工程勘察质量管理办法》，自2011年10月1日起施行。《办法》共分4章35条，对建设工程勘察质量责任和义务，监督管理，质量审查制度等做出规定。

19～21日 中国城市科学研究会、中国城镇供水排水协会、山东省住房和城乡建设厅及济南市政府联合举办的“第六届中国城镇水务发展国际研讨会与新技术设备博览会”在济南召开。住房城乡建设部副部长、中国城市科学研究会理事长仇保兴，山东省副省长郭兆信，山东省住房和城乡建设厅厅长杨焕彩，济南市市长张建国，中国城镇供水排水协会会长李振东等出席开幕式。

19～23日 省政协组成3个调研组，对全省保障性安居工程建设情况进行了专题调研。

26～27日 全省村容村貌整治工作现场会在淄博临淄召开，决定用5年时间，将全省尚未进行村庄整治和整村改造的4.7万个行政村基本整治改造完毕。2011年，先行整治环境面貌最差的7000个村，后4年每年整治1万个村，力争全省村容村貌“一年有变化，三年见成效，五年全达标”。与会人员先后到昌邑、广饶及临淄村庄进行了现场观摩。

28日 山东援建新疆喀什岳普湖县下巴扎乡乌苏特村住宅项目竣工并举行交钥匙仪式。山东省政府副秘书长、省援疆工作指挥部总指挥王华将象征乌苏特村新农村建设项目的钥匙交给了岳普湖县委书记张卫华，省住房城乡建设厅副厅长、省援疆工作指挥部副总指挥李力参加交钥匙仪式。

29日 省住房城乡建设厅印发《关于公布山东省优秀智能建筑及优秀智能小区评选结果的通知》。本次活动共评选出综合奖金奖项目5个，银奖项目4个，铜奖项目4个；单项奖一等奖1个，二等奖1个，三等奖2个。

30日 省政府批复《山东省压缩天然气（CNG）液化天然气（LNG）专项规划（2011—2020年）》。

10月

8日 省住房城乡建设厅印发《关于公布第二批进入山东省勘察设计行业管理“绿色通道”单位名单的通知》，山东恒信建筑设计有限公司等20家单位进入山东省勘察设计行业管理“绿色通道”。

8～14日 省人大常委会副主任鲍志强、崔曰臣、刘玉功、连承敏、尹慧敏带队，分5组对济南、青岛、枣庄等10个市的保障性安居工程建设情况进行集中视察。

12 日　山东省首座园林绿化废弃物处理站竣工并投入试运营。该处理站位于济南经十东路花卉苗木开发中心，占地面积约4000平方米，年处理能力达2.7万立方米，预计年产堆肥产品2000立方米。

同日　省政府批复《青州历史文化名城保护规划》。

16～21 日　省人大法工委、省政府法制办赴青岛、潍坊、日照、临沂4市进行《山东省城乡规划条例》立法工作调研。

17～20 日　住房城乡建设部、财政部联合调研组对山东省住房公积金业务管理考核工作进行调研，省住房城乡建设厅副厅长吴英汇报了山东省住房公积金业务管理考核工作。

18 日　省住房城乡建设厅发出《关于在全省积极发展应用建筑节能与结构一体化技术的通知》。全省要大力推广应用一体化技术，有效解决节能保温工程质量通病和消防安全，提高全省建筑节能工作水平，促进建设领域可持续发展。

21 日　省住房城乡建设厅在东营召开全省节能与结构一体化技术推广交流会。省住房城乡建设厅副巡视员耿庆海出席会议并讲话。会上展示了山东省近年来自主研发的CL结构体系、FS外模板现浇混凝土等一批建筑节能与结构一体化新技术新产品，组织与会人员参观了东营市一体化技术应用示范工程和生产基地，开展了一体化关键技术培训等。

同日　在省第十一届人民代表大会常务委员会第二十七次会议上，省人大常委会副主任连承敏向大会作了《关于视察全省保障性安居工程建设情况的报告》，对全省保障性安居工程建设工作给予高度评价。

24～28 日　住房城乡建设部向烟台、潍坊、临沂、枣庄、德州5市派驻规划督察员。

11 月

2 日　东营市被住房城乡建设部列为新增利用卫星遥感技术辅助城乡规划督察工作的城市。

8 日　省住房城乡建设厅印发《山东省建设行业资质审批工作规则（试行）》和《山东省建设行业资质审查专家管理办法》，对建设行业资质审批工作程序、资质审批制度、建设行业资质审查专家管理进一步做出规范。

同日　全省数字化城市管理模式建设现场调度会在潍坊召开。省住房城乡建设厅巡视员明昝龙亮出席会议并讲话。会议明确了全省数字化城市管理工作目标：争取到2012年底所有设市城市全部建成数字化管理模式，2015年底实现全省所有市、县数字化城市管理模式全覆盖，构建起反应快捷、分工明确、责任到位、处理及时、运转高效的城市管理长效机制，实现城市管理的高效能。

9 日　省物价局会同省住房城乡建设厅印发《山东省住宅物业服务收费管理办法》，2012年1月1日起施行。《办法》共分31条，对业主、物业使用人、物业服务企业权益关系和收费要件和标准等做出规范。原《山东省物业服务收费管理实施办法》（鲁价费发〔2004〕205号）同时废止。

11 日　全省住房城乡建设系统行风建设会议在青岛召开，省住房城乡建设厅厅长杨焕彩出席会议并讲话。杨焕彩在讲话中强调：执政为民是行风建设的根本诉求和价值核心，群众满意是衡量行风建设的最高标准。行风工作说到底就是群众工作。住房城乡建设工作只有把维护广大人民群众的根本利益作为出发点和落脚点，才能让改革发展的成果惠及更多的人民群众，群众才能满意。

18日 省住房城乡建设厅、省财政厅在潍坊召开全省可再生能源建筑应用示范工作现场交流会。省住房城乡建设厅副巡视员李兴军出席会议并讲话，潍坊、烟台、巨野3市、县作典型发言，2009、2010年度可再生能源建筑应用示范市、县汇报了工作进展情况。

19日 省长姜大明、副省长郭兆信及省直有关部门负责人，到淄博市视察保障性住房建设情况。

22日 国家康居示范工程评审会和国家住宅产业化基地论证会在荣成市召开，省住房城乡建设厅副巡视员李兴军出席会议并讲话。

23日 省住房城乡建设厅召开全省建设系统冬季安全生产工作视频会议，省住房城乡建设厅副厅长万利国主持会议，厅长杨焕彩出席会议并讲话。会议分析了全省建设系统的安全生产形势，对保障房建设、农村新房建设及危旧房改造、建筑施工、供热、供气等冬季安全生产工作进行了安排部署。

24日 全省城市防汛工作座谈会在济南召开，省住房城乡建设厅巡视员昝龙亮出席会议并讲话。会议宣读了《关于表彰2011年全省城市防汛工作目标责任制考核优秀单位和优秀个人的通报》，对优秀单位和优秀个人进行了表彰。

同日 省政府第113次常务会议审议通过《山东省房屋建筑和市政工程招标投标办法》。

28日 省政府办公厅出台《关于进一步加快解决企业职工住房问题的意见》。《意见》指出：加快解决企业职工住房问题，要适应社会主义市场经济体制要求和企业特点，坚持政府主导、企业组织、职工参与的原则，既要继续加大政府住房保障投入，逐步扩大住房保障覆盖面，对更多符合条件的企业职工实施住房保障，又要充分发挥企业和职工的主动性、积极性，组织开展企业公共租赁住房建设、集资合作建房和国有工矿棚户区改造。同时，要全面建立住房公积金制度，进一步加快解决职工住房困难，改善职工住房条件。

12月

1日 省住房城乡建设厅下发《关于积极促进绿色建筑发展的意见》，提出在“十二五”期间，建立完善绿色建筑建设及评价的配套体系，形成完备有效的绿色建筑发展推广机制；政府投资的项目全部按照绿色建筑标准规划、设计、建设、使用，城市新区、新批经济开发区等内的新建建筑全部满足绿色建筑技术要求，创建一批示范带动作用明显的绿色建筑区域示范。

4～9日 省住房城乡建设厅会同省发改委、省国土资源厅、省财政厅等组成综合检查组，对全省保障性安居工程建设情况进行了综合验收。

5日 省政府办公厅印发了《关于进一步加强房屋建筑和市政工程质量安全管理的意见》，从规范建筑市场秩序、突出建设单位责任、严格总包负总责制度、加强关键环节管理、强化政府监管、推进制度机制建设等6个方面提出了26条意见。

9日 省住房城乡建设厅印发《山东省注册建造师执业管理办法》，对注册建造师的执业及监督管理做了详细规定。

13日 省政府出台《关于贯彻国发〔2011〕9号文件进一步加强城市生活垃圾处理工作的意见》。《意见》要求按照全民动员、科学引导，综合利用、变废为宝，统筹规划、合理布局，政府主导、社会参与的原则，切实加强全过程控制和管理，突出重点工作环节，综合运用法律、行政、经济和技术等手段，不断提高城市生活垃圾处理水平。

14日 住房城乡建设部下发《关于2011年中国人居环境奖获奖名单的通报》（建城〔2011〕203号），山东省潍坊市被授予“中国人居环境奖”；济南市泉城风貌恢复与保护项目、青岛市李沧区李村河上游片区旧村改造项目、临沂市屋顶绿化项目、德州市太阳能利用项目、沂南县竹泉村旧村改造工程等5个项目被授予“中国人居环境范例奖”。

16日 省住房城乡建设厅公布2011年度山东建设技术创新奖获奖名单，山东省建设发展研究院完成的《建筑节能与结构一体化集成研究》等8项成果获得一等奖，另有20项成果获二等奖，36项成果获三等奖。

28日 省政府新闻办公室举行新闻发布会，省住房城乡建设厅厅长杨焕彩在会上宣布：经过近三年的努力，全省实现了2009年提出的2011年底全省各县市都要建成1座城市生活垃圾无害化处理设施的工作目标，实现了城市生活垃圾处理“一县一场（站）”。

31日 全省住房保障暨城乡建设工作会议在淄博召开，副省长夏耕出席会议并讲话，省住房城乡建设厅厅长杨焕彩作工作报告，并代表省保障性安居工程协调小组与17市政府签订了2012年度住房保障工作目标责任书，将2012年全省30.51万套保障性安居工程任务分解到各市。

同日 省政府印发《关于任命耿庆海等工作人员职务的通知》，任命耿庆海为山东省住房和城乡建设厅副厅长（列宋守军之后，试用期一年），李兴军为山东省住房和城乡建设厅副厅长（试用期一年）。

本年 淄博市新村路建设工程、青岛市娄山河污水处理厂工程、淄博市张南路建设工程、京沪高铁泰安新区灵山大街西段建设工程等荣获2011年度“全国市政金杯示范工程”奖。

住房城乡建设总述

◇住房城乡建设事业发展综述

◇住房城乡建设经济运行分析

◇全省新型城镇化发展分析

住房城乡建设事业发展综述

2011年，在省委、省政府的领导和住房城乡建设部的指导下，全省住房城乡建设系统认真学习党的十七大和十七届五中、六中全会精神，全面贯彻科学发展观，以推动转方式、调结构为目标，以实施新型城镇化战略为主线，以保障和改善民生为着力点，突出抓好住房保障、农房建设、房地产市场调控、建设领域节能减排，建设事业保持平稳较快发展，实现了“十二五”良好开局。

一、大力推进保障性安居工程建设，超额完成国家下达的年度任务。把国家下达的33.2万套建设任务分解到市县，落实到1073个具体项目上。协调各级不断加大投入，省市县三级财政筹集专项资金261.6亿元。加快建设进度，8月底就提前三个月完成国家下达的开工任务，到年底完成投资518.7亿元，开工建设39.72万套、开工率122.5%，连同往年结转项目竣工22.91万套、竣工率70.7%。其中，开工建设廉租住房16564套、公共租赁住房93517套、经济适用住房93638套、限价商品住房34992套、各类棚户区改造安置住房158480套，新增廉租住房租赁补贴18190户，分别为国家下达年度任务的136%、121%、109%、106%、137%、233%。国务院检查组和省人大专项视察，都对此予以充分肯定。

二、深入开展农村住房建设与危房改造，圆满完成省政府确定的三年目标。各地把尊重农民意愿、维护农民权益放在首位，以城中村、城边村、乡镇驻地村、大企业周边村、经济强村、矿区搬迁村和土地综合整治示范区内村为重点，着力推进整村建设和改造。同时，作为全国建材下乡首批试点省，对5万户新建农房的农民每户补助了2000元的水泥产品。全年农房整村改造建设新开工117.8万户、改造危房22.78万户，超额完成省政府提出的新建农房80万户、改造危房20万户目标。全省三年累计新建农房320万户、改造危房61万户，建成7900多个新型农村社区，圆满完成了

2011年1月17~18日，全省住房和城乡建设工作会议在聊城召开　（摄影：刘海泉）

省政府2009年确定的“每年力争新建农房100万户”的目标，1200多万农民从根本上改善了居住条件和生活环境。

三、认真执行国家房地产调控政策，房地产市场稳定健康发展。各地认真执行国家房地产税收、信贷政策和住房限购措施，全省17个设区市、31个县级市全部按时公布了房价控制目标，济南、青岛实施了住房限购。完善房地产市场信息系统，在全国率先实现省市县三级联网，具备了个人住房信息异地查询、房地产市场监测分析和预警预报三项功能。全年完成房地产开发投资4108亿元，销售商品房9580万平方米，实现销售额4259亿元，同比分别增长26.4%、3.1%、16.2%，投资投机性购房受到抑制，商品房销售价格涨幅明显回落。

四、着力创建资源节约型行业，建筑节能和城镇减排取得突破。一是狠抓供热计量改革与既有建筑节能改造。省政府在威海召开了工作会议，出台了《关于推进供热计量改革与既有建筑节能改造的意见》（鲁政发〔2011〕26号）文件，年内6000万平方米建筑按用热量计价收费，完成既有居住建筑节能改造1757万平方米，超额完成国家下达的1450万平方米改造任务，住房城乡建设部在日照召开现场会推广了山东省经验。二是加快可再生能源建筑应用步伐。潍坊、东营、日照3个设区城市，诸城、临邑、惠民、海阳、安丘、胶州6个县级市（县）及青岛国际生态智慧城被批准成为全国第三批示范市县，完成太阳能光热建筑一体化应用2273万平方米，超额完成省政府下达的1500万平方米任务。三是大力推进住宅产业现代化。新增1家国家住宅产业化基地，总量达到4家，居全国首位，并且分别是整体厨卫、太阳能、墙体保温、供热计量领域唯一的国家基地。四是加强污水处理设施建设和运行监管。污水处理厂集中处理率达到90.48%，居全国各省区市前列。五是推进生活垃圾处理设施建设，新增无害化处理场33座，累计建成运行104座、异地处理转运系统15套，城市和县城生活垃圾无害化处理率达到86.57%，如期实现省政府确定的“一县一场（站）”目标。

五、坚持统筹城乡协调发展，城乡规划建设管理水平进一步提高。一是积极实施新型城镇化战略。以省城市化领导小组名义出台了《关于加快推进新型城镇化工作的意见》，就做大做强中小城市、加快小城镇建设、推动农民工市民化等明确了政策导向，组织成员单位对17市“和谐城乡建设行动”开展情况进行了考核。全省城镇化发展跨上新台阶，城镇化率比上年提高1.25个百分点，达到50.95%。二是增强规划的引导调控作用。编制完成并论证了《黄河三角洲城镇发展规划》《鲁南地区城镇发展规划》，省委常委会、省政府常务会研究后发布实施；累计争取批准91个市县的新一轮城市总体规划，为城市可持续发展提供了法定依据。三是加强城市基础设施和人居环境建设，加强风景名胜区和历史文化遗产保护。建成青岛海湾隧道和大桥、济南西客站和小清河整治、泰安环山路等一大批重点工程，组织实施了城市绿荫行动，新增1个中国人居环境奖（潍坊）、1个国家历史文化名城（蓬莱）、3个国家节水型城市、5个国家园林城市和县城，总数分别达到6个、8个、14个、33个，列全国第二、第二、第一、第一位。四是推行城乡环卫一体化。指导各地按“户集村收镇运县处理”的思路处理村镇生活垃圾，建成垃圾中转站3000多个，3.7万个村建有垃圾收集点。五是推动村容村貌整治。研究制定了五年整治4.7万个村的目标，年内5200个村启动整治，3838个村结合农房建设配套进行了环境建设，受益群众达450多万人。

六、加强工程建设管理，建筑业发展和质量安全水平稳步提升。一是夯实工程建设管理基础。组织编制国家和行业标准4项，制定了工程量清单计价规则，登记备案建设机械等建设工业产品2800余项。二是推动建筑业转型升级。全省三级及以上施工企业完成建筑业总产值6502亿元，实现利税532亿元，出省施工完成产值1050亿元，对外承包劳务工程完成营业额74.7亿美元，同比分别增长18%、17%、15.3%、42.7%。三是强化安全生产工作。10个市建筑施工实现零死亡，城市地下管线信息管理和桥梁安全检测走在全国前列。四是狠抓工程质量。全面推行住宅工程分户验收和工程档案归集制度，住宅质量通病治理率75%，9项工程获鲁班奖，19项工程获国家优质工程奖。

七、改善建设领域公共服务，有力维护了群众利益和社会稳定。一是提高城市管理效能和市政公用服务水准。17市全部开通12319服务热线，7个设区城市和10个县市建成运行数字化城管系统。二是加强住房公积金监管。全年归集公积金430亿元，发放个人住房贷款249亿元，提取廉租住房补充资金5.9亿元，较好地发挥了支持职工住房消费和保障房建设的作用。三是坚持依法行政。规范行政许可项目23项，办结行政复议25件，省住房城乡建设厅被评为省级建设部门中唯一的“全国五五普法先进单位”。四是加强房屋拆迁管理、农民工工资清欠和建设信访工作。省政府就贯彻实施《国有土地上房屋征收与补偿条例》发出通知，构建防拖欠的长效机制，有效维护了群众合法权益，建设领域到省进京上访批次、人数同比下降16%、17.8%。五是加强行业精神文明建设。以“执政为民、用心惠民”为主题召开了第十个行风建设工作会议，在城乡规划、物业管理、燃气热力等7个行业开展了文明行业创建活动，日照市建委被评为全国文明单位，全系统新增国家级青年文明号7个、全国建设系统工人先锋号20个、富民兴鲁劳动奖章3个、省级巾帼文明示范岗4个。

（于秀敏）

住房城乡建设经济运行分析

2011年，全省住房城乡建设系统以科学发展观统领全局，紧紧围绕经济文化强省建设，以推动转方式、调结构为目标，以实施新型城镇化战略为主线，以保障和改善民生为着力点，突出抓好房地产市场调控、住房保障、农房建设、建设领域节能减排，各项工作进展顺利。全省城市建设、房地产业、村镇建设共完成投资6552亿元，同比增长17.4%，占全省全社会固定资产投资的25.3%，对GDP的贡献率为15.5%，拉动GDP增长1.7个百分点。全省房地产业、建筑业缴纳地税647.7亿元，同比增长26.7%，占全省地税收入的30.5%，为全省经济增长、结构调整和普惠民生做出了突出贡献。

城镇化水平明显提高，城乡规划取得阶段性成果。扎实开展和谐城乡建设行动，研究制定了《实施方案》和《考核办法》，组织了检查考核。全省城镇化水平实现历史性突破，达到50.95%，比2010年提高1.25个百分点。区域性、战略性规划取得丰硕成果，《黄河三角洲城镇发展规划》《鲁南地区城镇发展规划》已经批复实施，《山东省城镇体系规划》纲要编制进一步深化。修改完善《山东省城乡规划条例》。城市总体规划修编取得阶段性成果，11个由国务院审批的城市已全部完成纲要审查，泰安市已获国务院批准，济南、临沂两市已通过部际联席会议审查，全省108个市、县中91个已获国家、省、市政府审批。全省编制近期建设、综合交通和绿地系统专业、专项规划136项，控制性详细规划135项。

2011年12月30日，《黄河三角洲城镇发展规划》《鲁南地区城镇发展规划》新闻发布会召开　（厅规划处供稿）

住宅与房地产业稳定健康，房地产市场调控取得实效。全省完成房地产开发投资4108亿元，首次突破4000亿元，同比增长26.4%，快于全社会固定资产投资增速4.6个百分点。商品房施工面积3.6亿平方米，同比增长29.2%；商品房竣工面积6227万平方米，同比增长23%。批准预售商品住房5270万平方米，同比增长35%。商品房销售面积9580万平方米，同比增长3.1%；商品房销售额4259亿元，同比增长16%。商品房待售面积1395万平方米，同比增长44%，其中住宅1018万平方米，同比增长51%。二手住房成交面积1004万平方米，同比下降18%。12月份，商品住房销售价格环比下降0.3%，同比上涨1.4%。17市中，有10个城市商品住房销售价格环比下降。全省二手房销售价格环比下降0.4%。

保障性安居工程成绩斐然，公积金归集率大幅度提高。全省开工保障性安居工程39.72万套，开工率122.5%，连同往年结转项目竣工22.91万套，竣工率70.7%，提前、超额、保质保量地完成了国家和省确定的住房保障目标任务。其中，新增廉租住房1.66万套，完成国家下达任务的135.9%，竣工1.22万套；增加廉租住房租赁补贴1.82万户，完成国家下达任务的233.2%；新增公共租赁住房9.35万套，完成国家下达任务的121%，竣工4.72万套；新建经济适用住房（含纳入经济适用住房管理的困难企业集资合作建房）9.36万套，完成国家下达任务的108.9%，竣工6.29万套；新建限价商品住房3.5万套，完成国家下达任务的106%，竣工1.45万套；城市棚户区改造签订货币补偿安置协议0.77万户，实物安置房新开工12.96万套，完成国家下达任务的144%；国有工矿棚户区改造签订货币补偿安置协议344户，实物安置房新开工1.66万套，完成国家下达任务的106.2%；林区（场）棚户区（危旧房）改造开工建设安置住房0.42万套，完成国家下达任务的95.6%。公积金归集使用效率逐步提高。全年提取住房公积金185.7亿元，同比增长19.7%；发放住房公积金个人贷款249.1亿元，同比减少2.8%，个贷率达到59.9%，同比提高0.8个百分点。

基础设施建设力度进一步加大，城市环境明显改善。全省完成城建投资949亿元，与上年持平。全省城市垃圾处理设施建设取得突破性进展，12月底实现了省政府提出的“一县一场（站）”目标。全省累计建成生活垃圾无害化处理场104座，处理能力达到4.3万吨/日，城市和县城生活垃圾无害化处理率达到86.57%；共建成城市污水处理厂194座，形成污水处理能力1053.3万立方米/日，城市和县城污水集中处理率为90.48%，位居全国前列。省城市环保二期世行项目、海河流域亚行贷款项目累计完成投资22亿元人民币，实际利用贷款1.61亿美元。会同省财政厅下达中央三河三湖污染治理专项补助资金和污水管网以奖代补资金7.15亿元、省级城市污水和垃圾处理专项资金2.45亿元。新增道路长度2436公里、面积7145万平方米。新增集中供热面积7761万平方米，全省48个设市城市和49个县城实现集中供热。全省所有市、县（市）全部开通管道天然气，长输管道天然气覆盖98个市、县（市），年增管道天然气用户226万户。园林城市创建工作取得新进展，新增省级园林城市16个，全省共有国家级园林城市20个，省级园林城市44个，国家级园林城市数量居全国首位。

村镇建设扎实推进，农民居住环境大为改观。农房建设成效显著。自2008年底省委、省政府做出了开展农村住房建设与危房改造的重大决策以来，全省集中建设农村住房320万户，改造危房61万户，农民住房条件、居住环境、基础设施配套、公共服务体系、文化生活和文明素质有了较大提升。三年间，农房建设的各项投资超过4000亿元，其中住宅建筑建安投资2977亿元，带动了几十个相关产业发展，并为257万人提供了就业岗位，成为扩内需保增长的最大亮点。深入开展村容村貌整治，出台了《关于深入开展村容村貌整治的意见》，安排4000万元用于村庄建设整治规划编制和村容村貌整治项目资金补助，启动村容村貌整治村庄5200个。全省村镇建设完成投资1388亿元。小城镇人均道路面积达到17平方米，村内道路硬化率39%，用水普及率为86.12%，集中供热面积5672万平方米。建制镇用气人口611.5万人，燃气普及率达到47%，30多个县（市、区）已实现城乡垃圾处理一体化，乡镇建成污水处理厂273个、污水处理装置1038个，建制镇污水处理率达24%。

建筑业快速发展，安全生产形势持续稳定。全省建筑业各项经济指标保持快速增长的态势，全社会建筑业总产值达到9800亿元，同比增长19.3%；建筑业增加值达到2800亿元，同比增长17.8%。三级以上建筑业企业完成产值6483亿元，同比增长17.9%；房屋建筑施工面积5亿平方米，竣工面积1.9亿平方米，分别同比增长12.6%和0.6%；缴纳税金219.4亿元，同比增长23.9%。安全生产形势持续稳定。全省累计上报房屋建筑和市政工程施工死亡事故18起、死亡23人，没有发生较大及以上安全事故，有10个市实现全年零死亡。全省建筑业百亿元增加值死亡率为0.97，列全国第二低。省清欠办累计受理群众投诉121件，同比下降38%。

建筑节能稳居全国前列，新型墙材应用比率大幅度提高。全省建成节能建筑6773万平方米，施工阶段节能标准执行率达到98%。争取中央补助资金2.4亿元、省级奖励资金1.5亿元、各市配套资金4亿元，完成既有居住建筑节能改造1757万平方米，大幅超出国家和省下达的任务。完工太阳能光热建筑一体化应用2273万平方米，超额完成全年1500万平方米的任务，县城以上城市规划区内可再生能源建筑应用面积占新建建筑的比例达到40%，各类可再生能源建筑应用示范数量和规模居全国首位。改造公共建筑151.6万平方米，对129栋公共建筑安装用能分项计量装置和节能监测系统。全省有22个省级绿色建筑示范项目，11个项目获得绿色建筑星级标识，面积近130万平方米。墙材革新工作有序开展，生产新型墙材351亿块标砖，县城以上城市规划区内应用新型墙材237亿块标砖，生产、应用比例分别达86.8%、98%。

（汤　群）

全省新型城镇化发展分析

2011 年，根据省政府城镇化监测评价协调小组安排，省住房城乡建设厅、省统计局继续在全省牵头开展了新型城镇化监测评价工作，运用 2010 年的相关统计数据、专项调查数据，对全省、17 个设区城市、31 个县级市、60 个县以及山东半岛蓝色经济区、黄河三角洲高效生态经济区、济南都市圈、鲁南城镇带等区域的城镇化发展情况进行了全面分析，结果如下：

一、新型城镇化发展综述

（一）城镇化发展基本情况。2010 年，全省年末常住人口 9587.87 万人，其中城镇人口 4766.35 万人，人口城镇化率 49.7%，居全国第 14 位。实现地区生产总值 39169.92 亿元，居全国第 3 位；人均 GDP 达 41106 元。地方财政一般预算收入 2749.38 亿元，人均地方财政一般预算收入 2885.25 元。三次产业结构为 9.1∶ 54.3∶ 36.6。万元 GDP 能耗 1.02 吨标准煤，下降 4.39%。进出口总额 1889.51 亿美元，外贸依存度 32.7%。R&D 经费支出 672 亿元，占 GDP 比重为 1.72%。城镇居民人均可支配收入 19946 元，农民人均纯收入 6990 元。设市城市和县城人均城市道路面积 21.1 平方米，用水普及率 98.1%，燃气普及率 95.8%，人均公园绿地面积 14.8 平方米，生活垃圾无害化处理率 79.7%，污水处理厂集中处理率 87.9%。空气质量良好率为 91.2%。

（二）城镇化质量总体评价。一是城镇化发展质量稳步提升。全省城镇化质量指数达到 66.2%，比 2010 年度监测值提高 4.3 个百分点，增幅明显。二是城镇化质量预警结果总体较好。在 10 项预警指标中，有 8 项指标达到城镇化质量提升的基本要求。三是城镇化发展速度进一步加快。人口城镇化率比 2009 年提高 1.4 个百分点，即将突破 50%，城镇人口与农村人口基本持平。四是城镇化发展要素差距明显缩小。同 2010 年度监测值相比，城镇化六大要素指数均有所提高，其中经济发展和社会发展要素指数提升幅度分别为 6.4 和 5.8 个百分点。五是评价指标实现度总体较高。在 32 个评价指标中，有 23 个指标的目标实现度超过 50%。

（三）城镇化发展主要特征。一是发展方式加快转变，城镇化质量实现新提升；二是规划引领作用凸显，大中小城镇形成协调发展新局面；三是蓝黄战略深入实施，区域辐射带动能力明显增强；四是城乡一体快速推进，农村发展水平全面提升；五是文化建设亮点纷呈，城镇内涵发展增添新动力；六是生态环境显著改善，城镇绿色发展引领新方向；七是基础设施先行建设，城镇承载功能得到新拓展；八是民生建设优先保障，城镇和谐发展迈上新台阶。

（四）城镇化存在的主要问题。一是城镇化与工业化、市民化发展不够协调；二是城乡和区域发展差距仍较明显；三是资源集约利用和环境保护水平有待提升；四是公共服务保障能力总体不高；五是科技创新对城镇化的推动力还不够强。

（五）推进城镇化科学发展的建议。根据党的十七届五中、六中全会精神，按照我省推进新型城镇化的总体要求，在今后的城镇化工作中，一是突出新型城镇化引领，促进新型城镇化、新型工业化、农业现代化协调发展；二是抢抓蓝黄战略机遇，提升城镇化发展内生动力；三是加大城乡统筹力度，进一步激活小城镇发展活力；四是坚持生态优先，打造宜居宜业人居环境；五是完善基础设施，增强城镇综合承载能力；六是突出文化建设，提升城镇化发展软实力；七是强化民生保障，推进城镇化共享式增长；八是创新体制机制，健全城镇化发展政策保障体系。

二、设区市城镇化发展分析

（一）设区市城镇化发展分析。2010 年，全省共有 17 个设区城市，其中济南、青岛、淄博、烟台、潍坊、临沂 6 市为城区人口过百万的特大城市，枣庄、东营、济宁、泰安、威海、日照、德州、聊城、滨州、菏泽 10 市为城区人口过 50 万的大城市，莱芜为中等城市。17 个设区市人口城镇化率全部超过 30%，处于城镇化加速发展阶段，其中有 8 个设区市人口城镇化率超过 50%。西部城市城镇化进程加快，滨州、德州、菏泽、聊城四市新增城镇人口 106.9 万人，占全省新增城镇人口的 56.1%。除菏泽外，全省有 16 个市人均 GDP 超过 3000 美元，其中东营、威海两市人均 GDP 已超过 1 万美元。第三产业发展普遍提速，17 设区市第三产业增速全部超过 GDP 增速，产业结构得到进一步优化。城乡居民收入水平进一步提高，17 设区市城镇居民人均可支配收入增速均超过 10%，潍坊、枣庄两市城镇居民人均可支配收入增速首次超过 GDP 增速；污染治理水平快速提升，10 个城市污水处理厂集中处理率达到 90% 以上，11 个城市生活垃圾无害化处理率达到 100%。

“十一五”期间，设区市城镇化发展差距逐步缩小、西部德州、滨州、聊城、菏泽四市与东部青岛、烟台、威海、潍坊四市人口城镇化率差距由 2005 年的 23.3 个百分点缩小至 2010 年的 17.1 个百分点，缩小了 6.2 个百分点；各市城镇化发展质量明显提升，城镇化质量指数五年提升幅度均在 10 个百分点以上；经济呈现竞相发展的良好局面，西部城市呈现跨越式追赶态势；城市承载能力显著提升，各市用水和燃气基本实现全面普及；科技和文化软实力进一步增强，13 市 R&D 经费投入比 2005 年翻了两番多；城乡统筹加快推进，17 设区市农民人均纯收入增速首次普遍超过城镇居民人均可支配收入，城乡收入差距持续扩大态势得到一定程度遏制。

（二）市辖区城镇化发展分析。市辖区是各设区城市城镇化发展的核心区，经济发展水平较高，多数市辖区人均地区生产总值、人均地方财政一般预算收入高于全市平均水平；第三产业加快发展，增速快于全省，第三产业增加值为 7870.64 亿元，占全省总量的 54.9%；公共服务设施水平较高，市辖区集中了全省 47.6% 的剧院、影剧院，37.3% 的医院、卫生院以及 43.2% 的医生；集聚辐射能力较强，市辖区暂住人口、GDP 和地方财政一般预算收入占全省的比重分别为 78.4%、47.4% 和 50.1%。

三、县域城镇化发展分析

（一）县域城镇化监测结果。2010 年，县域年末总人口 6452.49 万人，其中城镇人口 2546.72 万人，人口城镇化率 39.5%；非农产业从业人员 2369.02 万人，占全省的 59.3%；实现地区生产总值 22455.86 亿元，占全省的 57.3%，人均地区生产总值 34310.7 元；地方财政预算内收入 1025.09 亿元，地方财政预算内支出 1690.49 亿元；城镇在岗职工年平均工资 28499 元；污水处理厂集中处理率和生活垃圾无害化处理率分别达到 86.8%、63.9%。

“十一五”期间，县域人口城镇化进程加快，人口城镇化率年均提高 1.5 个百分点，增速快于全省平均水平；经济实力显著增强，县域 GDP 是 2005 年的 2.1 倍，年均增加 2360.41 亿元，地方财政预算内收入年均增长 22.2%；“双 30”工程成效显著，各县发展趋于协调，2010 年，28 个欠发达县实现地区生产总值 3893.88 亿元，是 2005 年的 2.13 倍，增幅快于强县；公共服务日趋完善，2010年县域共有体育场馆258个，剧场、影院321个，公共图书馆藏书量21031.7千册；生态保护不断加强，人居环境明显改善，2008年全省县级城镇提前实现污水处理厂“一县一厂”目标；2010年，污水处理厂集中处理率比2005年提高43.2个百分点，生活垃圾无害化处理率比2005年提高32.5个百分点。

（二）县级市城镇化发展分析。2010年，县级市年末总人口2641.32万人，其中城镇人口1206.76万人，人口城镇化率45.7%。第二产业从业人员552.90万人，第三产业从业人员464.58万人，非农产业从业人员比重达到65.4%。地区生产总值12603.46亿元，占全省GDP总量的32.2%，人均地区生产总值达到47801元，比全省平均水平高16.3%。义务教育水平稳步提高，31个县级市义务教育巩固率均在97%以上，其中19个市实现100%。城乡社会保障体系进一步健全，城镇基本养老、医疗、失业保险参保人数分别达到384.45万人、393.47万人和231.32万人，参加农村合作医疗保险人数达到1957.49万人，参加农村养老保险人数达到799.76万人。

（三）县城镇化发展分析。2010年，60个县年末总人口3811.17万人，人口城镇化率为35.2%，其中47个县超过30%，步入城镇化加速发展阶段。非农产业从业人员比重为55.3%。实现地区生产总值9852.40亿元，人均地区生产总值25209元。基础设施进一步完善，人均城市道路面积17.81平方米，用水普及率达到93.8%，燃气普及率达到85.5%。城乡居民收入进一步提高，城镇在岗职工年平均工资25143.65元，比2009年增长15.9%，35个县农民人均纯收入增速超过15%。县污水处理能力提升，污水处理厂集中处理率达83.5%，比2009年提高3.2个百分点。

四、小城镇城镇化发展分析

2010年，建制镇总人口5595.98万人，镇区人口1114.42万人，人口城镇化率19.9%，为全省人口城镇化率贡献了11.6个百分点。第二产业从业人员910.67万人，第三产业从业人员701.72万人，非农产业从业人员比重50.5%。实现财政总收入504.89亿元，比2009年增长8.3%；完成固定资产投资额8882.99亿元，比2009年增长11.6%。有151.28万人参加农业专业合作经济组织，参加农村新型合作医疗、农村社会养老保险的人数分别达到4803.48万人、1232.29万人。公共供水综合生产能力达383.32万立方米/日，比2009年增长11.9%，用水普及率达88.7%。

中心镇发展活力凸显，2010年末总人口1391.82万人，其中镇区人口384.56万人，人口城镇化率27.6%。企业实交税金总额210.83亿元，镇均9287.46万元，是建制镇的1.9倍；中心镇财政总收入182.87亿元，镇均8055.93万元，是建制镇的1.8倍。市政公用设施承载能力进一步提高，市政公用设施投资完成45.55亿元，新增供水管道长度1012.46公里，新增用气人口33.01万人，新增道路长度731.47公里。公共服务设施进一步完善，万人拥有医生14.53人，比2009年增加0.56人；万人拥有病床20.88张，比2009年增加0.80张。园林绿化水平进一步提高，建成区绿化覆盖率达到23.7%，人均公园绿地面积为4.5平方米。

“十一五”期间，全省小城镇镇区规模进一步扩大，2010年小城镇镇区总人口1114.42万人，比2007年增加32.27万人，平均镇区人口9879.61人；经济发展实力明显增强，2010年实现财政一般预算收入304.76亿元，比2007年增长45.8%；市政设施承载能力稳步提高，与2007年相比，小城镇新增道路面积1864.97万平方米，新增道路照明灯13.42万盏，新增排水管道长度3055.46公里。公共服务体系逐步健全，2007～2010年，小城镇新增图书馆、文化站1457个，新增体育场馆271个，新型农村合作医疗、农村社会养老保险参保人数分别比2007年增长7.5%、108.3%；人居环境质量明显改善，有310个小城镇建成区绿化覆盖率超过30%，比2007年增加81个，生活垃圾无害化处理率比2007年提高17.6个百分点。

五、区域城镇化发展分析

（一）山东半岛蓝色经济区。2010年，山东半岛蓝色经济区年末总人口3319.44万人，其中城镇人口1836.09万人，人口城镇化率55.3%，比全省平均水平高5.6个百分点。实现地区生产总值18724.87亿元，占全省的47.8%，人均地区生产总值5.7万元，是全省平均水平的1.4倍。海洋经济保持较快增长势头，海洋主要产业总产出6808.1亿元，比2009年增长25.3%。地方财政一般预算收入1183.75亿元，占全省的43.1%；人均地方财政一般预算收入3582.0元，高出全省平均水平24.2%。山东半岛蓝色经济区海洋特色鲜明，蓝色经济带动力强，对外开放程度高，是引领全省社会经济又好又快发展的核心区。

（二）黄河三角洲高效生态经济区。2010年，黄河三角洲高效生态经济区年末总人口1013.45万人，其中城镇人口472.56万人，人口城镇化率46.6%，比2009年提高3.8个百分点，与全省平均水平的差距明显缩小。实现地区生产总值5531.26亿元，比2009年增长13.6%；人均地区生产总值达到54553元，高出全省平均水平32.7%。地方财政一般预算收入293.56亿元，占全省总量的10.7%；人均地方财政一般预算收入2895.25元，高于全省平均水平。

（三）山东半岛城市群。2010年，山东半岛城市群人口城镇化率为57.8%，高出全省平均水平8.1个百分点。实现地区生产总值25222.92亿元，占全省总量的64.4%；人均地区生产总值达到5.8万元，是全省平均水平的1.4倍。外向型经济优势明显，实际利用外资额72.78亿美元，占全省总量的79.4%；进出口总额1620.10亿美元，占全省总量的85.7%；外贸依存度为43.5%，高出全省平均水平10.8个百分点。城区人口介于20万~50万的城市达到18个，中等规模城市发育相对较好；青岛、济南两大中心城市规模实力基本相当，城镇体系的双中心结构特征明显。

（四）济南都市圈。2010年，济南都市圈年末总人口3327.17万人，人口城镇化率为50.9%，比2009年提高1.9个百分点。实现地区生产总值14191.40亿元，比2009年增长13.2%；人均地区生产总值42964元，超出全省平均水平1858元。三次产业结构为8.0:52.8:39.2，第三产业增加值比重比2009年提高1.4个百分点，产业结构明显优化。城建资金总收入与总支出分别达到292.81亿元、288.67亿元，分别占全省总量的24.4%、41.0%，城建资金筹措能力加强，投入力度较大。总体来看，济南都市圈城镇体系规模结构较为合理，龙头城市济南在都市圈内的辐射范围广、带动能力较强，区域内各市经济联系日益紧密。

（五）鲁南城镇带。2010年，鲁南城镇带人口城镇化率为42.4%，比上年提高2.0个百分点。实现地区生产总值8557.01亿元，占全省总量的21.8%；人均地区生产总值26097元，为全省平均水平的63.5%。地方财政一般预算收入501.74亿元，比2009年增长28.3%，占全省总量的18.2%。科教投入力度加大，创新能力提升较快，R&D经费支出总额达到80.51亿元，比2009年增长40.5%；专利申请授权量9651件，比2009年增长33.8%。总体来看，鲁南城镇带城镇化发展的后发优势日益凸显，产业结构逐步优化，城镇体系渐趋合理，呈现出加快推进的良好态势。

（雷　刚）

城镇化与城乡规划

◇全省城镇化水平达到50.95%

◇『二〇一一山东省城镇化发展报告』出版

◇九十一个市县新一轮城市总体规划批准实施

◇全省国家历史文化名城数量达到八座

城镇化

【概况】 “十一五”以来，特别是2009年全省城镇化工作会议以来，全省各级党委、政府高度重视城镇化工作，把城镇化作为建设经济文化强省的重大战略之一进行科学谋划和总体部署，推进全省城镇化取得重要进展和显著成就。2011年，全省常住人口9637.27万人，城镇人口4909.78万人，农村人口4727.49万人，城镇化率达到50.95%，比2005年提高5.95个百分点，城镇人口首次超过农村人口，人口城镇化正处于30%～70%的快速发展期，发展速度继续保持稳步提高态势，全省已经形成了由6个特大城市、10个大城市、30个中等城市、62个小城市和1118个小城镇构成的城镇化总体建设格局。

【和谐城乡建设行动】 2010年6月7日省政府办公厅印发《和谐城乡建设行动实施方案》后，各市召开市委常委（扩大）会议或市政府常务会议，专题研究贯彻意见和推进措施，全力破解制约城乡协调发展的矛盾和问题。各地加强了对和谐城乡建设行动的组织领导，大部分城市成立了专门的工作领导小组和办事机构，研究出台了《实施方案》，制定了加快新型城镇化发展、区域重点镇建设、统筹城乡发展等一系列文件，建立起了比较完善的政策支撑体系。2011年4月11日，根据省政府办公厅《关于印发和谐城乡建设行动实施方案的通知》（鲁政办发〔2010〕31号）要求，山东省城市化领导小组办公室印发《2011年和谐城乡建设行动考核办法》。考核涵盖和谐城市、和谐乡镇、和谐村庄（社区）三大部分。和谐城市包括城乡规划、设施建设、环境整治、城市管理、节能减排、房地产业和住房保障、公共服务和社会保障、城镇化水平8大内容、114项指标；和谐乡镇包括乡镇规划、设施建设与环境整治、村镇管理、节能减排、农房与社区建设、公共服务和社会保障6大内容、45项指标；和谐村庄包括规划编制、村庄建设、村庄管理、公共服务和社会保障4大内容、19项指标。考核总成绩由工作实绩、组织保障和公众满意度三部分组成。2011年

2011年7月20日，省住房城乡建设厅副厅长张俊乾带领省和谐城乡建设行动考核组到沂源县现场考核 （摄影：翟淑娟　黄　凯）

下半年，省、设区市、县级市（县城）及乡镇完成了和谐城乡创建活动的各项考核。

【城镇化监测评价】 根据省城镇化监测评价协调小组安排，6月，省住房城乡建设厅、省统计局联合下发《关于做好2011年度全省城镇化统计监测工作的通知》，部署了县及县以下城镇人口专项调查、城镇化缺口指标统计调查任务。本年度监测评价范围的指标为：全省和设区市共有监测指标172个、评价指标32个、预警指标10个，县级市和县共有监测指标133个、评价指标25个，建制镇共有监测指标119个，均涵盖了人口就业、经济发展、城市建设、社会发展、居民生活和生态环境六大方面。8～11月，省住房城乡建设厅委托山东省建设发展研究院开展了监测评价数据的整理分析工作，并编写完成《2011山东省城镇化发展报告》。12月5日，省城镇化监测评价协调小组办公室在济南召开《2011山东省城镇化发展报告》专家论证会，审议通过了《2011山东省城镇化发展报告》。

【城镇化发展报告】 12月，经省住房城乡建设厅、省统计局审定，《2011山东省城镇化发展报告》由黄河出版社出版。《报告》分发展报告、统计资料、附录三大部分。“发展报告”对全省、17个设区市、31个县级市、60个县、1118个建制镇的城镇化发展水平进行了分层分析，对山东半岛蓝色经济区、黄河三角洲高效生态经济区、山东半岛城市群、济南都市圈和鲁南城镇带的城镇化进展情况进行了全面分析。“统计资料”公布了全省、设区市、县级市、县4个层次2011年度监测评价的主要统计数据和相关评价指标的排名情况。“附录”主要是对已出台的城镇化相关政策文件和城镇化监测评价指标的说明等。《报告》的主要监测评价结果为：2010年，山东省人口城镇化率为49.7%，比上年提高1.4个百分点。从各市县看，48个设市城市人口城镇化率均超过30%，比上年增加3个，其中有15个设市城市超过50%；在60个县中，有47个县人口城镇化率超过30%，比上年增加9个，其中有16个县超过40%。全省城镇化发展速度继续保持稳步提高态势。城镇化质量指数达到66.2%，比2010年度监测值提高4.3个百分点，增幅明显。从评价城镇化质量的六大要素指数看，人口就业指数73.5%，经济发展指数61.6%，城市建设指数57.1%，社会发展指数49.3%，居民生活指数83.4%，生态环境指数76.1%。同2010年度监测值相比，城镇化六大要素指数均有所提高，其中经济发展和社会发展

2011年12月5日，省住房城乡建设厅、省统计局联合召开《2011山东省城镇化发展报告》专家论证会 （摄影：邱　岳）

要素对全省城镇化质量指数提高的贡献比较突出，两者贡献率达49.3%。处于相对落后的社会发展要素，本监测年度的指数值提升幅度较大，达5.8个百分点，与人口就业、居民生活、生态环境要素间的差距明显缩小，经济发展要素指数增幅明显，达到6.4个百分点，远高于2010年度2.2个百分点的增幅，与其他发展要素间的协调度进一步提升。城镇化质量预警结果总体较好。根据2011年度城镇化质量预警指标数据分析，在10项预警指标中，有8项指标达到城镇化质量提升的基本要求，表明全省城镇化持续发展的基础总体上比较扎实。

2011年度全省城镇化质量评价预警指标一览表

预警指标	城镇登记失业率（%）	单位GDP能耗降低（%）	用水普及率（%）	住房保障任务完成率（%）	城镇居民人均可支配收入增速与GDP增速之比
约束值	<4	完成国家分解任务2010年为4	100	100	>1
指标值	3.36	4.39	98.1	100	0.97
预警指标	九年义务教育巩固率（%）	城乡低保覆盖率（%）	居民消费价格指数（%）	集中式饮用水水源地水质达标率（%）	主要污染物排放减少（%）
约束值	95	100	<104	100	完成国家分解任务COD14.9%、$SO_2$20%
指标值	95	100	102.9	100	COD19.4%、$SO_2$23.2%

【省城市化领导小组印发《关于加快推进新型城镇化工作的通知》】 3月2日，山东省城市化领导小组印发《关于加快推进新型城镇化工作的通知》。《通知》指出：城镇化是推进经济社会发展的必然选择，是经济文化强省建设的必由之路。要把积极稳妥推进城镇化作为“十二五”工作的重要内容。根据新的形势和任务，确定“十二五”全省城镇化发展目标为，城镇化水平达到55%以上，年均提高1个百分点，每年从农村转移出120万人口。为此，要加强城镇化发展战略研究和规划编制，进一步完善城镇体系，做大做强中小城市，大力加强小城镇建设，完善新型农村社区建设，进一步完善城镇化政策，加快农民工市民化步伐，强化城镇化工作推进机制，大力推进全省城镇化持续快速健康发展。

（李文茂）

规划编制

【概况】 2011年是“十二五”规划的开局之年，全省城乡规划行业认真贯彻落实中央经济工作会议和全国、全省建设工作会议精神，充分发挥规划的宏观调控和综合协调作用，突出重点，统筹兼顾，工作水平进一步提高。截至年底，全省108个市县全部编制完成了新一轮城市总体规划，累计91个市县获得批准，有力推动了城市空间科学拓展和城镇化有序推进。17个市县编制了城乡统筹规划，35个市县实现城市规划建成区控规全覆盖，县域村镇体系规划、农房建设与危房改造3年规划全面完成。

【区域性与战略性规划】 年内，山东省区域性、战略性规划编制取得丰硕成果。《黄河三角洲城镇发展规划》《鲁南地区城镇发展规划》获得省政府批复，为优化城镇体系布局、促进区域经济发展提供了科学依据。青岛、潍坊、日照3市启动了《青岛潍坊日照区域协调发展规划》编制，建立了区域发展会商机制。烟台、威海、日照等市编制了海岸带分区规划和重点地区的海岸带控制性详细规划。东营市编制了《黄河水城规划》。莱芜、威海等17个市县编制了城乡统筹规划。各市县普遍开展了发展战略研究，编制了县域村镇布局规划。

【城市总体规划】 城市总体规划修编取得阶段性成果。11个由国务院审批的城市总体规划已完成纲要审查，泰安市城市总体规划已获国务院批准，济南、临沂市的城市总体规划已按照部际联席会议意见完成了修改，淄博、枣庄、东营、烟台、潍坊市城市总体规划已上报国务院审查。省政府批复了滨州、日照两个设区城市和章丘、胶州等14个县级市的城市总体规划。省政府审批的37个城市总体规划已有36个获得批复。60个县的总体规划，已有54个获得市政府批复。

【控制性详细规划】 全省控制性详细规划编制步伐进一步加快。济南市编制了53个片区、500多平方公里的控制性详细规划。潍坊市完成涵盖33个片区、330平方公里的控制性详细规划。枣庄市编制了棚户区改造规划和张范片区控制性详细规划。泰安市编制了老城中心区控制性规划和蒿里山历史文化区详细规划。东营市编制了清风湖等重点地段详细规划。日照市完成了万平口区域南部片区控制性规划编制。

【专业专项规划】 各地普遍开展了综合交通、绿地系统、市政公用设施等专业规划和文化、教育、体育、卫生等专项规划编制。济南、青岛等市编制了包括地铁在内的综合交通规划，淄博、潍坊等市完成了中小学布点规划，济宁、泰安、菏泽等市加强了地下管线综合设计管理。按照国家和省有关要求，加大了房地产市场规划调控力度。济南市完成了全部棚户区改造规划策划任务，提出了20多个片区的经济适用房选址意见并编制了详细规划。青岛市将经济适用房项目纳入规划审批绿色通道，开展了小户型住宅建筑设计竞赛。潍坊、济宁、莱芜、临沂等市完成了城中村改造项目策划和规划。

【规划先行彰显城市特色】 "十一五"以来，各市在规划中注重彰显城市特色。枣庄、东营、潍坊、临沂、聊城、滨州、菏泽等城市充分利用河湖水系，突出城市特色，打造城市品牌，"江北水乡""黄河水城""江北水城""花城水邑"等一批城市名片应运而生。青岛、烟台、威海、日照等市发挥海洋资源优势，抓住承办奥帆赛、世帆赛等重大活动机遇，开展了奥帆基地、奥林匹克水上公园等重要滨海地段规划设计，提升了城市品位。济宁、枣庄、淄博等市发掘历史文化资源优势，集中打造中华文化标志城、台儿庄古城、周村古大街，延续了历史文脉，城市影响力和知名度进一步提升。德州加大中国太阳谷规划建设力度，促进太阳能与建筑一体化的应用，体现了"中国太阳城"的城市特色。

（王长征）

规划管理

【概况】 截至年底，全省共有188家规划设计单位，其中具有甲级规划编制资质单位9个，具有乙级规划编制资质单位30个。全省评出柴宝贵、刘甦、杨德智、扈宁、唐建平、房艳、赵健等7位山东省城市规划大师。2010年度山东省优秀城市规划设计评优，评出一等奖10项、二等奖30项、三等奖47项、表扬奖47项。住房城乡建设部已先后分4批向济南、青岛等10个城市派驻城乡规划督察员11名。组织召开了山东省城市规划协会第二届会员代表大会，选举产生了协会第二届理事会理事长、副理事长、秘书长等。全年共印发4期《山东城市规划》，在宣传政策、推广经验、凝聚行业、促进发展等方面起到了积极推进作用。

【规划法制建设】 年内，省十一届人大四次会议把《关于制定〈山东省城乡规划条例〉的议案》确立为1号议案。省住房城乡建设厅配合省政府法制办和省人大，加快了《条例》立法步伐，完成了《条例》草案征求意见、会签、调研、修改工作，10月份报送省政府法制办审查。省住房城乡建设厅出台了城市总体规划修改工作规则、橙线管理办法、公共停车场设置规定、城市建设用地性质和容积率调整规划管理办法等规范性文件。济南在全省率先出台《济南市城乡规划条例》的基础上，先后制定和修订了《城乡规划管理技术规定》等30多项规范和制度。青岛出台了《青岛市城乡规划条例》，并制定实施了《建筑日照间距计算和管理办法》等规定。淄博、枣庄、济宁、临沂、德州等市均已制定出台了规划管理办法、管理技术规定、批后监督规定等规范和制度，通过制度建设严格依法行政，加强监督检查，确保规划实施。

【规划管理制度创新】 一是城市规划管理体制进一步理顺。17市都成立了规划局，大部分县级市和部分县设立了相对独立的规划管理机构。48个设市城市和大部分县都成立了城市规划委员会。潍坊市成立了建筑审美委员会。烟台市实施了派驻县市规划督察员制度。莱芜市深入实施阳光规划，对所有规划建设项目都进行集体研究、民主决策、广泛发布。胶州市在各区和开发区设规划分局，在街道办事处和规划区内的乡镇设规划办公室，在居委会和规划区内的村庄设规划监督员，做到了规划管理“横向到边、竖向到底”。二是规划服务水平不断提高。济南、青岛、威海、烟台、临沂等市建立了全方位规划信息查询服务体系。威海市建成数字城市三维地理空间基础框架，获得国家地理信息系统金奖和省科技进步一等奖。三是规划批后管理进一步加强。济南市建立了市、区、街（镇）三级联动机制，动员社会力量广泛参与，对违法违章建设进行综合防控。济宁市通过建立日巡查日报告、工地监管、基层联系人、信访投诉快速处置等制度，形成了制止违法建设的快速反应机制。德州市突出“服务在前，管理在后”，树立了良好的城市管理行政执法形象。菏泽市投入400万元，进行市区管线普查，建立了地下管线管理信息系统。

【建设项目选址规划管理】 为引导和规范重大项目选址，3月29日，省住房城乡建设厅下发了《关于加强建设项目选址规划管理的通知》。《通知》要求全省要进一步规范建设项目选址意见审查审批管理工作，保障城乡规划实施；建设项目选址规划管理工作应当遵循科学规划、合理布局、保护耕地、节约土地、集约用地的原则，促进资源、能源节约和综合利用，保护自然资源和历史文化遗产，防止污染和其他公害，并符合国防建设、防灾减灾和公共卫生、公共安全的需要。按照超前研究、依法许可的原则，规范和细化了建设项目规划选址管理程序和条件，核发了山东文登抽水蓄能电站等十几个建设项目的选址意见书。济南市推进产业发展与城市建设深度融合，超前规划了16个城市综合体项目，为省会现代服务业发展注入了新的活力。淄博市变“项目落地规划跟进”为“规划引领项目落地”，坚持规划提前介入。

【规划容积率专项治理】 按照住房城乡建设部、监察部违规变更规划调整容积率专项治理工作要求，结合治理工程建设领域突出问题专项治理工作，深入开展了项目清理、自查自纠和整改工作，取得了阶段性成果。认真实施《山东省城市建设用地性质和容积率规划管理办法》，严格规范建设用地性质和容积率调整的受理条件和审批程序，落实维护公众利益、加强监督管理的相关机制措施，从制度上消除违规行为和腐败案件发生的土壤，筑牢廉政防线。

【历史文化名城保护】 全省7座国家历史文化名城、13座省级历史文化名城都编制了历史文化名城保护规划。省政府批复了青州市历史文化名城保护规划。青岛市编制了八大关历史文化保护区保护与整治规划，潍坊市编制了十笏园文化公园规划，聊城市完成了古城整治与保护规划，曲阜市制定了明故城保护管理办法以及建筑与环境修复导则。年内，国务院批准蓬莱为国家历史文化名城，使全省国家历史文化名城数量达到8座。枣庄、济南、淄博、济宁等市发掘历史文化资源优势，打造特色街区，延续了历史文脉。按照住房城乡建设部和国家文物局的部署，全省各级规划和文物保护主管部门认真开展国家历史文化名城保护工作检查。济南、青岛等7座国家历史文化名城认真开展保护工作自查，省和国家两级领导小组分别开展了现场检查。

（王长征）

城市建设

◇全省设市城市和县城实有道路长度43531.1公里

◇全省共有国家级园林城市和县城三十三个，省级园林城市四十四个

◇全省共有国家级风景名胜区五个，省级风景名胜区三十五个

◇城市和县城生活垃圾无害化处理率达到86.57%

◇城市和县城污水集中处理率达到90.48%

◇一百一十三座污水处理厂采用BOT、TOT、合资合作方式进行运作

市政公用设施建设

【概况】 2011年，全省设市城市和县城城建维护资金（财政性资金）总收入1322.78亿元，同比增长10.3%。城建资金总支出795.33亿元，同比增长12.9%，其中，固定资产投资支出560.29亿元，同比增长6.7%；维护支出124.63亿元，同比增长25.1%；其他支出110.41亿元，同比增长38.3%。新增道路长度2436公里、面积7145万平方米；实有道路长度43531.1公里，面积84449.4万平方米，人均城市道路面积22.58平方米。实有桥梁5863座，其中，立交桥302座，路灯183.53万盏。新增供水能力65.66万立方米/日，供水管道长度1809.7公里；公共供水生产能力1452.61万立方米/日，人口用水普及率为98.47%，人均日生活用水量为127.87升。全省48个设市城市和49个县城实现集中供热，供热面积达6.83亿平方米。全省所有市、县（市）全部开通管道天然气，长输管道天然气覆盖98个市、县（市），年增管道天然气用户226万户。园林城市创建工作取得新进展，新增省级园林城市16个，全省共有国家级园林城市20个，省级园林城市44个，国家级园林城市数量居全国首位。城市垃圾处理设施建设取得突破性进展，实现了省政府提出的“一县一场（站）”目标，城市和县城生活垃圾无害化处理率达到86.57%；共建成城市污水处理厂194座，形成污水处理能力1053.3万立方米/日，城市和县城污水集中处理率为90.48%，位居全国前列。城建环保二期世行项目、海河流域亚行贷款项目累计完成投资22亿元人民币，实际利用贷款1.61亿美元。会同省财政厅下达中央三河三湖污染治理专项补助资金和污水管网以奖代补资金7.15亿元、省级城市污水和垃圾处理专项资金2.45亿元。

【道路桥梁路灯】 年内，全省设市城市和县城完成道路桥梁固定资产投资381.1亿元，同比减少14.7%；实有道路长度43531.1公里，面积84449.4万平方米，人均城市道路面积22.58平方米；实有桥梁5863座，其中，立交桥302座，路灯183.5万盏。设市城市实有道路长度34680.8公里，面积66123.5万平方米，人均城市道路面积23.62平方米，在全国排第一位。实有桥梁4359座，其中，立交桥251座，路灯144.6万盏。县城实有道路长度8850.3公里，面积18325.9万平方米，人均城市道路面积19.48平方米，实有桥梁1504座，其中，立交桥51座，路灯38.9万盏。

【青岛胶州湾大桥、胶州湾隧道正式通车】 年内，世界最长跨海大桥青岛胶州湾大桥、世界第三国内最长海底隧道青岛胶州湾隧道正式通车，青岛交通进入真正意义上的桥隧时代。胶州湾大桥全长41.58公里，位于青岛和黄岛之间，包括三座可以通航的航道桥和两座互通立交以及路上引桥、黄岛侧接线工程和红岛连接线等。大桥主线工程起于青岛侧胶州湾高速公路李村河大桥北200米，终点位于黄岛侧胶州湾高速公路东1公里处。海底隧道下穿胶州湾湾口海域，全长约7800米，其中海底段隧道长约3950米，南接黄岛区的薛家岛，北连青岛主城区的团岛。

城市道路桥梁路灯统计表

地 区	道路长度（公里）	道路面积（万平方米）	桥梁数（座）	道路照明灯盏数（万盏）	安装路灯的道路长度（公里）
山东省	43531.1	84449.4	5863	183.5	30570
设市城市	34680.8	66123.5	4359	144.6	24301
县城	8850.3	18325.9	1504	38.9	6269
济南市	5066.7	7458.4	832	13.5	1625
青岛市	6320.7	10552.0	683	20.8	4441
淄博市	1707	4211.5	285	7.6	1114
枣庄市	1395.3	2630.9	85	5.8	956
东营市	1127.5	2722.6	191	6.1	974
烟台市	3093.4	6450.1	298	15.9	2253
潍坊市	5119.7	9706.6	336	22.1	4146
济宁市	2732.9	5485.2	309	12.3	1691
泰安市	1662	3945.8	251	9.3	1222
威海市	1756.5	3977.3	442	10.3	1679
日照市	1520.1	2169.7	192	4.7	1429
莱芜市	770	1368.6	103	3.5	716
临沂市	3401.7	6524.2	439	22.7	3105
德州市	2665.4	5186.6	318	7.8	2080
聊城市	2000.7	4774.3	322	6.7	858
滨州市	1596.4	3794.8	336	5.8	1185
菏泽市	1595.1	3491	441	8.7	1096

【市政行业评优评奖】 济南市二环东路地面道路及BRT系统建设工程、济南市奥体中心道路工程、淄博市华光路道路改造工程、烟台市山海南路道路排水工程、潍坊玄武街工程、菏泽市赵王河景观工程等6项工程获得中国市政金杯奖，24个市政施工QC小组获得中国市政协会表彰，其中，一等奖8个，二等奖4个，三等奖1个，优秀奖11个。57项市政工程获得山东省市政金杯奖，34个企业被评为山东省优秀市政施工企业，143名项目经理被授予“山东省优秀市政施工项目经理”称号。

【全省数字化城市管理模式现场调度会】 11月7~8日，省住房城乡建设厅在潍坊市召开全省数字化城市管理模式现场调度会，总结交流全省数字城管模式建设经验，明确全省数字城管模式建设的目标任务和保障措施，全力推进数字化城管工作。与会人员现场观摩潍坊市城市管理监督指挥中心、奎文数字化城管指挥中心、寿光数字化城管指挥中心。会议下发《关于印发〈山东省县城数字化城市管理模式建设方案〉的通知》（鲁建城字〔2011〕36 号），对县城如何建设、运用数字化城市管理运行模式提出要求。来自全省 17 市及各县（市）区城市管理、数字化城市管理中心、12319 服务热线负责人 300 多人参加会议。

【济南市政全面推行标准化服务】 7 月 1 日起，济南市在供水、供气、供热、12319 热线、市政设施建设、城市道路照明、市政设施管理和城市排水 8 个行业中全面推行标准化服务。济南由此成为省内率先在整个市政公用系统全面推行服务标准化工作的城市。服务标准化要求，停水前 3 天要向用户发通知，24 小时以上的停水要提供临时用水；接到燃气事故报警，抢修人员须在 30 分钟内到达现场；供热单位必须在 5 天内对用户测温申请作出处理；12319 热线铃响三声必须接听。

（王　冠）

城市供水

【概况】 2011 年，全省设市城市和县城完成供水固定资产投资 43.13 亿元，同比增长 3.8%，新增供水能力 65.66 万立方米/日，供水管道长度 1809.7 公里；公共供水生产能力 1452.61 万立方米/日，其中地下水 519.83 万立方米/日，企业自建设施供水生产能力 590.95 万立方米/日。全社会供水总量 40.15 亿立方米，用水普及率为 98.47%，人均日生活用水量为 127.87 升。设市城市供水综合生产能力 1616.88 万立方米/日，其中，地下水 698 万立方米/日；供水总量 31.35 亿立方米，用水普及率为 99.74%，人均日生活用水量为 129.79 升。县城城市供水综合生产能力 426.68 万立方米/日，其中地下水 249.76 万立方米/日，管道长度 9186.21 公里，供水总量 8.80 亿立方米。县城用水人口 891.19 万人，人均日生活用水量 121.85 升，用水普及率为 94.71%。

【第二届 IWA-中国水环境嗅味问题及控制技术国际研讨会】 9 月 5 ~ 7 日，第二届 IWA-中国水环境嗅味问题及控制技术国际研讨会在济南举行，国际水协会（IWA）水环境嗅味专业委员会专家、国内高校及科研院所知名教授、沿黄省市供水监测站及全国城市供水企业技术人员近 200 人参加了会议。会议由山东省住房和城乡建设厅、中国科学院生态环境研究中心、济南市市政公用事业局、国际水协会等单位共同举办。会议进行了两天的专题学术报告，来自美国、加拿大、英国、法国、澳大利亚、中国台湾及清华大学、中国科学院十几位国内外知名专家围绕嗅味感官评价和分析技术、藻类与嗅味、饮用水中嗅味问题与控制技术展开了研讨与交流，内容涉及水环境嗅味问题及控制技术前沿技术成果与研究。国际水协会 IWA－嗅味专业委员会专家对参会代表进行了嗅味分析及等级评价技术培训。

（王　冠）

城市供水情况统计表

地区	综合生产能力（万立方米/日）	地下水（万立方米/日）	供水管道长度（公里）	供水总量（万立方米）	
				合计	售水量
山东省	2043.56	947.76	48754.18	401494.28	362207.93
设市城市	1616.88	698	39567.97	313500.16	279512.70
县城	426.68	249.76	9186.21	87994.12	82695.23
济南市	217.84	118.78	3897.27	37123.22	29777.35
青岛市	226.45	39.20	7542.39	57369.84	50373.92
淄博市	193.05	122.94	2634.20	32149.79	29850.31
枣庄市	95.61	75.06	2093.22	13123.96	11059.49
东营市	100	0	1425.56	13792.91	11819.79
烟台市	148.56	55.46	5141.53	26422.72	24295.03
潍坊市	207.86	80.37	4000.41	46611.17	43572.33
济宁市	131.97	123.42	2290.13	29087.14	25766.12
泰安市	68.20	31.60	2726.85	14708	13175
威海市	90.20	15.60	3658.37	13260	11984
日照市	48.92	27.08	1659.60	9442.25	8820.88
莱芜市	25.50	12.80	684	3889.50	3263
临沂市	125.43	69.93	2861.71	30043.47	28068.09
德州市	97.54	31.01	2576.66	20167.63	18756.85
聊城市	90.09	86.50	2043.50	18574.39	17729.58
滨州市	101.04	12.07	2233.18	19999.68	19315.98
菏泽市	75.30	45.94	1285.60	15728.61	14580.21

园林绿化

【概况】 2011年，全省设市城市和县城园林绿地面积21.05万公顷，其中，建成区园林绿地面积17.92万公顷，建成区绿地率达到35.24%，比上年提高0.65个百分点；公园绿地面积5.64万公顷，人均公园绿地面积15.09平方米；绿化覆盖面积24.86万公顷，其中建成区绿化覆盖面积20.46万公顷，建成区绿化覆盖率达到40.25%，比上年提高0.88个百分点。设市城市园林绿地面积16.56万公顷，其中，建成区园林绿地面积13.93万公顷，建成区绿地率达到

37.14%，比上年提高0.15个百分点；公园绿地面积4.48万公顷，人均公园绿地面积16平方米，在全国排第3位；绿化覆盖面积18.81万公顷，其中建成区绿化覆盖面积15.57万公顷，建成区绿化覆盖率达到41.51%，比上年提高0.04个百分点。县城园林绿地面积4.49万公顷，其中，建成区园林绿地面积3.98万公顷，公园绿地面积1.16万公顷，人均公园绿地面积12.37平方米，建成区绿化覆盖率达到36.70%，比上年提高3.26个百分点；建成区绿地率达到29.91%，比上年提高2.07个百分点。全省共有国家级园林城市和县城33个，省级园林城市44个；有国家级风景名胜区5个，省级风景名胜区35个。

城市园林绿化情况统计表

单位：公顷

地区	绿化覆盖面积		园林绿地面积		公园绿地面积	公园个数（个）	公园面积
		建成区		建成区			
山东省	248554	204592	210495	179156	56439	877	29406
设市城市	188136	155699	165577	139316	44800	660	22919
县城	60418	48893	44918	39840	11639	217	6487
济南市	16608	16539	14864	14863	3709	51	2861
青岛市	30266	23081	27069	20448	6498	104	2682
淄博市	18903	11932	17704	10224	3020	39	1272
枣庄市	7059	6727	6318	6123	1660	35	829
东营市	9935	7026	9110	6439	1590	44	1345
烟台市	23417	21171	19646	19425	5363	86	1642
潍坊市	24920	18063	21678	16292	7160	80	3740
济宁市	13616	11646	11336	10218	3078	82	1543
泰安市	11354	10785	10150	9650	3042	57	2161
威海市	12750	11809	11019	10625	3277	45	1571
日照市	5768	5693	5293	5254	1744	19	927
莱芜市	3017	2952	2960	2806	892	12	263
临沂市	20396	16070	17426	14088	5558	64	3977
德州市	11729	11530	8840	8355	2863	59	1126
聊城市	15301	8296	8516	7008	2296	34	1268
滨州市	11523	10619	9912	9215	2745	34	1210
菏泽市	11992	10653	8654	8123	1944	32	989

【城市绿荫行动】 6月，省住房城乡建设厅印发了《关于在全省组织实施城市绿荫行动的通知》，并在东营市召开的全省城市园林绿化工作会议上进行专题部署。城市绿荫行动的核心内容是“三大园林、五大工程”，即按照建设生态园林、民生园林、文化园林的总体要求，实施城市林荫路系统建设、林荫公园建设、林荫庭院小区建设、林荫停车场建设和立体绿化建设，力争用

3年左右的时间，使全省各设市城市、县城都能建成初具规模的城市林荫路系统，林荫小区和庭院的比例达到40%以上，林荫广场和停车场比例达60%以上，屋顶绿化和立体绿化全面推开，基本建成以林荫公园、林荫休闲广场多点布局，以城市林荫路系统为网状框架，以林荫庭院、小区为全面覆盖的点、线、面有机结合的城市绿荫体系。为推动这项活动开展，省住房城乡建设厅在全省范围内开展了首次城市绿荫行动示范城市和示范项目评选活动。经审查评选，确定济南等6个城市（县城）为"城市绿荫行动示范城市"，济南市马鞍山路等21条道路为示范路，济南森林公园等15个公园为示范公园，山东理工大学等8个单位为示范庭院，鲁能领秀城等10个小区为示范小区，蓝海国际停车场等10个停车场为示范停车场，济南市历下区解放路街道办事处屋顶绿化等5个项目为示范屋顶绿化项目。

【城市园林绿化工作会议】 6月21日，全省城市园林绿化工作会议在东营市召开。省住房城乡建设厅厅长杨焕彩在会上作了题为"实施城市绿荫行动，建设生态园林、民生园林、文化园林"的讲话。杨焕彩要求认真贯彻省委、省政府加快城市园林绿化建设的部署，切实增加城市的绿荫覆盖，努力建设生态园林、民生园林，使城市空气更加清新、生活更加舒适、环境更加宜居、景色更加优美，生态环境质量不断改善。

【山东人居环境（范例）奖】 根据山东人居环境（范例）奖申报和评选的有关规定，在各有关城市推荐申报、现场考核、专家审查的基础上，12月19日，省政府发布《关于2011年山东人居环境（范例）奖获奖情况的通报》，授予泰安市、莱芜市"山东省人居环境奖"，授予潍坊市数字化城市管理拓展提升、沂源县螳螂河环境整治提升、桓台县大寨沟城区段水环境整治、招远市蚕庄镇小城镇建设、潍坊市白浪河城区段综合整治、肥城市中心城区环境改造提升、日照市香店河整治和莱芜市"城管进社区"等8个项目"山东人居环境范例奖"。

【泰山风景名胜区与美国红杉树国家公园缔结姊妹公园（景区）】 11月20日，泰山风景名胜区与美国红杉树国家公园缔结姊妹公园（景区）签约仪式，在泰安市东尊华美达大酒店举行。住房城乡建设部城建司副司长李如生，中国风景名胜区协会副会长兼秘书长王凤武，山东省住房和城乡建设厅、泰安市委、泰山景区党工委负责人，美国红杉树国家公园园长卡伦·泰勒·古德里奇及科琳·巴思、丹妮丝·罗伯逊等出席签约仪式。

（王　冠）

省住房城乡建设厅厅长杨焕彩视察指导寿光市园林绿化工作

（摄影：王瑞东　付立志）

供热供气

【概况】 2011年，各市以保供应、保重点、保民生为出发点，创新完善机制，供热供气工作上了一个新台阶。全年新增集中供热面积7761万平方米，供热面积达到6.83亿平方米；新增燃气用户80余万户，燃气普及率达到96.04%。一是建立了冬季供热用煤和天然气动态监管制度。省住房城乡建设厅会同省经信委煤电运联合办公室，加强对煤源、运力的协调指导，实行冬季供热用煤购运储和天然气运行调度制度，建立起信息畅通、保障有力的协调机制。枣庄、济宁等产煤城市，认真落实“省内煤优先保省内用”政策，积极协调低价优质煤，有力地保障了冬季供热用煤。省住房城乡建设厅厅长杨焕彩两次带队赴京协调冬季气源短缺问题，与中石油、中石化建立起沟通协调机制，落实了供气计划和设施建设等重大事项。二是实施了城市供热供气政府负责制。各地政府把冬季供热供气作为重要民生摆在重要位置，主要领导亲自过问，分管领导靠上抓，定期听取汇报，现场解决问题。济南市分管市长到北京协调冬季天然气气源，烟台市分管市长带队到山西等地采购供热用煤，保证了天然气和煤炭的稳定供应。三是启动了冬季供热预热期制度。各地根据天气情况，实施了提前启动供热、适时延缓停暖制度，通过提前1周的试运行，及时发现和排除各类供热故障，有效保证了采暖日室温达标，冬季供热更加灵活、更加人性化，受到居民的普遍欢迎。

【供热供气规划】 编制完成了《山东省压缩天然气液化天然气专项规划》，省政府于9月30日批准实施。各地加快推进燃气、热力专项规划编制，全省14个设区城市和40个县市编制完成燃气专项规划，16个设区城市和38个县编制完成供热专项规划，部分燃气规划还实现了覆盖中心镇和中心村。全省管道燃气普及率、城市热化率达到65%、47%，同比分别提高5%和3%，供热供气步入了有序发展的良性轨道。青岛、临沂、日照以燃气规划为龙头和总抓手，政府主导，统筹开发、建设、管理天然气市场，确保了供气稳定、健康、持续发展。

【供热计量改革和既有建筑节能改造】 7月7日，省政府在威海召开全省供热计量改革与既有建筑节能改造工作会议，出台了《关于推进供热计量改革与既有建筑节能改造的意见》，成立了以分管省长为组长的供热计量改革工作领导小组，与各市政府签署了节能改造目标责任书。会后，省住房城乡建设厅会同省物价局，就按实际用热量计价收费提出了指导意见，17市也相继出台了供热计量收费政策和标准。研发了供热计量温控一体化技术体系，初步形成供热计量智能化、系统控制自动化、住户用热自主化、政府监管数字化的技术路线。2010年采暖期，全省实行供热分户计量收费的建筑达到2461万平方米，涉及居民家庭19.7万户，采暖费平均降低14.3%。大力推进供热协调节能改造，2011年全省累计投入20多亿元，利用低温循环水供暖、供热管网汽改水、改造老旧管网降低网损等技术，组织开展了既有建筑供热系统节能技改，全省低温循环水供暖应用面70%以上，汽改水完成

80%任务量，整体提高供热能力20%左右。

【供热供气安全监管】 各市强化工程建设环节监管，开展了春季、夏季、雨季及冬季燃气安全检查，共查处安全隐患521处，清理管道违章占压300多处，更新改造灰口铸铁管420多公里，有效减少了事故隐患。各市把燃气储配场站、地下管线、调压站、用户室内设施等关键部位作为监管重点，对高压设备和管网等薄弱环节加强巡查，减少了安全隐患。建立了燃气行业安全技能考核制度，实行全员培训上岗，累计培训3000多人。各市对供热锅炉、管网、换热站、阀门井、补偿器等供热设备设施认真检修保养，检修项目3000多个，整改隐患近500处，确保了供热系统安全运行。各市认真宣传贯彻《城镇燃气管理条例》，通过公益广告、社区宣传栏、电视警示片和明白纸等形式，推进供热供气安全宣传教育，提高了群众的安全防范意识。全省供热供气保持平稳安全运行，没有出现重大事故。

（王志强）

城市燃气供应情况统计表

地区	人工煤气						
	生产能力（万立方米/日）	储气能力（万立方米）	供气管道长度（公里）	供气总量（万立方米）	用气户数（户）	家庭用户（户）	用气人口（万人）
山东省	516.76	53.50	1842.12	92586.23	442733	439481	146.86
设市城市	86.76	50	1694.18	34513.23	424962	421789	139.83
县城	430	3.50	147.94	58073	17771	17692	7.03
济南市	11.72	0	336.97	4658.14	124357	123782	37.13
青岛市	40	18.50	160.11	9136.69	45031	44944	12.61
淄博市	15	8.10	2	8464.00	31	0	0
枣庄市	20.04	8.40	738.10	3405.40	106234	104194	38.12
潍坊市	20	12	377.94	11849	125162	124792	43.55
济宁市	0	6	217	2400	41909	41769	15.45
滨州市	410	1	10	52673	9	0	0

地区	天然气					
	储气能力（万立方米）	供气管道长度（公里）	供气总量（万立方米）	用气户数（户）	家庭用户（户）	用气人口（万人）
山东省	1172.96	32920.35	512717.42	7266608	5788209	1894.41
设市城市	934	28049.17	438016.35	6376899	5088559	1628.32
县城	238.96	4871.18	74701.07	889709	699650	266.09
济南市	54.70	3481.11	36790.80	700349	697350	198.06
青岛市	117.60	5849.39	62629.04	1184205	1179783	314.33

续表

地区	天然气					
	储气能力（万立方米）	供气管道长度（公里）	供气总量（万立方米）	用气户数（户）	家庭用户（户）	用气人口（万人）
淄博市	67.50	2757.35	95248.18	1480881	382687	131.96
枣庄市	7.40	791.87	15009	147621	133089	44.83
东营市	118.76	1303.26	28792.66	221731	196714	67.27
烟台市	230.74	2834.52	55708.02	526320	516227	156.34
潍坊市	25.60	2697.80	24435.11	473713	457498	155.56
济宁市	36.43	1599.72	16506.96	388825	375707	130.25
泰安市	92.10	1692.16	24805.58	347573	295329	100.31
威海市	67.40	2546	7006	301334	298456	100.10
日照市	42	485.70	2622.12	69787	69229	23.40
莱芜市	5.80	366.47	4367.19	71278	70880	24.80
临沂市	121.97	1828	32295.14	315980	309711	129.40
德州市	22.99	1903.09	29093.42	546096	328993	132.91
聊城市	88.50	1275.78	30245.08	224701	218180	76.48
滨州市	70.50	910.39	31455.45	209732	203888	89.59
菏泽市	2.97	597.74	15707.67	56482	54488	18.82

地区	液化石油气					
	储气能力（万立方米）	供气管道长度（公里）	供气总量（万立方米）	用气户数（户）	家庭用户（户）	用气人口（万人）
山东省	98207	1173	743753	4749590	4367897	1551
设市城市	65940.50	907.65	541533.48	3450799	3252286	1016.69
县城	32266.90	264.86	202220	1298791	1115611	534.18
济南市	3999	0	50374	331623	327021	88
青岛市	11229	0	108300	419677	414260	108
淄博市	3178	19	56036	200191	144273	50
枣庄市	2325	64	19382	119588	100552	43
东营市	14330	23	15308	84410	78880	26
烟台市	5789	157	69168	521925	495216	157
潍坊市	12477	13	51483	425326	407715	160
济宁市	5602	152	26118	242632	232032	95

续表

地区	液化石油气					
	储气能力（万立方米）	供气管道长度（公里）	供气总量（万立方米）	用气户数（户）	家庭用户（户）	用气人口（万人）
泰安市	,1190	47	11973	171482	171332	59
威海市	1529	568	16409	162346	138248	45
日照市	3858	129	18597	164981	163342	69
莱芜市	1178	0	11594	78448	72658	23
临沂市	6494	0	88846	526953	451764	223
德州市	2015	0	20450	186679	175362	70
聊城市	2442	0	23332	238922	235999	112
滨州市	8570	0	64891	199177	150725	80
菏泽市	12004	0	91492	675230	608518	141

城市集中供热情况统计表

地区	蒸　汽			
	供热能力（吨/小时）	热电厂供热能力（吨/小时）	锅炉房供热能力（吨/小时）	供热总量（万吉焦）
山东省	30498	26169	4313	16662
设市城市	25634	21607	4011	14517
县城	4864	4562	302	2145
济南市	4039	3303	736	1636
青岛市	6846	5627	1219	4474
淄博市	3277	2915	362	1411
枣庄市	484	303	165	198
东营市	192	192	0	162
烟台市	1778	1457	321	603
潍坊市	4044	3369	675	3123
济宁市	1085	905	180	639
泰安市	1588	1370	218	755
威海市	1300	1240	60	926
日照市	565	565	0	219
莱芜市	488	443	45	256
临沂市	750	720	30	390
德州市	1064	1064	0	456

续表

地区	蒸　汽			
	供热能力（吨/小时）	热电厂供热能力（吨/小时）	锅炉房供热能力（吨/小时）	供热总量（万吉焦）
聊城市	1765	1765	0	553
滨州市	677	437	240	156
菏泽市	556	494	62	705

地区	蒸　汽			热　水
	热电厂供热总量（万吉焦）	锅炉房供热总量（万吉焦）	管道长度（公里）	供热能力（兆瓦）
山东省	14654	1962	4693	42353
设市城市	12705	1766	4089	28922
县城	1949	196	604	13431
济南市	1042	594	579	2038
青岛市	4127	347	663	3783
淄博市	1326	85	362	3653
枣庄市	158	29	115	556
东营市	162	0	41	7520
烟台市	451	152	185	4547
潍坊市	2881	242	823	2103
济宁市	545	94	84	4653
泰安市	612	108	245	1735
威海市	908	18	553	1420
日照市	219	0	194	1746
莱芜市	167	89	158	955
临沂市	382	8	106	2195
德州市	456	0	279	491
聊城市	553	0	161	1163
滨州市	156	0	99	2795
菏泽市	509	196	46	1000

地区	热　水			
	热电厂供热能力（兆瓦）	锅炉房供热能力（兆瓦）	供热总量（万吉焦）	热电厂供热总量（万吉焦）
山东省	31166	10455	21584	14162
设市城市	19604	9318	18879	12209

续表

地区	热水			
	热电厂供热能力（兆瓦）	锅炉房供热能力（兆瓦）	供热总量（万吉焦）	热电厂供热总量（万吉焦）
县城	11562	1137	2705	1953
济南市	1202	836	1630	1319
青岛市	1619	2164	2645	1463
淄博市	2687	966	1293	700
枣庄市	300	256	273	220
东营市	5327	2193	2219	520
烟台市	2625	1922	2956	1572
潍坊市	1733	370	1637	1066
济宁市	4222	425	1381	878
泰安市	1550	185	725	303
威海市	1320	100	1442	1346
日照市	1110	636	992	962
莱芜市	955	0	384	384
临沂市	2009	186	1587	1464
德州市	405	16	652	578
聊城市	1002	0	588	500
滨州市	2450	70	502	502
菏泽市	650	130	678	385

地区	热水		供热面积（万平方米）	住宅（万平方米）
	锅炉房供热总量（万吉焦）	管道长度（公里）		
山东省	6381	25043	68311	53803
设市城市	6097	22658	61121	47825
县城	284	2385	7190	5978
济南市	311	1370	7628.8	5718.8
青岛市	1182	5631	11314.7	9578.6
淄博市	593	1929	4311.2	3460.3
枣庄市	33	324	1427.5	1059.4

续表

地区	热　水		供热面积（万平方米）	住宅（万平方米）
	锅炉房供热总量（万吉焦）	管道长度（公里）		
东营市	1699	2300	3302.8	2416.6
烟台市	1384	4505	8581.3	6638.8
潍坊市	420	1097	7989.5	6119.8
济宁市	76	798	3942.6	3163.7
泰安市	422	1060	2683.5	1751.5
威海市	96	2835	4197	3272
日照市	30	472	1582.8	1267.9
莱芜市	0	224	1127	1007
临沂市	123	769	2967	2462
德州市	12	410	2212	1673.6
聊城市	0	610	2601.2	2070
滨州市	0	528	1690.1	1465
菏泽市	0	181	751.9	677.9

城市环境卫生

【污水处理】 截至2011年底，全省累计投资170亿元，建成城市污水处理厂194座，形成污水处理能力1053.3万立方米/日，其中，2011年新建成污水处理厂19座，新增污水处理能力48万立方米/日。全省建成运行的194座污水处理厂中，有162座负荷运转率达到75%以上，占建成运行总数的79%；有36座负荷运转率达到60%～75%；有6座负荷运转率达到50%～60%。全省城市污水处理厂共处理城市污水31.32亿吨，削减COD103.83万吨，分别比上年增长11%和7.2%，全年城市和县城污水集中处理率达到90.48%，比上年提高了2.6个百分点，居全国各省前列。全省所有设区城市和县（市）都已将污水处理费提高到了省政府规定的0.8元/立方米的最低限价水平，17个设区城市已将污水处理费提高到了平均1元/立方米的保本微利水平。有113座污水处理厂采用了BOT、TOT、合资合作方式进行运作，占项目总量的51%。

【垃圾无害化处理】 全年新增垃圾无害化处理场33座，新增垃圾处理能力10690吨/日。全省累计完成投资80亿元，建成生活垃圾无害化处

城市污水处理情况

地区	污水排放量（万立方米）	排水管道长度（公里）	污水处理厂		污水处理总量（万立方米）
			座数	处理能力（万立方米/日）	
山东省	340073	49703	194	1053.3	313203
设市城市	265465	40110	130	812	247348
县城	74608	9593	64	242	65855
济南市	31541	3249	10	81.5	29471
青岛市	48764	8376	17	142.0	46684
淄博市	27318	2631	15	90.5	25428
枣庄市	11155	1348	9	40.0	10335
东营市	10765	1439	6	29.9	9916
烟台市	22458	4846	14	76.6	20778
潍坊市	39619	4781	20	122.6	37026
济宁市	24724	2554	13	81.0	22224
泰安市	12501	1855	8	38.0	11350
威海市	11271	4191	8	37.0	10508
日照市	8025	1453	8	24.8	7411
莱芜市	3306	834	3	9.5	3019
临沂市	25485	3399	20	80.0	23697
德州市	16979	2325	14	61.0	14639
聊城市	15788	2108	10	51.0	14258
滨州市	16999	2438	10	51.5	15682
菏泽市	13369	1876	9	36.4	10771

理场104座，城市生活垃圾处理实现“一县一场（站）”，处理能力达到4.3万吨/日。全年城市和县城生活垃圾清运量1284万吨，无害处理量1111万吨，城市生活垃圾无害化处理率达到86.57%，比上年提高了6.9个百分点。青岛、淄博、枣庄、烟台、泰安、日照、聊城、菏泽等66个城市和县城开始征收垃圾处理费，收费标准一般为居民按每月每户5~10元收取，单位按每人每月2~4元收取。全省有20座垃圾处理场采用了BOT、合资合作方式进行运作。

【实现城市生活垃圾处理“一县一场（站）”目标】 经过近三年的努力，全省实现了2009年提出的2011年底全省各县市都要建成1座城市生活垃圾无害化处理设施的工作目标，城市生活垃圾处理设施达到“一县一场（站）”。截至2011年底，全省累计投资80亿元，建成生活垃圾无害化处理场104座，处理能力达到4.3万吨

/日；累计投资170亿元，建成城市污水处理厂194座，形成污水处理能力1053.3万立方米/日。其中，2011年新建成污水处理厂19座，新增污水处理能力48万立方米/日；新建垃圾无害化处理场33座，新增垃圾处理能力10690吨/日。全省城市生活垃圾无害化处理率达到86.57%，城市和县城污水集中处理率达到90.48%。

（张玉蕙　张玉兆）

城市生活垃圾处理情况统计表

地区	生活垃圾清运量（万吨）	生活垃圾处理量（万吨）	无害化处理厂（场）数（座）	无害化处理能力（吨/日）	无害化处理量（万吨）
山东省	1284	1179	104	43490	1111
设市城市	959	936	54	32878	888
县城	323	243	50	10612	223
济南市	113.39	112.05	5	4160	112.05
青岛市	195.19	195.19	7	6220	195.19
淄博市	77	77	2	1900	77
枣庄市	61.09	60.26	5	1390	25.88
东营市	28.51	28.51	6	1140	28.51
烟台市	108.25	108.25	8	3179	103.63
潍坊市	108.22	108.22	7	4090	93.31
济宁市	101.07	73.53	7	2628	73.53
泰安市	43.12	40.93	5	1700	40.93
威海市	53.91	53.91	5	2280	53.91
日照市	30.35	30.35	4	1200	30.35
莱芜市	18.27	18.27	1	900	18.27
临沂市	96.64	96.64	9	3581	90.51
德州市	66.18	31.24	9	2031	31.24
聊城市	56.60	51.69	8	2110	44.48
滨州市	50.93	48.06	6	1704	48.06
菏泽市	75.18	44.58	10	3277	44.58

亚行世行城建环保贷款项目

【亚行贷款海河污染治理项目】 项目计划总投资11.08亿元，其中利用亚行贷款8000万美元。该项目包括滨州市第二污水处理与中水回用工程、临清市污水处理工程、商河县污水处理工程和高唐县污水处理厂二期与中水回用工程，临清市垃圾处理工程、邹平县垃圾处理工程和临邑县垃圾处理工程，山东省泉林纸业有限公司碱回收工程等子项目。截至2011年底，累计完成投资8.11亿元，占总投资的73%，其中亚行贷款报账6023万美元，占总贷款数的75%。除泉林纸业子项目仍在建设之中，其他子项目都已投入运营。亚行对项目的进展和执行情况给予高度评价。邹平县垃圾处理工程申请的碳基金项目在联合国成功注册，有关碳减排指标由亚行全部购买，该项目具有很高的示范和推广价值。

【世行贷款城市环保二期项目】 项目计划总投资21.65亿元，其中利用世行贷款1.47亿美元。该项目包括烟台市辛安河污水处理厂二期工程、威海市污水处理配套管网工程、栖霞市开发区污水处理及白洋河综合治理工程和周村区污水收集系统工程，潍坊市白浪河和枣庄市东、西沙环境治理工程，高密市城市供水及排水工程，日照市和菏泽市垃圾处理工程等9个子项目。截至2011年底，累计完成投资13.98亿元，占计划总投资的65%，其中世行贷款报账1.01亿美元，占总贷款数的69%。除潍坊白浪河二期工程和枣庄西沙河治理工程正在建设之中，其他子项目都已投入运营。利用全球环境基金赠款500万美元的烟台化粪池管理示范工程累计使用赠款359万美元，占总赠款的72%。此赠款项目的成功实施将对国内化粪池管理起到重要的示范作用。

（李　波　朱晓梅）

城建档案管理

【概况】 一是全面实施“两书一证”制度。为从根本上解决城建档案缺失问题，从2011年1月1日起，实行全省统一印制的《建设工程档案移交合同书（责任书）》《建设工程档案预验收意见书》和《山东省建设工程档案合格证》（简称“两书一证”）制度。有关部门在规划许可、施工许可、竣工验收备案、房屋产权初始登记等关键环节严格把关，确保建设工程档案能够齐全、完整、准确进入档案馆集中保管。二是稳步推进城市地下管线档案普查和信息系统建设。济宁、德州、聊城、枣庄4个设区城市和五莲、莒县、沂源、寿光、文登等县市启动地下管线普查和信息化建设。烟台市莱山、芝罘、高新三区已完成管线普查外业探测。年内，威海市区地下管线探测及共享平台建设项目通过专家组验收和省级科技成果鉴定。淄博市2011年7月份经市编委批准成立淄博市城建档案和地下管线管理处（副处级），新增管线建设质量监管职能。三是建设系统档案馆舍和设备日渐改善，信息化建设加快。淄博、滨州城建档案馆乔迁新馆，济南、德州启动新馆建设，枣庄、泰安进行了馆舍装修改造。各地城建档案馆加快信息化建设，17设区城市全部实现了计算机目录检索，日照、莱芜、济南、青岛、东营、威海、济宁、枣庄、菏泽等市已完成或正将全部城建档案数字化。日照市完成首次档案式航拍，编撰出版《飞越日照》画册。莱芜向市电视台报送电视新闻26篇，编辑电视专题片3部。济南、枣庄、济宁、德州分别制作出版了《城市记忆》《梦回台儿庄》《济宁市重点园林项目图册集》《德州城建60年》。四是城建档案归集和管理的保障体系初步建立。在规范性文件制定方面，2009年以来，省政府及省住房城乡建设厅制定实施了6个规范性文件。近两年潍坊、菏泽、淄博、东营、威海、聊城、泰安等7市政府先后出台《城建档案管理办法》，17个设区城市2000年以来已有14个重新颁布实施了《城建档案管理办法》。在执法资格方面，2011年6月，烟台、菏泽市城建档案馆经当地编委批准，加挂城建档案管理处或办公室牌子，至此，17设区城市全部加挂，具备了城建档案管理职能，可依法开展对城建档案工作的业务指导、检查监督和行政执法。在合理收入支撑方面，除了各市政府和建设、规划、城管（市政公用）、房管等部门给予必要的经费保障和支持外，已有14个设区城市城建档案馆根据省物价局文件规定，争取当地物价部门批准，合理收取经营服务性费用，弥补了工作经费的不足。

【威海地下管线探测及共享平台建设项目】 6月8日，威海市地下管线探测及共享平台建设项目通过项目专家组验收和省级科技成果鉴定。该项目是威海市委、市政府2009年城建基础设施重点工程及为民办实事项目之一，由市城建档案管理处（馆）具体负责组织实施。项目于2009年5月开工，2010年9月竣工，总投资989.7万元。共完成了165平方公里、25个权属单位、6大类18种、4880公里地下管线的探测，测绘管点总数22.1万个，形成综合管线图1769幅、专业管线图14543幅。建立了“威海市地下管线信息共享平台”，具有9大类67项功能，率先采用了富互联网应用（RIA）技术、加密锁技术等6种技术，集数据管理、共享、交换、应用与动态更新为一体，为地下管线信息的管理和应用提供了科学的解决方案。

【枣庄市城建档案管理】 全市各级城建档案馆（室）共保存城建档案275039卷，其中产权、产籍档案12万卷，照片档案73800余张，录音录像带820盒。顺利通过省特级档案馆验收。组织编撰完成《辉煌五十年　魅力新枣庄》城市建设成就画册。编印《枣庄市重点工程简介》《城建档案利用效果实例》《城建档案规章制度汇编》《枣庄市城建档案馆大事记》（1984年~2010年）和《城建档案管理考核文件汇编》等材料，制作专题片《枣庄市城建档案馆：27年发展路》一部，编写《2008年~2010年城建档案利用汇编》。举办首届“住建杯”摄影大赛，完成《枣庄市城市转型暨建市50周年辉煌成就》城市建设参展工作。按照国家标准整理档案3414卷（袋），入库上架档案3149卷，将建筑节能档案单独进行组卷保管，并制定了使用年限册。全年接待查档374人次，调档564卷，提供参考资料4000余页，为社会节约资金470余万元。

【淄博市城建档案及地下管线工作】 7月12日淄博市机构编制委员会以淄编〔2011〕19号文件批复，同意在市城乡建设档案馆的基础上，组建市城建档案和地下管线管理处，为市住建局领导的副县级财政拨款事业单位，核定人员编制30名。为加强地下管线管理而设立专门机构，这在全国地市级城市中属第一家。全年整理完成待入库城建档案资料2400余卷，利用档案600余卷，利用照片4000余张。完成西四路、西六路、张辛路、东四路、洪沟路等部分路段的地下管线普查，管线探测长度125.3公里，道路竣工测量1.4平方公里，为中心城区积水点改造及施工提供了准确的基础资料。组织对中心城区2011年新建、改建道路地下管线进行跟踪调绘，现场定位调绘管线长度82.6公里。完成张周路新增综合管线及城区热力管线改造数据处理工作，管线长度100公里。

（于秀敏）

住房保障

◇全省新建及购改租廉租住房16564套

◇新建经济适用住房93638套

◇新建公共租赁住房93517套

◇新建限价商品住房34992套

◇城市棚户区改造137282套

保障性住房建设

【概况】 2011年，是国家大规模实施保障性安居工程建设的第一年，也是山东省保障性安居工程建设任务最重的一年。国家下达给山东省保障性安居工程建设任务32.82万套，部分城市申请追加建设0.38万套，省政府分解到各市的建设任务为33.2万套，其中新增廉租住房租赁补贴7800户，需要建设保障性安居工程32.42万套。年内，各级各部门积极筹措项目资金，制定各项政策措施，确保项目用地，到2011年8月底，全省开工保障性安居工程32.9万套，开工率101.5%，比国家确定的11月底前全部开工的目标提前了3个月，成为全国首批完成开工任务的五个省份之一。同时，科学应对需求层次，大力发展公共租赁住房，不断完善廉租住房制度，保持经济适用住房合理规模，加快推进棚户区改造，因地制宜发展限价商品住房，不断扩大保障性安居工程建设规模。截至年底，超额完成国家下达给全省的保障性安居工程建设任务。全年新开工各类保障性安居工程39.72万套，开工率122.5%，连同往年结转项目竣工22.91万套，竣工率70.7%，超额完成国家下达的建设任务。全年新开工廉租住房1.66万套，完成年度任务的136%，竣工1.22万套；新开工公共租赁住房9.35万套，完成年度任务的121%，竣工4.72万套；新开工经济适用住房9.36万套，完成年度任务的108.8%，竣工6.29万套；新开工限价商品住房3.5万套，完成年度任务的106%，竣工1.45万套；各类棚户区改造安置房开工和货币补偿15.85万户，完成137%。

【住房保障资金及项目用地】 在住房保障资金方面，争取中央廉租住房、公共租赁住房和棚户区改造补助资金31.3亿元；省级奖补资金由上年的1.3亿元提高到6亿元；要求各市县切实将国家和省“土地出让净收益用于住房保障的比例不低于10%”的规定落实到位，资金缺口较大的市县要适当提高提取比例；明确公有住房出售收入的结余资金可用于发展公共租赁住房。全年各级财政共筹集保障性安居工程专项资金242亿元。引导各地积极构建保障性安居工程专用融资平台，发挥市场机制作用，吸引和整合社会资金投入，多渠道筹集保障性住房建设资金。青岛、潍坊等市的住房保障投融资平台已投入运营。在用地方面，省政府印发了《关于切实落实保障性安居工程用地的通知》，对保障性安居工程用地实行计划单列、优先保障。对利用存量土地的，在完成供地后，省等额奖励新增建设用地指标；对确需使用新增用地的，计划指标由省统筹安排，实行“点供”，应保尽保。企业利用自有土地建设公共租赁住房，原为划拨土地的，暂不改变用地性质；原为出让土地的，不再缴纳用途差价。全年共落实安居工程用地2257.5公顷，完成计划供应量的109%。在税费减免方面，省里出台了一系列减免优惠政策，对保障性安居工程一律免收各项行政事业性收费和政府性基金；除依法支付土地补偿费、拆迁补偿费外，一律免收土地出让金；落实营业税减免等优惠政策等等，有效调动了社会各方面参与保障性安居工程建设的积极性。

全省保障性安居工程建设情况

	合计（套）	新建及购改租廉租住房（套）	新增廉租住房租赁补贴户数（户）	新建经济适用住房（套）
全省	415381	16564	18190	93638
济南	28701	2114	2130	4200
青岛	49432	1239	1081	5925
淄博	14572	432	980	6255
枣庄	44802	490	495	2210
东营	39430	384	570	9166
烟台	18986	1189	2029	7105
潍坊	30088	659	789	4281
济宁	27041	2532	1641	7550
泰安	22978	1362	1428	4310
威海	6619	0	193	820
日照	17167	0	2269	1625
莱芜	2304	0	450	208
临沂	28768	800	378	10800
德州	16798	2768	979	3583
聊城	18664	410	1078	1658
滨州	15367	1685	324	1480
菏泽	33664	500	1376	22462

【扩大保障范围】 各市逐步扩大住房保障覆盖面，放宽住房保障准入条件，低收入家庭困难线标准逐步提高到当地上一年度人均可支配收入的50%~85%之间，住房困难线标准由人均建筑面积不足10平方米提高到15平方米左右。济南、东营、潍坊、济宁、威海、日照、莱芜、临沂、聊城等市实现廉租住房和经济适用住房保障收入线标准并轨。同时，为突出解决好新就业职工、新毕业大学生和外来务工人员等“夹心层”群体的阶段性住房困难，省政府专门出台了《关于进一步加快解决企业职工住房问题的意见》（鲁政办发〔2011〕71号），指导各地充分发挥社会组织尤其是企业在保障房建设、运营、管理等方面的积极作用，引导各类开发区、工业园区中的企业，积极出资参与政府统一组织的公租房建设；鼓励独立工矿企业和住房困难职工较多的企业，利用自有土地建设公租房或开展集资合作建房，切实改善职工住房条件。

（娄保来）

续表

	新建公共租赁住房（套）	新建限价商品住房（套）	城市棚户区改造（套）	国有工矿棚户区改造（套）	国有林区（场）棚户区（危旧房）改造（套）
全省	93517	34992	137282	16993	4205
济南	20200	0	0	0	57
青岛	7996	10096	23072	0	23
淄博	4880	450	982	0	593
枣庄	3988	0	30499	7120	0
东营	1815	23846	2733	916	0
烟台	6879	0	1544	0	240
潍坊	9357	0	14826	0	176
济宁	4643	0	6526	3998	151
泰安	3918	600	6967	3959	434
威海	3536	0	1803	0	267
日照	3266	0	10007	0	0
莱芜	200	0	300	1000	146
临沂	5291	0	10744	0	755
德州	5326	0	4003	0	139
聊城	3429	0	11721	0	368
滨州	5236	0	6595	0	47
菏泽	3557	0	4960	0	809

保障性住房管理

【概况】 2011年，省委、省政府高度重视住房保障工作，始终作为党委、政府的重要工作内容和重大民生工程，纳入各级科学发展综合考核指标体系。省委书记姜异康、省长姜大明多次听取住房保障工作汇报并提出明确要求，省委常委会、省政府常务会多次召开专门会议研究住房保障工作。省人大、省政协相继对全省保障性安居工程建设情况进行视察和调研。省政府成立了省保障性安居工程协调小组，由副省长郭兆信担任组长，省发改、财政、国土、建设、经信、监察、民政、审计、国资、地税、林业、物价、人行济南分行、银监等14个部门参加，办公室设在省住房城乡建设厅。4月7日，省政府召开全省保障性安居工程和农村住房建设工作电视会议，省长姜大明出席会议并作重要讲话，重点部署保障性安居工程建设工作。省政府与各市政府签订了目标责任书，把保障性安居工程建设任务分解到各市，各市也与各县（市、区）政府签订目标责任书，层层分解下达任务，并及时落实到1073个具体项目上。8月上旬，省政府在济南、烟台、临沂分三片召开了保障性安居工程建设情况调度会议，逐个市县调度情况，逐个项目督促进度，对23个开工和建设进度缓慢的县（市、区）进行了通报，有力地促进了保障性安居工程建设。在工程项目前期手续办理过程中，各级发改委、国土局、建设局等部门，建立绿色通道，优化审批程序，缩短审批时限，提高审批效率，为项目尽快开工建设创造了条件。

【工程建设监督考核】 省政府定期对保障性安居工程建设任务完成情况进行考核通报，并建立了住房保障工作约谈问责机制，对资金和土地不到位、政策不落实、建设进度滞后的市县，跟踪调度、挂牌督办、约谈政府负责人，对未能如期完成保障性安居工程目标任务的，依据有关规定对相关负责人实行问责。建立保障性安居工程建设“月调度、季通报”制度，以及廉租住房中央预算内投资项目统计旬报、保障性安居工程和城市低收入家庭住房保障统计月报制度等，及时调度情况，全面掌握工作进度，定期向城市政府通报。6月上中旬，省政府组织8个检查组，对全省征地拆迁、房地产市场调控和保障性安居工程建设情况进行了全面检查。配合住房城乡建设部驻山东省保障性安居工程专项巡查组，到12个市进行了巡查，实地察看了700多个保障性安居工程建设项目。8月上旬，省政府分三片召开的保障性安居工程建设情况调度会，既调度工程进展、查找问题差距，又研究对策措施，促进了国家下达的建设任务的完成。12月，省政府又专门组织了对全省保障性安居工程的综合验收。

【保障性住房分配制度】 全省17市普遍建立健全了住房保障资格三级审核、两次公示制度，不断完善市、区、街道（社区）三级组成的纵向审核机制和住房保障、民政部门联审备案的横向审核机制，严把证明出具关、初审关、公示关、审核关，严格房源公告、入围排序、公开摇号、轮候选房、现场监督程序，做到程序规范、信息公开、阳光操作，确保分配过程客观、公正，确保住房保障资源惠及符合条件的困难家庭。对于建成后的保障房，建立了严格的年度复核和退出机制，建设保障性住房信息管理系统，逐步形成了动态管理的长效监管机制。各地通过入户

2011年12月3日，省住房城乡建设厅厅长杨焕彩到聊城市就保障性住房建设、城中村改造、古城保护与改造等进行调研　（摄影：吴华军）

调查、接受群众举报等形式，及时掌握保障性住房的入住情况，严格查处出租、私下转让等违规行为，维护了住房保障工作的严肃性和公正性。规范经济适用住房上市交易行为，购买不满5年的不得上市交易；购买满5年上市转让的，按照同地段普通商品住房与经济适用住房差价的一定比例交纳土地收益等价款，防止借经济适用住房投资获益行为发生。

【保障性安居工程和农村住房建设工作电视会议】 4月7日，省政府召开保障性安居工程和农村住房建设工作电视会议，贯彻落实全国“两会”和全国保障性安居工程工作会议精神，总结工作，交流经验，安排部署全省保障性安居工程、农村住房建设与危房改造和房地产市场调控工作。副省长郭兆信主持会议，省委副书记、省长姜大明出席会议并讲话。省住房和城乡建设厅厅长杨焕彩在发言中指出，保障性安居工程、农村建设与危房改造、房地产市场调控三项工作，关系民生，关系全局，党政领导高度重视，人民群众十分关注。各级住房城乡建设部门作为主管部门，任务繁重、责任重大、使命光荣，必须根据省委、省政府的部署，按照姜大明省长讲话要求，科学策划、精心组织、周密安排，做到工作计划、建设项目、相关政策、项目服务、监管措施五落实，高质量完成国务院下达给山东的建设任务。

【工程质量管理】 全省严格执行国家和省各类保障性安居工程建设标准，强化保障性安居工程的质量管理，把保障性安居工程作为质量安全监管的重中之重。为确保工程质量，专门成立了省保障性安居工程质量安全领导小组，省住房城乡建设厅专门印发了《关于进一步加强全省保障性安居工程质量安全管理的通知》(鲁建建字〔2011〕15号)，召开专题会议进行部署，并以保障性安居工程为重点，组织开展了全省质量安全和建筑市场综合执法检查。在全省推广了临沂等市实行保障性安居工程质量责任终身制的做法，把“质量第一、安全至上”的原则贯穿到保障性安居工程的勘察、设计、施工、监理和竣工验收工作的全过程。所有保障性安居工程都在建筑物明显部位设置永久标志牌，注明建设单位、设计单位、施工单位、监理单位和责任人姓名，永久接受群众监督，一旦质量出了问题，不论责任人走到哪里，都要追究责任，确保把保障性安居工程建成经得起历史检验的德政工程。8月，住房城乡建设部组织专家对山东省保障性安居工程质量进行了专项检查，对山东省的工作给予了充分肯定。

（娄保来）

房地产业

◇全省房地产开发投资首次突破4000亿元

◇商品房销售面积9580万平方米

◇三十三个项目通过A级住宅性能认定预审

◇全省新建商品住宅小区物业服务覆盖面达95%以上

房地产开发

【概况】 2011 年，山东住宅与房地产业管理部门深入贯彻落实国家和省政府有关房地产市场调控政策措施，扎实推进房屋征收补偿、棚户区改造、物业管理、住宅产业化、房地产市场信息系统建设，认真做好房屋权属管理和房产中介、估价、租赁等行业管理工作，圆满完成了全年工作任务。全省完成房地产开发投资 4108.1 亿元，首次突破 4000 亿元，同比增长 26.4%，快于全社会固定资产投资增速 4.6 个百分点。房屋施工面积 3.6 亿平方米，同比增长 29.2%；房屋竣工面积 6226.8 万平方米，同比增长 22.7%。批准预售商品住房 5270 万平方米，同比增长 35%。商品房销售面积 9579.6 万平方米，同比增长 3.1%；商品房销售额 4259.2 亿元，同比增长 16.2%。商品房待售面积 1384.6 万平方米，同比增长 44%，其中住宅 1017.6 万平方米，同比增长 51.2%。受房地产市场调控影响，二手住房成交面积 1004 万平方米，同比下降 18%。12 月份，商品住房销售价格环比下降 0.3%，同比上涨 1.4%。17 市中，有 10 个城市商品住房销售价格环比下降。全省二手房销售价格环比下降 0.4%。

全省房地产开发投资情况统计表

	投资完成额	增速（%）	比重（%）
投资完成额（亿元）	4108.1	26.4	100
配套工程投资	34.9	-9.4	0.8
按用途分			
住　宅	3202	27.5	77.9
#90 平方米以下	797.7	30.9	19.4
#经济适用房	52.8	7.4	1.3
#别墅、高档公寓	156.6	106.9	3.8
办公楼	97.7	33.1	2.4
商业营业用房	474.6	25.3	11.6
其　他	333.7	16.7	8.1
按构成分			
建筑工程	2907.3	38	70.8
安装工程	323.1	35.5	7.9
设备工器具购置	35.7	9	0.9

续表

	投资完成额	增速（%）	比重（%）
其他费用	842	-3.4	20.5
#土地购置费	690.2	15	16.8
本年资金来源合计（亿元）	5253.8	18.6	100
国内贷款	794.7	5	15.1
利用外资	27.4	45	0.5
其中：外商直接投资	24	48.1	0.5
自筹资金	2351.5	31.5	44.8
其中：单位自有资金	1063.1	33.1	20.2
其他资金	2080.1	11.3	39.6
各项应付款合计（亿元）	717.9	32.2	13.7
土地情况			
本年购置土地面积（平方米）	3642	10.7	
本年土地成交价款（亿元）	543.7	14.7	

各市房地产开发投资情况统计表

城市	投资完成额（亿元）	增速（%）
全省	4108.1	26.4
济南市	527.2	8.8
青岛市	782.7	29.9
淄博市	197.2	18.1
枣庄市	136.8	75.5
东营市	122.9	22.5
烟台市	569	48.5
潍坊市	405.9	10.4
济宁市	182.2	35.4
泰安市	86.1	14.7
威海市	352.3	30.6
日照市	62.9	-0.7
莱芜市	28.8	57.2
临沂市	190.7	20.5
德州市	117.6	30.4
聊城市	90.9	61.0
滨州市	106.3	10.1
菏泽市	148.5	43.1

房地产开发施工、竣工、销售情况统计表

	完成量	增速（%）	比重（%）
房屋施工面积（万平方米）	36293.3	29.2	100
住　宅	29014.6	27.7	79.9
#90 平方米以下	6815.6	20.9	18.8
# 经济适用房	642.4	1.4	1.8
# 别墅、高档公寓	764.5	33.4	2.1
办公楼	759.8	58.9	2.1
商业用房	4075	24.2	11.2
其　他	2443.9	53.3	6.7
房屋竣工面积（万平方米）	6226.8	22.7	100
住　宅	5198	21.7	83.5
#90 平方米以下	1343.9	36.3	21.6
# 经济适用房	201.1	21	3.2
# 别墅、高档公寓	140.4	35.6	2.3
办公楼	113.5	29.7	1.8
商业用房	595.3	16.7	9.6
其　他	320.1	55.4	5.1
房屋竣工价值（亿元）	1405.4	30.4	100
住　宅	1120.2	27.9	79.7
#90 平方米以下	303.6	38.1	21.6
# 经济适用房	33.2	15.7	2.4
# 别墅、高档公寓	44.7	39.9	3.2
办公楼	43.9	70.3	3.1
商业用房	165.2	27.6	11.8
其　他	76.1	63.6	5.4
房屋销售面积（万平方米）	9579.6	3.1	100
现房销售面积	2025.8	-20.2	21.1
住　宅	1776.7	-20.2	18.5
#90 平方米以下	372.4	-15.5	3.9
# 经济适用房	98.2	20.4	1
# 别墅、高档公寓	49.3	222.5	0.5
办公楼	32.9	18	0.3
商业用房	176.1	-26	1.8
其　他	40.1	-14.1	0.4

续表

	完成量	增速（%）	比重（%）
期房销售面积	7553.8	11.8	78.9
住　宅	6969.4	12	72.7
#90平方米以下	1544.8	-7.2	16.1
#经济适用房	129.1	-21.1	1.3
#别墅、高档公寓	110.6	-10.7	1.2
办公楼	36.5	-33.2	0.4
商业用房	428.2	15.8	4.5
其　他	120.1	10.3	1.3
房屋销售额（亿元）	4259.2	16.2	100
现房销售额	766.2	-14	18
住　宅	631.9	-14.5	14.8
#90平方米以下	137.4	-13.1	3.2
#经济适用房	27.8	50.4	0.7
#别墅、高档公寓	31.2	78.7	0.7
办公楼	20.9	9.8	0.5
商业用房	99.7	-17.1	2.3
其　他	13.9	6.2	0.3
期房销售额	3493	25.9	82
住　宅	3128.2	26.2	73.4
#90平方米以下	695.5	6.1	16.3
#经济适用房	48.9	2.5	1.1
#别墅、高档公寓	99	-11.3	203
办公楼	33.4	-5.9	0.8
商业用房	288.1	27.4	6.8
其　他	43.3	30.4	1
待销售面积（万平方米）	1394.6	44	100
住　宅	1017.6	51.2	73
#90平方米以下	178.2	30.4	12.8
#经济适用房	11	103.9	0.8
#别墅、高档公寓	43.3	55.7	3.1
办公楼	44.9	-13.7	3.2
商业用房	251.5	35.5	18
其　他	80.6	38.7	5.8

【棚户区改造】 2011年，国家下达山东省各类棚户区改造计划11.54万户，约占全省保障性安居工程的35%。其中，城市棚户区9.5万户，国有工矿棚户区1.6万户，国有林场危旧房0.44万户。年内，中央财政对省各类棚户区改造补助114332万元。其中，城市棚户区改造93931万元，国有工矿棚户区改造16000万元，林区棚户区改造4401万元。省财政给予棚户区补助资金23026万元。其中，城市棚户区改造14880万元，林区棚户区改造8146万元。至年底，国家开发银行山东分行累计向13个棚户区改造项目放贷17.67亿元。截至年底，棚户区签订货币补偿协议和棚改安置房开工158480户，总开工率达到137%，是全国最早达到100%开工率的五个省份之一。其中，城市棚户区签订货币补偿协议和棚改安置房开工137282户，开工率达到144.5%，竣工77974户，竣工率达到82%；国有工矿棚户区签订货币补偿协议和棚改安置房开工16993户，开工率为106.2%，竣工4948户，竣工率为31%。

【铁路棚户区和林区危房改造】 6月10日，省政府办公厅转发省住房城乡建设厅等五部门《关于推进济南铁路局棚户区（危旧房）改造实施方案》，在全国率先启动铁路棚户区改造。济南铁路局职工住房中符合棚改条件的棚户区要纳入全省棚改规划，争取用3年时间完成24000多户的铁路棚改任务，基本改善铁路职工特别是低收入住房困难职工住房条件。省政府成立了由分管省长为组长的济南铁路局棚改联席会议，定期研究协调解决有关事宜。年内，已实施铁路棚改项目5个、涉及铁路职工4000多户。为加快实施国有林场危旧房改造，5月27日，山东省副省长郭兆信主持召开了有关部门参加的国有林场危旧房改造专题协调会议，协调解决有关事宜并印发会议纪要。提出国有林场危旧房改造由省政府负总责，市、县政府抓落实，并负直接责任。市、县政府要将林区棚改纳入本级保障性安居工程建设范围，统一规划，统一组织，统一调度，统一考核。推进不力的，要按照规定进行约谈和问责。年内，全省国有林场危旧房改造棚改安置房新开工4205套，基本完成国家对山东省下达的目标任务。

【房地产市场信息系统建设】 一是确定建设思路。在各地提方案，专家论证，省住房城乡建设厅总把关的基础上，确定在全省108个市县建立房地产市场信息系统平台。省里建设总平台，采用国内首创的“分部式”部署方式，实行省市县三级联网的方案。二是解决系统联网困难。全省108个市县，存在软件版本多、标准不统一等问题，省住房城乡建设厅印发了《山东省房地产市场监测系统数据规范（试行）》和《房地产市场监测分析和预警预报系统数据报送指标》，要求各市县完善系统，使用全省统一的数据规范，形成全省房地产市场信息数据库。同时，采取“搭建数据交换平台，省市县三级数据库联网”的架构模式，即以省级信息系统为平台，从各级房管部门登记业务数据库中采集房屋数据，按照统一的格式、规范和标准，存储在全省统一的数据库中，实现全省范围内的房屋登记信息数据采集、传输及查询。12月，全省房地产市场信息系统建成开通，实现了省、市、县三级联网，在全国率先建立了同时具备房地产市场监测分析、预警预报和个人住房查询功能的省级房地产市场信息平台系统。在年底进行的系统验收会议上，顺利通过专家验收，得到专家的充分肯定，一致认为，“系统设计填补了房地产市场信息管理的国内空白，技术应用达到国内领先水平”。该系统获得了2011年度“山东省科学技术进步二等奖”。

【全国首家权益资产类房地产交易所——新华（山东）房地产交易所挂牌成立】 6月22日，全国首家权益资产类房地产交易所——新华（山东）房地产交易所在济南市挂牌成立。新华（山东）房地产交易所由新华社金融信息交易所牵头组建，主要从事房地产信息、房地产权益资产和实物资产的信息发布和交易。服务内容包括：商品房交易、股权产品交易以及房地产项目融资等合法信息的发布、整理、咨询服务；地产有限公司的股权、合作企业的财产份额及法律法规规定可合法交易的其他权益类产品交易服务；一二手房等可以依法转让的房地产实物交易服务；为各类出资人提供与房交所业务相关的综合配套服务；依法批准的其他相关业务。

（刘建平）

房地产行业管理

【房地产市场调控】 1月26日，国办发〔2011〕1号文件印发后，结合山东实际，省政府办公厅印发《关于贯彻国办发〔2011〕1号文件进一步改进和加强房地产市场调控的通知》（鲁政办发〔2011〕5号），提出了8项措施，要求进一步明确市、县（市）人民政府责任，严格落实国家有关土地、税收、信贷政策，继续合理引导居民住房消费，加强房地产市场监管，切实把国家的各项调控政策落到实处。根据《通知》要求，一季度全省17市全部建立了房地产市场调控工作领导小组，出台了配套文件和实施细则。3月31日前，全省17个设区市、31个县级市全部制定并向社会公布了房价控制目标。济南、青岛分别于2月25日和1月31日出台了居民住房限购政策。同时，省住房城乡建设厅每季度召开一次房地产形势分析会，形成全省房地产市场运行情况分析报告，分析房地产业发展主要特点，找出存在的主要问题，预测下一步房地产市场发展趋势，提出促进房地产市场平稳健康发展的对策措施。分析报告上报省委、省人大、省政府，为领导决策提供依据。截至年底，全省17市及各县区均较好地实现了年初确定的房地产市场调控目标。

【房地产交易与产权产籍登记】 年内，狠抓房地产交易与产权产籍登记规范化管理，通过召开现场会，总结推广先进经验等形式指导各地创建规范化先进单位。东营市、荣成市、青岛市城阳区3个单位通过了国家规范化管理单位验收，2个单位通过了省里规范化管理单位验收，规范化管理单位的数量和比例均名列全国前茅。全省先后有18个单位获得规范化管理先进单位荣誉称号，47个单位获得了规范化管理单位荣誉称号。5月，全国房地产交易与登记规范化管理工作经验交流会在寿光市召开，总结推广山东省先进经验，济南和寿光市房产局等6个单位在会上做了典型发言。组织参加了建设部房屋登记师资培训考核，山东23人参加了培训考核，22人通过了考核，考试成绩、通过率均在全国名列前茅。其中一人取得了综合成绩全国第一名，16人考试成绩优秀，被录入房屋登记官培训师资库。7月，召开两期全省房屋登记审核人员培训班，邀请住房城乡建设部房屋登记专家，对拟参加房屋登记官考试的人员进行了培训。在各房管部门推荐的基础上，严格审核，确认全省2908人符合报考要求，有568人通过了考试，为全省房地产产权产籍登记工作储备了大量人才。

【全国房地产交易与登记规范化管理工作经验交流会】 5月19日，全国房地产交易与登记规范化管理工作经验交流会在寿光市召开。住房城乡建设部房地产市场监管司司长沈建忠在会议上指出，全国房地产交易与登记规范化管理工作要“提质扩面”，即要提升管理水平、服务水平和信息化水平，更优化、更便捷、更为民。同时，山东省在寿光召开全省加快房地产市场信息系统建设暨房地产交易与登记规范化管理现场会。省住房城乡建设厅副厅长吴英在会上要求：各地要突出重点，明确思路，继续抓好信息系统建设和规范化管理工作；要以市县联网为重点，选择适当科学的联网方式，进一步完善整合信息系统，加快房地产市场信息建设，确保在年底前实现省、市、县（市）三级联网。

【房屋征收】 1月21日，国务院《国有土地上房屋征收与补偿条例》颁布实施，省住房城乡建设厅积极制定完善配套政策，加快理顺机构设置，开展征地拆迁检查，切实抓好《条例》贯彻落实。年内，全省发放房屋征收决定104个，涉及被征收群众5.85万户，新的房屋征收项目未引起被征收群众上访问题，房屋征收工作总体运行良好，实现了房屋拆迁体制向房屋征收体制的平稳过渡。一是加强《条例》宣传学习。年内，省住房城乡建设厅先后组织召开三次房屋征收与补偿会议，对落实《条例》进行部署；举行两次《条例》培训会议，培训房屋征收业务骨干1500余人。二是完善配套政策规定。《条例》实施后，5月26日，省政府办公厅印发《关于贯彻实施〈条例〉有关问题的通知》（鲁政办发〔2011〕25号），对规范房屋征收行为、严格征收补偿标准等提出了明确要求。7月4日，省住房城乡建设厅研究出台了《山东省国有土地上房屋征收补偿房地产评估机构选定办法》《山东省国有土地上房屋征收停产停业损失补偿办法》和《山东省国有土地上个人住宅房屋征收有限住房保障办法》等配套政策。截至年底，济南、青岛、枣庄、烟台、济宁、临沂、聊城、滨州、菏泽等市相继出台《条例》实施意见。三是加快理顺机构设置。按照《条例》规定和要求，各地大都确定了房屋征收部门和房屋征收实施单位。有的城市对房屋征收实施机构进行了更名或升级，东营、临沂、聊城、菏泽等市成立了正县级房屋征收机构。各地房屋征收、发展改革、财政、国土资源等部门按照职责分工，相互支持、相互配合，乡镇（街办）和居委会也积极参与其中，为依法实施房屋征收打下了坚实基础。四是做好新旧政策衔接。按照国务院法制办、住房城乡建设部、国土资源部《关于做好有关征地拆迁的规章和规范性文件专项清理工作的通知》（国法〔2011〕38号）要求，对全省拆迁规范性文件进行了清理，及时废止与《条例》相抵触的规定。经过清理，拟废止规章2件，拟修改规章1件；规范性文件废止168件，修改72件，确保现有相关政策统一到《条例》规定上来。

【房地产中介管理】 年内，完成2010年诚信房地产估价机构评选工作，20家评估机构获得诚信估价机构称号。建立了房地产估价机构动态监管制度，利用中国房地产估价师网资质核准系统和房地产估价师注册系统，每季度对全省所有估价机构（含分支机构）资质情况进行监管，对发现不符合有关资质要求的机构，发出限期整改通知，责令限期整改，凡不能限期整改的暂停营业，解决了房地产估价机构资质审批后的监管空白。全年共对14家机构发出了限期整改通知，对1家未能限期整改的机构暂停营业。在各地推荐的基础上，成立了由37名估价师组成的山东省房地产估价专家委员会。印发了《关于贯彻〈房地产经纪管理办法〉进一步规范房地产交易秩序的通知》，召开了全省房地产中介行业管理工作会议，贯彻

全省房地产中介行业管理工作会议　（厅房产处供稿）

落实国家房地产经纪管理方面的政策法规，加强全省房地产中介行业管理工作。

【房地产企业资质管理】　1月，印发《关于在房地产企业资质审批中实行公示制度的通知》（鲁建房字〔2011〕1号），提出了房地产企业资质审批过程中，实行审核结果向社会公示、城市主管部门出具企业无违法违规行为证明和超时不受理申报等三项措施，加强了房地产企业资质管理。针对近年来企业数量多、申报频率高的特点，增加了审查人员数量，同时采用聘请市地主管部门专家的方式进行集中审查，既提高了审批效率，又使市地主管部门在进行材料初审的时候，能够更准确地掌握应该注意的关键环节和重点，有效提高了申请材料的质量。年底，根据省住房城乡建设厅下发的《关于印发〈山东省住房和城乡建设厅建设行业资质审批工作规划（试行）〉和〈山东省建设行业资质审查专家管理办法〉的通知》精神，印发了《关于推荐房地产开发、物业服务和估价机构资质审查专家的通知》，由各市主管部门负责推荐资质审查专家，以规范资质审批工作程序，提高工作效率和管理水平。

【物业管理】　2011年，全省物业管理法规制度体系日臻完善，行业队伍逐步壮大，服务水平不断提高，物业管理行业进一步向规范化、市场化迈进。截至年底，全省登记在册物业管理企业4068家，物业管理面积超过7亿平方米，新建商品住宅小区物业服务覆盖面达95%以上，直接从业人员超过30万人，筹集专项维修资金近109亿元，物业服务行业和市场得到较充分发育。物业管理法规标准体系逐步完善。11月9日，省住房城乡建设厅会同省物价局出台了《山东省住宅物业服务收费管理办法》，大幅缩小了实行政府指导的物业服务收费范围，由原先“住宅的整个物业服务过程”缩小至“普通住宅的前期物业服务阶段”，为“定纷止争”提供了依据。同时，会同省标准化研究院起草并出台了《物业服务规范》等7个物业服务系列地方标准。12月17日，联合省质量技术监督局召开了山东省实施《物业服务规范》系列地方标准通报会，省直有关部门、各市物业主管部门和部分物业服务企业有关负责人110人参加会议。《物业服务规范》系列地方标准为全国首创，《人民日报》、新华社、山东电视台等16家新闻媒体进行了广泛报道，在社会上引起较好反响。对涌现出的典型进行表彰。2011年是中国物业管理改革发展30周年，全省78个项目、单位和个人，在全国物业管理改革发展30周年庆祝大会上获得表彰，居全国前列。其中，省房协物业专业委员会等4

家单位获优秀地方物业协会称号，山东东晨物业管理有限公司等3家单位跻身全国百强，10个物业服务项目获得全国物业管理示范项目称号。年内，省住房城乡建设厅组织评选并表彰了95个2011年度全省物业管理优秀项目。

（刘建平）

住宅产业化

【概况】 2011年，全省住宅产业化工作在建立长效机制、培育住宅产业化基地、创建康居示范工程和A级住宅性能认定等方面均取得较快进展，住宅产业化水平和住宅综合品质进一步提高。各市认真贯彻落实省政府关于“各级城市要大力发展CSI百年住宅体系、提高性能认定率和装修到位率”的要求，加大了住宅产业化工作力度。济南市印发了《关于促进住宅产业化发展的指导意见》，淄博市、临沂市和菏泽市先后下发了《关于实行房地产开发项目建设条件意见书制度的通知》，淄博市出台了《房地产开发项目建设条件意见书实施办法（试行）》。同时，各市积极推进工作机构建设，潍坊市成立了副县级规格、财政拨款的房地产综合开发管理办公室，并挂潍坊市住宅产业化办公室的牌子；莱芜市成立了独立的住宅产业化办公室。

【国家康居示范工程】 年内，淄博创业·齐悦国际花园等13个项目先后通过国家康居示范工程评审，总建筑面积536万平方米。临沂冠亚星城项目顺利进行并通过住房城乡建设部组织的中期检查。菏泽市滨河新城项目成为山东省第一个申报国家康居示范工程的经济适用房小区，并顺利通过评审。开发企业创建国家康居示范工程的积极性普遍提高，青岛亚星集团有3个项目申报国家康居示范工程，聊建金柱集团、淄博创业房地产公司、威海丰荟集团、山东众成置业公司分别有2个项目申报国家康居示范工程。荣成、文登、曲阜、泗水等县级城市申报的项目，已列入住房城乡建设部国家康居示范工程项目工作计划。

【A级住宅性能认定】 年内，济南市恒生伴山、章丘中国诺贝尔城等33个项目通过A级住宅性能认定预审，总建筑面积约800多万平方米，其中济南恒生·伴山等5个项目预审等级为3A级；青岛鑫汇国际等4个项目通过住房城乡建设部组织的中期检查，莱州福来美景项目通过终审。泰安市和滨州市性能认定工作开展势头较好，泰安市全年有9个项目，滨州市有4个项目申报了A级住宅性能认定。寿光、滕州、新泰、肥城、章丘、莱州、无棣、阳信、桓台等县级城市也相继开展了住宅性能认定工作。

【住宅产业化基地】 11月，潍坊国建高创科技有限公司、威海丰荟集团有限公司申报的国家住宅产业化基地，顺利通过住房城乡建设部组织的专家组的论证。年底，住房城乡建设部批复同意两公司为“国家住宅产业化基地”。潍坊国建高创科技有限公司是集供热节能技术研发、生产和服务于一体的节能企业，拥有供热远程智能监控系统、终端用户无线数据传输、电动智能调节阀等12项专利，形成了一定的生产规模，具有较高的产业化水平和系统集成度。威海丰荟集团有限公司是集房地产开发、部品生产、设计研发于一体的综合性开发企业，在全装修住宅建设方面具有较强的住宅产业化技术集成创新的能力，提出了以CL建筑生产工艺的保温墙板与现浇混凝土外墙整体构成的建筑体系为核心技术，和“一张图纸、一个流程、一套标准、一份订单、一个平台”的“五个一”的工业化全装修创新管理模式的产业化基地发展目标，其“建筑与节能一体化”“建筑与太阳能利用一体化”“建筑与装修一体化”的“三个一体化”理念先进，在住宅产业化的实践成果和发展方面具有一定的示范、引导作用。

2011年11月22日，国家康居示范工程评审会和国家住宅产业化基地论证会在荣成市召开　（供稿：刘达光）

2011年全省国家康居示范工程项目

序号	项目名称	开发企业名称
1	青岛亚星·海晴凤凰岛	青岛亚星置业有限公司
2	济宁兖州市海情康城	兖州海情置业有限公司
3	聊城金柱·大学城	山东聊建金柱建设集团有限公司
4	滨州国强·金御园	山东国强建设投资有限公司
5	寿光泰和华宇·玉清苑	山东泰和华宇房地产集团有限公司
6	淄博创业·齐悦国际花园	山东创业房地产开发有限公司
7	威海乳山颐和·八甲山水	山东颐和房地产有限公司
8	烟台中建·海悦和园	烟台开发区京方家置业有限公司
9	滨州新河金都花园	滨州市建设房地产有限公司
10	菏泽市滨河新城经济适用房小区	菏泽市安居工程开发有限责任公司
11	威海荣成上海花园	荣成市泓达房地产开发有限公司
12	曲阜天安·芝兰公馆	曲阜天安置业有限公司
13	潍坊虞核生活城项目	潍坊奥林置业有限公司

2011年全省A级性能认定项目

序号	项目名称	开发单位	预审等级
1	济南章丘中国诺贝尔城	山东广宇置业有限公司	2A
2	济南恒生·伴山	山东恒生置地股份有限公司	3A
3	潍坊寿光玉泉苑	山东泰和华宇房地产集团有限责任公司	3A
4	滨州香驰花苑小区	山东香驰置业有限公司	2A
5	滨州无棣恒丰嘉苑小区	山东博兴县恒丰置业有限公司	2A
6	莱芜莱钢金鼎·雪野左岸水都（一期）	莱芜金鼎置业有限公司	2A
7	滨州嘉和·引仙名郡	山东省阳信嘉和房地产开发有限公司	A
8	济宁森泰御城二期	济宁金茂房地产开发有限公司 济宁森泰房地产开发有限公司	2A
9	烟台依云小区高层部分	烟台海信房地产开发有限公司	3A
10	烟台意祥·西北坝旧区改造项目	山东意祥房地产开发有限公司	2A
11	淄博奥都庄园二期（C区）	淄博康润投资发展有限公司	2A
12	滕州远航第一国际三期	山东远航置业有限公司	2A
13	滕州润恒城	山东恒润伟业房地产开发有限公司	2A
14	聊城奥森花园	聊城奥森置业有限公司	2A
15	德州联兴·兴河湾三期	山东联兴建设集团联兴房地产开发有限公司	3A
16	滨州市美信滨州世贸中心	美信置业（滨州）有限公司	2A
17	滨州市西王领秀城北区	山东西王置业有限公司	2A
18	泰安福田花园北区	新泰市市中房地产综合开发公司	2A
19	泰安新汶龙博园玉璟花园	新泰市汶河房地产开发有限公司	2A
20	潍坊凯声·金海水岸	山东寿光凯声置业有限公司	3A
21	泰安市大展新城国际小区	泰安市大展城市发展有限公司	2A
22	泰安市阳光·和墅	泰安市泰山阳光置业有限公司	2A
23	泰安市肥城桃都国际城	肥城盛宏置业有限公司	2A
24	泰安市肥城盛世年华南区	肥城市城市市政建设有限公司	2A
25	泰安市新泰市山水文园小区	新泰市振宇房地产开发有限公司	2A
26	泰安市新泰沁园春二期	山东新泰辰晖置业投资有限公司	2A
27	泰安市圣山大厦A、B、C楼	山东圣地置业投资发展有限公司	2A
28	淄博市桓台创业·齐韵韶苑	山东创业房地产开发有限公司	2A
29	济南名泉春晓	山东南侨房地产发展有限公司	2A
30	济南中国铁建国际城	济南庆龙置业有限公司	3A
31	济南慧园	济南海信置业有限公司	2A
32	烟台天马相城四期	烟台天马产业开发有限公司	2A
33	烟台中铁·逸都	烟台中铁置业有限公司	2A

【济南市出台《关于促进住宅产业化发展的指导意见》】 2011年7月30日，济南市政府办公厅以济政办发〔2011〕21号文印发《关于促进住宅产业化发展的指导意见》，提出要以科学发展观为指导，按照转变经济发展方式和建设资源节约型、环境友好型城市的要求，以推广中国支撑体住宅（CSI住宅）工业化体系为切入点，依靠科技进步和技术创新，培育现代住宅产业体系，推进住宅产业化发展，为促进全市循环经济形成和经济社会可持续发展发挥积极作用。《意见》要求，力争用3～5年时间，通过试点推进产业培育和产业化推广，提高全市住宅产业规模化、标准化、产业化水平，打造全国住宅工业部品生产研发前沿阵地和住宅工业部品集散地。2011年至2013年，制定和完善济南住宅产业化政策法规体系和技术支撑体系；攻克产业化住宅的设计、生产、施工等关键技术，研究开发住宅工业化体系及配套产品；以济南市住宅产业基地为载体，提高住宅部品供应能力，积极培育2～3个全国知名的住宅品牌和部品部件生产企业；开展工程试点示范，力争2011年、2012年和2013年全市中国支撑体住宅试点项目年度建筑面积分别达到10万、50万、100万平方米。2014年至2015年，广泛推广先进适用、符合住宅产业发展方向的技术和部品；产业基地部品生产能力完全满足产业化住宅建设的需要，初步建成全国住宅部品区域性集聚地；全市中国支撑体住宅项目建筑面积力争达到房地产年度开发总量的30%以上。

【济南市成立住宅产业化工作领导小组】 7月30日，济南市以济政办发〔2011〕21号文公布成立济南市住宅产业化工作领导小组。市委常委、常务副市长孙晓刚任工作领导小组组长，市政府副秘书长曹桦任副组长，成员包括市发改委、市经济和信息化委、市城乡建设委、市财政局、市国土资源局、市规划局、市商务局、市住房保障管理局、市质监局、市金融办、市科技局主要领导。领导小组办公室设在市城乡建设委，市城乡建设委员会主任兼任办公室主任。

（刘达光）

住房公积金

◇住房公积金实际缴存职工人数648.6万人

◇住房公积金累计缴存总额2232.4亿元

◇当年发放个人住房公积金贷款249.1亿元

◇住房公积金使用率76.6%、运用率60.2%

【概况】　全年不断强化住房公积金监管。一是不断加强行政监管制度建设。在充分调研和多次征求意见的基础上，省住房城乡建设厅研究起草了山东省人民政府《关于进一步推行和完善住房公积金制度的意见》；研究出台了《山东省住房公积金管理中心业务管理工作考核办法》，为进一步规范和加强全省住房公积金管理打下了基础；省住房城乡建设厅会同财政厅制定出台了《山东省住房公积金管理省级考核奖励资金暂行办法》。二是强化业务考核与激励。组织省联席会议成员单位对各市2010年度住房公积金业务管理工作进行了全面检查考核，指导督促各地健全管理制度，规范管理流程，提高管理水平，确保住房公积金安全完整和保值增值；根据2010年全省住房公积金管理考核情况，对威海市公积金中心等7个考核优秀单位、淄博市公积金中心等6个考核良好单位分别进行了资金奖励，近800余万元省级奖励资金已拨付各市，极大地调动了各市工作积极性。三是扎实推进住房公积金监管系统建设。成立了公积金信息化推进工作领导小组，对列入实施计划的城市进行重点调度，积极参与镜像实施方案研究和评估，按计划时间节点督查进度，并做好相关协调工作。截至年底，全省住房公积金实际缴存职工人数648.6万人，较上年度增加57.1万人；住房公积金累计缴存总额2232.4亿元，新增429.5亿元，缴存余额1308.5亿元，分别比上年增长23.8%、28.6%、22.9%；本年度发放个人住房公积金贷款249.1亿元，个人住房公积金贷款余额占缴存余额的比例（即个贷率）为59.9%，比上年提高0.8个百分点；住房公积金使用率（个人提取总额、个人贷款余额与购买国债余额之和占缴存总额的比例）为76.6%，住房公积金运用率（个人贷款余额与购买国债余额之和占缴存余额的比例）为60.2%，分别比上年提高0.5个百分点、0.6个百分点。

【引导居民住房合理消费】　一是严格执行国家和省有关房地产市场调控政策，进一步规范了住房公积金个人住房贷款政策，杜绝投机性贷款购房行为。首套普通自住房，套型建筑面积在90平方米以下的，贷款首付比例提高到了20%；套型建筑面积在90平方米以上的，贷款首付比例提高到了30%。第二套普通自住房贷款首付比例提高到60%，贷款利率执行同期贷款利率的1.1倍。停止向购买第三套及以上住房家庭发放住房公积金贷款。年内，全省共向11万户职工家庭发放住房公积金个人贷款249亿元，比上年减少7亿元，调控效果显现。二是增加缴存职工住房消费资金积累。严格执行“控高保低”政策，鼓励有条件的城市逐步提高缴存比例，增加缴存职工住房消费资金积累，提高职工购房能力。经省政府批准，对日照、枣庄、德州等3个城市住房公积金缴存比例、基数进行了调整。

【公积金支持保障性住房建设】　年内，全省住房公积金增值收益提取廉租住房补充资金5.91亿元，累计提取城市廉租住房建设补充资金36.7亿元，为全省城市廉租住房建设提供了资金支持。省住房城乡建设厅积极协调济南市、青岛市做好利用住房公积金贷款支持保障性住房建设试点工作，研究出台了具体实施方案，明确了试点工作基本原则、试点范围、贷款资金规模、风险控制和政府责任等内容。严格贷款审批程序，封闭贷款资金运作，确保资金安全。

【住房公积金管理机构调整】　省住房城乡建设厅会同省政府办公厅到潍坊、德州、日照三市就住房公积金管理机构调整工作进行专项督查，住房公积金管理机构调整工作取得重大进展。日照市公积金中心调整为市政府直属事业单位，由副县级单位升格为正县级单位，机构调整工作全部落实到位；德州市撤销各县区设立的住房公积金管理机构，统一设立11个县区管理部，实现了全市住房公积金管理机构统一管理，住房公积金机构调整全部理顺；潍坊市政府印发了《潍坊市住房公积金管理体制调整工作方案》，将各县区分散在各有关部门管理的住房公积金管理中心，调整为隶属于当地政府的正科级事业单位，机构调整工作取得阶段性成果。

住房城乡建设部检查利用住房公积金支持保障房建设项目

（厅住房公积金管理处供稿）

【住房公积金管理创新】各市住房公积金管理委员会认真履行职责，审议住房公积金管理的重大事项，做到了依法决策、科学决策、民主决策。各市住房公积金管理中心完善管理制度，强化管理措施，定期向社会发布公积金缴存使用情况，自觉接受社会监督。青岛市公积金管理中心研发了住房公积金电子监察系统，将风险控制关口前移，构筑了住房公积金资金风险防火墙，得到了国家监察部的高度评价。泰安市住房公积金管理中心实行住房公积金"零余额账户"管理模式，确保了资金安全，提高了创收能力，住房城乡建设部在全国范围内进行推广。临沂市住房公积金管理中心实行低收入家庭购房贷款贴息办法，深得社会好评。各市公积金管理中心创造性地开展工作，形成了自己独有的管理特色，总体管理水平不断提升。

【住房公积金服务】　省住房城乡建设厅会同省财政厅、人民银行济南分行等部门下发了《关于贯彻建金〔2011〕9号文件进一步加强和改进住房公积金服务工作的通知》。依据《通知》要求，各市把加强和改进服务工作作为住房公积金管理的重中之重，实行了首问负责、一次性告知、即时办结等制度。通过改善服务办公大厅条件，推出诸如联名卡、查询折、咨询台、服务热线等多项惠民、便民措施，服务水平明显提升。烟台市住房公积金管理中心秉承"无缺项服务、无缺位服务、无缺憾服务"理念，通过新增服务窗口、企业预约、登门服务等方式，不断推进窗口服务人性化，采取定期检查和不定期抽查结合的方式，到各服务窗口明察暗访，评选窗口服务先进单位，促进了住房公积金服务工作的规范化；东营市住房公积金管理中心精心打造"诚心、倾心、贴心、虚心、尽心"的"五心级"服务品牌，制订了《东营市住房公积金管理中心职工文明守则》《东营市住房公积金管理中心行为规范》《东营市住房公积金管理中心文明服务用语》《东营市住房公积金服务指南及审核业务细则》《东营市住房公积金管理中心工作人员行为规范》；济宁市住房公积金管理中心及各分支机构建立综合服务大厅或服务窗口，实行综合柜员制，牢固树立服务意识、争先意识、学习意识、形象意识和规范意识"五种意识"；潍坊市住房公积金管理中心加强窗口服务人员管理，全力打造"民生公积金"服务品牌。

（朱亚东）

全省住房公积金缴存、贷款情况统计表

城市	缴存人数（万人）			缴存金额（亿元）			个人贷款（亿元）		
	应缴人数	实缴人数	缴交率（%）	当年缴存	当年提取	年末余额	当年新增	贷款余额	个贷率（%）
全省	917.5	648.6	70.7	429.55	185.65	1308.46	249.09	783.44	59.9
济南	122.4	84.2	68.8	90.17	41.40	276.07	57.95	167.54	60.7
青岛	118.9	98.9	83.2	89.50	49.43	237.80	43.63	185.19	77.9
淄博	60.8	42.2	69.4	23.43	9.84	84.33	12.71	44.36	52.6
枣庄	34.2	24.1	70.5	15.09	3.96	50.18	11.09	24.17	48.2
东营	39.5	32.0	81	33.34	17.86	109.08	5.30	28.84	26.4
烟台	85.7	60.2	70.2	28.54	10.78	86.04	17.92	61.19	71.1
潍坊	71.8	55.5	77.3	24.96	12.93	62.17	15.34	40.83	65.7
济宁	59.7	42	70.4	27.03	8.76	89.63	20.77	52.89	59
泰安	55.3	38.5	69.6	15.28	3.41	55.27	4.82	26.00	47
威海	39.6	32.5	82.1	14.66	6.44	48.07	10.99	38.42	79.9
日照	20	13.6	68.1	8.31	3.57	19.01	2.28	6.42	33.8
莱芜	13.8	8.8	64	8.07	3.02	26.77	2.48	8.00	29.9
临沂	52.8	38.8	73.5	17.69	6.80	57.68	16.07	46.01	79.8
德州	37	24.1	65.1	7.26	1.32	18.07	6.71	9.77	54
聊城	34.2	14.6	42.7	10.73	2.24	40.14	12.76	26.49	66
滨州	36.5	17.1	46.8	7.47	1.43	22.91	7.64	16.70	72.9
菏泽	35.4	21.5	60.7	8.02	2.46	25.24	0.63	0.62	2.5

村镇建设

◇全省村镇建设完成投资1388亿元

◇全年新编小城镇总体规划103个，村庄建设规划3906个

◇三年整体改造村庄12259个，集中建设农房320万户

◇全省建制镇已建成污水处理厂273个

【概况】 2011年，全省坚持以统筹城乡发展为主线，以农村住房建设与危房改造为重点，协同推进小城镇建设和村庄人居环境改善，继续开展“百镇千村”建设示范活动，加强历史文化名镇名村保护，做好建材下乡试点，村镇建设事业得到又好又快发展。全省村镇建设完成投资1388亿元，其中小城镇建设完成投资595亿元；新建住宅10016.2万平方米，公共建筑1273万平方米，生产建筑3118.5万平方米；村镇自来水普及率达到86.1%；全年新编小城镇总体规划103个，村庄建设规划3906个，基本完成了乡镇总体规划和中心村建设规划修编任务，村庄建设规划编制率达73.6%；农房建设新启动整村改造建设在建和完工126万户，危房改造完成22.78万户。

【农房建设与危房改造】 2011年是开展农村住房建设与危房改造第3年，也是3年完成300万户农房建设任务的决战年。为确保实现3年300万户农房建设目标，8月，省政府分别在济南章丘、临沂兰山区、烟台龙口组织召开了全省保障性安居工程与农村住房建设调度会。会议分片区总结了2010年以来全省农房建设与危房改造工作情况，研究部署了下一阶段全省农房建设与危房改造工作。三年来，各级党委、政府和有关部门把农房建设作为统筹城乡、以人为本、执政为民的重要举措，精心组织，广泛发动，协调推进，取得显著成效。三年来，全省整体改造村庄12259个，集中建设农房320万户，改造危房61万户，建成和在建新型农村社区7976个，惠及农

村镇建设基本情况统计表

建制镇个数	个	1079
总人口	万人	7013.53
建成区及村庄现状用地面积	万公顷	147.97
本年房屋竣工建筑面积	万平方米	14407.75
年末人均住宅建筑面积	平方米	32.58
市政公用设施建设财政性资金	万元	789506.87
用水普及率	%	86.12
人均日生活用水量	升	69.22
供水综合能力	万立方米/日	641.19
供水总量	万立方米	112328.17
排水管道长度	公里	12658.5
污水处理厂个数	个	273
污水处理能力	万立方米/日	307.57
污水处理总量	万立方米	23789.74
道路长度	公里	32055.5
道路面积	万平方米	23027.27
公园绿地面积	公顷	5634
生活垃圾清运量	万吨	315.3
生活垃圾处理量	万吨	243.86

村居民1200多万人，实现了“农民得实惠、企业得市场、发展得空间、党政得民心”，农房建设成为破解“三农”难题的切入点、建设社会主义新农村的突破口、推进新型城镇化和城乡一体化的结合点。大规模农房建设与危房改造，使农村面貌发生了巨大变化。一是改善了农民居住条件和生活环境。三年时间，全省20%的农村居民告别设施简陋、环境脏乱、低矮破旧的旧村居，住进功能完备、整洁有序、宽敞明亮的新农房，走上了柏油路，喝上了自来水，做饭有燃气、洗澡有热水、购物有超市、看病有诊所、休闲有公园、出行有公交，农民多年的梦想，如今变成了现实。二是扩大了社会投资消费和市场容量。2009年前，全省农村居民每年分散建房约30万户，户均土建、装修、家电家具等支出约10万元。开展农房建设以来，全省集中建房每年达100多万户，连同政府补贴在内，户均综合支出提高到15万元。三年的农房建设，直接完成投资4000多亿元，使用钢材1100万吨、水泥8100万吨、建筑劳务10多亿个工日，农民搬入新居后进行装修和购买家电、家具、纺织品等支出2555亿元，带动了建筑建材、电子轻工、交通运输、餐饮服务等20多个相关产业发展，直接和间接提供城乡就业岗位300多万个，增加农民纯收入300多亿元，提供税收260多亿元，成为扩大内需的有力引擎。三是优化了土地资源配置和空间布局。三年的农房建设，治理空心村1200多个，迁移合并村庄3700多个，有效解决了村庄布局散乱、村内土地闲置、户均用地较多等问题，节约土地8万公顷。这些土地，有的复垦为耕地，有的用于产业园区，有的置换为城镇建设用地，提高了土地利用效率，大大缓解了经济社会发展与土地资源紧缺的矛盾。四是提高了公共服务水平和党政威信。三年来，为推动农房建设与危房改造，各级政府直接投入605亿元，其中省市县三级财政投入110亿元，划拨、返还土地出让和增减挂钩收益405亿元，整合投入城建、交通、农业、水利、民政、教育等涉农资金90亿元，减免行政事业性收费130多亿元。工作中，广大干部走街串户，宣讲政策，征求意见，“拆不拆、建不建，如何拆、怎么建”，都由村民说了算，得到群众的理解、支持和响应，全省没有因农房拆迁建设发生一起群体性事件。五是转变了农村生产方式和社会结构。三年来，4700多个设施不完善、环境脏乱差、风貌不协调的城中村、城边村和乡镇驻地村，改造建设成为焕然一新的居民小区，实现了村庄变社区、村民变市民，加快了城镇化发展，提高了城镇化质量。7500多个路不平、灯不明、厕不洁、水不净的村庄，就地改造、就近整合建设成为设施配备城镇化的新型农村社区，实现了物质形态上的城乡一体化。

【村容村貌综合整治】 9月，省住房城乡建设厅在淄博召开全省农村环境综合整治现场会，对全省的村容村貌综合整治工作做出部署，提出“用5年时间，将全省尚未进行村庄整治和整村改造的4.7万个行政村基本整治改造完毕；2011年先行整治环境面貌最差的7000个村，以后4年每年整治1万个村；力争实现‘一年有变化，三年见成效，五年全达标’”的村容村貌综合整治工作五年计划。同时，在充分调研的基础上，省住房城乡建设厅出台了《关于深入开展村容村貌整治的意见》。积极协调省级财政对村庄环境整治进行补助，2011年申请专项资金4000万元，主要用于村庄建设整治规划编制和村容村貌整治项目资金补助。通过一年的村容村貌综合整治，截至年底，全省有3.7万个村庄设置了垃圾收集点，建成乡镇垃圾中转站1430个、集中收集点1194个，30多个县（市、区）已实现城乡垃圾处理一体化，全省范围内户集、村收、镇运、县处理的农村垃圾处理体系正在形成；全省建制镇已建成污水处理厂273个、处理装置1038个，污水处理率达24.32%，6607个村庄的生活污水得到处理，2000多万群众受益，全省村容村貌有了很大改观，农村人居环境质量明显改善。

【“百镇千村”建设示范工程】 “十一五”期间，省住房城乡建设厅与人力资源社会保障厅联

2011 年 9 月 26 日，全省村容村貌整治工作现场会在淄博召开（供稿：宫晓芳）

合组织开展了“百镇千村”建设示范活动。2011 年 6 月，省住房城乡建设厅会同省人力资源和社会保障厅评选出了 100 个镇，1000 个村为 2006 ~ 2010 年度山东省小城镇建设示范镇、村。10 月 23 日，省住房城乡建设厅在济南市组织召开了山东省小城镇建设研究会 2011 年年会，对 100 个小城镇建设示范镇，1000 个村庄建设示范村进行了表彰。同时，为进一步提升小城镇建设发展水平，省住房城乡建设厅会同省人力资源与社会保障厅下发了《关于开展“百镇千村”建设示范活动的通知》，决定在“十二五”期间继续开展“百镇千村”建设示范工程。

【“建材下乡”试点】 2010 年 9 月 29 日，住房城乡建设部等六部委联合下发《关于开展推动建材下乡试点的通知》，确定山东、宁夏两省为建材下乡试点省（区）。2011 年 7 月，省财政厅、住房城乡建设厅、经信委联合下发了《关于全面开展建材下乡试点进一步做好农房建设与危房改造工作的通知》（鲁财综〔2011〕60 号），确定在全省范围内开展建材下乡试点工作，并出台了《建材（水泥）下乡试点实施方案》，要求建材（水泥）下乡与农房建设和危房改造紧密结合，支持各地开展农村住房建设与危房改造工作，由补资金改为补建材（水泥）。建材（水泥）下乡省级补助资金来源于 2011 年农村住房建设与危房改造“以奖代补”资金 1 亿元，专项用于支持农村住房建设与危房改造中的建材下乡试点工作。补助范围为各市规划区以外，已纳入省政府农村住房建设与危房改造规划和 2011 年年度计划、新开工的农村集中改造建设的村庄农户，不包括压煤搬迁村庄的农房建设项目。山东省将以各市审核上报的农村住房建设计划数为依据，确定建材下乡补助农户数。年内，全省建材（水泥）下乡，共为 5 万农户（每户按 2000 元的水泥产品进行补助）建房提供复合硅酸盐水泥 30 万吨。

【特色镇建设】 4 月 22 ~ 25 日，省住房城乡建设厅和省文物局组成 2 个检查组，对全省国家级历史文化名镇名村淄博桓台新城镇、济南朱家裕村、青岛雄崖所村、威海东楮岛村、淄博李家疃村进行了检查。检查组采取听汇报、实地考察等方式，从保护范围及数量变化、历史建筑、保护规划制定、保护规划实施、地方法规制定、国家专项补助资金使用等方面，重点对 1 镇 4 村的档案建设、保护范围、历史文化街区、历史建筑、保护规划等方面进行了全面检查。8 月，住房城乡建设部、国家旅游局联合下文公布了全国第二批共 111 个镇（村）特色景观旅游名镇（村），山东省有 10 个镇（村）（临朐冶源镇、滕州柴胡店镇、安丘石埠子镇、泗水县泗水镇、文登界石镇、莒县浮来山镇、沂南铜井镇、淄川太河镇、昌乐鄌郚镇、荣成西霞口村）名列其中，约占全国总量的十分之一。

（宫晓芳）

各市建制镇市政公用设施水平（含暂住人口）

城市	人口密度（人/平方公里）	人均日生活用水量（升）	用水普及率（%）	燃气普及率（%）	人均道路面积（平方米）
山东省	4397	72.26	88.40	47.39	17.00
济南市	4235	90.23	84.69	52.65	17.81
青岛市	4207	66.11	86.23	40.09	18.35
淄博市	4581	61.43	92.98	68.37	20.61
枣庄市	6361	74.98	90.18	44.77	6.52
东营市	4157	82.12	93.93	72.91	16.29
烟台市	3961	69.55	92.33	61.00	19.82
潍坊市	4144	75.73	99.41	81.46	24.06
济宁市	4987	80.28	88.75	31.95	14.66
泰安市	5634	60.63	98.16	48.66	16.78
威海市	2603	74.58	100.00	93.23	24.14
日照市	4226	69.23	89.96	27.23	17.04
莱芜市	5019	99.61	64.69	13.40	13.76
临沂市	4911	55.32	79.20	42.18	15.10
德州市	3870	80.04	86.58	47.98	14.44
聊城市	4447	87.73	85.94	20.37	16.68
滨州市	3288	98.43	95.04	40.70	16.77
菏泽市	4373	61.01	73.02	18.59	14.89

城市	污水处理厂集中处理率（%）	人均公园绿地面积（平方米）	绿化覆盖率（%）	绿地率（%）	生活垃圾无害化处理率（%）
山东省	24.32	4.26	24.91	14.57	36.78
济南市	7.39	6.60	21.06	11.67	4.28
青岛市	20.12	5.57	25.61	15.19	12.84
淄博市	27.88	6.75	30.03	18.65	73.23
枣庄市		1.36	20.87	5.01	
东营市	64.05	5.93	26.90	17.76	28.68
烟台市	13.63	7.74	32.88	23.64	15.35
潍坊市	51.84	10.40	34.04	19.62	79.41
济宁市	13.67	1.72	20.60	12.64	10.38
泰安市	31.74	4.38	29	15.14	93.96
威海市	85.95	10.72	35.67	27.75	100.00
日照市	3.24	2.56	22.56	13.72	0.02
莱芜市		1.91	14.92	7.24	99.97
临沂市	20.14	1.44	22.65	14.97	13.92
德州市	1.74	2.68	22.80	9.88	0.93
聊城市	8.37	0.51	10.97	3.47	27.33
滨州市	35.91	3.46	24.34	14.56	13.00
菏泽市	11.54	0.36	15.01	4.38	

各市村镇建设、农房建设与危房改造情况

城市	投资合计（亿元）	住宅面积（万平方米）	公共建筑面积（万平方米）	生产建筑面积（万平方米）	农村住房建设完成户数（户）	农村危房改造完成户数（户）
全省	1388	10016.23	1273.01	3118.51	1307849	227835
济南市	87	390.03	48.15	116.13	100094	3631
青岛市	76	178.7	57.51	213.73	53186	5282
淄博市	71	309.42	41.48	163.89	38365	6397
枣庄市	54	275.01	61.72	65.7	41478	10268
东营市	22	118.92	17.11	23.6	25736	4614
烟台市	55	208.84	47.47	146.32	124311	26153
潍坊市	312	1027.73	283.62	790.36	64692	15895
济宁市	104	703.42	73.12	181.88	120010	21571
泰安市	70	332.45	81.21	124.17	64276	17401
威海市	62	181.39	22.23	120.54	54000	15098
日照市	34	172.43	33.2	100.35	28454	9335
莱芜市	23	3496.1	25.62	38.59	13800	1000
临沂市	107	700.21	109.05	253.27	136934	27076
德州市	89	465.18	86.75	171.57	151215	24868
聊城市	68	478.51	103.91	191.69	61179	2291
滨州市	67	237.44	59.69	246.47	27544	2560
菏泽市	87	740.45	121.17	170.25	102575	34395

工程建设管理

◇省政府办公厅出台『关于进一步加强房屋建筑和市政工程质量安全管理的意见』

◇一项国家标准、一项行业标准和十一项地方标准发布

◇全省建筑业百亿元增加值死亡率为0.97，列全国第二低

◇全省应招标工程实际招标率99%

◇全省纳入省备案管理的省内外建机企业达到1960家

工程建设行业管理

【概况】 2011年，全省工程建设管理行业认真贯彻中央和省有关决策部署，按照年初全省建设工作会议确定的工作思路、工作重点和工作目标，紧紧围绕强化工程建设管理与服务，解放思想，干事创业，履职尽责，积极作为，全省建设工程质量显著提升，安全生产形势持续稳定，监理行业取得突破发展，建筑市场秩序不断规范，清欠投诉案件都顺利解决，各项工作任务均圆满完成。

【工程质量管理】 年内，全省建设工程质量管理工作按照“确保结构安全，完善使用功能，提升观感质量”的总体思路，通过召开全省会议全面部署，出台规范性文件加强指导，开展专项活动集中治理通病，突出保障性安居工程质量监管，推行分户验收制度把关保障，推动工程质量有了明显提升，涉及工程质量的投诉明显减少，群众对工程质量的满意度明显提高。在深入调研的基础上，提请省政府办公厅出台了《关于进一步加强房屋建筑和市政工程质量安全管理的意见》（鲁政办发〔2011〕74号），从规范建筑市场秩序、突出建设单位责任、严格总包负总责制度、加强关键环节管理、强化政府监管、推进制度机制建设等6个方面提出了26条意见。3月30日，全省建设工程质量青岛现场会召开，为全省工程质量管理工作树立了样板。为确保保障房质量，成立了全省保障性安居工程质量安全领导小组，省住房城乡建设厅厅长杨焕彩任组长，设立办公室并建立了例会制度。全省已开工保障房没有发生质量安全事故，总体上处于受控状态。通过实施住宅工程质量通病专项活动，影响住宅工程主要使用功能的渗漏、裂缝、电气、水暖四大类十二项常见通病治理率达到75%以上，全省共有83项工程经复查验收被评为全省通病治理示范项目。推行住宅工程分户验收制度，全省住宅工程分户验收率达到98%以上，保障性安居工程全部做到了分户验收。年内，全省9项工程获鲁班奖，19项工程获国家优质工程奖。

【工程安全管理】 深入开展“安全生产基层基础深化年”活动，建筑施工安全形势保持持续稳定。全年召开5次安全生产视频会议，并针对春夏秋冬不同季节特点，部署开展了四次集中行动，督促指导施工单位制订落实有针对性的防范措施。制订印发了《山东省房屋建筑和市政工程施工预防坍塌事故专项整治工作实施方案》，在全省建筑施工领域重点开展了高大模板支撑系统、高大边坡土方、建筑起重机械设备、脚手架四个方面的专项整治，杜绝了群死群伤事故的发生。制定印发了《全省严厉打击非法违法建设施工专项行动实施方案》，保持“打非治违”高压态势，没有发生因违法建设导致的安全事故。6月“安全生产月”活动期间，开展安全咨询、宣传教育、案例警示、应急演练等活动，把安全文化、安全法律、安全知识送进企业和现场，营造了“关注安全、关爱生命”的良好氛围。相继印发了《山东省建筑施工企业及项目部领导施工现场值班带班管理规定》《山东省建筑安全生产标准化工作实施方案》等文件，为建筑施工安全生产工作营造了良好的制度环境。全年房屋建筑和市政工程施工死亡事故18起，死亡23人，没有发生较大及以上安全事故，有10个市实现全年零死亡。全省建筑业百亿元增加值死亡率为0.97，列全国第二低，远低于全国平均水平。

【《建设工程施工现场消防安全技术规范》执行情况专项检查】 11月11日，省住房城乡建设厅与省公安厅联合下发《关于国家标准〈建设工程施工现场消防安全技术规范〉执行情况专项检查的通知》（鲁建标函〔2011〕13号），全面部署专项检查事宜。各市企业于11月中上旬完成自查。11月下旬开始，各市住房城乡建设行政主管部门会同公安部门开展各市检查工作，共检查近200个施工项目。12月20～24日，省住房城乡建设厅和省公安厅组织了标准、消防、执法监督以及施工安全监督等方面的专家、领导，组成六个检查组，实地抽查了17市43个工程项目，对发现的问题通过检查统一用表以书面格式反馈给项目建设有关各方，并提出整改意见。

【工程建设监理】 在工程质量方面，监理企业配合参建单位实施“精品带动战略”，在确保工程质量安全的基础上，创建出了一大批精品工程。为进一步提高建设工程监理质量和服务水平，规范监理市场秩序，组织开展了监理专项检查和资质核查，在市级普查的基础上，抽调专家随机抽查监理企业132家，在监项目127个，下达整改通知书70份，责令整改237项，建议处罚5项，有效整顿了监理市场行为，监理市场秩序有了明显改观。部分监理企业实施“走出去”战略，开拓外埠市场，有80余家监理企业到上海、北京、广州等地承揽业务，展示了“鲁”字号监理企业的良好形象。全省已发展建设监理企业491家，数量居全国第二位，其中综合资质企业8家，占到全国的12%。全省监理企业监理合同额和营业收入分别达66亿元和48亿元，监理行业在保障工程质量安全、控制造价和工期、提高工程建设管理水平、确保投资效益的同时，也取得了显著的经济效益。

【工程建设领域突出问题专项治理】 全省继续深入开展工程建设领域突出问题专项治理活动，以政府投资及使用国有资金的房屋建筑和市政工程为重点，从城乡规划、招标投标、建设实施、质量安全等方面，深入排查突出问题，及时制定治理措施，跟踪监督整改落实，严肃查处违法违规问题，有效净化了全省建筑市场，保证了建筑市场健康有序。配合省专项治理领导小组对新闻出版、监狱管理、交通、水利等重点领域的突出问题进行了督导、约谈。自专项治理活动开展以来，各级共查处非法违法建设项目837项，整改突出问题1504项，补办建设手续287项，补缴规费1206万元，经济处罚247万元，处理建设类企业资质749家。在省住房城乡建设厅门户网站上开辟了住房城乡建设厅工程建设领域项目信息和信用信息公开共享专栏，初步建立了建设类企业及执业人员数据库，为逐步实现建筑市场的动态监管奠定了基础。按照中央和省治理商业贿赂办公室的一系列工作部署，将治理商业贿赂作为规范建设领域市场经济秩序的重要内容，在配合纪检执法部门抓好问题跟踪整改和案件查办工作的同时，探索建立长效机制，加强对招投标等重点环节的监管和防范，有效减少了建设领域商业贿赂行为的发生。

【清理拖欠工程款和农民工工资】 各级住房城乡建设部门把清理拖欠工程款和农民工工资工作（以下简称“清欠”）作为落实以人为本、执政为民理念的重要举措，做到机构不撤、队伍不散、人员不减、工作不断，坚持“清防结合”、“属地管理”和“总包企业负总责”的工作原则，强化对建筑农民工工资支付情况的监督检查，采用省市联动、部门联动、市市联动、科处联动等方式，认真受理群众投诉举报，严肃查处拖欠行为，协调解决了一大批拖欠问题，有效维护了广大农民工的合法权益，维护了行业和社会稳定。各级住房城乡建设部门着重强化长效机制建设，严格工程项目审批，强化建设资金审查，强化竣工备案审查，强化工资支付监控，加强劳务用工管理，加快诚信体系建设，健全信用管理制度，拖欠问题从一定程度上得到遏制。元旦春节前，针对农民工集中返乡，拖欠投诉举报比较集中的现状，会同执法监察处，把主要精力投入清欠，全员上岗、轮流值班，对投诉举报案件实行首接负责、积极协调、跟踪督办，对于拖欠事实清楚、证据充足的责令拖欠单位限期解决，对于拖欠纠纷严重、事实不清、证据不足的及时向省信访局和省农民工工作联席会议报告，对于支使、操纵农民工恶意上访、缠访、闹访扰乱办公秩序的，及时提请公安机关依法处置。年内，清欠工作整体形势基本平稳，省清欠办共受理拖欠投诉121起，比上年下降了38%，没有引发大的不良事件，没有发生到京上访事件。

（类　红）

工程建设招投标

【概况】 2011年，全省应招标房屋建筑和市政基础设施工程项目13088项，实际招标13082项，造价2597.04亿元，其中公开招标10038项，造价1957.68亿元，全省应招标工程实际招标率、应公开招标工程实际公开招标率均达到99%。全省进入有形建筑市场招投标工程项目13443项，造价2611.76亿元。同期房屋建筑和市政基础设施公开招标工程的进场交易率为100%。

【招投标违法违规行为专项治理】 年初，在泰安和东营分别召开了全省建设工程招标投标工作座谈会及有形建筑市场工作座谈会，对2011年度全省招投标工作重点和工程建设领域突出问题专项治理工作进行了全面部署。省招标办与省纪委执法监察室就招标投标监督管理和有形建筑市场建设的重大问题进行定期沟通，及时做好招投标重大案件和投诉的查处工作。2011年，全省共受理涉及工程招投标的举报投诉106起，全部按时办结。各级住房城乡建设主管部门对工程建设领域突出问题专项治理检查中发现问题的项目，及时梳理，限期整改；各级招投标监管机构加大监管和执法力度，对新开工项目严格执行招投标的各项规章制度，对招投标违法违规行为，一经查实，坚决予以依法处罚。

【招投标市场监管】 各级招投标监管机构按照《进一步规范房屋建筑和市政基础设施工程建设项目招标投标活动的意见》的要求，落实招标信息发布、招投标资格审查、专家评标等制度，加大对招投标活动全过程的监管力度。在招标项目上，重点监管国有资金投资项目，凡国有资金投资项目一律实行公开招标；在招标程序上，重点监管招标公告发布、投标单位资格审查、评标、定标等环节，招标公告在指定媒体发布，投标单位资格审查结果进行公示，评标过程现场监督、全程录像存档；在监管对象上，重点监管招标代理机构和评标专家，注重规范其行为。各地加强对招投标活动重点环节的监管：济南市强化施工合同备案，全年共对不符合法律法规、相关规定及与招投标时的实质性内容相悖的138条合同条款及时进行纠正；淄博市建立了招标代理《信用手册》登记制度，实行招标代理业务实名办理，标后考核；威海市理顺了政府投资工程招投标监管体制；东营市出台了《东营市房屋建筑和市政基础设施工程招标中标后监督检查办法》，进一步强化标后监督工作；烟台市强化标前、标后稽查，实施两“场”联动。

【有形建筑市场管理与服务】 全省继续对有形建筑市场建设和运行进行规范化管理，各级有形建筑市场加大投入，改进和完善服务设施、服务功能。东营市推行“绿色通道”服务制度、项目进场交易全程协办制度、预约服务制度，为市场主体提供优质服务。潍坊市制定了《工程项目交易服务评价意见表》，实施“一项目一评价”，及时改进，不断提高服务质量。泰安市建立了评标全程化视音频高清监控系统，整个开评标过程在市纪委、检察院、监察局和其他相关监督部门的专用计算机上同步显示。东营、威海等市发挥有形建筑市场的资源优势，为交通、水利、工业技改等行业工程项目进场交易创造条件。济南、青岛探索有形建筑市场与公共资源交易平台的对接。

【《山东省房屋建筑和市政工程招标投标办法》审议通过】 11月24日，省政府第113次常务会议审议通过《山东省房屋建筑和市政工程招标投标办法》。《山东省房屋建筑和市政工程招标投标办法》自2008年初稿完成至审议通过，历时3年。期间，广泛征求招投标市场各方主体、各级住房城乡建设主管部门、省直相关部门以及社会各界的意见和建议，8易其稿，进行了10余次修改、补充和完善。在立法过程中，除了注意收集、采纳社会意见外，还重视与省直有关部门的协调沟通。对立法草案中涉及的热点、难点、焦点问题，主动与省直有关部门协商，充分听取并采纳其合理意见，把矛盾和分歧消化在会前，以求达成共识。由于重视与省直机关的协调沟通，确保了立法草案的成熟度。

【招标代理】 严格招标代理机构资质审批程序和标准，全年共受理各类招标代理机构资质申请103件次，办理资格变更事项59件。全省2010年度441家招标代理机构按时向住房城乡建设部报送了统计报表。对全省招标代理机构的工程建设类注册人员进行核查，53家注册人员不满足资格条件要求的机构分别得到限期整改、停业整改的处理，整改后仍达不到相应资格条件的7家机构，被依法撤销了工程招标代理资格。省招标办组织研发了招标代理管理系统，截至年底，招标代理机构数据库、业绩数据库、从业人员数据库已全部建立，并在全省进行推广使用，实现了招标代理机构的动态管理。为提高招标代理从业人员的业务素质和服务水平，确保从业人员教育培训、持证上岗和业务考核制度的实施，聘请高校教授和业内专家编写了《工程建设项目招标代理从业人员培训教材》，一套3本，共计80余万字，为招标代理从业人员业务学习提供了较为系统的专业教材。

【评标专家管理】 一是评标专家的日常管理。年内对1255名任期届满的评标专家进行了资格复审，通过评标行为考核和评标专业培训，淘汰不合格专家208人，淘汰率达17%；通过审查、培训、考核，新增评标专家1770名；通过推荐、审核，认定了152名资深评标专家。同时，在省专家中增设了新能源专业和城市轨道交通专业，及时满足了各地在新能源和城市轨道交通项目上对评标专家的需要。二是评标专家管理软件系统的应用。进一步完善软件系统，开发了专家管理软件系统与评标区门禁系统的对接功能，实现了评标区门禁系统对评委身份的电子识别、专家管理软件系统自动分配评标室和评委名单远程延时打印，提升了评标管理水平和评标活动的保密程度。推动专家管理软件系统在县级的应用，在各市住房城乡建设主管部门的大力支持和配合下，专家管理软件系统在省内县域使用覆盖率超过95%。三是各地在评标专家的管理和使用上的探索。青岛、淄博等市建立了评标专家的中标后评估制度，强化对评标专家的行为管理；烟台市推行“一小时”评标圈，实现了区域评标专家资源共享，解决了县级评标专家数量少、专业缺的问题，提高了县级评标工作质量。

（闫　民）

工程标准造价

【概况】 2011年，制定印发了《山东省工程建设标准编制管理规定》，对地方标准编制管理的各个阶段都做了详细的规定，批准发布了《城市建设项目配建停车位规范》《保温装饰板外墙外保温系统应用技术规程》等11项地方标准。发布实施《山东省建设工程工程量清单计价规则》，成为山东省开展工程量清单计价活动、合理确定和有效控制工程造价的重要依据。全年共审核批准19家工程造价咨询企业为乙级（暂定一年）资质，给予1家企业行政不许可；共批准24家造价咨询企业申请转为乙级资质；6家企业通过住房城乡建设部评审，晋升为甲级资质。近5000人通过全省工程造价专业水平等级考试并获得专业水平等级证书。

【工程建设标准编制】 年内，受住房城乡建设部标准定额司委托，组织起草编制了1项国家标准——《复合土钉墙基坑支护技术规范》（2011年9月16日发布，2012年5月1日实施），1项行业标准——《建（构）筑物移位工程技术规程》（2011年4月22日发布，2011年12月1日实施）。制订印发了《山东省工程建设标准编制管理规定》（鲁建标字〔2011〕8号），对地方标准编制管理的各个阶段都做了详细的规定。批准发布了《城市建设项目配建停车位规范》《保温装饰板外墙外保温系统应用技术规程》《岩棉板外墙外保温系统应用技术规程》《给排水工程塑料检查井应用技术规程》《FS外模板现浇混凝土复合保温系统应用技术规程》《柔性饰面砖建筑装饰工程技术规程》《居住建筑太阳能热水系统一体化应用技术规程》《太阳能—地源热泵复合系统技术规程》《非承重砌块自保温体系应用技术规程》《管桩水泥土复合基桩技术规程》《建筑边坡与基坑工程设计文件编制标准》等11项地方标准。

【工程造价计价管理】 7月1日，省住房城乡建设厅发布实施《山东省建设工程工程量清单计价规则》（鲁建发〔2011〕3号）。《规则》是山东省开展工程量清单计价活动、合理确定和有效控制工程造价的重要依据，是依法进行招投标工程全过程计价的准则。该《规则》对规范和约束工程建设全过程计价行为，建立公开、公平、公正的市场竞争秩序，推进和完善市场形成规划造价机制的建设将发挥重要作用。发布《山东省建筑、安装、市政、园林绿化、市政养护维修、房屋修缮等各专业工程价目表》（鲁标定字〔2011〕15号）和《山东省建设工程费用项目组成计算规则》（鲁建标字〔2011〕19号），均自2011年8月1日起执行。11月，以《关于公布工程造价计价软件评审结果的通知》（鲁标定字〔2011〕26号）的形式，向社会发布针对2011年新费用计算规则、新清单计价规范的软件评审结果。

【《全省定额人工各市市场指导单价》出台】 7月，省住房城乡建设厅发布《关于发布全省定额人工各市市场指导单价的通知》（鲁建标字〔2011〕21号），确定全省定额人工各市市场指导单价，明确各市定额人工指导单价的定位和作用，完善了山东省的定额人工单价管理体系。

【造价咨询行业管理】 全年共审核批准19家工程造价咨询企业为乙级（暂定一年）资质，给予1家企业行政不许可；共批准24家造价咨询企业申请转为乙级资质；共批准4家工程造价咨询企业资质分立，53家工程造价咨询企业资质变更。年内，根据建设部《工程造价咨询企业管理办法》资质标准的要求，对全省46家企业申请乙级工程造价咨询资质延续进行公布，对建设银行山东省分行的工程造价咨询分支机构的造价咨询资质进行延续，核定了11家造价咨询企业分支机构为合格分支机构。对乙级造价咨询企业申请晋升甲级造价咨询企业进行初审，并将初审合格的8家企业上报住房和城乡建设部，其中6家被批准晋升为甲级资质。

（赵 松）

建设机械行业管理

【概况】 截至2011年底，纳入省备案管理的省内外企业达到1960家，其中建筑门窗企业1196家，建筑幕墙企业54家，采暖散热器企业69家，塔式起重机企业102家，施工升降机企业62家，建筑型材、中空玻璃、五金附件企业275家，塔式起重机重要配套件企业79家，外省市123家。全省门窗行业年生产能力超过4000万平方米，大多数企业具备生产节能窗能力，门窗节能水平大幅提升；塔机施工升降产品的质量和安全水平得到很大提高；幕墙和采暖散热器行业科技进步水平不断提高，产品结构调整效果明显，不少产品打入国际市场；以济南为中心的地区成为我国门窗幕墙加工设备的重要生产基地，产品遍及全国各地，并成功走出国门。全行业企业从业人员达30万人，全年产值560亿元，企业管理水平和人员素质大幅提高，自主创新能力明显增强，外部发展环境进一步改善，行业规模和整体实力不断壮大，山东省已成为中国建设机械生产大省。

【举办2011中国（潍坊）门窗幕墙展览会】 5月16日，省住房城乡建设厅和潍坊市政府在潍坊市联合举办了“2011中国（潍坊）门窗幕墙展览会”。中国建筑金属结构协会会长姚兵、省住房城乡建设厅副厅长万利国、潍坊市副市长王秀河等出席开幕式。展会展出面积2万多平方米，参展企业150多家；参展企业数量、展览面积、产品技术水平都超过历届展会。13家参展企业获品牌金奖，6家参展企业获品牌银奖。

【建机产品登记备案管理】 全年分四批对1054家建设机械产品备案到期企业进行了换证材料审查，颁发了有效期为两年的《备案证明》。采取“企业自查、各市检查、省抽查”的方法，对备案的产品进行质量年检。为加强建设机械产品备案质量管理，根据国家标准并结合山东省行业实际，调整了企业备案条件和产品主要性能指标，确保备案产品质量。

【建机产品节能技术认定】 组织专家研究制订了《山东省建设机械产品节能认定主要性能指标》，对全省申报节能认定材料进行了审查，共有836个产品符合条件通过认定。组织行业专家对建筑门窗和中空玻璃节能技术进行了专项研究，并将研究成果在全行业推广应用，有力促进了山东省建筑门窗、幕墙节能技术水平的提高。

【门窗企业资质管理】 10月，组织对2011年全省门窗企业资质申请材料进行初审，并经省建管局审查批准了46家资质，其中一级3家，二级22家，三级21家。6月上旬，会同省建管局在龙口市召开了全省门窗资质管理工作会议，部署了年度门窗资质考核和网络快报工作，传达了省建管局关于办理安全生产许可证有关文件精神。9月，完成全省门窗资质年度考核，共有250家企业通过了考核。

（李晓南）

援疆工作

【概况】 2011年，省住房城乡建设厅援疆工作组，按照中央关于民生优先的部署要求，认真贯彻省委、省政府“用政府资金保民生，用社会资金促产业”的工作理念，明确“规划引导、示范带动、分类推进、分步实施”的工作思路，援疆各项工作取得较大成绩。年内，全面推进实施安居富民工程、城镇保障性住房建设、小城镇改造、教育设施提升、卫生设施提升、社会福利救助设施建设、基层组织阵地建设、教育医疗人才支持等八大惠民工程。全年按计划顺利完成投资7.67亿元，占当年全省援疆资金的75%，其中52%由省市指挥部组织采用交钥匙模式完成。受援地区各族群众的生产生活条件得到全方位的改善。同时，通过树立样板、传播先进理念，带动了当地自身稳定发展能力的提升，受到了干部群众和社会各界的广泛赞誉，得到了中央、国家部委、新疆维吾尔自治区、省委省政府有关领导的充分肯定。民生项目交钥匙多、示范效应显著，已成为山东援疆工作的重要标志，推动山东省走在了19个对口支援省市的前列。新华社《国内动态清样》《人民日报内参》多次反映山东的经验和做法。2011年8月，全国住房城乡建设系统第二次援疆工作会议安排山东省作了经验介绍。

【安居富民工程建设】 以改善受援地区农村普遍存在的群众住房简陋、抗震能力差的状况，引领现代文明生活方式为目标，立足实际，将安居富民工程与社会主义新农村建设有机结合，选择了疏勒县牙甫泉6村、巴仁乡3村、塔孜洪乡7村，英吉沙县色提力乡8村、城关乡13村，岳普湖县下巴扎乡1村、铁力木乡9村、艾西曼镇8村、岳普湖乡新村，麦盖提县亚胡木丹·英叶儿村、五征新村共11个代表性村庄，按照原址改扩建、准社区、合村并点、“农家乐”经营、村镇一体化、村企合作等具有典型引领意义的6种类型，通过交钥匙方式建设安居富民新农村样板。新建、改造安居富民住房1370户，共计12万余平方米，并高标准配套完善道路、绿化、供水、供电等基础设施和村民活动广场、事务中心、幼儿园等公共服务设施，让一批农村群众率先享受新一轮援疆和安居富民工作成果，也为受援地区安居富民工作提供了借鉴样板。同时，援助四县编制完成了县域村镇体系规划，在规划引导下本着合理耕作半径内大村兼并小村、强村兼并弱村、中心村兼并一般村的原则，以交支票模式指导受援县启动实施了2万余户安居富民农房的建设，并试点完成了疏勒县巴仁乡8村、麦盖提县巴扎结米乡巴扎结米村、果园村等三个安居富民村庄的基础设施配套工作，为集中连片安居富民工程配套基础设施工作探索了路子，喀什地区就此召开现场会在全地区推广。

【城镇棚户区改造和保障性住房建设】 以改造受援地区城镇危旧住房、改善困难家庭住房条件为目标，大力推进城镇棚户区改造和保障性住房建设。通过交钥匙方式实施完成了英吉沙棚户区改造项目北区12栋370户约3.5万平方米的建设任务。按照统一规划设计，共享配套基础设施和公共服务设施，推动占地29.85公顷、总建筑面积23万多平方米的大片区城镇棚户区改造项目的启动实施。在建成一批保障性住房的同时，有力推动了英吉沙县新城建设。

【小城镇改造提升】 加快推进受援地区新型城镇化，通过交钥匙方式实施完成了疏勒县牙甫泉镇、塔孜洪乡，英吉沙县色提力乡，岳普湖县艾西曼镇，麦盖提县希依提墩乡共5个中心小城镇的改造提升。进行了快车道罩面、人行道铺装、路灯、绿化、水渠、市政管网等基础设施提升，沿街建筑立面改造提升，规范化农贸市场、群众活动绿地的建设等。完成投资7000多万元，5个乡镇驻地面貌焕然一新，成为各县人口、产业集聚的次中心，强化了中心城镇对城乡统筹发展的辐射带动和服务作用。

【教育基础设施建设】 以双语幼儿园、义务教育阶段寄宿制学校及民汉合校的普通高中、职业高中为重点，着力加强校舍建设和设施设备配套。启动实施了规模4000名在校生的英吉沙县新一中项目，并完成了一期1.5万平方米综合教学楼、学生宿舍的年度建设任务；完成了疏勒县一中1.7万平方米的教学楼、学生宿舍、餐厅改扩建任务；完成了投资2300万元的麦盖提县刀郎中学校舍配套项目；完成了投资300万元的英吉沙县双语幼儿园设施配套项目；完成了投资480万元覆盖受援四县的远程教育网络建设，填补了新疆县级远程教育网络的空白，实现了山东省与受援地优质教学资源的共享。全年教育服务设施援疆资金投入1亿余元，有力推动了受援地区办学条件的改善。

【卫生基础设施建设】 以完善提升公共医疗服务能力为目标，重点实施完成了四县远程医学会诊中心、120卫生急救体系、县乡主要卫生院的设备配套、改造提升等项目。依托山东省远程会诊中心雄厚专家诊治力量，通过现代网络信息技术手段，与受援四县医院远程互联，填补了新疆县级远程会诊的空白，在提供医学诊断、治疗、手术、护理、查房等诊治功能，方便群众享受经济、快捷、高水平医疗服务的同时，还可以进行远程交流、培训，带动受援地区医疗水平的提高，建成后已完成会诊130余人次。为四县所有县乡卫生院配备救护车辆56辆，建立了120急救指挥系统，实现了受援四县卫生急救服务的全覆盖，填补了全疆县乡镇120急救系统的空白，建成后已完成接诊970余人次，彻底解决了此前各县因幅员辽阔，缺乏专业化急救机制，急、危、重伤病员得不到及时救治的问题，对保障群众卫生健康具有深远意义。投入2400万元实施了4个乡镇卫生院改造项目，投入近2500万元为46个县乡医院配备了188台（套）亟需医疗设备，有力推动了医疗卫生服务硬件设施的提升。

【社会福利园区建设】 以养老助残、救孤济困、逐步健全社会救助和社会福利体系为目标，启动实施了覆盖受援四县的综合性社会福利园区建设。投资4500万元，率先实施完成了疏勒、岳普湖、麦盖提3个社会福利园区项目，建筑面积2.3万余平方米，新增床位1000多张，集五保供养、孤儿收养、残障人士供养、流浪乞讨人员救助、综合服务等功能为一体，为老年人、残疾人、孤儿、流浪乞讨人员等社会弱势群体打造了共同生活的幸福家园。

【基层组织阵地和城镇“六站三室一厅”、农村“五室”建设】 为抓好基层组织阵地建设，坚持高起点规划、高水平设计，省住房城乡建设厅专门组织开展了援疆设计竞赛活动。从近500项优秀作品中评选出100余项集印成册，免费赠送受援四县所有社区、乡镇及地区、县有关部门指导项目建设。年内，已高标准建成17个城市社区、34个农村基层组织阵地，完成投资2570万元。社区阵地全部达到包括社区服务站、卫生服务站、劳动和保障服务站、环卫服务站、文化教育服务站、计生服务站，司法警务室、老年活动室、图书室，便民服务大厅等“六站三室一厅”标准，村级阵地全部达到包括办公室、值班室、会议室、图书室和娱乐室等标准。群众在家门口即可享受方便快捷的各类服务，还可以利用配置的设施设备组织丰富多彩的群众文化活动，不但提升了基层党组织的凝聚力和感召力，还引领了健康向上的现代生活方式，夯实了各族群众团结奋斗的思想基础。

（潘　峰）

建筑业

◇全省建筑业企业11933家，从业人员达到370万人

◇完成全社会建筑业总产值9800亿元

◇九项工程获全国建筑行业最高奖——『鲁班奖』

◇十九个项目获国家优质工程（银质）奖

【概况】 2011年，全省建筑业以科学发展为主题，以转方式、调结构为主线，紧紧围绕做大做强建筑业战略目标，在推进产业转型发展、加强质量安全管理、加快科技创新和人才培养、维护农民工权益等方面取得新成效，实现了“十二五”良好开局。全省建筑业企业11933家，从业人员达到370万人。完成全社会建筑业总产值9800亿元，比上年增长19.3%；增加值2800亿元，比上年增长17.8%。三级以上建筑业企业完成产值6483亿元，增长17.9%；实现地税收入219亿元，增长23.9%。完成出省出国施工产值1250亿元，增长14.9%；建筑业劳保金收缴额达到54亿元，增长21%。工程质量安全再创佳绩，全省共获得鲁班奖9项、国优工程奖19项。安全生产形势持续稳定，全省共发生建筑施工安全生产事故14起，死亡19人，事故起数和死亡人数分别比上年下降17.6%和5%，创历史新低。科技人才开发实现新突破，获得国家级工法40项、全国装饰行业科技创新成果奖46项，在全国处于领先水平。高技能人才培养成效显著，1人获“国家级技能大师”称号，2人享受国务院特殊津贴，4人获“山东省首席技师”称号。行业龙头企业实力大幅提升，入选全球最大承包商225强、中国最大承包商60强的共8家企业，11家入选全国装饰行业百强，5家入选中国建筑幕墙行业50强。区域建筑业发展势头强劲，济南、青岛、淄博、潍坊、烟台等市建筑业产值均超过500亿元，其中济南、青岛达到800亿元以上，县域建筑业发展迅猛，桓台、肥城建筑业产值分别达到326亿元和197亿元，滕州市和济南长清区获得“全国建筑之乡”称号。

建筑业主要指标完成情况

指　标	单位	数值	增长（%）
全社会建筑业总产值	亿元	9800	19.3
三级以上建筑业企业完成产值	亿元	6483	17.9
建筑业劳动生产率	万元/人	20.3	7.9
建筑业从业人员	万人	370	9.5
外出施工产值	亿元	1250	14.9
出省施工产值	亿元	1050	15.3
出国施工产值	亿元	200	13.8
房屋建筑施工面积	亿平方米	5.1	12.6
房屋建筑竣工面积	亿平方米	1.9	0.6
建筑业地税收入	亿元	219	23.9

【建筑企业培育与管理】 一是支持企业做大做强。围绕培育大企业、品牌企业，建立企业战略联盟，提高产业核心竞争力，组织开展了“转方式、调结构”专题调研活动，研究制定了加快产业转型发展的工作思路、目标任务和政策措施，支持企业做大做强。以特级企业资质就位为契机，调整优化企业结构，支持大企业加快发展。对现有13家特级企业进行实地指导和考核，重点扶持7～8家行业龙头骨干企业晋升特级资质，积极组织企业申报国家级工法和科技创新成果奖，支持企业建立技术研发中心，为大企业就位和升级创造有利条件。进一步完善行业发展激励

机制，开展了全省建筑业企业综合实力50强评选活动。二是扶持区域建筑业发展。调整优化全省区域建筑业结构，实现差异化竞争优势，营造多元发展格局。济南、青岛、淄博、烟台、潍坊等建筑业强市发挥区域内大企业多、综合实力强的优势，积极进军大型公共建筑等高端市场，利用其辐射力和影响力，带动周边区域建筑业发展。临沂、德州、聊城、菏泽等市充分发挥劳动力资源丰富的优势，对农村建筑工匠进行系统培训，扶持发展了一批专业劳务基地和品牌劳务企业，积极与东部发达地区搞好劳务对接，实现优势互补。桓台、肥城、滕州、寿光等建筑业强县充分利用品牌和专业特色突出等优势，扩大专业化施工力量，市场开拓能力不断增强。三是推动企业开拓海外市场。加大市场开拓指导支持力度，分片召开外出施工会议，省建管局与省商务厅、住房城乡建设厅联合召开全省对外工程承包会议，制定实施了具体的扶持政策和保障措施，为企业外出施工开辟绿色通道。开展海外市场考察，与到访的印度、尼日利亚代表团沟通洽谈，推介山东省优势企业走出去。全省外出施工规模和范围不断拓展，外出施工承包方式和经营形式逐步多样化，对外工程承包业绩大幅增长。青建集团、烟建集团、天元建设集团、山东路桥集团等一批外向型骨干企业经营业绩不断扩大，成为开拓国际市场的骨干力量。

【建筑科技创新与人才开发】 实施科技兴业和人才开发战略，加强技术创新和人才培养，产业整体素质和核心竞争力大幅提升。推动校企联合，开展产学研合作，增强科技创新能力。加大科技成果转化应用力度，召开了全省建筑业10项新技术交流会，组织开展了建筑业新技术示范应用评审工作，验收确定建筑业新技术应用示范工程145项，评审行业技术创新奖307项、省级工法330项。制定试行了《山东省预拌砂浆专业承包企业资质标准》，促进了建筑节能和绿色施工。实施立体化人才培训工程，加大关键岗位培训考核和继续教育工作力度，全面落实持证上岗制度，完善联动管理机制，不断拓宽培训覆盖面。深入持续开展了岗位大练兵、技术大比武活动，青岛、淄博、东营等10个市举办了职业技能竞赛活动。制定了《山东省建筑业技师培训实施办法》，培养造就了一大批行业优秀人才，全年共培训企业经理、建造师和关键岗位专业技术管理人员6.1万人、特种作业人员3.5万人；培训鉴定技工7.25万人、技师8200人。开展群众性质量管理活动，召开了全省建筑业群众性质量管理活动经验交流会，评选优秀QC成果一等奖36项、二等奖41项、三等奖54项；有4个QC小组荣获中国质量协会优秀质量管理小组，42个QC小组被评为全国工程建设优秀质量管理小组，有力推动了全省企业工程质量技术水平的提高。

【建筑质量安全管理】 以规范市场主体行为为主线，以落实工程质量安全责任制和建立长效机制为重点，全面改进和加强质量安全监管，促进了建筑市场秩序进一步好转。一是强化建筑市场监管。加强调查研究，对市场主体存在的违法分包、转包和挂靠等突出问题有针对性地提出了具体措施和办法。提请省政府出台了《关于进一步加强房屋建筑和市政工程质量安全管理的意见》，有效治理了建筑市场承包主体存在的突出问题，对构建质量安全长效机制、规范市场秩序起到了积极的推动作用。加强外省建筑队伍管理，开通了“山东省外省进鲁企业信息管理和查询系统”，把外省和省内企业管理同步纳入社会公开监管体系。二是强化工程质量监管。将保障性安居工程纳入政府质量监管体系，开展了全省保障性安居工程质量大检查，实现了保障性住房全数分户验收，全省未发生一起工程质量事故。开展了住宅工程质量通病专项治理，重点加大了对“四大类十二项住宅工程质量通病”的专项治理力度，全省住宅质量通病治理率达到75%。召开了全省建设工程质量青岛现场会，以点带面，样板引路，组织典型交流和现场观摩，对提高全省工程质量水平起到了很好的示范带动作用。加强过程控制，强化施工现场综合管理，积极实施精品工程战略，创出一批优质精品工程。组织评选建筑工程质量“泰山杯”奖141项，山东省援建北川建设工程质量“泰山杯”奖34项，装饰装修工程质量“泰山杯”奖65项，有力地促进了工程质量全面提升。三是强化建筑施工安全监管。加大安全生产动态监管力度，制定了《山东省建筑施工企业安全生产许可证管理办法》，建立了安全生产许可证动态考核体系，曝光处罚了一批不具备安全生产条件的企业。出台了《建筑施工企业及项目部领导施工现场值班带班管理规定》，在全国率先执行节假日企业负责人带班制度，促进了企业安全生产措施的落实，得到了住房城乡建设部、省委、省政府领导的肯定。深入开展建筑安全专项整治，持续进行隐患排查治理，重点加大了对深基坑、高支模、起重机械、高大墙体整治力度，编印了15万份《安全施工手册》发放到施工现场，有效减少了安全事故隐患，全省有10个市未发生安全死亡事故。开展了安全文明工地创建活动，全省有14个工程项目获得全国“AAA”级安全文明标准化诚信工地。

【农民工权益保障】 以保障农民工权益为重点，进一步完善服务保障体系，着力解决行业热点、难点问题，促进了产业平安稳定。加强劳务用工管理，实行农民工工资支付监控和工资保证金等制度，强化了日常监督检查，保证了农民工工资按时足额发放。加大劳保金收缴管理力度，向各类建筑企业拨付、补贴27亿元，确保了全省3000多家施工企业和60余万农民工交纳社保金。全面推行农民工工伤、意外伤害保险，开展了养老、医疗保险试点工作，维护了行业和社会稳定。以安全文明工地创建活动为载体，改善农民工生产生活条件，投入专项资金400多万元，新建农民工业校620所，培训农民工20余万人次。在施工工地广泛建立娱乐室、流动图书室、阅览室，推广探亲房，组织开展了形式多样的文化娱乐活动，丰富了农民工的业余文化生活。与省卫生部门联合开展了“全面参与护佑健康——红丝带情系农民工活动”，为农民工提供医疗保健服务；与省建设工会成功举办了“安全在我心中”大型演讲比赛，营造了社会各界关爱农民工生命安全的良好氛围。

青岛大剧院（鲁班奖获奖工程）　　（供稿：王晓飞）

【鲁班奖（国家优质工程）获奖工程】 在住房城乡建设部组织的2011年度中国建设工程质量评比中，山东建筑企业承建的青岛西海岸医疗中心综合楼、青岛大剧院、威海市民文化中心、泰山环山路建设工程、潍坊市文化艺术中心第二组团、山东省高级人民法院审判综合楼、北川羌族自治县人民医院、福建莆田燃气电厂新建工程、延边州行政中心办公楼等9个工程获全国建筑行业最高奖——鲁班奖。

【全国建筑工程装饰奖获奖工程】 在住房城乡建设部组织的2011年度中国建设工程质量评比中，山东省建筑装饰装修企业承建的36项工程获全国建筑工程装饰奖。其中，公共建筑装饰类17项，分别是：山推研发中心大楼、济南高新区知识经济总部产业基地B4楼、山东广播电视中心综合业务楼、烟台市文化中心、青岛海关办公楼、潍坊市商业银行（时代国际大厦）、青岛警备区办公楼、万基国际商住楼、即墨市新建行政服务大厅、德州市新城综合楼主楼、临沂机场新航站楼、青岛大剧院、利群集团胶州新城区广场、山东省高级人民法院新建审判综合楼、青岛奥帆中心陆域停船区改造项目（渔人码头）32号地块、山东省廉政教育基地、山东地质资料（科研测试）中心综合服务楼；公共建筑装饰设计类6项，分别是：即墨市新建行政服务大厅、青岛海关办公楼、青岛奥帆中心陆域停船区改造项目（渔人码头）32号地块、青岛警备区办公楼、烟台市文化中心、青岛大剧院；建筑幕墙类13项，分别是：青岛高新区企业加速器幕墙工程、青岛中央商务区兴商大厦幕墙及部分门窗工程、烟台市人力资源市场幕墙工程、烟台市公安局指挥中心综合楼幕墙工程、枣庄市公路管理局新城综合服务楼幕墙工程、枣庄高新区科技大厦幕墙工程、鸿润广场A座幕墙工程、寿光市凯莱大酒店、山东省民主党派办公楼、知识经济总部产业基地B1楼幕墙工程、北川羌族自治县影剧院川剧团及文化艺术学校工程、日照万基国际商住楼幕墙工程、淄博市体育中心综合体育馆。

【国家优质工程（银质）奖获奖工程】 在住房城乡建设部组织的2011年度中国建设工程质量评比中，山东省建筑安装企业承建的19个项目获国家优质工程（银质）奖，分别是：山东省500千伏密州变电站工程、青岛港原油码头三期工程、垦东12区块海油陆采工程、黄岛国家石油储备基地工程、德州市人民医院新病房楼工程、鲁商·泉城中心城市广场B座工程、山东大学南新区综合实验楼工程、淄博市运动员公寓2#楼工程、淄博市体育中心工程、淄博鑫盛城市风景商务大厦工程、中国山东临朐龙韵文化艺术城工程、潍坊医学院附属医院门诊医技综合楼工程、阳光大厦工程、临沂市文化公园工程、青岛理工大学教学楼行政办公及新增二级学院楼工程、青岛海都·国际工程、日照游泳馆工程、北川永昌河河道整治及园林工程、北川羌族自治县永昌第二小学工程。

（王晓飞）

山东临朐龙韵文化艺术城文化城一角（国优奖获奖工程） （供稿：王晓飞）

勘察设计

◇全省勘察设计企业1267家，企业营业收入490.28亿元

◇勘察设计从业人员87320人，注册执业人员达11861人

◇出台『山东省建设工程勘察设计市场动态管理办法』

◇八个小组获得国家工程建设勘察设计优秀QC小组称号，获奖数量居全国各省市前列

【概况】 2011 年，全省勘察设计行业积极改革创新，努力提高勘察设计质量与水平，同时狠抓市场监管，维护全行业良好发展秩序，促进全省勘察设计行业稳步、健康发展，各项工作都取得显著成绩。全省勘察设计企业营业收入 490.28 亿元，实现利润 37.27 亿元，上交所得税 8.8 亿元，分别比上年增长了 32%、11% 和 5%，为全省工程建设、城乡建设和经济社会发展做出了重大贡献。勘察设计咨询业进一步壮大，截至年底，全省勘察设计企业达 1267 家，其中，按资格类别及等级分，工程勘察、工程设计单位 1117 家（甲级 269 家，乙级 579 家，丙级 269 家）。从业人员 87320 人，注册执业人员达 11861 人，具有技术职称的人员 59119 人，分别比上年增长了 9%、11% 和 7%。企业结构更趋合理，勘察设计企业不断深化改革，转变经营机制，创新管理模式。勘察设计企业进一步向民营方向发展，全省勘察设计国有企业数量比上年减少了 4%，公司制企业数量增长了 8%。部分市级大院抓住机遇，突破难点，勇于创新，大胆改革，如临沂市建筑设计研究院、聊城市规划建筑设计院顺利完成了改企转制工作，进一步激发了企业活力。完成改制的单位积极探索做大做强的发展思路，电力、冶金、化工等已改制单位，根据市场需求逐步向国际型工程公司发展；部分设计单位开展一业为主、多种经营；装饰、幕墙、智能化、消防等设计施工一体化企业不断扩大规模；初步形成了层次合理的工程勘察设计咨询业队伍。

勘察设计部分指标完成情况

城市	企业个数（个）	工程勘察完成合同额（万元）	工程设计完成合同额（万元）	科技活动费用支出总额（万元）	企业累计拥有专利（项）	企业累计拥有专有技术（项）	营业收入合计（万元）	营业税金及附加（万元）	利润总额（万元）
全省	1267	127128.92	1057027.96	83252.26	948	465	4902841.24	158055.60	372693.05
济南市	103	1383.45	94910.20	1163.47	33	6	262467.67	12343.06	24506.77
青岛市	194	39852.91	252990.62	12664.52	238	143	1361080.74	33471.48	84675.92
淄博市	91	3533.53	69949.18	3576.51	65	45	172677.94	7104.28	28033.44
枣庄市	21	518.90	10925.38	158.97	0	0	55664.85	1992.66	3107.61
东营市	44	13417.45	62041.54	6291	82	6	285926.64	4829.74	18048.99
烟台市	138	8062.22	111423.88	22977.40	61	31	880962.26	31888.22	33168.80
潍坊市	80	3795.51	48863.24	3945.97	58	59	107688.26	4653.20	14718.80
济宁市	82	3430.53	22204.26	377.71	24	9	209562.61	8225.30	22565.97
泰安市	44	4945.75	13575.18	153.90	3	0	53977.64	2079.36	2053.88
威海市	68	3775.09	30712.32	116.54	0	0	41420.96	2557.05	3776.31
日照市	32	4256.86	6867.47	27.08	15	20	51936.95	1773.04	5352.92
莱芜市	17	470.13	2461.85	17	14	5	17203.43	235.36	1831.12
临沂市	53	1820.13	25095.54	773.40	3	0	50397.71	1712.77	4948.54
德州市	46	2261.02	17054.43	1073.15	9	0	42599.70	915.43	8169.03
聊城市	41	2279.09	21970.72	2148.89	89	23	43107.72	1484.26	4794.08
滨州市	29	685.14	21179.18	54	8	1	16267.21	760.01	5393.30
菏泽市	17	1816.19	6307.48	31.60	5	0	8923.04	561.67	386.53
省　直	167	30825.04	238495.49	27701.15	241	117	1240975.91	41468.70	107161.05

【规范勘察设计市场秩序】 一是严格资质把关和审批。按照公开、公平、公正、高效和专家审查的原则，进一步完善和规范行政许可审批，为全省勘察设计企业提供了及时、便捷、高效的服务。二是出台了《山东省建设工程勘察设计市场动态管理办法》，进一步完善了资质后续监管制度。三是组织开展了2011年全省勘察设计市场专项检查活动，通过检查，对69家省内单位予以限期整顿。其中，对16家省内单位予以吊销资质，对自行放弃资质的7家省内单位依法予以注销资质，对97家省内单位予以不良行为记录；对5家省外进鲁承担业务单位给予警告，对16家省外进鲁承担业务单位2年内不予办理进鲁备案手续。同时，开展了全省施工图审查机构考核检查工作，按照《山东省施工图审查机构考核标准》的要求，重点对机构的资信场所、人员配备、审查时限、审查质量等进行了考核。四是新批准了第二批20家企业进入“绿色通道”，坚持“有监管、有扶持”的原则，充分发挥其表率作用，维护好市场秩序，从而更好地促进优秀企业发展。

【行业诚信体系建设】 一是行业自律工作取得进展。省勘察设计协会印发了《山东省工程勘察市场自律管理意见》和《山东省工程设计市场自律管理意见》，并在6个设区市进行试点。二是诚信体系建设有效推进。组织进行了建筑设计单位的诚信评估工作，推荐山东省建筑设计研究院、山东同圆设计集团等4家单位参加了全国建筑设计行业诚信评估，并全部通过评估。

【大中型建设项目初步设计审批】 加大了对大中型建设工程勘察设计质量、工程建设投资等方面的监管，组织专家共审查工程80余项，提出优化建议和强制性条文修改4000余条。各市积极开展了初步设计审查工作，成立了评审专家库，严格审查制度，加强了监管力度。经优化设计方案，保证了工艺合理和结构安全，为国家节约了大量资金。

【施工图设计文件审查】 全省施工图审查机构自身制度建设不断完善，管理水平日益提升。截至年底，全省共有施工图审查机构49家，审查人员1062名，全年共审查建筑施工图面积16.7亿平方米，市政项目投资额60.3亿元，勘察项目11590个，发现违反强制性标准条文共29410条，有效提高了施工图质量。施工图审查在确保工程质量、规范市场秩序、提升勘察设计水平等方面的综合作用日益显现。

【勘察设计优秀QC小组评选】 加强了全面质量管理工作，组织开展了年度全省工程建设（勘察设计）优秀QC小组评选活动，共评出一等奖22个，二等奖28个，三等奖33个。上报10个小组参加国家评选，其中8个小组获得2011年度国家工程建设勘察设计优秀QC小组，获奖数量为历年最多，并居全国各省市前列。

【工程勘察与建筑基坑管理】 出台了《山东省建设工程勘察质量管理办法》，对工程勘察各环节质量控制提出了明确要求。组织编写了《建筑边坡与基坑工程设计文件编制标准》，明确了建筑基坑设计深度要求，保证了建设工程质量和安全。全年审查各类勘察报告380项、深基坑评审20项，为建筑工程设计提供了坚实可靠保障。

【繁荣建筑创作】 一是扎实有效地开展了多项勘察设计评优活动。组织开展了2011年度山东省优秀工程勘察设计评选活动，共收到632个参评项目，评出一等奖51项、二等奖100项、三等奖142项。组织开展了山东援疆基层组织阵地工程和新农居设计方案竞赛活动，并将获奖作品印刷成册，赠送给新疆维吾尔自治区。组织开展了第二届山东省城市设计精品工程、山东省“同圆杯”绿色建筑设计方案竞赛、山东省第五届建筑装饰设计大赛、第二届山东省优秀建筑设计方案等评优活动。同时，认真组织申报全国勘察设计行业奖，推荐42个项目参加2011年度全国优秀工程勘察设计行业奖评选，共获得二等奖5

项，三等奖26项，获奖总数为历届最多。二是勘察设计学术与技术交流活动不断加强。10月，与中国建筑学会、枣庄市人民政府联合举办了台儿庄古城复建学术研讨会。通过交流和考察，进一步明确了工程建设和城市建设中，要以科学发展观为指导，以环境承载力为基础，强化绿色理念，以人为本，尊重自然，保护生态环境，走可持续发展之路。三是企业科技创新意识不断增强，信息化建设取得一定进展。年内全省企业科技活动费用支出总额8.3亿元，企业累计拥有专利948项，专有技术465项，分别比上年增长了35%、21%和25%。部分单位实现了计算机电子图档管理、项目管理、流程管理，有的向三维设计、协同设计等方向发展。施工图审查机构信息化水平明显提高，通过网络等信息化技术，及时公布审查动态情况，让建设单位随时了解审查进度，同时提高了审查效率。

【抗震防灾设计】 一是抗震防灾相关制度不断完善。根据《山东省建设工程勘察设计管理条例》，制定了新的《山东省超限建筑工程和学校、幼儿园、医院等建筑工程抗震设防专项审查实施细则》。二是积极开展抗震审查、技术培训和规划编制工作。全年共组织开展了超限建筑工程抗震设防专项审查27项，举办了《建筑抗震设计规范》及“中日建筑抗震技术人员研修项目”培训班，完成了城乡建设防灾减灾“十二五”规划等的编制工作。三是抗震防灾应急能力不断加强。参加了山东省抗震减灾工作领导小组召开的山东省暨菏泽市地震应急救援演练调度会，并根据会议部署组织了山东省住房城乡建设系统地震应急救援演练方案，取得了良好的效果，受到省政府表彰。

2011年10月26～28日，台儿庄古城复建学术研讨会在枣庄召开

（供稿：孙　淦）

【全省勘察设计工作会议】 2012年3月26～27日，山东省勘察设计工作会议、省勘察设计协会六届四次会议、全省勘察设计行业信息化工作座谈会在济南舜耕会堂召开。会议总结了2011年的全省勘察设计工作，研究部署了2012年的工作任务及“十二五”期间全省勘察设计行业信息化建设的目标、要求和具体任务。会议表彰了2011年度山东省“优秀工程勘察设计奖”、第二届山东省“优秀建筑设计方案奖”、山东省勘察设计行业“优秀协会”和“优秀工作者”的获奖单位和个人。山东省住房和城乡建设厅副厅长宋守军在会上作工作报告，住房城乡建设部建筑市场监管司勘察设计处、中国勘察设计协会领导，国家工程勘察设计大师李守善、严伯铎、冯永训、艾抗，全省17个设区城市住房和城乡建委（建设局）分管主任（局长）、设计处长（科长），省直有关部门分管领导和基建（计划）处长、山东省勘察设计大师、省勘察设计协会理事、全省甲级勘察设计院院长、施工图审查机构负责人等500余人出席了会议。

（孙　淦）

建筑节能与建设科技

◇节能建筑竣工面积6772.55万平方米，施工阶段节能标准执行率98%

◇完成既有居住建筑节能改造1756.52万平方米

◇全省有二十二个省级绿色建筑示范项目，建筑面积300多万平方米

◇获批国家公共建筑节能监管体系建设示范省

◇两个项目获国家科技进步二等奖，十三个项目获省科技进步奖

◇全省取得建设执业资格的人员达十六万人，注册人数14.3万人

建筑节能

【概况】 2011年，全省认真贯彻《节约能源法》《民用建筑节能条例》和国务院《“十二五”节能减排综合性工作方案》，积极推进住房城乡建设领域节能减排，全面完成国家确定的各项工作任务，实现了“十二五”良好开局。截至年底，全省节能建筑竣工面积6772.55万平方米，施工阶段节能标准执行率达到98%，完成既有居住建筑节能改造1756.52万平方米、公共建筑节能改造152万平方米；完工太阳能光热建筑一体化应用2273.4万平方米，县城以上城市规划区内可再生能源建筑应用面积占新建民用建筑的比例达到40%；生产新型墙材351亿块标砖，县城以上城市规划区内应用新型墙材236.8亿块标砖，生产、应用比例分别达86.8%和98%，全面完成国家和省确定的各项任务；新增节能潜力376万吨标准煤，减排二氧化碳978万吨、二氧化硫7.6万吨，节约土地3800公顷；争取中央财政补助资金10.42亿元，其中可再生能源建筑应用示范补助资金5.77亿元、既改补助资金4.2亿元、公共建筑节能改造及监管体系建设资金4450万元，争取省级财政既改资金1.5亿元。

【既有居住建筑供热计量及节能改造】 会同省财政厅，对“十一五”既有建筑节能改造191个项目进行省级抽验，并向财政部、住房城乡建设部报告，转拨中央财政奖励资金1.69亿元；汇总上报2011—2013年全省4938万平方米改造任务，争取中央补助资金14.47亿元；联合下发《山东省省级既有建筑供热计量及节能改造专项资金管理办法》，拨付本年度既有居住建筑改造中央补助资金2.43亿元、省级奖励资金1.5亿元。在日照召开既有居住建筑供热计量及节能改造工作座谈观摩会，日照、文登被确定为国家“节能暖房”工程重点市县。省政府常务会专题听取全省供热计量改革与既有建筑节能改造工作情况汇报；7月，省政府出台《关于推进供热计量改革与既有建筑节能改造的意见》，召开全省供热计量改革与既有建筑节能改造工作会议，全面部署“十二五”既有建筑节能改造工作，并与17市政府签订目标责任书。年内，全省既有居住建筑供热计量及节能改造1756.52万平方米，完成全年任务的120.9%。

【可再生能源建筑应用】 制定印发《山东省可再生能源建筑应用“十二五”发展规划》及“黄蓝”两区连片实施方案，3市、6县、1区被批准为全国可再生能源建筑应用示范市（县、区），居全国第一位。会同省财政厅，在潍坊召开全省可再生能源建筑应用示范工作现场交流会，对示范工作进行部署，并对示范市、县进行了全面检查。按要求完成了2009年度省管的4个光电建筑应用示范项目验收。分解下达太阳能光热建筑一体化应用任务，进一步加强规划、图审、施工许可、竣工验收备案等环节的监管，确保县城以上城市规划区新建、改建、扩建的12层及以下居住建筑、集中供应热水的公共建筑全部实现太阳能光热建筑一体化，鼓励和指导有条件的地区开展高层建筑太阳能光热建筑一体化应用。编制发布可再生能源建筑应用工程建设标准3项、图集1项，另有5项标准正在编制之中。

将地源热泵应用纳入工程建设程序，加强设计、施工、监理及验收等环节监管，全面开展项目技术论证，促进浅层地热资源科学、持续利用。年内，全省建成太阳能光热建筑一体化应用项目2273.4万平方米，完成全年任务的151.6%。

【新建建筑节能与墙材革新】 制定发布《山东省建筑节能“十二五”发展规划》，组织开展省居住建筑节能设计标准修编。全面推行建筑节能信息公示制度，严格执行节能设计标准，进一步完善贯穿规划审批、设计、施工图审查、施工许可、监理、质量监督、商品房预售、竣工验收备案等各环节的闭合式监管体系，节能工程质量和标准执行率不断提高。全省节能建筑竣工面积6772.55万平方米；施工阶段标准执行率超过98%，比上年提高2个百分点。全省生产新型墙材351亿块标砖，县城以上城市规划区应用236.8亿块标砖，生产、应用比例分别达86.8%和98%，分别比上年提高3个和2个百分点。

【机关办公建筑和大型公共建筑节能监管】 印发《关于做好2011年公共建筑节能工作的通知》，组织编制《山东省国家机关办公建筑和大型公共建筑能耗监测平台建设实施方案》，先后召开全省建筑能源审计培训会、《公共建筑节能监测系统技术规范》宣贯会、节能监测系统建设研讨会，对公共建筑节能工作进行研究部署和交流培训。评审公布省级第二批建筑能源审计机构16家，组织各市审核上报2373栋公共建筑的能耗数据，位居全国各省区首位，获住房城乡建设部通报表扬。山东省获批国家公共建筑节能监管体系建设示范省，获中央财政1600万元资金支持；青岛获批公共建筑节能监管体系建设示范市，获中央财政1250万元资金支持；山东大学、山东轻工业学院、山东科技大学、聊城大学获批建筑节能监管体系建设示范高校，获中央财政1600万元资金支持，三项资金合计4450万元。省建筑节能专项资金列支2000万元支持公共建筑节能监测平台建设和节能改造。全省完成公共建筑节能改造152万平方米，对129栋公共建筑安装分项计量装置和节能监测系统，提前超额完成全年公共建筑节能改造120万平方米、对115栋公共建筑安装节能监测系统的目标任务。

【《山东省建筑节能“十二五”发展规划》出台】 6月8日，省住房城乡建设厅、省发展改革委、省财政厅、省政府节能办四部门联合发布《山东省建筑节能“十二五”发展规划》。《规划》系统总结了“十一五”期间取得的五方面主要成绩，对“十二五”期间的建筑能源需求和节能

2011年12月21日，住房和城乡建设部节能减排专项检查组到沂源县检查指导住房城乡建设领域节能减排工作　（供稿：翟淑娟　黄　凯）

潜力进行了科学测算，明确了七个方面的任务目标和八项重点工作，研究提出了五大保障措施。

【省政府对既有建筑节能改造工作作出部署】 山东省副省长郭兆信代表省政府与财政部、住房城乡建设部签署既有居住建筑供热计量及节能改造目标责任书，省政府常务会专题听取全省供热计量改革与既有建筑节能改造工作情况，省长姜大明作出明确指示。省政府印发《关于推进供热计量改革与既有建筑节能改造的意见》（鲁政发〔2011〕26号），并在威海召开工作会议，对全省“十二五”供热计量改革与既有建筑节能改造工作进行部署。会议表彰了“十一五”全省供热计量改革与既有建筑节能改造工作先进集体、先进个人，要求从2011—2012年采暖季起，全省所有实行集中供热的新建建筑和已经完成供热计量改造的建筑实行按用热量计价收费，“十二五”期间改造具备改造价值的既有居住建筑40%以上，改造高耗能公共建筑1000万平方米。省财政厅、住房城乡建设厅代表省政府与17市政府签署目标责任书，分解落实2011—2013年4938万平方米改造任务。

【省政府出台《关于推进供热计量改革与既有建筑节能改造的意见》】 7月4日，省政府出台《关于推进供热计量改革与既有建筑节能改造的意见》（鲁政发〔2011〕26号）。《意见》要求坚持“政府主导、部门组织、企业参与、用户配合”的原则，加快推进供热计量改革和建筑节能改造。变按供热面积收费为按实际用热量计价收费。对保温隔热性能差、能耗较高的既有建筑进行节能改造，提升建筑品质，提高居民居住舒适度。进一步深化改革，创新工作机制，推动供热降耗、用户节费、社会节能，全面完成国家下达的“十二五”节能任务，为全省加快转变发展方式、调整优化经济结构做出贡献。

【省住房城乡建设厅印发《关于在全省积极发展应用建筑节能与结构一体化技术的通知》】 10月18日，省住房城乡建设厅印发《关于在全省积极发展应用建筑节能与结构一体化技术的通知》。《通知》指出：一体化技术集保温隔热功能与围护结构功能于一体，墙体不需另行采取保温措施即可满足现行建筑节能标准。该技术具有与建筑同寿命、安全可靠、施工方便等优点，是对传统建筑保温设计和施工方法的一次重大变革。全省要大力推广应用一体化技术，有效解决节能保温工程质量通病和消防安全，提高全省建筑节能工作水平，促进建设领域可持续发展。

【全省节能与结构一体化技术推广交流会召开】 10月21日，省住房城乡建设厅在东营召开全省节能与结构一体化技术推广交流会。省住房城乡建设厅副巡视员耿庆海出席会议并讲话，全省17市住房城乡建委（建设局）及省内建筑设计、房地产开发、建筑施工、新型墙材等企业的管理、技术人员300多人参加会议。会上展示了山东省近年来自主研发的CL结构体系、FS外模板现浇混凝土等一批建筑节能与结构一体化新技术新产品。会议期间，组织与会人员参观了东营市一体化技术应用示范工程和生产基地，组织开展了一体化关键技术培训等。

【济南出台《关于推进供热计量改革与既有建筑节能改造的实施意见》】 11月3日，济南市政府出台《关于推进供热计量改革与既有建筑节能改造的实施意见》，要求从2011年冬季采暖期开始，全市所有符合供热计量条件、实行集中供热的新建建筑和已完成供热计量改造的建筑，取消按面积计价收费，实行按用热量计价收费；2012年冬季采暖期前，全部完成单体建筑面积2万平方米以上的大型公共建筑供热计量改造并按用热量计价收费；2015年冬季采暖期前，市区及各县

（市）的集中供热系统全部建成能耗在线监测平台。

【建筑节能与结构一体化技术研究取得阶段性成果】 2009年，省住房城乡建设厅成立“建筑节能与结构一体化关键技术研究”课题组，在全国率先开展一体化技术体系研究。经过两年多的调研论证、试验检测和工程实践，研发了CL结构体系、FS外模板现浇混凝土复合保温体系等六类一体化技术体系，编制发布了7项相关技术规程、导则，组织开展了300多万平方米的一体化技术示范工程建设，培育发展了20余个一体化技术产品生产基地，初步实现了产品系列化、生产标准化、产业规模化。在东营召开全省建筑节能与结构一体化技术交流推广会，并印发《关于积极发展应用建筑节能与结构一体化技术的通知》，加快推进一体化技术推广应用，有效杜绝建筑施工消防隐患，提高建筑保温体系抗震、安全性能，实现保温体系与建筑的同寿命。

（胡雪晶）

墙改与建筑节能情况统计表

城市	新墙材应用		节能建筑		既有居住建筑节能改造面积（万平方米）
	实际应用量（亿块标砖）	占建筑墙材总量的比例（%）	竣工面积（万平方米）	占民用建筑量的比例（%）	
全　省	236.84	98	6772.55	98	1756.52
济南市	21.18	100	1054.98	100	101.35
青岛市	25.45	100	1133.25	100	103.33
淄博市	11.28	100	251.39	98.20	69.26
枣庄市	8.95	100	286.06	99.60	52.90
东营市	12.05	100	301.06	100	124.32
烟台市	24.61	100	502.19	100	106.54
潍坊市	27.97	100	721.77	100	178.45
济宁市	18.02	100	458.44	99.01	97.44
泰安市	7.39	100	237.64	100	40.23
威海市	11.23	100	301.56	99.85	333.70
日照市	8.65	98.74	257.97	96.26	208.74
莱芜市	4.26	100	28.21	95.95	13.20
临沂市	18.43	99.95	439.94	99.84	117.74
德州市	8.68	95.49	194.42	99.77	106.04
聊城市	10.89	97.15	133.98	99.77	30.98
滨州市	9.66	100	249.74	99.99	56.20
菏泽市	8.14	79.03	219.96	100	16.10

建设科技教育

【概况】 2011年，省住房城乡建设厅把强化科技创新作为加快住房城乡建设事业转方式、调结构的重要抓手，研究出台了《省建设科技成果推广应用管理办法》《省建设科技示范工程管理办法》；印发了《关于积极促进我省绿色建筑发展的意见》，提出绿色建筑发展的指导思想、基本原则、发展目标、工作重点及推进措施；会同东营市人民政府启动了省级低碳生态示范城市建设，研究编制了《东营低碳生态城市发展战略研究》《东营低碳生态城市发展规划》，明确低碳生态城市创建目标、发展路径和政策措施；组织开展建筑节能与结构一体化技术研究，发布一体化技术相关技术规程、导则7项。年内，2个项目获国家科技进步二等奖，13个项目获省科技进步奖，评审确定64项省建设技术创新奖。印发《关于进一步加强全省住房城乡建设教育培训工作的意见》，开展各类建设教育培训47万人次。

【建设科技创新】 召开省建设科技协会二届三次理事会暨建设科技工作座谈会，表彰省建筑节能技术产品50强及2010年度山东建设技术创新奖55项。组织做好建设科技立项工作，获住房城乡建设部科技计划项目立项69项、美国能源基金会项目立项7项、科技厅计划项目立项5项，厅科技计划项目立项290项。组织做好科技奖项申报，2个项目获国家科技进步二等奖，13个项目获省科技进步奖，其中一等奖2项、二等奖5项、三等奖6项，申报华夏建设科学技术奖励项目16项。组织科技成果鉴定36项。完成2011年度省建设技术创新奖评审，评出一等奖8项、二等奖20项、三等奖36项。11月，在《山东建设报》专版刊登了省住房城乡建设厅2010、2011年建设科技计划项目。组织开展建筑节能与结构一体化技术研究，发布一体化技术相关技术规程、导则7项。出台《省建设科技成果推广应用管理办法》《省建设科技示范工程管理办法》，开展省建筑节能示范工程评审，确定低能耗建筑和节能结构一体化示范项目10项。下发《关于开展建筑节能监测系统应用认定工作的通知》，出台《可再生能源建筑应用技术产品认定实施细则》，推广建设新技术49项，办理建设工业产品备案522项，认定可再生能源建筑应用技术产品5批140项，其中水源热泵机组8项、太阳能热水系统132项。

【绿色建筑】 成立厅绿色建筑发展领导小组，召开领导小组工作会议，印发了《关于积极促进我省绿色建筑发展的意见》，提出绿色建筑发展的指导思想、基本原则、发展目标、工作重点及推进措施。组织开展第三批省级绿色建筑示范工程建设，审查确定18项示范工程，并从新型墙材基金中拿出500万元予以补助。印发绿色建筑评价标识工作规程，组建省绿色建筑评价标识专家委员会，评审公布了2批绿色建筑星级标识项目。截至年底，全省有22个省级绿色建筑示范项目，建筑面积300多万平方米，山东交通学院图书馆获得国家“绿色建筑创新奖”一等奖，济南中建文化城一期等10余个项目获得绿色建筑星级标识，建筑面积近百万平方米。

2011 年 10 月，专家组对中建文化城一期工程进行绿色建筑标识评审，该项目获评二星级运行标识　（厅节能科技处供稿）

【低碳生态城市建设】　会同东营市开展省内外调研，研究编制《东营低碳生态城市发展战略研究》《东营低碳生态城市发展规划》，明确低碳生态城市创建目标、发展路径和政策措施。开展低碳生态城市建设相关技术体系研究，构建低碳生态城市发展统计监测指标体系和质量评价指标体系，为深入推进共建工作提供技术支撑和监测评价依据。印发《东营低碳生态城市创建有关示范项目建设实施方案》，启动首批 13 大类 32 个低碳生态示范项目建设，编制实施细则和验收标准，明确各项示范的实施标准、推进措施及验收要求。协助东营市举办首届低碳生态城市技术论坛，围绕低碳生态城市发展模式、绿色建筑发展等 6 项课题深入探讨交流，结合东营实际就低碳生态城市发展道路提出指导意见。低碳生态城市创建工作的开展，为东营市获批“中日生态城”示范城市奠定了基础。

【教育培训】　印发《关于进一步加强全省住房城乡建设教育培训工作的意见》，明确“十二五”时期住房城乡建设教育培训的指导思想、总体目标、工作原则，部署专业技术管理人员岗位培训、专业技术人员继续教育、农民工培训、境外培训等十项重点工作。在济南南郊宾馆召开全省住房城乡建设教育培训工作会议，这是十几年来，山东省召开的首次城乡建设教育培训工作会议。各市住房城乡建设部门主要负责人，规划、城市管理、市政公用、城管执法、园林、房管、建管、住房公积金管理等部门分管负责人及建设类教育培训单位负责人等 260 余人参加了会议。会议的召开，对加强住房城乡建设教育培训，提高建设队伍业务能力和整体素质，具有重要意义。

（胡雪晶）

建设执业资格

【概况】　2011 年，新增注册化工工程师、注册公用设备工程师（暖通空调）、注册公用设备工程师（给水排水）、注册公用设备工程师（动力）、注册电气工程师（发输变电）、注册电气工程师（供配电）六个专业的执业注册项目。截至年底，全省取得建设执业资格的人员达 16 万人，注册人数14.3万人。其中，一级注册建筑师1387人，二级注册建筑师1898人；一级注册结构工程师2224人，二级注册结构工程师650人；注册岩土工程师596人，监理工程师9352人，房地产估价师2345人，造价工程师9162人，注册城市规划师1012人，房地产经纪人968人；一级建造师注册15875人（其中临时证书2314人），二级建造师注册95945人（其中临时证书22197人）；注册化工工程师274人，注册公用设备工程师（暖通空调）326人，注册公用设备工程师（给水排水）329人，注册公用设备工程师（动力）112人，注册电气工程师（发输变电）124人，注册电气工程师（供配电）473人。

2011年3月29日，全省建设执业资格管理工作会议在东营召开

（厅建设执业资格注册中心供稿）

【建设执业资格注册管理】 依据行政许可法及各类执业资格管理规定，进一步规范了各项注册审批行为，建立了严格的执业资格注册审查审批程序。全年共完成6.8万多人次资格注册的申报审查和审批，为执业师提供了便捷高效的服务。同时，积极推进建设执业资格执法监督工作，通过在注册中心网站上开设举报信箱，向社会公布投诉举报监督电话，认真做好涉及执业师的投诉举报受理工作。深入开展调研和检查，通过监督检查促使注册人员增强守法的自觉性，有力地维护了建设市场秩序。积极创新培训方式，科学制定继续教育方案，完成3万多名执业师继续教育培训。

【执业资格考试考务】 年内，按照国家统一部署，配合人事部门完成了一二级注册建筑师、一二级注册结构工程师、监理工程师、造价工程师、房地产估价师、注册城市规划师、注册公用设备工程师、注册电气工程师等12类建设执业资格的考试报名组织、资格审查、考试巡视和阅卷组织等工作。二级建造师的考试是省住房城乡建设厅独立承担的执业资格考试，2011年度全省二级建造师考试报名76669人，考试合格17650人。

【执业资格继续教育】 完成3万多名执业师继续教育培训，组织举办国家级大师讲座和高层论坛，组织执业师赴先进省市交流学习，建设执业资格注册管理和继续教育等工作为全国提供了经验，受到住房城乡建设部有关主管部门表彰。

（张尚杰）

建设法制·外事外经

◇出台政府规章一部、部门规范性文件四十余件

◇出台『建设行业资质审批工作规则（试行）』和『建设行业资质审查专家管理办法』

◇派出出国（境）团组五个，接待来访团组二十余个

建设法制

【概况】 2011 年，建设法制工作以提高依法行政水平为重点，加快立法步伐，加大执法力度，规范执法行为，强化层级监督，深入普法教育，积极推进政务公开，全省住房城乡建设系统依法行政能力和水平有了明显提高。出台政府规章 1 部、部门规范性文件 40 余件；会签住房城乡建设部、省人大、省政府法制办及省直有关部门法规性文件 37 件，提出会签意见 150 多条；依法受理行政复议案件 25 件，依法不予受理 4 件，全部按时依法审理；帮助厅属企业单位办理经济纠纷案件多起；组织或参与组织各类法制宣传 6 场次。中共中央宣传部、司法部授予省住房城乡建设厅“2006—2010 年全国法制宣传教育先进集体”荣誉称号，住房城乡建设部授予省住房城乡建设厅全国住房城乡建设系统“五五”普法先进单位荣誉称号。

【建设立法】 结合全省住房城乡建设工作实际，注重与省人大法工委、省政府法制办的沟通协调，省住房城乡建设厅报送了 2011 年地方立法建议项目，包括《山东省城乡规划条例》等 7 个地方性法规和《山东省开发区规划管理办法（修订)》等 4 个政府规章。落实“三定一保”立法责任制，创新立法工作方法，完善立法调研机制，加强沟通协调力度，加快建设行业立法步伐。《山东省城乡规划条例》议案已完成在省直相关部门会签，拟提报省人大常委会审议。《山东省房屋建筑与市政工程招标投标办法》经省政府常务会议审议通过，以省政府第 249 号令发布。《山东省工程造价管理办法》已完成调研、起草、会签、修改工作，拟提报省政府法制办审议。全年共审核《山东省建设项目选址规划管理办法》《山东省工程建设标准编制管理规定》等部门规范性文件 40 余件，保证了规范性文件有章可依，增强了可操作性。全年共办理各类法规性文件的征求意见稿、会签稿 37 件。按照省政府的有关规定，及时将省住房城乡建设厅出台的部门规范性文件向省政府法制办进行备案，经备案审查，合格率 100%。

【执法监督】 一是规范行政许可审批行为，提高审批工作效率。根据省政府行政许可清理领导小组会议精神，确定对省住房城乡建设厅 23 项行政许可和非行政许可审批项目进行统一规范，将行政许可程序分为大厅受理、经办人初审、单位主要领导复核、厅分管领导核准四个环节。对各环节在时限上进行了统一规定，并按照行政许可事项名称、许可条件、初审人员姓名、处室审核领导姓名、分管厅领导姓名、时间分配等内容，统一填写行政许可事项流程表。为了进一步规范山东省建设行业资质审批工作程序，提高工作效率和管理水平，使资质审批制度更加合理、程序更加简化、管理更加规范，制定实施了《山东省住房和城乡建设厅建设行业资质审批工作规则（试行)》和《山东省建设行业资质审查专家管理办法》。二是加强执法资格管理。根据省政府法制办《关于举办省直行政执法人员公共法律知识培训班的预备通知》要求，组织了省住房城乡建设厅具备行政执法资格、需要申领行政执法证件、尚未参加过公共法律知识培训人员的培训报名工作，共计25人参加了执法证申领培训学习。三是做好法规规章实施和后评估工作。对已经实施的《山东省建设工程勘察设计管理条例》启动立法后评估工作，会同省人大、省政府法制办开展了山东省勘察设计市场监督检查暨条例立法“回头看”调研，通过实地考察，召开专题座谈会，公开征求意见等方式对条例的立法质量、可操作性、实施效果等进行了评估。

【普法教育】 一是在济南召开了宣贯工作会议，大力宣传《山东省建设工程勘察设计管理条例》。利用各类媒体集中开展“宣传月”，编写出版《条例释义》，组织条例知识竞赛，举办条例知识培训班等一系列宣贯活动。二是在泉城广场开展了《城镇燃气管理条例》宣传周启动仪式，开展了《条例》及燃气安全知识竞赛，组织了宣贯培训班。三是会同省政府法制办组织17市住房城乡建设委（建设局）分管领导、法制科长、拆迁办主任等，召开《国有土地上房屋征收与补偿条例》宣贯研讨会。四是部署编辑发行《山东省建设法规汇编（2009—2010）》。《汇编》收录了全国人大常委会、国务院、住房城乡建设部及其会同有关部委，省人大常委会、省政府、省住房城乡建设厅及其会同有关部门发布的关于城乡建设的法律、法规、规章和部门规范性文件，共180余件，约计90万字。五是部署“四五”依法行政和“五五”普法考核表彰工作。

【政策研究】 一是组织开展了2010年度全省住房城乡建设系统优秀调研成果评选工作。全系统共申报参评调研成果241篇，其中省住房城乡建设厅内处室、单位和省建管局申报25篇，17市住房城乡建设委（建设局）、行业主管局申报216篇。经调研成果评委会严格评选，评出优秀调研成果一等奖13篇、二等奖20篇、三等奖40篇、优秀奖49篇，并进行了通报。二是印发了《2011年厅机关调研课题计划及分工》，确定全年重点开展22项课题调研活动。要求各单位深入实际，加强调研，使更多的调研成果进入领导决策，推动建设事业又好又快发展。三是参与了城建投融资工作调研，考察了兖州惠民城投公司等，形成了关于城建投融资运行情况的调研报告；参与了省委、省政府关于进一步壮大县域经济实力，提升县域经济发展水平，增强县统筹城乡发展能力调研活动。

省住房城乡建设厅荣获全国住房城乡建设系统“五五”普法工作先进单位，耿庆海副厅长、杨建武处长在领奖台上 （厅政策法规处供稿）

【行政审批】 认真贯彻落实《山东省住房和城乡建设厅行政许可事项窗口办理暂行办法》《山东省住房和城乡建设厅建设行业资质审批工作规则（试行）》和《山东省建设行业资质审查专家管理办法》等规定，分解责任，加强对制度规定执行情况的检查督导，推进公开透明和监督制约。全年共接收审核申请材料2625件、补正材料786件，已办结2415件，办结率92%。

（王小强）

外事外经

【概况】 2011年，省住房城乡建设系统国际交流与合作工作按照“围绕中心、服务大局、拓宽领域、强化功能”的要求，认真贯彻落实科学发展观和全省住房和城乡建设工作会议精神，按照省住房城乡建设厅党组的决策决议，找准国际交流与合作工作为建设事业改革和发展服务的切入点、结合点，着力做好建设事业对外交流交往、利用外资、对外工程承包劳务合作等工作，全省建设事业的对外开放度不断提高。

【对外交流交往】 年内，省住房城乡建设系统坚持“引进来”和“走出去”相结合，不断扩大与世界各国建设同行的交流与合作。全年派出出国（境）团组5个，52人赴国外学习、考察；接待了来自丹麦、香港、德国、美国、日本等国家的政府和经贸访问团20余批，100余人次。8月22～31日，省住房城乡建设厅厅长杨焕彩带队出访德国、波兰，期间分别与德国巴伐利亚州最高建设管理局局长鲍克斯拉德、巴州建筑师协会主席黑塞，波兰经济部信息与外国投资局官员进行了会谈。在德国巴伐利亚州召开了鲁巴建设混合顾问委员会会议，向巴州最高建设管理局和建筑师协会介绍了临沂市罗庄区傅庄镇新型城市规划、东营市东部海滨新城概念规划及城市设计、寿光市马疃社区规划等项目，商定了鲁巴在建设领域深化合作的具体措施。同时，与波兰方面探讨了山东建设企业进入波兰市场的途径和方法。11月29日，省外事办公室、省经信委、省住房城乡建设厅与美国大使馆在山东大厦联合举办了“山东—美国节能合作研洽会”，美国驻华大使骆家辉参会并致辞，共有10家美国企业和82家中方企业共计180余名代表参会。研洽会上，初步达成合作意向的企业有21家，合作项目31个。年内，落实山东省省长姜大明与日方签订的《山东省人民政府和财团法人日中经济协会关于加强在新能源和节能环保领域交流合作的备忘录》，积极推动济南市政府和日中经济协会举办中日（济南）建筑节能论坛，并取得预期效果。全年组织外派了城市建设法规赴澳新考察团、2011（香港）山东周活动住房城建招商团、建筑节能设计赴美国考察团、基本住房保障制度赴新加坡培训班等，均圆满完成考察和学习任务。继续严格执行《山东省住房和城乡建设厅因公出国（境）管理规定》，加强外事管理，控制出国（境）团组数、人数和经费支出，完善因公出国（境）管理制度。

【建设领域利用外资】 年内，全省城乡建设系统积极参与各种招商活动，大力推动招商引资，全年对外新签合同项目55个，同比减少35.3%；合同利用外资25.13亿美元，同比增长17.57%；实际到账外资23.71亿美元，同比增长34.38%。

【对外承包工程和劳务合作】 年内，配合省商务厅对建设企业申请对外承包工程资格进行审查，支持、鼓励符合条件的工程建设类企业申请对外承包工程经营权，全年新增对外承包工程建设类企业8家，对外承包工程队伍逐步发展壮大。参加山东省援外项目质量年活动，40余家援外资质企业负责人签订了《援外项目质量自律承诺书》。贯彻商务部、住房和城乡建设部《关于加强对外承包工程外派人员管理工作的紧急通知》，与商务厅商讨、会签了转发意见，下发各市商务局、住房城乡建设局和各对外承包工程企业执行。开展了山东省建设企业国际竞争力调研。落实全国援外工作会议精神和全省援外工作会议精神，9月8~9日，省住房城乡建设厅、商务厅和省建管局联合组织召开了全省建设行业对外承包工程工作会议。受北非中东地区国家政局动荡特别是利比亚战乱的影响，全省建设外经企业对外承包工程业绩增长势头放缓。全年共有49家具有对外经营权的建设企业开展了国际经济合作业务，累计新签合同192份，新签合同额59.19亿美元，实际完成营业额61.12亿美元；共计派出各类工程技术和劳务人员12470人，期末在外19486人。新签合同额、派出人数和期末在外人数分别比上年下降27%、8%和6.5%；新签合同份数、实现营业额分别比上年增长21.5%和35.55%。

【山东—美国节能合作研洽会】 11月29日，山东省政府外事办、省经信委、省住房城乡建设厅和省节能办等部门与美国大使馆联合组织的“山东—美国节能合作研洽会”在山东大厦举行。美国驻华大使骆家辉参加会议并致辞。共有10家美国企业和82家中方企业，共计180余名代表参会。研洽会上，初步达成合作意向的企业有21家，合作项目31个。此次活动为双方企业开展节能领域的合作搭建了平台，推进了山东省和美国在相关领域的合作。在美国驻华大使骆家辉与中方人员见面会上，山东省建筑大学校长王崇杰作为建设系统和高校代表发了言，骆家辉对山东建筑大学在建筑节能科学研究、人才培养和促进产学研一体化方面所做的工作给予高度评价。此次研洽会是骆家辉到任后首次在地方举办的大型活动，也是中美双方推动地方合作机制的具体举措之一，无论对于中美两国地方上的交往，还是对于两国总体关系，都具有重要意义。

（郁志伟）

11月29日，山东省政府外事办、省经信委、省住房城乡建设厅和省节能办等部门与美国大使馆联合组织的“山东—美国节能合作研洽会”在山东大厦举行

（厅国际处供稿）

机关建设

◇完成2011年度省直机关党建目标管理考评

◇建立岗位廉政风险防控机制

◇建立纪检监察信访案件电子处理系统

◇一名职工获全国『五一』巾帼标兵称号，二十个集体获全国建设系统『工人先锋号』称号

◇全省住房城乡建设系统企业工会建会率85%以上，农民工会员近200万人

机关党建

【概况】 2011 年，大力推进机关党建工作，选举产生了省住房城乡建设厅第一届社会组织党委，组建了厅属社会组织党支部；进一步完善了党务工作规范化流程，全面分析和查找党风党性党纪方面存在的问题，制定整改措施，成效明显；全面做好入党积极分子、发展对象和预备党员的培养教育工作，全年培训 131 人；组织广大党员干部重点学习贯彻胡锦涛“七一”讲话，重点抓了承诺、践诺等环节的工作；修订完善了省住房城乡建设系统文明行业创建标准和考评细则，在城乡规划、物业管理、燃热、园林绿化等 7 个行业全面开展文明行业创建活动，有力地推动了全省住房城乡建设事业又好又快发展。

【学习型党组织建设】 2011 年，省住房城乡建设厅机关党委积极组织广大党员干部深入学习贯彻十七届四中、五中、六中全会和省委、省政府有关会议精神，重点加强学习贯彻胡锦涛总书记“七一”讲话，分专题邀请专家举办了 5 次学习讲座，1500 多人次听取讲座。在迎接建党 90 周年学习实践活动中，组织开展了“七一”专题讲座、党史知识竞赛、红歌会和党史馆参观活动。

【创先争优活动】 省住房城乡建设厅所属各级党组织认真开展第二轮创先争优活动，重点抓了承诺、践诺等环节的工作。按照住房城乡建设部的有关要求，在全系统窗口单位和服务行业部署开展“为民服务创先争优”活动，印发了实施方案，进行深入调研，向住房城乡建设部推荐了先进典型。

【党的建设】 按照省委组织部“建组织、扩覆盖”的要求，选举成立了省住房城乡建设厅第一届社会组织党委，组建了厅属社会组织党支部。进一步完善了党务工作规范化流程，印发了厅党务公开的实施意见，完成了 2011 年度省直机关党建目标管理考评工作。组织召开了民主生活会

2011 年 11 月 23 日，省住房和城乡建设厅召开专题会议，学习贯彻党的十七届六中全会和省委九届十三次会议精神，厅机关及直属单位党员参加会议

（摄影：刘海泉）

和组织生活会，全面分析和查找党风党性党纪方面存在的问题，制定整改措施，成效明显。全面做好入党积极分子、发展对象和预备党员的培养教育工作，全年培训人员131人。开展了丰富多彩的群团工作，积极组织参与了文艺汇演、乒乓球比赛、拓展训练等活动和“青少年维权岗”巡检等工作，党联系团结群众的桥梁和纽带作用得到充分发挥。

【精神文明建设】 深入推进文明行业创建活动，修订完善了省住房城乡建设系统文明行业创建标准和考评细则；按照住房城乡建设部的部署，在城乡规划、物业管理、燃热、园林绿化等7个行业全面开展文明行业创建活动。全面推进厅属单位和机关各处室的文明创建工作，起草了新一轮文明处室、文明单位的考核标准。执业资格注册中心被评为省级文明单位，燃气热力办被评为省直文明单位。坚持深入持久地抓好行风建设，不断深化对行风建设“执政为民、用心惠民”等核心理念的认识，努力探索工作的有效措施，在青岛召开了第十个行风建设工作会议。认真组织开展年度青年文明号、巾帼文明岗申报工作。枣庄市房产交易中心等7家单位获国家级青年文明号荣誉称号、日照市住房和城乡规划建设委员会获全国文明单位荣誉称号；新增省级青年文明号21家、省级巾帼文明岗4家。

（金纯龙）

廉政建设

【概况】 2011年，驻省住房城乡建设厅纪检组，按照省纪委和厅党组的总体部署和要求，紧紧围绕年初确定的“一二三四”工作思路，全面树立“加强党风廉政建设，打造风清气正建设系统”一个工作目标；努力坚持“贴近建设大局做，紧跟中心任务走”两句话工作理念；着力构建“重在防范、及时发现、严肃处理”三方面工作机制；扎实做好“常规工作、基础工作、重点工作和临时工作”四项纪检监察工作，为全省住房城乡建设事业科学发展提供了良好的政治环境和有力的政治保证。一是认真开展廉政教育。组织厅机关和厅属单位100多人到省博物馆参观了惩治和预防渎职侵权犯罪展览；开展了“依纪依法安全文明办案”教育活动，切实加强自身建设，注重理论学习和业务培训，纪检监察干部思想水平和履职能力不断提高。二是日常监督进一步深入。按照《党政领导干部选拔任用工作监督检查办法（试行）》要求，驻厅纪检组严格履行职责，全过程参与厅机关及厅属单位30多名干部选拔任用。全面参与厅属事业单位人才引进，建设执业资格考试，评优评奖审定。对厅大项财务支出、大额资金安排、重大事项决定都全程参与，对厅领导班子科学决策执行情况的监督不断加大，有力保障了各项决策的科学性。三是积极推进科技防腐工作。按照省纪委统一部署，协调信息中心完成了与省电子政务监察平台的初步对接，实现了行政审批受理工作的视频监控，为科技防腐工作的扎实推进创造了条件。四是建立纪检监察信访案件电子处理系统。该系统可方便快捷地查阅信访举报的详细内容、办理结果，为调整使用干部、评先树优、年终考核提供了高效服务，也有利于纪检组分析掌握举报对象的职业类别、岗位特点以及举报内容的规律性问题，有针对地采取防范措施。

【强化廉政监督检查】 按照省委、省政府《关于2011年全省党风廉政建设和反腐败工作任务分工意见》，积极协助厅党组精心安排部署开展监督检查，圆满完成了3项牵头任务和12项协办任务。参与房地产市场调控政策落实情况监督检查；参与住房保障政策落实情况监督检查；参与住房公积金归集管理使用情况监督检查；参与工程建设领域突出问题专项治理；参与城市生活垃圾处理项目建设情况监督检查；组织开展规范津贴补贴专项治理；协调公务用车专项清理和“小金库”专项治理复查。为上级重大决策部署在全省住房城乡建设系统的贯彻落实提供了强有力的保障。

【建立风险防控机制】 按照省纪委关于推进廉政风险防控机制建设的部署，在厅机关和厅属有行政职能的事业单位深入开展了岗位廉政风险防控工作。3月3日，党组书记、厅长杨焕彩作动员讲话，驻厅纪检组长李绍增部署工作。驻厅纪检组在到外省和有关地市进行专题调研基础上，起草了《山东省住房和城乡建设厅关于建立岗位廉政风险防控机制的实施意见》（鲁建党发〔2011〕5号）。厅所有处室（单位）都填报了“处室（单位）廉政风险和防范措施表”，全体干部均填报了“个人廉政风险和防范措施表”。共查找出廉政风险点659个，处室（单位）风险点118个，个人岗位风险点541个，制定防控措施721条。驻厅纪检组牵头编制了《山东省住房和城乡建设厅内部管理规定》，厅机关和厅属有行政职能的事业单位建立了结构合理、配置科学、程序严密、制约有效的权力运行机制。

【行政审批制度改革】 按照政务公开和党风廉政建设的相关要求，在廉政风险点排查的基础上，驻厅纪检组起草制定了《山东省住房和城乡建设厅建设行业资质审批工作规则》和《山东省建设行业资质审查专家管理办法》，从三个方面进行了重大改革。一是精简审批工作人员，简化审批程序。由之前的具体工作人员、分管副处长、处长、厅领导层层审签，变成了现在的由处室一把手审签制，同时加大了审批岗位干部交流轮岗力度；二是增强审批工作科学性，建立了专家审查制度；三是强化监督检查，提高了公开公平公正性。加强对资质审批程序的全过程以及资质审查专家库的建立、评审专家的选聘、考核和使用等环节的全程监督，使行政审批的公平、公正性大大提高。

（朱文汇）

行业工会

【概况】 2011年，全省住房城乡建设系统各级工会组织和广大工会工作者，牢牢把握科学发展主题和转变经济发展方式主线，凝聚职工群众力量，激发干事创业激情，在参与社会管理、构建和谐劳动关系、积极维护职工合法权益、推进工资集体协商、深入开展群众性劳动竞赛活动、加强企业文化和职工文化建设等方面取得了显著成绩，为全省住房城乡建设事业平稳较快发展做出了积极贡献。年内，省建设行业有1名职工获得全国“五一”巾帼标兵荣誉称号，20个集体荣获全国建设系统“工人先锋号”荣誉称号；1名职工获得省女职工“建功立业标兵”荣誉称号，1个集体获得省女职工建功立业标兵岗，3人荣获山东省“富民兴鲁”劳动奖章，1个项目部获得山东省“工人先锋号”荣誉称号；307人荣获山东省住房城乡建设系统劳动模范称号。青岛建安建设集团有限公司因连续三年荣获山东省“安康杯”竞赛优胜企业荣誉称号，获得山东省“富民兴鲁”劳动奖状；7人因所在单位连续3年获得“安康杯”竞赛优胜单位或连续4年获得竞赛优秀组织单位称号，被授予了“山东省住房城乡建设系统劳动模范”荣誉称号。

【保障性安居工程建设劳动竞赛】 为了充分发挥广大参建职工在保障性安居工程建设中的主力军作用，保质保量如期完成国家下达给山东省的保障住房任务，6月，省建设工会制订下发了《山东省保障性安居工程建设劳动竞赛实施方案》，在保障性安居工程建设工地开展了劳动竞赛活动。各市住房城乡建设主管部门认真贯彻落实有关精神，把竞赛活动纳入重要工作日程。济南市通过“争优质、创红牌、保进度”竞赛活动和“奋战60天，实现年度目标”的冬季竞赛不断掀起竞赛活动热潮，营造了浓厚的劳动竞赛氛围。青岛、临沂、枣庄、德州等市还制订了详尽的竞赛方案，围绕工程质量、安全生产、工程进度、节能降耗、科技创新、劳务管理等方面积极开展竞赛。通过竞赛，全省保质保量完成了2011年度保障性安居工程建设任务。全省全年开工保障性安居工程39.72万套，开工率122.5%，超额完成年度任务，保障房开工率及各项指标均居全国前列。

【岗位练兵和职工职业技能竞赛】 年内，成功举办了首届山东省城市供排水行业职业技能竞赛。竞赛分城市供排水水质检验技术和城市供水管网检漏技术两个工种。竞赛自5月启动，历时3个多月，全省17个城市近90名选手参赛。经过理论知识考试和现场职业技能比赛，评出了全省城市供排水行业职业技能竞赛团体一、二、三等奖。整个比赛活动圆满成功，获得竞赛冠军的优秀选手被授予了山东省“富民兴鲁”劳动奖章。很多基层单位都结合自己的实际开展了有针对性的技能比赛活动，深受职工的欢迎。山东三箭集团通过开展“青年实际操作技术比武大赛”，提高了员工实际操作水平，促进了青年职工的成长。济南四建集团、天元集团等单位举办的“设备操作人员技术比武”“一建双争”等系列活动，充分调动了广大职工干事创业的积极性、创造性，为企业发展注入了强大动力。烟台、淄博、滨州、菏泽、聊城等市的很多企业也都广泛开展了工友创业实训、岗位练兵、技能培训、名师带徒、技能大赛等活动，职工综合素质得到了进一步提升。

【重点工程立功竞赛】 会同省总工会等有关部门，对省重点工程立功竞赛项目胶州湾湾口海底隧道青岛端接线工程竞赛活动进行了全面检查、考核。该重点工程以“建精品工程，创一流业绩”为主题，深入开展了“质量、安全、进度、创新、廉政和文明生产”为主要内容的立功竞赛活动。通过扎实深入地开展立功竞赛活动，进一步调动了广大员工的工作热情，为推进隧道接线工程建设，实现海底隧道顺利通车，为半岛蓝色经济区建设和青岛经济社会发展做出了应有的贡献。参与省重点工程建设的企业中，优胜企业和先进个人分别被省总工会授予了“富民兴鲁”劳动奖状和奖章；6个企业、15名个人受到省总工会、省住房城乡建设厅记功奖励。

【“安康杯”安全生产竞赛】 年内，全省住房城乡建设系统“安康杯”竞赛参赛单位达1625家，班组28477个，职工80余万人，覆盖了全系统各个行业。其中，泰安市住房城乡建设委报名参赛企业达 267 家，班组 6001 个，参赛职工 14.77 万人，参赛企业和职工人数位居全系统前列；潍坊市住房城乡建设委报名参赛企业 217 个、3233 个班组、11.47 万人，参赛单位比上一年度提高了 13%；济南市市政公用事业局、济南市城市管理局、青岛市市政公用局、淄博市公用事业管理局、烟台市城管局、德州市城管执法局等单位的所属企事业单位全部报名参赛。为促进竞赛活动的开展，8 月，省建设工会在泰安市组织召开了竞赛活动现场经验交流会，8 家单位交流了开展竞赛的经验，同时还参观了泰安市的竞赛现场。为全面落实“安全生产基层基础深化年”各项要求，省建设工会还会同省建筑工程管理局在淄博市举办了全省住房城乡建设系统“安全在我心中”演讲比赛。17 个地市共组成 27 支代表队，55 名选手参加了比赛。参赛选手选取工作和生活的真实故事，演讲声情并茂、生动感人，取得了很好的效果。许多单位也都围绕安全生产这一主题，开展了摄影、演讲、漫画、故事会等丰富多彩的安全文化活动，有效地促进了安全工作的开展。

【工会组织建设】 年内，坚持党建带动工建、工建服务党建，以农民工、劳务派遣工为重点对象，开展有针对性的建会行动，工会组建和会员发展工作成效显著。据不完全统计，全省住房城乡建设系统企业建会率达到 85% 以上，农民工会员近 200 万人。

【工资集体协商】 各地普遍开展了工资集体协商特别是行业性工资集体协商，制订建立了工资集体协商的意见、集体协商指导员培训三年实施计划，把开展工资集体协商作为劳动关系和谐企业创建的核心内容和重要标准。5 月，省建设工会在济南举办了全省住房城乡建设系统工资集体协商制度培训班，来自各市建筑企业的 50 余人参加了培训，为全面落实山东省工资集体协商三年规划奠定了基础。

【农民工素质调查和环卫工生活状况抽查】 全国建设工会开展了建筑业农民工队伍素质状况调研，省建设工会积极配合，按时完成了相关材料的报送工作。同时，根据建筑行业的实际，针对新生代农民工队伍素质对建筑业可持续发展的影响和存在的问题，选择了 10 家建筑施工企业的 500 名建筑业新生代农民工进行了调研。调研采取问卷方式进行，内容涵盖农民工工资、福利待遇、医疗保险、劳动保护、安全生产等方面，形成的《建筑行业新生代农民工用工状况调研报告》，全面系统地汇总了山东省建筑行业新生代农民工用工状况。在第十七个环卫工人节来临之际，会同有关部门对环卫行业贯彻落实《劳动合同法》，环卫企业工人工作生活情况进行了抽查，了解掌握了全省环卫行业贯彻落实《劳动合同法》的有关问题和特点，为今后区分不同情况指导全省环卫行业全面贯彻落实《劳动合同法》，改善环卫企业工人工作生活条件提供了依据。

【女职工“素质提升、岗位建功”活动】 5 月，省建设工会组织召开了女职工委员会二届四次委员会暨“素质提升、岗位建功”活动推进会，并及时转发了省总工会《关于大力推进工会女职工组织和女职工权益保护专项集体合同全覆盖工作的意见》。与山东建设报联合在系统中开展了工会女职工工作理论征文活动，收到论文 100 余篇。

【农民工书屋建设】 为改变建筑施工一线农民工“无书可读、无处读书”的现状，为农民工营造一个学习知识、获取信息、提高素质、丰富文化的平台，省建设工会选取典型，并进行试点，在山东淄博建工集团公司设立了“职工书屋”示范点，“书屋”累计藏书 1 万多册，涵盖工程技术、经济管理、文学欣赏、社会百科、娱乐休闲等方面，报刊杂志50余种。截至年底，全省一级资质以上的施工企业建立“职工书屋”或“农民工夜校”的工地已经达到100%，实现全覆盖。

【春节慰问和帮扶救助工作】 春节期间，按照厅党组和省总工会的工作部署，省建设工会开展了有针对性的走访慰问活动，走访了60多户困难职工家庭，发放送温暖救助金4万多元。同时，开展大病重症医疗救助活动，为三家直属单位的困难职工送去大病救助资金3万元。各级工会组织不断完善帮扶工作机制，拓宽了送温暖资金渠道，创新了资金募集方式，为送温暖活动筹集了更多的资金和物资，为开展走访慰问活动和送温暖工作打下了坚实的物质基础。济南市市政公用事业局工会、淄博市住房城乡建设局工会切实加强了对困难职工帮扶工作的力度。济南城管局工会在帮扶救助上创新城管帮扶手段，以慈善工作站为基点，帮扶救助城管特困职工，与市慈善总会联系成立市城管局、城管执法局城管慈善工作站，专设困难保洁员和摊贩专项救助基金，这在全国城管系统中尚属首例。

【农民工“平安返乡”活动】 春节前夕，省建设工会在济南西客站枢纽工程工地举行了“2011年农民工平安返乡”活动。省人大、省总工会、省住房城乡建设厅等部门领导出席了欢送仪式。此次活动共租用6辆大客车运送在该工地施工的300多名河南商城以及山东肥城、东平的农民工返乡，同时购买了春联、食品及农民工维权知识手册等物品，发放给返乡农民工。农民工“平安返乡”活动，受到了社会各界的高度关注和广大农民工的热烈欢迎。省建设工会走访慰问了节日期间坚守岗位的一线职工，除夕当天，对济南自来水公司、济南北郊热电厂等单位坚守岗位的一线员工进行了走访慰问，并送去慰问品和新春的祝福。

【企业文化建设】 年内，省建设工会积极组织和指导企业文化建设，各企业对企业文化的内涵、作用、途径有了更加深刻的认识。部分企业的核心价值观、企业的生产经营理念和企业精神特色鲜明，如济南四建（集团）以“诚信、务实、敬业、求精”为内容的企业文化，青岛热电集团以“暖到家”品牌为核心的特色企业文化，胜建集团的以“更实、更高、更远”为主要内容的企业文化，天元集团的“立业报国为本，管理以人为本，服务诚信为本”的企业文化，烟建集团的“诚信、自强、创新、一流”的企业文化等都深深地植根于广大职工的心中。工会组织充分利用所掌握的文化阵地，大力宣传企业文化，推进企业文化建设，增强了企业的凝聚力和向心力。

【职工文化活动】 各级工会结合庆祝建党90周年，精心组织开展了一系列职工文化活动。临沂、莱芜选拔优秀选手参加了省总工会庆“七一”文艺汇演和“泰山杯”全省企业歌手大赛，取得了很好的成绩。很多单位开展了乒乓球、篮球、羽毛球、歌咏比赛、诗歌朗诵等丰富多彩的职工文化活动，深受广大职工欢迎。省建设工会成功举办了“冠豪杯”职工乒乓球比赛，参赛选手勇于拼搏，挑战自我，赛出了风格和水平。

【工运理论研究】 年内，先后在聊城、枣庄、青岛召开了全省建筑施工、城市供水和热力行业三个行业的工运理论研讨会，有较强的行业性、针对性和实效性。工运理论研究成果突出，在年底的评比中共收到优秀论文300余篇。这些论文汇集了全省住房城乡建设系统工会干部和广大职工的理论研究成果，对于更好地指导工会工作起到了很好的作用。

（杨振同）

图片专版（中）

章丘市

市委书记江林视察城建工作

市长刘天东视察城建工作

近年来，章丘市坚持以科学发展观为统领，以建设文明时尚、生态宜居的现代化山水园林城市和济南次中心城市为目标，注重把握城市发展趋势，以提高规划编制和管理水平为龙头，以项目建设为重点，以保障民生为根本，高起点规划，高标准建设，高效能管理，城市规划控制面积达到185平方公里，建成区面积达到54平方公里，城镇化率达到49.7%，先后被评为国家级生态示范区、中国优秀旅游城市、国家园林城市，顺利通过国家环保模范城市考核验收。

*科学绘制全域覆盖、特色鲜明的城乡发展规划。*坚持以全域城镇化理念为指导，完成新一轮城市总体规划修编，2011年8月顺利通过省政府审批。高起点修编完成“一河两城”城市总体规划（一河，指绣源河；两城，指明水老城和圣井新城），编竣中心商贸区、圣井新城、城北新区和刁镇市域次中心四大城市综合体等重点片区规划，完善城市排水、供热、通讯、绿化等15项专业规划，完成城北片区、城东片区、滨湖商务区以及主城区设计规划，在全省率先实现乡镇驻地控规、新型农村社区规划全覆盖，初步构筑起“中心城区—次中心城区—城镇组团—新型社区—生态村居”五级城乡规划体系。

*精心打造功能完善、魅力独具的城市形象。*注重城市内涵提升，突出重大功能性项目建设，投资12亿元高质量建设完成了绣源河综合治理项目一期工程，全面拉开“一河两城”发展框架，启动博物馆、图书馆、群众艺术馆、城市规划馆、展览馆“五馆合一”城市文博中心建设；以“两泉三河五湖”水系为框架，对荷花公园、百脉泉广场、眼明泉公园、双山大街景观河道进行全面改造提升，新建双山西路水体景观工程，启动桃花山公园改造一期工程项目建设；健全路网管网，黄旗山2#路、明堂街南延、双山东路南延、福安路西延、福康路西延等10余条道路先后顺利竣工通车，改造完成清照路排水系统、桃花山东侧污水管网、双山大街立交桥等30余处城市排水排污工程，城市功能更加完善、特色更加突出。

*加快建设环境优美、宜业宜居的新型农村社区。*把小城镇作为统筹城乡的重要节点，立足自身优势，分层有序推进小城镇建设，先后完成11个镇“小城镇建设行动”，刁镇列入济南市“重点镇培育行动”，累计完成小城镇建设投资56.55亿元，新建改造道路484.2公里，铺设给排水管道780公里，新增绿地234.4万平方米，安装路灯1.15万盏，改造中小学校55处、卫生院22所、敬老院20处；坚持“政府统筹、群众自愿、乡镇主体、社会参与、市场运作、重在配套”，近三年，累计开工建设新型农村社区48个，新建公寓楼886栋、总面积达426万平方米，解决了近3.6万户群众的住房问题，被新华社总结为农村社区建设的“章丘样本”；按照“三清、四改、四通、五化”要求，全面开展村庄环境连片整治，在全省率先实现城乡环卫一体化全覆盖，硬化、亮化、绿化、美化水平不断提升，基本实现村村通硬化路、通客车，村村通自来水率98%，建设户用沼气池2.4万个，群众生产生活条件和农村生态环境得到持续改善。

双山西路景观河道

新城一角

眼明泉公园

新型农村社区（官庄吴家社区）

新型农村社区（绣惠镇城关社区）

绣源河流域综合治理一期工程

城市夜景

禹 城 市

市委书记张安民现场研究城建工作

市长张磊到建筑工地指导工作

禹城历史悠久，文化丰厚，是大禹治水功成名就之地。唐朝天宝元年（公元742年）设禹城县，1993年9月撤县设市。总面积990平方公里，人口52万，辖12个乡镇（街道）、1个省级高新技术产业开发区。荣获国家高技术生物产业基地、中国功能糖城、中国食品馅料城、中国半精纺毛纱名城、国家级生态示范区、国家绿色能源示范市和山东省县域经济最具发展潜力十佳县市、最佳投资城市等城市品牌。是山东省学习实践科学发展观活动试点市和省委书记姜异康同志的联系点。

区位优越，交通便捷。禹城地处山东省西北部，处于环渤海经济圈，南依济南45公里，北距北京400公里，东至青岛350公里，西到石家庄250公里。是山东省会济南的“卫星城”，华北地区重要的物资集散地，京津济重要的日用品供应基地。京沪、济邯、京沪高速、太青客专4条铁路，京福、青银2条高速公路，308国道和101、316省道贯穿境内。

产业发达，特色显明。形成了生物产业、装备制造、新能源、新材料、高档纺织、绿色食品、现代物流、现代金融6+2主导产业。其中，生物产业形成以功能糖为主的农业生物，以深海鱼油保健品为主的海洋生物，以中西药为主的医药生物，以酶制剂为主的化学生物，以纤维乙醇、生物质发电为主的能源生物。装

禹城市大禹公园全景

禹城市糖城新湖全景

备制造产业形成从锻件、管模、汽车配件、工程机械到大型风力发电机主轴、大型船用曲轴、数控机床等系列产品的产业链条。通裕集团1.2万吨压机是山东省唯一超万吨压机。目前，正在加速推进风电设备和整机生产一体化，加速向核电部件、工程机械、船舶配套、汽车制造等领域迈进。全市高新技术产值占比40.49%。

功能配套，设施完善。市区建成区面积46平方公里，城市绿化覆盖率48%，被授予省级园林城市。拥有山东省首家设在县级的省级高新技术产业开发区，是山东省最佳投资园区，正在创建国家级高新区。积极发展现代金融，是山东省县域金融创新发展试点市、金融生态环境建设A级市。建有万人规模的职业教育中心，德州科技职业学院正在创建本科院校。总投资40亿元的山东国际商贸港正在建设，形成10平方公里现代商贸物流区。

资源充足，保障有力。市区自来水年供水总量800万吨，达到国家饮用水标准。地下水储量4.7亿立方米。年引黄河水2.5亿立方，建有1500万立方米平原水库。处于华鲁电厂280万千瓦电网，电力供应充足。建有中石化、中石油两条天然气管道，日供气20万立方米。拥有两个热电厂，供热供汽充足。地热资源丰富。建有两个污水处理厂，日污水处理能力8万吨。

禹城市禹王亭公园

禹城市糖城广场全景

阳谷县

科学发展 YANG GU XIAN 城建靓县

农村新居建设

住宅小区

城区道路

阳谷，一座因武松打虎闻名遐迩的千年古城，一个向“省级园林城市”迈进的现代化新城，糅合千年风霜与现代气息，焕发出勃勃生机。

近年来，阳谷县委、县政府认真贯彻落实科学发展观，紧紧围绕“东扩北展”的发展战略，坚持老城区改造和新城区开发齐头并进，城市功能显著增强，配套设施不断完善，打造了具有浓郁历史文化风韵的水浒旅游城市。

规划管理科学规范。编制完成了《北部中心区控制性详细规划》和排水、燃气等专项规划。目前，各种控制性详细规划已达20余项，规划覆盖率达到92.9%。

城市面貌焕然一新。对黄山路、谷山路、西城路、清河路、景阳路等10余条主次道路进行了建设、改造，城区道路形成“十纵十横”的大框架。集中供水、供热、供气面积不断扩大，污水深度处理工程全面完成，排放水质进一步提高。建设完成日处理规模200吨的垃圾处理场，城区生活垃圾得到无害化、高效环保处理。完成了富润城、水幕华府、御华园等十几个高标准居民小区建设，群众居住环境明显改善。

城市管理高效有序。实施了以“绿化、亮化、净化”为主要内容的“三化靓城”工程，城区公共绿地面积不断扩大，路灯亮化路段95%以上，日保洁面积280万平方米，建设了6处垃圾中转站。城区各类休闲广场11处、生态植物园1处。

古城改造成效显著。规划了1平方公里的古城核心区，目前，古城区内初步形成了以狮子楼为主的水浒旅游区，以紫石街为主的商业购物区，修复了文庙，建设了6条宋式古街、4座宋式牌坊等特色古建筑，古城风貌已初步展现。

农村新居建设稳步推进。以乡镇驻地为龙头，启动建设农村新型社区40个，整村迁建8257户，其中已完工6956户。

狮子楼夜景

道路绿化

城区沟渠

生态植物园

污水处理厂

胶州市城乡建设局

全力打造现代化幸福宜居新区

道路节点

荷园

休闲宜人

道路畅通

环境优美

商街改造

新城区

生态宜居

规范化小区

2011年是胶州城市建设质量持续提升、城乡面貌发生深刻变化、市民更具幸福感的一年，城建事业迈入科学、和谐、持续发展的新阶段。胶州市获得“国家可再生能源建筑应用示范市”荣誉称号，连续6年被评为山东省建筑业十强县，市建设局先后获得“中国人居环境建设范例奖”、“中国城市建设管理先进单位”、“全省建筑工程安全管理工作先进集体”等荣誉称号。

基础设施建设实现新跨越，城市综合承载功能快速提升。打通广州路、杭州路等6条主干道，整修扩建胶州路等36条道路92公里，全市道路达到49条、180.6公里，形成了“六纵五横”的市区交通网络。地下管网“结点成线”，新建排水管网45.6公里，全市管网长度达537.4公里；投资9400万元，完成污水处理厂升级改造和二期扩建，日处理能力达到10万吨。牵头完成7个镇（办）工业聚集区与城区污水管网对接，投资2亿元，将管道燃气延伸到11个镇，建成3座镇级污水处理厂和前韩村等5个村庄污水处理系统。在青岛市率先完成1594户农村危房改造，城镇化水平达到63.8%。

公用事业管理实现新突破，一批民生难题得到有效解决。投资1.26亿元，改造完成广州路等8条、12.6公里的老城商业街，提升城市宜商环境。改造13处、9866平方米的道路绿化节点，打造精品园林城市。新购压缩式垃圾车10台、防火垃圾容器1.5万个，全市726个村实现生活垃圾集中收集处理，378个村实现一体化清运。投资800万元，完成垃圾处理场二期扩建，生活垃圾无害化处理率达100%，实现城乡环卫一体化新格局。新建热源厂1座、换热站16个，新铺管网56公里，完成8800户分户控制改造，供热满意度大幅提升。

规范行业监管实现新提升，建筑房地产业实现持续健康发展。大力精简审批事项和审批程序，将质监、安监、墙改节能等21项审批纳入市行政大厅窗口，实现行政审批“三集中、三到位”。建立执法网络平台，杜绝重复、交叉检查，减少检查频次和对项目的不必要干扰。成立西部新城、响嗟片区建设项目工作服务组，现场办公，确保项目快开工、快建设。2011年，全市建筑面积达1333万平方米，实现建安产值126亿元，同比增长10 %和17.8%，32个、142万平方米的住宅小区和商业设施的建设顺利启动。创建青岛杯工程6项、优质结构工程17项，青岛市标准化示范工地12处。协调解决农民工工资纠纷60余起，没有发生一起大规模的拖欠事件，为农民工讨回工资300余万元，清欠率同比下降20%，从根本上维护了广大农民工的合法权益。

桓台县城区南部中小学

桓台县规划局

城乡统筹　科学规划　打造实力桓台　建设幸福城乡

县委书记王可杰等县领导参观规划展厅

2011年，桓台县规划局紧紧围绕桓台县城乡统筹发展大局，着眼于“一个中心四个片区”总体构架，充分发挥城乡规划的综合调控作用，为促进形成城乡经济社会一体化发展新格局，打造实力桓台、建设幸福城乡提供了有力的规划支持和服务。

完善规划体系　推动科学发展

建立完善城乡总体规划。按照桓台县“一个中心四个片区”的总体发展构架，于2008年初在全省范围内率先开展探索式研究并编制了《桓台县城乡总体规划》，主要目的是解决城乡统筹发展中产业、人口、用地、城乡建设布局、生态环境、资源、基础设施与公共服务设施、政策等八大问题的一体化；以“一个中心四个片区”发展战略为引领，做好四个层级的规划编制工作，

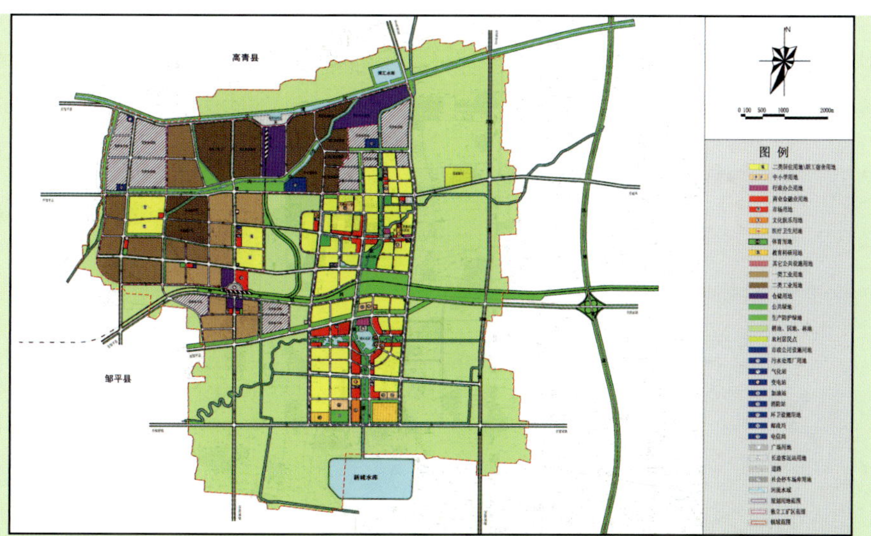

土地使用规划图（总规）

加快构建中心城区、中心镇、一般镇、中心村四个层次布局合理、城乡协调、互促共进的现代城镇体系。

逐步开展专项规划的编制。组织编制了桓台县供热、排水、综合交通、加油站布点等专项规划，协调相关部门着手开展电力、供水等专项规划，有效指导了具体基础设施项目的建设。

加快控制性详细规划的编制。编制完成县城西部城区、县城东部城区、柳泉北路两侧地段控规及桓台县张东铁路至东环路地块控规、果里镇周家片区南部组团控规等规划，促进了城市规划规范化管理，为土地出让和修建性详细规划的编制提供了依据。

落实城乡统筹 优化村镇布局

建设宜居城乡，加快推进小城镇建设，正确引导与控制村镇各项建设活动。在城乡总体规划的基础上，编制完成了桓台县县域村镇体系规划、桓台县农村住房建设规划、桓台县合村并居规划方案。三项规划的编制，进一步明确了县域空间布局结构、村镇规模结构及职能分工，统筹解决村镇发展中产业、人口、村镇布局、社会公共服务设施、基础设施等一系列要素。

按照市、县旧村改造工作要求，创新规划理念，提高规划设计水平，精心组织编制旧村改造修建性详细规划。目前，列入市县改造计划的77个城郊村中，已组织编制完成52个村庄修建性详细规划，推动了全县旧村改造工作的有序顺利开展。

提高规划效能 服务城市发展

对县保障性住房建设、城区南部中小学、县妇幼保健院新院、国家膜材料研究中心、商务办公中心一期工程——汇丰大厦、鸿嘉星城商业金融区、少海中路商业街规划、王徐路西延等城区道路、寿平铁路桓台段、110kV果索线等电力线、马桥–周家天然气工程、烟台港服务桓台段石油管道等项目，主动靠前服务，促进建设进度，提升城市功能。

突出创新主题 努力追求突破

勇于突破创新、海纳百川、兼收并蓄，不断邀请中国建筑科学院、同济大学、省规划院等参与城市重点项目的规划设计，坚持用高水平的规划引导、规范和促进城乡建设。

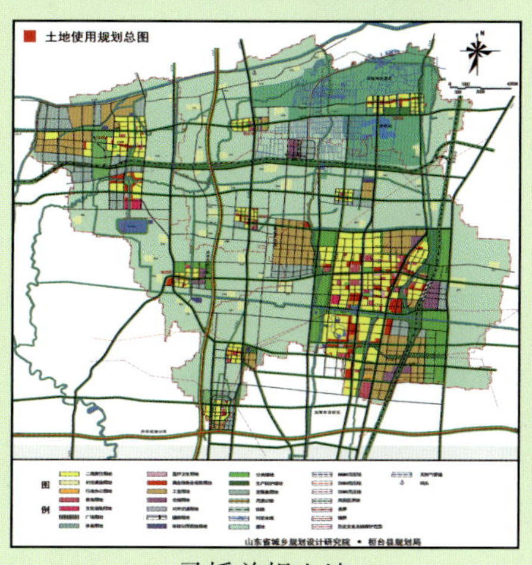

马桥总规土地

土地利用规划图（西城区）

泗水县住房和城乡规划建设局

党委书记、局长　徐茂盛

省住房城乡建设厅厅长杨焕彩视察泗水城市建设工作

省级园林城市创建考查组来泗水县考察

山水园林城市初具雏形

泗水县住房和城乡规划建设局，主管全县城市建设、村镇建设、工程建设、建筑业、房地产业、城市公用事业等城乡建设工作。2011年，县住建局在省市住建部门和县委、县政府的坚强领导下，紧紧围绕“山水园林、生态宜居”建设目标，以创建“省级园林城市”为抓手，加大建设力度，着力改善民生，强势破解难题，各项工作整体推进、平稳发展，为全县经济社会发展做出了积极贡献。

城乡规划更加阳光透明。在城乡规划编制中，采取发放调查表、利用网络平台等方式充分调动民众参与、融合民意，严格执行县城乡建设项目规划审查委员会和住建局两级把关、两级审批机制，不断完善建设项目规划公示和听证会制度，增强了城乡规划行政审批的透明度。

市政公用事业有了新突破。一是城市路网不断延伸和优化。投资6230万元新（翻）修城市道路9条、12.8公里，对泉兴路、中兴路交叉口进行了渠化改造；二是城市公用事业保持快速发展。新建马家坡水源地1处，铺设城市供水主管道14公里。城市供热、管道燃气加快发展，集中供热全面实现用暖分户控制，新增供热面积28万平方米，总供热面积达到近100万平方米。天然气主管道增至16公里，发展用气户达5000户；三是加大污水、垃圾处理设施投入。投资2000万元完成了污水处理厂一级A改造及中水回用工程，建设改造泗河路、新城路等污水管网6公里，完成济河以东污水提升泵站主体工程，污水处理厂保持正常运营，污水集中处理率达到93%；日处理200吨的垃圾处理场建成投入运营，被省住房城乡建设厅评定为Ⅰ级填埋场，顺利通过国家对淮河流域水污染防治检查。

城市园林绿化取得新成果。先后建成了文化公园、济河植物园、圣源湖公园、健身公园等10余处精品公园绿地；大力开展城市绿荫行动，先后在中兴路、泉兴路、圣华路等6条道路开展行道树双排、多排栽植，新增行道树6300余棵；大力实施单位庭院绿化，倡导立体绿化，全县花园式单位和小区达到48家。建成区绿化覆盖面积达到538公顷，绿化覆盖率达38.5%，绿地率达34.5%，人均公园绿地面积9.3平方米，形成了点、线、面有序衔接的园林绿化格局，城市生态环境发生巨大变化，受到广大市民的一致称赞，2011年被命名为“山东省园林城市”。

旧城改造和住房建设稳步推进。继续实施旧城区四大片区的房屋征收，完成房屋征收84户、1.4万平方米；投资12.9亿元实施了14个续建小区建设，新开工65万平方米、竣工35万平方米，建设小高层28幢、17.2万平方米。同时，继续鼓励农民进城购房，农民购房首次占全县商品房销售额的半数以上，全年收缴住宅维修资金1100万元，完成回迁安置480户，房地产业稳步发展。

保障性住房和农村社区加快建设。多层次的住房保障体系基本建立，完成保障性住房“十二五规划”编制，全年开工建设经济适用房562套、廉租住房188套、公共租赁房296套，完成市里下达任务的117%、115%、102%，住房保障率达到城镇户口的13.56%；新型农村社区和农村住房建设全力推进，全年投资3.7亿元，开工建设226栋、59.3万平方米，年前13个社区2456户居民回迁入住。启动16个小型污水处理设施配套，松山等9个社区污水处理设施已建成试运行。

城乡环境卫生明显好转。积极开展和谐城乡建设行动，大力整治农村环境卫生。累计清理“三堆” 垃圾9万立方，拆除残墙断壁、规范户外广告，加大镇村绿化、亮化工程建设，大大改善了农村环境“脏乱差”的局面；全面实施城乡环卫一体化，目前全县13个乡镇（街道）、592个村居全部已建立保洁队伍，县财政统一为村居保洁员配备清扫车和服装，对农村保洁员进行集中培训上岗。在农村合理布点建设了垃圾池（桶）、生活垃圾填埋场等环卫设施；加强对环卫一体化工作的考核，农村环境整治取得了阶段性成果。

建筑市场管理逐步规范。一是完善建筑市场联动机制，加强对工程造价、招投标、质量监督和勘察设计、施工图审查、施工监理等五大责任主体管理，强化外来施工企业备案，严格建设工程施工许可审批，规范商品混凝土生产和使用，商品混凝土、原材料检测工作走在全市前列；二是严格落实建筑节能标准，加大墙材专项基金收缴使用，完成3.1万平方米既有建筑节能改造任务；三是以文明工地评选为抓手，规范施工现场管理，全面淘汰旧式搭机，有效控制了安全事故的发生；四是狠抓了劳保、工程款和农民工工资清欠工作，发挥了社会“稳压器”和职工“安全网”作用。建筑业持续壮大，全年实现总产值8.8亿元，收缴劳保金986万元，完成市下达任务的198%，清理拖欠农民工工资1300余万元，创建市级安全文明工地28个、省级安全文明工地1个，市优质工程奖5项、“运河杯”3项。

依法行政水平明显增强。大力精简审批事项，将原有的33项审批事项精简到22项，同时缩短审批时限，全年共办理审批手续435项。对涉及群众切身利益的审批项目，实施了建设项目规划审批公示、招投标公示和行政许可听证会制度，全年共通过张贴公告、电视、网站发布等多种形式向社会发布规划、拆迁、招标等各类公示145件，召开建设许可听证会8次，实现了建设项目审批公开化、阳光化，进一步提升了住建局依法行政水平。

2011年，泗水县住房和城乡规划建设局先后获得“市级文明单位”、“济宁市先进基层党组织”、县直部门考核第一名的好成绩，并连续3年被县委、县政府授予集体三等功。

风景如画的济河植物园

泉兴路林荫大道

省级园林城市

泗城新姿（摄影：石宗尧）

汶上县住房和城乡规划建设局

打造儒释圣地　建设生态水城

汶上县住房和城乡规划建设局是负责全县规划建设管理工作的职能部门。近年来，在县委、县政府的领导下，紧紧围绕“儒释圣地、生态水城”城市发展定位和创建国家级园林城市工作目标，全力打造“中国佛都”城市品牌，城市规划建设管理经营各项工作稳步推进。县城规划面积由42平方公里扩大到120平方公里，形成了“二环、五纵、七横”的道路网络体系；全县城建重点工程项目总投资达160多亿元，其中实施城区旧城改造项目16个，县城拆迁面积400万平方米，城区新建建筑面积230万平方米；大力实施了基础设施工程建设，城区道路总长度230公里，城区保洁面积460万平方米，城区路灯总数达到6000盏；城区绿地面积达到580万平方米，建成区绿化覆盖率35.26%。城区日供水能力8万吨，污水集中处理率达到85%，垃圾无害化处理率达到100%。先后成功创建了省级卫生城市、省级园林城市，被省政府评为“全省城乡环境综合整治先进县”。汶上县住房和城乡规划建设局先后多次荣获“汶上县全面工作先进单位”、“济宁市基层行风建设示范窗口单位”、“济宁市十佳文明岗”、“济宁市五一劳动奖章”等荣誉称号，被山东省委、济宁市委评为基层先进党组织，被山东省委、省政府评为山东省“人民满意的公务员集体”。

中都文苑

莲花湖湿地

菩萨广场

①宏伟蓝图
②东湖新景
③礼佛大道工程
④城市夜景亮化
⑤碧波荡漾的长乐湖
⑥中都大街新貌
⑦黄金水岸住宅小区
⑧新型农村社区

金乡县住房和城乡建设局

加快建设“诚信蒜都 生态水城”促进城乡统筹一体化发展

省委书记、省人大常委会主任姜异康视察金乡县城市建设工作

金乡县委书记、县人大常委会主任刘章箭视察城市重点工程建设工作

金乡县委副书记、县长董冰视察回迁安置社区建设工程

近几年是金乡发展史上综合实力提升最快、城乡面貌变化最大、社会事业发展最好、人民群众得实惠最多的四年。全县住房和城乡建设系统干部职工，在县委、县政府和县城建指挥部的坚强领导下，解放思想，锐意进取，攻坚克难，拼搏实干，全县城乡建设实现了历史性跨越。

几年来，金乡县住房城乡建设系统坚持拉大框架，完善功能，城乡面貌巨变突破。以高点规划引领城乡建设，四年编制提升城市总体规划、城乡一体化规划等各类规划149项，覆盖城乡的规划体系更加完善。以征收搬迁破题开局，顺利完成36个片区整体搬迁，征收房屋160万平方米，城区面积由19平方公里扩大到28平方公里，拉开了新老城区融合发展的大格局。以新城启动带动城市功能提升，人防指挥中心、公检法业务用房、城乡供水服务中心等20项单体工程正加快建设。四年累计开工房地产项目213万平方米，建成安置房110万平方米，一批城中城边村变成了新型社区。累计新建改建城区道路76公里，安装路灯4860盏，设置红绿灯46处，建设群众休闲广场18处，开通了城市公交，实施了集中供气供热和雨污分流工程，完成了金济河景观带一期、奎星湖公园改造、诚信文化广场和一批道路节点绿化，绿化面积达240万平方米，城市的宜居程度明显提升。以“三城同创”促进城乡环境改善，连年深入开展“城乡管理年”活动，被评为省级文明城市争创工作先进县。以社区建设推进城乡一体发展，四年开工新型农村社区19个，城乡供水、环卫一体化正在扎实推进。城乡面貌在功能完善、管理提质中变靓变美，全县人民群众的生活环境大幅改善。

未来五年是金乡厚积薄发、乘势而上、赶超发展的“黄金五年”。今后五年金乡县城乡建设和县域经济社会发展的指导思想是：以科学发展观为统领，深入贯彻落实县十三次党代会精神，按照“全党抓经济、全力抓工业、全心惠民生、全民促和谐”的总体要求，紧扣创新赶超“一个主题”，突出经济提速和民生改善“两条主线”，加速推进新型工业化、新型城镇化、农业现代化“三大战略”，全面突破工业园区、新老城区、商贸物流区、羊山旅游度假区、生态湿地景区、现代农业示范区“六大板块”，倾力打造煤化工、机电制造、食品加工、纺织服装、新型能源、商贸物流、文化旅游、房地产、有机农业“九大产业”，以发展惠民生，以创新促赶超，举全县之力建设鲁西南经济强县、现代生态蒜都水乡、承古出新文化胜地、四省边区宜居名城，冲刺全市发展第一方阵。

——全力打造魅力金乡。加速构建“一城四区融合发展、六大板块互促并进、城镇社区多极支撑”的新格局。到2016年，洋溢现代气息的新城区基本建成，传承历史文脉的老城区全面提升，彰显生态风貌的乡镇村庄焕然一新，生态湿地景区建成鲁苏豫皖边区的“宜居名城”新地标，城市建成面积达到28平方公里，城市人口达到26万人，城镇化率达50%以上，创建成为省级文明城市、卫生城市、园林城市，打造独具特色魅力的现代化城市。

——全力打造人文金乡。深度挖掘、提炼和弘扬诚信文化、大蒜文化、红色文化、儒释道兵文化，精心扶持培育一批重大文化产业项目。到2016年，羊山景区和光善寺景区建成4A级景区，诚信文化广场建成诚信文化的主题展示区，完成博物馆、文化馆、书画院等标志性场馆建设，扎实推进文化资源向农村和基层延伸，全面提升金乡文化软实力，建设辐射全省、影响全国的人文金乡。

2012年，金乡县住房和城乡建设局党委将团结带领全县建设系统干部职工，在县委、县政府和县城建指挥部的坚强领导下，突出做好城市道路、园林绿化、环境卫生、城市综合管理、回迁安置及保障性住房建设、雨污分流及集中供热、集中供气等事关群众生产生活和城市长远发展的基础工程、民生工程，提速推进城镇化进程。

①

②

③

④

⑤

⑥

⑦

① 城市夜景
② 迎宾大道
③ 金珠大桥
④ 城市节点广场绿化
⑤ 城区一瞥
⑥ 新城区青年路
⑦ 奎星湖公园

日照市园林管理局

园林，让生活更美好

近年来，日照市园林管理局认真按照上级的决策和部署，全面贯彻和落实科学发展观，以“强化四个意识、提升四种能力”为指导，以“科学管理”为突破口，围绕“文化园林、科技园林、低碳园林、人本园林”建设，对内推行市场化运作和精细化管理，对外加强行业指导和监督，城市园林绿化建设管理水平明显提升，实现了由“绿化”到“美化”的转变，为市民、游客提供了一个四季有景常青、文化内涵浓厚的城市绿化环境。截至2011年底，日照市城市建成区园林绿地率38.75%，绿化覆盖率42%，人均公园绿地面积21.67平方米。日照市园林管理局被授予省级文明单位、省级青年文明号、省级花园式单位、省级爱国卫生先进单位、全省建设系统劳动关系和谐企业、全省城市绿化先进集体、全省城建行业文明服务规范管理先进单位、省住房城乡建设系统优秀思想政治工作先进单位、日照市建设学习型党组织工作先进集体等荣誉；局党委被评为日照市先进基层党组织、日照市基层党建工作示范点，局团总支被授予山东省五四红旗团总支。

——用文化来引领园林事业的发展，增强干部职工的使命意识。确立园林工作的文化理念，把“狠抓具体，讲求实效”作为园林精神，“绿化环境，美化生活；奉献温馨，净化心灵”作为园林使命。以“园林，让生活更美好”为主题，举办日照市首届园林文化节，组织郁金香花展、盆景展、赏石根雕展等主题展览，开展园林科普知识讲座、小记者采访等活动。征集确定日照园林标识、园林之歌，建设日照园林网，编辑出版《日照园林》，彰显园林文化魅力。

——将自然生态文化理念融入到绿化建设和管理中，提升干部职工的精品意识。坚持“立足大地自然、体现生态优先、融入文化艺术、打造人文精品”的原则，将绿化建设转到造景、艺术的提升上来，把地形塑造、叠石理水、植物配置以及追求意境等造园手法和日照文化元素融入建设，建设了植物园、香河公园、道路公园节点提升、立体植物雕塑等亮点、民生工程，开展了绿荫行动和屋顶绿化，让市民在休闲、娱乐的同时得到艺术享受。按照“做细、做精、做美”的要求，在绿化养护管理中引入市场竞争机制，实现绿地保洁市场化、绿化养护专业化、工作目标具体化、检查考核精细化、管理制度科学化。

——将低碳环保绿色生活理念融入到行业管理中，增强职工的服务意识。举办了日照市“碳中和”行动暨2011年保护母亲河千名青年义务植树活动，成立“绿

省住房城乡建设厅厅长杨焕彩视察日照植物园

日照市科学发展观摩会领导视察植物园

植物园全景

立体植物雕塑

香河公园

公园节点建设

生态自然的日照植物园

日照市首届园林文化节盛况

日照植物园湿地景观

色使者”志愿服务队，组织开展“绿色使者”进社区、学校、企业等志愿服务活动，进行爱绿护绿宣传教育，成为对外传播园林文化、生态文明的窗口。

——将人本关怀融入到内部管理中，增强干部职工的自律意识。把廉政作风养成作为文明建设的重要目标，建立了教育倡廉、环境促廉、制度固廉、家庭助廉“四廉”工作机制，扎实推进廉政风险节点防控机制建设，提出了“三个不准”和“三条高压线”规定，形成了拒腐防变教育长效机制。日照市园林管理局被命名为山东省第一批廉政文化示范点。

五莲县住房和城乡规划建设局

开通行政审批绿色通道暨城建热线新闻发布会

治理中的洪凝河

洪凝河夜景

五莲县奋力开启城市建设后发崛起新征程

2011年，五莲县住房和城乡规划建设局围绕“县城提升、东向拓展、组团发展”的总体思路，以改革为动力，以创建园林城市为抓手，以重点工程为突破，旧城改造与新区拓展同步推进，拉框架、打基础，城市面貌发生深刻变化。

以规划引领城市建设。投资2120万元，先后委托清华大学、同济大学、中山大学等知名专家对城市总体规划进行新一轮修编，完成了工业园总体规划、温泉旅游度假区总体规划、风景区总体规划、城市空间发展战略研究等4项规划，中部片区详规、行政中心区城市设计等12项规划方案，城区达到详规全覆盖。城市基础设施建设进一步优化。总投资3亿元，先后开工21条市政道路工程，其中城区新建改造道路31公里，是历年城区道路总和的55%；不断加快金融、医疗、商业等民生配套工程建设；深入实施污水处理厂配套管网、中水回用管网等工程建设、无害化垃圾渗滤液配套建设，城市载体功能进一步完善。

开展省级园林城市创建活动。实施完成了“八路七节点一广场”共16项重点绿化工程，278个单位实施了庭院与居住区绿化，栽植乔灌木91万株，屋顶绿化2.7万平方米，全年城区新增绿化面积74万平方米，绿化覆盖率增长了8个百分点，完成投资9000万元；高标准大投入实施了城区洪凝河治理一期工程，打造水清树绿、景色怡人的城西休闲生活新区；芙蓉广场的改造提升为市民提供了一批新的休

居民小区一角

芙蓉广场新貌

闲娱乐场所，增加了城市亮点，环境档次明显提升。

生态文明乡村建设步伐加快。扎实推进农村住房建设与危房改造工作，全县集中连片建设4725户、危房改造1632户，全县15处“合村并点”型社区全部开工完成；积极推动环卫一体化工作，3个乡镇完成了4个垃圾压缩中转站的土建工作，4个乡镇建设污水处理设施5处，生态文明乡村建设步伐进一步加快。

开放式公园

人民公园一角

绿地一角

莒县住房和城乡规划建设局

Ju Xian Zhu Fang He Cheng Xiang Gui Hua Jian She Ju

党组书记、局长　李观军

莒县住房和城乡规划建设局是莒县人民政府综合管理全县城乡建设的综合职能管理部门，机关设19个科室，下辖23个企事业单位，现有干部职工2800余人。

近年来，莒县按照“新区开发、老城提升、城乡统筹、整体推进”的发展思路，立足“鲁南生态田园城市、山水历史文化名城”城市发展定位，以东部新区开发为中心，以加快城市基础设施建设、优化经济发展环境为工作目标，以建设社会主义新农村、改善群众居住和生活环境为工作重点，强化措施，真抓实干，全县城市规划建设管理、建筑业管理、房地产业管理、公用事业管理、园林绿化管理、环境卫生管理、村镇规划建设管理等均得到了加强，城乡建设各项事业实现健康快速发展。2011年，城建重点工程完成投资1.7亿元，主要实施了以道路建设、道路提升改造、绿化、市政公用设施建设等改善居民生产生活环境、提升城市品位为主要内容的一批民生工程。县城建成区面积达到27.5平方公里，硬化道路全长130余公里，城区绿化覆盖面积1041公顷，绿化覆盖率达37.85%，绿地率达35.53%，人均公园绿地面积11.56平方米。莒县先后成功创建为“山东省节水型城市”、“山东省园林城市”、“2011年中国宜居生态城市”；莒县住房和城乡规划建设局先后获得“山东省依法行政先进单位”、“山东省纪检监察先进集体”、“全省城乡环境综合整治工作先进单位”等荣誉称号，被省文明委授予“省级文明机关”，被日照市市委、市文明委授予“市级文明单位”、“市级文明机关”，连年被莒县县委、县政府授予“三个文明先进单位”等荣誉称号；房地产交易中心被住建部、团中央授予“全国青年文明号”；莒县沭河公园被授予国家AAA级景区、第八批山东省水利风景区、山东省重点水利公园。

沭河公园

团结奋进的局领导班子

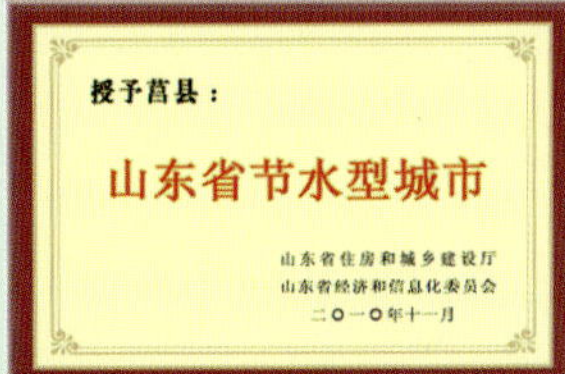

沭河鸟瞰

日照路跨河大桥

沿河而建的沭河西路

莒南县住房和城乡建设局

2011年，莒南县坚持以科学发展观为指导，以城建重点工程建设、小城镇建设和农村社区建设为工作重心，牢固树立经营城市理念，坚持城乡统筹发展，解放思想，务实创新，抢抓机遇，开拓进取，住房和城乡建设事业保持了持续健康快速发展。全县城建工程建设总投资4.16亿元，同比增长54.1%，莒南县城建成区面积达到18.1平方公里，城镇化水平达43.5%，城市规模不断增大，内涵品位显著提升，生态居住和投资创业环境进一步优化，为全县经济社会快速发展奠定了良好的基础。

城市建设揭开新篇章。以旧城改造提升与北城文化新区建设为核心，重点实施了鸡龙河防洪生态工程、污水处理厂升级扩建、城市道路改造提升以及城市绿化、亮化、美化等17项城建重点工程，累计硬化道路20.6万平方米，新增道路绿化60多万平方米，安装LED路灯2700余基，粉刷墙体40万平方米，铺设燃气管线141公里，安装污水处理管网7800米，县城供热覆盖面积从70万平方米扩大至250万平方米，道路硬化面积增加到220万平方米，县城绿化覆盖率达39%，绿地率达35.4%。“一环、五横、六纵”中心城区道路网结构基本形成，城市服务功能不断完善，城市承载能力进一步提升。

村镇建设再创新成果。按照“立足实际、因地制宜、特色鲜明”的新型城镇建设思路，大力开展小城镇和农村社区建设。全县已建成新型农村社区57个，涉及103个村庄，累计完成新建农村住房22112户，危房改造5772户。城镇建成区面积达60余平方公里，城镇人口34万人，城镇供水普及率达86%，道路硬化率达80%，大店镇被列为山东省扩权强镇试点镇和国家级发展改革试点镇，大店镇、洙边镇成为市级“生态城镇”。同时，加快实施社区“三上、五化”工程建设，完善社区的水、电、暖、气等配套设施，促进城镇基础设施和公共服务设施向农村延伸，环境优美、功能齐全、服务完善、管理有序的新型农村社区已逐渐成型。

建筑业发展彰显新活力。积极创新管理机制，将所有建设工程项目全部纳入公共资源交易中心运行，公开招标率达到100%。全县建筑业总投资18.3亿元，外出施工总造价2.4亿元，新开工建设项目建筑总面积达100余万平方米。加大建筑业监管力度，多次组织全县建筑业综合执法大检查，确保工程质量安全。建筑工程竣工验收合格率100%，全年申报临沂市优质结构工程16个，创“泰山杯”奖工程1个，“沂蒙杯”奖工程4个。努力构建清欠长效机制，做好劳保金管理和农民工工资清欠工作，维护公众权益。积极开展建筑节能，关停清理粘土砖厂26家，太阳能光热一体化应用建筑面积达到6.7万平方米，新型墙体材料使用率达到95%以上。全县建筑市场秩序进一步规范，建筑业发展活力进一步增强。

白龙社区

县城全貌

大店镇一角

卧佛寺公园

改造后的隆山路

山东省政府旧址暨八路军115师司令部旧址

鸡龙河湿地公园

县城全貌

平邑县住房和城乡建设局

莲花阁夜景

2011年是全县住房城乡建设事业大发展、城乡面貌大变化、行风建设大提质的一年。一年来，县住房城乡建设局上下坚持以科学发展观为统领，高起点谋划，大手笔推进，住房城乡建设工作取得新的突破，圆满实现了年初制定的各项工作目标。截至目前，全县城镇化水平达到46%，建成区面积20平方公里，城市人口20万人，形成了十一纵九横的城市主干道网络，并成功创建"省级文明城市"。

规划编制绘就蓝图

按照"旧城提升改造、新城跨越发展，建设魅力城市"的总体指导思想，围绕"以河为轴、两翼并进、古韵今风、生态名城"的中心城市发展目标，聘请中国城市规划研究院对县城总体规划方案进行了调整，实施了东城新区控制性详细规划编制工作，同时积极推进各类专项规划的编制，完成了燃气、人防等专项规划的编制。这些规划的编制完成，为城市未来的发展描绘了美好的蓝图。

基础设施日臻完善

新建和改造西环一路南延、金花路、文化路南段配套等城市道路，通过实施道路工程使县城路网更加完善，居民的生产生活条件更加便利；实施了垃圾处理场二期工程建设，建成后的垃圾处理场包括填埋库区、污水处理站、地下水导排系统和管理办公区，实现了垃圾无害化处理，另外，还完成供水管网建设和燃气管道建设等工程；为促进全县经济社会全面可持续发展发挥了重要的作用。

农房建设成绩斐然

按照民意要实现、品质要保证、重点要突出、任务要完成的总体要求，在抓好水、电、路等基础设施建设的同时，重点抓好气上楼、水治污、环卫保洁市场化物业化管理"三上"工程。截至2011年底，全县已启动农村住房建设9776户，占全年任务的122%，改造危房2982户，占全年任务的120%。

建安工作亮点纷呈

建筑业得到了健康发展，到2011年底全县具有建筑施工资质的企业共17家，办理基本建设施工项目46项，单体工程204件，建筑面积91万平方米，工程总造价达9亿多元。2011年在建项目中荣获了1个泰山杯和5个沂蒙杯，获得山东省建筑工程通病治理示范工程称号2项；获省级安全文明卫生工地称号6个，市级安全文明卫生工地称号13个。

新建小区外景

明德花园

浚河文体公园由场地运动、滨水娱乐和康体休闲三个功能片区组成，建有篮球、网球等专业运动场地和健身器械场地、室外小舞台、缓坡草地、滨水广场、亲水平台等相关施设，同时还利用当地产花岗石资源设置五环标志、运动主题景墙等石景小品，丰富人文内涵。

郑城镇油篓村农房建设工作情况

郑城镇油篓村是社会主义新农村建设县级示范村，该村坐落在镇驻地东北部，背倚母子山，怀抱昌里水库，全村363户，1206人，属库区村，人均土地0.5亩，金银花人均60棵。针对人多地少，富余劳动力多的实际，镇党委、政府积极引导农民外出打工赚钱。现在该村有700多人在上海从事煎饼行业，每年带来近2000余万元的收入，油篓村成了名副其实的"煎饼专业村"。富裕起来的村民便萌发了集体建楼的愿望。郑城镇党委、政府抓住机遇，因势利导，在充分征求广大村民意见的基础上，着手进行科学规划油篓新村建设，经过反复讨论和协商，一份规划合理，设计周全的油篓新农村建设规划蓝图呈现在人们面前，并很快得到付诸实施。

油篓社区选址于旧村南部，松张公路两侧，总规划面积90亩，根据现有地势形成东、中、西三个层次，每层又分为若干小层次。一期规划建设二层住宅楼53户，两户一栋，每栋建筑面积391平方米，单户建筑面积195.5平方米，户型、外观、色调一致，建筑风格统一。二期规划建设4层住宅楼4栋，64户，每户130平方米。三期规划建设6栋4层住宅楼。社区整体布局东高西低，错落有致。规划道路总长2600米，依地势曲折延伸，在道路两侧和房前屋后建设台阶式人行道和各种休闲健身设施，并利用本地苗木、果树进行绿化。社区内建设社区办公楼一处，建筑面积580平方米，建设社区便民服务中心、卫生室等公共服务设施，建设文化广场、篮球场各一处。路灯、通信、宽带、有线电视、供电、供水、排水、垃圾处理等公共配套设施齐全，并推广太阳能、沼气池等新型能源设施。建成后的新村，东倚青山，西望碧水，南眺观音峰，周围果树、银花环绕，体现明显的郑城山区特色。目前一期工程建设53户二层住宅楼，现已建设完毕。二期工程建设4栋高层住宅楼、社区办公楼、便民服务中心、卫生室、文化广场和各项公共配套设施，也已竣工。三期工程规划在社区北部再建设6栋4层住宅楼。

依据本村自然、经济、社会条件，尊重农民的意愿，采用了集中建设生活污水处理池的办法，以提高处理效果，2010年，投资30多万元在油篓村西南建立污水处理池，并已投入使用。污水通过去渣、发酵、过滤、净化、氧化等程序，实现了排出水质达到国家排放标准。污水处理池的建成能满足该村日常污水的处理需要，使全村98%的生活污水得到处理，该村更加干净整洁。郑城镇油篓村在村内设立20多个垃圾收集点，村内有专门保洁人员收集，镇有专门垃圾收集车负责定时清运，然后集中到县垃圾处厂集中处理。采取"村收、镇运、县处理"的方式，做到生活垃圾定点存放清运率达到100%，无害化处理率达到100%。

山村奇葩

油篓社区

聊城市市政公用事业管理局

聊城市市政公用事业管理局主要负责城市市政设施维护、园林绿化管养、环境卫生管理，供热、供气、供水的行业管理和服务，以及生活垃圾处理、污水处理和城区防汛等工作。承担着市城区69条计485.66万平方米主次干道、22座桥梁、2.3万盏路灯、220千米排水管网，青年渠和新水河两条19公里的防汛沟渠、6399座窨井（检查井5667座，雨水井732座）、12座闸门、8大出水口的管理和维护；还有576万平方米道路保洁，6000余个旱厕的粪便掏挖，34座免费公厕的直管和97座社会公厕的监管，107座生活垃圾站点管理、每天500—520吨生活垃圾的收集清运和处理；354万平方米绿地的养护管理等工作任务。

市政公用事业工作点多、线长、面广，与广大市民的生活息息相关。根据市政公用事业公共服务的行业特点，局领导班子提出了“打造惠民市政品牌”的工作目标，便利民生，泽惠万家，把市民群众满意作为评价工作的最高标准和唯一尺度，提出了“两高一好”、“两保一优”的工作目标，即：高标准，高效能，确保各项市政设施运行良好；保障供给，保证安全，优质服务，建设和谐文明单位，要求树立优良的政风行风，努力构建和谐文明单位，各项工作力求精、深、细、实，不断提升公共服务水平。近年来，聊城市市政公用事业管理局先后荣获“山东省城建行业规范化管理先进单位”、“山东省城市防汛工作先进集体”、“山东省青年文明号”、“全市目标管理考核先进单位”等荣誉称号。2008、2009年，连续两年被评为“市级文明单位”。2010年、2011年，荣获山东省“文明单位”光荣称号。

聊城市市委书记宋远方视察供热工作

聊城市市委书记宋远方慰问环卫工人

市政公用局揭牌仪式

供热集控室

道路修补

天然气加气站

城市防汛实战演练

污水处理厂

高标准的生活垃圾压缩站

路灯维修现场

城市园林绿化

省级文明单位

精心规划 努力打造阳谷特色

阳谷县城市规划局

党组书记、局长 徐涛

为了塑造阳谷城市特色，几年来，县城市规划局会同中国城市规划院、山东省城乡规划院、清华大学和山东建筑大学等著名规划设计单位先后完成了老城区、古城核心区、城市新区、东部和西部工业区、祥光千亿生态工业园等控制性详细规划，为阳谷县千年古城、城市新区、工业强县的建设奠定了规划基础。

古城核心区规划面积0.5平方公里，全为仿古区域，在布局手法和建筑形态上

局领导班子成员

规划中的博物馆

规划中的图书馆

凸显宋代古城特色。建筑以北宋时期的民居商铺形式为主，尺度宜人的仿宋步行商业街和部分传统北方四合院，营造古朴的风貌。同时利用阳谷县千年古城特有的紫文化元素，营造富贵吉祥的紫色氛围，使“千年古城”独居一格。

规划中的博物馆、图书馆方案聘请了山东工艺美术学院的专家教授设计完成。博物馆、图书馆本身是文化建筑，给历史文化底蕴深厚的阳谷增添了更加强烈的艺术感染力和文化气息。

城区水系建设和管理对优化发展环境，造福居民，提高城市品位，完善城市功能有着非常重要的现实意义。目前南环渠汇同聊阳渠、西城渠、斜店渠形成环贯老城区，长约7.5公里的绿色景观带。四条沟渠治理已全部完工，实现了沟渠通水。古城规划区利用原有的紫汇湖水域，通过规划形成新的水系，以水作为古城区造景的主要元素。规划中的南湖公园面积35公顷，水面25公顷，集休闲、娱乐、度假、居住于一体，不久的将来“碧水绕城、清水环流”的宜人景象将呈现于眼前。

紫汇湖公园一角

市民广场鸟瞰图

规划中的南湖公园

聊城市城市园林管理处

由聊城市城市园林管理处承建的第七届中国（济南）国际园林花卉博览会聊城园一景。

东昌路，建于2001年，行道树为白蜡，林下有麦冬、佛甲草等地被，形成“路有景，树成荫”的景观效果，绿化覆盖率95%。

聊城市人民公园一角，冷季型草坪覆盖，刺槐、五角枫等乔木矗立其中，曲径通幽，绿意盎然，令人心旷神怡，充分满足了生态园林建设的需求。

聊城市人民公园内角亭，柳树、金银木等绿树环绕，经常成为居民集会、休憩、娱乐的场所，充分体现了以人为本的园林文化。

在聊城市委、市政府和市政公用管理局的正确领导下，聊城市城市园林管理处坚持以科学发展观为统领，围绕市委、市政府关于“江北水城·运河古都——生态聊城”的战略决策，以创建国家级园林城市为目标，以机制创新为动力，以科技兴绿为保障，努力实践“建一流班子，带一流队伍，创一流业绩，树一流形象”的工作理念，将城市园林绿化各项工作不断推向纵深发展。

聊城市城区2012年园林绿化维护面积相比2002年增长了25倍，养护水平由原来的三级水准上升至一级水平，先后建设提升人民公园、姜堤乐园等公园18处，新建、改建5000平方米以上街头游园15处、街头绿地100处，公园绿地总面积730公顷，满足了服务半径500米的要求。全市区绿地面积2596公顷，绿化覆盖率、绿地率分别为44.6%、37.6%，人均公园绿地面积17.3平方米。聊城市立足乡土树种，对沿路周边进行高标准、大绿量绿化美化，道路绿地达标率89.3%，呈现出"一路一树、一街一景，三季有花、四季常绿、步移景异"的城市道路景观特色。同时，积极引导和鼓励业主、物业、单位联合建绿，打造地上、空间、楼上的立体绿化，城区有62个单位被评为省、市级园林式单位，22个小区被评为园林式小区，城市新建、改建居住区达标率为100%。"绿满水城、韵满古都"成了聊城人居环境的真实写照。

管理处各项工作成绩斐然，多次被省、市评为先进集体，2009年代表聊城市参加第七届中国（济南）国际园林花卉博览会，荣获先进集体和室外展园综合奖银奖。继2003年聊城市被评为省级园林城市后，2011年9月，顺利通过国家住建部国家园林城市验收，这也为今后聊城市园林事业发展指引了新的方向。

聊城市城市园林管理处在重要节点布置鲜花，烘托良好的节日氛围。

聊城市城市园林管理处与我市媒体民生面对面共同建立绿色基地，为市民植绿护绿提供场地和技术支持。

城水相依，翠带绕城的城市景观

茌平县住房和城乡建设局

生态宜居城市　幸福魅力茌平

党组书记、局长　李学忠

近年来，茌平县住房和城乡建设局在县委、县政府的坚强领导下，以“建设生态宜居城市、打造幸福魅力茌平”为目标，以推进城镇化进程为重点，大力实施“城建靓县”战略，城市面貌发生了日新月异的变化，城市综合承载力、集聚力、竞争力和辐射力不断增强，为全县经济社会又好又快发展搭建了良好的城市平台。

为打造生态宜居的魅力城市，茌平县住房和城乡建设局坚持顶层设计理念，强化民生优先，大力提升规划编制水平，加大城乡基础设施建设投入，新型城镇化进程不断加快，居民幸福生活指数不断提升。2011年累计投入建设投资10.3亿元，城镇化率达到48.7%；新修改造城市道路21公里，人均道路面积达23.3平方米；新增绿化面积120万平方米，建成区绿化覆盖率达到38.6%，2011年成功创建成为山东省“省级园林县城”；完成了文化南路、建设路、文昌街、环城水系及城中村改造工程40万平方米的拆迁工作，新开工房地产开发面积63.19万平方米，完成保障性住房建设1614套；集中力量建设了县文化体育中心、高速西互通立交、环城水系和金牛湖等重大基础设施工程；相继建设了105新国道、东高速口、电影院及市场街路口等17处城市小游园，完成了城市污水二期及垃圾处理提升工程，污水处理率达到90.51%，生活垃圾无害化处理率达到100%，城市功能日臻完善，人居环境明显改善，城市品位和形象显著提升。

茌平县住房和城乡建设局被评为“省级精神文明先进单位”和“省级卫生先进单位”。茌平县也先后荣获“世界循环经济生态宜居最佳城市”、“中国房地产市场稳健发展优秀城市”、“中国住房保障建设示范城市”等荣誉称号。

改造一新的迎宾大道

① 文体中心全景
② 茌平县城区局部鸟瞰
③ 依环城水系而建的高层建筑
④ 金牛湖局部鸟瞰
⑤ 蓬勃发展的房地产业
⑥ 街头游园绿化

全省征收拆迁管理规范化工作先进单位
——聊城市房屋征收管理办公室

省委书记姜异康视察聊城征收拆迁工作

市委书记宋远方视察征收拆迁工作

市长林峰海视察征收拆迁工作

被拆迁户送来锦旗致谢

聊城市房屋征收管理办公室是聊城市房屋征收主管部门（正县级单位），对全市国有土地上房屋征收与补偿工作实施监督管理，其主要职责为：拟定市国有土地上房屋征收补偿标准；拟定房屋征收补偿方案；代表政府委托房屋征收实施单位与被征收人签订征收补偿协议；监管征收补偿资金；提请政府作出补偿决定；委托房屋征收实施单位承担房屋征收与补偿的具体工作；建立房屋征收补偿档案；审查拟征收项目，接受县（市、区）征收项目备案；对已经依法取得房屋拆迁许可证的项目，继续依法进行管理等工作。

聊城市房屋征收管理办公室始终坚持“执法为民、以人为本”的服务理念，团结一致，奋发进取，求真务实，开拓创新。在征收拆迁工作中切实做到“权为民所用、情为民所系、利为民所谋”，一切从维护群众利益出发，严格贯彻执行国家、省征收拆迁法规和文件精神，加强管理，积极稳妥地推进征收拆迁工程，确保了征收拆迁工作和社会稳定同步进行。相继完成了古城保护与改造房屋征收拆迁工程、望湖花园拆迁工程、市民活动中心拆迁工程；湖河水系建设房屋征收拆迁工程（龙湾拆迁工程、运河四期拆迁工程、东南湖沿岸整治拆迁工程、青年渠拆迁工程等）；基础设施拆迁工程（昌润路改造、兴华路拓宽、向阳路拆迁工程、花园路拓宽拆迁工程、利民路打通等道路拆迁工程）；商业房屋征收拆迁工程（颐馨园二期三期、后许组团、银座商城等）；科教文卫房屋征收拆迁工程（聊大东扩、前后徐逯王拆迁等）等，年拆迁量在100万平方米。

目前，聊城市房屋征收管理办公室正为建设卓越秀美的江北水城、运河古都做着巨大的贡献。

近年来，聊城市房屋征收管理办公室连年荣获“全省拆迁管理规范化工作先进单位称号”。并连续获得全市信访工作先进单位、城市建设先进单位、重点项目建设先进单位等荣誉称号，被市委、市政府记集体二等功。

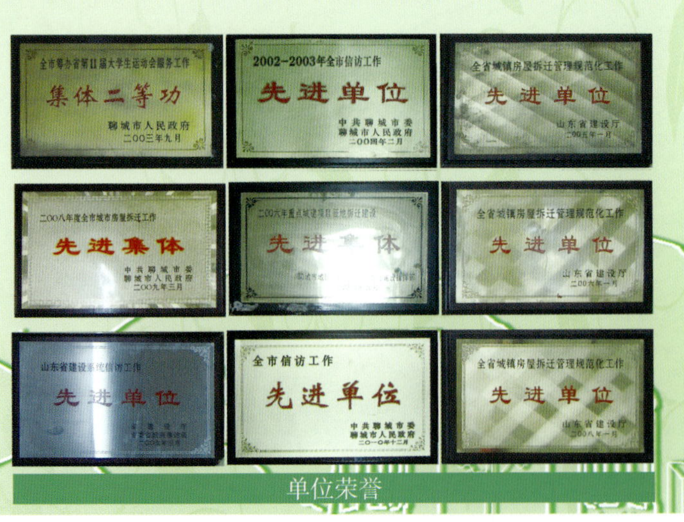

单位荣誉

东阿县住房和城乡建设局

扎实推进城镇化进程　打造适宜人居优美环境

东阿广场夜景

2011年，东阿县住房和城乡建设局在县委、县政府的坚强领导下，以创建省级园林城市为总抓手，牢固树立“以人为本、科学发展”工作理念，按照“高起点定位、高水平规划、高质量建设、高效能管理”的原则，紧紧围绕“阿胶名城、宜居水城、生态绿城”定位，科学谋划，合理布局，大力推进城镇化进程，城乡规划建设管理工作取得明显成效，城市人居环境进一步改善，城市综合竞争力进一步增强，城市形象和品位得到提高，“环境优美、生态宜居”城市形象初步形成。东阿县被授予“山东省园林城市”、“全省绿荫行动示范城市”，县住房和城乡建设局被授予“山东省先进基层党组织”、“省级文明单位”。

2011年，编制完成《东阿县城市总体规划》修编纲要、《东阿县热力专项规划》、《东阿县燃气专项规划》以及18个农村社区修建性详细规划等。城区绿化再提升工程、保障性住房建设、垃圾处理场、图书馆、游泳馆、集中供热工程等城市公益事业项目取得良好效果，受到广大居民一致好评。率先在聊城8县（市、区）建设完成数字化城市管理系统，完善了园林绿化、卫生保洁、城区集中供热、供水、供气、污水处理、垃圾处理管理运行工作机制，城市管理水平得到进一步提升。按照“管理规范、环境整洁、服务高效、业主满意”的要求，狠抓示范住宅小区创建工作，强化小区基础设施配套建设，确保业主住的放心、安心、舒心。认真开展了建设工程领域突出问题专项检查，加大了工程质量监督检查力度，加强了对工程质量通病预防和住宅楼分户验收、监督、指导工作，为全县建设系统安全持续稳定发展打下坚实基础。

2012年，县住房和城乡建设局将紧紧围绕东阿县经济社会发展大局，凝神聚力、开拓创新，为广大居民创造一个整洁、优美、舒适的工作生活环境，为建设富裕、文明、生态、和谐、美丽、幸福新东阿做出积极贡献。

东阿广场　东阿曹植公园洛神湖　喜鹊广场

滨州经济开发区规划建设局

Binzhou Economic Development Zone Planning and Construction Bureau

鲲鹏湖湿地公园　鲲鹏湖湿地公园一隅　黄河五路街道绿化景致

黄河五路绿化一角　黄河五路路边雕塑《慧·仁》　黄河五路绿地雕塑一角

人桥夜景

亚里山大三世大桥

亚里山大三世大桥侧面图

2011年6月29日两路两桥竣工通车仪式

区领导视察旧村改造北街安置房

滨州经济开发区是2001年4月经山东省人民政府批准设立的省级开发区，是滨州市新的经济增长点和中国沿海最具发展活力的新的经济区域之一。总人口20万人，版图面积189.2平方公里，总体规划控制面积49.6平方公里。滨州经济开发区规划建设局坚持以科学发展观为统领，紧紧围绕“打造黄河三角洲中心名城”、“创建国家园林城市”、“争创国家级开发区”的目标定位，全力推进城市建设，城乡面貌发生巨变，城市功能进一步完善，实现了住房和城乡建设事业的大发展。

完善城市功能，打造“宜居之城”。本着“改善环境、提升形象、为项目配套”等原则，抢抓机遇，全面优化投资环境，做美做靓城市环境。一是扎实推进城市路网设施建设。截至2011年，开发区共建成道路43条86段，城区道路总长度122.6公里，道路铺装面积334万平方米，桥梁23座，总长度1.9公里。全区九横四纵的主干路大框架基本搭起，35条支干路衔接成环，管网配套日趋完善，各项基础设施日趋完善，承载能力明显增强。二是围绕关注民计民生，加快保障性住房建设。2010-2011年230套廉租住房建设全部开工，完成投资900余万元；经济适用房100套任务封顶，完成投资1000万元；公共租赁住房300套任务全面开工，完成投资2900万元；棚户区改造开工建设322套。三是高标准推进城镇化建设。坚持以工促农、以城带乡，把城镇建设与新农村建设、旧村改造、片区建设紧密结合起来，加快形成城乡经济社会一体化发展新格局。2011年突破性完成南街、北街等7个村整村搬迁，搬迁1825户、65万平方米。其中南街村成为市委党校“县区亮点进课堂”工程的首个亮点教学案例。

提升城市品位，打造“生态之城”。按照“现代、大气、生态、实用”的原则，高水平设计园林景观和城市雕塑，2011年沿黄河5路等主干路建设了一批具有深厚文化底蕴、富有视觉冲击力的雕塑、园林精品。完成了黄河5路、黄河12路等四路一广场绿化景观改造，新增绿化面积102万平方米，4.5万平方米的鲲鹏湖湿地公园建成投用。并开工建设了黄河明珠文化广场工程，总景观面积30多万平方米，总投资3000万元。同时大力实施美化亮化工程。完成了六条道路全长2.37公里共计509盏的亮化任务，新增夜景亮化景点6处，并在黄河5路和渤海18路设立了大型LED显示屏，使城市夜景更加绚丽多彩。

阳信县住房和城乡建设局

局领导班子到城建重点项目现场调研

阳信县位于山东省北部黄河三角洲腹地，隶属山东省滨州市，总面积793平方公里，下辖七镇一乡两个办事处，人口45万，是中国著名的鸭梨之乡。

阳信县住房和城乡建设局，负责全县城市建设、村镇建设、工程建设、建筑业、房地产业、园林绿化、市政公用等住房和城乡建设与管理工作。近年来，在阳信县委、县政府的正确领导下，阳信住建局按照“绿为韵、水为魂、路为骨、花为景”的现代城市发展理念，统筹城乡发展，不断加快城乡建设步伐，阳信城市功能日臻完善，城市面貌日新月异，城市承载力进一步增强，城市品位进一步提升。截至2011年底，阳信城镇化率达到40%，城市人口8.9万人，城市建城区面积15.3平方公里，城市道路85公里，城区绿地面积278公顷。

城乡建设再上新台阶。新城区在建“两湖两桥六路”、商务中心群楼等重点工程顺利推进，已竣工的翠岛湖一期工程，被省水利厅命名为“省级水利风景区”。老城区大力实施棚户区改造工程，结合道路基础设施、排水管网维护改造，承载力进一步提升。积极开展“乡镇振兴”工程，狠抓小城镇建设“百件实事”落实，新型农村社区建设全面启动。

住房保障工程全面推进。以梨乡嘉园安居小区为主体，阳信廉租住房已累计开工525套， 2012年新建廉租住房200套。首批120套廉租住房顺利完成实物配租，共90户低收入住房困难家庭喜迁新居。公共租赁住房累计建设约3万平方米（计460套），完成投资4000余万元。

“七·一”歌咏比赛

建设大厦

梨乡嘉园安居小区（包括廉租房、拆迁安置房、经适房）

行业管理进一步规范。通过综合执法，全面强化工程招投标管理，切实规范房地产开发市场和建筑市场秩序，坚持调结构、转方式，推动行业健康发展。2011年，全县房地产开发完成投资5.84亿元，同比增长75%。全县在建房屋建筑面积约110余万平方米，同比增长83.3%；全县建筑业增加值1.58亿元，同比增加61.2%。

工程施工管理进一步加强。积极开展为期五年"建设工程质量安全年"活动，通过定期巡回检查、综合执法检查、典型工地观摩、省市专家巡检等多种方式狠抓质量通病治理和安全隐患整改，全面强化城区建设工程质量安全监管。同时，采取重心下移、属地管理方式，强化对村镇限额以上工程监管，确保全县建设工程质量安全平稳受控。

机关文明建设全面提升。结合解放思想大讨论、发展环境提升年等活动，积极加强机关内部管理，建章立制、转变作风、廉洁自律、一岗多责、提速增效，2012年初获得市级文明单位称号，在建设科技与节能减排、建筑业发展与工程管理、房地产业发展与市场管理、安全稳定、行风建设等五个方面工作中获得市局表彰；多人获省住房城乡建设厅、省建管局表彰奖励。

棚户区改造项目—玫瑰·太古城小区

城区新街景—幸福广场

一湖两桥

园林养护

邹平县城乡建设局

党委书记、局长　刘　峰

刘峰局长陪同省领导调研小城镇建设

邹平县城乡建设局是县政府主管全县城乡建设工作的行政序列局，担负着全县城乡规划、建设、管理等职能。近年来，在县委、县政府的正确领导下，局党委一班人团结带领建设系统全体干部职工，以科学发展观统领全局，大力实施城市化带动战略，坚持高起点规划、高标准建设、高效能管理，科学统筹城乡发展，全力构建生态和谐、现代宜居的新邹平，城乡一体化进程明显加快，城乡面貌日新月异。2011年，规划工作日正完善，启动了总体规划修编工作，规划范围由现行的67平方公里拓展为385平方公里。城市基础设施建设、老城区改造、办公、商住小区等建设步伐加快，投资26.79亿元，完成城建项目70个。投资29亿元，实施小城镇建设“百件实事”124项，各镇办以“路、水、电、气、医、学”为重点的城镇配套基础设施建设得到进一步增强。投资12亿元，开工建设新型农村社区43个。实施农村危旧房改造204户，完成农民建房1.1万户。目前，县城区面积达到54平方公里，人口39万，城镇化水平达到62%。城市绿化覆盖率达到41.5%，绿地率达到36.9%，人均公共绿地面积达到12.8平方米。邹平县获得中国宜居宜业典范县。县城乡建设局顺利通过省级文明单位验收。全市住房和城乡建设系统重点工作考核中，获得总成绩第一名。被县委、县政府评为科学发展考核先进单位、党风廉政建设和行风建设先进单位。

示范小区

城乡建设局办公大楼

人工湖

侯家社区

济南市城市计划节约用水办公室

市长杨鲁豫向节水志愿者授旗

济南市城市计划节约用水办公室隶属于市市政公用事业局，主要承担全市城市计划用水、节约用水工作；负责二次供水、自建供水设施和中水设施指导管理工作；负责超计划加价水费的征收工作。

近年来，在市委、市政府及市政公用局的领导下，济南市城市节水办以科学发展观为统领，积极发挥和谐文化建设的引导作用，形成了“崇尚思想品德、崇尚集体荣誉、崇尚科学发展、崇尚改革创新”加快发展的强大合力，连续多年保持省级文明单位荣誉称号；2011年被济南市人民政府评为“济南市十一五节能减排先进单位”；2011年5月被授予“山东省富民兴鲁劳动奖状”。

济南市城市节水办以深化节水型城市建设为抓手，遵循“开源节流、有效保护”的原则，以“节水保泉，节水减排”为中心，严格用水计划考核，全面落实节水管理“三同时、四到位”，坚持节水科技创新，大力推进中水设施建设，积极引导公众参与节水，有效提高了城市用水效率，城市节水各项指标位于全国前列。截至2011年底，城区万元国内生产总值新水量下降到12.5立方米，城区工业用水重复利用率提高到95.5%。全市建成中水设施170座，日回用量达到11万立方米/日。“十一五”以来，全市经济社会持续发

意气风发的节水管理队伍

检查节水型企业建设

节水技术改造检查

富民兴鲁劳动奖状颁奖现场

洗车执法检查

展，城区用水量却一直控制在3.1亿立方米以内，有效坚守了城市用水红线，不仅圆满完成了节能减排工作目标，而且有效保障了城市供水安全，为保持泉水持续喷涌做出了积极的贡献。济南市2002年成为全国首批节水型城市，2003年“城市节水与供水保障”项目荣获“中国人居环境范例奖”，2011年顺利通过全国节水型城市复查。

全国城市节水宣传周启动仪式

龙奥大厦

大众传媒大厦

济南泺口服装国际会展中心

山东省老年人活动中心

同圆一个梦 共建一个家 · One Dream One Home

山东同圆设计集团有限公司是一家以建筑设计为核心的综合性工程服务企业集团，由50多年悠久历史的济南市建筑设计研究院改制、改革发展而成。

集团旗下拥有山东同圆建筑规划设计有限公司、山东同圆置业有限公司、山东同圆建设工程施工图审查有限公司、山东同圆项目管理有限公司和济南同圆实业有限公司。下设七个综合设计研究院、规划景观设计院、卫东（建筑）工作室、建筑设计创作所、房地产设计咨询研究所、工程设计咨询部、青岛同圆建筑设计有限公司和山东同圆数字科技有限公司。集团现有员工800余人，其中工程技术应用研究员、高级职称近150人；名类注册工程师近200人。集团主要承担大型民用与工业建筑设计，城镇及住宅小区规划设计，楼宇自控与智能化设计，市政设计，景观设计，项目管理，工程总承包，施工图审查，建筑技术研究，房地产开发、营销、策划、代理，建筑效果图、动画、多媒体、虚拟现实制作等业务。

集团先后被授予“全国优秀勘察设计企业”、“全国十大民营建筑设计企业”、“全国十佳民营勘察设计企业”、“‘十一五’全国工程勘察设计行业信息化工作先进单位”、“中国AAA级信用企业”、“山东省十佳设计院”、“山东省十佳规划院”、“山东省优秀勘察设计单位”、“山东省建筑建材业十大品牌民营企业”等荣誉称号。

集团总部设在山东省济南市，业务辐射国内外。集团愿与海内外各界朋友精诚合作，共建美好家园。

济南军区总医院　山东省中医院

山东书城　国家信息通信ICT总部基地　中国铁建·国际城

山东省轻工业设计院

广西银爽啤酒酿造车间效果图

山东省轻工业设计院始建于1979年，是我国改革开放以来山东省内组建最早的国有设计单位之一，现法定代表人是院长马忠汉。30多年的发展历程取得了辉煌的成就，从刚组建时的十几人发展成为六百多人的高素质团队，从单一的工程设计扩展到具有设计、咨询、招标、安全评价、工程监理、项目管理、工程总承包等工程建设的各项业务，具备了承接轻纺行业轻工工程、纺织工程，建筑行业，环境工程（水污染防治工程）火力发电、农林行业（林产化学）商物粮行业，市政行业等全方位、全过程的服务能力。30多年来，共承担了国内外大中型工程设计、技术咨询2000多项，其中有70多项荣获省部级优秀设计、咨询奖。项目总投资近400多亿人民币，积累了丰富的设计和服务经验，培养一大批高中级技术人才。2006年，与国际工程咨询跨国集团——雅格贝利的战略合作，成功地与国际接轨，顺利进入国际市场的竞争。

资质级别高、业务范围广充分体现了院技术实力。目前院具有国家建设部颁发的轻纺行业、房屋建筑、环境工程三项甲级设计资质，商物粮、火力发电、农林行业、市政给排水工程四项乙级设计资质；具有国家发改委颁发的甲级咨询资质（含轻纺、建筑行业、环保工程）和国家质监总局颁发的压力管道、压力容器设计资质；具有国家安监总局颁发的危险品安全评价甲级资质。院控股（98%）的山东恒信建设监理有限公司具有建设部颁发的房屋建设、市政工程、电力工程、机电设备安装四项甲级资质。

青州云门酒业整体搬迁项目鸟瞰图

注意人才培养，加强团队建设是院做大做强可持续发展的基础。现有设计专业技术人员195人，其中工程技术应用研究员16人，高级工程师55人，工程师38人，同时具有各类国家注册人员68人。另外，恒信监理公司还有各类专业技术人员400多人，其中高、中级技术人员257人，国家注册监理师60人，国家一级注册结构师4人，国家注册造价师8人，国家注册安全师6人，国家注册一级建造师10人，人防监理师10人，济南地方注册监理师37人。形成了初、中、高级技术力量的有机结合，为院发展奠定了雄厚的人才基础和技术实力。

2002年，院通过了ISO9000质量体系认证，结合多年质量管理经验建立了更为完整、科学的质量保证体系，始终坚持“科学管理、质量第一、优质服务、持续改进”的质量方针，从制度上保证了设计质量和服务质量。

多年来，院坚持“以质量求生存，以信誉求发展”的企业宗旨，发扬“团结奉献、开拓进取、科学创新、诚信务实”的企业精神，不断强化全员“以客户为中心”的服务意识，力求用精湛技术、精良的设备、精细的工作、精诚的服务赢得国内外广大客户的认可。

院网站：http://www.sdqgsj.cn/

景耀玻璃轻量化啤酒瓶项目鸟瞰图

稼禾生物沂南造纸项目鸟瞰图

龙力生物科技燃料乙醇项目鸟瞰图

山东瑞博斯烟草有限公司造纸法再造烟叶项目鸟瞰图

滕州市建筑工程管理局

墨子鲁班故里　中国建筑之乡

鲁班纪念馆开馆

滕州市人民医院

2011年，滕州市建筑工程管理局带领全市16万建筑大军，发挥滕州市班墨故里和建筑业的传统优势，荣膺“中国建筑之乡”，蝉联“山东省建筑业十强县”，实现了滕州市及其建筑业产业形象的新提升，叫响了鲁班故里“滕州建筑”品牌。

全年产业规模实现新突破。2011年，滕州市建筑业企业发展到122家，完成全社会建筑业产值120.4亿元，实现建筑业增加值42.14亿元，实现利税5.78亿元。

出省出国兴业实现新突破。建筑起重机械和钢结构产品出口澳大利亚、新西兰、印度等9个国家。外出施工区域拓展到全国25个省市自治区的100多个地区，完成外出施工产值77.6亿元。

质量安全创优夺杯实现新突破。1项工程荣获中国建筑工程装饰奖，6项工程荣获“泰山杯”，50个单体工程、160多万平方米在建工程荣获山东省安全文明（示范）工地。先后荣获省和国家级优秀QC成果、工法、技术创新奖等10项。

长风破浪会有时，直挂云帆济沧海。滕州建筑工程管理局决心以强烈的历史责任感和使命感，带领建筑业干部职工继续锐意进取，开拓创新，开创建筑业更加辉煌的明天。

建筑业十强县

中国建筑之乡

上海世博会城市未来馆

SDFY 山东省纺织设计院

山东省纺织设计院创建于1963年，是纺织行业工程设计的骨干单位。为纺织工业的发展及工业民用建筑工程建设做出了重要贡献。1989年以来，以设计院为依托先后成立了山东纺织工程承包公司、山东省纺织设计院上海分院、山东省纺织设计院新疆分院、山东省纺织设计院东营分院、山东北辰工程建设监理有限公司。设计院现具有纺织综合甲级、建筑工程甲级、电力行业（火力发电、新能源发电）乙级等设计资质证书，还持有工程咨询甲级、工程承包甲级等资质证书。是集设计、咨询、工程总承包、工程监理于一体，综合实力较强的设计院。

院长　蔡小平

设计院先后获国家、省（部）级、厅级优秀工程设计和科技进步奖共二百余项。其中新疆银鹰化纤有限公司5万吨/年棉浆粕项目获全国优秀工程设计一等奖，泰安大麻纺织实验厂获全国第六届优秀工程设计金奖、邹平棉纺织厂气流纺车间工程获全国第六届优秀工程设计银质奖、临沂化纤厂丙纶长丝车间获全国优秀工程设计铜奖、上海“名都城”获“新中国五十年上海十大住宅小区大奖”，上海苹果园别墅区项目获山东省省直优秀建筑设计一等奖。近年来我院工程咨询也取得巨大成果，山东滨州亚光毛巾有限公司毛巾印染清洁示范项目可行性研究报告获优秀工程咨询成果一等奖、滨州亚光家纺有限公司电机系统节能技术改造项目可行性研究报告等获优秀工程咨询成果三等奖。

设计院设有纺织化纤、电力能源、民用建筑、物流规划四个设计部。共有纺织、化纤、总图、建筑、结构、机务、化水、水工、除灰渣、输煤、自控、电气、给排水、暖通、动力、设备、技经、计算机、通信、环保等30多个专业。近年来设计院努力攀登世界先进水平，向纺织高科技进军，向新型纤维项目发展。先后承担了氨纶纤维（耐氯可染氨纶、特性氨纶、差别化氨纶）、芳纶1313纤维、碳纤维、大豆蛋白纤维等工程设计项目。在突出热电设计专业性的基础上，设计院充分发挥人才、技术等优势，在新能源发电方面开展技术研发、交流，已承接完成了生物质发电、风力发电领域的部分工程，取得了良好的经济和社会效益。

①

③

⑤

②

④

① 南亚昆山铜箔热电工程是台塑集团南亚铜箔（昆山）有限公司投资建设，规模为一台250t/h超高压煤粉锅炉和一台30MW背压机供热机组。

② 山东天鼎丰非织造布有限公司非织造布项目分两期建成，项目一期工程投资1.5亿元，建成一条聚酯短丝油毡胎基布生产线和一条聚酯长丝油毡胎基布生产线；二期工程计划投资5.4579亿元，陆续完成规划建设规模，达到年产5万吨非织造布生产规模，项目建成后解决当地部分劳动力就业问题。

③ 榕威纺织科技园项目是福建榕威实业有限公司投资建设，项目分两期建成，规划总投资50亿元，主要产品为高支纱线、高档纯棉色织面料及多组分混纺色织面料和高端品牌衬衫。

④ 岳城煤矿瓦斯发电站位于山西省晋城市沁水县，建设规模为20MW的瓦斯发电站，建设20×1000kW高浓度瓦斯发电机组。此机组建成后，可有效节约能源，缓解常规能源紧张的局面，符合节能减排及可持续发展观的要求。

⑤ 港都大厦东营三利消防器材有限责任公司投资建设，建筑面积20800平方米，单体主要功能为办公。该建筑造型追求简洁大方，通过材质及色彩的组合，形成庄重、简捷、明快的建筑风格。

电 话：0531-66576118　13606411326　Email：sdsfzsjy@163.com　jncxp100@163.com　Http：//www.sdfzsjy.com

济南建设工程交易中心

班子工作例会

办事大厅

济南建设工程交易中心成立于1996年8月，是根据国家建设部、监察部的指示精神，经济南市人民政府批准成立的全市范围内从事建筑活动集中交易的固定场所，为省市合一的有形建筑市场，是全国第一批13个试点城市之一。

中心党支部以科学发展观统领工作全局，以提高市场效能和服务水平为己任，不断加强支部建设、队伍建设。2010年10月交易中心入驻济南公共资源交易中心，担负起平台80%的公共岗位管理工作，负责建设工程、勘察设计、政府采购项目进场交易登记、投标报名管理、专家抽取、开评标现场服务、公共资源交易档案管理、评标专家餐厅管理；负责建筑业驻平台的招标业务及合同备案、造价管理、质量安全报检等13个窗口的协调工作。全体工作人员用热情的态度，规范的服务，让交易各方高兴而来满意而归。省纪委书记视察平台建设时对公共资源交易平台各项工作作出了肯定，济南电视台等多家新闻媒体也对市建委驻公共资源交易中心窗口单位的便民服务新举措进行了报导。

在市监察局、市城乡建设委的领导下，交易中心大力推进全市房屋建筑施工项目电子评标应用推广工作，2011年4月至2012年6月，房屋建筑施工招标共182个项目进行商务标电子评标，发布中标公示的工程面积1279万平方米，总造价318亿元。电子辅助评标系统获得了国家版权局计算机著作权登记，在系统文件加密方式等五个方面属于国家新技术创新领域，系统的应用节约了企业的投标成本，提高了评标效率。系统研发科室获得中国海员建设工会颁发的“工人先锋号”。中心建立的济南建设工程交易网是一个为市场主体提供交易信息及市场信息发布、浏览政策法规、公示招标信息的专业业务网站，中心着力完善网站功能，配合监管行业搭建建筑行业信用体系平台，参与环渤海城市信用体系建设，推进电子辅助评标和远程电子评标系统的开发，努力为市场主体提供智能高效的服务，自运行以来访问量已达120多万人次。

完善的设施功能及优质的服务水平吸引市场主体踊跃进场交易，交易量明显增大，自2010年10月至2011年10月，建设工程进场交易金额为410亿元，占公共资源交易中心总进场交易额610亿元的67.3%，并且实现了市场交易“零”投诉，中心先后获得“全省住房城乡建设系统优秀思想政治工作单位”、“全省建设工程招标投标工作先进集体”、“市直机关创先争优活动先进基层党组织”等荣誉称号。

JINAN JIANSHE GONGCHENG JIAOYI ZHONGXIN

建筑业窗口

评标专家抽取窗口

受理大厅

办事大厅窗口

计算机辅助评标现场

获得的部分荣誉

青岛市城市规划设计研究院

（青岛市城乡规划编制研究中心）

院长、书记　闫韶兵

左起一，副院长宋军，工程技术应用研究员；左起二，专职副书记倪海滨，高级政工师；右起一，副院长马清，工程技术应用研究员；右起二，副院长潘丽珍，工程技术应用研究员。

青岛市城市规划设计研究院成立于1981年，隶属于青岛市规划局，属于自收自支事业单位，是以城乡规划为主的综合性规划设计研究单位，是青岛市唯一具有城乡规划编制甲级资质单位，同时还拥有工程咨询甲级以及风景园林工程设计、建筑工程设计、市政工程设计等多项资质。

建院以来，始终以“服务政府、服务社会、服务民生”为使命，按照建设宜居幸福的现代化国际城市的要求，扎实做好各项工作，充分发挥城市规划在城市建设中的龙头引领作用。承担了大量城乡规划设计编制任务，涉及区域规划、概念规划、城镇体系规划、城市总体规划、分区规划、专项规划、详细规划、城市设计、市政工程规划、交通规划、工程咨询、可行性研究等各个层面，为青岛市城市规划和建设事业做出了重要贡献。2007年被山东省建设厅授予山东省“十佳”甲级规划院称号，2010年被山东省建设厅授予优秀勘察设计单位称号。

下设2个分院、3个综合规划设计所和交通所、市政所、建筑所、办公室、总工办、经营部、信息中心等多个部门。现有职工150余人，其中博士6人，硕士61人，研究员9人，高级工程师28人，各类注册师50余人，青岛市专业技术拔尖人才1名。院十分注重技术质量管理，严格管理程序，通过了质量管理体系ISO9001:2008标准体系认证。参与建设部多项技术规范的编制工作，承担了多项青岛市重点研究课题。

围绕“城乡统筹、三城联动、轴带展开、生态间隔、组团发展”城市发展战略的要求，院积极为城市建设与区域开发提供智力支持。积极参与或主持青岛市各类重大规划项目，如“青岛市城市空间发展战略研究”、“青岛市交通发展战略研究”和“青岛市城市总体规划（2006-2020）”等。针对青岛市重大工程和建设项目，如奥帆赛、世园会、蓝色经济区、蓝色硅谷、北部新城、新机场选址、八大关综合整治、大沽河综合整治、地铁建设、董家口港城建设等，积极承担规划编制和咨询服务。

在新的发展阶段，青岛市城市规划设计研究院将以世界眼光谋划未来，以国际标准提升工作，以本土优势彰显特色，率先科学发展，实现蓝色跨越，狠抓技术质量管理，鼓励各类技术创新，不断加大科研管理与投入力度，进一步提高综合实力和水平。

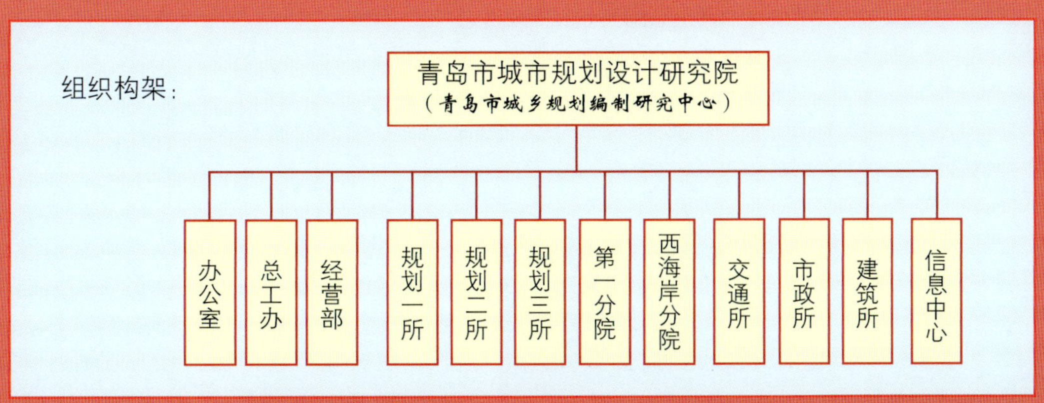

与山东建筑大学签订产学研合作协议

开展国际技术交流

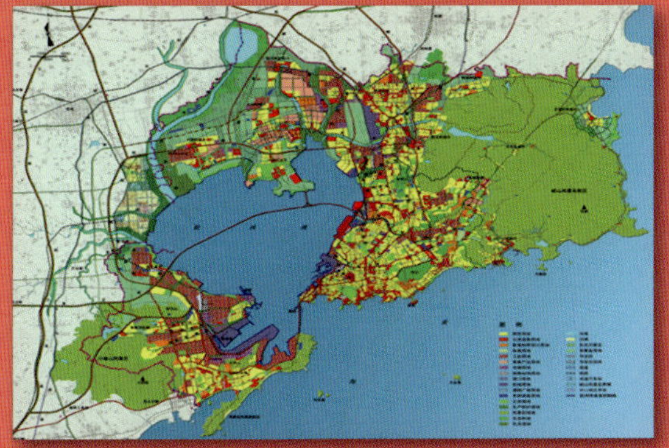
编制青岛市城市总体规划

抗震救灾援川项目——北川曲山镇灾后重建规划

近期部分获奖项目

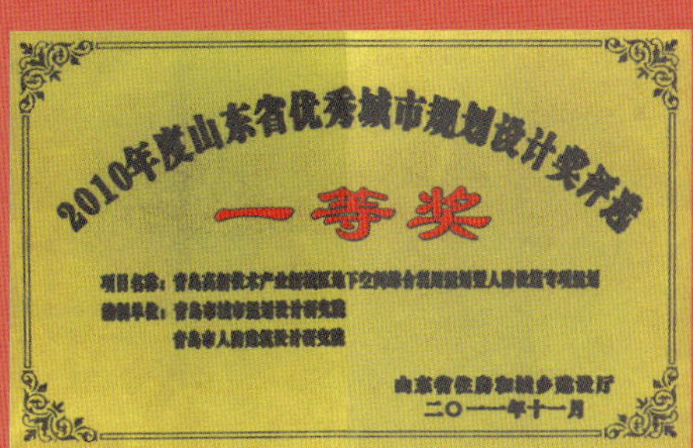

中国石油工程建设公司

尼日尔津德尔炼厂投产庆典

在建四川石化1000万吨/年常减压装置

中国石油工程建设公司华东设计分公司，位于青岛市市南区，其前身是中国石油天然气华东勘察设计研究院；拥有石油天然气、化工石化医药、建筑等行业甲级资质，主要从事炼油化工、油气储运、工业与民用建筑工程项目的工程咨询、工程勘察、工程设计、工程监理、工程总承包、安全评价、环境评价等业务；现有员工1500余人，其中有10名中国石油集团公司高级技术专家，有10名享受政府特殊津贴的专家，有15名行业和省部级勘察设计大师，有1名全国勘察设计大师；2010年在全国勘察设计百强排名中，位列第30名。

近年来，华东设计分公司秉承了大庆精神、铁人精神与儒家思想相结合的企业文化基因，倡导了“惠人达己，固善守正”、“己所不欲，勿施于人”、“行有不得，反求诸己”的企业哲学，坚持了“积极主动”、“坚守诚信”、“重视团队”、“终身学习”、“坚持创新”、“注重细节”的价值理念，企业得到了快速发展。先后承担了中国石油集团公司几乎所有的千万吨级大型炼厂的可行性研究报告的编制工作；承担了广西石化1000万吨/年、广东石化2000万吨/年、宁夏石化500万吨/年等大中型炼厂的设计拿总及主要炼油装置的设计工作；承担了苏丹、阿尔及利亚、乍得、尼日尔、哥斯达黎加等海外炼厂的设计拿总及主要炼油装置的设计工作。

华东设计分公司

珠海高栏岛成品油储备库区全貌

黄岛LPG地下库施工现场

庆阳石化300万吨/年炼油工程全景图

抚顺石化240万吨/年焦化加氢联合装置

由华东设计分公司拿总设计的广西石化1000万吨/年炼油工程全景图

青岛海洋地质工程勘察院

Qingdao Geo-Marine Engineering Survey

青岛海洋地质工程勘察院（简称海勘院）成立于1984年，为国土资源部青岛海洋地质研究所辖属具有独立法人资格的全民所有制企业，是集岩土工程、海洋工程地质、水文地质、工程物探、工程测绘等技术服务和科研于一体的综合性工程勘察研究单位。拥有工程勘察综合类甲级资质、工程物探甲级资质、土工试验甲级资质、测绘乙级资质、海洋功能区划技术支撑单位资质、海域使用论证乙级资质、地质灾害危险性评估丙级资质等，并于2000年12月通过了ISO9002国际质量管理体系认证，建立了完善的质量保证和回访服务体系。

海勘院目前拥有所需要的各专业技术人才，高、中级职称技术人员86名，其中高级职称技术人员42人，注册岩土工程师9人。拥有工程勘察、地球物理调查、工程测量与海洋测绘、化学测试等专用仪器设备200余台套，总值超过2000万元。

历年来共获得部级科技成果二等奖5项，三等奖15项；获国土资源部、山东省优秀工程勘察一等奖6项，二等奖18项；获青岛市优秀工程勘察一等奖6项，二等奖20余项。被评为全国工程勘察与岩土行业诚信单位，连续多年被评为山东省和青岛市勘察设计咨询业“AAA”诚信单位和先进单位。

海勘院秉承“科学、诚信、高效”的理念，为社会各界提供一流的勘察技术服务。

单位地址：青岛市市南区福州南路62号
电　　话：0532-85755896
传　　真：0532-85760621
单位网址：www.qgmes.com.cn

业治铮号海洋综合地质调查船

海勘一号水陆两栖钻机

武船重工海西湾造修船基地

幸福门勘察

震动活塞柱状取样

公司资信

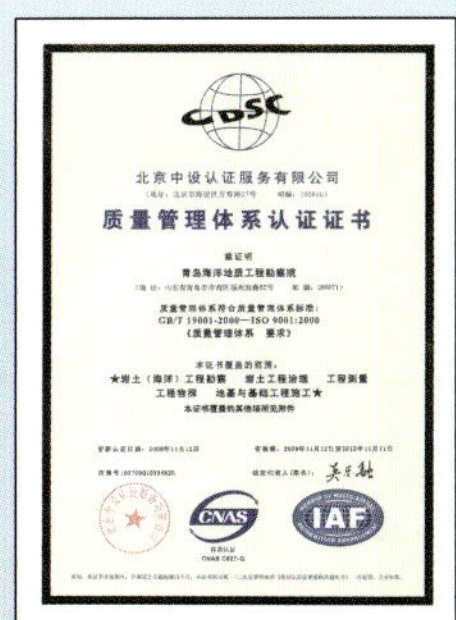

北京中设认证服务有限公司

质量管理体系认证证书

青岛海洋地质工程勘察院

工程勘察证书

甲 级

单位名称：青岛海洋地质工程勘察院

业务范围：工程勘察综合类甲级

证书编号：150014-kj

有 效 期：****

发证部门：

2002年 7月17日

中华人民共和国建设部印制

海域使用论证资质证书

单位名称：青岛海洋地质工程勘察院

有效期至 2014年 11月 15日

二〇一一年度青岛市勘察设计咨询业

AAA级诚信单位

青岛市城乡建设委员会

二〇一二年二月

测 绘 资 质 证 书

有效期至：2014年 12月 31日

发证机关（印章）

国家测绘局制

2008年奥运会青岛帆船比赛基地海域、陆域勘察与测绘

山东黄海造船有限公司勘察

潍坊市勘察测绘研究院

潍坊市勘察测绘研究院成立于1977年5月，1992年8月正式建院，隶属于潍坊市规划局，拥有甲级测绘资质和乙级岩土工程勘察资质，通过了ISO9001质量管理体系认证，是潍坊市重点和重大建设项目的测绘、勘察专业主要实施单位。主要业务范围包括工程测绘、地理信息、岩土工程勘察等业务。

潍坊市勘察测绘研究院现有在职员工75人，其中教授级高工1人、注册测绘师5人、注册岩土工程师2人、高级职称14人、中级职称23人。工程技术设备齐全，拥有GPS定位系统11台套、全站仪15台套、水准仪12台套等数据采集设备，多套绘图仪、扫描仪等数据输出设备，百米汽车钻2台套、SH30钻机4台套等勘察设备。

院长　陈有志

近年来，潍坊市勘察测绘研究院承担了多项国家重点项目和大量的省、市级基础测绘任务及重点工程项目，同时积极开拓测绘市场，承担的测绘及勘察项目质量都得到客户的肯定，为潍坊市经济建设和社会发展做出了应有的贡献。承担的多项测绘、勘察项目成果获国家、省、市科技进步及优秀成果奖，多次被授予“全国城市勘测先进单位”、“全省测绘行业先进集体”、省“工程勘察专项综合治理先进单位”、市“文明单位”等荣誉称号。

潍坊市勘察测绘研究院遵循“科学管理、精心勘测、顾客至上、持续发展”的质量方针，坚持“用户第一、信誉至上”的服务宗旨，愿与社会各界广泛合作，确保产品质量，诚实守信，竭诚为顾客提供最优质的服务。

单位资质

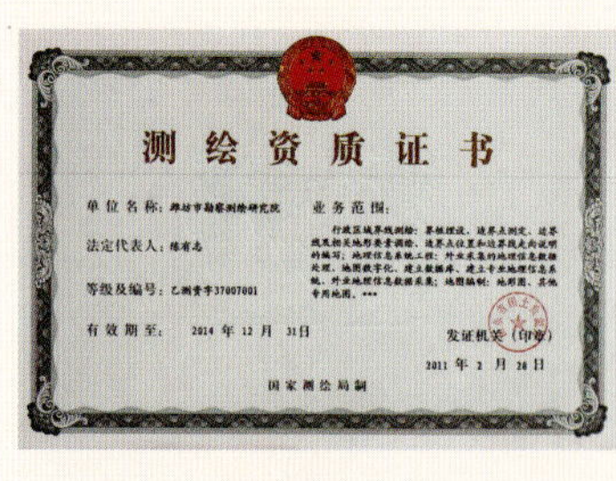
测绘资质证书

单位名称：潍坊市勘察测绘研究院

法定代表人：陈有志

等级及编号：乙测资字37007001

有效期至：2014年12月31日

业务范围：

发证机关（印章）

2011年2月28日

国家测绘局制

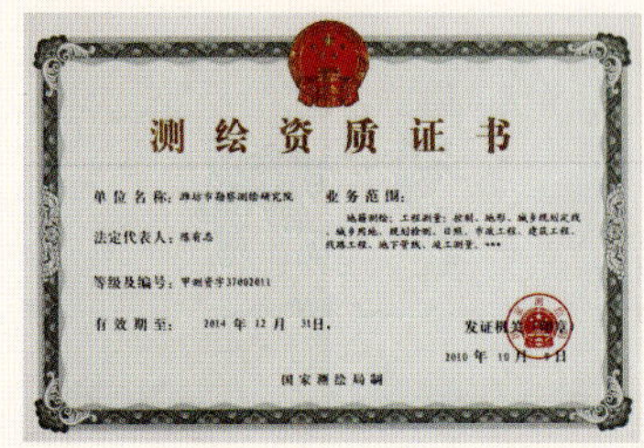
测绘资质证书

单位名称：潍坊市勘察测绘研究院

法定代表人：陈有志

等级及编号：甲测资字37002011

有效期至：2014年12月31日

业务范围：

发证机关（印章）

2010年10月

国家测绘局制

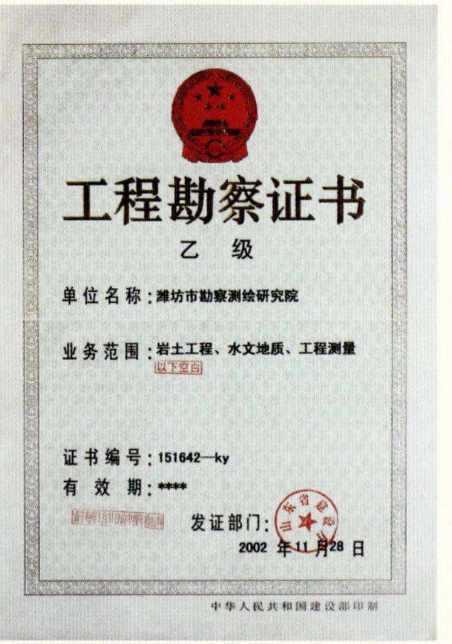
工程勘察证书

乙　级

单位名称：潍坊市勘察测绘研究院

业务范围：岩土工程、水文地质、工程测量

以下空白

证书编号：151642—ky

有效期：****

发证部门：

2002年11月28日

中华人民共和国建设部印制

潍坊市勘察测绘研究院领导班子

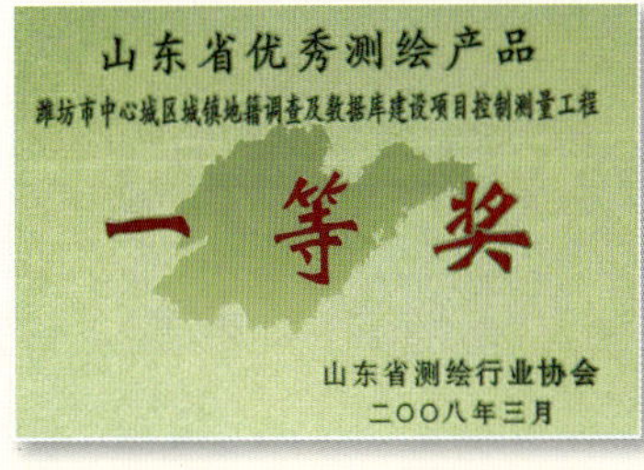

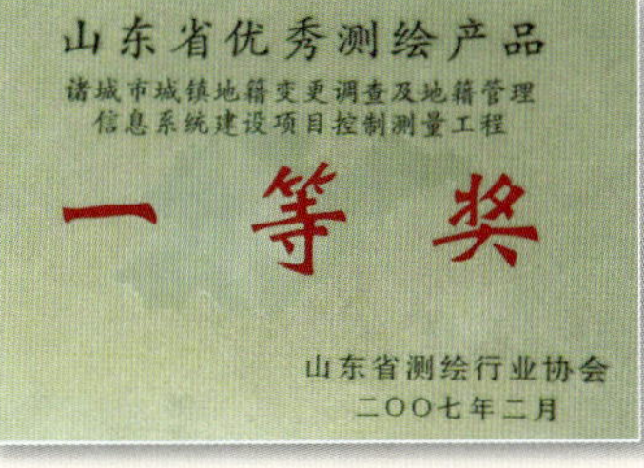

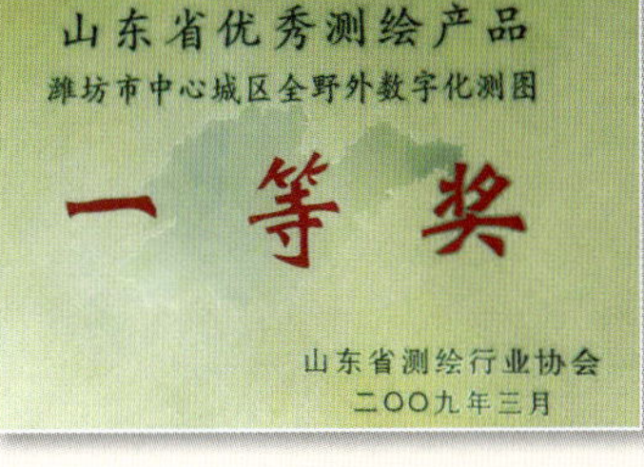

地址：潍坊市奎文区新华路26号　　邮编：261041
电话：（0536）8521099　　传真：（0536）8521099

菏泽市规划建筑设计研究院始建于1973年，隶属于菏泽市城乡建设局，是菏泽市唯一拥有建筑工程甲级设计资质的综合性设计研究院。研究院现设有总工办、办公室、财务科、综合室、信息中心、规划建筑方案室及四个综合设计所。

研究院现有职工116人，其中各类国家注册设计师38人，高级职称人员28人，中级职称人员36人。研究院近年来共获得省、市级优秀设计奖三十余项，取得了良好的经济效益和社会效益，得到社会各界的好评。

菏泽市规划建筑设计研究院2010年被评为首届山东省优秀勘察设计单位，连续六年被评为菏泽市优秀勘察设计单位，是山东省勘察设计协会理事单位，是首批进入山东省勘察设计行业管理“绿色通道”的设计单位。

菏泽市规划建筑设计研究院将坚持“精心设计、优质服务”的设计宗旨，与社会各界共同规划美好明天，共同建设幸福家园。

優質服務

精心設計

菏泽市规划建筑设计研究院

HE ZE SHI GUI HUA JIAN ZHU SHE JI YAN JIU YUAN

曹县一中新校区

将军苑小区夜景

华泰嘉园住宅楼

巨野万福幼儿园

华泰商务楼

菏泽医专综合实验中心

菏泽规划展览馆安置小区沿街楼

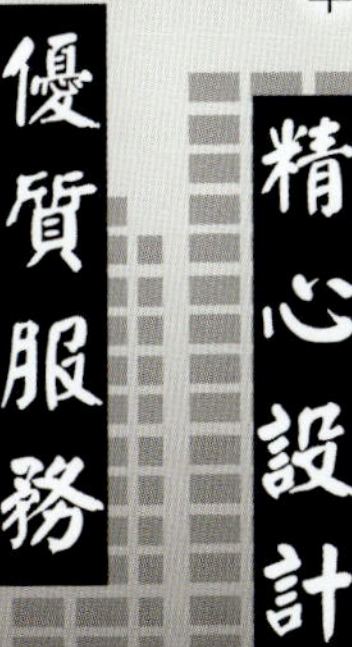

淄博电力经济技术研究所

所长徐子军

淄博电力经济技术研究所（淄博齐林电力设计院有限公司），是具有乙级资质的电力勘测设计单位。自1973年5月组建以来，经过39年的经营，设计能力不断充实，设计水平不断提高，能够承担220kV及以下电压等级的输变电工程勘测设计。

研究所专业配套齐全，设有电网规划室、评审室及设计室，设计室又分为变电、线路、配电、土建等四个设计专业。在所长领导下的主任工程师，协助所长组织贯彻质量方针、质量目标和质量体系文件的各项规定，对各设计专业室实施工程勘测设计的质量控制。

研究所人力资源满足工作要求，现有职工57人，其中技术人员51人。技术人员中，高级工程师21人，工程师21人，高中级占技术人员的82.4%。33年来，取得了丰硕成果：共计完成35kV及以上电压等级的线路设计1200公里，110-220kV主变压器容量近2000MVA。80年代中期以来，获得省局级以上的优秀设计奖共九项。经发布评审的QC小组活动成果获奖七次，其中一次在全国电力行业发布会上获得。

为了提高设计质量，在质量管理和微机应用两个方面进行了坚持不懈的有效工作。其一，围绕着质量管理和质量控制，建立、健全规章制度，贯彻在设计过程、工地服务和信息反馈等主要环节，收到明显的效果；其二把微机应用于设计、管理和档案工作。目前P4以上微机工作台已人手一台，还有备用机台，并配有微机服务器和磁光机。CAD出图率100%，专业软件覆盖面100%，达到光盘存储，微机调阅，资源共享的程度。另外配有两台绘图仪和光电扫描仪，保证图纸清晰、整齐。在勘测方面，配有激光测距仪，远红外测距仪，全站仪以及对讲机，对提高测量精度有显著效果。

研究所竭诚为顾客提供服务的项目有：35-220kV变电站电气和土建设计；35-220kV送电线路勘测、电气和结构设计；10kV开闭所（配电室）电气和土建设计；10kV线路勘测设计。

经研所所长徐子军办公掠影

经研所主要管理层商讨未来发展

设计人员工作照

设计人员办公掠影

图纸查阅

现场勘测

崛起的省级示范镇——涧头集

台儿庄区涧头集镇以建设省级示范镇、打造鲁苏地区经济商贸核心为总抓手，凝智聚力建设工业的强镇、农业的特镇、商贸的活镇、旅游的名镇，推动产业向园区集中、人口向镇区集中、居住向社区集中，通过大力招商引资和发展民营经济，促进了全镇经济的快速发展。把涧头集镇建造成地域产业成长的新载体、创业发展的新平台、人才聚集的新高地，带动周边经济发展。

涧头集镇地处苏鲁两省、三县的接合部，京杭大运河、206国道穿境而过，是历史上有名的古集大镇。今年以来，该镇抓住被山东省政府列为省级示范镇重点发展的历史机遇，突出地方山水特色、高标准规划的原则，聘请省建筑学院的专家实地考察，编制出新一轮城镇总体规划和各小区详细规划。实施颜庄村整村迁建，力争3年内完成黄庄、涧头、徐庄等驻地村改造，2015年完成驻地4大社区建设，驻地规模达到3平方公里，常住人口达到3万人规模。做到功能完备，布局合理，相得益彰。同时，把城镇建设同民营经济园区和商贸物流市场建设有机结合起来。在民营经济园区规划上，依据民营经济发展规划、速度、产业导向，对将来发展空间作了预留规划；在建设中，牢固树立“搞好示范镇建设，实行投资主体多元化”的思想，建立起了政府与社会、内资与外资相结合的多渠道、多层次、多元化的投入机制。随着新农村建设的加快，城乡经济的崛起，涧头集镇将成为山东省省级示范中的一颗璀璨明珠。

规划建设中的涧头集镇颜庄社区

涧头集镇商业步行街

京杭运河穿境而过

滨州市住房公积金管理中心

滨州市住房公积金管理委员会全体会议

现场解答公积金使用相关问题

文艺演出

滨州市“工商银行”杯住房公积金知识竞赛现场

2011年滨州市住房公积金管理中心在省住房城乡建设厅的指导和市委、市政府、住房公积金管委会的坚强领导下，深入贯彻实践科学发展观，结合宏观经济形势和房地产市场变化，认真贯彻落实国家和省、市关于房地产宏观调控的决策部署，紧紧围绕“发挥制度作用”、“保障资金安全”、“提高服务品质”总目标，解放思想，开拓创新，圆满完成了全年工作任务，并连续九年被省评为先进单位，保持了全市住房公积金管理工作平稳有序发展。

积极维护职工权益，归集扩面工作得到有效促进 多措并举搞宣传，营造了公积金舆论的良好氛围；并驾齐驱强建缴，实现了公积金归集的扩面增额；多管齐下重调整，推动了公积金缴存额的节节高。

提高住房公积金使用效率，群众住房条件得到有效改善 严格规范贷款工作，保证了资金安全；自觉实践“以人为本”，保障了支取工作。

创新服务理念，公积金服务形象得到有效提升 明确了服务流程；树立了服务形象；提高了服务效率。

成立管理部增添人员，公积金管理团队得到有力加强。

联名卡发放仪式顺利举行，公积金便民特性得到有效拓展。

济南坚构建筑技术有限公司

济南坚构建筑技术有限公司是一家从事叠合箱网梁楼盖技术研究、开发、生产、销售的专业公司。公司拥有一支强大的科研班子，并与专业院校、科研机构、设计单位、施工单位保持长期地技术合作关系，经过十几年潜心研究，创造出了空间网格骨架、梁板合一、底部平整、具有超强承载能力的网梁楼盖技术。

该技术适用于各类大跨度厂房、车库、超市、高层（多层）住宅等建筑， 2005年该技术被列入山东省重点推广新技术，至今已被全省近2000个工程项目采用，先后与中铁、华润、万科、保利、中海等房地产开发公司及省、市直属单位合作，创造了一定的社会效益和经济效益。住房城乡建设部于2010年10月颁布了该技术的设计规程，从而使该技术在北京、天津、重庆、江苏、辽宁等省外城市逐步得到推广应用。

公司始终奉行“质量第一、科技至上、诚信经营”的企业理念，与客户共赢是公司最终目标，公司愿与社会各界同仁创造美好的生活空间。

采用网梁楼盖楼板的部分重点工程项目：

山东省博物馆地下车库（人防）；济南西客站（28x70米大跨度）；临沂万阅城高层（200米双塔）；淄博名尚广场（30万平方米）中润华侨地下车库；济南大地锐成车库；临清新华置业银座超市；淄博市高分子材料产业创业园；德州金德管业车间；山东大学活动中心；济南齐鲁软件园。

地址：山东省济南市历下区中润世纪广场18栋501室
电话：0531-87930655　　传真：0531-87930355
邮箱：jnjgjz@163.com　　网址：www.wanglianglougai.com

山东省博物馆新馆

青岛绿城

青岛保利百合花园

青岛万科城市花园

临沂万阅城

公司荣誉

各市城乡建设

◇济南建立起『地、楼、房』三位一体的房地产市场信息系统

◇青岛胶州湾大桥、胶州湾隧道暨接线工程建成通车

◇省住房城乡建设厅与东营市政府共建省级低碳生态示范城市工作全面推进

◇潍坊国建高创热力节能项目创建为国家住宅产业化基地

济 南 市

城乡建设

【概况】 2011年，济南市城乡建设系统围绕“大力实施新型城市化，拓展城市发展空间，建设实力济南、魅力济南、宜居济南”中心任务，坚持以科学发展观为统领，注重提升房地产业与建筑业发展，抓好房地产市场调控、工程质量安全、征收拆迁、农房建设、建筑节能等工作，实现了全市城乡建设事业的健康发展。一是房地产业保持健康稳定发展。全年房地产开发完成投资527.2亿元，房屋新开工面积1220.8万平方米，竣工面积594.5万平方米。二是超额完成农房建设和危房改造任务。2011年是济南市三年农村住房建设与危房改造的收官之年，三年来，累计完成农房建设26.5万户，完成全部计划任务的144%；累计完成危房改造3万余户。三是严格执行建筑节能标准，加快既有建筑节能改造。县以上城市规划区内，新建建筑全面执行居住建筑节能65%、公共建筑节能50%的标准，新建成节能建筑1054.98万平方米。四是建筑业实现平稳较快增长。全年完成建筑业总产值1126亿元，增加值321.2亿元，利税56.3亿元。五是房屋征收体系基本建立，征收新模式顺利启动。

（杨 阳）

【勘察设计】 健全、完善各项规章制度，全面推进建设工程勘察设计依法管理进程。一是加强资质审批和市场管理。开展勘察设计市场专项检查，配合省住房城乡建设厅检查勘察设计单位38家，办理省外勘察设计单位进济备案30件，受理各行业设计资质核定、升级、增项共47项。二是加大对建筑工程和市政工程设计招投标的监管力度。重点加强国有投资建设项目设计招投标监管，全年对69项建筑工程项目和市政工程项目的设计招标投标实施全过程监督，依法处罚招标违规项目57项。三是开展工程初步设计审查和抗震超限审查。依法完善政府投资项目初步设计审查审批管理程序和初步设计及概算审批的相关工作制度，全年完成24项政府投资重点工程项目初步设计的审查、审批，完成结构抗震超限审查6项。四是强化施工图审查和审后监管。开展施工图审查机构专项检查，2家审图机构被责令限期整改；完成施工图审查747项、建筑面积2248万平方米，比上年增长24.6%；审查市政工程99项、建设投资61亿元；强化对城市建设配套费的严格把关，配套费把关率达到100%。五是积极开展行业争优创优。组织2011年度全市优秀工程勘察设计评选，评出一等奖16项、二等奖21项、三等奖27项。

（邵志敏）

【房地产市场调控】 贯彻落实国家、省关于加强房地产市场调控的政策措施，房地产市场调控工作取得阶段性成效。一是出台商品房“限购令”，完成新建商品住房价格控制目标。全年济南市新建商品住房均价7394.87元/平方米，同比下降3.37%。二是确定新建商品住房均价涨幅低于城镇居民人均可支配收入增幅的目标，并及时向社会公布。三是开展商品房销售行为专项检查，对全市在建在售项目进行集中清理，对涉及发放VIP卡、捂盘惜售、无证售房以及信息公示不符合要求等行为进行纠正。四是配合限购政策的实施，升级房地产信息系统，开发完成新建商品住房限购查询系统。

（王大港）

【房屋征收制度建设】 出台《济南市国有土地上房屋征收与补偿工作暂行规定》《济南市国有土地上房屋征收补偿房地产价格评估机构选定办法》和《关于我市重点工程拆迁安置房屋确权登记历史遗留问题的处理意见》等一系列配套法规、文件，引导由房屋拆迁向房屋征收转变。建立房屋征收与补偿工作联络员会议制度，制定房屋征收与补偿工作操作细则，严格按照《征收与补偿条例》和《暂行规定》的要求，认真把好征收工程要件审查、征收补偿方案论证、群众意见征求、补偿资金和安置房源落实、房屋规范拆除管理等关口，实现了依法征收、文明征收、阳光征收。

（申玉奎）

【建筑节能与建设科技】 加快完善建筑节能相关政策，市政府出台《关于推进供热计量改革与既有建筑节能改造的实施意见》；制订出台《既有居住建筑供热计量及节能改造实施方案》《济南市既有居住建筑节能改造项目管理工作指南》，将外墙保温改造工程纳入建设程序管理，加大市级财政对既有居住建筑节能改造的补助力度，加快推进机关办公建筑和大型公共建筑节能工作。顺利完成242栋建筑的基础信息调查及能耗统计，对50家重点用电单位下达用电限额，完成大型公建和机关办公建筑能源审计50栋，初步建成22栋机关办公建筑和大型公共建筑能耗监测点，利用合同能源管理模式或单位自筹资金方式完成8栋、44.6万平方米公共建筑节能改造。2011年，全市县以上城市规划区内新建建筑全面执行居住建筑节能65%、公共建筑节能50%的标准，新建节能建筑1054.98万平方米，累计4900余万平方米。新型墙材和建筑节能产品企业192家，年生产能力30亿标砖。太阳能热水系统与建筑一体化建设119万平方米、浅层地热能应用10万平方米。建设科技工作取得新进展，22项科研课题申请立项，5项课题顺利结题并通过技术鉴定；组织申报省级示范工程40项、省级工法61项；4个项目列入国家级太阳能光电建筑应用示范，全部通过国家级检测和验收；4个项目被列入省级绿色建筑示范工程，其中一项获得两星级绿色标识。

（刘端国）

【建筑业】 强化市场监督管理，引导建筑业科学健康发展。全年完成建筑业总产值1126亿元，比上年增长26%；实现建筑业增加值321.2亿元，比上年增长12.7%；实现利税56.3亿元，比上年增长25.1%。一是健全市场准入清出机制。印发《关于进一步加强建筑市场准入清出管理工作的指导意见》《济南市外地进济建筑业企业监督管理办法》，创新完善建筑市场准入清出制度，积极推进外地建筑业企业在济施工活动的常态化、规范化管理。二是进一步深化招投标管理。下发《关于建立政府投资建筑工程（招标代理）预选承包商名录库并实行随机抽取办法发包代理业务的通知》，出台《济南市建筑工程项目中标人从业证书暂存管理暂行办法》，启动实施随机抽取发包代理业务工作，全面推行中标单位项目管理班子成员注册执业证书暂存制度。三是加强建筑企业养老保障金管理。全年收缴建筑企业养老保障金10.96亿元，比上年增长38.4%；拨付及补贴建筑企业养老保障金6.2亿元，比上年增长72.7%。四是强化装饰市场监管。健全装饰装修开工申报制度，严把公共建筑装饰装修招投标、审图、消防、施工安全和材料检测关，完善装饰装修特别是家装投诉举报、受理机制。五是健全农民工工资保障长效机制。受理并解决拖欠农民工工资投诉案件146起，解决拖欠金额4492万元，惠及农民工5900余人。六是注重建筑工程质量和安全生产。累计监督在建（单体）工程6288个，合格率保持100%；创建省“泰山杯”奖工程31项（含装饰工程17项），全国建筑工程装饰奖16项，全国建筑工程“国家优质工程奖”2项，全国建设工程“鲁班奖”1项；全市未发生一例在建建筑工程生产安全死亡事故。

（高树金）

【村镇建设】 一是扎实推进农村住房建设。全年完成农房建设10万户，其中实施整村迁建项目173个，整村建设9.3万户，分散建设6870户；完成危房改造3631户，超额完成了全年建设任务。二是大力推进重点镇提升工程。出台“十二五”期间重点建设城镇实施方案，成立重点镇规划建设专家指导组，按照统筹规划、功能完善、凸显特色的要求，有针对性地开展重点镇建设。加大对一般镇建设的扶持力度，扶持范围扩大到全市所有镇（乡）。三是积极开展帮扶和携手共建。历城区金刚纂村是济南市城乡建设委的携手共建帮扶村。市城乡建设委在金刚纂村设立现场工作办公室，抽调专职人员进驻村庄指导共建工作，圆满完成本年度帮扶共建任务。四是积极开展城镇化工作调研，为探索加快推进小城镇发展、推进城乡一体化进程积累了经验。截至2011年底，全市人口城镇化率达到65.05%。

（李善坤　贾晓剑）

城乡规划

【概况】 年内，济南市规划系统按照“拓展城市发展空间，打造现代产业体系”的总体要求，推行精品规划，开展城市设计，创新编研体系，规划的先导引领作用和服务保障功能进一步提升。一是把握省会现代化建设的阶段性特征，与时俱进，创新思路，研究提出了“实施精品战略，建设精品城市”等创新性理念。二是在全面拉开“一城三区”发展框架的基础上，着力构建老城中心区、奥体文博、西客站等城市公共服务中心，进一步优化了城市的结构与秩序。三是坚持以发展为目标、以问题为导向、以创新为动力，精心编制城市设计和设计导则，研究探索“规划与设计”新体系。四是坚持依法行政，提高服务水平，《城乡规划管理技术规定》和《测绘管理办法》完成调研起草。五是推行阳光规划，强化“为民规划”意识，完善以市民服务热线为主线的规划咨询服务体系。六是加快平台建设，抓好基础测绘，“一张蓝图”规划管理信息系统全面投入使用，初步实现了规划审批网上流转，为构建数字化管理服务平台奠定了基础。

【规划编制】 2011年，按照“改善环境、完善功能、彰显特色、提升形象”的思路，先后编竣了东部新城CBD、汉峪核心区、雪山地区核心区、西客站核心区、滨河新区核心区、商埠风貌区等十几项城市设计，推出了“岱青海蓝”省会文化艺术中心、齐鲁之门、西客站站前综合体等一大批精品规划。《北川县擂鼓镇灾后重建规划》获全国优秀规划设计成果一等奖，《新世纪科学发展城市规划集成研究》获2010年度山东建设科技创新一等奖。《济南市中心城色彩规划研究》《济南东部新城CBD城市设计》《济南西部新城核心区城市设计》和《济南汉峪片区控制性规划及核心区城市设计》等规划方案通过市规划委员会审议。“东荷西柳”奥体中心、“岱青海蓝”省会文化艺术中心大剧院等十个规划方案被市民评为“泉城精品规划”。

【历史文化名城保护】 以打造“泉城”和“文化名城”两大特色名片为目标，按照“人城和谐、人水和谐、人文和谐、人居和谐”的规划理念，深化完善《泉城特色标志区规划》，精心编制百花洲片区保护更新、大明湖—小清河通航等规划方案。在编竣《商埠区保护策略研究》的基础上，开展了《商埠风貌区保护与复兴城市设计》，为科学引领该区域建设发展提供了规划依据。

商埠风貌区保护与复兴城市设计方案　　（济南市规划局供稿）

【济南市福利设施专项规划】　1月，《济南市福利设施专项规划》编制完成。根据规划，济南市福利设施将形成以省市级福利设施为重点、以区级福利设施为纽带、以社区（镇）级福利设施为骨干、以居住小区级福利设施为依托的四级网络体系框架。规划到2020年，中心城区形成老年福利设施444处，残疾人福利设施999处，孤残儿童福利设施2处，农村福利设施54处，基本形成布局合理、配套齐全、服务便利、形式多样、环境优良的福利设施总体布局，建成与城市发展水平相适应，符合社会化要求的社会福利服务体系。

【济南市中心城色彩规划】　3月，《济南市中心城色彩规划》编制完成。《规划》对自然景观、历史文脉、泉水特色、色彩演进进行系统分析，按照屋顶色、墙面色和点缀色结构，建立了济南城市色彩谱系，提出了“湖光山色、淡妆浓彩”的城市色彩总体定位，“四区两带”的城市色彩分区和各分区的色彩主旋律关键词。

【济南市城市防洪规划】　4月，《济南市城市防洪专项规划》编制完成。《规划》确定了“上蓄、中疏、下泄、适当分洪和滞洪”的城市防洪总体格局，“上蓄”指上游依靠1座大型水库、5座中型水库和80座小型水库、332座塘坝进行源头的洪水拦蓄；“中疏”指通过黄河水系的3条支流和小清河水系的支流疏导上游下游洪水；“下泄”指通过黄河干流和小清河干流排泄洪水；“适当分洪和滞洪”指实施腊山分洪工程，并利用小清河干流规划的小李家、华山蓄滞洪区来分担小清河洪水，缓解下游防洪压力。

【章丘市城市总体规划】　8月，省政府正式批复章丘市城市总体规划，确定章丘市城市性质为济南市的次中心城市，以先进制造业和高新技术产业为主导，具有泉水特色的园林城市。规划到2020年，城市人口达50万人，用地不超过55平方公里。中心城区以“西进、东优、南控、北抑”为城市空间发展战略，以西巴漏河为界，形成“一城（东部主城区）一区（西部城区）”的用地格局。市域城镇规模等级结构分为三级，一级为中心城区；二级为刁镇、普集、文祖3个重点镇；三级为其他建制镇，形成“四个核心城镇、三条城镇带”的空间结构。

【市规划展览馆面向社会开放】　7月1日，济南市规划展览馆正式面向社会开放。济南市规划展览馆位于济南市全民健身中心，建筑面积2000平方米。展馆以“泉上名郡·山水新城”为主题，运用先进设计理念和现代化技术手段，采取图板、模型、多媒体、影视等多种形式，分潇洒济南、海右风华、泉城演进、规划蓝图四个板块，集中展示了济南城市特色风貌、历史文化、建设成就、总体规划、专项规划、控制性详细规划、重点规划和县（市）规划等内容，成为宣传济南的窗口，了解济南的基地，展示济南的平台和接待来宾的“客厅”。

（马交国）

住房保障和房产管理

【概况】 2011年，济南市住房保障和房产管理系统坚持以科学发展观统领全局，认真贯彻落实市委、市政府的各项工作部署，积极作为，科学务实，各项工作都取得了较好成绩。一是住房保障工作取得新突破。廉租住房实现应保尽保，经济适用住房建设稳妥推进，保障性安居工程开工2.6万套，开工率101.9%。二是扎实做好房改工作。办理公有住房出售确认单位71家，归集房改售房资金4327万元；扩大企业房改覆盖面，指导有条件的企业实施住房货币化分配。三是实现房产交易与权属登记信息化。以城市地理信息系统为基础，建立起“地、楼、房”三位一体的房地产市场信息系统，成为全国首批与住房城乡建设部实现信息系统联网的三个试点城市之一。四是物业管理水平进一步提高。物业管理面积达7380万平方米，其中住宅物业管理面积5840万平方米。

【住房保障】 统筹推进公共租赁住房、廉租住房、经济适用住房等保障性住房建设。一是加快推进公共租赁住房建设。出台《投资保障性住房建设资金管理暂行办法》《关于大力实施保障性安居工程加快推进公共租赁住房建设的意见》《济南市社会组织建设公共租赁住房暂行规定》《关于开展公共租赁住房预登记工作的通知》等，为公共租赁住房建设提供了坚实的政策支撑。动员社会各方力量，多渠道筹建公共租赁住房，全年开工建设公租房20200套，超额完成省政府下达的任务目标。二是廉租住房实现应保尽保。发放廉租住房租赁补贴4328户、1824万元，做到了应保尽保；新开工建设廉租住房2个项目，全年筹集房源2030套，并全部实施配租。三是稳妥推进经济适用住房建设。批准建设31万平方米，有效解决了困难企业职工的住房难问题。开工落实保障性安居工程2.6万套，开工率101.9%，全市保障性安居工程竣工率已达60%，圆满完成省市下达的任务目标。

【保障性住房档案信息系统】 建立和完善保障性住房档案信息系统，把全市2006年以来城市棚户区改造拆迁安置、重点工程拆迁安置和城中村改造拆迁安置情况纳入保障性住房范围，进行统一建档管理，全市城区内以棚户区改造为主的各类拆迁安置项目累计55个，拆迁各类住房57633户，总建筑面积666.45万平方米。

【住宅建设】 截至2011年底，市区（不含长清区）竣工各类房屋建筑面积492.06万平方米，其中，住宅建筑面积358.05万平方米。拆除房屋建筑面积153.87万平方米，其中，住宅148.84万平方米。城市居民人均住宅建筑面积达30.30平方米。

【住房制度改革】 认真做好房改售房审核和房改售房资金归集、使用工作，办理公有住房出售确认单位71家，审核房改售房资料2928户，归集房改售房资金4327万元；扩大企业房改覆盖面，指导有条件的企业实施住房货币化分配；加大房改遗留问题及信访问题的处理力度，积极推进卧龙花园市直统建房历史遗留问题的解决，妥善处理将军集团、长城炼油厂、市中发改委等一批单位的房改遗留问题。开发完成济南市房改审核管理系统。

【房产交易与权属登记】 提升房产交易与权属

登记规范化水平，规范住房消费环境。一是建立起具有国内一流水平的房地产市场信息系统。建成了以城市地理信息系统为基础，“地、楼、房”三位一体的房地产市场信息系统；率先建成并运行国内首个个人住房信息系统，成为全国首批与住房城乡建设部实现信息系统联网的三个试点城市之一。二是贯彻落实国家宏观调控政策，扩大二手房资金监管范围，免费办理5.1万份购房证明。三是规范房地产中介行业管理。建立完善中介市场管理综合执法协调配合机制，严格房地产中介市场准入制度，完善房地产中介机构信用档案，建立房屋租赁备案登记制度。全年办理房屋登记手续27.4万套，登记面积2747.9万平方米；办理房产交易11.7万套，交易面积1180.6万平方米，交易金额425.8亿元。

【物业管理】 一是印发《关于集中清理济南市资质已超期的三级（三级暂定）物业服务企业的通知》，规范物业服务企业资质管理，注销95家企业从业资质。二是在物业服务小区推行公开服务内容、服务标准、服务承诺活动，着力打造“管理有序、服务完善、环境优美、秩序良好、生活便利、人际和谐”的社区。三是成立济南仲裁委员会房产仲裁中心和历下区人民调解委员会物业管理纠纷调解中心，及时仲裁、调解各类矛盾纠纷。四是印发《济南市新建物业质量保修金监管实施细则（试行）》，对新建物业质保金的交存、使用、监管及退还等进行了明确规范。全市物业企业总数达436家，从业人员3.28万人；物业管理面积7380万平方米，其中住宅物业管理面积5840万平方米。

（李　岳）

住房公积金管理

【概况】 2011年，济南市住房公积金管理中心深入贯彻落实科学发展观，围绕构建全市经济平稳较快发展和社会和谐稳定的工作大局，积极作为，锐意进取，真抓实干，住房公积金管理取得了实质性突破。全市（含驻区单位）住房公积金归集额86.6亿元，比上年增长31%；公积金支取41.40亿元，比上年增长31.2%；住房公积金个人购房贷款57.94亿元，比上年增长6.5%。住房公积金个贷率为60.7%。严格执行差别化贷款政策，积极做好住房公积金支持保障性住房建设项目贷款试点工作，发放3.6亿元贷款用于中大南片区棚户区改造建设项目，成为省内首家发放保障性住房建设公积金贷款单位。

【住房公积金管理平台建设】 以网络建设为手段，以住房公积金贷款业务整合为基础，建立了以管理中心为核算主体的贷款业务统一平台。一是将贷款资金流向纳入到平台中操作，建立了“管理中心核算，银行经办”的资金管理模式，确立了管理中心资金核算业务主体地位。二是将贷款业务完全纳入平台中操作，将“中心审批、银行经办”操作模式在系统中实现整合与统一。三是实现了贷款业务办理自动化。通过与银行中间业务平台实时互联，实现了自动扣款，提高了系统安全性。四是提高信息化风险防控能力。“管理中心－受委托银行－贷款客户”三个贷款要素间的业务关联，提高了资金风险控制管理程度和操作审计体系的严密性，统一了贷款业务财务管理和会计核算，做到每一笔贷款有审批、有记录、有监督，实现了贷款资金流转全程监控。

【公积金管理服务】 开展深入基层服务群众主题活动，服务水平进一步提升。一是推出贷款还款委托提取业务，与430位支取人签订了委托协议，为200多名职工办理了划款手续。二是管理中心审批大厅成为市行政审批中心分大厅，与之实行三统一管理，被评为优秀审批大厅，成为中心形象展示窗口。三是住房公积金管理中心网站按照市政府要求，健全网站信息公开栏目，开设网上办理业务，按照网民意愿增加交流互动次数，被市政府评为优秀网站。四是按照“一号对外，联动服务”的原则，加强服务热线管理，定期分析职工的问题，协调解决职工反映的热点难点问题，咨询电话成为沟通热线、服务热线。

（徐雁飞）

市政公用事业

【概述】 2011年，济南市市政公用管理局全力抓好“七个大力推进”（大力推进基础设施建设、大力推进节能减排行动、大力推进安全生产管理、大力推进优质服务年活动、大力推进监管能力提升、大力推进数字市政建设、大力推进创新发展）等各项重点工作，市政公用事业保障能力和服务能力不断提高。全年续建、新建12条市政道路，新建7座过街人行天桥，完成31条道路路灯建设提升工程，新增路灯4533盏。完成12.4公里城区河道综合整治、200公里雨水管道清淤疏浚和28处道路积水点改造任务。完成鹊华及玉清水厂处理工艺升级改造一期工程和20个供水低压片区、4万户户表计量改造工程。完成26座液化石油气瓶组站并网工程，新（扩）建和改造热源厂、锅炉房6座，回收自管换热站249个。圆满承办第六届中国城镇水务发展国际研讨会。实施“十大惠民工程”，市政公用行业总体服务综合满意率达到90.28%，荣获全国职工职业道德建设先进单位和省职工职业道德标兵单位称号，被授予省富民兴鲁劳动奖状。

【城市道路及路灯建设】 全年续建、新建市政道路12条，年内完成5条。二环西路地面道路正在建设中，包括北园路西延在内，地面道路工程7个标段全部开工，综合管廊完成992米。雨水暗渠完成8500米，污水干管完成6000余米。热力、给水、燃气等管线完成1.5万米。便道完成3175米，基本实现年度建设目标。完成31条路灯建设改造任务，新增路灯4533盏、变压器14台。在全国率先实现路灯单灯节能控制，完成城区范围内路灯地上设施普查和14162台单灯控制器的安装调试任务，综合节电率达30%。同步实施灯杆报警定位系统，完成灯杆编码3.1万根。

【城市供水】 提高城市供水设施调配能力，实施济西二期供水工程（一期）；建成城市供水数字化调度管理系统，完成了20个片区供水升压改造工程，惠及居民12万户；完善城市供水水质安全监控平台，覆盖全市的49个水质自动监测站投入使用；完成《济南市城市供水专项规划（2010～2020年）》编制和《济南市城市供水条例》修订；制定并向社会公布了《济南市城市供水规范化服务标准》；实施东区水厂建设工程，一期工程已完成规划、立项、环评等工作。2011年，全市城市公共供水总量2.5亿立方米，售水量1.7亿立方米。管网压力合格率99.82%，水质综合合格率99.99%，管网修漏及时率99.85%。实施国家水体污染控制与治理科技重大专项黄河项目示范工程——鹊华、玉清两大水厂水处理工艺改造工程，新工艺出水水质完全达到国家新的《生活饮用水卫生标准》（GB5749—2006）有关要求，惠及市民约120万人。

【城市节水】 2011年，验收中水设施30座，建成中水设施170座。顺利通过了全国节水型城市复查工作，编制完成了《济南市“十二五”城市节约用水规划》，对200余处老、旧、大小区的二次供水设施进行了全面检查。全年城市节水总量2600万立方米，万元GDP取水量降至12.50立方米，工业用水重复利用率达95.5%，用水计划管理率、考核率达到98%。

【城市排水及河道截污整治】 完成袁柳河、龙窝沟、黄台南路边沟、柳行河、南大槐树沟（三期）等12.4公里的河道综合整治，提升了防洪能力；完成环山路、千佛山路等28处积水点改造；启动护城河周边污水收集系统改造第一批项目，提高了朝山街、南门大街等主管线承载能力，实现了周边区域雨污分流；推动数字市政排水系统建设，启动建设河道视频监控、污水管网监控系统，中水站远程监控系统、排水综合管理信息系统已上线测试运行。

【城市污水处理】 全年处理污水2.57亿吨，出水水质全部达到GB18918一级A标准，城市污水集中处理率达到92%；减排COD 2.13万吨，占全市COD减排总量的90%以上。制订印发《济南市城区污水处理厂（站）污泥处理处置办法》，建立污泥处置长效管理机制。9月，山东省最大的单体再生水回用项目——水质净化三厂再生水回用项目正式通水，日供水规模4.2万立方米。在住房城乡建设部对全国36个大中城市的污水处理工作综合考评中，济南市名列第二。

【城市防汛】 印发《济南市城市防汛应急预案》，编制完成《济南市城市防汛特大暴雨（红色）应急响应操作手册》，完成城市防汛移动指挥调度救援中心的技术升级，新增视频、无线电传输基站4处；根据气象部门发布的暴雨预警信息和实际降雨情况，启动《济南市城市防汛应急预案》四级（蓝色）预警应急响应1次。

【城市燃气】 全年天然气用气量为4.9亿立方米（含章丘、济阳、商河、平阴等县市），比上年增长15%，液化石油气6.3万吨，焦炉煤气4500万立方米；管道燃气民用户达到73.4万户，工商用户约2100户；地下燃气管网总长度3159公里，其中中压以上级别管网长度1405公里；并网液化气瓶组站26座，惠及市民约7500户；改造市区危旧管网（灰口铸铁管网）89公里，免费更换8.28万只到期煤气表；城市燃气气化率98%，其中城市管道燃气气化率达到73.4%。

【集中供热】 加大供热基础设施建设力度，完成北郊热电厂1×70 MW热水锅炉、金鸡岭热电厂1×70 MW热水锅炉和丁字山热源厂1×58 MW热水锅炉扩建项目，并投入使用；推进莲花山热源厂项目，敷设供热主管网2公里；完成“汽改水”管网改造39公里，自管换热站回收改造249个，惠及市民8万户。出台《关于推进供热计量改革与既有建筑节能改造的意见》，按时完成了100万平方米供热计量改造任务。推出了供热十项便民服务措施，进一步提高供热服务质量。全年新增集中供热面积800多万平方米、集中供热用户6万户，全市集中供热面

济南市市长张建国视察城市防汛工作 （摄影：周中海）

积达到7400万平方米。

【市政设施维护】 完成建新南路、益寿路、刘长山路、华能路等10条道路大中修工程，协调完成供水管网低压片区改造、危旧燃气管网改造及供热管网汽改水改造等16.4公里；修补舜新路、粟山路等142条道路坑槽10.37万平方米；完成经一路、解放路等45条主次干道、3170余座检查井整治任务；建成经十路省博物馆、恒隆广场、张庄路森林公园、经七路省实验中学、解放路中心医院天桥、经十路西段世购广场天桥和润华集团附近天桥等7座人行过街天桥；完成经十路车辙病害治理实验工程、经十西路交通改造提升工程、开元隧道电缆及排水沟改造工程，实施韩仓河桥、章锦桥、顺河街高架桥、纬六路斜拉桥等抢修维护；维修桥梁护栏、限高限载及隧道设施等市政设施项目550余件次；审批道路挖掘19项，批准挖掘面积9084.15平方米；完成绕城高速以内1232条道路设施普查工作；完成市政设施管网普查总长度8652公里。

【数字市政建设】 数字市政一期建设已完成并通过验收、审计，数字市政二期智能化建设初步完成了验收；组织数字市政项目立项申报工作，《济南市数字市政系统》项目被市科技局列为2011年济南市自主创新产业化重大专项，《掌上热线处理系统及短信平台》项目被市经信委列为2011年工业和信息化发展专项。“市政公用服务产品质量在线测评系统”“基于地理信息技术的城市防汛预警决策指挥系统”“数字市政数据标准体系的研究”3项数字市政子课题通过技术鉴定。

（丁雪峰　国兴华）

城市园林绿化

【概况】 市城市园林绿化局以建设生态园林城市为目标，按照全市“拓展城市发展空间、打造现代产业体系”的总体思路，以“重点工程建设和管理创新年”为主抓手，强化服务意识，创新管理手段，狠抓工作落实，圆满地完成了年度各项任务目标。年内，全市重点工程建设稳步推进，百花洲片区整治工程正式动工，大明湖—小清河通航工程前期准备工作已基本到位，千佛山环境改造提升工程基本竣工。全年新建绿地391万平方米，城市建成区绿化覆盖率、绿地率、人均公园绿地面积分别达到37%、33.31%和10.93平方米。济南市泉城风貌恢复与保护项目荣获中国人居环境范例奖，第七届中国（济南）国际园林花卉博览园项目荣获中国工程质量最高奖——鲁班奖。在2011年度全市行风民主评议活动27个公共服务类部门单位中，排名由2010年度的第17位跃升至第4位，群众满意度明显提高。

【城市绿化】 制定五年立法规划，完成了《济南市城市绿化条例》的修订工作，并通过了省、市人大常务委员会的审议；起草《济南市风景名胜区管理条例（草案）》，初步开展了立法调研工作；深入开展“绿荫工程”“公园绿地建设年”等行动，全年新建绿地391万平方米。一是城区绿地建设实现新突破。中心城区新建绿地38处；对洪山公园、峨眉山公园、唐冶体育公园等10处区级公园实施了出入口整治、苗木栽植和基础设施建设；东沙公园全面建成并免费开放。二是“绿荫工程”取得突出成绩。在省道103、二环南路等80余条道路栽植大规格乔木5万株，对省府前街、经十西路等27条道路实施绿化提升，栽植各类苗木142万株。三是节能绿化、城市美化成效明显。新建屋顶绿化3.8万平方米，在市区主要道路、广场等布置花卉1000万盆，花卉造型40组。四是开展了“清明节山林防火”“第十个安全生产月”和“清剿火患专项行动”等活动，落实了安全生产及风景林地防火责任制，强化安保督查力度，实现全市近郊风景山林连续12年无火灾事故发生。

【公园风景区建设】 全年共完成公园、风景区周边环境整治15项，园区整治提升53项，栽植调整乔、灌木49.2万株，新植改造地被19.4万平方米，拆建增绿1700平方米；完成建设维护项目46项，改造、新建厕所9处，维修或新建道路广场2.9万平方米，新建山林防火通道5.2万平方米。实施动物园金牛湖片区综合改造、跑马岭野生动物世界表演馆改造、园博园沙滩建设等项目，取得了良好效果。

【名泉保护管理】 面对60年一遇大旱的严峻形势，通过强化地下水位监测，严控地下水开采，加大巡查检查，紧急启动卧虎山放水补源等措施，减缓地下水位下降速度，顺利实现了泉水持续喷涌8周年。引进地理信息采集系统，对全市八个县（市）区50多个乡镇的849处名泉进行了普查。初步完成了《明府城泉水环境保护规划》，对济南72名泉及周边环境进行了全面检查和维护，整治、修复了院后泉、突泉等6处名泉，恢复了名泉景观及文化内涵。

【千佛山环境改造提升工程】 投资2188万元，实施千佛山环境改造提升工程，拆除有碍观瞻建（构）筑物及设施11处、1250平方米，铺设沥青路面1.8万平方米，整理绿地10.3万平方米，新植花灌木3万余株，改造了观音院等景点，增加了厕所、太阳能路灯、休闲座椅等服务设施，有效提升了景区景观效果和服务功能。

【济南森林公园科普馆建成开放】 12月16日，济南森林公园科普馆建成开放，该馆建筑面积5282.5平方米，分为科普展区和游客服务区两个区域。科普展区由1个植物中厅、5个主题展厅和1个动态展厅组成，游客服务区包括1个3D影院和1个生态餐厅。该馆于2010年7月26日正式开工，2011年11月完成布展，是全市首座融观赏、展览、科普、生态于一体的多功能科普展馆，也是省内首个动植物主题科普馆，被省科协确定为山东省科普教育基地。

【重庆国际园博园济南园】 济南园位于重庆国际园博园中心景区，占地6200平方米，其中建筑面积320平方米，水系面积1185平方米，绿化面积3289平方米，共建成龙潭拂柳、高山流水、别有洞天、清泉石流、黑虎吐玉五大景观。济南园以“泉水魂”为主题，以地形为骨架，以水系为线索，通过叠山理水，配以亭、榭、桥、溪、园路、植物等元素，形成环形集锦式园林景观，充分体现济南山、泉、湖、河、城相依相生的城市特色和园林文化，受到社会各界和海内外游客的广泛赞誉。

2011年12月16日，济南森林公园科普馆开馆　（济南市城市园林绿化局供稿）

【济南园林绿化废弃物处理站】 2011年，济南园林绿化废弃物处理站建成并试运营。全站占地4000平方米，年处理能力达2.7万立方米，预计年产堆肥产品2000立方米。处理站将园林绿化废弃物经过粉碎、发酵、腐熟、后加工等生态化处理后，形成绿色堆肥产品，用于园林绿化土壤改良及绿地覆盖，达到保护环境、节约资源、改良土壤的目的。

（释　冰）

城市管理行政执法

【概况】 济南市城市管理部门创新机制，创先争优，进一步完善“服务、管理、执法”三位一体和“态度、过程、结果”三个满意的城管模式，开展城管“十大行动，百件实事”活动，全市城市管理各项工作取得了新的成绩。2011年，共拆除违法违章建设682处，整治、拆除全市各类破旧零乱广告牌匾1.5万处，处置建筑渣土约3000万立方米，处理生活垃圾102万吨，50%的乡镇完成城乡环卫一体化建设，主城区主次道路机扫率达到68%。出台户外经营专项整治方案，推出了491处西瓜摊点，设置了100余处蔬菜直销点。市城市管理局、市城市管理行政执法局被评为山东省文明单位，市机扫大队第四机扫班荣获全国“工人先锋号”荣誉称号，市城肥一处110联动办公室荣获全省建设系统“工人先锋号”荣誉称号。

【城乡清洁行动】 年内，共清理各类垃圾死角685处，清理垃圾4852立方米，城乡结合部区域生活垃圾统管统运率达到80%。一是推动化粪池网格化动态管理。将全市64个办事处（镇）的37000余个化粪池，划分为55个网格，结合数字化信息管理平台，初步实现了楼房化粪池动态管理。免费清疏34551座开放式小区化粪池，新接管1075处化粪池，对老城区居民家庭旱厕清挖实行预约和定岗包门服务。二是实施城乡环卫一体化工程。46个镇（街办）近2100个村庄开展了城乡环卫一体化基础设施建设，新增保洁员9000余名，建设中转站27处，设置垃圾收集桶约4.2万个，新增垃圾收集车238辆，初步形成农村生活垃圾“户集、村收、镇运、县（市）处理”的模式，130多万农民率先受惠。三是规范道路保洁监管。将全市面积较大、道路较多的招标路段，细化分为3至5个小段，提高了检查的针对性和可操作性。

【城乡环境综合整治】 一是铁路沿线综合整治。拆除违章、危旧建筑1.8万平方米，平整场地6.4万平方米，绿化补植9.1万平方米，清理河道2000米，改造污水管线350米。圆满完成3520铁路桥南便民休闲广场、津浦铁路北闸子段绿色长廊一二期工程。二是市容道路整治。综合整治29条道路，拆除违章、危旧建筑3.9万平方米，绿化10.7万平方米，硬化道路4.4万平方米，场地整平6.7万平方米。三是城市出入口及窗口部位整治。腊山立交、担山立交桥、零点立交、邢村立交、七贤广场、郎茂山公园实施绿化提升，开展省立医院周边治污、治乱、亮化美化和交通秩序集中整治，对火车东站广场、长途汽车总站南北站区、济莱高速港九路出入口周边等重点窗口部位开展了卫生保洁、清洁建筑物外立面等整治工作。硬化道路1200平方米，修复道路两侧绿化带0.93万平方米。四是城乡结合部整治。开展了西客站片区、无影山北路、王舍人镇、郭店、二环南路等城乡结合部综合整治，硬化路面1200平方米，修复立沿石3700米，粉刷墙体1190平方米，拆除违章建筑560平方米，新建绿地2万平方米。

【户外经营整治】 整治重要道路164条，重要片区30个；查处自发形成的早（夜）市、摊点群、固定商摊9604处，占道经营露天烧烤3889处，店外经营、销售、展示和店外加工、修理、洗车作业等行为17501处，违章占用道路等从事商业宣传、商品销售、庆典等活动6130处，非法销售燃气瓶灌装点1026处，流动商贩、机动车流动清洗点31448处；拆除沿街两侧和道路施工乱搭建的临时占道设施505处，清理沿街搭设实物造型、布条幅、充气装置乱摆乱放灯箱广告、店招牌及堆放物料等11205处；引导露天烧烤入室、入院、入场经营712处，在建便民菜市场20处，规范设置管理临时便民经营场所304处，建立违章业户管理台账4164件。

【户外广告与夜景亮化整治】 一是推进户外广告经营权公开出让。公开出让过街天桥广告牌经营权，招标和拍卖总额近1.5亿元，实现了由行政配置到市场配置的转变和城市空间资源价值的最大化。二是建立户外广告设施安全管理制度。结合市政府恶劣天气预报以及各季节特点和特殊天气情况，先后组织了18次户外广告牌匾与安全紧急检查，较好保证了恶劣天气户外广告设施和商业牌匾的安全。三是开展户外广告专项整治。拆除违规设置大型户外广告约12000平方米，整治商业牌匾3000余块，违法违规行为得到有效遏制。四是深化夜景亮化建设管理。经十西路（腊山立交桥至宋庄公铁立交桥）两侧景观照明进行设计招标，每周组织2至3次照明设施运行情况巡查，每月对各区进行考核，坚持开展“月总结、月通报、月讲评、月奖补”四项制度，保证了亮灯率。

【环卫设施建设】 出台了《关于加强环卫设施建设管理的意见》《关于加强环卫专用车辆和设备管理的意见》《关于加快城市公共厕所建设的实施方案》等政策文件。新建公厕57座，改建21座，新设置果皮箱3000个，更换500个，维修1600个，新（改）建垃圾转运站25座，新建保洁员公寓5处、面积1893平方米，新购置清洗扫路车30辆、洒水车14辆、扫路车5辆、粪便清运车30辆，新购置电动快速保洁车460辆、电动垃圾收集车100辆。全市设施设备完好运行率90%以上。

【数字化城管体系建设】 建立济南市数字化城市管理中心，实施数字化城市管理的技术标准和运行规范，整合数字化城管、环卫110、16039城管执法热线，实现了“三台合一”。建立完善了西瓜销售便民摊点地图、在建工程监管地图、化粪池清疏地图等20余类城管便民电子地图；确定了市级系统平台技术升级方案，并通过专家论证；完善了市、区两级数字化城管大巡查机制，建立完善了督查督办机制，提高数字化城管案件处置执行力。

【设置周末蔬菜临时直销点】 10月，在全市设置周末蔬菜临时直销点100处，其中蔬菜固定直销点93个、蔬菜流动直销社区7个，并为每个蔬菜直销点配备“管理服务大使”，引导菜农到蔬菜直销点经营。7个直销社区采取流动形式，在市内各区开展蔬菜进社区活动，同时，联合有关蔬菜基地、蔬菜批发市场，组织开展大白菜进社区活动，帮助菜农解决“卖菜难”问题。全年共为市区提供新鲜蔬菜20万吨，帮助菜农销售滞销大白菜110余吨。

【第二生活垃圾综合处理厂建成】 10月28日，济南市第二生活垃圾综合处理厂建成并投入使用，采取焚烧发电和卫生填埋两种方式对生活垃圾进行无害化处理。焚烧发电项目设计处理规模为2000吨/日，焚烧发电厂配套供水、供电工程投资约为0.72亿元，7月建成并投入使用。卫生填埋场占地32公顷，12月通过阶段性验收。

【济南城管慈善工作站成立】 5月30日，济南市城管局、城管执法局成立全国城管系统首个慈善工作站，并设立全国首个摊贩专项救助基金，同时，向社会公开为摊贩募集就业机会和工作岗位，共救助摊贩特困户、家庭困难保洁员及患病职工375人，捐助资金20万元。6月，市城管局开辟捐赠热线，社会各界为菜农瓜农捐赠爱心遮阳伞6500余把。面向社会征集保洁员歇脚点，在全市主要路段、公交站点、沿街商家等区域共设立保洁员“歇脚点”近2000处，并挂上统一设置的标志牌，方便保洁员及过往市民休息。

（冯　蕾）

青　岛　市

城　乡　建　设

【概况】　坚持以打造宜居城市为目标，以“提升城市品质”为核心，着力推进住房建设、道路交通设施建设、生态环境建设、城镇化建设和和谐城管建设“五大任务”，积极开展市容环境整治行动，特别是抓好铁路两侧环境整治、园林绿化水平提升、市政道路综合整治、建筑工地综合整治以及奥帆中心片区和火车站广场栈桥周边整治，不断优化政务服务，依法行政水平进一步提升，机关作风建设进一步加强，市场管理进一步优化，安全生产保持平稳态势，工程质量再上新水平。全年建设领域完成投资990亿元，比上年增长15.5%，城建行业实现税收约占全市地税收入的37%左右。

【城市基础设施建设】　一是环湾区域快速交通体系已现雏形。统筹推进以城市快速路项目为重点的道路基础设施建设，胶州湾海底隧道接线、跨海大桥接线、快速路三期工程全部按期实现主线通车；9月，新疆路快速路工程开工建设，初步构建起环湾区域快速交通系统。二是重庆路快速路前期工作全面推进。重庆路规划选址、土地预审、环评均已获批复，11月15日已全面启动房屋征收，年底前开工建设调流道路；福州路打通工程已启动拆迁，年底前开工建设附属天桥。三是浮山新区配套设施不断完善。组织完成了同安路西段、同兴路等9条道路的验收移交工作，采取分段移交模式，确保建成路段及时管护；开工建设了劲松三路、劲松七路等11条道路；全面启动了小埠东小学、徐家东山中学等5个项目的前期研究工作。四是市区河道综合整治全面展开。2011年累计实施整治河道长度约12公里，其中：李村河上游二期、金水河整治已完成清淤、防渗、护岸等；河西河上游完成清淤、砌筑、管线等；杭州路河下游（铁路桥至发动机厂段）、楼山后河上游（规划3号线至文昌路段）整治已完工。五是停车场建设力度不断加大。建成奥特莱斯等3处大型停车场，组织建设各类临时停车场40余处，累计增加停车泊位1.4万个。组织完成了八大峡广场等8个公共停车场项目建议书编制工作。全年市区共翻建扩建道路194条，翻建扩建道路面积247.65万平方米。

【建筑节能】　全年争取国家节能奖励、补助资金3.95亿元。完成200万平方米可再生能源建筑应用项目，有8个项目被列为国家示范项目，数量居国内同类城市首位。胶州市被国家列为可再生能源应用示范县，开发区智慧生态城被列为国家可再生能源集中连片开发示范区。5 个项目获得绿色建筑标识。完成节能建筑 1133 万平方米，既有居住建筑节能改造 103 万平方米，实现节能约 19 万吨标准煤；积极开展大型公建能耗检测，被国家列为公共建筑节能监管体系建设示范市。完成建筑废弃物综合利用 317 万吨。

【村镇建设】 编制完成《青岛市“十二五”新型城镇化发展规划》《青岛市大沽河周边区域镇村空间发展规划》，积极开展和谐城乡建设行动，加快重点中心镇建设，10 个镇基础设施和生态环境建设项目 122 个，总投资 10.56 亿元。市政府出台了《关于进一步加强农村垃圾处理工作的实施意见》，为建立完善的农村垃圾收集处理体系和长效管理机制奠定了坚实基础。

【建筑业】 2011 年，全市完成建筑业总产值 903.1 亿元，比上年增长 25.2%；实现建筑业增加值 303.7 亿元，增长 23.1%；实缴税金 44.9 亿元，增长34.7%，占地税收入的11.5%。建筑业外埠市场新签工程承包合同额 480 亿元，增长 13.7%；实现总产值 460 亿元，增长 16.8%，占全市建筑业总产值的 53%。完成招标投标项目 3515 个，增长 12.4%；工程造价 661.2 亿元，增长 1.1%。

【建筑市场管理】 截至 2011 年底，全市有建筑业施工企业 1182 家，其中总承包企业 358 家，专业承包企业 443 家，劳务企业 381 家。年内，扶持 36 家企业升级、34 家企业资质增项，淘汰小、劣、差企业 47 家，为 270 余家企业办理外出施工手续及外出备案。进一步完善绿色通道申请、信息联动、项目登记三项制度，累计为 25 个市重点建设项目、38 个保障房及两改项目提供了绿色通道服务。全面普及“双卡”管理，新办“建管亲情卡”和“爱心工资卡”增幅分别为 18.6%、16.2%。深化用工体制改革，全市 470 家企业已招用 38187 名建筑业农民工为固定合同制工人，占总量的 27%。创建标准化示范工地 269 个，增长 2.3%。完善信用体系建设，开发了市场主体考核分析、决策系统，并将代建单位、混凝土企业、检测单位、起重设备安全单位也纳入了市场主体考核，定期发布考核结果。全年市场信用 A 级企业达 1045 家，占企业总数的 59.4%。

【工程质量管理】 全面推行工程质量标准化管理，明确了 15 个关键节点的质量控制措施。出台《青岛市住宅工程质量通病防治手册》，自主研发了现场喷淋检测仪器设备。健全完善质量投诉解决机制，实施工程观感量化情况、质量投诉处理情况与市场管理考核联动。全市精品工程创历史新高，2 项工程获鲁班奖，3 项工程获国家优质工程银质奖，5 项工程获全国建筑工程装饰奖，工程质量水平继续保持全省领先、全国一流。

【安全生产管理】 全面推行建筑安全“模式化”管理，着力规范建筑安全监管的内容、标准、制度和程序，强化建设各方主体责任落实。突出抓好深基坑、大模板、脚手架、起重机械、预防高处坠落等专项整治，实行重大事故隐患源“标示”与“重大隐患源监督档案”管理，及时发现和消除重大安全隐患 20 余个。组织开展春、夏、冬季安全生产拉网大检查和起重机械、防汛、防火等专项检查，强化保障房、文化剧院等重点工程的服务与监管，检查在建工程 6700 余个次。圆满完成各项安全应急管理工作，组织开展了现场应急预案演练，成功抗击强台风“梅花”。

【勘察设计】 全市勘察设计单位 175 家（本地、不含部队所属企业），完成合同额 70.5 亿元，比上年增长 53.5%，勘察设计单位实交税额 3.4 亿元，比上年增长 65.6%。一是积极拓展外埠业务。35.7%的工程勘察、56.0%的工程设计合同额是在青岛市以外完成的，其中，工程设计外埠业务完成15.6亿元，比上年增长20.9%。二是持续推进技术创新和设计创优。3个项目获全国优秀勘察设计二等奖，8个项目获三等奖，二、三等奖获奖总量比上年高出37.5%。三是全面开展房屋建筑和市政基础设施工程的施工图审查，启动装饰装修和幕墙工程的施工图审查。同时，加强对施工图审查机构的考核，全市10家审查机构考核结果全部为合格以上等级，其中4家优秀，4家良好，优秀率达40%，远高于全省23.4%的平均水平。

【跨海大桥高架路工程】 跨海大桥高架路是东西城市组团之间联系的主通道之一，全长12.8公里。一期工程实施至海尔路，全长7.6公里，6月30日配合胶州湾大桥同步实现主线通车。一期工程主线采用双向八车道，沿线设置互通立交四座，匝道三对。

【园林绿化】 一是道路、街头节点景观品质大幅提升。以丰富色彩为目标，对植物配置、色彩搭配提出了明确要求，大力推广市树、市花，突出岛城特色。新、改建绿地240公顷，栽植景观大树6.7万株、行道树3.9万株，栽植各类乔灌木764万株，完成道路绿化改造65条。在香港路建设“耐冬一条街”，栽植耐冬植物276棵；实施福宁立交桥、海信立交桥、澳柯玛立交桥立体绿化，悬挂花箱1.1万个，种植花草14.3万余株；在广西路、莱阳路等无绿化带缺绿路段，增配花箱近千个；各区市在街头节点栽植各种应季鲜花，不断丰富街头色彩，美化绿化景观。二是单位、庭院绿化整治水平明显提升。全面开展“破墙透绿”，完成立体绿化137处，拆墙透绿2900米、绿化面积13.2万余平方米；大力开展“拆违植绿”，在拆除乱搭乱建、清运积存垃圾后的空地上进行绿化，绿化面积12.9万余平方米；深入开展“见缝插绿”，在楼前房后小区内的边缘、小块空地中进行绿化、美化，不断增绿补绿，美化院内环境。三是全面推进嵌草砖改造工程。率先在香港西路、贵州路、太平路、山东路、延安一路沿线试点，将嵌草砖改造成常绿、彩叶低灌带，完成嵌草砖改绿篱5.7万平方米，提升了绿化生态功能和景观品质。

（闫　丽）

城乡规划

【概况】 青岛市规划局深入贯彻落实科学发展观，以世界眼光谋划城市发展，以国际标准提升城市品质，以本土优势彰显城市特色，优化提升青岛市城市总体规划，编制完成青岛市市域城镇体系规划，优化专业专项规划，强化控制性规划，努力提升规划服务水平，加强规划控制和保护，有力地促进了“宜居青岛、幸福城市”建设。

【规划编制】 一是完善总体规划。以《青岛市城市空间发展战略研究》为基础，坚持空间战略的传承与创新，优化城乡空间布局，提升城市功能与品质，科学确定城市性质、规模和城镇体系规划，积极推进《青岛市城市总体规划（2011—2020）》成果的优化、完善和提升。二是编制完成城镇体系规划。在市域城镇体系规划纲要成果基础上，结合《青岛市城市空间发展战略研究》《青岛市城市总体规划（2011—2020）》，进一步对市域城镇规模等级结构、空间布局以及综合交通体系进行优化完善，编制完成了《青岛市市域城镇体系规划（2010—2030）》，形成统筹城乡的规划引导与成果编制体系。三是优化专业和专项规划。优化高新技术产业新城区（胶州湾北部新城）总体规划、董家口港城总体规划，编制完成《青岛市大沽河流域保护与空间利用总体规划》、世园会周边区域控规整合规划、主园区规划，开展温泉新城总体规划编制；完成世园会后勤基地修建性详规审批，双峰山片区及李沧工业片区控规单元的精细化设计方案。四是强化修建性详细规划。编制完成环胶州湾60公顷用地的修建性详细规划、红岛大桥连接线拆迁安置区修建性详规和华强文化科技产业园区修建性详规。

【规划控制与历史文化名城保护】 合理划分市区规划控制单元，年初确定的6项控规单元编制工作全部完成。修编《青岛历史文化名城保护规划》，并在《青岛市城市总体规划（2006—2020）》中落实。深入开展历史文化名城保护规划研究，完成风貌区内剩余历史文化街区控制性详细规划编制，实现了风貌区控规全覆盖。编制完成了奥帆中心、八大关文物保护专项规划，起草完成了《青岛历史建筑保护管理办法》（上报稿）。中山路风貌区、上海路、德平路片区等老城区保护更新试点工程规划研究顺利结题。完成了《胶州湾围海填海控制线、湿地保护线、入湾河道控制蓝线及近岸地带禁建与限建区域控制线规划》，强化环湾生态保护工作。组织开展了《城市色彩控制规划研究》，研究成果为城市色彩规划管理提供了重要依据。

【规划管理与审批】 一是加强法制建设。2011年7月1日，《青岛市城乡规划条例》经市人大常委会审议通过并报经省人大常委会审查批准，正式施行。《青岛市建筑日照间距计算和管理办法（试行）》于8月5日公布实施。二是强化规划审批。全年共受理各类规划报建1427件，其中选址意见书102件，用地规划许可证109件，建设工程规划许可证376件，验收许可证118件。三是开展政务公开与社会监督。打造“阳光规划”政务品牌，推进政务公开，扩大公众参与。完善局政务网站，全年发布信息1797条。积极推进网络问政工作常态化，接受群众的日常咨询和意见建议，在局政务网站设置了局长信箱，受理网民来信347项，全部及时进行了回复。

【规划服务】 做好重点区域规划建设服务，根据《青岛市蓝色经济区建设试点工作任务责任分解》，对涉及市规划局牵头负责的两项重点工作任务制定了工作方案和计划，并开展相关规划的编制工作。完成保障性住房建设、城市供热、燃气、中小学校舍等涉及民生的重大工程项目规划审批工作。注重重大基础设施建设规划服务，做好轨道交通、重庆路快速路、福州路打通、青连铁路工程推进进度相应的前期论证或规划审批服务，完成了铁路客运北站的地方规划手续的办理工作；配合机场指挥部做好新机场选址论证，并在城市总体规划的修编中落实。

（王　冬）

住房保障和房产管理

【住房保障】 2011年，中央和省下达青岛的保障性安居工程建设指标为22460套（户），实际落实23950套，并于6月底前全部开工建设。加大保障性住房建设资金投入，全年保障性住房建设总投资73.86亿元。提高住房配租配售规模，配租配售保障性住房和限价商品住房10980套，超额完成年初确定的任务目标。印发了《关于调整保障性住房和限价商品住房申请标准有关问题的通知》，进一步扩大保障范围。探索创新保障性住房投融资新机制，成立青岛市公共住房建设投资中心，并作为保障性安居工程建设的投融资平台并直接参与建设，进一步扩大了保障性安居工程建设的资金来源。积极开展住房公积金贷款支持保障性安居工程试点工作，安排公积金贷款4.6亿元，支持保障性住房建设项目。加强住房保障资格审核和后期管理，严格落实“三级审核、两次公示”制度，进一步加强六部门联审的工作机制，累计审核申请住房保障家庭23240户，其中不符合申请条件的家庭1983户，占申请家庭总量的8.5%。严格按照房源公告、申请审核、入围排序、公开摇号、轮候选房等程序，进行保障性住房公开配租、配售工作，并邀请人大、政协、纪检监察、公证机关等单位和市民代表，对公开摇号全过程实施监督，摇号结果通过媒体进行公告。在全省率先实施物业费补助政策，对缴纳物业管理费用困难的公共租赁住房、廉租住房承租家庭予以补助，发放补助资金107万元。

【房地产交易】 2011年，全市新建住房销售88075套，较上年减少25.96%；面积859.73万平方米，减少27.04%。全市存量住房成交32937套，较上年减少33.97%；面积293.85万平方米，减少29.96%；金额148.30亿元，减少11.88%。

【房地产市场调控】 市政府办公厅下发了《关于进一步做好房地产市场调控工作促进房地产市场平稳健康发展的意见》（青政办发〔2011〕8号），制定《商品房预（销）售计划管理暂行规定》，要求房地产开发企业按年度、季度上报商品房预（销）售计划，市场监管进一步前置，从市场供应层面合理规划安排年度、季度商品房供应，科学把握市场供应的总量、时序和节奏，促进房地产市场平稳健康发展。国家统计局公布数据显示，2011年，青岛市区新建住房价格指数同比增幅平均值为3.8%，较2010年（7.7%）下降了3.9个百分点。

【房地产市场监管】 研发应用了商品房销售价格异动监控系统，严格实行“一房一价”，开发企业上调或超标准下调价格，系统均拒绝网签，并生成监控列表，据此约谈开发企业。应用了住房限购系统，实行三级核验体制。开展了房地产市场交易秩序专项执法检查，向23家开发企业下发了《房地产市场交易秩序专项执法检查限期整改通知书》。强化销售跟踪管理，对已核发《商品房预售许可证》并合法开盘的房地产项目，实施全程销售跟踪。组织专门人员对销售项目进行拉网式循环检查。建立了价格约谈机制，实行预售价格承诺制，建立房地产开发企业销售诚信档案和销售代理机构诚信档案制度。强化房屋租赁管理，市政府办公厅下发《关于加强我市房屋租赁管理的通知》（青政办发〔2010〕23号），建立了与工商、公安、地税等部门的协查机制，规范全市房屋租赁管理。贯彻实施《青岛市新建商品房预售资金监管暂行办法》，全年共受理249个房地产开发项目的预售资金监管业务，监管到账资金286.58亿元，审核拨付221.98亿元。

【房产行政管理】 下发《关于加强市直管国有房屋拆迁安置补偿管理工作的通知》（青土资房发〔2011〕389号），理顺市、区两级房管部门和房产置业集团关于直管公房拆迁补偿的工作分工和工作程序。签订直管公房拆迁安置补偿协议8件，组织各区对拆迁范围内房屋摸底调查，涉及建筑面积59万平方米、居民8020户。妥善做好直管公房的安置补偿工作。下发了《关于对落实私房政策遗留问题排查统计工作的通知》，组织各区开展了对遗留的落实私房政策问题全面排查清理。组织开展危房鉴定确认，核定七区危房205处、301栋，涉及居民户数8734户，建筑面积29.25万平方米，并全部提出改造实施意见。督促市内四区开展房屋再装修管理工作，严厉打击野蛮装饰装修行为，规范房屋再装修管理。

【物业管理】 截至2011年底，全市共有物业服务企业623家，物业管理从业人员17.6万余人，服务覆盖面积达1.83亿平方米，惠及居民87万多户，物业服务企业营业收入20.9亿元。出台《青岛市房屋专项维修资金管理办法》，市物业管理办公室加挂市房屋专项维修资金管理中心牌子，强化对房屋专项维修资金的管理。举办“创建文明城、迎办世园会、大干200天——提升物业服务水平行动”启动仪式，号召全市的物业服务企业积极参与“创城”活动；督查物业管理项目105个，下达整改通知38件，整改完成率达到100%；成立“物业管理行业创城突击小分队”，开展“全覆盖、无缝隙”卫生环境整治活动。建立各区交叉检查制度，采取多种方式进行排查梳理，并现场下发整改通知要求当日整改完毕。优秀物业管理项目创建。全年共有109个项目参加创优活动，49个项目通过了市优检查；12个物业管理项目、172个小区（大厦）获得“省优”称号，居全省17个地市首位；1个物业管理项目、58个小区（大厦）获得“国优”称号。

（丁明启）

住房公积金管理

【概况】 2011年，青岛市收缴住房公积金89.5亿元，比上年增长39.2%；发放住房公积金贷款43.63亿元。2.79万个单位、147.46万职工建立了住房公积金制度，累计收缴住房公积金505.09亿元，累计提取267.29亿元，实现收缴余额237.80亿元，累计上缴市财政城市廉租住房建设补充资金11.70亿元，其中2011年上缴廉租住房建设补充资金0.90亿元。

【住房公积金归集】 一是加大与工商、社保、质监等部门的协调，全面掌握全市应建未建住房公积金制度的单位及职工情况；二是加大住房公积金政策宣传力度，增强职工的自我维权意识；三是通过强化内部考核、上门催办及向单位邮寄催收函、发放限期整改通知书、加大行政执法力度等多种举措，全面推进单位建制扩面工作。2011年新增开户职工15.2万人，超额完成年度目标（6万人）。全年受理职工投诉198件，现场调查297次，下达《责令限期改正通知书》180份、《行政处罚（处理）决定书》29份，对12个单位申请了人民法院强制执行，结案163件，涉及职工6363人，追缴到位金额7327.27万元，有力地维护了职工的合法权益。

【住房公积金贷款】 严格执行住房公积金贷款政策，在保障缴存职工家庭购房资金基本需求的前提下，适度控制了贷款规模的增长，为后续贷款资金的持续需求提供了规模保障，切实维护了全体缴存人的权益。全年扶助职工解决住房面积158.77万平方米，切实发挥了住房公积金支持职工解决住房困难的作用。

【住房公积金业务规范化管理】 规范新增职工开户业务，确保职工身份信息准确完整。设置自由职业人员缴存托管专用账户，出台相关业务补充规定，规范自由职业人员缴存和使用管理。完善网上平台，修改相关业务流程，至2011年底，网上平台开户单位12760个，占全市正常缴存单位数的63%。根据住房城乡建设部、总后勤部有关规定，明确和规范了驻青团以上军队聘用文职人员住房公积金开户及提取等业务。

【公积金风险管理】 一是加大住房公积金电子监察力度。充分运用住房公积金电子监察系统，对住房公积金业务运行进行实时监控和异常报警，从源头上防范了资金风险。2011年共督办黄牌问题2例，各类预警问题50余例，对有关二手房贷款资金划转、逾期贷款以及缴存限额、重复开户、大额支取等问题进行排查落实，及时发现和纠正了潜在的违规问题。二是实现与人民银行征信系统对接。制定完善了相关配套工作制度，顺利完成住房公积金纳入人民银行征信系统验收工作。三是扎实开展住房公积金内部审计工作。按照“人岗匹配、授权有度”的管理要求，先后开展了职工身份证信息合规性及有效性、归集业务缴交比例及放贷额度相关性、住房公积金综合业务系统权限设置及使用情况、管理经费审计等多项专题审计工作。四是强化日常风险管理。调整逾期贷款风险控制考核要求，加强贷后催收管理，对有可能发生逾期的借款有针对性地制定催收策略，通过电话催收、短信催收、实地催收等多种方式，及时消除逾期隐患。建立与政府拆迁部门工作联络制度，完成了69个路段14个拆迁改造项目389个房产信息的匹配筛选，防范抵押房产拆迁造成贷款担保悬空的风险。五是稳步推进住房公积金监管系统数据镜像容灾网络建设。积极与施工单位论证镜像容灾网络实施方案，提前完成了数据映射相关信息的报送。与住房城乡建设部的网络专线已开通，联网设备已安装到位，数据镜像容灾网络建设顺利完成。

（赵　峰）

市政公用事业

【概况】 2011年，全市完成市政工程投资23亿元，建设热源项目9个，敷设供热管网420千米，新建换热站80座，新增集中供热面积1010万平方米；完成新建、改造供水管网45.3千米，完成居民二次供水设施改造178处、自来水一户一表改造4万户，市内四区居民二次供水设施实现统一管理。开工建设国内最大规模日供应能力10万吨的海水淡化工程；建成国内最大规模日转运能力4000吨的垃圾中转站和日处理能力1500吨的焚烧发电厂，开工建设餐厨垃圾处理厂和城肥处理厂；新建、改造燃气管网276千米，建设天然气汽车加气站10座，发展管道燃气用户8.49万户；完成114处老楼院排水设施改造工程，楼院冒溢率同比下降56%。建成后海一号泵站，升级改造东海路、乐陵路等4座泵站，完成娄山河流域污染点源治理。

【城市供水】 全年审查31个建设项目供水配套情况，审核21处新建、改建二次供水设施设计方案，16处二次供水设施通过竣工验收。建立供水国家级实验室监测、在线预警监控和流动监测体系。修订青岛市水质公报制度，每周对市内四区供水水质进行抽检，每月对全市供水水质进行抽检，并通过媒体公示；共抽检水样1320个、10404瓶次，合格率100%。青岛市城市供水运行在线监控系统已接入即墨市、胶南市自来水公司及海润集团的内部在线系统。督促各供水单位建立流动监测体系，海润自来水集团已购置流动检测车辆、配置流动监测仪器，流动监测体系框架已初步形成。完成《国家城市供水监测网青岛监测站暨青岛市城市供水水质监测中心工程建设方案》编制与批复、工程项目方案备案、编制优化规划方案、上报规划局预审、上报规划选址及方案等前期工作及基坑开挖。推广应用节水统计网络报表系统，编制《各行业用水统计分析表》《供水情况统计表（按水表用途）》《阶梯式水价单位用水情况统计分析表》《月份各类用水情况统计分析图》《青岛市城市建设统计年报》等，为领导决策提供依据。

【城市节水】 全年共节约用水4869万立方米。制定下发《关于继续开展节水型企业（单位）达标活动的通知》，在全市开展创建节水型企业活动。继续开展节水型城市创建工作，顺利通过检查团复查工作。做好用水基数管理，及时进行用水基数调整和系统更新维护。组织开展节水宣传，在五四广场举行节水宣传周启动仪式；联合市公共节能机构，开展节水型单位评选，以及节水执法检查等。

【再生水、雨水利用和海水淡化】 工业用水重复利用率达到88%以上，位于全国领先水平；再生水利用率达到20%。编制《再生水利用规划》，扩大再生水利用范围和使用规模。加强对再生水供水企业的行业监管，每季度进行再生水水质抽检，定期对再生水企业的安全生产和服务工作等进行现场检查和督察，保证正常供水。加快推进10万立方米/日海水淡化项目建设，通过采取倒排工期、现场督查等措施，全面完成项目土建和安装工程。

【城市供气】 2011年，市区新增管道燃气用户70349户，管道燃气气化率达到78%；其中市内四区管道燃气气化率达到88%。建设、改造燃气管网276千米。开工建设加气站11座，建成5座。中石油泰青威天然气长输管道竣工投产并供气，实现了中石化、中石油“双气源”供应，每日增加天然气供应能力110万立方米，冬季高峰供气期间每日增加天然气供应量30万立方米，有力提升了天然气安全供应保障能力。建成胶州至平度南村镇高压天然气管线和高新区至胶州新产业基地次高压管线，开工建设站前大道高压天然气管线；建成唐河路—开封路—大沙路—长沙路中压A燃气管道。建成大山LNG气化站，新增24万立方米天然气储存能力和14.4万立方米/日调峰能力。建成高新区单燃料公交车配套加气站。灰口铸铁燃气管道改造任务取得突破，累计改造118千米，是2010年的3倍，并首次大规模采用管道内衬改造技术。废除凝水缸1503处，基本完成市内四区及崂山区部分天然气管道凝水缸改造任务，消除了运行隐患。

【城市供热】 2011年，共建设热源项目9个、供热管网420千米、换热站80座，新增集中供热面积1010万平方米。完善“蒸汽管网改高温水管网”方案，改造管网25千米。为有关供热企业发放“以奖代补”资金2.9亿元，发放煤炭借款3.3亿元，保障了2011—2012年度采暖季稳定、安全运行。《2011—2020年青岛市热力专业规划》通过专家评审。分步实施了观象山供热区域管网的“汽改水”工程；完成股份公司脱硫设备改造和120米烟囱加高；对新岭二期换热站、银街换热站进行降噪处理。基本完成了供热计量软件的开发应用和专利申报，建立了供热计量数据远程采集管理平台。对4个小区、19.4万平方米进行了分户计量改造。健全完善各类安全管理规定30余项，对所有供热单位进行了6次安全检查。

【城市排水】 市政府下发《关于进一步加强城市排水管理工作的通知》，进一步规范了排水设施建设、管理及维护，建立健全城市排水行业长效管理机制。完成《污水处理企业安全生产标准化考核评级办法》的制定和评审工作。打破责任、非责任界限，有计划、有步骤地做好130余条未移交道路排水设施的接收工作，提高了排水管网运行效率。组织开展了冬季控油治冒行动，调查餐饮业306家次，下发限期整改通知250家，督促安装整改隔油设施50余个，移送执法部门处理178家，大大减少了管道堵塞状况。强化12319热线和供水、供气、供热、排水和环卫5个行业指挥中心的调度功能，运用多功能信息化系统，对调压站、换热站、泵站等实施在线监控、远程调度，保障了市政公用产品稳定供应。制定《应急抢修现场安全管理标准》，成立了19支、600余人的专业抢险队伍，妥善处置事故100余起，管线运行事故同比下降29%，市市政公用事业管理局连续两年被评为全省安全生产先进单位。

【城市水污染治理】 治理改造娄山河流域13处污染点源，流域污水收集率达到95%以上。采用进水双通道、泵站计量等新技术，建成后海一号泵站，并达到通水条件。继续开展“保民生、进楼院、惠万家”院内排水设施专项整治活动，完成老楼院排水设施改造工程114处。开展“道路排水设施集中整治大行动”，全年共更换铁雨水箅子2000余套铸、水泥箅子3500余套、陈旧检查井200余套，对100余处下沉检查井进行了提垫，并结合道路整治，协调各区完成了1000余套检查井提垫，道路排水设施完好率97.33%。

【城市环卫】 制定并下发了《环境卫生整治行动工作导则》《环境卫生整治行动考核标准》等21份规范性文件，开展“百个最佳、千个星级、万个达标”竞赛活动，对所有居民楼院、道路、广场和公厕的环境卫生情况进行检查落实，共检查落实居民楼院1091个次、道路448条次、公厕282个次、广场47个次。检查市内400余家单位的化粪池、旱厕、建筑工地临建公厕，为全市260余家企事业单位代运粪便、污水3000余车，2.5万吨。为“跨海大桥、海底隧道通车典礼仪式”“青岛国际帆船周”等32次大型活动提供流（移）动公厕服务138台次，出动保障车辆进行吸污、换水等160台次，服务人员560人次。处置浒苔1276车、32588吨。开展环境卫生集中整治行动，清理整治居民楼院及周边区域3300余处，清理卫生死角7700余处，清理垃圾杂物3.4万吨，评选出星级和达标居民楼院、道路、广场、公厕838个，环境卫生面貌显著改善。

【餐厨垃圾处理厂暨城肥处理厂建设】 2011年12月8日，青岛市餐厨垃圾处理厂暨城肥处理厂迁建工程举行奠基仪式。餐厨垃圾处理采用国际上最成熟的高温厌氧发酵处理工艺和先进的生产设备，主要产品为沼气、沼渣、废油脂等，投产后可基本实现市内四区餐厨垃圾无害化、资源化处置。城肥处理厂以粪便无害化处理为主，采用国内最先进的“固液分离、絮凝脱水”处理工艺，设计处理能力为每日200吨。同时，兼顾大规模突发公共卫生事件时期特殊场所的粪便消杀处理，采用“强光催化消杀+微雾消毒除臭”消杀工艺，设计处理能力为每日50吨，项目前期工作已经完成。

【垃圾分类处置】 编制《青岛市生活垃圾收集点技术指南》，开展生活垃圾分类收集试点活动。开展《小涧西生活垃圾填埋场库区循环利用技术研究》《小城镇生活垃圾处理技术前期研究》《青岛市生活垃圾分类收集试点研究》等专题研究。在做好垃圾场处理设施常规监测的基础上，对小涧西垃圾综合处理场污水达标排放情况实施了月度监管考评，对5个县级市生活垃圾处理场实施季度监测考评。承担市重点工程地铁北站出入段线场地的监测任务，制订了《青岛地铁北站出入段线场址改造生活垃圾稳定化判定要求及监测方案》，进行了生化处理垃圾的跟踪监测。印发《青岛市人民政府关于加强城市建筑垃圾运输管理的通告》和《青岛市人民政府办公厅关于加强城市建筑垃圾运输管理的实施意见》，组织公安交警、城管执法、交通运输、城乡建设等部门开展了4次联合执法行动，共查处违章车辆52辆，检查工地14处，对存在问题的建筑工地下发《申报建筑垃圾处置计划核准告知书》8份。实施建筑垃圾运输特许经营招标，制定了建筑垃圾运输车辆密闭改装方案和运输车辆安装GPS监控设备工作方案，实行建筑垃圾处置“捆绑式”招标。全年共处置建筑垃圾1.2万车、37.1万吨。

（冯向平）

城市管理行政执法

【概况】 2011年，青岛市城市管理行政执法部门紧紧围绕创建全国文明城市，深入推进“创先争优”活动，以“视觉污染”整治为突破口，着力开展市容环境十大整治行动，取得显著成效。一是户外广告整治实现根本改观。制订户外广告管理办法、技术规范、总体规划等一系列规章制度，拆除各类户外广告4.3万余处，67.7万平方米，其中，崂山、城阳、黄岛拆除大型立柱高炮都在100个以上。城区范围内违法超期户外广告基本清理完毕。二是城市亮化管理得到强化。落实了新改扩建（构）筑物同步设计、同步建设、同步验收的监管机制，完成万邦中心、环湾大道、海底隧道、万丽海景等亮化工程审批建设。三是违法建设拆除成效显著。开展了八大关风貌保护区的违法建设集中整治行动，拆除违法建筑504处、10617平方米，八大关景区面貌焕然一新。四是环境保障能力得到提升。规范环湾大道和辽阳西路等渣土管理，清运覆盖130处、54.5万立方米，查处建筑垃圾处置不规范工地260余个，市政道路违规施工250余处（次），查处毁树毁绿行为150余起。圆满完成全国蓝色经济论坛、啤酒节、“一桥一隧”通车典礼等重大节庆赛事活动的城市环境保障工作。

【“全国文明城市”创建】 一是规范整治占路经营和露天烧烤。通过划分严禁区、严控区和疏导区，对占用公共场所露天烧烤行为实施分类治理。在全市组织了3次大规模联合行动，处置烧烤行为1200余起。全年查处各类违法占路经营行为21万余起，处罚3.8万余起，查处校园周边占路经营行为7万余处次。二是加大人行道停车秩序整治。严格查处违法停车行为，全年共查处人行道乱停车10万余处次，处罚1.5万余起。加强停车场规划管理，组织起草了《加强停车场规划建设管理工作的意见》和公共停车场布局规划方案。三是开展乱贴乱画整治。按照及时清除、依法查处、规范疏导“三位一体”的管理模式，清理乱贴乱画小广告54万余处，处罚7600余起。四是推进数字化城管建设。与30个数字化城管业务相关单位完成了系统对接，实现资源整合共享。全市数字化城管共立案44.9万件，结案43.4万件，结案率达到97%。

【城市精细化管理】 一是加强城市管理综合考核。坚持每天巡查、每周检查、公开曝光、考核评比“四项制度”，按照“便捷、常态、高效”原则，修订考核办法，统筹七区标准，拓展考核范围，精简考核内容，突出日常检查，并纳入全市绩效考核体系。二是组织开展环境卫生责任区达标普及活动。部分街区结合实际，不断创新内容、丰富内涵，建立了“百米单元网格管理法”等工作机制，形成“块块有人管，事事有人办，结果有考核，考核有奖惩”的城市管理机制。三是推进社区城管工作站建设。坚持管理重心下移，试点建立社区城管工作站，并通过召开现场会等进行推广。65%的社区建立了城管工作站制度，有效促进了难点问题早发现、早处置，环境面貌发生了显著转变。

（葛永平　王雅娟）

淄　博　市

城 乡 建 设

【概况】 2011年，淄博市市政公用基础设施建设完成投资31.43亿元，组织实施了城市路网工程、园林绿化、治污减排、文化中心建设以及“两区三村”改造工程等在内的24大项、70小项城建重点项目，全面展开国家文明城市创建工作，设施承载能力、城市特色品位和居住环境质量得到进一步提升。

【基础设施建设】 组织实施中心城区12条道路

夏耕副省长视察淄博城市建设　　（淄博市住房城乡建设局供稿）

建设及改造工程、临淄区晏婴路东延续建、桓台县镇南大街、沂源县振兴路建设等路网工程，全年新增道路长度50.43公里，新增道路面积117.24万平方米，改造道路长度19.68公里，改造道路面积42.28万平方米。新增雨水管道38.81公里，污水管道53.18公里，中心城区积水点改造工程已全部完成。污水处理厂达15座，日处理能力达90.5万吨，基本达到一级A的排放标准，污水处理厂集中处理率达93.08%，列全省前三位。全年新建垃圾中转站13座、地下箱式收集站88个，新购置车辆74台，新增垃圾池（箱、房）2106个。城市生活垃圾全部实现无害化处理，位居全省首位。文化中心建设完成了图书档案规划展示中心主体施工，并被评为“全国建筑业绿色施工示范工程”，运动员公寓景观绿化工程获得园林工程最高奖——“国家优秀园林工程金奖”。

【园林绿化】　全年新增园林绿地292公顷，改造238公顷，建成区绿化覆盖率达到42.6%，绿地率36.5%，人均公园绿地面积16.3平方米。实施绿化重点工程60余项，相继实施10多处大型绿化及20多条道路绿化，并开展以增绿、造景为主的城市河道综合整治工作。进一步加强行业管理，完善了建设项目附属绿化工程竣工验收备案管理规范，实现了社会绿化及专业绿化管理监督全覆盖。加强古树名木保护管理工作，制定园林绿化养护管理标准（试行）。进一步完善执法程序，办理违法侵占绿地案件11起。开展爱绿护绿志愿者注册活动，注册志愿者1000余名。抓好风景名胜区管理工作，对《博山风景名胜区总体规划》《黑铁山风景名胜区总体规划》进行了修改完善。

【城乡环境综合整治】　紧紧围绕创建全国文明城市目标，开展城乡环境综合整治。加大对环境

淄博猪龙河新貌　　（淄博市住房城乡建设局供稿）

卫生、公园绿地、公共场所等重点部位的整改力度。开展高淄路环境综合整治、河道垃圾整治等专项治理活动，实现环境整治常态化。加快数字化城市管理系统建设，张店区完成监督中心、指挥中心体制建设，人员编制全部到位，制定并完善岗位责任和管理规定，完成城市部件和地理信息的数据普查和入库。健全区县—乡镇（办）—村居环卫管理体系，全市镇村主要道路两侧“三堆”基本清除，农村环境卫生面貌大为改观，“户集、村收、镇运、集中处理”的城乡垃圾一体处理体系基本建立。

【村镇建设】 全年完成村镇建设投资71亿元，完成住宅建筑309.42万平方米，公共建筑41.48万平方米，生产建筑163.89万平方米。以马桥镇、昆仑镇和凤凰镇三个试点镇建设为重点，全面推动各中心镇小城镇建设。截至年底，全市30个中心镇共计完成258个基础设施建设项目，完成投资14.3亿元。以村庄整治、环境优化为切入口，优先培育10个中心村，不断加快村庄基础设施建设。年内，全市有6个镇、46个村获“山东省小城镇建设示范镇”“山东省村庄建设示范村（新型农村社区）”荣誉称号。加强桓台县新城镇国家历史文化名镇和周村区王村镇李家疃村国家历史文化名村的保护工作。做好全市古村落、古民居的普查工作，全市古村落、古民居达74处。全市“两区一村”建设已开工项目94个，完成安置房建设175万平方米，安置居民1.5万余户。农村住房建设新开工3.8万余户，农村危房安置改造完成6397户，均超额完成年度计划。

【建筑业】 全年共完成建筑业总产值622.7亿元，比上年增长20.09%，创历史新高；实现增加值178.14亿元，比上年增长21.37%，占全市GDP的5.43%；从业人数达34.96万人，其中工程技术人员达2.8万余人，一级建造师1441人，二级建造师6889人。桓台县位列全省建筑业“十强县”第一名。清欠形势趋于稳定，全年共接到民工投诉722起，涉欠金额7066.4万元，涉及农民工4568人，历史遗留的一批拖欠案件基本得到解决。企业资质管理进一步加强，对687家建筑企业进行了资质考核，47家企业被撤回资质证书，62家企业被限期进行整改；加强对市外进淄企业考核管理，3家企业被清出淄博建筑市场；开展企业诚信评价，47家企业被评为AAA诚信企业，比上年增加10家。强化招投标监督管理，全年招标工程项目769个，建筑面积1206.4万平方米，工程造价173.51亿元，比上年增长49.5%。外埠市场开拓步伐加快，外出施工产值290.65亿元，比上年增长24.71%，194家企业外出施工，出国施工涉足韩国、印度等13个国家。

【勘察设计】 组织开展2011年度勘察设计市场专项检查工作，共检查勘察设计单位90家，取消1家勘察单位的资质，跨专业设计、跨专业校审、校审不全的问题得到明显遏制。勘察设计质量和水平取得突破性进展，全年获得省优秀工程勘察设计一等奖4项、二等奖6项、三等奖9项；获得住房城乡建设部优秀工程勘察设计二等奖1项、三等奖2项；获得省优秀QC小组一等奖1项、二等奖2项、三等奖9项；获得省援疆新农居及基层组织阵地工程设计方案竞赛一等奖1项、二等奖3项、三等奖6项。获奖的等次、数量均创历史最好成绩。建立淄博市勘察设计企业和从业人员诚信评价体系，对勘察设计单位及从业人员的市场行为、质量行为进行实时记录，强化日常动态监管。强化施工图技术审查，确保审查质量，共审查出违背强制性条文1333条次，发现重大安全隐患15个。

【建筑工程质量安全】 全年累计监督质量工程4007个，建筑面积2387万平方米，受监工程全面保持质量受控状态，未发生任何质量责任事故。进行保障性住房质量摸底检查，开展打击“瘦身钢筋”活动，严查分户验收工作。开展各类安全检查，加强安全教育培训，有效监控重大危险源，全年累计监督安全生产工程项目1699个，单体工程3662个，连续3年受监工程未发生较大以上安全事故。采取主动联系、靠前指导和抓两头、带中间的监管办法，重点强化“两区三村”工程安全生产工作。

【建筑节能】 将150万平方米的太阳能光热建筑一体化应用任务指标分解到各区县，确保全市城市规划区、县城12层及以下居住建筑、医院、学校等集中供应生活热水的公共建筑全部使用太阳能光热建筑一体化。全市采用土壤源、浅层水源和污水源等热泵空调技术应用建筑面积约300多万平方米，太阳能光电建筑应用也实现新突破。新建节能建筑竣工面积达151.9万平方米，设计和施工阶段执行节能标准比例均达到100%，建筑节能评审认定一次性达标率达到98.2%，位居全省前列。严格按照与省签订的目标责任书，细化分解既有建筑节能改造任务，落实既有建筑节能改造项目15个。

（陆　洋）

城乡规划

【概况】 2011年，市规划局深入贯彻落实党的十七届四中、五中和六中全会精神，紧紧围绕市委、市政府各项决策部署，以科学发展观为统领，以构建生态和谐宜居淄博为目标，认真贯彻全市城乡规划工作会议精神，全面落实年初确定的各项工作任务，城乡规划管理工作实现了全面进步和健康发展。

【规划编制】 新一轮城市总体规划经省政府上报到国务院，已按照住房城乡建设部等各部门的反馈意见修改完毕。加快控制性详细规划的编制步伐，全市（五区建成区）控规覆盖率达到89.5%，中心城区建成区基本实现了全覆盖，三个县的控规覆盖率均达到90%以上。完成马桥镇、昆仑镇、凤凰镇等3个试点镇及张店付家镇付家村等10个试点村的规划编制工作，并着手组织实施。编制了中埠镇、王村镇、南郊镇、北郊镇等部分中心镇的总体规划和部分中心村的建设规划。开展一大批事关长远的规划编制项目，推动了一大批惠及民生的重点项目取得突破，城区间“三纵三横”骨干交通网络进一步完善，中心城区大外环全线贯通，市客运中心投入运营，“大十字”公交基本建立，“高速淄博”交通框架基本形成。市文化中心建设进展顺利，市城乡规划展览馆进入布展阶段。引太入张工程全面竣工，文昌湖生态旅游区、新城区景观水系、马踏湖国家湿地公园等工程顺利推进。

【规划管理】 研究制订《关于进一步加强规划管理工作的意见》及八项配套制度，并对原有的涵盖规划编制、实施和管理的51项规章制度进行全面梳理，进一步提高了行政效能。探索建立了专家、公务员、利益相关人、普通市民等多方参与的规划决策机制，进行多方案比较，对重点项目的规划方案、建筑方案全部实行方案征集制度。按照从严从细的工作态度认真受理、审核、上报各类规划和建设项目的规划许可，注重单体与城市总体风貌的和谐与融合，注重突出文化传承、布局合理、配套齐全、环境优美等多方面的因素，各项规划成果的质量和标准进一步提高。全年共依法核发《建设项目选址意见书》210件，建设规模2623.89万平方米；《建设用地规划许可证》305件，用地面积793.57万平方米；《建设工程规划许可证》401件，工程面积950.77万平方米；《建设工程竣工规划验收合格证》163件，验收面积346.32万平方米；《乡村建设规划许可证》15件，建筑规模40.52万平方米。

淄博现代化小区建设　　（淄博市住房城乡建设局供稿）

【规划研究】　组织对中心城区199个老旧住区开展了整治与改造的调研，提出了整治与改造的规划导则。进一步加强对城市风貌和城市特色的研究，组织开展中心城区高层建筑规划布点的研究，为完成中心城区百栋高层建筑的布局规划提供了理论依据。联合浙江大学专家组就如何把小城镇培育成为小城市展开相关研究，形成了包括培育小城市评价指标体系在内的研究成果。组织全系统各单位基层调研，共形成调研报告17篇，8篇学术论文被收录入《2011年中国城市规划年会论文集》。

【重点项目规划】　完成中心城区百栋高层建筑的布局规划，并为部分百米高层建筑开工建设办理了前期规划手续。完成新城区商务中心前期规划方案设计和论证工作。组织开展新城区医疗中心城市设计工作，完成方案设计；组织开展新城区核心区金带建设方案设计工作，形成方案设计成果；组织开展中心城区规划管理基础数据平台建设，完成现状及规划基础数据采集工作和初步建库工作。配合市交通局、新城区建设办公室、市铁路办、市农业局、市发改委、市国土局等部门，开展新城区排洪沟规划设计和支线机场、火车站南站、城市轻轨等前期工作。

【新农村住房建设服务】　在推动近郊农村住房建设前期规划中，组织开展全市优秀村庄规划、优秀住宅建筑方案评选活动，确定12个优秀村庄规划和12个优秀住宅建筑方案，在规划展厅公开展示。整理印制《淄博市农村住房建设户型图集》，免费推荐给镇村使用。

【阳光规划】　自觉接受社会各界的监督，各类规划在审批前，通过公示或者召开听证会等多种形式向社会公开，广泛征求市民和利益相关人的意见建议。全年共办理人大建议、政协提案20件，答复社会各界信件、网上咨询1200多人次。

（马呈礼）

住房保障与房地产管理

【概况】　2011年，淄博市高度重视住房保障与房地产管理工作，全年新开工建设廉租住房432套、公共租赁住房4880套，新建商品房销售31250套，产权产籍管理制度进一步健全，房屋征收与补偿机制不断完善，有力地促进了全市房地产市场健康持续稳步发展。

【住房保障】　全年廉租住房竣工560套，新增廉租住房货币补贴626户，发放货币补贴1198万元。出台《淄博市经济适用住房建设和管理办法》，新开工经济适用住房5400套，累计竣工2371套。全年开工建设公共租赁住房4880套，竣工2239套。张店洪沟片区改造项目全面进入收尾阶段，最后三栋还迁房顺利交房，片区建设的廉租房全部竣工并达到入住条件。

【房地产开发】 认真落实国家、省对房地产市场的各项调控政策，供应紧张、房价过快上涨的问题得到有效抑制。进一步强化商品房预售制度，对未取得商品房预售许可证的项目，严禁开发企业非法预售。严格落实商品房销售明码标价规定，要求开发企业在取得预售许可证后10日内，一次性公开当期交易的全部房源，并按备案价格明码标价对外销售。将新建普通住房价格指数（均价）同比涨幅控制在当年城镇居民人均可支配收入和经济增长幅度以下。坚持品牌引导，企业综合实力逐步提升，对全市符合条件的271家房地产开发企业开展信用评价工作，4家企业被评为AAA级信用企业，5家企业入围“2010年度全省房地产开发企业综合实力50强”企业。建设条件意见书工作在全市范围内展开，开发项目全程闭合监管进一步实现。完善开发项目竣工综合验收备案制度，全市共办理竣工备案项目77个，总面积269.8万平方米。

【物业管理】 年内，全市物业服务企业发展到299家，其中一级资质企业7家，二级资质企业16家，三级资质企业276家；物业管理项目832个，管理面积4110万平方米。争创国家级物业管理示范项目9个，省级优秀物业管理项目45个。制定《淄博市中心城区老旧小区简易物业管理办法》，出台《淄博市住宅小区专业经营设施设备管理办法》，与物价局联合起草《淄博市住宅物业服务收费管理实施细则》，进一步完善了物业管理行业的制度建设。加强物业服务行业监管，严格物业服务企业资质管理，建立健全了物业服务企业动态考核制度；积极开展了物业服务企业招投标，年内全市符合条件的41个新建项目全部实行了前期物业管理招投标；严格规范物业服务收费行为，按照“等级服务、差别收费、质价相符”的原则，明确普通住宅小区物业服务收费的三个等级以及对应的服务内容和服务标准；开展物业服务星级管理，对全市49个住宅小区进行了星级考核，评选出了第一批星级小区。探索老旧小区管理难题，推进中心城区30个老旧住宅小区物业管理用房建设，为开展简易物业管理奠定了基础。进一步加强住宅专项维修资金与物业质量保修金的交存、管理和使用，截至年底，全市住宅专项维修资金累计归集10.27亿元，物业质量保修金累计归集9963.7万元。

【产权产籍管理】 加强制度建设，完善房屋产权登记信息系统权限审核备案和房屋登记质量抽检制度，建立了在建工程抵押、集体土地上房屋登记、档案查询收费等疑难问题会审制度，解决房屋登记疑难、遗留问题。进一步规范房产测绘工作，建立了房屋测绘重大项目及疑难问题的会商制度，全面推进以图管房工作进程。组织全市符合条件的148名考生参加了全省房屋登记审核人员考试。进一步解决房改遗留问题，年内共处理房改遗留问题199起。国有房产监管运营稳步发展，直管公房管理工作进一步规范，全年收缴租金603万余元，超额完成600万元的年度目标。

【房屋征收与补偿】 淄博市房产管理局完成由房屋拆迁管理到国有土地上房屋征收和补偿工作的平稳过渡。国务院《国有土地上房屋征收与补偿条例》实施前，认真实施房屋拆迁管理，共审批发放拆迁许可证2个，拆迁建筑面积1万多平方米；《国有土地上房屋征收与补偿条例》实施后，出台《淄博市国有土地上房屋征收与补偿实施办法》，进一步完善房屋征收和补偿管理规定，并理顺全市房屋征收和补偿工作的管理体制，明确工作职责，妥善处理取消拆迁许可制度后与各区管理权限的衔接工作。

（宗风刚）

住房公积金管理

【概况】 2011年，淄博市住房公积金管理中心认真贯彻落实科学发展观，不断加强公积金管理，提升服务水平，坚持“住房公积金、惠泽千万家”的工作理念，依法推行住房公积金制度，住房公积金事业保持科学、协调、健康发展的良好态势。

【住房公积金归集】 加大住房公积金制度扩面工作力度，淄博市住房公积金管理中心代表市政府与承办银行签订委托归集、贷款协议，理顺各自职能。加强部门协作，与市总工会、金融办、中小企业局合力抓好制度推广扩面，加强对住房公积金制度实施情况监督检查。开展行政执法工作，依据条例和相关法规，对拒不建立住房公积金制度的多家单位进行行政执法，有效维护了职工权益。全年有248个单位、5万余名职工新建住房公积金制度；全年归集住房公积金23.43亿元。

【住房公积金资金管理】 出台《淄博市困难职工家庭提取住房公积金实施细则》，帮助职工解决住房和家庭困难。优化住房公积金贷款申请条件，创新完善住房公积金贷款政策，有效支持职工改善住房条件。住房公积金提取9.84亿元；为5771户职工家庭发放个人住房公积金贷款12.71亿元；实现增值收益8479.73万元，居全省第四位，资金收益率居全省第二位。在保证资金安全的前提下，充分利用现行金融政策，科学规划资金投向，提高住房公积金管理和运营使用的科学化水平，努力为政府增加住房公积金运营收益，用于支持全市棚户区改造、廉租房等保障性住房建设。

【住房公积金风险防范】 一是排查关键领域和关键部位风险点。制定《淄博市住房公积金缴存、转移、提取业务流程》《淄博市个人住房公积金贷款业务流程》，严格审核住房公积金使用条件，严把住房公积金提取和贷款审批关，防止骗提、骗贷等套取资金行为。二是深化“管营分离”运行体制。实行业务受理与审批分离、审批与拨款分离、运营与监管分离，建立淄博市住房公积金管理中心内部单位之间、岗位之间互相监督、互相制约的体制。三是加强贷后管理。建立逾期贷款预警机制，建立健全逾期贷款定期通报制度，落实抵押工作，确保担保措施到位，维护住房公积金安全完整。

【住房公积金服务体系建设】 一是深化“服务就在您身边”的服务理念。加强便民服务厅窗口建设，健全“值班主任”“首问负责”“限时办结”制度，设立“党员先锋岗”。开展文明服务礼仪和业务技能培训，促进服务规范化、标准化建设。坚持业务办理“零收费”，为职工免费提供申请表格、贷款合同等材料。二是加强服务规范化建设。加强服务厅硬件建设，设立借款合同签订岗，完善服务功能，公开业务流程，实行承诺化服务，自觉接受群众监督。三是完善住房公积金业务信息化系统建设。完成信息网络系统建设的归集、贷款、财务数据核对导入工作，系统进入试运行阶段，提高了管理效率和服务质量。

（张溪琳）

市政公用事业

【概况】 截至年底，全市有燃气经营企业93家，天然气汽车加气站35家，管道燃气居民用户45万户，工商业用户1291家，燃气管网总长度3086公里，天然气供应总量9.5亿立方米；全市有供热企业24家，热源企业33家，2011—2012采暖期，全市新增供热面积279万平方米，总供热面积达到4310万平方米。

【燃气热力设施建设】 6月8日，淄博市天然气综合利用项目南博山至八陡天然气支线正式通气；6月17日，天然气综合利用项目竣工投产点火庆典在博山区举行；9月1日，南博山至沂源天然气支线正式通气。淄博市天然气综合利用项目管道总里程约60公里，总投资1.3亿元，作为连接中石油泰青威管线和城市燃气管网的重要枢纽，承担着未来全市天然气气源输送的重要任务，管线的建成对于全市天然气的总体调控、沿线地区产业结构升级和大气环境的改善都具有重要的意义。全年共实施热源建设项目2项，新建改建换热站18座，增加供热能力240吨/小时；实施热管网改造项目52项，改造管网长度99.3公里，蒸汽管网退城步伐加快，城区热水管网的覆盖率进一步提高。全年共整合社会换热站33家，使移交的社会换热站总数达到197家，在全省率先基本实现了供热企业直供到户的管理模式。

【燃气热力安全管理】 在全市燃气行业部署开展“安全生产基层基础深化年”活动，淄博市公用事业管理局与淄博鑫能能源集团有限公司、淄博市煤气公司、张店区及经营区域在张店的21家燃气经营企业签订安全生产目标责任书，并督促指导区县燃气管理部门与辖区内的燃气经营企业签订了安全生产目标责任书。根据市政府办公厅《关于印发淄博市燃气热力安全专项整治行动实施方案的通知》（淄政办发〔2011〕71号），在全市开展了安全专项整治行动。由市监察、安监、质监、公用等部门组成了市政府燃气热力安全专项整治行动督查组，对区县政府履行燃气热力行业安全管理职责的情况、燃气供热行业安全管理情况进行为期3个月的督查，共抽调有关技术人员和专家近30人，检查燃气热力企业153家（燃气企业95家、热力企业58家），排查治理安全隐患478处。

【供热计量改革】 省住房城乡建设厅、财政厅联合考核组对全市“十一五”既有居住建筑供热计量及节能改造项目实施验收，28个项目通过审查。公布了全市供热计量产品备案复核目录（第二批），起草下发了《关于进一步做好供热计量改革工作的意见》。全市共完成改造任务235万平方米，其中有186万平方米的居住建筑安装了热计量装置，对60.3万平方米的居住建筑实行了按计量收费试点。全市有3人被评为全省“十一五”既有建筑供热计量暨节能改造先进个人，沂源县源能热电有限公司获得全省“十一五”既有建筑供热计量暨节能改造突出贡献奖。

【燃气热力奖补】 供暖期结束后，淄博市公用事业管理局配合市财政局对中心城区五家供热企业的供热成本进行了审核，并协调财政补贴款项及时拨付供热企业，确保供热企业及时平稳供热。11月上旬，对中心城区供热企业的财政补贴全部拨付到位，预拨的2011—2012采暖期的部分款项也提前拨付到位。下发《关于燃气供热配套费实行月报制度的通知》，并组织人员对全市燃气、供热配套费进行全面检查。为进一步加强燃气、供热配套费监督，市政府办公厅转发了市公用事业管理局《关于进一步加强燃气供热配套费征收使用监管意见的通知》（淄政办发〔2011〕123号）。

【公用事业宣传及安全培训】 为学习贯彻《城镇燃气管理条例》，举办了由20支燃气企业代表队参加的“城燃杯”知识电视竞赛。组队参加了省住房城乡建设厅举办的“港华燃气杯”《城镇燃气管理条例》知识电视竞赛，淄博市获二等奖。5月，组织各区县燃气管理部门及燃气企业近200人召开《城镇燃气管理条例》宣贯会议；9月，组织全市300余人参加全市燃气行业安全管理技能考核培训；11月，在《淄博晚报》开辟“燃气安全专栏”，每周一期，重点向市民介绍燃气安全使用常识，增强燃气用户安全用气意识。

（李　杰）

城市管理行政执法

【概况】 2011年，淄博市以科学发展观为统领，全面贯彻落实“强化生态文明、加快内涵发展”的工作要求，积极构建和谐城市管理，优化城市发展环境，不断提升城市管理的精细化、规范化、科学化水平，努力营造市容整洁、环境优美、和谐有序的城市环境。

【市容市貌综合整治】 以创建全国文明城市，举办第11届中国（淄博）陶博会等全市重大活动为契机，狠抓市容市貌的脏乱差治理，进一步完善“网格化”管理、路域分级管理和道路精细化管理等市容管理机制，实行城管执法“定人员、定岗位、定责任、定路段、定奖惩”制度。先后组织开展脏乱差区块治理、主次干道综合整治、近郊镇、办事处环境综合整治、“八无”治理和“六乱”治理等集中整治活动，共整治街道763条，清理乱贴乱画乱挂21万余处、门窗即时贴4300余平方米，整治废品收购点290余处，清理店外经营、占道经营、乱停乱放、乱堆乱放5.3万余处，拆除乱搭乱建6.8万平方米。同时，对总长198公里的“四线”（胶济铁路淄博段、中心城区南外环、昌国路、济青高速淄博段）进行综合整治，共拆除沿线破败建筑物及各类牌匾10.8万余平方米，清运垃圾40万立方米。政府投入8000余万元，加大对建筑物外立面综合整治的力度，清理粉刷建筑物外立面360万平方米，并加大了管理维护力度，全年共完成53条主要道路两侧的综合整治任务。各项整治活动由城区、镇驻地主次道路、窗口地段等重点区域，逐渐向背街小巷、城乡结合部延伸，实现了全覆盖、无缝隙，中心城区环境得到了显著提升。

【便民市场建设】 年内，全市共整治规范170个劳务市场、农贸市场，有效解决了市场外溢形成的占道经营、店外经营、探头市场等问题。坚持疏堵结合的原则，协调相关职能部门，先后在中心城区建设农贸市场、劳务市场6个，降低入市门槛，引导流动摊点入市经营。采取定摊位、定时间、定路段等措施，在全市规范临时便民市场130个，设立临时便民服务点2500余个，进一步解决了正规市场容量不足的问题，通过规范管理，基本达到了经营与管理、市容与需求的有机统一。

【户外广告整治】 开展大型户外广告集中整治活动，中心城区大型立柱式广告、楼顶广告和墙体广告基本清除完毕，各区县主要连接道路两侧的广告牌匾得到了规范。全市共拆除无设置手续或手续超期大型立柱广告牌643块，清理整治楼顶广告、墙体广告、立式平面广告1.2万余块，清理规范沿街门头牌匾13万余处，户外广告设置中“多乱杂”的问题得到了有效解决。在中心城区对86条主次干道两侧的门头牌匾统一设计、制作，结合立面整治予以升级亮化，提升了户外广告设置品质。研究制定《淄博市户外广告设置规范》，指导各区县城管执法局开展户外广告备案、安全检测工作，确保户外广告设置安全。理顺户外广告管理体制，全市户外广告、门头牌匾设置审批职责调整由城管执法部门承担，解决了户外广告设置中存在的多头管理、责任不清的问题。

【环保执法】 加强日常巡查，定期组织开展噪声污染夜间执法检查活动、中高考期间噪声污染专项检查和集中整治露天餐饮、露天烧烤等活动，年内共处理噪音扰民、油烟排放污染案件500余起，对各类环保违法案件实施“顶格”处罚，城区噪音扰民、油烟排放污染案件明显减少。制定出台《建筑渣土管理实施细则》，加大对散装货物未进行覆盖、工地运输车辆带泥上路、车辆撒漏等污染路面等行为的查处力度。

【执法队伍建设】 一是围绕创建“和谐城管”，积极开展城管执法“进社区、进学校、进企业”

活动。在全市城管执法系统开展了“和谐城管”创建活动，以城管执法“三进”活动为载体，在150个社区、学校和企业设立了城管执法工作室，明确联系人，积极开展“小手拉大手”“城管志愿服务队”“城管法律宣传讲座”等活动。二是狠抓教育培训工作，进一步提高队伍能力素质。开展分层次、有重点的教育培训活动。年内，淄博市城管执法局分期分批对各区县城管执法业务骨干进行培训，共举办培训班4期，培训人员810人。三是严格依法行政，加强政风行风建设。市局坚持依法执法、严格执法，依照法律规定的程序和要求查处违法行为，加大反腐倡廉力度，严格落实“一岗双责”责任制，防止出现各类腐败现象。积极参加全市“百个科室大家评”和“政风行风热线”等活动，以群众满意为目标，及时处理和反馈市民反映的热点难点问题，认真办理群众来访、来信、来电，不断提高服务群众的质量，实现了上级转办件、领导批办件办结率100%，群众投诉案件办理率100%的“双百”目标。

（李春波）

枣 庄 市

城乡建设

【概况】 2011年，枣庄市住房城乡建设部门深入贯彻落实科学发展观，以转方式、调结构为主线，积极深入开展和谐城乡建设行动，实施“北连、西扩、东拓、南展”中心城发展战略，突出抓好棚户区改造、新城建设，切实抓好保障性住房建设、农村住房与危房改造、建筑节能、公共设施保障等工作，稳步促进房地产、建筑、勘察设计等行业健康发展，城市面貌进一步改观，城市品位进一步提升，公共服务进一步完善，产业结构进一步优化，行业作风进一步转变，为加快城市转型，建设“幸福新枣庄”做出了积极贡献。全市住房城乡建设完成投资225.58亿元，比上年增长24.8%。其中，城市基础设施建设完成投资35亿元，比上年增长33.18%；村镇建设完成投资53.78亿元，比上年增长7%；房地产开发完成投资136.8亿元，比上年增长75.5%；实现建筑业产值192.8亿元，比上年增长8%。

（郭杜敏）

【住房保障】 编制完成了《枣庄市住房保障“十二五”专项规划（2011—2015年）》，出台了《关于加强经济适用住房管理有关问题的通知》《枣庄市廉租住房实物配租管理办法》《枣庄市住房保障工作考核问责办法》《关于在新建商品住宅小区和棚户区改造项目中配建保障性住房的实施意见》《枣庄市公共租赁住房管理办法》等规范性文件，形成了以廉租房、经适房、公租房和棚改房为主体的住房保障政策体系。制定了《枣庄市廉租住房和公共租赁住房建设技术标准》。开展了已售（租）保障性住房核查活动，全面清查分配管理环节的违规违法行为。采取“三级四部门”共同把关的审批程序，严格初、中级公示制度，确保保障性住房管理工作规范有序。市、区两级建立了保障对象基础信息数据库，摇号选房环节由监察、公证部门全程监督公证，确保分配管理过程公平、公正、公开。全年开工建设经济适用房2210套，完成年度任务的110.5%；开工建设廉租房490套，完成年度任务的181.5%；开工建设公租房3988套，完成年度任务的110.8%。

（侯成岗　马士琦）

保障性安居工程项目——峄城区鹭鸣山庄　（摄影：陈　良）

【棚户区改造】　一是规范完善推进机制。出台了《枣庄市棚户区改造拆迁拆违和农村住房建设工作问责暂行办法》《关于建立城建重点工作推进机制的通知》《全市棚户区改造项目全过程监督检查的实施意见》等系列文件，保障棚户区改造项目依法、高效、优质、廉洁、规范运行。二是深化提升工作理念。把棚户区改造上升到“调结构转方式”“幸福新枣庄建设”的高度，提高规划标准，集中规划审批权限，研究确定16个示范项目。三是完善设施配套。综合考虑公共基础设施承载能力，组织编制了学校、医院、公交及住宅小区内外道路、水、电、气、暖管网等专项规划；在棚户区改造中融入大型商业综合体、邻里中心、文化创意园区等市场要素。四是强化工程监管。建立健全了质量安全管理联动、闭合式管理机制。全年签订征收协议3.78万户，回迁安置房开工建设3.47万户（不含货币补偿），完成投资70.39亿元。

（李　强）

【新城建设】　新城区共计完成各类投资约33.02亿元，新增道路长度6285米、面积14.67万平方米，新增绿化面积8万平方米，建成区面积达10平方公里。市政基础设施方面，开工建设海河西路等8条道路；重点工程方面，高铁站前广场等5项工程正按计划实施；办公楼建设方面，移动大厦等4栋大厦基本竣工；商业设施方面，大地物流中心等工程建设顺利进行；住宅工程方面，四季菁华等多个楼盘已初具规模；城中村改造方面，7个城中村共拆迁房屋4500余套，拆迁面积近206万平方米，开工建设安置房4710套、63万平方米，建成安置房面积约33.5万平方米，完成投资约6.5亿元。

（王　辉）

【小城镇建设】　2011年完成村镇建设投资53.78亿元，比上年增长7%；全市小城镇驻地硬化道路共774.1公里，安装路灯2127盏；供水管道达2202.3公里，自来水受益人口70.35万人，自来水普及率达到93.9%；绿化覆盖面积2617.2公顷，绿化覆盖率20.87%；科、教、文、卫设施已超过550万平方米；基本实现村村通自来水、公路、电话、广播电视和互联网。推进农村社区建设，制定了一套完善的建设程序，明确了新型农村社区规划建设技术要点及规划审批流程，研究出台了完善项目基础设施和公共服务设施配套建设指导性意见。

（张　飞）

【农村住房建设与危房改造】　一是强化政策扶持。市级财政安排5000万元专项奖补资金，较上年增加66.7%。对土地增减挂钩节约的建设用地，要求各县（市、区）每调用一亩指标给予乡镇不低于20万元的补助。二是规范项目运作机制。研究出台了加强新型农村社区规划管理工作的文件，将农房建设与危房改造纳入统筹城乡一体化规划，建立了规划审批和规划评审制度，加强了农房建设施工队伍管理，组织开展了质量安全、业务技能的培训。编印了《枣庄市新型农村社区设计方案图集》，累计发放图集1万余册。三是强化统筹配套力度。将农村住房建设上升到农村工作高度，与新型农村社区党建、医疗、就业保障等统筹部署，重点加大了基础设施和公共服务设施配套完善力度，增强了新型农村社区的承载力和吸聚力。全年村镇建设完成投资53.78亿元，完成住宅建设275.01万平方米，公共建筑61.72万平方米，生产性建筑65.7万平方米；全市农房集中连片建设改造项目开工142个，涉及262个村（居），启动4.14万户，实施农村危房改造1.03万户，分别完成年度目标计划的102.41%和102.68%。

（张　飞）

【市政公用事业】　城市基础设施建设完成投资35亿元，新增供水能力3万吨/日，新增供热面积100万平方米，新增垃圾处理能力200吨/日，新增污水管网长度35.3公里；全市完成供水户表改造2.4万户，天然气置换改造3.18万户；城市公共供水企业综合生产能力50万吨/日，建成区供水管道密度12.14公里/平方公里，用水普及率99.42%；建成区城市燃气管网长度1594公里，燃气普及率99.47%；城市集中供热面积1427万平方米，供热管道长度439公里；建成区排水管道长度1348公里，排水管道密度7.82公里/平方公里；全市9座水处理厂共处理污水1.03亿立方米，城市污水集中处理率92.65%。

（张丽娟）

【城市供水】　投资26.3万元启用峄城徐楼水源，实现南水北调。投资370多万元，完成新城区金沙江路DN500、DN400供水管道及徐窝水源地供水设施配套工程，使中心城管网与薛城管网互联互通，实现西水东送；投资1700多万元改造北郊水厂设施及工艺，实现北水南输。做好清凉泉水源的测绘、设计、水厂选址等前期工作。全年对91个小区，1.01万户居民实施了户表改造。

（宁　辉）

【集中供暖】　全市新增供热面积100万平方米，集中供热面积达到1207.41万平方米。调整供热收费，供热配套费由30元/平方米提高到50元/平方米；对十里泉5号机组实施了高背压循环水供热改造，供热能力大幅提高；八一热电投资4000多万元进行了设备检修、技改，新增减温减压设备一台，确保了热源稳定运行；新接收换热站12座，约62万平方米，直管供热面积达到东城区供热总面积的40%；投资6075万元实施了新城区换热首站前移及蒸汽管网改造工程，新建供热能力300万平方米换热首站1座，敷设DN800高温水管网3.7公里；投资1400万元实施了龙头东路至文化东路供热管网工程及香港街供热管网工程，敷设供热管网2.6公里。

（甘胜滕　刘　飞）

【燃气供应】　2011年，全市新增用户1.42万户，完成天然气置换3.18万户，天然气用户达到8余万户。全年组织各项安全检查23次，更新改造旧调压站12座，保养气柜15次，更换中压管线10余公里。大型抢修中、低压管道漏气158处，抢修室内漏气3867户，处理管道堵塞2482处，全年累计巡线10万多公里。

（李　檀　张作亮）

【污水处理】　全市各污水处理厂正常运行，出水水质达标率100%。新城污水处理厂敷设管网1380米，完成投资约610万元。全年共收取自备水源污水处理费255万元，实现了无责任性投诉目标。污泥生产量1.08万吨，实现资源化利用，无害化、资源化利用率达100%。

（李茂华）

【建筑业】　完成建筑业产值192.8亿元，实现建筑业增加值58亿元，完成外出施工产值91亿元，实缴税金7.40亿元，分别比上年增长30%、31%、29%和56%。加强企业资质管理工作，逐步规范外出施工及入枣备案管理。强化企业安全生产许可证、企业人员培训管理。对市直在建工程、棚户区改造、农房建设实施重点监督，深入开展了施工现场扬尘治理、住宅工程质量通病专项治理、预拌混凝土专项治理、建筑市场综合执法检查、建设监理市场专项检查、工程建设领域突出问题专项治理等活动。获得建筑工程质量“泰山杯”奖5项，全国建筑工程装饰奖1项，国家级“AAA级建筑施工安全文明示范工地”1个，群众性质量管理QC成果一等奖1项、二等奖2项、三等奖3项。

（刘　华）

【工程建设管理】　一是加强招投标监管。共办理工程项目报建78项，投资金额近80亿元。全市招标工程达到264个，中标价达到67.69亿元。建立了计算机辅助评标系统和评标专家自动抽取系统。完善了工程招标评标办法，推行工程量清单招标。规范招标代理中介行为，提高招标代理服务水平。加强建筑市场和施工现场的“两场联动”，建立了招标投标诚信平台，有效遏制了围标、串标等违法行为。二是加强工程监理。出台了《关于加强全市建设监理行业管理的若干意见》《枣庄市建设工程监理招标投标管理办法（试行）》《枣庄市先进监理企业和优秀监理人员评选办法（试行）》等政策性文件，开展建设监理专项检查，对9家工程监理企业资质进行了核查，对14个在建工程项目的监理机构建设标准、质量管理、安全生产管理等方面进行了专项检查，全市工程监理市场进一步规范。

（纪君正　董　明）

【勘察设计】　截至2011年底，全市有勘察设计资质的企业20家，有勘察资质的企业6家，施工图审查机构2家，晋升甲级设计资质企业1家。全市勘察设计从业人员达到1934人，全年勘察设计收入1.19亿元，完成施工图建筑面积295.67万平方米，5项勘察设计工程获奖。开展了2011年度优秀工程勘察设计的评选活动，评选出建筑、市政、勘察等各行业优秀勘察设计项目51项。

（张云鹏）

【墙改与建筑节能】　一是新建建筑节能和既有建筑节能改造。全市规划区内新开工和在建工程节能设计和审查率达到100%；全年节能建筑竣工面积286.06万平方米，占民用建筑竣工总量的99.59%；完成既有居住建筑供热计量及节能改造52.9万平方米。二是可再生能源建筑应用。枣庄成为我国东部地区唯一的资源枯竭型城市转型试点市，完成太阳能光热系统建筑一体化应用面积105.2万平方米，为省下达任务量的210%，国家可再生能源建筑应用城市示范通过了省级评审。三是公共建筑节能。编制完成《公共建筑节能改造“十二五”规划》，扎实开展能耗统计和能源审计，完成公共建筑节能改造项目6个、

5.6 万平方米，为省下达任务量的 112%。四是墙改工作。取得山东省新型墙材建筑节能技术产品认定证书的新型墙材企业达到 75 家，总生产能力折合标准砖约 50 亿块，征收墙材专项基金 2384.62 万元，新型墙材的生产及应用比例保持在 100%，城市规划区全面实现“禁实”，工作重心已逐步向农村地区拓展。

（范宝克）

2011 年 10 月 22 日，“转型枣庄 · 幸福人居” 2011 枣庄市第十三届住宅产业博览会开幕　（摄影：李　政）

【房地产业】　全市房地产开发企业达到 191 家，全年完成房地产开发投资 136.8 亿元，其中住宅投资 119.65 亿元，分别比上年增长 54.4%、53.1%；房地产施工面积 1819.8 万平方米，其中住宅 1178.36 万平方米，分别比上年增长 29.3%、24.6%；竣工商品房 229.56 万平方米，其中住宅 201.74 万平方米，分别比上年下降 15.4%、16.5%；全年累计销售商品房 286.6 万平方米，成交二手房 6368 套，成交面积 74.02 万平方米，成交金额 19.06 亿元。加强房地产监管制度建设，实行商品房预售资金监管制度和销售价格明码标价制度，基本完成了全市房地产信息系统的建设，实现全市商品房买卖合同网上签约备案制度。推进住宅产业化，创建低碳社区，新申报 A 级性能认定项目 2 个，确立棚改低碳示范项目 5 个。完善房屋征收监管体系，在全省率先出台了《枣庄市人民政府关于进一步规范国有土地上房屋征收与补偿工作的意见》。

（朱爱国　王子跃）

【物业管理】　全市物业服务企业达到 146 家，从业人员约 9500 人，物业管理面积达 2200 万平方米。新批准物业服务企业资质 9 家，依法注销 6 家物业服务企业资质。全年共有 16 个住宅物业管理项目公开选聘物业服务企业，涉及物业服务面积 107.6 万平方米，前期物业管理招投标和前期物业服务合同备案率均达到 100%。全年新增住宅专项维修资金 5000 万元，累计归集住宅专项维修资金 4.6 亿元。出台了《关于进一步加强物业管理工作的意见》《枣庄市住宅专项维修资金使用办法》《枣庄市物业管理工作考核办法》《枣庄市物业企业诚信档案管理办法》等规范性文件。开展了以“强化法律保障、构建和谐物业”为主题的物业管理宣传月活动。枣庄市安居物业管理有限公司获得“全省物业服务诚信企业”“全省物业服务企业 30 强”等荣誉称号。

（赵　宏）

城乡规划

【概况】　2011 年，枣庄市城乡规划系统全体干部职工以科学发展观为指导，以促进枣庄转方式调结构为主线，围绕“老城做新、新城做靓、同城化发展”的总体目标，坚持“城乡统筹、生态建设、保障民生、高效服务”的规划理念，统筹城乡一体化发展，进一步完善了城市功能，优化了产业布局，提升了城市品位，创新了规划管理机制。截至2011年底，枣庄城市建成区面积拓展到165平方公里，城镇化率达到50.1%。

【规划编制】　专项规划。突出重点区域特色，加大专项规划编制力度。一是积极组织编制中心城专项规划，开展了中心城区整体城市风貌规划研究及形象提升规划、中心城棚改市政管线综合规划、中心城城市道路系统规划等规划的编制工作。二是依托台儿庄古城文化，结合创建国家级历史文化名城保护工作的需要，开展了《枣庄市历史文化名城保护规划》的编制工作。三是优化主城区城市形态，增强城市发展载体功能，完成了枣庄市道路路网规划，编制了枣庄市公益性公共服务设施专项规划、枣庄市近期建设规划、枣庄市城市广告规划、市区商业网点规划。四是突出“江北水乡·运河古城”特色，打造宜居、宜业、宜游山水园林城市，以“水”为主线，编制了东沙河—大沙河景观规划、蟠龙河城市湿地公园规划、台儿庄城区风貌规划、沿河湿地景观规划、峄城裴山风情园、国际商贸城规划。

控制性详细规划。以城市总体规划为指导，坚持战略性、系统性、前瞻性、指导性以及特色化的规划编制理念，有效整合空间资源，提升区域功能形象，深入开展重点片区控规研究和编制。完成市南工业园控规，编制了枣庄市五城区控规，新城两高地区、南部区控规、薛城区珠江路金融商贸区详细规划以及陶庄低碳社区规划等规划。

民生项目规划。一是高标准编制棚户区改造规划。完成了全市棚户区改造的控制性详细规划。在规划过程中，着重完善城市功能配套，注意业态配置，体现城市风貌特色，植入了城市综合体、现代城市街区、邻里中心等先进的规划理念。二是加大交通基础设施规划研究力度。推动BRT快速公交系统的建立和完善，组织专家形成专家组深入研究、实地调研，配合市交通局、市住建局等相关部门做好枣—台线BRT系统的选线、站点选址、道路交叉口改造、换乘枢纽设计等相关规划研究工作。三是加大保障住房规划编制力度。加强保障住房建设工作的规划管理，坚持把住房保障工作作为重大民生工程来抓，出台保障性住房规划设计要点和细则，完善审批流程。

城市设计。为凸显地域特色，助推城市转型，打造鲁南“门户城市”新形象，完成了三角花园片区城市设计，台儿庄月河、兰祺河城市设计，台儿庄行政中心与演艺中心片区设计，峄城文体中心城市设计，薛城城南新区中心轴城市设计。

【规划审批】　严格执行规划方案审批研究机制，组织专家对中心城市政管线综合规划、中心城城市道路系统规划、邮政网点布局专项规划、东沙河—大沙河景观规划、市职业中专新校区详细规划以及京沪高铁枣庄站、市民中心等规划设计方案进行技术审查、评审、论证，通过“名家设计、专家评审”，努力打造一批有鲜明城市特色的精品规划、一流规划。

【规划管理】　全年共依法核发建设项目选址意见书64件；建设用地规划许可证124件，用地面积550万平方米；建设工程规划许可证124件，建筑面积348万平方米。按照“理顺管理体制，高度集中规划管理权”的总体要求，将台儿庄规划管理权上收，全市真正实现城市规划工作的垂直管理、分级审批。成立了枣庄市城乡规划编制研究中心。加强规划管理制度建设，修订了《规划委员会制度》《枣庄市城市规划管理办法》《枣庄市城市规划管理技术规定》《枣庄市规划局业务职责暂行规定》，印发了《枣庄市中心城城市规划管理技术导则（试行）》《加强中心城规划管理的通知》《枣庄市规划局建设项目规划审批流程图、审批事项办理指南》《枣庄市规划局建设工程规划批后监督管理暂行规定》等规范性文件。

【规划服务】 一是规范审批流程。严格按照行政审批相关制度，建立健全规划公示制度、审批例会制度、批后跟踪管理制度、竣工验收制度、服务承诺制度等五项工作制度。修订出台包括党政工作四项制度和机关效能监察十一项制度在内的党务、政务、效能监察工作制度，进一步完善了规划审批流程，有效规范了审批程序，推动机关效能、服务水平不断提升。二是开辟“绿色通道”。对重大工业项目和基础设施项目开辟规划审批“绿色通道”，有效缩短了审批时间，为项目建设快速推进提供保障。

【阳光规划】 一是注重公众参与。以“关注民生、服务民众”为出发点，大力推进“阳光规划”。完善规划委员会制度和专家评审制度，让公众为规划编研献计献策，让专家为规划方案把关号脉，保障社会公众的知情权、参与权。二是加强规划宣传。利用规划网站做好规划公示及建设项目批前和批后公示工作，拓宽公众参与渠道，提高阳光规划的有效性和针对性。

（王德强）

住房公积金管理

【概况】 2011 年，住房公积金管理部门按照“依法、安全、稳健、规范”的总体要求，紧紧围绕“强化归集、突出效应、规范管理、改进服务”的工作思路和“效率更高、服务更优、运转更畅、队伍更强、评价更好”的管理目标，坚持以人为本的工作理念，以扩大覆盖面为重点，以为缴存职工提供贷款支持为目的，以强化管理，提高优质服务，规范提取和个人住房公积金贷款手续与操作规程为手段，不断完善财务管理和会计核算工作，确保资金安全运作和保值增值，顺利完成全年各项任务目标。全年归集总额 15.08 亿元，新增归集额 3.88 亿元，提取使用 3.96 亿元，滚存余额达到 50.18 亿元；年度发放贷款 11.09 亿元，贷款余额 24.17 亿元，年度住房公积金使用率达到 99.72%；实现增值收益 5383.23 万元，提取城市廉租房建设补充资金 3972.42 万元。

【住房公积金归集】 在全面做好日常归集管理工作的基础上，重点抓好镇（街）党政机关及所属中小学、新建企业单位的“扩面”工作和有关单位的补缴工作。全市新增缴存单位 91 个，新增职工人数 4867 人，月新增缴存额 170.72 万元，缴存单位和职工总数达到 2242 个、24.14 万人，占全市应缴单位和职工人数的 77.38%、66.9%，超过年初目标 1.9 个百分点。全年归集总额 15.08 亿元，完成年计划的 152.38%，比上年增长 34.63%。6 月 30 日为职工住房公积金结息 9706.67 万元，全部记入了个人账户，较上年增加 5161.57 万元，增幅为 113.56%。

【住房公积金使用】 一是住房公积金提取。全市住房公积金提取计划为 2.97 亿元，全年实际为 40358 名职工办理提取资金 3.96 亿元，完成年度计划的 133.17%，提取额占当年归集额的 26.22%。二是个人住房公积金贷款。全市个人住房公积金委托贷款计划为 6.93 亿元，实际完成住房公积金贷款 11.09 亿元，完成年度计划的 160%，占当年归集额的 73.5%，比上年增长 76.31%。截至 2011 年底，全市个贷逾期率为零，贷款回收率达到 100%。

【住房公积金增值收益】 在保证资金安全的基础上，认真做好资金的保值、增值工作。一是精心测算，根据归集总量和归集余额的实际，制定合理的资金运用结构，确定合理的提取、放贷、定存资金的使用比例，确保资金运用的最优化。二是严格按照资金运行规律，把握最优的定期存款的期限，确保收益最大化。在由于国家利差调整导致增加付息6600万元的情况下，依然完成5383万元的增值收益，高于全省平均水平。

【公积金服务】 全年共接受电话咨询约1000余人次，业务投诉6人次。对于咨询和投诉，严格按政策规定，耐心解答，及时沟通，认真督办，并做好回访，办结率达100%，满意率达100%。同时，对网络平台业务留言进行及时回复，共回复网络留言近1300条，回复率为100%，满意率为100%。办理“枣庄民意通”业务咨询及建议17件、业务投诉5件；办理市长信箱投诉2件，办结率为100%，满意率为100%。

（梁生文）

城市管理行政执法

【城乡环境综合整治】 全市规范店外店5800余处，取缔流动摊贩6000余个，疏导露天烧烤摊点870个，清理乱张贴小广告5万余处、洗车点760个。突出城乡道路环境整治，召开了由国内知名设计机构参与的道路整治规划设计方案评审会。短时间内完成了全市35条交通干线和主要干道的调查摸底工作，制定了高标准的规划设计方案和详细的整治工作方案。召开了枣—曹线综合整治动员会议，对道路沿线房屋进行了摸底丈量，并对违法建设进行了依法拆除，全面拉开了城乡道路环境综合整治的序幕。

【“文明城市”创建】 一是狠抓市容秩序提升。大力实施城市“面子”工程，采取“定人、定岗、定时、定责、定奖惩”的五定责任制，坚持“车、步、巡”相结合，错延时相结合，疏堵相结合，文明执法与严格执法相结合的原则，规范整治“六乱”行为，城市形象明显改善。二是打造户外广告亮点。将城区主干道大型广告、门头牌匾，统一升级改造成三面翻、LED、发光字等新型式样。滕州市还将城市美学观点融入广告管理，编制了户外广告总体规划方案；峄城区、山亭区高标准创建了夜景亮化示范街，提升了城市品位。三是做好市政设施维护。认真维护市政设施，确保市政设施的完好率和城区亮灯率，保证城区下水道畅通无堵，城区路面无积水、无坑洼。四是搞好环境卫生。坚持晴天洒水降尘，雨后冲洗街道，实行普扫机扫结合，定时吸污排污，做到了垃圾日产日清。五是严格落实绿化要求。大力实施拆墙透绿、腾地建绿、空地补绿、傍路栽绿、小区着绿、见缝插绿，积极打造城市新亮点、新景观。六是加强社会舆论宣传。通过设置横幅、标语，制作宣传栏，印发市民文明公约手册，在电子显示屏滚动播放创城口号等形式，营造了“创建文明城市——我知晓、我参与、我奉献”的浓厚氛围。

【重点工程建设】 一是基础工程建设得民心。全市投资近3亿元，先后完成了枣台线BRT专用道、台儿庄古城停车场、京沪高铁站前广场等40多项大中型市政工程任务，新创建了11条管理示范街，改造了37条背街小巷。高新区同时对湛江路大桥、仁和路等6处路桥进行全面升级改造，解决了市民反映多年的老大难问题。二是节点景观建设顺民意。投资1100万元，新建节点绿地、公园12处；薛城区投资7420万元，完成了13公里的城区强弱电下地工程，有效解决了城市“蜘蛛网”现象；台儿庄区编制了城市风貌控制和水系路网专项规划，着力提升城市形象。三是环卫设施建设解民难。全市新建了22座垃圾中转站和116座水冲式厕所，购买了49辆环卫车，新设了1200个果皮箱。滕州、薛城、台儿庄相继建成并运营了垃圾处理场，峄城区和山亭区先后建设了生活垃圾填埋场，城市服务功能进一步增强。

【难点问题整治】 一是整治建筑渣土，解决城市“脏”的问题。《枣庄市城市建筑垃圾管理办法》出台后，各区（市）成立了专职队伍，开展了专项整治，把“抓两头、控途中”作为整治建筑渣土的主线，狠抓工地源头和渣土倾倒场所管理，全年共组织专项检查1200次，巡查工地280个，立案260起，查扣各类违法车辆950辆次。二是整治交通秩序，解决城市“乱”的问题。联合公安交警，疏堵结合治理机动车辆乱停放，查处各类违章车辆1万余辆次，施划临时停车泊位1800余个，规划建设停车场所28个。同时，大力开展非法营运集中整治活动，全市查处、没收非法载客三轮车3200余辆，城市交通秩序明显好转。三是控、拆违法建设，解决城市“差”的问题。结合新一轮城市规划建设，各县（市、区）以棚户区、城中村改造为抓手，因势利导，控、拆并举，累计拆除各类违法违规建设9.8万平方米，有力地维护了城市建设秩序。

【城管队伍正规化建设】 一是深入开展“转作风、提效能，构建人民满意城管”建设年活动。坚持“管理为了群众，管理依靠群众，管理成果惠及群众”的原则，实施“开门办城管”，设立了城管体验日，开展了城管“五进”活动，促进了市民、城管互进互动，增进了彼此理解支持；成功举办了全市城管系统迎新春文艺晚会和大型灯会，受到了社会各界广泛好评；开展了社会帮扶救助活动，推出了一系列惠民便民举措，城管形象有了根本性的转变。二是狠抓行政投诉受理工作。将投诉受理工作作为拉近同市民间距离的纽带和桥梁，增强为民服务意识，拓宽信访投诉渠道，提高查办案件效率，切实维护群众的合法权益。全年解答群众咨询3200余次，接待群众上访438人次，群众满意率达到97%。三是加强党风廉政建设，为城管事业保驾护航。强化教育，注重预防，着力治本，完善制度，加强监督，堵塞漏洞，积极构建和完善具有城管特色的惩防体系，从源头上预防和治理腐败。在全市政风行风评议活动中，市城管局被评为满意单位，位居全市84个参评单位中的第32名，评议名次有了大幅度提升。

（梁大伟）

东营市

城乡建设

【概况】 2011年，全市共完成房地产开发投资87.1亿元，完成年度任务的158%；建筑业总产值266亿元，建筑业增加值49亿元，实现利税25亿元，分别完成年度任务的166%、134%和192%。勘察设计等行业保持了良好发展势头，实现勘察设计产值15.7亿元，任务完成率131%。开工建设保障性安居住房39747套，开工率112%；竣工24770套，竣工率69%，超额完成省政府下达给东营市的年度目标任务。加快推进农村住房建设与危房改造，新建农村住房25736户，危房改造4614户，分别完成年度任务的233%和115%。建设行业节能和技术创新加快发展，完成既有居住建筑节能三项改造49.6

万平方米、公共建筑节能改造5万平方米、太阳能光热建筑一体化应用87.5万平方米，超额完成省政府下达的节能改造任务。

【城建重点工程】 2011年，中心城城建项目共22个，其中续建项目12个、新建项目10个，完成投资38.34亿元。其中，奥体中心与市体校迁建工程有序推进，完成投资8000万元；中心城住宅小区维修改造工程通过竣工验收，完成投资8823万元；已建成住宅小区配套工程完工，完成投资1.1亿元；中心城首期公共租赁住房项目完成投资6500万元，占年度投资计划的162%；市生活垃圾焚烧发电厂项目完成投资10960万元，为年度投资计划的109%。

【建筑业】 全市共完成建筑业总产值266亿元，建筑业增加值49亿元，实现利税25亿元，分别完成年度任务的166%、134%和192%。全市13个工程项目通过了省"泰山杯"评委会评审，创历史新高。加大新技术、新材料推广应用力度，荣获省优秀QC成果一等奖2项，三等奖1项。建筑业逐步形成"以总承包企业为龙头，专业承包企业为骨干，劳务分包企业为依托"的建筑业企业格局。

【房地产业】 严格落实房地产市场调控政策，实现了年度房价调控目标，全市房地产市场保持平稳健康发展。定期发布中心城房地产市场信息，落实商品房销售管理服务告知制度，加强新建商品房和存量房买卖合同网上签约备案管理，建立商品房网签合同撤销及信息变更管理机制，规范商品房预售资金的使用和管理，房地产市场信息系统实现省、市、县三级联网，个人住房信息查询工作不断规范，房地产中介机构管理明显加强。成功举办了2011年东营住宅产业博览会暨低碳生态城市论坛，展会规模和参展人数创历史新高。加强房产测绘子系统建设，房产测绘系统与房产交易信息系统对接，实现了房产测绘数据的直接提取，进一步满足了客户需求。集体土地房屋登记实现新突破，所有县区全面铺开，共完成房屋登记1074万平方米，发放所有权证5.4万本。胜利油田限价商品住房登记工作全面推开，完成107幢、3926户、51.4万平方米，缮证4000本。积极解决市区国有土地房屋登记历史遗留问题，完成57家单位、2708套、30万平方米住房的登记发证工作。市房产交易中心顺利通过"全国房地产交易与登记规范化管理先进单位"考核验收。

【保障性安居工程和农房建设】 全市保障性安居工程开工39747套，开工率112%；竣工24770套，竣工率69%，超额完成省政府下达的目标任务；新建农村住房25736户，危房改造4614户，分别完成年度任务的233%和115%。

【低碳生态示范城市创建】 会同省住房城乡建设厅认真落实《共建低碳生态示范城市合作框架协议》，大力推进低碳生态社区、小区等16类示范项目的创建工作，筛选确定首批创建项目30个。加强创建基础工作研究，开展《东营低碳生态示范城市发展战略研究》《东营低碳生态示范城市发展规划》《东营低碳生态示范城市监测评价指标体系研究》基础研究，并通过省住房城乡建设厅组织的科技成果鉴定，达到国内领先水平。

【勘察设计】 全年完成勘察设计产值15.7亿元，实现利税1.22亿元，分别完成年度计划的131%和144%。组织开展勘察设计市场专项检查，配合部、省检查组对全市建筑工程质量和市场秩序进行执法检查，重点检查勘察设计企业的资信场所、市场行为和业绩质量，以及节能设计标准和抗震设计规范的执行情况，对检查中查处的不合格单位，4家单位停业整改，1家建议吊销资质，对2家违反《山东省建设工程勘察设计管理条例》和建设工程强制性标准的勘察设计企业进行了行政处罚。在全省率先组建山东省建设工程勘察质量监督站东营分站，制定出台《关于开展工程勘察监督工作的通知》。进一步强化建设工程初步设计审查，全年审查工程项目初步设计105项，建筑面积226万平方米，开展抗震设防专项审查建筑面积10.7万平方米。

【建筑节能】 2011年，完成既有居住建筑节能改造49.6万平方米、太阳能光热建筑一体化应用87.5万平方米，超额完成省政府下达目标任务。全市新建、扩建建筑节能标准执行比例及新型墙材生产、应用比例均保持100%。承办了全省建筑节能与结构一体化技术推广交流会，与山东力诺瑞特新能源有限公司就太阳能光热建筑应用一体化战略合作达成协议。东营市被住房城乡建设部、财政部批准为“国家可再生能源建筑应用示范市”，并获国家财政专项补助资金6000万元。市建筑设计院的“生态谷”12号楼项目被评为“二星级绿色建筑”。

【工程质量管理】 开展住宅工程质量通病专项治理，落实住宅工程分户验收制度，工程质量监督覆盖率、工程质量验收合格率均达100%。以“安全生产基层基础深化年”活动为契机，加大监管力度，全市建筑施工安全生产继续保持平稳态势。加强建筑工地扬尘治理，直接管理的162项工程均已达标。

【工程招投标管理】 加强投标企业业绩备案管理，实施房屋建筑和市政基础设施工程招标投标后监督检查。加强建设工程投标保证金管理，加快市有形建筑市场电子监察系统建设，严厉打击规避招投标等扰乱正常招投标秩序的行为，应公开招标工程公开招标率、应进入有形建筑市场招标工程进场招标率均保持100%。加强建设工业产品登记备案管理，提高建筑材料市场价格信息服务水平，工程建设标准造价管理进一步规范。

【整顿规范建筑市场秩序】 加强工程检测硬件和软件建设，实现收样、检测、收费、报告发放“一站式”服务。办理建设工程备案492项、面积234万平方米，建设工程竣工验收备案率保持100%。组织开展房地产市场和建筑市场执法检查，检查工程261项次、建筑面积345万平方米，加大对违法违规行为的处理力度，收缴罚款233.7万元。做好信访工作，全年处理信访事项近60件。加强农民工工资拖欠清理力度，接待农民工来人来访118起，涉及农民工2465人次，解决拖欠工资989.5万元。制定出台城建档案查询利用暂行办法，加强建设工程电子文件归档管理和声像档案管理，城建档案管理质量和服务水平不断提高。

【物业管理】 按市政府规定向东营区移交了中心城城市规划区内物业管理监督等职能。开展物业服务市场秩序专项整治，完善物业服务市场准入退出机制。加大住宅专项维修资金和新建物业质量保修金归集力度，中心城累计征收住宅专项维修资金1.42亿元，归集新建物业质量保修金370万元。

（卢德华　燕春雷）

城乡规划

【概况】 2011年，东营市城乡规划局全面落实“黄蓝融合、海陆统筹、一体发展”的战略部署，充分发挥城乡规划的综合调控作用，不断深化规划编制，严格规划管理，提升服务水平，为黄蓝国家战略的深入推进做出了积极贡献，被评为省级文明机关。

【规划编制】 一是总体规划。《东营市城市总体规划（2005—2020）》完成修编，并上报省政府，东营经济技术开发区同步完成总体规划修编；顺利完成东营港经济开发区总体规划方案和东港新区总体规划战略研究方案。二是控制性详细规划。修改完善中心城25个地块、约184平方公里控规方案，并完成所有地块控规方案整合；城市南展区、文化公园片区、高职院片区和油田三中片区等4个地块控规已经市政府批复实施。完成商贸园片区控规方案、东营经济技术开发区主体区50平方公里的控规整合设计方案、主体区东部工业区控规成果和扩展区范围内控规整合。东营港经济技术开发区重点开展了规划建成区102平方公里地块的控规编制工作。三是专项规划。完成黄河水城发展规划、黄河水城“十二五”发展规划、中心城加油加气站布局规划、滨海新材料园区公共管廊规划设计和东营经济开发区主体区广告牌布点规划；完成中心城道路、城市公园、中心城环卫设施建设规划；调整城市南展区热力规划。四是村镇规划。集中开展3次大规模的“规划下乡”活动，完成12个乡镇总体规划调整、53个新型农村社区的规划设计。

【规划管理】 印发《关于强化规划控制对重点区域实施统一规划管理的意见》《关于进一步规范和严格规划审批业务工作程序的意见》《规划设计方案竞选管理办法》《城乡规划公示制度》《关于进一步规范规划技术服务工作的通知》等政策文件，进一步健全规划管理的政策机制。以建设项目规划放线、验线和竣工规划核实为重点，加强规划批后管理，确保建设项目严格按照规划实施。以市城乡规划协会为载体，强化对规划设计行业的管理。制定《东营市城乡规划局关于做好市重大建设项目规划手续办理服务工作的意见》，从审批事项的受理到办结完成实行全程跟踪，完成重点项目相关审批事项184项。强化主动服务意识，开展“规划局长服务月”活动，进一步加强了规划部门和服务对象的联系。全年共受理各类报件1157项，核发各类规划证件576件，核发告知单550份，提出规划设计条件88件。

【重点项目规划】 西城改造规划完成方案成果，其中济南路拥堵治理规划已经市政府批复实施。通过国际招标，完成东营滨海新城发展战略及概念性城市设计方案比选。完成东部滨海区域概念规划、黄河口生态湿地旅游总体规划、天鹅湖旅游区战略策划及概念规划、城市南部生态控制区概念规划设计。

2011年9月24日，在东营区开展规划下乡活动　（东营市城乡规划局供稿）

【重点项目建设】 完成“两馆一中心”（黄河文化博物馆、城市规划展览馆、人防应急指挥中心）项目建设投资1.03亿元。人防应急指挥中心口部伪装房完成主体工程施工；人防应急指挥中心完成桩基工程施工、

中日生态城市合作项目座谈会　　（东营市城乡规划局供稿）

主体工程预算评审、监理及施工单位招投标工作；黄河文化博物馆、城市规划展览馆完成桩基和基础工程及一层主体框架施工。推进生态城市建设，东营市成为住房城乡建设部全国两个中日生态城建设推荐城市之一，2011 年 9 月和 12 月，日方两次赴东营实地考察。细化 48 项水气污染治理工程项目分工，完成西城南污水处理厂选址等 52 项规划审批项目。

（赵研新）

住房公积金管理

【概况】　2011 年，东营市住房公积金管理中心按照“南北推进、中间突破、相互带动、全面攻坚”的工作思路，把企业扩面归集工作作为重中之重，全年住房公积金归集额突破 10 亿元，为 1162 名职工发放住房公积金贷款 2.7 亿元，职工提取住房公积金 5.5 亿元，资金使用率达 88.01%，实现净收益 2514 万元。市住房公积金管理中心通过省级文明单位复查，获“全省住房公积金管理考核工作良好单位”“全市信息化工作先进单位”“市级文明行业”等荣誉称号。

【住房公积金归集】　通过网站、报纸、发放宣传册、信函和召开座谈会等方式，大力宣传《住房公积金管理条例》；与东营市开发区管委会建立企业扩面工作共同推进机制，印发《关于推进区内企业住房公积金制度建设的通知》，为推动开发区内企业建立住房公积金制度提供了政策保障。2011 年，全市有 201 个单位新建住房公积金制度，新增缴存职工 16752 人，完成预定任务的 465.3%，住房公积金归集额突破 10 亿元，完成任务的 117.6%，比上年增长 21%。截至 2011 年底，全市累计归集住房公积金 53.9 亿元，缴存余额 25.1 亿元，1957 个单位建立了住房公积金制度，覆盖职工 13.5 万人。

【住房公积金贷款管理】　规范首套房、二套房和三套房的贷款政策，保障了职工基本住房需求，有效地防范和减少了职工个人利用住房公积金进行投机性和投资性购房行为的产生。完善家庭生活困难职工、在农村购建住房、归还住房贷款、直系亲属购房、职工患重大疾病和房屋租赁提取住房公积金的惠民政策。全年为 1162 名职工发放住房公积金贷款 2.7 亿元，完成任务的 135%。职工提取住房公积金 5.5 亿元，完成任务的 137.5%，资金使用率达 88.01%。全市累计为 3.4 万名职工发放住房公积金贷款 34.7 亿元，累计提取住房公积金 28.7 亿元。

【住房公积金资金管理】　切实加强资金管理，严格提取和贷款审批，合理配置资金，采取有效的理财方式，实现保值增值和效益最大化。全年实现业务收入 9139 万元，业务支出（利息支出）6625 万元，净收益 2514 万元，完成任务的 139.7%。提取廉租住房建设补充资金 2254 万元，累计提取 9627 万元，有力地支持了市直和县区的保障性住房建设。

2011年1月19日，东营市住房公积金管理中心与市建行签订战略合作协议

（东营市住房公积金管理中心供稿）

【住房公积金业务办理】 住房公积金支取和贷款审批服务系统全面建成并投入运营，住房公积金业务办理更加方便、快捷和高效。完善《东营市住房公积金服务指南及审核业务细则》《东营市住房公积金管理中心工作人员行为规范》，制定《住房公积金管理工作指导手册》和住房公积金缴存、支取、贷款等业务流程图，明确规定各项业务的工作环节、流程和权限，提高了业务透明度。

【住房公积金管理创新】 东营市住房公积金管理中心与东营市建设银行签订《战略合作协议书》，在融资、信息、管理和服务等方面建立了更加广阔的合作平台和发展空间；与滨州市住房公积金中心签署了合作发展协议，实现了异地数据的容灾备份，开创了全省住房公积金数据管理异地备份工作的先河。稳步推进《黄河三角洲区域住房公积金管理合作构想》的实施。全年争取省级以上保障性住房建设资金403万元，完成任务的111.9%。

（李仕刚）

城市管理

【概况】 2011年，东营市城市管理系统积极推进项目攻坚年行动，不断深化城市管理体制改革，大力实施城市精细化管理，扎实开展园林城市创建和城乡环境综合整治工程，全力保障公用事业运行发展，城市功能日益完善，市容环境整洁靓丽，城市管理事业实现了新发展、新突破。全年城市水气暖供应安全平稳，园林绿化、市容环境卫生、市政设施管养、城管执法继续保持高水平，营造了整洁优美、文明舒适的城市环境。市城市管理局被授予“山东省富民兴鲁劳动奖状”“全省住房城乡建设系统先进集体”等20余项省级以上荣誉称号。

【市政公用设施管养】 不断提升市政设施管养水平，强化道路、桥梁、路灯等设施维修养护，市政设施完好率和路灯亮灯率始终保持在98%以上。全市城市道路总长度1080.4公里、总面积达到2608.4万平方米，路灯6.9万盏，桥梁180座。其中，中心城道路总长度523公里、总面积1680万平方米，人均城市道路面积28平方米。加强排水设施管理，实现安全度汛。加大污水处理力度，处理污水1.11亿吨。

【城市供水】 及时引蓄黄河水，确保了水源充足供应。加强供水设施维护管理，严格水质检测，水质综合合格率达100%。南郊水厂日供水能力10万吨扩容项目动工建设，广饶县第二水厂、东营港开发区供水管线建设项目顺利推进。国家水专项东营科研基地启动。截至2011年底，全市日供水能力100万立方米，全年供应自来水

1.4 亿立方米。

【城市供热】 集中供热保障率进一步提高。东城府前小区等5个旧住宅小区供热设施改造项目完工，有效解决了住户室内供热管线老化、采暖效果差的问题。东城滨州路供热站增容工程投入运行，东一路供热站开工建设，登州路供热站扩容暨辽河路供热站搬迁工作启动。及时接管天信热电供热运行任务，保障了东二路以西区域当年冬季供暖需求。供热计量改造面积74万平方米，超额完成省下达的改造任务。截至2011年底，全市共有81处区域供热锅炉房、310座换热站，总供热能力2275.2兆瓦，一次供热管线双线625.9公里，二次供热管线双线1922.4公里，总供热面积3747万平方米。

【城市供气】 城市供气安全平稳运行，全年供气2.33亿立方米。联合公安等部门开展了中心城天然气市场秩序集中整治行动，中心城加气站每天供应量由原来的6万立方米增至18～21万立方米，有效缓解了车辆加气难题。中心城5座加气站建设项目按期完成。引进中石化、中石油等气源，与中石油签订用气合同，中石油调整东营区域建设主干管网，同时争取中石化由向外输气变为返输气20万立方米/日，形成多气源供气格局。

【市容环境卫生】 进一步加大道路保洁、公厕管理、垃圾清运力度，定时对城区主干道路洒水除尘，城区环境卫生质量明显改善。加大了环卫设施投入力度，市政府投资1000万元购置全地形扫地车、多功能洗扫车等先进机械设备。广饶县投资650万元，购置道路清扫车、餐厨垃圾清运车等19部环卫专用作业车辆。东营区投资400万元，购置8台扬尘清洗设备，大大提高了环卫机械化作业程度和保洁清运水平。广饶、垦利、利津、河口城乡环卫一体化全面推广，初步构建起了“户集、村收、镇运、县处理”的城乡生活垃圾清运处理体系。截至年底，全市有垃圾处理场5座，日处理能力960吨，全年清运处理生活垃圾28.25万吨。

【园林绿化】 积极创建国家园林城市，围绕建设湿地之城、生态之城、花园之城，实施了黄河路国际马拉松大道、府前迎宾大道、孙子文化广场等一大批道路绿化及街头公园建设项目，顺利通过住房城乡建设部专家组终评，荣获“国家园林城市”称号。截至年底，中心城园林绿地总面积达到4948公顷，建成区绿地面积达到3115公顷，建成区绿地率37.54%，绿化覆盖率为40.30%，人均公园绿地面积为20.77平方米。

【黄河水城建设管理】 加强黄河水城设施日常管理，加大雨污混流及乱排乱放治理力度，开展滨水环境专项整治行动，水城环境大为改观。做好水系换水、水质保持工作，全年4次调水，累计调入黄河原水5207万立方米，保证了中心城水系的水质及水量。

【环境综合整治】 开展“六乱”及扬尘整治，为黄河口国际马拉松赛、环城自行车赛、创建园林城市、环保模范城复审等重大活动营造了良好的外部环境。开展中心城社区公共环境秩序集中整治，有效改善居民居住环境。户外广告专项整治成效显著，非法户外广告设置得到全面遏制。查处店外经营、流动摊点4.2万余个，查处乱搭乱建1200余处、面积5万余平方米，查处乱倒垃圾4.8万立方米，乱贴乱画2.3万余处、面积1.8万平方米，查处违章车辆3000余辆，违法建设项目268个、面积16.8万平方米。数字化城管建设工程进展顺利，市级平台建设完成，东营区、河口区数字化城管体系运行良好，利津县数字化城管体系进入实质性建设阶段。

【重点工程建设】 市城市管理局承担的东西城道路改造、城市公园建设、水气污染治理、水气暖增容、民生实事等49项重点工程项目建设任务，累计投资30.7亿元。一是城市道路建设改造项目成效明显。南展区道路加快推进，完成黄河路、府前大街等5条道路改造。实施西城“三横三纵”6条道路和一河一桥改造，有效缓解西城交通拥堵现状。二是绿化提质改造项目顺利推进。以创建国家园林城市为契机，大力实施城市绿化改造提升工程。东城道路绿化提升项目、胜利机场景观大道及站前广场项目圆满完工，西城五座城市公园及东城生态园项目进展顺利，东营区西一路绿化、垦利县利河路综合改造、广饶县五村遗址森林公园提升、利津县津五路绿化提升等一大批园林景观项目顺利实施。三是城市亮化美化项目富有特色。东城府前大街、东三路道路夜景亮化、广饶县乐安公园亮化工程、垦利县道路亮化、中心城沿街建筑立面改造、市直幼儿园景观改造等一大批城市形象提升项目顺利完工，东城及开发区东八路以西道路实现了LED路灯全覆盖。清风湖景观提升项目、市汽车总站站前广场项目、沂州路商业步行街改造加快推进。四是垃圾污水处理设施建设取得重大突破。市生活垃圾焚烧发电项目、垦利县垃圾焚烧厂开工建设，河口区垃圾处理厂主体完工，广饶县垃圾综合处理厂启动运行。启动西城南、垦利、河口、利津、东营港等5处污水处理厂新建及改造项目。五是水气污染治理项目提前完成。东城水系循环等10个项目顺利完工，占全市水气污染治理工程总量的70%以上，城区水系特别是东城水系水质得到有效保持。

（耿勇滨　马向东）

烟　台　市

城 乡 建 设

【概况】 2011年，烟台市累计完成基础设施建设投资300亿元，其中中心城市完成100亿元，是中心城市建设项目安排最多、投入规模最大的一年；村镇建设完成投资55亿元，建设农房12.4万户，改造危房2.6万户；完成房地产开发投资569亿元，施工面积4120万平方米；新建、筹集保障房1.9万套，竣工9779套；建筑业完成总产值552.4亿元，增加值172.4亿元，外出施工产值45亿元；物业覆盖率达到91.94%；全市城镇化率达到57.2%。

【基础设施建设】 通世路立交桥、滨河西路等13条道路陆续完工并投入使用；轸大路、魁玉南路等13条道路具备作业条件，路段收尾完善；机场路立交桥二期征收工作及西北角桩基施工同期展开。市区10条主次干道大修全部实现通车，社区道路整治、城市主干道提升、涝洼地段排水设施改造及河道清淤、雨污分流及隧道设施改造、景观亮化工程等均如期完工，宫家岛水厂除铁锰项目10月上旬正式启用。红星美凯龙、五彩文化广场、科技CBD等12个项目进入快速实施阶段；珠玑区片改造、明码头城市生活中心等4个项目前期工作进展顺利。夹河河滨东路（黄务段）清障及土地平整全面展开；逛荡河改造一期已投入使用，二期完成总工程量的70%；辛安河、鱼鸟河及沁水河开发所涉景观、绿化及道路工程收尾。市博物馆改建工程完工，8月13日正式开馆。市区“平改坡”工程8月底整体完工。

【农房建设和危房改造】 芝罘区沙埠等17处、莱山区宋家庄等10处城中村改造项目有序推进。全年实施整村改造项目277个，涉及村庄343个，建设农房12.4万户、改造危房2.6万户；三年累计实施整村改造项目488个，新建农房29万户、改造危房5万户，完成投资480亿元，各项指标均居省内东部区片首位。

【“示范镇”建设】 筛选确定10个“‘十二五’示范镇”和20个“年度示范镇”，分别给予100万元、40万元的奖励补助，累计完成投资2.1亿元。争取省级小城镇规划建设专项资金、建材下乡补助1711万元，市级农房建设奖补资金1200万元。

【县域城市建设】 努力实现县域城市基础设施和公共服务合理布局和共建共享。截至年底，龙口、招远两市城镇化率超过50%，莱州、莱阳、蓬莱三市城镇化率超过40%；3个县域城市迈入中等城市行列。

【房地产业】 2011年，全市完成房地产开发投资569亿元，施工面积4120万平方米，分别比上年增长48.5%和29.9%；房价同比增幅控制在5%以内；完成税收46亿元，连同建筑施工两大产业合计实现税收超过62亿元，约占全市地税总收入的31%。

【房地产市场调控】 以市政府名义出台实施了加强楼市调控的15条政策措施，8月份制定出台市区新建商品房“限价”政策，严格限定价格同比涨幅不得超过5%，规范了商品房预售定价程序，对70余个预售项目进行价格审核，提出调整意见60余条。加快房地产市场信息系统建设，8月实现市区联网，10月实现全市联网，房地产市场信息系统荣获“中国地理信息产业优秀工程金奖”。深入开展了房地产市场专项整治，累计对80余家开发企业违规开发、预售行为提出限期整改要求，并全部整改到位。

【住房保障】 出台《烟台市区公共租赁住房管理办法》，将中等偏低收入家庭和新就业人员等“夹心层”群体纳入保障范围。完善保障性住房联动建设模式，规定市区8万平方米以上的房地产开发项目必须按5%的比例配建廉租房和公租房。制定出台《烟台市市区已购经济适用住房上市交易管理实施细则》，有效规范了保障房的退出机制。市中心区开展了新一轮低收入住房困难家庭申报登记工作，累计为9724户家庭建立分户档案；一次性推出2个项目，集中供应经济适用房3017套，实物配租廉租房400套。创新推行了多部门联审的低收入家庭认定机制，按照“综合排序、困难优先”的原则，强化事前事中事后监管，这一做法得到省长姜大明、副省长郭兆信的亲笔批示和肯定。2011年全市新建、筹集保障房1.9万套，开工率109.5%；连同往年结转项目竣工9779套，竣工率82.59%；新增廉租房租赁补贴2029户，各项指标均超额完成省里下达任务。市中心区在加快锦绣新天地、锦绣新城四期等集中建设项目的同时，新开工建设了50万平方米的锦绣家园项目，建成后可提供保障性住房3730套；启动中正山庄、宫家岛等4个联动建设项目及6个公共租赁住房项目，新建经济适用房1770套，新建或筹集公租房1189套。

【房产管理】 出台《烟台市房屋登记规则（暂行）》，完善了房屋登记程序，全年完成房屋所有权登记10.5万件、登记面积1870.8万平方米，抵押权登记6.6万件、登记面积2586.4万平方米。出台《烟台住宅专项维修资金管理办法》和

《烟台市住宅专项维修资金管理实施细则》，累计收缴住宅专项维修资金4700万元。启动实施了存量房屋交易资金监管，市中心区累计监管交易资金1873.3万元，较好地防范了二手房交易风险。推进住房置业担保工作，为近万户群众提供贷款担保15.7亿元。

【住宅产业化】 海信·依云小镇在全市率先通过国家3A住宅性能认定评审，中建·悦海和园荣获“国家康居示范工程”称号，九如曦岸、万科·海云台等10余个项目精装修面积达105万平方米。

【物业管理】 开展物业管理服务“提档升级建设年”活动，7个项目被评为“四星级”物业服务项目，14个项目被评为“三星级”物业服务项目。全市新增物业管理项目145个、面积870万平方米，物业覆盖率达到91.94%。开展房屋安全鉴定480万平方米、白蚁防治1240万平方米，完成维修工程量880万元。

【2011中国（烟台）国际住宅产业博览会】 7月，以“圆百姓安居梦想、创和谐宜居城市”为主题，举办“2011中国（烟台）国际住宅产业博览会”，吸引400多家企业、52万群众参展观展，累计成交金额近7亿元，各项指标均创历届之最。

【建筑业】 2011年，全市建筑业完成总产值552.4亿元，增加值172.4亿元，外出施工产值45亿元，分别比上年增长17%、15%和15%。全年新增一级企业8家、二级企业12家，烟建集团特级资质顺利通过住房城乡建设部专家实地核查，2家施工企业成功入围全省建筑业50强行列。

【建筑工程质量安全】 开展住宅质量通病治理“攻坚年”活动，全面落实65项防治措施，住宅工程竣工验收一次合格率达100%，新建住宅质量通病防治措施落实率达80%以上。全年创建全国装饰奖工程6个、“泰山杯”工程19个。深入推进基层基础年、责任落实年等活动，累计检查在建工程1154个、1100多万平方米，下发整改通知书1000余份。

【整顿规范建筑市场秩序】 加大建筑市场监管力度，累计检查在建工程项目400余个、面积达900多万平方米，下达整改通知书660份、责令停止违法行为通知书140份，处罚企业60家、个人25名。调整优化计算机辅助评标系统，全年共监管建设工程招标项目1132个，公开招标工程实际公开率达100%。做好城建档案归档和管理服务工作，审核接收各类城建档案资料7826卷。审查施工图设计项目591个、1930万平方米，审查合格率、用户满意率均达100%。

【新建建筑节能】 健全建筑节能全过程、闭合式监管体系，严格把好图纸审查、施工组织、质量监督和竣工验收四个关口，新建建筑节能设计标准执行率、新型墙材应用率和建筑节能达标率均达100%。全年生产新型墙材24.61亿标块，节煤23万吨、节地3120余亩；征收专项基金7100万元，其中市直征收1530万元；3个项目被列为省级墙改扶持项目、3个项目被列为省级绿色建筑示范项目，累计获得奖补资金63万元。

【既有建筑节能改造】 全年共确定20个106.54万平方米既有建筑节能改造项目，其中竣工9个、开工11个，惠及群众1.2万户。完成97栋94.4万平方米机关办公建筑和54栋211万平方米大型公共建筑的能耗统计工作；完成烟台联通大厦等4个4.6万平方米公共建筑节能改造项目。

【可再生能源建筑应用】 累计争取可再生能源建筑应用示范城市中央补助资金7600万元，分两批落实示范项目83个，其中52个项目竣工，折算示范面积233万平方米。圆满完成省里下达的太阳能光热建筑一体化建设任务，2个项目被评为国家级示范工程，全市太阳能光伏发电容量达2010千峰瓦。海阳市入选2011年全国可再生能源建筑应用示范县，获得中央财政1800万元奖补资金。

城乡规划

【概况】 2011年，烟台市城乡规划系统坚持以科学发展观为指导，紧紧围绕“蓝色经济区建设、优化空间布局、加快市区融合、提升建设品位”等中心工作，强化措施、狠抓落实，不断加快规划编制步伐，提升设计水平，提高服务效率，严格规划执法，推进城乡规划工作实现了新的发展和跨越。全年累计审批建筑面积3229.7万平方米，审批道路管线长度24.04万米。烟台市规划局先后荣获“省级文明机关”和“市级文明单位”“全市民族团结进步先进集体”“全市安全生产工作先进单位”等荣誉称号。

【规划编制】 开展了烟台市城市空间发展战略研究。先后编制完成市区路网调整、城市轨道交通、火车站周边交通组织、市区加油加气站布点、市区公厕布点、莱山中心城区慢行系统等10余项专项规划。先后组织编制了市区东北部岸线景观、昆嵛山国家自然保护区、潮水机场周边、保税港区及机场路、观海路、港城大街两侧，芝罘区只楚及南部新城区片、外夹河东岸区域，莱山区经济技术开发区、凤凰工业园、院格庄区片、解甲庄区片，牟平区城区西部区域、城际铁路站周边区域、鱼鸟河东和牟山路西侧区片，福山区中心城区等10余项控制性详细规划，市区控规覆盖率达到95%。先后编制完成了万泰麓溪公馆、南山丽景花园、黄海明珠山庄、暖山国际城、乡村记忆小区、烟台国际社区、大郝家凤凰湖、天房檀珑湾、安德利迎海花园、山水龙城、香槟小镇、西山华庭、桃源一品、同德花园、福道家园、云顶蓝山、金山港区片、工商学院南校区改造、清泉宾馆改造以及迎春大街—港城东大街立交、红旗路与山海路立交、红旗路与青年路立交、观海路—港城东大街立交、毓西路—大海阳路道路及隧道选线、冰轮路北延、芝罘区通林路、鲁东大学西环路、珠玑西路等210余个项目的修建性详细规划和城市设计。编制完成莱阳市团旺镇和姜疃镇等6个省级重点镇的总体规划，编制了《烟台生态文明综合示范区总体规划》。按照农村新型社区建设要求，完成了各县（市、区）城中村、园区村改造的规划编制。

【重点项目规划服务】 一是在推进城建重点项目方面，完成城际快铁、龙烟铁路、毓璜顶医院区片改造、胜利区片改造、世界广场、南大街商业广场、港口物流、大南山福临夼景区、夹河、新天地都市广场、五彩文化广场、万象城、牟平市民文化体育中心、青龙山文化广场以及道路交通、保障性住房建设等162个城建重点工程项目的规划设计、审批和服务工作。二是在推进为民服务实事项目方面，做好了公共自行车免费服务系统项目的规划建设工作，规划审批了锦绣家园等市区经济适用房，并将社区用房、幼儿园、学校、农贸市场等严格按规划标准进行强制性指标设置。先后规划审批了机场路立交桥、通世路立交桥以及同福路、红旗南路、通世南路、青年南路、魁玉路西延、魁玉南路、通车路、电厂东路、凤凰台三街、新桥西路—西炮台南路、芝罘岛E－F路、二中南校东侧道路和幸福东路等20多条道路的规划设计方案。三是在推进旧城、旧村改造工作方面，编制完成《芝罘区旧居改造布点规划》，先后审批了芝罘区套口东西南北里、官庄、上曲家、下曲家、南尧、东林、北上坊、杜家疃、珠玑、上尧、南上坊、沙埠、东南哨旧村改造，莱山区孔家滩、郝家庄、大郝家、凤凰湖、陈家、沟北、界牌、祁家屯、西都、河东旧村改造，福山区下夼、两甲、卫家疃、上夼、下夼、泊子、蒲湾、城里、西关、曾家庄、宋家疃、栾家疃旧村改造，牟平区北系山、王家埠、孔家疃、石硼、北官庄东村、北官庄西村、南官庄东村、南官庄西村、于家庄、姜村旧村改造等一大批具有独特韵味和个性的现代化小区。四是在开展市区地下管线普查方面，印发《烟台市区地下管线规划建设管理办法》，完成了芝罘区和高新区总长度约6000公里的地下管线探测普查，开发建设了市区地下管线规划管理信息系统。

【规划设计】 全面放开规划设计市场，引入市场竞争机制，加强对全市规划设计单位的规划资质管理，构建了国际国内优秀设计单位资料库，积极打造标志性建筑和建筑群。对标志性公共建筑以及沿城市主干道和风景区、海岸线的建筑，特别是高层建筑进行亮化设计，严格建筑夜间亮化工程的审批管理。设计制作了国际博览中心前广场上的“滨海之星”雕塑。

【规划管理】 一是坚持推行“阳光规划”。全面推行以规划公示为主要内容的“阳光规划”系列工程，对城市重大规划和重点项目审批方案，全部予以批前、批中和批后公示。先后参加“民生热线”等市民对话交流30余次，举办了第三届网上房展会，回复“网上民声”“烟台民意通”“烟台政府网”市民提出的问题3728条，征求合理化意见和建议117条。二是严格执行规划审批的标准、程序和时限。全年累计发放“一书三证”1166份。三是进一步健全完善规划决策运作程序。坚持推行并完善“层级评审委员会”制度，先后组织召开各规划分局业务初审会110余次，市规划局项目审定委员会会议15次，市城市规划委员会会议6次，市政府规划项目审批会3次，先后对550余个规划审批项目进行了公开公正的研究审议。四是严格把关相关技术指标。先后编写了《烟台市规划建筑导则汇编》《烟台市住宅底商管理建议》《关于芝罘区旧城区改造项目日照有关问题的建议》和《烟台市市区建筑物机动车配建停车位设置标准暂行规定》。五是努力提高规划审批效率和服务质量。推行“节假日预约办公”“工作日延时办公”以及“主动上门服务”“首接登记责任制”“一次性告知”等制度，进一步畅通规划“绿色服务通道”，在规划审批手续办理上“急事急办、特事特办”。全年共预约办公670余次，延时办公累计80余天，主动上门现场服务46余次。推广应用卫星定位运行服务系统，开发了城建重点项目工作平台和规划执法三维数字执法系统，对院格庄122平方公里的地形进行了无缝隙航测，完成航测图488幅，完成烟台市区1：1000地形图的施测和测绘管理，制作市区83个城建重点建设项目及重点区片控规的三维模型，为辅助城市规划决策提供了有力技术支撑。

【规划执法】 一是健全完善规划执法相关规章制度。制定印发了《关于进一步加强规划批后管理和违法建设查处工作的意见》《执法人员仪容风纪的规定》《规划执法工作检查考核办法》和《规划执法工作信息报送制度》《规划执法支队2011年目标管理考核指标体系》等文件，并进一步细化了《违建建设网格化管控实施办法》。二是加强对在建工程的规划批后管理。试行了“批后管理通知书”“批后管理明白纸”“批后管理责任书”“建设单位承诺书”等制度。对所有在建工程实施全过程动态管理。全年共监管四区在建工程批后管理255项，单体2066栋，总建筑面积1648.31万平方米，监管查处和整改违建工程72项。三是遏制违法建设的泛滥。开展违法建设专项整治活动。全年共受理各类投诉举报案件1016起，接待群众来访247人次，查处违法建设1409处，下达各类法律文书1162份，启动法人约谈42次，媒体曝光4次，函告电业部门实施停电4次，函告各区人民政府组织强制拆除案件118件。

城市管理

【概况】 2011年，烟台市城市管理局认真贯彻落实科学发展观，积极应对危机和困难挑战，着力保增长、保民生、保稳定，圆满完成了各项工作任务，市容环境面貌全面改观，城市发展载体功能显著增强，公用事业保障能力明显提高，城市管理水平大幅提高。

【市政基础设施建设】 烟台市城市管理局全年共承担20项市级重点工程。一是市政道路整治及设施养护管理。将路面毁损较大、养护效果不明显、市民反映集中的道路全部纳入整治范围，完成10条主次干道专项整治和大修改造及中心区59个点位街巷道路整治工程，道路改造面积39万平方米。组织实施主次干道热沥青修补，完成沥青维修12.3万平方米、道路灌缝5.5万米、人行道板维修1.5万平方米、立沿石维修1.6万米。强化市区路灯设施养护管理，及时更换、整修各类灯具，市区主次干道及街巷亮灯率达到99.5%。完成部分隧道、地下通道内墙装饰、渗漏及亮化整治工程。在创建“全国文明城市”期间，全面排查整治市政道路及附属设施，完成18项道路、广场人行道和17项隧道桥梁整治工程，完成沥青罩面8.45万平方米，铺装道板1.15万平方米，漆粉刷45.2万平方米，老城区道路、街巷基本得以全面修复。二是污水和垃圾处理项目建设。争取国家、省级城镇污水、垃圾处理及设施配套管网专项补助资金5590万元，推进新建、改建5处污水处理和4处垃圾处理项目建设。全面启动生活垃圾综合湿解二期、生活垃圾渗沥液处理工程，生活垃圾渗沥液处理工程开工建设；选址新建3座公厕，为58座公厕安装了指示灯箱。推进实施套子湾污水处理厂扩建和迁址改造。三是供排水管网建设和改造。推动新10万立方米（远期20万立方米）水厂建设项目实施，完成永福园地下水库除铁锰工程，市中心区新增日供水能力5万立方米。组织实施20项供水管网改造工程，完成143座水表井和部分加压站配电设备改造。完成胜利路以西、西南河以东、南大街以北、北马路以南整个区片雨污分流工程，铺设各类管道1.45万米，砌筑检查井、雨水篦子800座。完成53处涝洼积水点位排水设施改造，铺设各类管线3500米，砌筑检查井340座；完成市区7条河道清淤维修，累计清淤1.6万立方米，维修河底273立方米，排水设施完好率达到93.7%，责任内井

道路抢修和施工作业 （摄影：林蕴辉）

盖丢损、污水外溢发现率达98.7%，及时处结率达100%。

【燃气热力】 全年共敷设中压管网37.9公里、小区低压管网66.1公里，全市新增天然气用户5.6万户，其中市区4.4万户。在全市范围内建成标准化液化气站150余座。联合相关部门对市区61个液化气站、汽车加气站进行安全隐患排查，对存在的9处安全隐患限期整改。全年市区供热企业共完成工程建设投资1.5亿元，新上6台蒸汽锅炉和高温热水锅炉，新增、改造供热管网104.9公里，实现新并网供热面积165万平方米。实施新建和既有建筑供热计量改革，推广应用供热远程监控、无线测温等先进技术，进一步降低供热管理成本，提高供热运行效率。

【城市供水】 加强科学用水调度，加大水质安全在线监测力度，全力保障市区高峰用水和重大活动供水。实施水质净化工程，先后组织清刷8座蓄水池、10多公里供水主管网和70多处供水末梢管网，巡检供水管线9680公里，妥善处置118次突发性供水故障抢修。全年共向市区供水5126万立方米，水质综合合格率达到99.84%。加强节约用水管理，组织开展全国第20个节水宣传周活动。积极推广节水器具和中水回用设施，完成"一户一表、计量出户"改造4239户。

【环境卫生管理】 加大对市区环境卫生调度督导力度，重点抓好城乡结合部、商贸街区、背街小巷、居民小区等区域环境卫生管理，先后清理各类"野垃圾场"和"卫生死角"3800多处，转运生活垃圾29.6万吨，粉刷维修公厕194座。加快推进城乡生活垃圾一体化处理进程，全年全市新增一体化处理的村（居）792个，全市累计实现一体化处理的村（居）4344个，覆盖率达到64%，其中市区六区累计投资3600万元，建设中小型生活垃圾转运站、中转站123座，日转运能力2500吨，市区垃圾清运、处理及时率保持在98%以上。

【园林绿化】 加快推进市区主干道增花添彩、生态加密及改造提升工程，先后栽植特色苗木8万余株，节日期间栽摆草花130万盆，建设植物景观、雕塑10组；开展植物园艺化造型修剪试点，市区主要路段修剪植物造型424组，建成了一批绿化精品工程。全面启动组团式栽植大规格景观树工程，在市区部分立交桥及主要路段栽植20个品种5000余株大规格树木。高标准组织参展了第八届中国（重庆）国际园林博览会，"盛世烟台"室外展园获组委会和参展单位好评。成功举办了第十二届金秋菊展，展出名优菊花近300个品种10万余株。

【景观亮化美化】 加快推进市区重点路段、重要节点景观亮化，先后在紫郡城小区东侧护栏、旅游大世界对面包墙安装了"音符"护栏灯、"印痕"灯饰，南大街、滨海路等市区重要路段完成49处55个建筑及景观小品建设。加大主次干道、重点区域户外广告、门头牌匾整治力度，拆除、整治广告门头牌匾、落地灯箱等7600余处，清理门窗即时贴860余处，安装公益广告583块，更换、维护路名牌700余处。全面治理影响市容的问题，全年共拆除乱搭乱建5.2万平方米，清理各类占道经营9.8万处、室外炭火烧烤980处，规范报摊、冷饮摊点等3300处，清刷乱贴乱画野广告12万处；清理粉刷各类设施6.4万处，清刷污染路面4.8万平方米。

【数字城管建设】 截至2011年8月，高新区数字城管指挥系统并网运行，市区六区实现数字化城市管理全覆盖，覆盖面积达到153平方公里。编印了《城市管理部件事件立案、处置、结案规范》，完成建成区265平方公里的部件、事件信息普查，实现了数字城管信息系统与空间地理信息平台的实时共享。数字化城市管理系统全年累计受理城市管理信息37.8万件，立案37.2万件，结案率99.64%。

【城市管理体制创新】 推进水务一体化改革，组建城市水业集团有限公司。调整市区滨海一线的烟台山公园、东炮台公园及月亮湾景区管理职责。调整和理顺了市区观海路、大东路道路保洁、养护、绿化、排水、户外广告管理以及城市防汛、清雪防滑工作的职责。烟台市城市管理局全面接收公共自行车管理工作，公共自行车管理短期内实现较大改观，车辆借用率增长明显。

住房公积金管理

【概况】 2011年，烟台市住房公积金管理中心从服务山东半岛蓝色经济区发展的高度出发，以科学发展观为统领，切实从维护职工合法权益入手，最大限度地满足了职工的住房需求，有效缓解了贷款资金供需矛盾的压力，实现了住房公积金增值收益的最大化。2011年，全市完成住房公积金归集28.54亿元，已建立缴存关系单位达到10689个，职工71.13万人；全年发放贷款8917户，贷款金额17.92亿元；实现住房公积金增值收益6983.7万元。

【住房公积金归集】 不断扩大住房公积金覆盖面，公积金归集额大幅增长。一是通过电视、广播、报纸、网络等多种形式的宣传，对群众普遍关心的问题进行及时详细的解答。二是向缴交基数过低的企业发放《住房公积金缴交基数调整通知书》，确保住房公积金缴存资金的稳定性。三是进一步加大执法催缴力度，确立了以劳务代理公司和部分事业单位外派人员为重点的催缴计划，全年共为6家劳务派遣公司2435名职工建立了缴存关系，新增缴存职工13万余人，缴存额较上年增加5亿多元。2011年，全市当年完成住房公积金归集28.54亿元，累计归集总额达到151.12亿元，归集余额86.04亿元，建立缴存关系单位10689个，职工71.13万人。

【住房公积金贷款管理】 实行贷款资金统筹和严格贷款审批相结合的管理模式，出台了贷款额度与借款人家庭缴存人数、缴存基数相挂钩的贷款审批政策，为低收入群体提供了优质服务。依靠信息系统数据支持，在全市范围内取消了贷款人收入证明和异地申请贷款职工缴存证明等材料，简化了办事程序。实行贷前现场审查与贷后跟踪管理相结合的管理体系，拟定了《烟台市住房公积金受托银行业务考核办法》，确保资金运转安全高效，全年贷款逾期率一直保持在0.4‰以下。全年发放贷款8917户，贷款金额17.92亿元，累计发放贷款5.05万户，贷款总额85.36亿元，贷款余额61.19亿元。

【住房公积金资金管理】 完善公积金备付金制度，有效防范和化解了全市住房公积金流动性风险。测算最优的定存期限，实现住房公积金增值收益的最大化。全年为廉租住房建设提供4451.8万元的资金支持。年内实现业务收入3.45亿元，比上年增加1.03亿元，增长43%；发生业务支出2.75亿元，比上年增加1.25亿元，增长84%，实现住房公积金增值收益6983.7万元。

【住房公积金信息平台建设】 住房公积金综合信息平台一期工程使用情况良好，实现了全市住房公积金系统的内部联网和主要业务的网上操作。住房公积金综合信息平台二期工程通过专家论证审批，进入招标文件拟定阶段。

（赵　伟）

潍 坊 市

城 乡 建 设

【概况】　2011年，潍坊市住房城乡建设系统坚持以科学发展为主题，紧紧围绕黄河三角洲高效生态经济区、山东半岛蓝色经济区、胶东半岛高端产业聚集区“三区”建设发展大局，以城市经济转型升级为主线，加快推进城镇化进程，城、镇服务功能和承载能力明显提升，城、镇竞争力和辐射带动力不断增强，城乡统筹步伐不断加快，人居环境进一步改善，潍坊市成功入选国家可再生能源建筑应用示范市，并荣获中国人居环境奖。全市完成城市基础设施投资72.7亿元，其中中心城市完成30.6亿元，分别比上年增长11.5%和53%；人均道路面积达到27平方米，其中中心城市25.79平方米，分别比上年增长5%和4.8%；建成区绿化覆盖率达到40.99%，其中中心城市40.3%。全市城镇化率达到47.93%，比上年增长0.97%。潍坊市住房和城乡建设局先后荣获“山东省先进基层党组织”“‘十一五’山东省节能先进单位”并记集体二等功及“市直部门突出贡献奖”“创先争优强堡垒做先锋活动先进单位”等14项市厅级以上荣誉称号。

【城建重点工程】　文化艺术中心建设累计完成投资23.11亿元，二组团青少年宫和文化宫建成投入使用，并荣获中国建筑质量最高奖“鲁班奖”；三组团图书馆已完工并达到交付使用条件，科技馆主体和外部装饰全部完成；四、五组团大剧院、音乐厅主体封顶；商业双塔主体和飘带吊装全部完成，外部装饰完成25%；一、二、三组团外部景观全部建成。鲁台会展中心建设累计完成投资12亿元，主体工程全部完成，管道安装完成80%。虞河上游先期整治工程于9月30日开工建设，累计完成投资2100万元，管道敷设和拆迁排障各完成61%。新建卧龙街虞河桥、玉清街虞河桥，新改扩建北海路、清溪街等7条道路，共计41公里、135.79万平方米，总投资5.6

潍坊市文化艺术中心二组团荣获“中国建设工程鲁班奖”

（潍坊市住房和城乡建设局供稿）

亿元，新增道路绿化 169.96 万平方米，年内全部竣工通车，优化了城市路网框架，提高了交通效率。对文化路、鸢飞路等 5 条道路实施了强电入地改造，总长度 5.35 公里，总投资 3057.96 万元，为净化城市上部空间提供了良好条件。1 月 17 日，玄武街（北海路—安顺路）改造工程被中国市政工程协会评为“全国市政金杯示范工程”。

【村镇建设】 全市完成村镇建设投资 303.4 亿元，其中基础设施投资 78.9 亿元，分别比上年增长 15% 和 21.6%。新建住宅 1601 万平方米，公共建筑 283 万平方米，生产性建筑 790 万平方米，修建道路 5356.06 公里，新修排水管道（沟渠）3141.77 公里，新增绿地面积 765.9 万平方米，安装路灯 1.4 万盏。城乡环卫一体化进程不断加快，基本建立起城乡垃圾“户集、村收、镇运、县处理”模式，村居覆盖率达到 85%，居民生产生活环境明显改善。

【小城镇建设】 以重点镇和镇驻地建设为重点，统筹推进镇村道路、供排水、污水垃圾处理等基础设施建设，逐步完善文体、卫生、教育等公共服务设施，增强城镇承载力、辐射力和带动力，吸聚周边农村人口进镇就业和居住。全市完成小城镇建设投资 125 亿元，其中基础设施投资 40 亿元，9 个镇获得“山东省小城镇建设示范镇”称号，3 个镇获得“山东省特色景观旅游名镇”称号。出台了《推进镇域产业发展的意见和考核办法》，加大镇域产业投入，积极构筑产业发展平台，引导产业向园区集聚，全市财政总收入过亿元的镇街达到 35 个，投资过千万元的镇域产业项目达到 920 个，实现镇域产业投入 1282 亿元。

【农房建设与危房改造】 启动整村建设改造项目 567 个，新建农房 16.5 万户，完成年度任务的 274.5%，改造危房 1.58 万户，完成年度任务的 155.8%，超额完成省政府下达的三年农房建设改造任务，建设与改造数量位居全省第三位。开展节能、生态型农村社区试点工作，提升农房建设品质，全市共有 4 个项目被列为村镇低碳示范社区。

【村容村貌整治】 重点解决村庄道路泥泞、排水不畅、垃圾乱扔、人畜混居等突出问题，全市共有 3279 个村基本达到“三清四改、四通五化”标准，占村庄总数的 43%，其中 94 个村获得“山东省村庄建设示范村”称号，2 个村获得“山东省特色景观旅游名村”称号。

【建筑业】 全市建筑业完成总产值 525 亿元，利税 42 亿元，分别比上年增长 28% 和 41%；施工面积 5831 万平方米，竣工面积 2239 万平方米，分别比上年增长 18% 和 11%；对外施工产值 48.66 亿元，比上年增长 1.4%；建筑业劳动生产率 16.8 万元/人，比上年增长 7%。全市创出“鲁班奖”2 项、“国家优质工程”3 项、“全国建筑工程装饰奖”3 项、“泰山杯”工程 13 项、省级质量通病专项治理示范工程 4 个、省级施工现场样板工程 19 个、省级新技术应用示范工程 22 个、省级工法 26 项、省级建筑业技术创新奖 31 项，“鸢都杯”工程 24 项、市优质结构工程 51 项、市“质量诚信、用户满意”工程 143 项、市施工现场综合管理样板工程 96 个。创建省级安全文明工地 40 个、安全文明小区 2 个，市级安全文明工地 514 个，实现了安全生产控制目标。

【建筑市场管理】 全市共有建筑业企业 857 家，其中总承包企业 311 家，专业承包企业 293 家，劳务分包企业 253 家，结构进一步优化。为 64 家企业办理了资质升级或增项业务，新发展劳务企业 25 家，审批房屋总承包三级企业 12 家。对 457 家企业资质进行复核，对不符合要求的企业进行了依法处理，其中49家本地企业被予以降级或吊销资质，29家外地进潍企业被清出潍坊建筑市场。出台了《潍坊市建筑企业养老保障金管理工作规程》，增强了管理工作的透明度和公开性，全年共拨付补贴施工企业养老保障金2.69亿元，有效保证了从业人员合法权益。开展“清欠规章制度落实年”活动，全年受理拖欠投诉3216起，涉及金额5.2亿元，处结率达98%，有效维护了农民工合法权益。以“建筑市场整顿年”活动为统领，先后开展了5次拉网式大检查和专项集中整治行动，全年累计检查在建工程3445个，查处违法违规工程485个，下达限期整改通知书208份，有效规范了建筑市场秩序。

【建设工程质量安全管理】 推进建设工程监管体制改革，设立了峡山区、保税区和羊口3个质监分站，全市已有青州、昌乐、寒亭、高新等9个县（市、区、市属开发区）合并了质量、安全监督机构，建设工程质量安全管理水平得到全面提升。积极推进潍坊市区检测机构整合，设立了奎文、潍城、坊子、高新、峡山5区质量检测分支机构，标志着中心城区建设工程质量“大检测”格局基本形成。实行施工现场标准化管理，出台了《建筑施工现场质量安全标准化达标验收办法》，着力打造临时设施标准化、安全防护规范化、现场管理人性化的新型施工现场，实施安全监督面积3446.6万平方米，安全生产达标率100%，11处工地被潍坊市政府推荐为“双城同创”观摩工地。推行建设工程质量检测信息管理平台应用，进一步增强检测数据的客观性、真实性和准确性，检测效率和检测水平大幅提高。以“安全生产基础管理提升年”活动为统领，先后组织开展了4次集中整治行动及春季复工、暑雨季节安全施工、“瘦身”钢筋等9次专项检查，集中开展了房屋建筑和市政工程施工预防坍塌事故专项治理、打非治违专项整治等活动，全年累计检查各类工程4519个次，下达限期隐患通知书952份，责令停工整改项目59个，对98个项目负责人给予了不良行为扣分处罚，有效预防了质量安全事故发生。

【勘察设计】 全市勘察设计行业从业人员达5057人，完成营业收入9.48亿元，实现利税2.15亿元，分别比上年增长7.1%、34.7%和14.4%。出台了《关于进一步加强建设工程勘察设计创优工作的意见》，激发勘察设计单位创优积极性，提升勘察设计质量和水平，全市共有15个项目荣获一等奖，24个项目荣获二等奖。积极支持设立潍坊市滨海建设工程施工图审查有限公司，一线服务、零距离支持蓝色经济区建设发展。深入开展勘察设计市场执法检查和施工图审查机构专项检查活动，全年共检查勘察设计单位79家，施工图审查机构5家，抽查项目231项，查处了一批违法违规和违反强制性标准的勘察设计行为，规范了勘察设计市场秩序，促进了勘察设计行业整体水平的提高。

【工程招标投标管理】 全市应招标工程项目588个，造价190.49亿元，其中应公开招标项目402个，造价126.91亿元，应公开招标项目公开招标率达100%。办理外地入潍代理企业备案9家，完成18家企业资质升级或延期。

【有形建筑市场监管】 加强工程交易服务管理，实行计算机网络招投标管理服务系统和语音通知评标专家抽取系统，强化“有形建筑市场”与“建筑施工现场”的信息联动，全年进场交易工程613项，建筑面积1128.6万平方米，交易额123.8亿元，分别比上年增长11.7%、11%和15%。

【标准定额管理】 加强工程造价管理，重点抓好建筑施工合同价监管和鉴证工作，规范工程计价行为，合理确定和有效控制工程造价，对工程款拨付比例提出指导意见，为避免或减少发生拖欠工程款和劳务纠纷发挥了重要作用。修订了《潍坊市建筑工程安全防护、文明施工措施费管理办法》，要求建设单位及时足额支付此项费用，为施工企业安全生产和文明施工提供资金保障。加强工程建设材料市场价格动态管理，全年共发布材料价格信息5万余条、典型工程造价指标10项、潍坊市2011年工程建设材料价差系数4次及建筑、安装、市政工程材料价差系数1036个，进一步提升了政府指导价的透明度和诚信度。全年完成咨询项目总造价205亿元，业务收入1.3亿元，分别比上年增长41%和50%。

【可再生能源建筑应用】 潍坊市荣获国家可再生能源建筑应用示范市，获得中央财政补助资金8000万元；诸城、安丘分别获批国家可再生能源建筑应用示范县，各获补助资金1800万元。绿色建筑发展迅速，昌邑香邑城市花园等9个项目通过省绿色建筑示范项目评审。出台了《太阳能光热建筑一体化应用管理办法》和《地源热泵建筑应用管理办法》，加强可再生能源建筑应用监管，拓展推广应用范围，全市新增太阳能光热建筑一体化应用面积152万平方米，占省下达年度任务的126.7%；地源热泵建筑应用面积175万平方米，位居全省各市前列。鼓励和扶持建设科技研发应用，11家太阳能企业和3家地源热泵企业的15项产品通过省认定，占全省认定总量的43%；宏力艾尼维尔空调公司成功创建为国家双工况太阳能产业化基地；科灵空调公司研发的地下水源热泵取水与回灌技术，通过了住房城乡建设部专家组验收。

【墙改与建筑节能】 重点抓好新建建筑节能、既有居住建筑节能改造、禁止使用实心粘土砖、大型公共建筑能耗监管、新型墙材产品推广应用五项工作。强力推进新建建筑节能，严格执行节能建筑认定评审、建筑节能信息公示等制度，全面实行施工图审查、登记备案、施工监管、竣工验收闭合式监管，全市新建成节能建筑721万平方米，节能标准执行率100%。扎实推进既有居住建筑节能改造，全市完成178万平方米，占省下达年度任务的113.4%。把建制镇工程“禁实”情况纳入工程建设基本程序管理，全市县级以上城市规划区建设工程全部实现“禁实”，建制镇“禁实”基本实现。积极推进国家办公机关和大型公共建筑能耗监管工作，出台了《关于潍坊市机关办公建筑和大型公共建筑实施能耗监测工作的通知》，完成60万平方米的公共建筑能源审计工作，市级建筑能耗监测数据中心基本建成。大力发展和推广应用新型墙材，全市新型墙材生产和应用比例分别达到94%和98%。

【低碳示范社区建设】 全市41个、459万平方米的低碳示范社区全部开工建设，其中坊子凤凰太阳城、高密康成馨苑、寿光北大领世郡等12个、100万平方米的项目部分交付使用，3万余人入住，示范效果良好。全省可再生能源建筑应用示范工作经验交流会在潍坊召开，推广了潍坊市的经验做法。

【住宅与房地产业】 全市房地产开发完成投资405.9亿元，施工面积4200万平方米，竣工面积1423万平方米，分别比上年增长26%、25.4%和6.9%。其中，住宅完成投资321.3亿元，施工面积3916万平方米，分别比上年增长18%和22%；竣工面积1010万平方米。全市共批准新建商品房预售许可面积1662.52万平方米，比上年增长8.02%；完成新建商品房销售面积1575.04万平方米，完成存量房交易面积271.9万平方米。其中，市区共批准新建商品房预售许可面积723.73万平方米，比上年增长28.76%；完成新建商品房销售面积576.02万平方米，完成存量房交易面积105.61万平方米。

【房地产市场管理】 严格落实房地产市场调控

政策，出台了《促进房地产市场平稳健康发展的通知》，公布了潍坊市区2011年新建住房价格控制目标（不高于人均可支配收入增长12%）。全面实施建设条件意见书制度，将其作为开发建设依据纳入土地招拍挂方案，重点对住宅性能认定、太阳能与建筑一体化、新建住宅全装修、保障性住房配建比例提出要求，全年共对潍坊市区56块、5279亩的地块提出了建设条件意见。积极实施大项目带动战略，引进了万达、恒大等国内知名地产集团，万达广场城市综合体项目总建筑面积48万平方米，总投资50亿元，双方正式签订了合作协议；恒大名都高端住宅项目总建筑面积130万平方米，总投资50亿元，全部住宅精装修一次性到位率100%，一期工程30万平方米已开工建设。住宅品质不断提升，泰和华宇·玉泉苑、凯声金海水岸分别通过国家3A级住宅性能认定，泰和华宇·玉清苑通过国家康居示范工程评审。住宅产业现代化水平不断提高，潍坊国建高创热力节能项目成功创建为国家住宅产业化基地，成为潍坊市首个、全省第4个、全国第20个国家住宅产业化基地，也是国内供热节能领域唯一被批准的生产企业。

【房产交易管理】 推进房地产交易与权属登记规范化管理，潍坊市区全年共办理房屋登记业务15万件次，完成房屋初始登记面积373.3万平方米，他项权利登记面积988.6万平方米。出台了《潍坊市存量房交易结算资金监管暂行规定》，积极推行存量房交易资金监管工作，存量房交易行为进一步规范，交易资金安全得到有效保障。积极拓展房屋登记工作领域，潍坊市在全省率先开展了海域使用权范围内房屋（构筑物）登记，填补了省内空白并在全省予以推广。房地产市场信息系统建设日趋完善，潍坊市区与8个县市全部实现联网，形成了以市区为核心、覆盖全市的信息系统格局。加快推进房屋档案数字化建设，潍坊市区85万宗档案实现了物理案卷与电子信息的统一化、规范化，全年共调阅查询4.5万余卷次。实行无房屋登记信息查询，潍坊市区共出具证明2.3万份。加强房地产中介服务市场管理，搞好房地产中介机构备案工作，全市备案中介机构达到196家，比上年增长41%。成立了潍坊市房屋安全鉴定中心，全年共鉴定房屋1.2万余平方米，其中7800平方米被鉴定为危险房屋，进一步保障了人民群众生命财产安全。

【住房保障】 出台了潍坊市廉租房、经适房和公租房三个管理办法，把城镇居民人均可支配收入85%以下、无住房或自有住房不足15平方米的家庭，以及新就业职工和外来务工人员全部纳入保障范围，进一步扩大了保障覆盖面；明确在普通商品房项目中按不低于10%的比例配建保障性住房，住房保障转变为货币补贴与实物供应相结合的方式，建立起长效供给机制。出台了《潍坊市关于进一步加快推进城市棚户区改造工作的通知》，把城中村纳入棚户区改造范围，为推动棚户区改造提供政策支持，全市共确定41个、137.87万平方米的棚户区改造项目。全市新开工建设保障房项目120个、29215套，其中新增廉租住房659套、经济适用住房4281套、公共租赁住房9357套（间），签订棚改货币补偿协议和开工安置房14918户，综合开工率达到141.8%，高于全省平均水平近30个百分点，位列全省第一，竣工12661套，竣工率达到61.5%；全市新增廉租住房租赁补贴789户，占省下达年度任务的121.4%，有效改善了低收入家庭居住条件。

【商品房预（销）售管理】 健全完善商品房预（销）售管理制度，出台了《潍坊市商品房预售款监管实施细则》《关于进一步加强商品房预售管理的通知》《关于加强商品房预售方案管理的意见》等规范性文件，强化商品房预售许可管理，推行预售款监管重点资金额度确定制度，实行商品房明码标价，有效规范了商品房预（销）

售行为。加强商品房预售款监管，潍坊市区全年共监管楼盘项目311个，监管预售面积779.7万平方米，监管预售资金95.5亿元，分别比上年增长25.9%、44.3%和142.4%。深入开展商品房预（销）售管理专项检查，共检查在建在售楼盘601个、1283万平方米，查处违法违规行为145起，下达限期整改通知书145份，下达行政处罚通知书38份，下达暂停监管银行资格告知书4份，进一步规范了预（销）售市场秩序。

【物业管理】 出台了《潍坊市物业服务企业信用档案管理办法》《关于加强业主委员会建设工作的意见》等一系列规范性文件，进一步推动了物业管理规范化发展。全市共实施物业管理面积6300多万平方米，覆盖率达85%。全面实行住宅专项维修资金制度，潍坊市区累计归集维修资金18亿余元，拨付使用维修资金40万元。深入推行物业管理招投标制度，全年共有120个房地产项目通过招投标方式选聘了前期物业服务企业。推行物业质量保修金制度，潍坊市区60个项目共交纳保修金3600余万元，寿光、诸城、高密、临朐4个县市已实施该制度。积极开展物业管理项目创优达标工作，2个项目获得“全国物业管理示范项目称号”，10个项目获得“山东省优秀物业管理项目称号”，全市累计国优项目达到18个，省优项目达到71个。大力开展物业服务市场集中清理整顿，下达整改通知书35份，注销违规企业33家，进一步规范了服务行为和市场秩序。

【城建档案管理】 全年共接收建设工程档案500余项、8000余卷，施工图档案2000余项，归档率达到93%以上；接待咨询服务1000余人次，调阅档案5000余卷，客户满意率达100%。推进城建档案信息化、数字化建设，对珍贵历史声像档案实施双介质存储，完成150余盘历史声像档案数字化转制复制，存储量达4 T，制作专题片5部。实行“两书一证”制度，推进“三到场”服务模式（即事前介入、事中指导、事后检查的跟踪服务），使档案管理扩展到工程建设全过程，进一步提高了城建档案的数量和质量。

（李 鹏 李志鹏）

城乡规划

【概况】 2011年，潍坊市规划局认真贯彻落实科学发展观，紧紧围绕城市经济转型升级主线，以城乡规划“两个转变”力促规划水平和建筑品质提升，以规划转型创新力促城市功能品质转型升级，圆满实现了全年目标任务。在2011亚太地区城市湿地文化与旅游产业论坛上，潍坊市基于三河整治和白浪绿洲湿地公园的成功打造，被评选为“中国最具魅力湿地城市”。

【规划编制】 以中国城市规划设计研究院交通研究所为主编单位，编制完成潍坊市综合交通规划，形成了综合交通规划方案和重大交通基础设施布局方案。对城市总体规划基础资料进行了更新完善，城市空间结构进一步调整优化。白浪河城区中心区域、北海路中段、虞河上游等一期城市设计取得中期成果。以各区为主体，深化完善了中心城区控制性详细规划。中心城区道路网、消防、防洪专项规划和全市教育专项规划形成初步成果。完成燃气专项规划。完成中心城区18处新建公厕以及污水处理厂搬迁、泰青威天然气门站、公交场站等大型市政设施的规划选址工作。在全省优秀城市规划设计奖评选活动中，潍坊市17个项目方案获奖，获奖数量位居全省第二。

【区域和城乡规划统筹】 着眼蓝黄两大战略布局，按照区域协调一体化发展要求，与青岛、日照规划部门积极对接，开展了青、潍、日区域空间布局与协调发展战略研究，形成战略研究成果，10月底通过专家评审，为构筑青、潍、日联

白浪河畔 （摄影：徐庆恩）

管理、商业运作“三管”齐下，成效显著。加大融资与运营力度，企业会所、景区建筑招商迅速铺开，湿地公园旅游试运营稳步展开。承办了亚太地区（中国·潍坊）城市湿地文化与旅游产业论坛、中阿中非友谊植树纪念活动、“文艺走近三河”活动，扩大了三河的品牌影响力。二是火车站站南广场开发。启动了潍坊火车站周边区域概念性规划及核心区城市设计方案招标，在三家投标的设计联合体方案成果基础上，整合形成了主导性方案。完成国家粮食储备库、钢联金属材料公司2个地块的回购。三是军埠口片区开发建设。完成西南片区概念性规划和军埠口片区总体规划初步方案，对规划范围、公共服务设施布局作了优化调整，明确了“都市特色功能区”的功能定位。

合发展新格局打下重要基础。城乡规划统筹稳步推进，50%的县（市、区）完成城乡统筹规划初步方案，新一轮乡镇总体规划编制完成率达到100%，中心村与新型社区建设规划编制完成率在75%以上。各县（市、区）乡镇控规覆盖率达到50%以上。村镇产业发展规划编制完成率达到100%。

【规划审批管理】 进一步完善审批机制，简化审批流程，优化审批环节，实现“一书三证”流程审批，全年中心城区先后办理建设用地规划许可354个，审批用地面积1488公顷。核发建设工程规划许可1507个，审批建筑工程面积1086万平方米。“城中村”改造向高端高质方向推进，审批“城中村”规划方案29件。

【重点工程建设】 一是白浪河综合整治开发。白浪河北辰公园综合整治工程自2010年底启动以来，基础工程、景观建设迅速铺开，形成“北欧风情、城市森林、郊野风光”景观框架。“大干冬季打基础”“大干春季突击绿化”“夏季刚性任务攻坚战”三大战役任务圆满完成。全线9.6公里箱涵全面贯通，清淤、水坝、截污、防洪、河道疏浚等顺利完成。路网体系基本形成。拆迁清障完成总量的90%以上。湿地公园、潍州湖板块、中央商务区三大板块，验收结算、强化

（孙长欣 张明杰）

城市管理行政执法

【概况】 2011年，潍坊市城市管理行政执法局紧紧围绕全市“一九五一”目标任务和思路举措，以创建中国人居环境奖为总抓手，全面实施精细化管理，扎实开展城乡环境综合整治和绿化、净化、亮化、美化工程，着力抓好市容环境改善、公用事业发展和管理体制机制创新，城市管理和行政执法各项工作取得明显成效。

【荣获“中国人居环境奖”】 2011年12月14日，住房和城乡建设部下发通报，授予潍坊市“中国人居环境奖”。潍坊市高度重视城市人居环境建设，全面实施碧水蓝天计划，着力推进绿

化、亮化、净化和美化提升工程，城市综合承载力和竞争力进一步增强，城市品位和形象全面提升。在住房和城乡建设部组织的“中国人居环境奖”城市居民满意度调查中，潍坊市得分在全国已创建成功的28座城市中排名第二，综合成绩在当年新申报城市中排名第一。

【污水处理费征收管理】 成立潍坊市城市污水处理费征收管理办公室，全年收缴污水处理费4441万元，比上年增加536万元，对于保障城区污水处理稳定运行，推进节能减排，建设生态城市起到了积极的推动作用。

【城市绿化】 完成潍高路绿化改造工程、宝通街绿化完善两个重点工程，安装座凳70套，更换铁艺护栏2.76万米，新建街头绿地4块。开展绿化集中整治活动2次，补植乔灌木49.35万株、地被10.16万平方米。积极开展“绿化双十佳评选活动”，组织评选市级花园式单位（小区）32个、优质工程10个。向市民无偿提供苗木30余种共3万余株。市区绿地面积达2021万平方米，中心城区单位庭院（小区）绿化达标率达97.9%，市区建成区绿化覆盖率、绿地率和人均公共绿地面积分别达到40.3%、39.2%和17.35平方米，超过国家园林城市标准。

【“十条最差街巷”综合整治】 实施“十条最差街巷”综合整治，寒亭区帝都街进行了高标准的翻新改造，整治成效明显；奎文区行政街、院校街、幸福街、南胡路和潍城区月河路、向阳路、友爱路、青年路及坊子区恒安街通过工程改造和综合整治，“脏、乱、差”的现象得到彻底解决。十条街巷市容秩序和环境卫生均得到了明显改善，十条最差街巷整治检查督导任务圆满完成。

【城市照明】 完成玉清街、北宫街等6条道路安灯，全年共计新装路灯、景观灯833基2756盏，更换安装半导体照明光源2241盏，敷设照明线路35.4公里，新装路灯专用变压器15台。加大夜景照明监管力度，中心城区新增亮化楼宇30余处，新纳入集中控制楼宇10处。对城区156台路灯专用变压器进行了电气预防性试验，实施了北宫街等15条市管街巷架空线改造工程。中心城区照明设施的亮灯率保持在99.5%以上，设施完好率保持在95%以上，故障处理及时率达100%。

【环境卫生管理】 完成了垃圾场调蓄池改造工程，垃圾厂填埋气发电项目正式并网发电。新建成公厕24座、垃圾转运站14座，在建公厕10座、垃圾转运站7座，超额完成市政府工作报告承诺的为民“十件实事”工作任务。生活垃圾综合处理厂安全规范运行，全年处理生活垃圾23万吨、医疗废物1700吨，生活垃圾无害化处理率和二级以上医院医疗垃圾集中处置率均达到100%。环卫作业车辆数字化监管系统正式投入运行，实现了全天候动态监控。

【城乡环卫一体化】 积极推进城乡环卫一体化建设，中心六区共新设垃圾桶1.55万个，新聘用保洁员1470人，新购置环卫车辆98台，基本实现了城乡环卫一体化全覆盖。全市建成生活垃圾无害化处理厂7处，日处理生活垃圾3254吨，生活垃圾无害化处理率100%，达到省政府规定的“一县一场”的标准。全市农村地区建成生活垃圾压缩中转站138座，设置生活垃圾收集桶20万个，生活垃圾运输车1200台，覆盖7207个村（社区），覆盖率80%。2011年5月，住房城乡建设部在潍坊市召开了城乡环卫一体化会议。

【旧居住区改造】 自2007年实施旧居住区改造提升工程以来，截至2011年底，共整治改造73个旧小区、249条背街小巷，9.8万户、31万居民直接受益，基本完成原定总体改造任务，解决了“水不畅、路不平、灯不亮、环境差”等民生热点问题。

【城市供热供气】 加快推进热源建设，城区新增供热能力260吨/小时。协调解决了亚星热电厂供汽、第一干休所供热等一批供热难点问题。组织供热企业充分做好冬季供热准备，提前7天开始供热试运行；安排专职督察队伍在供热一线监督检查，保障冬季供热安全平稳运行，供热合格率、群众满意率均创历史同期最好水平。建成横跨安丘、坊子、昌乐、潍城等4个县（市、区），全长24.5公里、年输气能力10亿立方米的中石油天然气高压输气支线。清理城区燃气管线违章占压点165处，改造老旧铸铁燃气105公里，改造户内燃气设施3.3万户，对潍城区2.74万户煤气用户实施了天然气置换，有效保障了用气安全。截至年底，中心城区城市燃气普及率达到99.25%，城市管道燃气普及率达到67.24%。

【城市供水节水】 制定出台了《潍坊市城市供水水质监管运行规则》，启用水质报告管理平台，建立起了市、县（市、区）、企业三级供水水质管理审核责任联动体系。高新区配水厂工程建设基本完成，顺利进入综合试运行阶段。城区新建管网17.1公里，改造管网10公里。完成了35个小区、1.19万户“一户一表”改造工作。制定出台了《城市中水设施建设管理办法》《城市节水管理工作量化考核标准》等一系列规范性文件，积极推广中水利用，狠抓工业节水，城区工业用水复用率达到90.8%，年复用水量达到4.1亿立方米。潍坊市以全省第一名成绩顺利通过了国家节水型城市复查，受到国家专家组高度评价。

【城市治污】 制定出台了《潍坊市城区排水管理办法》，建立了污水处理厂运营月报、出水水质日报制度，确保了污水处理厂满负荷运转，出水水质达到一级B标准。污泥干化焚烧项目土建与设备安装工程基本完成，市污水处理厂迁建工程完成立项。虞河上游综合整治工程完成拆迁1280户，建设排污管道4000米。加强在线监测及流动检测能力建设，制定完成项目建设草案并通过专家论证。加强供排水水质、土壤肥力监督监测，完成18家供水企业3个轮次城市供水水质和城区污水处理厂近2100项次指标的监督监测。公用产品监测中心一次性通过资质认定评审，成为全省第三家、地市首家达到生活饮用水指标全部106项检测能力的单位。

【建筑节能】 继续推进半导体光源改造工程，中心城区半导体光源达到7.84万盏，占中心城区路灯、景观灯总数的95%，综合节电率40%。稳步推进供热计量及节能改造，完成既有居住建筑供热计量改造460万平方米，完成既有建筑供热计量及节能改造159.03万平方米，新建安装供热计量设施建筑83.51万平方米。

【数字化城管】 城区供热、供水、供气、污水处理运行、城市防汛等实现24小时全天候在线监测监控。采取市场化运作方式，面向社会招聘城市管理网格化巡查公司，对城市管理问题实施全天候动态巡查。潍坊市数字化城市管理系统顺利通过省住房城乡建设厅验收，其中，公用产品在线监测系统获国家专利。

【“和谐城管”创建】 制定印发了《全市城市管理系统“和谐城管”创建活动实施意见的通知》，召开了全市城市管理行业和谐城管创建活动动员大会，建立起了联系畅通、协调有力的工作机制，全面提升城市管理水平，各项工作取得了明显成效。潍坊市共有三个示范单位、两个示范小区、四条示范道路、三个示范广场被省住房城乡建设厅确定为全省“和谐城管”创建活动示范项目。

【城市管理执法】 突出抓好城区环境综合整治，组织专项整治，拆除违法建设28处、5900多平方米，取缔露天烧烤大排档等各类占道经营7000余处（次），清理各类广告牌匾4300余块，查处车辆带泥上路案件70余起、噪声扰民案件220余起。建立了市区联动、部门联动执法管理机制，圆满完成了“中国人居环境奖”创建等98次重要活动和风筝会等20余次重大节会的市容环境秩序综合保障任务。落实行政处罚案件审批制度，组织开展了普法宣传教育和执法管理业务培训，执法人员依法行政水平和执法能力有了明显提高。潍坊市城市管理行政执法局被授予“全省依法行政宣传工作先进单位”和“全市普法依法治理工作先进集体”。

（季书庭　凌晓峰）

住房公积金管理

【概况】 2011年，全市住房公积金系统认真贯彻落实国务院《住房公积金管理条例》和市委“一九五一”总体部署，各项工作取得了较好成绩。全年归集住房公积金25亿元，完成计划的115.9%；发放住房公积金个人贷款15.3亿元，完成计划的104.9%；提取住房公积金12.9亿元，完成计划的127.6%；实现增值收益5404万元。

【住房公积金归集】 市公积金管理中心采取对承办住房公积金业务银行协助归集扩面工作进行考核、发放催收催缴通知书和律师函等方式，催收催缴住房公积金。全市各级借力住房公积金网站、“行风在线”、报刊投稿、邮寄对账单等形式，加大政策宣传。积极争取当地政府支持，提高缴存比例。2011年潍坊市住房公积金缴存覆盖面进一步扩大，新增缴存职工1.7万人，缴存职工总人数达到55.5万人，覆盖面达到77.3%。

【住房公积金贷款管理】 出台《关于贯彻鲁建金字〔2010〕14号文件做好规范住房公积金个人住房贷款政策有关问题的通知》《关于认定住房公积金个人住房贷款中第二套（及以上）住房标准实施意见的通知》两个配套文件。先后与100余家房地产开发企业签订合作协议，进一步为购房人拓宽选择范围。加大对贷款申请人诚信、抵押房产及承诺人资格的审核，严格业务操作流程；引进潍坊德勤置业担保公司，进一步降低资金风险。

【公积金信息化建设】 全市住房公积金信息管理系统全面上线，基本达到“十年先进、二十年不落后”的目标要求。完成住房公积金门户网站和12580声讯平台的研发及上线工作，实现了住房公积金数据的实时查询。加快推进档案数字化建设进度，实现了数字档案与业务系统数据的互换，提升了档案管理水平和使用效率。

（常怀新　于继进）

济　宁　市

城 乡 建 设

【概况】　2011 年，济宁市住房和城乡建设系统深入开展创建“国家园林城市”活动，加快城建重点项目建设步伐，完成城建重点工程投资 70 亿元，29 项工程基本竣工；大力推进保障性安居工程，保障性住房开工建设 14693 套，基本建成 8430 套（含结转）；加快推进农村住房建设，开工建设农村住房 13.98 万户，完成投资 193.32 亿元；平稳推进房地产市场发展，完成房地产开发投资 182.22 亿元，商品房施工面积 2001.75 万平方米，建筑业总产值 352 亿元。住房和城乡建设系统各项工作取得长足进步，实现了“十二五”发展良好开局。

【城市基础设施建设】　集中突破重大工程、重点场馆和标志性建筑项目，城区 62 项城建重点工程全年累计完成投资 70 亿元，其中 29 项基本竣工。北湖新城核心景区一期建成对外开放，省运会系列场馆建设加快推进，路网及绿化工程、基础设施配套和生态湿地提速建设；东部科技新城、济北新区面貌焕然一新，综合服务功能日趋完善；西部商贸新城建设步伐加快；老城区南池公园等重点片区开发初显规模；太白楼路东西延等道路升级改造工程相继竣工；红星路等道路绿化工程全面完成。圆满完成迎淮检查污水垃圾处理建设任务，全市 15 座城市污水处理厂均达到一级 A 标准，运行规模 70.5 万立方米/日。建成 7 座无害化垃圾处理填埋场和 4 座垃圾中转站，日处理能力达到 3420 吨。城市供水、供热、供气设施加快建设，全市建成城市供水厂 21 座，供水普及率达 100%；城区集中供热面积达 1941 万平方米，比上年增加 434 万平方米，增长 28.8%，集中供热率达 58% 以上；城区天然气居民用户达 18.5 万户，燃气普及率达 96.6%。

第 23 届省运会主场馆新貌　　（摄影：郭　刚）

【房地产开发】　全年完成房地产开发投资 182.22 亿元，比上年增长 31.7%；商品房施工面积 2001.75 万平方米，比上年增长 23.2%。房产交易开创全新局面，房屋交易面积 154.4 万平方米，交易金额 56.05 亿元；房地产信息系统建设实现省、市、县三级联网，房产登记、产权产籍管理不断规范。

【住房保障】 全市保障性住房开工建设14693套，完成省下达任务的114.4%。基本建成保障性住房8430套（含结转），竣工率达到65.65%。全市城市棚户区改造开工14个，安置6389户；国有工矿棚户区改造开工4个，安置3830户。

【农房建设与危房改造】 全市开工建设农村住房13.98万户，完成年度任务的174.7%，完成投资193.32亿元，其中集中连片建设项目178个、11.1万户；启动危房改造2.16万户，为年度任务的107.5%，均超额完成了省政府下达的工作任务。

【工程建设管理】 全市完成建筑业总产值352亿元，比上年增长17.6%，居全省第6位；企业利润总额16.1亿元，增长13.1%。进一步加强工程建设程序和标准管理，招投标、施工图审查、施工许可、质量安全监督、竣工验收及备案、建设工业产品备案、建设执业注册、工程档案归集等制度逐步完善，勘察设计责任保险制度全面推行，建筑市场规范化程度明显提高。大力整顿规范建筑市场秩序，严查变相转包、以包代管、违法分包等行为，清理拖欠农民工工资3210万元。严格落实安全生产责任制，建立健全责任追究制度，全年未发生重大安全责任事故。扎实推进“安全生产基层基础深化年”活动，开展建筑（拆迁）以及市政、燃气、热力、园林绿化等公用事业安全生产专项整治活动，推进“安全生产基层基础深化年”活动，开展建筑（拆迁）及公用事业安全生产专项整治活动，建设领域安全生产形势总体平稳。全市66项工程荣获“运河杯”奖。

【建筑节能】 全市完成既有居住建筑节能改造97.44万平方米，超额完成省下达任务；新建建筑节能标准执行率达到98%以上，全市新建节能建筑竣工面积227.25万平方米。落实建筑太阳能光热一体化应用工作，项目竣工面积142.59万平方米，完成省下达任务的178.2%。

【国家园林城市创建】 深入开展创建国家园林城市活动，主城区新建绿地1393公顷，新增道路绿化面积181公顷，升级改造城区道路36条，城区绿化量及其品质格局有了大幅提升。城市建成区绿地面积达2883.08公顷，绿地率、绿化覆盖率、人均公园绿地分别达30.7%、34.99%、11.6平方米，城市环境大为改观，获得“国家园林城市”称号。

（马鲲鹏）

城乡规划

【概况】 2011年，济宁市城乡规划局围绕建设现代产业新城、文化旅游名城、生态宜居水城的“三城”目标，以规划建设城乡秀美新济宁为己

济宁市委副书记、市长梅永红陪同国家创城验收组实地检查

（济宁市城乡规划局供稿）

任，以做大做美中心城区为突破点和切入点，认真研究组群结构城市深度融合发展、中心城区规模扩张、城市功能提升、教育医疗设施布局、城市交通疏导等一系列战略性问题，充分发挥城乡规划的宏观调控和引导作用，高标准、高质量地完成了规划编制、审批和管理工作。

【规划编制】 坚持“中心突破、组群发展、城乡统筹、梯次推进”的城市发展战略，以做大做美中心城区为突破点和切入点，引进了中科院、清华大学、中国城市规划设计院、省规划院等一批高水平规划设计机构，编制完成了《济宁市城市轨道交通线网规划》《济宁市城市综合交通体系规划》《济宁市近期建设规划》《济宁市城区南部过境交通疏导规划》《济宁城区农贸市场布点专项规划》《济宁市区教育设施布局专项规划》《市中区与北湖生态新城结合部综合整治规划》等规划，形成了由战略规划、城市总体规划、详细规划和专项规划组成的较为完善的规划编制体系。

【规划审批】 进一步优化整合规划审批流程，减少审批环节，加速内部运行速度，将市级重点工程和重大招商引资项目纳入规划审批绿色通道，主动上门对接，快速受理报建申请，采取限时办结、技术指导、特事特办等措施加快重大项目的审批流程。全年共办理建设项目选址意见书118件；发放建设用地规划许可证67件，规划用地面积693.22公顷；发放建设工程规划许可证224件，总建筑面积581.1万平方米；审批临时建设工程项目151项；发放建设工程规划竣工验收合格证71件，规划竣工验收面积184.28万平方米。

【规划管理】 一是实施“和谐规划”。充分发挥城乡规划的公共政策属性，以完善公共服务设施为抓手，以保障性住房建设、棚户区及城中村改造、交通疏导、教育设施规划编制为重点，保证公共利益，关注弱势群体。二是继续深化“阳光规划”。逐步形成了以“一书两证”审批为核心，以规划公示为手段，以服务窗口为载体，以法规制度为保证，以电子政务为特色的工作机制。三是实施“依法规划”。切实执行项目集体会审、分级审批制度，严格规范各项行政行为，建立了完善的行政执法责任制考核评比制度和行政过错责任追究制度，做到审批公开、责任明确、奖惩分明。四是全面推行“民主规划”。大力宣传城乡规划成果，完善公众参与机制，积极推行城乡规划“六公示一公开”制度，接受全社会的监督，维护群众的知情权、参与权和监督权。五是完善局长办公会议制度，对“三重一大”事项（重大事项、重要干部任免、重要工作分工，大项开支）坚持集体研究、共同把关，确保了决策的正确性和科学性。六是强化局技术委员会的职能。制定了市城乡规划局技术委员会议事规则，及时开展对重点片区、重要地段规划项目的技术审查工作。

【“作风建设年”活动】 市城乡规划局把加强机关作风建设作为提高工作效能的关键。集中开展“以人为本、执政为民”教育活动，引导干部职工牢固树立以群众为本的观点，自觉站在人民群众的立场上想问题、做决策、干工作，切实做到思想上尊重群众、感情上贴近群众、工作上依靠群众，凡是对群众有利的事情全力做好，凡是对群众不利的事情坚决不做，为作风建设打牢思想基础。积极开展岗位职责教育，组织专题学习，举办干部读书会、研讨会、专题讲座等活动，实现了总结经验、学习交流、开阔视野、理清思路、推进工作的目的。

【机关建设】 一是在城乡规划系统内开展“我为机关发展献计策”活动，充分调动机关干部职工工作积极性，推动了机关建设。二是开展创建

“高绩效机关”活动，按照“办事理念最先进、办事态度最热情、办事程序最简化、办事方式最快捷、办事成本最低廉、办事成效最显著”的原则，努力促进行风建设。三是大力优化发展软环境，把服务的理念渗透到城乡规划管理的全过程，寓管理于服务，以服务的理念抓管理，努力做到用最短的时间为建设单位和群众办好业务，使城乡规划工作让群众满意、建设单位受益，树立规划部门良好形象。

（孙冠亚）

城市管理综合执法

【概况】 2011年，济宁市城市管理综合执法工作以党的十七大和十七届五中、六中全会精神为指导，大力加强队伍建设，积极构建长效机制，全面履行执法管理职能，较好地完成了各项工作任务，为打造整洁优美、舒适宜人的城市环境做出了新贡献。先后荣获“全省住房和城乡建设系统先进集体”“全市依法行政先进单位”“行政审批服务工作先进集体”等荣誉称号。

【城管综合执法】 开展系列专项整治活动，优化了城市环境，保障了济宁市国家园林城市、全国双拥模范城“六连冠”、全国文化遗产日主场城市、孔子文化节等重大活动的成功创建和举办。加强监察执法，全年共取缔流动摊点20571处，整治露天烧烤784处，清除小广告43394处、粉刷覆盖20592处，查处车辆抛洒128起，车辆带泥上路136起，拆除违法建设56处、面积5725.3平方米，更新设置门店招牌383块，拆除违规户外广告245块，设置公益性广告牌573块，在城区主干道设置公益道旗1998面。完善环卫保洁，建设了百座公厕，各区积极推行环卫市场化运作模式，将城区部分路段的环卫保洁承包给专业保洁公司，使道路清扫保洁步入了精细化、制度化轨道。推进农村环境整治，各县（市、区）深入开展农村环境综合整治，全市各级用于农村环境综合整治的投入达5.66亿元，累计建成垃圾中转站710处，全市镇、街环卫队伍人数达到2792人，村、居保洁队伍达11982人，农村环境面貌得到了明显改善和提升。

【执法机制建设】 市城市管理综合执法局协调有关职能部门，建立了高位协调联动机制。进一步健全完善网格化运作、层级督导考核、公众参与、系统指导等长效工作机制。市政府出台《济宁市城市管理工作考核办法》，将城市管理工作纳入各县（市、区）、各有关部门的年度综合考核，建立了城市管理考核补助金制度。

【“数字化城管”建设】 加快建设“数字化城管”，在数字化系统一期工程的基础上，启动建设数字化城市管理信息系统二期工程，建设内容主要包括前端视频指挥系统、GIS系统、综合指挥平台系统。二期工程项目基础数据的获取借力全市“数字济宁”应用系统平台，既节省了政府建设资金，又便于统一管理，达到了简化工作程序、提高工作效率的目的。

【执法队伍建设】 坚持“从严带队伍、从严管干部、从严抓作风”，不断加强队伍思想政治、基层组织、干部队伍、纪律作风、执法文化建设。先后组织开展了“增强为民意识、争做执行表率”“岗位练兵技能比武”“为民服务创先争优”“和谐城管服务民生”等主题实践活动，初步打造了政治坚定、业务精通、纪律严明、作风过硬的执法队伍。坚持“每周学习日”制度，集中开展了学习教育和“查、看、改”活动。强化日常管理，从细节入手、从小处着眼，严格执行考勤、请销假、队容风纪等规定，开展专项督查活动，进一步端正作风、严肃纪律。加强队伍管理规范化建设，建立了每季度思想政治工作调度会制度，开展谈心、研讨等活动，及时发现、及时剖析、及时解决队伍建设中出现的问题。深入开展创先争优活动，强化典型引导，举行了系列先进评选表彰活动。

（董　超　苏建刚）

住房公积金管理

【概况】　2011年，济宁市住房公积金管理中心坚持以科学发展观为统领，认真落实住房公积金管理委员会提出的各项工作要求，紧紧围绕“强化便民服务，防范资金风险”的工作重心，圆满完成各项目标任务。全市当年归集住房公积金26.97亿元，完成年度计划的116%，居全省第五位；当年发放个人住房公积金贷款20.77亿元，完成年度计划的130%，居全省第三位；当年实现增值收益5033万元，完成年度计划的112%；个贷逾期率为0.09‰，大大低于国家1.5‰的控制要求；累计提供廉租住房建设补充资金1.34亿元。市住房公积金管理中心先后通过了“省级文明单位”“省级青年文明号”“市级文明机关”的复审。

【住房公积金归集扩面】　市政府与县（市、区）政府签订《2011年扩大住房公积金制度覆盖面工作目标责任书》，将归集指标分解到受托银行，明确奖罚措施，加大住房公积金业务指标在受托银行内部考核体系中的比重。进一步扩大住房公积金制度在民营企业中的覆盖面，市住房公积金管理中心与市财政局、市中小企业局联合下发《关于进一步加强住房公积金管理的通知》，促使民营企业充分认识到做好住房公积金管理工作的重要性和必要性。自《通知》下发以来，已有53家企业为1711名职工缴纳了住房公积金。7月，提高了市直行政事业集中支付单位缴交基数，将兖矿集团职工的住房公积金缴存比例由6%提高至8%，年增加缴存金额近2.84亿元。

【住房公积金贷款管理】　继续完善住房公积金贷款限时办结制度，出台《关于住房公积金贷款限时办结的补充规定》，对全市受理的住房公积金贷款情况实行月考核、月通报，对个别超时严重的银行暂停办理业务，按要求进行整改。按照“充分授权、重心下移、运管分离、强化监督”的工作思路，修改完善并重新签订了《住房公积金业务管理法人授权委托书》，在兖矿分中心、邹城分中心、金乡管理部、汶上管理部、微山管理部五个分支机构进行了贷款审批授权试点。抽调市住房公积金管理中心、银行、担保公司、房产交易所等单位职工，实行贷款业务办理“一条龙”服务。针对单位职工团购、集资建房、定向购房等情况，联合银行、担保公司采取集中办理的办法，靠前进行贷款服务，先后在人防办、国资委、安全局、纪委、济宁监狱、金桥煤矿等单位进行现场办公。对开发商资质、担保能力、楼盘合法性进行审查，经审查批准后与开发商签订《住房公积金贷款合作协议》，明确开发商阶段性担保责任，合理防范风险。严格执行《济宁市商品房预售资金监督管理办法》相关规定，加强逾期贷款的清收督查力度，截至2011年底，全市住房公积金贷款逾期率由2010年底的0.17‰降至0.09‰。

【公积金管理制度建设】　印发《济宁市住房公积金管理中心资金周转管理暂行办法》，截至2011年底，在各分支机构间周转资金6500万元，有效地解决了由于县域间发展不平衡导致的部分分支机构资金供需矛盾加剧的问题，最大限度地满足了缴存职工使用资金的需要。印发《关于住房公积金缴存基数有关问题的通知》，明确各类性质单位职工的住房公积金基数构成。同时，在全省首创住房公积金基数“保低”政策，该政策得到了省住房公积金监管处的肯定和推广。修订了《个人住房公积金借款合同》，对由担保公司代偿后抵押权人的变更问题进行了规范，制定借款合同补充协议，进一步确保了资金安全。

【公积金服务创新】 一是优化流程。在工作中实行一次审核、一次告知、一次办结等制度，推行“三无三零”服务标准。二是设立绿色通道。针对团购单位，开通集体件服务窗口，简化办事操作流程，缩短业务办理时间；针对老、弱、病、残、孕，开设特殊群体服务窗口，做到业务随到随办。三是建立网上服务大厅。在中心网站开通网上服务大厅，多渠道服务群众。四是强化内部考核。实行上下班指纹考勤制度，强化对工作人员的考核工作，将考核结果直接与绩效工资挂钩。五是在系统内部开展“专业项目岗位练兵技能比武”活动。经过广泛动员、精心准备、专业培训、技能比武等环节，使工作人员的业务水平、服务水平得到进一步提升。

【公积金信息化建设】 为重构住房公积金各业务子系统，建立起规范的业务管理体系、有效的住房公积金监管体系以及科学的分析决策体系，制定了《公积金信息化软件需求设计方案》和《公积金信息化软件招标需求》，完成了新信息化软件的采购招标工作。

【公积金廉政风险防控】 开展岗位廉政风险防控试点工作，各科室、分支机构分别绘制本岗位的工作流程图，根据流程图查找风险点，经过梳理甄别，确定廉政风险点19个，业务风险点37个，并针对风险点逐一制定风险防控措施。此项工作进一步增强了干部职工依法行政、依法管理的责任意识和风险意识，有效地推进了预防腐败体系建设，形成了覆盖各工作领域的廉政风险防控工作网络，建立起了比较完善的岗位廉政风险防范管理长效机制。

（陈 通 桂 洋）

泰 安 市

城乡建设

【概况】 2011年，泰安市住房和城乡建设系统围绕新型城镇化建设主题，以项目建设为抓手，着力做好惠民生、调结构、促转型各项工作，城市形象品位、承载功能、保障能力得到进一步提升。泰安被命名为国家节水型城市，获得“山东人居环境奖”，泰山环山路建设工程荣获中国建设工程“鲁班奖”。

【重点工程建设】 一是京沪高铁泰安站新区建设。区内基础设施建设基本完成，完成西外环路等主要道路建设并实现通车，搭起了新区发展的骨架；区内灵山大街、西外环路等绿化工程，开元河景观工程基本完成。完成新区住宅和非住宅房屋拆迁2000余户、42万平方米；3个回迁安置区、70座回迁安置楼建设全面开工，52座楼房实现了主体封顶。候车大楼前总面积8万平方米的泰西广场及配套工程全面完成，2011年7月1日举行开园仪式，保证了高铁通车需要。华新新干线、绿地公馆、新兴时代国际等项目已经陆续奠基开工。二是环山带建设工程。泰山环山路工程全面竣工，环山路天外村段的优化提升完成，天外村广场和停车场的地下通道即将启用；完成改移110千伏电缆、提升天地公园绿化等工程项目。11月，泰山路环山路建设工程被授予中国建设工程质量最高奖——鲁班奖。三是泮河带建设工程。先期完成泰东路至长城路段河道治理工程，长1.6公里，宽145米，包括桥梁建设、截污清淤、垒砌挡墙、修建防洪通道、建设橡胶坝蓄水、绿化景观建设等工程项目，概算投资1.2亿元。截至年底，房屋拆迁基本完成，拆除房屋7万余平方米，完成苗木等地上附属物清理500余亩。工程施工基本完成，完成土石方60万立方米，垒砌挡土墙2000延米，敷设污水、中水管线2000米，7跨板桥通车，橡胶坝建设完成。四是城中村改造工程。采用合村并点、连片开发改造模式，城中村和旧城捆绑改造模式，政府融资平台参与城中村改造模式，城中村改造捆绑招商引资项目模式，城中村改造与重点工程建设相结合改造模式五种改造新模式，加快了城中村改造进程。截至年底，纳入改造范围的城中村，有60%基本完成了回迁安置工程，其余的改造工程正在进行中。

【市政基础设施建设】 全市城市建设完成投资38.6亿元，比上年增长9%。完成东岳大街改造、灵山大街中段、高铁新区新站南、北街慢行一体等建设工程，维修整治市区30余条主次干道。新增道路长度21公里，面积33万平方米，人行道13万平方米。完成18条道路路灯工程，敷设管道2.7万米，敷设电缆1.7万米，其中10条道路安装完成节能降耗环保路灯1081盏。京沪高铁新区灵山大街西段荣获“山东省市政金杯”奖、“全国市政金杯”奖。全年路灯设施完好率和亮灯率保持99%，道路桥梁设施完好率95%以上，排水、管网设施完好率95%以上。汛期购置编织袋1.5万条、沙石1.2万立方米，排水、清淤、道路巡查累计出动车辆246台次，人员845人次。

【工程建设管理】 按照“网络控制、专人监管、量化指标、综合考核、统一处罚”的原则，对工程建设实行网格化监管，划片分组，责任到人，市区所有工程全面覆盖。全年共监管建筑、装饰工程共计185项、876个单体，建设规模659万平方米，工程造价97.9亿元。对违法违规较为严重且不改正的67家建设单位、施工单位、监理单位作出行政处罚，补办施工许可证73项、图审26项、招标41项、档案合同52项、质监65项、安监76项、墙改72项、劳保70项、工资保证金71项；补缴墙改基金1447.4万元，养老保障金4423.4万元，农民工工资保证金3852.4万元，配套费8115.8万元。全年共下达《责令限期改正通知书》143份，《责令停止违法行为通知书》184份，《建筑施工安全隐患整改通知书》330份，提出安全隐患整改通知2282条。

【城建档案管理】 推进城建档案管理制度体系建设，出台实施了《泰安市城乡建设档案管理办法》，贯彻落实“两书一证”制度，按照“准确、完整、系统、安全、有效利用”的方针进行城建档案的收集、管理、指导和利用工作。全年共与建设单位签订《建设工程档案报送责任书》73份，签署《建设工程档案验收意见书》31份，发放《山东省建设工程档案合格证》42份，验收单体工程205个，接收重点工程档案6项。实施城建档案管理系统数据库合库，完成了计算机档案目录输入上架3000卷。开展城建档案的技术咨询服务，全年共接待社会各界196人次，查阅档案369卷次。市内工程档案进馆率、竣工验收备案率达到100%。

（董　梅　孙晓晓）

【房屋征收拆迁管理】 以“四合法两到位”（征收主体、征收项目、征收程序、补偿安置标准合法，征收补偿资金和安置房源到位）为目标，全面推行“依法征收、文明征收、和谐征收”。全年完成拆除面积28万平方米（住宅19万平方米，非住宅9万平方米），拨付到位7.84亿元补偿资金，出具工程项目现状勘查书面意见100份。

【户外广告管理】 印制《泰安市市区户外广告设置办理指南》2000多份，安排“创建中国人居环境奖”“创建环保模范城市”“创建文明城市”“社会管理创新”“和谐城乡建设行动”“国家卫生城市复查”等主题的公益广告460多处。受理550份广告设置申请报件，从资料审查、现场勘察、汇总报批到发放证件各个环节严格把关。按照“材质、高度和样式三统一”的原则组团设计门头牌匾整治方案，共组团设计12条道路的整治方案。制定了《泰安市市区大型户外广告保洁维护管理标准》，大型户外广告的保洁、维护、安全、巡查等各项管理工作逐步规范，并制定了安全管理应对预案。建设了户外广告管理网站，实现了户外广告的网络化管理。

【城市供热】 全面完成老城区“汽改水”改造工程，新建高温水首站一座，新增供热设计能力300万平方米，敷设供热管道21公里，改造、新建换热站43座。新建高铁新区、灵山大街、泰莱路等路段供热管线工程敷设高温水管网19公里，低温水管网63公里。完成既有建筑分户改造1500余户，计15万平方米；累计完成既有建筑分户改造3.6万户，计350多万平方米。新建大河热电设计能力130吨/时流化床锅炉，缓解了泰城西区供热不足的问题。全年新增热计量面积29.86万平方米，累计完成供热计量167万平方米；按照“两部制热价计量”收费规定实施热计量收费。截至年底，全市城市集中供热面积达到710万平方米，比上年增长11%。

【城市供气】 年内，天然气年供应量达到4.13亿立方米，比上年增长16%，新增燃气用户2.2万户，建成区供气管网覆盖率实现100%，城区管道燃气气化率达86%，管网延伸到肥城、东平、宁阳等市县。LNG城市燃气储备调峰能力100万立方米，可满足全市7~10天基本生活用气需求。

【城市供水】 完成户表改造1.5万户，投资1800万元；新建供水管网6.2公里，投资420万元；完成改造汶口水源地、旧县水源地等供水管道7.5公里，投资1460万元；启动了三合水厂水质改善项目。全年城区供水达3276万吨，日供水能力23万吨，日供水量达到9万吨左右，供水服务人口80万人，供水服务面积100平方公里，管网压力合格率、水质综合合格率均达到99%，城市供水普及率达到100%。

【城市节水】 继续摸底调查月用水量150立方米以上的用水大户，列入计划用水户已达729家。开展节水型企业（单位）创建工作，新增8家省级节水型企业（单位），节水型企业（单位）覆盖率达到25%，工业用水重复利用率达到90%。对新建建筑实行“三同时、四到位”管理，在公共场所、宾馆、驻泰高校等生活用水器具上，大力推广节水阀、红外线感应冲水器等新型节水设备，全市节水器具普及率达到100%。泰安市荣获“国家节水型城市”称号。

【市容市貌整治】 共清理占道经营、店外经营、店外加工6.3万余处次，清理乱堆乱放、乱拉乱挂1.5万余处次，查处露天烧烤153处，无照经营1万余处，侵占城市绿地26处，擅自挖掘城市道路13处，违章设置宣传设施755处，拆除不规范广告标牌9000余处、6.1万平方米。查处夜间超时施工、油烟扰民等152处，拆除高音喇叭41个。对在建施工现场和建筑渣土进行了整治，共整治施工现场围挡75处，新建施工围挡4590米，处理瞬间垃圾300处。对部分整治过的街路运用市场化手段实行服务外包、物业化管理；成立沿街经营业户自治协会，探索实行业主自治管理的路子。通过整治，城区市容面貌明显改观，主次干道占道经营问题已基本解决。

【城市绿化亮化】 按照“高大厚密、疏密相间、三季有花、四季常青”的要求，完成东岳大街西段、迎胜路南段、金山西巷等25条街路及政府办公区的全面绿化提升，共栽植和补植各类苗木300余万株。开展环山路、京沪高铁新片区、天书观游园、火车站广场、天外村广场等绿化建设工程，景观效果大幅提升。严格执行《山东省园林绿化行业管理规范标准》，加强定期督查考核，推动了城市绿化行业管理的专业化、标准化和精细化。完成擂鼓石大街、龙潭路、长城路、通天街、体育中心的亮化工程，面积达59万平方米。对温泉路、虎山东路、岱北街、南关路（财源街至灵山大街）等街路进行了粉饰包装，年内包装粉饰、清洗建筑物、构筑物面积20余万平方米。

【环境卫生管理】 建设文化环卫、科技环卫、效率环卫、民心环卫、阳光环卫，打造“一片橘红色、温馨千万家”环卫服务品牌，不断推动环卫各项工作再上新台阶。截至年底，道路保洁面积达到752万平方米，比上年增长12.8%；全年共清运处理原生垃圾15.1万吨，比上年增长7%，无害化处理率达100%。深入开展环卫基础设施设备升级改造，购置各类环卫车辆设备62台。结合泰城环境综合整治，建设垃圾压缩转运站13座，配置240升封闭塑料垃圾桶近5000个、果皮箱1100个，新建生态公厕5座、土建公厕6座，全部免费对外开放。开展垃圾分类收集试点，采取发放分类垃圾桶、分类垃圾收集袋，在户外配置分类大垃圾桶的方法，不断健全完善分类收集设施建设。市政府出台了《泰安市城市公共厕所管理办法》，进一步加强和规范了公厕建设和管理；印发了《关于加快推进全市生活垃圾城乡一体化收集和无害化处理工作的意见》，城乡生活垃圾一体化处理列为全年的实事工程。年底，各县（市、区）建设了垃圾中转站，购置了清运车辆，收运体系基本建立并逐步投入运转，实现“户分类、村（社区）收集、乡镇运输、市县处理”的城乡生活垃圾一体化，从源头上改善了农村（社区）环境。

【污水处理】 加强对污水处理厂运行单位的监管力度，确保污水处理厂出水水质达到排放标准。严格实施排水许可制度，加强对排水污水收集系统的主要排放口，特别是重点工业排放口水质的监督和监测；建立了长效监管机制，建立各片区排水户基本档案，健全年检、季检、月检等定期检查和随机性抽查的不定期监管制度，加强批后监管。年内，有30家排水户办理了排水许可，18家排水户办理了环评手续。加强进水监测，调查排水水源，跟踪企业进水，严格监督被处理单位的排水。污水处理厂主要设备、运行场所都实现监控，安装了进水、出水流量计、COD在线监测设备、氨氮在线监测设备、氧化沟溶解氧调控转刺运行等在线设备，COD、流量数据顺利上传。对城区自备井进行逐步封停，建设完成安表计量远程监控中心。基本实现凡新修、改造的道路雨水、污水、再生水管线同步建设。下发了《关于加强高新区水资源管理和污水处理费征收工作有关问题的通知》，组建了联动工作机构，高新区水资源管理和污水处理费征收工作步入正轨。年内，泰安第一、二、三污水处理厂共处理污水5126万吨，污水集中处理率达到90.79%，各项处理指标和出水水质均达到国家一级B排放标准。

【村镇建设】 按照城乡统筹的要求，全面加快村镇建设步伐。采用“整村迁建、迁村并点、旧村改造”三种模式，大力推进农房建设与危房改造，全市新建农房6.5万户，其中整村迁建6万户，改造危房1.7万户，3年来累计新建农房18万户，改造危房4.5万户，农房建设与危房改造任务超额完成。以新型农村社区建设为立足点，以村镇环境综合整治为突破口，中心镇、特色镇建设示范作用更加明显。全市有4个中心镇被评为省级小城镇建设示范镇，49个村评为省级村镇建设示范村，有7个乡镇和9个村庄享受了省级城建规划建设专项资金补助，全年累计争取国家、省、市村镇建设资金2237万元。华丰镇列为全省经济体制改革试点镇，开始实施扩权强镇。

【建筑业】 全年完成建筑业总产值550亿元，比上年增长12.9%；实现增加值68亿元，比上年增长16.3%；实现利润19.5亿元，比上年增长21.9%；实交税金10亿元；收缴建筑企业劳保金1.35亿元；收缴新型墙材专项基金2123万元。出省施工产值143亿元，覆盖全国30个省（市、自治区）；出国施工产值8.7亿元，分布在日本、韩国、利比亚等20多个国家和地区。全年共获“鲁班奖”1项，“泰山杯”奖工程8项，国家级群众性质量管理优秀QC成果一等奖1项、省级一等奖1项、二等奖3项、三等奖2项。

【建筑工程质量监督】 按照“按图施工、样板引路、进场检验、实体检查、规范验收”的监督方针，全面落实住宅工程质量通病专项治理技术措施，落实好住宅工程分户验收工作。加强对京沪高铁泰安站新区在建工程等重点工程项目监督。制订了《保障性安居工程监督指南》，对保障性安居工程进行过程监管，强化参建各方建设行为和工程质量的监督检查，开展保障性安居工程质量通病专项治理，确保保障性住房分户验收率达到100%。全年共监督工程736项，受理新注册工程619项，建筑面积346.9万平方米，总造价55.1亿元，监督市政工程18项，总投资3.1亿元。办理竣工验收备案工程243项，外地进泰监理企业备案13项，工程监理项目备案110项。申报审核优质结构工程134项，优良工程45项。开展检测业务7.1万组次，比上年增长15%。

【建筑节能】 年内，全市使用新型墙材7.39亿标块，节地2100亩，节标煤7.4万吨。全市经省级认定的新型墙材建筑节能产品生产企业达106家，年生产能力折标砖20亿块，完全满足城镇规划区“禁实”的需要。积极推进供热计量及节能改造工作，落实“十二五”前三年既有居住建筑节能改造项目150万平方米，超出省下达的任务指标30万平方米；全年完成太阳能光热建筑一体化任务81万平方米，超额完成省下达的任务指标21万平方米，地源热泵技术建筑应用面积达到50万平方米；新建建筑节能标准执行率达到100%。

【勘察设计】 加强市场管理，完善监督机制，强化行为监督，建立“公开、公平、公正”竞争有序的市场，全市勘察设计市场秩序规范有序，行业综合实力稳步提升。勘察设计单位从业人员2076人，从业技术骨干人员1540人，注册人员247人。全面实施建设工程初步设计审查工作，年内完成初步设计审查192项，总面积1千余万平方米，其中，住宅建筑面积968.791万平方米，公共建筑建筑面积188.041万平方米，工业项目建筑面积39.645万平方米。进一步强化施工图审查工作，年内完成建筑工程施工图文件审查2709项，总建筑面积1552万平方米。完成室内外燃气设计、装饰设计及市政工程设计项目43项，评审基坑支护设计方案20项，全年审查收入2千余万元。加强了新建工程抗震设防专项审查，新建工程的设防率达到了100%。

【房地产市场管理】 严格预售商品房退房管理，进一步完善商品房预售资金监管制度，存量房合同网上签约工作全面启动。年内，房地产市场调控成效逐步显现，市区商品房销售均价4584元/平方米，比上年下降6%，其中，商品住房成交均价4320元/平方米，比上年下降7%。制定《关于进一步加强房地产估价管理的通知》《关于2011—2012年度泰安市房地产估价机构备案情况的通报》等规范性文件，成立了泰安市房地产评估专家委员会，规范房产中介行为。截至年末，市区取得专业资质或在主管部门备案的房地产中介机构共74家，其中经纪机构49家、评估机构25家。组织开展全市商品房预（销）售市场专项检查、房地产经纪机构检查、城中村改造中涉及房地产开发项目专项检查。全年对全市30余个在建预售商品住宅项目进行了全面清理，对25家违规开发企业和中介机构下达《责令限期改正通知书》，对未按规定期限作出整改的9家企业进行网上公示。积极推进房地产市场信息系统二期工程建设暨房地产地理信息系统建设，以信息系统为基础建立了“城房指数”统计、发布体系。

【房产管理】 创新房产交易、权属登记工作的管理机制和工作机制。年内，市区共办理房产交易6004起，交易面积74.68万平方米，交易额27.54亿元；办理房产抵押登记4759起，抵押面积134.84万平方米，抵押金额40.86亿元；办理其他房产转移登记2816起；为老、弱、病、残、孕客户提供免费上门签字服务100余人次。以《商品房屋租赁管理办法》的颁布实施为契机，大力推动房屋租赁登记备案工作，年内共办理登记备案800余起，租赁面积约12万平方米。市区完成各类房屋登记1.8万余件，发放房屋权属证书1.7万余册；完成房屋安全鉴定4起，面积0.83万平方米。

【住房保障】 年内，全市共开工建设各类保障性住房2.2万余套，开工率为113%，竣工率为66%，开工率和竣工率两项指标均超额完成省下达的任务。市区保障性住房与商品住房批准预售量比例由2010年度的1:17.9提高为1:1.97，保障性住房体系与商品房体系互为补充、协调运行的机制初步形成。京沪高铁A片区保障性安居工程一期工程被市委、市政府评为“创建国际旅游名城在建示范工程”，市房管局被评为全省完成住房保障工作目标责任书先进单位。

【物业管理】 制定出台了《泰安市实施〈山东省物业质量保修金管理办法（试行）〉细则》。不断完善物业服务企业诚信档案，成立物业行业协会，促进了行业自律。开展物业管理专项治理活动，促进了物业服务水平的提升。年内，共办理物业服务企业三级及三级（暂定）45家，换发三级资质企业48家，初审二级资质企业1家，注销三级资质企业10家，办理来泰经营外地物业服务企业备案手续5家。市区累计建立45个业主大会、业主委员会。在中国物业管理改革发展30周年表彰活动中，多家物业服务企业被中国物业管理协会授予优质服务贡献奖；益民物业公司被山东省房地产业协会评为“2010年度房地产物业服务诚信企业”。截至年末，归集住宅专项维修资金2647万元，市区累计归集维修资金2.2亿余元，全市累计归集维修资金4.08亿元。加强直管公房维修管理，加大房租收缴力度和追缴陈欠租金工作，截至年末，完成公房维修面积3025平方米，入户综合小修580户，房租收缴率达到120%。

（邱海燕）

城乡规划

【概况】 泰安市城市地下管道信息管理系统及三维影像发布与规划辅助决策系统，分别被住房城乡建设部列为全国示范推广工程和科学技术项目计划示范工程。泰安市规划局被省住房城乡建设厅授予全省建设系统先进集体，被省档案局评为省一级档案管理单位，被泰安市委、市政府授予创建文明行业先进单位、“泰山先锋”基层党组织、援川恢复重建工作先进集体、优秀提案承办单位、全市行政审批工作先进单位、全市创建国家园林城市先进单位等15项荣誉称号。

泰安市举办国务院批复实施泰安市总体规划新闻发布会　　（摄影：时立强）

【规划编制】　1月28日，国务院批复了《泰安市城市总体规划（2011—2020年）》，为泰安未来发展提供了科学依据。依据总体规划，突出抓好重点片区、大型公建设施规划及控制性详细规划的编制工作，组织编制了《泰安市城市综合交通规划（2010—2020年）》《擂鼓石大街中段城市设计》《火车站前广场景观设计》《红门路、龙潭路道路水体景观规划》《汶河以西新城区概念规划》等一系列重要规划。编制了《泰安市历史文化名城保护规划》，展现了山城一体的城市特色。切实加强以历史文化轴为中心的老城区保护，同时大力实施“时代发展轴”建设工程。抓好城市环境综合整治工程，提升城市绿化景观、美化道路街区环境、优化城市夜景环境，完成了“六路一河一中心”的亮化规划。

【规划管理】　创新科技手段，完成涵盖泰安市辖区7700平方公里的三维地形场景，以及泰安市城区200多平方公里的精细三维建筑模型与规划辅助决策系统。在全省率先利用“规管2000”自动化办公系统，成功实施了泰安市城市规划数字化工程，实现了全局无纸化办公。创新管理机制，对所有建设项目实行“四级会审”制度，落实市政府出台的《关于加强规划设计方案征集工作的通知》，实施“阳光规划”制度，实现规划决策的民主化、科学化。

【规划监察】　市规划局组织规划监察支队，加大了巡查和拆除的力度，禁止以罚代拆，进一步明确了监察职责、奖惩制度。在规划监察工作中，立足一个“早”字，早发现、早制止、早拆除；突出一个“拆”字，自拆、强拆、帮助拆除；做好一个“联”字，上下联动，内外联动查处拆除违法建设，坚持持续拆除不放松。年内，共查处违法建设813处，面积24.6万平方米；拆除违法建筑624处，面积8.35万平方米，维护了城乡规划的严肃性，保证了重点工程的顺利实施。

（时立强）

住房公积金管理

【概况】　2011年，泰安市住房公积金管理中心围绕“安全、增值、服务”三大工作重点，牢固树立“法律、大局、风险、服务、创新、廉政”六种意识，解放思想，改革创新，团结一致、真抓实干，圆满完成了年初确定的各项工作任务，实现了住房公积金管理工作的新发展、新突破。泰安市住房公积金管理中心被评为全省住房公积金管理工作优秀单位、省级文明单位、科学发展先进单位、争创“五型”机关先进单位。

【住房公积金归集】 把归集扩面作为重点工作来抓，采取电视访谈、登门座谈、邀请人大政协视察、发放宣传材料等形式，宣传政策，普及知识。将非公企业作为扩大缴存覆盖面的着力点。截至年底，全市共有130家民营企业、7528名职工新建立了住房公积金制度，新增住房公积金5132万元。将缴存比例由7%上调为8%，住房公积金归集额因此新增5300万元。委托银行协助归集公积金，全市各受托银行共动员30户企业为3324名职工开户缴存住房公积金，累计缴存675万元。全市全年共归集住房公积金15.3亿元，占全年计划的123%，比上年同期增长31%。全市累计归集住房公积金67.8亿元，归集余额55.3亿元。全市缴存公积金的单位达到2880个，缴存职工38.5万人。

【住房公积金贷款】 制定出台《关于规范我市住房公积金个人贷款政策有关问题的通知》《关于进一步改进和加强房地产市场调控的通知》，执行差别化住房信贷政策，支持职工改善性、保障性住房的贷款需求。先后出台21个规范性文件，修订了《个人住房公积金贷款管理办法》，出台了《担保公司管理办法》《贷审会工作规程》，规范贷款合同，完善担保人变更手续等，进一步规范了贷款管理。将住房公积金最高贷款额度由30万元提高到40万元，增加“用个人住房公积金贷款置换原个人商业住房贷款”业务，引入担保公司担保的方式。出台《关于完善住房公积金提取条件的意见》，取消不必要的提取限制，降低提取门槛，放宽提取条件，提高住房公积金缴存人的购房支付能力，减轻还款压力。年内，全市共发放住房公积金贷款4.82亿元，完成全年计划的179%，贷款职工2662户。全市累计发放公积金贷款45.7亿元，贷款余额26亿元，累计贷款职工4.2万人。

【住房公积金资金管理】 住房公积金支取方面，出台《支审会工作规程》，完善了住房公积金支取工作流程；内部管理方面，修订完善了学习培训、经费管理、人事管理、车辆管理、档案管理、职工考勤、责任追究等制度。加大逾期贷款回收力度，采取专人催收、法律诉讼、扣划公积金偿还等措施，全市共清理逾期贷款22户，逾期金额75.9万元。资金管理方面，改革账户管理制度，对住房公积金实行“零余额账户”管理，存款户每日清零，活期及时转存定期，资金分级核算集中管理，达到了“资金整体运作、分户管理、确保安全、增效明显”的目的。截至年底，住房公积金银行存款余额30.2亿元，其中定期存款29.6亿元，占存款余额的98%，比上年增长64%，活期存款6430万元，比上年下降38%，此经验得到了住房城乡建设部、省住房城乡建设厅的充分肯定，在全国推广。年内，全市住房公积金增值收益实现9324万元，占年初计划的222%，比上年增加4544万元，增长95%。扣除贷款风险准备金和管理经费后，提供保障性住房建设资金6209万元，比上年增加4610万元，增长288%，可建廉租住房约633套或建公租房约842套，全市累计提供廉租住房建设资金1.2亿余元，为加快全市保障性住房建设做出了积极贡献。

【住房公积金服务】 出台《加强和改进住房公积金服务工作的实施意见》，制定《住房公积金服务指南》，理顺岗位职责，精简办事环节，提高了服务效率。开展行政服务标准化建设，梳理规章制度，制定岗位工作标准和工作规程标准，制定行政服务标准181项，涵盖住房公积金行政管理和服务质量的各个方面，进一步增强了工作的科学性和有效性。更新改造计算机网络系统，完善了信息系统建设方案。完善升级“三网”，开通了中心门户网站，拓宽了内部局域网，新上了智能办公系统，住房公积金管理信息化、自动化形成完整体系。通过中心门户网站，开展网上政策咨询、个人查询等业务；试行网上缴存、贷款申请、贷款偿还等业务，实行网络化办公。

（杜继祥）

威海市

城乡建设

【概况】 2011年，威海市住房和城乡建设系统紧紧围绕全市经济社会发展大局，以建设精品城市为目标，不断加大城乡规划建设管理工作力度，圆满完成了年初制定的各项工作目标，实现了“十二五”开门红。一是城镇化水平明显提高。全市城镇化率达到58.7%，超出全省平均水平10.4个百分点，城镇化质量指数位居全省第二位。二是完善城市总体规划。编制了市域城乡统筹规划、“十二五”城镇体系发展规划。三是城市基础设施建设步伐加快。组织实施了宝泉广场改造工程等一大批重点项目。四是创新城市管理方式。成立了城市综合管理委员会及办公室，进一步理顺市区城市管理体制。五是大力推进数字化城管信息系统建设。基本完成了数字化城管信息系统软硬件平台和网络平台建设。六是公用事业稳步推进。全年累计完成供热计量与节能改造面积574万平方米，改造项目单位面积耗热量平均下降28%；完成19个旧生活区环境综合整治；新增天然气用户4.1万户；新增供热用户2.9万户。七是村镇建设加速推进。新开工建设农房5.4万户、改造危旧房1.51万户，分别完成年度计划的180%、302%。八是城市更新有序实施。城中村改造工作走在了全国前列，截至2011年末，中心市区77个城中村、31339户、342.2万平方米全部完成拆迁，基本完成3万户、近10万人的回迁安置。威海市被住房城乡建设部评为“全国节能暖房工程重点市”；被山东省人力资源和社会保障厅、住房和城乡建设厅评为“全省住房和城乡建设系统先进集体”。

【重点工程建设】 重点实施了16项城建重点工程，2011年计划投资153亿元，实际完成投资160.6亿元。双岛湾休闲旅游度假城工程总体规划、可行性研究报告、土地地籍勘测及摸底调查已完成；工业新城河道工程及中心商务区主体工程已经完工；临港产业服务区土地调查及信息系统已通过验收；五渚河流域生态休闲度假区工程整体概念性规划、温泉风情小镇概念性规划已通过初审；国际展览中心绿轴工程累计完成拆迁面积11.73万平方米，完成拆迁总量的91%；金线顶区域整体开发改造工程累计完成投资56亿元，水工一、二期工程基本完工，水工三期旅游码头、防波堤分别完成总量的96%、80%以上；宝泉广场建设工程回迁区威海浴池、环卫浴池、水疗楼、威海军分区洗浴中心已交付使用；环翠楼主楼、广场地下停车场、环翠书院、文化展览中心、盆景园温室、荫棚和茶室主体已完工；塔山公园改造工程园内绿化、道路硬化、景观照明、管网配套及儿童乐园区、健康休闲区等已完工；

统一路南延及内环快速路工程地形图测绘、项目建议书和可行性研究报告已完成；江家寨立交桥改造工程基础部分基本完成。

环翠楼远景 （摄影：巴 特）

【城市精细化管理】 组建了市城市综合管理委员会办公室，制订了《关于市区城市管理职责分工的意见》《城市精细化管理量化标准》《城市精细化管理综合考核办法（试行）》等文件，进一步理顺了市区城市管理体制；全力推进数字化城管信息系统建设，组建了城市管理信息采集监督员队伍，系统软硬件平台建设已基本完成；组织开展了为期一个月的市区城市环境综合整治活动，圆满完成了市政府确定的11项整治任务。

【市政公用事业】 一是城市供水。全市城市供水总量13260万立方米，比上年增加546万立方米，用水普及率达100%。二是城市供热。全市蒸汽供热能力1300吨/小时，热水供热能力1420兆瓦，集中供热面积达到4197万平方米，比上年增长11.8%，管道长度达3388公里，比上年增长3.7%。三是城市供气。全市天然气供应总量7006万立方米，比上年增加637万立方米，液化气供应总量16409吨，比上年减少8267吨，用气人口145.10万人，燃气普及率达到100%。

【环境卫生】 全市城市道路清扫面积达到2932万平方米，其中，机械清扫面积1635万平方米，机械清扫率55.8%；实施了建筑垃圾定点投放，安装了新型垃圾箱，开展了生活垃圾分类收集试点；全年清运生活垃圾、粪便64.68万吨，基本做到日产日清；全年生活垃圾无害化处理量53.91万吨，无害化处理率达100%；全市有公共厕所253座，全部为水冲公厕。

【园林绿化】 全市绿化覆盖面积12750公顷，比上年增长3.5%，建成区绿化覆盖率由上年的46.24%上升到46.72%，提高0.48个百分点。园林绿地面积11019公顷，比上年增长3.2%，建成区绿地率由上年41.64%上升至42.03%，提高0.39个百分点。公园绿地面积3277公顷，比上年增长3.3%，人均公园绿地面积22.54平方米，比上年增长1.2%。

【村镇建设】 一是房屋建设。全市村镇建设共完成投资62亿元，完成生产性建筑面120.54万平方米、公共建筑面积22.23万平方米、住宅建筑面积181.39万平方米。二是基础设施建设。硬化改造道路413.1万平方米，新增绿地面积125.97公顷，新增路灯1909盏，新建排水沟（管）270.75公里。三是公用设施建设。全市共建成镇级垃圾转运站50座，实现了生活垃圾“村收集、镇清运、市处理”；建成镇级污水处理设施56处、村级污水处理设施23处，所有建制镇全部建立了污水处理设施，在全省率先实现城市及镇区污水处理全覆盖；建成镇级供热站28座，铺设供热管道1233公里，铺设燃气管道1526公里。

威海市委书记孙述涛一行视察威海港华燃气公司　（摄影：鞠红旗）

【房地产开发管理】　加快推进保障性安居工程建设和住宅产业现代化步伐，编制完成《威海市住房与房地产业“十二五”发展规划》。全市房地产业完成投资352.3亿元，比上年增长30.6%；实现税收37.66亿元，比上年增长29.82%；房屋建筑施工面积3048.24万平方米，比上年增长49.2%；商品房屋实际销售面积753.88万平方米，比上年增长1.6%；实际销售额305.81亿元，比上年增长9.2%；平均房价4023元/平方米，圆满完成了年初确定的调控目标；房地产企业开发实力明显增强，全市登记注册的房地产开发公司共558家，形成了一批骨干开发企业，住宅品质稳步提升。截至2011年末，全市具有三级以上资质的房地产开发企业104家，5家企业入围“山东省房地产开发综合实力50强企业”。

【城市住宅建设】　全市住宅建设完成投资307.77亿元，住宅竣工面积530.86万平方米，城市居民人均住宅使用面积达29.09平方米，城市居民人均住宅居住面积达22.03平方米。全市房产买卖成交面积651.02万平方米，成交金额233.86亿元。

【房地产市场调控】　3月31日，市政府办公室印发《关于进一步做好房地产市场调控工作的通知》（威政办发〔2011〕18号），进一步明确了房地产市场调控目标和责任。确定的2011年城镇新建商品住房价格调控目标为：新建商品住房价格上涨幅度低于当年城镇居民人均可支配收入增幅，同比增幅控制在10%以内。同时要求各市、区切实承担起促进房地产市场平稳健康发展的责任，以不断改善城镇居民住房条件为出发点，加快推进保障性安居工程建设，综合运用税收、信贷、土地、市场监管等手段，加大供应和需求的双向调节力度，引导市场理性开发、理性消费，坚决遏制房价过快增长。

【住宅产业化】　全年创建国家住宅产业化基地1个，新增国家康居示范工程2个，国家康居示范工程总数达到4个，是全国唯一一个各县（市、区）均有康居示范项目的地级市。同时，4个住宅小区项目通过国家A级性能认定。文登市龙泽苑小区、乳山市颐和·八甲山水小区和荣成市丰荟·上海花园分别通过了住房城乡建设部组织的国家康居示范工程评审。威海丰荟集团有限公司顺利通过住房和城乡建设部住宅产业化促进中心专家组评审，成为继青岛、烟台、淄博后山东省第4个住宅产业化基地。

【建筑业管理】　全市完成建筑业总产值193.92亿元，实现利税21.2亿元，施工面积2219.90万平方米，竣工面积934.73万平方米，分别比上年增长7%、8.9%、6.3%、4.4%；收缴劳保金

3.64亿元，完成年度计划的182%。深入开展安全生产基层基础深化年、市区散流物体运输等专项整治活动。加强工程招投标管理，新开工工程项目应招标率和应公开招标率全部达到100%，并全部进入有形建筑市场公开交易。受理农民工上访案件300余件，涉及农民工1400人，协调解决农民工工资约1000万元。申报省级安全文明工地22个，省级示范工地7个，省级安全文明小区2个。加强建筑施工企业资质管理，严格控制新申报房屋总承包三级资质，企业资质年审取消“基本合格”档次，考核结论仅为合格与不合格两个档次，不合格企业责令限期整改，整改不达标降低资质等级或撤销资质；鼓励扶持发展势头强劲、社会信誉良好的企业资质升级、增项，形成有本地特色的专业承包类别，截至2011年末，全市有资质的建筑业企业共532家，其中房屋总承包企业248家，专业承包企业230家。

【建筑节能】 全市新建建筑全面推行节能新标准，建筑设计、施工阶段节能新标准执行率分别达100%和98.7%；新型墙材生产企业达71家，年产量超过21亿标块，年可利用废渣150.6万吨，节约土地1683亩，节约标煤9.62万吨，减少废气排放26.4万吨；广泛推广应用可再生资源，获国家可再生能源建筑应用示范项目27个，第一批示范项目共265万平方米已竣工；第二批示范项目已全面启动建设，获国家专项扶持资金2400万元；新北洋数码港、经区2兆瓦光伏建筑一体化项目被列入国家2011年度光伏建筑一体化示范项目，获专项扶持资金2985万元。

【农民工工资管理】 3月17日，威海市印发《2011年建筑业农民工工资管理工作实施方案》（威建管字〔2011〕26号）。方案提出农民工劳动合同签订率要基本到达100%，外地进威施工企业由于拖欠工资引发农民工上访案件要有大幅下降，逐步消除农民工采取攀爬塔吊等过激行为讨薪现象，努力实现“把苗头隐患消除在施工现场，把矛盾纠纷化解在企业内部”的目标。方案提出的主要措施为：结合企业资质年检，进一步提高建筑企业依法诚信用工水平；结合进威备案年度考核，切实遏制外地企业由于拖欠工资引发农民工上访比较普遍的势头；结合劳动合同管理，加强对在建工程的监督检查；结合创建“国家文明城市”活动，扎实做好重大敏感时期和农民工集中返乡高峰前夕的和谐稳定工作；结合职业技能培训活动，有效提高农民工的综合素质。

【农民工劳动合同管理】 3月15日，威海市印发《关于进一步规范劳动合同管理工作的通知》（威建管字〔2011〕25号），要求全市建筑企业必须与所招用的务工人员逐个签订劳动合同，并设专人负责劳动合同管理和劳资纠纷调处工作。劳动合同签订后，由工程项目部集中保管备查。对劳动合同签订率达不到100%以及发生投诉上访问题的企业，要视情节给予通报批评、记不良行为、限制招投标资格、降低或取消资质、清出威海建筑市场等处罚。

【建筑能耗监测审计】 5月，威海市大型公共建筑能耗监测平台建成，为能耗审计工作奠定了基础。6月，经省住房城乡建设厅批准，威海市建筑工程质量检测站成立，成为威海市第一家建筑能源审计机构，负责检查大型公共建筑节能设计标准的执行情况、建筑能源计量及统计状况，核对能源消耗记录和财务账单，计算分析分类与分项能耗以及用能系统、设备的运行状况。

【工程抗震设防专项检查】 4月，市城乡建设委开展了抗震设防专项检查。重点检查新建、改建、扩建工程抗震设防是否纳入基本建设管理程序情况，建设工程抗震设防监督管理情况，重大工程、生命线工程、可能发生严重次生灾害的建设工程依法开展地震安全性评价的情况，学校、医院等人员密集场所建设工程提高抗震设防要求的落实情况，开展地震活动断层探测和地震小区规划工作情况，在城市规划建设工作、建设工程抗震设防要求管理工作中应用地震活动断层探测和地震小区划工作成果的情况，在建建设工程按照抗震设防要求和行业抗震设计规范进行抗震设计情况，建材质量和施工质量监管情况，对已建成但存在地震安全隐患的各类建设工程开展抗震性能鉴定和抗震加固工作的情况，农民住宅和乡村公共设施抗震设防管理情况。通过检查发现市区抗震设防总体情况良好，对个别工地存在的问题，下达整改通知书 8 份。

【《威海市建设志》获奖】 6 月 1 日，省史志办公室组织开展了“齐鲁新方志奖”评选活动，由市城乡建设委组织编纂、市史志办选送的《威海市建设志》以其新颖的形式，翔实的资料，严谨的体例，精美的装帧，从 1 万多部志书中脱颖而出，获得了评审委员会的一致认可，被省政府办公厅授予“齐鲁新方志奖优秀基层志书”荣誉称号。

（姜晓飞）

城乡规划

【概况】 2011 年，威海市规划管理部门紧紧围绕市委、市政府打造“蓝色休闲之都、世界宜居城市”的科学定位，以科学发展观为统领，以推进半岛蓝色经济区建设为核心，以“素质提升年”活动为契机，务实创新，勤勉敬业，着力提升“引领发展能力、规划编研水平、管理服务效能、工作落实力度、廉洁勤政意识”五大能力，各项工作取得了新的进展。全年共组织编制《威海市城市总体规划》《威海市区近期建设规划》等 10 余项规划，审查专项规划 7 项，审查修建性详细规划 52 项。

【总体规划修编】 市规划局组织对 2004 版《威海市城市总体规划》进行了修编完善。修编的基础资料主要采用 2010 年数据，结合近几年城市的发展变化，充分与《山东半岛蓝色经济区发展规划》、威海市“十二五”规划以及《威海市土地利用总体规划》等有关规划进行了衔接。城市总体规划期限改为 2011—2020 年，近期建设规划期限改为 2011—2015 年。9 月，该规划方案经威海市城乡规划委员会会议审议通过，待报山东省人民政府审查。

【市区近期建设规划编制】 《威海市区近期建设规划（2011— 2015）》（以下简称《近期规划》），从蓝区建设的大背景出发，与“十二五”规划和土地利用总体规划相协调，提出了城市近期发展目标和策略。《近期规划》对“十一五”期间威海市总体规划实施情况进行了客观分析，确定了“通过产业转移、空间优化、功能重构，实现市区内基础设施、产业布局、城市功能的融合衔接，全面提升市区综合功能和竞争力，加速融入蓝色经济区，打造‘蓝色休闲之都、世界宜居城市’”的近期总体目标；提出“突出两大主题、明确三大核心、构筑四大体系、完善六大格局”的规划要点；对建设用地指引、居住用地、公共设施用地、工业仓储用地、城市道路交通、生态体系、公园绿地、市政设施等内容进行了专项规划。9 月，该规划经威海市城乡规划委员会审查通过，待报市政府审批。

【专项规划修编】 3 月，对《威海市公共设施布局专项规划》（以下简称《专项规划》）进行了修编。规划范围包括威海市环翠区、经济技术开发区、火炬高新技术产业开发区和工业新区（含苘山、汪疃两镇），总面积为 992 平方公里。规划期限：近期 2011—2015 年，远期 2016—2020 年，远景 2020 年以后。《专项规划》总结了原《威海市公共设施布局专项规划》的实施情况，对教育科研、医疗卫生和社会福利等方面设施的规划配置标准进行了调整，增加了疗养、科研设施等内容，提出了新的公共设施近期建设内容。9月，该规划经威海市城乡规划委员会审查通过，待报市政府审批。组织编制了《威海市区电动汽车充换电站布点规划》（以下简称《布点规划》）。《布点规划》在对电动汽车充换电站设施规模合理预测的基础上，按照“均衡合理、安全环保、协调统筹”原则，分近、远期进行布点规划。至2015年规划建设1座集中充电站、3座标准充换电站、12座配送电站及独立充电桩150套。至2020年，规划建设1座集中充电站、4座标准充换电站、50座配送电站及独立充电桩700套。9月，该规划经威海市城乡规划委员会审查通过，待报市政府审批。

【调研成果获特别奖】 威海市第六次全国人口普查主要数据完成后，市规划局对城市人口结构变化情况及趋势进行了分析研究，对与人口信息直接相关的教育科研、医疗卫生和社会福利等公共设施规划进行了认真总结，并提出了规划策略，撰写了调研报告《适应人口结构变化加强公共设施规划调整的建议》，该调研成果被评为“威海市政府系统2011年度优秀成果特别奖”。

【规划管理与服务】 开通项目审批“绿色通道”，寻找突破口，探索新思路，克服限制、影响项目建设发展的各类困难，确保相关项目规划的顺利推进。严格实行“市规划局技术审查会议、市规划局办公会议、市城乡规划委员会会议”三级会审制度，共组织召开技术审查会87次、局办公会16次、市规委会1次。严格实行“一书三证”制度，2011年共核发建设项目选址意见书73份；发放建设用地规划许可证196份，规划用地面积约1300万平方米；发放建设工程规划许可证1304份，规划建筑面积约776万平方米；发放建设工程竣工规划验收合格证136份，验收面积约240万平方米。“一书三证”的发放合格率为100%。实施批前公告54项，进行批后公布83项，公告公布率达到100%。

（张志伟　张艳红）

住房保障与房产管理

【住房保障】 修订《威海市区经济适用住房销售和退出管理办法》，将市区低收入家庭认定标准由44490元提高到53360元，年人均收入标准由14830元提高到17788元；将大龄青年购买经济适用住房的年龄限制，由年满30周岁调整为28周岁；将家庭人均住房建筑面积低于15平方米且符合购买经济适用住房条件的家庭全部纳入住房保障范围。完成省政府下达的保障性住房建设任务6619套，新增廉租住房租赁补贴193户；新建改建公共租赁住房项目17个，3536套，得到住房与城乡建设部巡视组、省人大视察组、国家“人居环境奖”复核组的高度评价和充分肯定。

【房产交易市场监管】 规范房屋销售活动，实施销售现场公示内容“三上墙”政策，即商品房预售许可证上墙、可售房源位置和价格上墙、商品房预售管理办法等政策法规上墙。办理商品房预售许可证769份，批准预售面积316.34万平方米，整理预售档案195宗，查处违规违法行为9次。办理房产经纪公司备案证年检5家，办理评估机构资质备案、申报4家，已备案的30家房地产中介机构和15家房地产评估机构诚信档案基本建成。在省内率先开展开发企业网上提报登记业务，全市已有16家开发企业实行网上申报；率先将射频识别防伪技术应用于房产领域，权属证书利用射频识别防伪标签进行防伪。贯彻落实服务中小企业发展，实行三放宽政策，即放宽企业厂区建设项目抵押登记限制；放宽在建工程抵押登记限制；放宽企业间货贷担保的抵押登记要求。实现了三市房地产市场信息系统的互联互通，形成全市统一的房地产市场信息系统。组织20余家房地产企业参加哈尔滨春季房展会，展会期间接待咨询人数1万余次，发放资料8000份，威海楼市大观3000份，威海楼市地图4000份。以威海房地产信息网为平台，开展房地产团购，促成房地产交易23户。

【物业管理】 印发了《威海市区物业管理行业市场秩序专项治理工作实施方案》，在市区开展行业市场秩序专项治理，重点查处物业管理中存在的不规范、侵犯业主合法权益的行为。加强物业服务企业资质管理，完善物业服务企业信用档案体系建设，取消威海市鸿琳物业服务有限公司等6家物业服务企业资质。制定《威海市物业服务行业持证上岗制度管理办法》，对全市物业管理从业人员进行培训，实行资格准入和持证上岗，在资质审核、项目接管、评优达标等方面严格把关。建立物业服务行业人才管理档案，对经过培训取得上岗证书人员和继续教育情况进行登记和备案，杜绝一证多用，弄虚作假等行为。积极配合人居环境奖复查和市公共文明测评活动，组织物业服务企业修整破损非市政道路1.1万多平方米，清理绿化区蔬菜9700多平方米，清理乱堆乱放983处。归集专项维修资金4.17万多户、3.18亿元。研发数字化物业综合管理平台，系统已完成安装、调试，进入试运行阶段。

【直管公房管理】 直管公房管理数据全部实现电子化，公房管理实现合同化、市场化。合同到期的非住宅直管公房全部实行市场租金，调租率达100%，户均增租幅度15%以上，房屋租金收缴率达99%，租金收缴总额比上年增加近20万元。对威海市公房进行安全检查，尤其对栖霞街、井冈山路一带的平房加大安全隐患排查力度，维修房屋120余户，防水1600余平方米，清挖粪池和污水井123个，投入维修资金20余万元。参与乳山市7.25受灾民房安全鉴定，历时1个多月，协助鉴定民房1300余栋，在规定时间内完成鉴定任务，为各级政府提供了救灾补助依据。

（赵　鑫）

住房公积金管理

【概况】 2011年，市住房公积金管理部门充分发挥公积金制度的保障功能，加大对低收入职工的政策扶持力度，资金使用的社会效益显著增强。各项管理工作取得了新突破，连续9年实现了资金管理零风险，再次荣居全省公积金管理工作综合考核第一名，连续第8年被省住房城乡建设厅、财政厅授予“全省住房公积金管理工作先进单位”称号。截至2011年末，全市共开立住房公积金账户并正常办理业务的单位为5218个，缴存职工383350人，住房公积金覆盖率达96%。全年完成住房公积金归集额13.49亿元，比上年增收2.07亿元。全年向5260户职工家庭发放住房公积金个人购房贷款10.99亿元，占当年归集额的81.5%；共有50479人次提取使用住房公积金，提取金额6.44亿元，占当年归集额的47.7%。

【住房公积金贷款使用预警机制】 4月20日，威海市出台《住房公积金贷款使用预警机制实施规定》，在全省率先建立了住房公积金贷款使用预警机制。制定初级（黄色）预警、中级（橙色）预警、高级（红色）预警三个级别的预警机制，并制定了相应的调控措施。一是在贷款需求增多，贷款发放偏快，资金较为紧张，资金使用比率连续两个月超过80%以上时，启用初级（黄色）预警。停止办理定期存款，到期定期存款立即兑付，加快资金回流，停止公积金贷款后一年提取一次公积金的“又提又贷”政策；停止预售房合同提取公积金，统一改为房证提取；做好启用贷款使用限制性措施的文件准备。二是在贷款需求增长和贷款发放过快，资金周转困难，资金使用比率超过85%以上时，启用中级（橙色）预警。贷款最高额度下调25%；首付比例提高到30%以上；停止三套以上住房贷款；二套房贷款首付提高到60%，利率上浮10%；贷款申请时限由购房合同签订后三年改为一年之内；二次（含二次）以上申请住房公积金贷款需间隔5年以上，可贷额度减半。三是在贷款需求增长和贷款发放过快势头没有得到有效遏制，资金周转非常困难，资金使用比率超过90%以上时，启用高级（红色）预警。贷款最高额度下调50%；停止单套建筑面积在144平方米以上的非普通住房贷款；可贷额由夫妻双方公积金账户余额的20倍调为10倍；月还款额由不超过夫妻双方月工资收入的50%调为30%；贷款条件由连续足额缴存12个月调为24个月；采用贷款申请排队制度。以上各级别内的调控措施，可视情况单独使用或组合使用。

【住房公积金客户服务中心建成】 10月，市住房公积金管理中心建立了客户服务中心，开通了9600329客服热线。客服热线提供人工服务和自助语音服务。人工服务可以咨询住房公积金归集、提取、贷款等相关政策及业务操作，举报单位违反公积金管理规定的问题。自助语音查询提供24小时服务，可根据语音提示进行个人公积金账户信息查询、贷款信息查询和公积金查询密码的修改。

（毕崇征　王漓江）

日　照　市

城 乡 建 设

【概况】 2011年，日照市住房和城乡规划建设系统以科学发展观为指导，以加快建设海洋特色新兴城市为目标，服从服务于全市经济社会发展大局，坚持“大投入、大开发、大建设”，抢抓机遇，真抓实干，坚定不移地推动跨越发展，城乡规划建设管理工作取得辉煌的成就。日照市被财政部、住房和城乡建设部确定为“全国既有居住建筑节能改造重点市”“全国可再生能源应用示范城市”；香店河综合整治工程荣获“山东省人居环境范例奖”。日照市住房和城乡规划建设委员会荣获“十一五”期间山东省节能先进单位、集体二等功、全省住房城乡建设系统“四五”依法行政先进单位等称号，被中央文明委、住房和城乡建设部授予“全国文明单位”称号。

【城乡规划编制】 加快了新一轮城市总体规划及岚山、莒县总体规划修编；完成了国际海洋城概念性总体规划、北部海滨地区发展概念规划、新市区控制性详细规划、城市中心区修建性详细规划及淄博路深化设计；启动《日照市近期建设规划》《日照市城市交通发展战略研究》等规划编制；开展了“三点两片”雕塑方案征集。完成了首次城市航拍，为城市规划建设提供了档案资料。

【基础设施建设】 加大基础设施建设投入力度，完成城建投资87.23亿元，其中市区64.13亿元。香店河综合整治工程顺利完工，建设了沿河景观绿化及滨河特色街，被授予“山东省人居环境范例奖”。一次性建设里程最长、配套最全的北海路工程竣工通车，为城市北部地区发展奠定了基础。高标准实施了植物园改造工程。建成启用国内领先的城市规划展览馆，成为宣传推介日照的新窗口。加快了中心商务区、市级综合文化中心建设和阳光海岸综合整治，启动了奥林匹克水上公园北部区域开发建设。完成市区艳阳路、岚山玉泉二路、日照经济技术开发区现代路、山海天旅游度假区太公二路、莒县莒州南路、五莲解放路等一批城市道路建设改造，启动204国道日照城区段拓宽改造。实施中石油碑廓镇至东港区天然气长输管道、城西天然气门站至日照经济技术开发区次高压管线、中石油山东管网日照联络线日照段等工程建设。开展城市绿荫行动，实施28处道路绿地节点完善提升工程，完成一批公园和街头绿地建设，新增绿化面积262.1万平方米。建成启用了垃圾处理厂沼气收集利用、中水回用等工程，启动20项污水截流工程建设，建设了香店河中水站、污泥生物处理厂及再生水利用工程，治污设施进一步完善。

2011年北方采暖地区供热计量改革工作会议在日照召开

（日照市住房和城乡规划建设委供稿）

【建筑节能】 完成既有居住建筑节能改造208.74万平方米，完成既有居住建筑供热计量和温控装置安装1.2万户，超额完成年度任务目标。在全国率先规定12层以上高层建筑必须强制安装太阳能热水器，并实行反向审查制度，完成太阳能等可再生能源建筑一体化应用150万平方米、地源热泵建筑一体化应用10万平方米，为全年任务量的320%。住房和城乡建设部在日照市召开了2011年北方采暖地区供热计量改革工作会议，推广日照市的经验做法。

【民生工程建设】 加快城中村改造，市区拆迁房屋6913处、90万平方米，建设安置楼103.4万平方米。19个城中村完成改造，40个正在改造。加快保障性安居工程建设，以公租房建设、棚户区改造为重点，坚持政府、园区、企业三位一体建设公租房，实施棚户区改造与城中村改造相结合，开工各类保障房15395套，完成计划的109%，在全省率先完成开工目标。日照市住房和城乡规划建设委荣获“全省住房保障工作目标责任书考核先进单位”。

【建筑业】 大力实施“精品工程带动”战略，52项工程获“港城杯”奖，11项工程通过“泰山杯”奖复查，2项工程通过全国建筑工程装饰奖复查，1项工程被评为国优工程。开展“招标代理行业整顿规范年”活动，制定出台《串通投标行为认定及处理办法》，进一步规范了招投标行为。加强工程造价管理，“日照市工程造价信息系统”被确定为“住建部城市数字化工程示范项目”。制定《日照市深基坑工程管理补充规定》，进一步规范了深基坑工程管理。开展建筑业“安全生产月”系列活动，组织开展了建设工

香店河公园　　（日照市住房和城乡规划建设委供稿）

程安全事故应急救援演练，建筑安全管理水平不断提高。实施“走出去”战略，外出施工实现重大突破，签订外出施工合同额81亿元，实现外出施工产值56亿元，比上年增长50%。全年完成建筑业总产值171.1亿元，比上年增长15.9%；新开工房屋建筑施工面积561.87万平方米，比上年增长53.5%。

【房地产业】　认真贯彻落实国家、省关于加强房地产调控的有关政策措施，出台《关于进一步加强房地产市场调控工作的通知》，加强了市场跟踪调研分析和调控引导，强化了房地产市场监管，房价增幅低于年初确定的控制目标。全年完成房地产开发投资62.9亿元，比上年略有下降；房屋施工面积564.08万平方米，比上年增长40.1%；商品房网上销售面积180万平方米，比上年增长9.8%。完成房地产信息省、市、县三级联网，办理各类房屋登记29631件，比上年下降14.53%。出台《加强住宅专项维修资金管理的通知》，强化了住宅专项维修资金的归集、管理和使用。推行住宅性能认定制度，2个项目通过“国家商品住宅A级性能认定”，1个项目荣获“国家康居示范工程”，1个项目荣获“广厦奖”。

【市政公用事业】　实施水源地维护改造工程，扩建水质检测中心，全年实现安全供水4300万立方米。建设市区备用热源工程，完成香店河热力管网敷设，市区集中供热面积达到800万平方米。加强燃气安全管理，开展了冬季燃气安全入户大检查，燃气用户受检覆盖面达90%以上，实现安全供气5000多万立方米。加强市政设施、园林绿化管理考核，城市管理逐步精细化、规范化、科学化。统一奥林匹克水上公园管理运营，游泳中心被命名为“国家游泳队山东日照训练基地”。加强万平口景区管理，全年接待游客650万人次，被评为“山东省城建行业规范化管理先进单位”。加快市区环卫一体化进程，东港区范围内90个城中村全部纳入一体化管理。完成17处“文化墙”建设，整治市区城阳路等7条小街小巷。

【村镇建设】　完成村镇建设投资34亿元，建设了一批道路、供水、垃圾污水处理等基础设施，实施了村镇环境综合整治，村容镇貌明显改善。深入推进“百镇千村”建设示范活动，东港区涛雒镇和莒县招贤镇被评为省级示范镇，31个村被评为“全省村庄建设示范村”。推进新型农村社区试点示范工作，莒县、五莲已落实10处新型农村社区小型污水处理项目。加快农村住房建设及危房改造，完工及在建农村住房25351户、改造危房8994户，分别达年度任务量的115.23%、105%。

【援疆工作】　先后派出援疆专业技术人员14

批、36人次，高标准完成麦盖提县亚胡木丹·英叶尔村安居富民示范村一期、二期项目，加快推进了麦盖提县远程医疗会诊中心建设、医疗卫生能力提升、民政福利园区建设和小城镇提升改造等“交钥匙工程”，加强了对巴扎结米村改造提升、刀郎中学建设、村级组织阵地提升改造等“交支票项目”的业务指导，全力提供规划设计技术支持，先后完成各类规划设计方案20余项。

（徐　伟）

住房公积金管理

【概况】 日照市住房公积金管理中心以科学发展观为指导，扎实开展住房公积金管理工作，各项工作取得了明显的进展和成效。截至年底，全市已有1731个单位、13.66万名职工建立了住房公积金制度，累计归集住房公积金37.5亿元，累计提取18.5元，累计为18787户家庭发放个人贷款15.6亿元，住房公积金余额为19亿元，贷款结余6.4亿元，建立贷款风险准备金998万元。2011年1月，日照市住房公积金管理中心升格为市政府直属正处级单位。

【住房公积金制度建设】 紧紧围绕“规范管理”主线，大力推进制度建设工作。起草完成《日照市住房公积金管理办法》《归集办法》《提取办法》《贷款办法》《行政处罚暂行规定》《行政处罚裁量权办法》《贷款资金支付办法》等七个管理文件，为规范管理全市住房公积金奠定了制度基础。

【住房公积金归集】 开展住房公积金催建催缴活动，扩大住房公积金制度覆盖面。各管理部对各自辖区内的单位进行了全面梳理，对有能力建立住房公积金制度的单位督促其尽快建立住房公积金制度，欠缴的单位分析其欠缴原因，督促其续缴住房公积金，取得了明显的效果。五莲管理部通过争取县委县府的支持，将乡镇住房公积金缴存工作纳入县政府督查考核范畴，县乡党政事业单位公积金制度实现了全覆盖。莒县管理部深入部分有条件建立而未建立住房公积金的非公有制企业，通过多次宣传和协调，提高了非公企业领导对住房公积金制度政策的认识。调整落实住房公积金缴存比例，全市各企事业单位的住房公积金缴存比例提高至12%。调查摸底全市住房公积金制度建立情况，建立了全市应建立住房公积金制度的单位清单。2011年，全市归集住房公积金8.3亿元，完成年初归集计划的130%，比上年增长37%；实现业务收入5035万元，实现业务支出4012万元，实现增值收益1023万元。

【住房公积金贷款管理】 一是进一步完善公积金贷款政策，加大贷款发放力度，大力支持城镇居民购买住房。全年为职工购建房等支取3.6亿元，为1683户家庭发放公积金贷款2.3亿元，回收贷款1.4亿元。二是集中清收逾期贷款。组织逾期贷款的集中清收活动，采取电话催收、上门劝诫、扣收住房公积金、诉讼等多种方式进行清收。全市逾期贷款从年初的104户、89万元降到年底6户、16万元，逾期率也由年初的1.5‰降到了0.25‰。三是建立了贷款风险防范体系，完善了贷款内控制度。在贷前审查上，健全了借款人贷前调查、面谈及信用查询制度，明确了审核人的责任；在贷款审批上，坚持贷款审批会议集体研究决策机制，杜绝暗箱操作；在贷后管理和逾期贷款的回收工作中，建立了对逾期贷款的逐笔管理、逐笔清收的管理机制，努力将贷款逾期率降到最低。

【公积金风险管理】 建立定期存款存单集中存放管理制度，将各区县管理部的定期存单由原来的分散管理改为统一上收到市住房公积金管理中心来集中管理。建立银行存款的定期查库对账制度，确保资金不出差错。协调各住房公积金委托银行，将住房公积金归集、资金安全和贷款管理情况纳入委托银行考核体系，并在委托协议中明确了各委托银行的责任。集中开展“查找资金安全风险点和廉政风险点”活动，认真排查住房公积金提取、贷款、归集和核算等各环节中存在的潜在风险。在资金安全风险方面查找出33项风险点，在廉政风险方面查找出7项风险点，有针对性地提出了防范和整改措施，并落实到制度建设和具体工作中。

（孙　波）

城市管理行政执法

【概况】 2011年，日照市城市管理行政执法局坚持以科学发展观为指导，牢固树立以人为本、执法为民、为人民管理城市的理念，本着“抓全面、破难题、上档次、出精品”的目标要求，积极探索行之有效的机制和措施，实现市容管理的精细化、科学化、高效化；创新规划执法理念，不断深化政府领导、属地负责、部门配合、齐抓共管的综合拆违机制；注重用以人为本、执法为民的理念指导工作，不断提升便民服务的层次和水平，树立起为民管城、服务民生的新形象。日照市城市管理行政执法局先后荣获全省住房城乡建设系统规范化管理先进单位、全省住房城乡建设系统“五五”普法先进单位、省级文明城市创建工作先进单位等荣誉称号。

【市容管理】 本着“抓全面、破难题、上档次、出精品”的目标要求，积极探索行之有效的机制和措施，实现市容管理的精细化、科学化、高效化，市容环境进一步改善。监管市区40余条主次干道市容，规范疏导流动摊点、占道经营、店外经营8.7万余处；清理乱搭乱建、乱堆乱放、乱拉乱挂9000余处；规范旅游景点工艺品摊点1800余处，清理“三大堆”、打场晒粮、晾晒渔网等400余处；组织6次大型执法行动，取缔露天烧烤摊点40余处；查处夜间施工噪声扰民行为367起，查处乱倒垃圾行为28起，协调有关街道、社区清理辖区内建筑垃圾17万余立方米，查处噪音扬尘、车辆拖带、路面撒漏等造成的环境污染行为178起；清理整顿市区主次干道两侧的广告牌匾及非法小广告，共拆除破损、陈旧、违规广告牌匾500余处，清理落地灯箱800余块，清除各类非法小广告1.7万余张；先后出动执法队员1500余人次，完成了70余次重大活动的市容监管任务。在市区设置了30余处果蔬销售摊点，设立了大量临时便民市场，解决了在原许家楼济南路流动摊点、滨州路大学城段占道摊点、碧海路水芙蓉占道摊点群等市容管理难题。

【规划执法】 创新规划执法理念，变事后查处为全程监管，建立健全违法建设的预防机制，保持了对违法建设的高压态势，不断深化政府领导、属地负责、部门配合、齐抓共管的综合拆违机制。及时进行清理拆除沿海岸线、卧龙山核心控制区、新修道路两侧、城乡结合部等重点区域的违法建设。服务于日照市重点工程和招商引资项目，做好香店河整治、中心商务区拆迁、城中村改造、东关北路建设、204国道改线、北海路建设等市政重点工程及中心渔港、造船基地、自动变速箱、五征商务车等重点项目的拆违清障工作。全年制止各类违法建设400余处、3.9万余平方米，拆除违法建设200余处、1.4万余平方米；加大行政处罚力度，共召开案审会4次，对131起违法建设实施了行政处罚；强化规划批后监管，检查工程项目364个，检查总建筑面积198万余平方米。

（高　鹏）

莱 芜 市

城乡建设

【概况】 2011年，莱芜市围绕精品城市建设，努力完善城市服务功能，提升城市人居环境，全面加快城建重点工程建设，深入推进城市精细化管理，认真抓好农房建设和村庄整治，成功创建“山东人居环境奖”城市，顺利通过“国家园林城市”“国家卫生城市”复查验收，城乡建设科学发展水平得到进一步提升。截至年底，全市城市建成区面积96.5平方公里，城镇人口66.9万人，城镇化率达到52.6%。

【城建重点工程建设】 一是文化中心二期工程，主要包括图书馆、科技馆、工人文化宫三个场馆，总建筑面积4万平方米，总投资3亿元，2011年开工建设，预计于2012年10月份投入使用。二是市政道路改造工程，主要是对汶源大街、汶阳大街、花园南路孝义河桥以及鹿鸣路和进出兰馨园小区的道路进行了综合改造，改造道路总长度5.8公里，累计完成投资7000多万元，全部提前竣工通车。三是城市亮化工程，采用节能环保型LED灯，对文化路、龙潭大街的部分路段实施高标准亮化，对沿街楼宇进行立体式亮化，与2010年完成的万福路、鲁中大街亮化工程形成城市中心亮化景观环。四是供热管网改造。新建高温水管网9公里，新增23家单位、供热面积58万平方米，高温水供热面积达到160万平方米，城市总供热面积达到500万平方米，集中供热普及率达到60%。五是城中村改造。市政府下发《关于进一步加强城中村改造工作的通知》，区、办事处、村三级均组建了专门的工作班子，成立了领导机构，完成“城中村”拆迁169万平方米。

【市政基础设施管护】 一是管理机制创新。建立了由市政、建管、园林、环卫、照明、燃热、排水等7单位组成的“联动巡查”管理机制，城市管理效率得到极大提升。二是市政设施维护。对市区26条主次干道进行维修养护，维修路面1

改造后的汶源大街 （莱芜市住房城乡建设委供稿）

万平方米，人行道2万余平方米，增设盲道3公里，实施了嬴牟大街和万福路强弱电下地工程；加强路灯维护管理，新安路灯300盏，维修路灯900盏，路灯设施完好率达到100%，亮灯率达到99%。三是园林绿化。对市区内4.5平方公里的公园游园绿地进行绿化补植和养护管理，补植苗木20多万株，新增绿地面积1万平方米，城市建成区绿地率达40.78%，绿化覆盖率达43.95%，人均公共绿地面积达16.28平方米，2011年5月顺利通过“国家园林城市”复查验收。四是环卫保洁。突出抓好道路清扫、公厕建设和垃圾中转站、果皮箱的维修管理，方便市民生活；实施了凤城西大街商贸区环境综合整治，出动车辆110台次，维修维护各类设施120处，清运垃圾210立方米，保持了城市容貌整洁。五是城市节水。组织开展2011年城市节约用水宣传周活动，积极筹备编制《莱芜市城市节水中长期规划》，指导10家企业单位成功创建成为省级节水型企业（单位），节水型企业单位达到25家。六是城建档案管理。全年整理档案2400余卷，接收工程竣工档案1100余卷，接待档案查阅146人次、900余卷；建设CORS工作基站，完成第二次地下管线大普查的管线测量工作。

【村镇建设】 一是积极开展新城镇示范活动，选择口镇、雪野、羊里、寨里、牛泉、苗山、杨庄、辛庄、颜庄等9个镇作为新城镇示范点，按照“十有”标准进行重点打造，9个示范镇开工基础设施、公共服务设施项目28个，完成投资5.6亿元。二是加快推进农房建设。选择12个居住区作为农村新社区示范点，给予重点帮扶指导，协助实施主体开展工作；加大调度考核力度，对各区、镇进展情况实行每周一调度、每月一通报、半年组织观摩。启动农村新社区建设项目66个，完成农房建设1.38万户。三是建设乡村生态文明。大力开展以“三清、四改、五化”为主要内容的综合整治，选择100个村庄进行重点整治，并确定100个部门单位进行结对帮扶。100个重点整治村庄共硬化道路34.6万平方米，绿化6.7万平方米，改厨改厕5200户。四是完善农村基础设施。实行“定点收集、集中清运、统一处理”，农村垃圾日处理达600多吨，基本做到了日产日清，进一步完善农村垃圾处理机制，将各镇垃圾中转站收归市环卫处统管。推广应用生活污水生物集成处理技术，坚持新建农村社区污水处理设施与主体工程同步规划、同步设计、同步建设、同步交付使用，新建农村社区污水处理设施覆盖率达到80%；梯次推进燃气管网建设，重点实施了雪野天然气工程和山东天然气管网莱钢支线工程，敷设管道总长60公里，总投资7000万元。

【建筑业】 全市资质等级以内企业完成建筑业总产值77.68亿元，实现增加值30.28亿元，企业利润总额7.7亿元，分别比上年增长12%、10.3%、25%，实现建筑业地税收入3.24亿元，占全市地税总收入的12%，建筑业实现了平稳健康发展。加强建筑业行业管理，成立建筑业协会，推动企业之间资源共享、抱团发展；大力开展建筑技能岗位人员培训，培训人员1万余人次。开展在建工程联合执法检查，抽查莱城中心组团在建工程项目96个，建筑面积110万平方米，查处手续不全的工程项目9个，违法分包行为2起。加强造价动态管理，推行招投标资格后审，严格招投标流程监管，建筑市场秩序得到进一步规范。

【建筑质量安全管理】 加大施工现场质量安全检查力度，全年检查在建工程344个，发现并整改质量隐患400余处；积极开展工程质量通病治理和分户验收，工程质量优良率达到80%，合格率达到100%，工程质量稳步提升。认真开展工程抗震设防专项审查，审查工程190项、面积200万平方米。严格落实安全生产责任制度，全市新开工的20层以上建筑工程施工现场全部安装视频监控系统，加强安全生产检查，消除安全隐患750余处，全年未发生建筑施工重大安全事故。

【建筑节能】 全年实施既有居住建筑节能改造项目8个，改造面积13.2万平方米。扶持新上建筑节能产品生产厂家6家，新增年生产能力4亿标砖。实施太阳能建筑一体化建设项目16个，落实建筑应用面积52万平方米，已完工建筑面积38万平方米，超额完成省里下达的20万平方米的年度任务。

（唐　锰）

城乡规划

【概况】 2011年，莱芜城乡规划系统以科学发展观为指导，围绕全市重点工作部署，创新实干，积极进取，不断加强规划编制工作力度，狠抓规划实施管理，大力推进五项共性目标建设，规划执政能力和工作水平进一步提升，全年受理各类建设审批事项1000多项，圆满完成了市委、市政府确定的各项重点工作和重要任务，为全市经济社会又好又快发展做出了积极贡献。

【规划编制】 一是概念规划。编制完成莱芜钢铁精深加工产业园概念规划、北部新城发展概念规划、北部新城交通枢纽片区概念规划和“城中村”改造片区概念性规划。二是专业规划。积极编制莱芜市市域综合交通规划、吐丝口古镇规划，完成高新区城乡发展总体规划、东连河景观规划、通讯基站专项规划，雪野旅游区总体规划以及风貌、给排水等专项规划，完善钢城区铁铜沟片区给排水、燃气等6项专项规划。三是控制性详细规划。扎实推进莱城中心城区片区的控制性详细规划的修编，编制完成钢城区城西片区控制性详细规划、雪野旅游区核心景区控制性详细规划，完善铁铜沟片区控制性详细规划，及时修订城中区改造各片区详细规划。四是规划设计。组织开展“一心、一路、一节点”的规划设计。“一心”，文化中心二期三馆（工人文化宫、科技馆、图书馆）施工图设计以及文化中心广场景观设计方案；“一路”，鲁中大街（大桥路—凤凰路）城市设计；“一节点”，鲁中大街、文化路交叉口节点的城市设计。五是村镇规划。编制完成辛庄、羊里、寨里、颜庄、高庄、苗山、杨庄、牛泉等镇的总体规划方案，以及18个集中居住区、23个中心村、49个基层村的规划方案。开展了青兰高速、晋煤东运铁路、济南都市圈轻轨线路对城市发展影响的战略研究。

【规划管理】 坚持依法行政，先后受理各类建设审批事项1000多项，核发建设项目选址意见书29份、建设用地规划许可证191份、建设工程规划许可证219份、建设工程竣工规划验收合格证78份、临时建设工程规划许可证7份，建设用地拨地定桩112宗。村庄建设项目执行选址意见书制度，核发乡村建设规划许可证17份。认真执行城市规划决策与审批制度，所有规划建设项目逐级提报城乡规划业务会议、城乡规划审查（定）会议和城乡规划委员会会议进行集体审议审查。实行规划公示制度，所有的建设项目进行批前批后公示。加强各类违法建设项目规划监察，积极配合执法部门提出处罚建议，定期巡查乡镇建设项目，先后查处乡镇各类违法建设案件57起，其中按一般程序查处4起，按简易程序查处53起，下达《责令停止违法行为通知书》64份、《责令限期改正通知书》15份、《关于建设项目的督促查处告知函》17份、《关于建设工程项目的督促查处告知函》12份。加强法规制度建设，制定或修改完善了《莱芜市城乡规划管理技术规定》等10多项制度，为规划管理提供了依据。

【规划服务】 根据各实施主体的申请，配合各部门对蔺家庄、古石沟村、马庄旧村改造项目的安置区选址、安置方案进行会审，概念规划编制前及时为城中村项目出具规划要求。重点推进了任花园、吕花园、孟花园、冯家坡、徐家河、赢牟社区等城中村改造规划方案的审查及呈瑞社区城中村改造概念规划的审查。

（吕明昌）

住房保障与房地产管理

【概况】 2011年，全市房地产管理系统以科学发展观为指导，大力推进保障性住房建设，积极整顿规范房地产市场秩序，推动全市房地产市场实现平稳健康发展。全年完成房地产开发投资27亿元，办理各类房屋登记26832件，开工建设保障性住房1884套，超额完成省下达的开工建设任务。

【住房保障】 一是降低城市住房保障门槛，城市低收入标准由家庭年收入2万元调整为人均年收入低于1.2万元且家庭年收入不超过3万元，住房困难标准由人均建筑面积不足10平方米提高到15平方米。二是提高保障标准，租赁住房补贴由每户每年2856元提高到3240元，购房补贴由3.2万元提高到5万元，补贴额度分别提高13.4%和56%。全年以货币直补保障城市低收入家庭560户，以发放修房补贴、租房补贴、购房补贴方式保障农村低保住房困难家庭1000户。三是大力推进保障性住房建设，开工建设保障性住房1884套，开工率为114.5%，超额完成省下达的开工建设任务。

【住宅建设与房地产开发】 严格落实国家宏观调控政策，制定并公布新建商品住房价格控制目标，建立商品房预售资金监管制度，推行商品房明码标价，强化诚信体系建设，积极整顿规范房地产市场秩序，大力扶持房地产企业做大做强。全年完成房地产开发投资27亿元，比上年增长30.6%；商品房在建施工面积404.9万平方米，比上年增长14.2%；新开工商品房132.6万平方米、竣工90万平方米，销售新建商品房4572套、面积53.67万平方米，完成房地产税收3.28亿元，其中纳入地方财政收入2.75亿元，占地方财政收入的7%。积极推行“一手交房，一手交证”制度，2000户新购房业主在拿到钥匙的同时领到房产证。

【房地产交易】 开展房产历史档案数字化工作，整理历史档案15万宗，完成档案数字化8.7万宗，解决历史档案遗留问题100余个。完成各类房屋登记26832件，比上年增长12.05%。为企业抵押贷款开辟绿色通道，办理抵押登记105件、1.44万平方米、抵押价值19.16亿元。成立钢城房地产交易中心，实现了钢城区房地产交易一站式服务。农村集体土地房屋确权登记工作扎实推进，累计完成农村集体土地房屋登记8.42万户，占应登记发证户数的91.51%。大力推进农村集体土地房屋抵押贷款业务，办理农村集体土

莱芜市创新开展“一手交房，一手交证”工作 （摄影：吴长征）

地房屋抵押贷款14宗，贷款金额达到1.2亿元。

【物业管理】 积极协调住宅小区成立业主委员会，全年新成立小区业委会9个，累计达到23个。建立物业服务企业信用考核评价制度，推进了行业信用评价体系建设。建立优秀物业项目争创机制，雪野湖“左岸水都”项目通过住房城乡建设部住宅性能认定2A级预审，滨河花园、金鼎花园获省级物业管理优秀住宅小区，市机关第二办公楼获省级优秀物业管理优秀大厦，银山型钢工业园获省级物业管理优秀工业园。全年新审批物业服务企业7家，核准2家外地企业在本地备案。继续做好住宅专项维修资金的归集和使用管理工作，累计归集住宅专项维修资金1.4亿元。深入开展文明城市争创工作，妥善解决物业反映的矛盾和纠纷，进一步提升了业主文明意识。

（吴长征）

住房公积金管理

【概况】 2011年，莱芜市住房公积金管理中心归集住房公积金8.07亿元，发放住房公积金贷款2.48亿元，支取住房公积金3.02亿元，实现住房公积金净收益1074万元，计提廉租住房建设资金610万元，促进了全市廉租房建设和房地产业健康发展。

【住房公积金归集】 扩大住房公积金制度覆盖面，充分利用报刊、网络以及发放宣传单等多种方式，多角度、深层次、全面系统地向广大职工宣传《住房公积金管理条例》内容和相关政策；设立服务热线，解答广大干部职工有关住房公积金缴存、提取、贷款政策等方面的热点、难点问题。全年新增缴纳住房公积金761.4万元，新增34个单位、4670人。

【公积金贷款和支取】 规范完善信贷政策，公积金贷款业务平稳运行。严格执行国家房地产业的宏观调控相关政策，在确保资金安全的情况下，支持职工首套购房，控制发放第二次住房公积金贷款，停止向第三次（含）以上申请住房公积金贷款。开办“商转公”业务，新增担保公司贷款担保方式，扩宽职工贷款渠道。创新住房公积金支取方式，允许职工提取本人、配偶及直系亲属住房公积金用于偿还其住房公积金贷款本息，允许享受城市最低生活保障的困难家庭用本人及配偶的公积金支付子女上学期间的学杂费，提高了公积金使用效益。

【公积金核算】 修订《莱芜市住房公积金管理中心财务管理办法》《莱芜市住房公积金管理中心内部资金管理办法》，实现会计工作的制度化、规范化、电算化；加强归集、贷款系统监管，确保资金安全。定期与各银行核对各类住房公积金账户，同时与住房公积金归集、贷款管理系统核对账务，编制会计报表，确保了资金安全；每年一季度利用市中心网站向社会公布上一年度住房公积金财务公告，增强住房公积金管理工作的透明度，接受社会各界的监督。

【公积金管理信息化】 提升市住房公积金管理中心网站的服务功能，加大社会监督力度，推动住房公积金管理工作的高效化、规范化。加强信息化建设，优化升级市中心网站、局域网，提升网站服务功能和畅通职工监督渠道。建立信息共享机制，实现了内部科室、管理部、有关公积金承办银行之间的数据联接，大大提升了工作效率，加大了市中心对各科室、管理部、公积金承办银行监管力度。

（王富国）

城市管理行政执法

【概况】 2011年，市城市管理行政执法局（以下简称市执法局）紧紧围绕市委、市政府确定的重点工作，以创建文明城市和生态文明乡村建设为总抓手，牢固树立为人民管理城市的理念，不断创新思路，强化措施，各项工作均取得显著成效。全年共办理各类行政处罚案件4953起，结案率98.2%，无复议诉讼败诉和错案发生；办理各类广告审批905件，办结率100%，"城管进社区"项目被评为山东省人居环境（范例）奖和全市工作创新奖。市执法局先后获得全省住房城乡建设教育培训工作突出贡献单位、全省城市管理行业信息宣传工作先进单位、全省依法行政宣传工作先进集体、全市工作实绩突出单位、信访工作先进单位等多项荣誉称号。

【市容环境整治】 针对全市市容环境存在的薄弱环节和显见性问题，先后开展了露天烧烤、货运车辆"三超"和污染路面、噪音污染等专项整治行动以及创文明城市环境综合整治集中执法大检查、"文明出行 畅通莱芜"等活动。全年共规范沿街门店8200多家，疏导流动摊点22400多个，更换、拆除破旧、破损广告牌1410余块，清理落地广告牌1540余块，排查制止噪音污染行为1340多起，拆除乱搭乱建160余处、1.2万多平方米，设置公益宣传广告、标语220多处，圆满完成了迎接全省生态文明乡村建设现场会、国家卫生城市复检、省级文明城市检查测评等50多次接待任务。全面推行城镇容貌责任区制度，与沿街单位、门店签订《城镇容貌管理责任书》3400多份，引导市民主动参与城市管理。坚持疏堵结合、服务优先的原则，增设15处"三修"及便民水果服务网点；投资60多万元建设了红石货运出租停车场，可一次性容纳大小货运出租车350辆，签订《文明出行协议书》140多份，有效杜绝了货运出租车乱停乱放现象；及时受理市长公开电话、政府在线、民意天线以及12319城管服务热线等各类投诉举报1319件，满意率98%以上，做到了件件有回复，事事有着落。

【城管城乡一体化】 进一步完善数字化城管的工作流程和运行机制，问题处置效率大幅度提高，全年发现并上报立案违法案件14284件，处结13619件，处结率95.34%。钢城区、高新区完成了区级数字化城市管理指挥中心建设任务并正式启动运行，实现了城市管理问题的统一发现、统一受理、统一派遣、统一处理、统一考核，并逐步将数字化城市管理网关终端向街道、城镇延伸，建立覆盖全市的数字化城市管理网络，实现"数字城管"的城乡一体化格局。开展"和谐镇"创建活动，先后印发《关于充分发挥职能作用做好农村环境卫生管理工作的通知》和《莱芜市农村环境卫生监督管理办法》，切实加强农村环境卫生监管，改善镇村环境面貌。创新社区管理新机制，强力推进城管进社区，相继在莱城区凤城街道办戴花园社区、吴花园社区、羊里镇东城社区、方下镇公清社区、钢城区西冶社区、高新区程故事、前宋等10余个社区设立了城管办，提高了社区自治管理水平，率先实现了城管城乡一体化。

【规划执法】 强化基层管理责任，建立较为完善的预防查处和联合联动机制。加大巡查监管力度，坚持关口前移，采取自拆、助拆、强拆相结合的方式，强力拆除各类违法建筑，全年共立案171起，罚款92.5万元，拆除65处、2.3万平方米。

（柏建亮）

临 沂 市

城乡建设

【概况】 2011年，在市委、市政府的正确领导下，市住房城乡建设委员会干部职工深入学习实践科学发展观，认真贯彻落实“四三二一”的战略部署，大力实施城镇化主导战略，凝心聚力、开拓奋进，全市城乡建设事业又好又快发展，实现了“十二五”良好开局。小城镇与中心城市、县城、中心村逐步实现“四点对接”，城镇化发展更加协调，城镇化水平进一步提高，居住环境进一步改善。

【城镇化建设】 2011年，全市城镇人口达到500万人，城镇化水平达到49.6%，城镇建成区面积达到712平方公里，中心城区建成区人口和面积分别达到172万人、173平方公里。对小城镇建设、生态城镇建设、县域经济发展、中心村建设、“三上”工程、生态文明乡村建设等进行了认真研究总结，成功举办了“城市综合体发展与创新”高峰论坛，荣获“中国十大生态宜居城市”称号，临沂城镇化建设进入高层次的科学发展阶段。

【农房建设与危房改造】 全市在建和竣工农村住房12.4万户，改造危房2.7万户，超额完成了全年任务，走在全省前列。加快推进气上楼、水治污、环卫保洁市场化物业化“三上”工程，已完成社区421个，农民群众的生产生活条件逐步改善。

【小城镇建设】 将小城镇建设摆到重要日程，市委、市政府出台了《关于加快小城镇建设的意见》，召开了全市加快小城镇建设工作会议，以打造“一城四中心”（小城市、产业中心、区域居住中心、基础设施中心和社会服务中心）为目标，确定了12个优先发展重点镇。采取全面规划、资金扶持、产业发展、扩权强镇、领导帮扶等措施，加大对重点镇建设的扶持力度。截至年底，12个重点镇启动建设项目110个，完成投资20亿元，有力地促进了县域经济发展，进一步推动了小城镇与中心城市、县城、中心村的“四点对接”，临沂的城镇化发展更加协调。

【宜居城市建设】 编制了全市污水处理规划、中心城区排水规划，完成市政公用行业投资21.6亿元，城乡基础设施和生态环境水平进一步提高。全市共完成道路建设投资6.9亿元，新增道路面积232.7万平方米。双岭路立交桥建成通车，成为临沂市历史上第一座真正意义上的全互通式立交桥。新建排水管道334.9公里，形成区域排水骨架。建成城镇污水处理厂20座，农村小型污水处理设施32处，污水集中处理规模达到89.77万吨/日。新安装路灯3437盏，城市亮化工作进一步加强。全力推进“气化临沂”工作，高压、次高压管线工程建设有序推进，除平邑、蒙阴外，其他县区全部通上了管道天然气。全市燃气行业完成投资4.1亿，新增供气管线486公里。供热行业完成投资5.3亿元，建设供热管线83公里，新增供热面积790万平方米。

突出抓好供水设施建设、水质达标工作，完成投资8100万元，新增供水管线62公里。

【建设工程管理】 编制了《临沂市建设工程建设管理责任承诺书》，进一步明确了五大责任主体责任。严格执行施工许可证制度和竣工验收备案制度，共办理施工许可面积907.28万平方米，工程总造价104.3亿元；办理竣工验收备案面积447.15万平方米，工程总造价41.13亿元。认真做好工程招投标造价工作，实行招标的工程项目共计984项，总投资152.15亿元，建筑面积1403.12万平方米。继续加强建筑市场执法检查，共下达限期整改通知书68份。实行工程质量监督网络化管理，监督新开单位工程3606个，建筑面积1935万平方米，确保了建设工程的质量和安全。大力推行农民工工资银行卡支付制度，建立清欠工作联动机制，有效维护了广大农民工和建筑业企业的合法权益。共受理拖欠投诉260起，比上年下降28%，清理拖欠工资1243万元，涉及农民工1780余人次，临沂市的清欠工作走在了全省前列。全市共创“鲁班奖”1项，“国家优质工程奖”1项，全国建筑工程装饰奖2项，“泰山杯”奖8项，“装饰泰山杯”奖5项；国家“AAA级安全文明标准化诚信工地”1个，省级安全文明示范工地6个，省级安全文明优良工地19个。

【建筑业】 市政府出台了《关于加快建筑业发展的若干意见》，明确了今后5年建筑业发展的目标，为建筑业发展提供了政策支持。全市建筑业企业发展到832家，其中特级1家、一级22家、二级144家、三级419家、劳务企业246家。全年完成总产值353.4亿元，同比增长50.5%；装饰装修行业完成总产值24亿元，同比增长20%；外出施工人数预计达到10万人次，共签约工程总造价195亿元，累计完成产值129亿元。

【勘察设计】 完成勘察设计项目1500余项、500万平方米，实现收入12.56亿元。进行建设工程初步设计审查207.7万平方米，图纸审查面积603.1万平方米。在省里组织的各种竞赛活动中，获得一等奖3个、二等奖9个、三等奖12个、优秀奖4个。

【建设领域节能减排】 严格执行建筑节能新标准，市直新建建筑节能达标率达到100%。落实既有居住建筑改造项目面积117.74万平方米，开工面积103.17万平方米。积极推进可再生能源建筑一体化应用，全市共完成太阳能光热建筑一体化面积170万平方米，市直完成地源热泵供热制冷系统建筑应用项目12.4万平方米。治理粘土砖厂、非法页岩砖厂工作取得显著成绩，全市138家粘土砖厂已全部拆除，168家非法页岩砖厂除13家待拆外，其余全部拆除、整改完毕，共清理和节约土地约1300多公顷，节约燃烧标准煤3.2万吨/年，减少二氧化碳排放8万吨/年、二氧化硫排放500吨/年。

（宋振宇　高希江　郇　蕾）

城乡规划

【概况】 年内，全市城乡规划系统围绕市委、市政府“四三二一”工作部署，按照“加快四项规划编制，突出四个工作重点，强化四项管理措施”的总体工作思路，依法加强规划编制与管理，圆满完成了各项工作任务。市规划局蝉联“省级文明机关”“市级文明单位”“全省城乡规划工作先进集体”“全省住房和城乡建设系统先进集体”等十几项荣誉称号。

【规划编制】 投入规划经费2120万元，完成了《临沂市近期建设规划》、五区统筹规划、东关片区、兵学城片区等控制性详细规划，开展了《滨河区域城市设计》《北城新区景观中轴线城市设计》。为突出民生规划，在完成了城市给水排水、城市供热等各类专项规划的基础上，编制了文化教育、医疗卫生、农贸市场等民生规划。针对群众普遍关心的交通拥堵问题，编制了《临沂市综合交通规划》《中心城区交通改善规划》。为畅通老城区与北城新区的交通联系，编制了《临沂市交通工程规划》。为推动社会主义新农村建设，加强了小城镇规划编制，组织开展了新一轮县城总体规划修编和村镇规划编制工作。截至年底，9个县中已有4个县完成总体规划修编，其余5个县正在修编中。全市29个省级中心镇、12个市级优先发展镇、4个特色镇规划已完成编制任务。按照建设生态文明乡村的标准，完成了1130个中心村、100个特色村的村庄建设规划。

【规划审批】 在规划审批上形成了规范的工作制度和审批程序，保证了规划审批的快速高效、公正公开。年内，中心城区核发“一书三证”413份，竣工规划验收合格证142份；9个县核发“一书三证”2807件，竣工规划验收合格证365件。为确保建设项目按规划实施，市规划局与城市管理局建立了城乡规划违法查处协作机制，全年共完成违法建设认定84项，有效遏制了违法建设行为。

【“阳光规划”】 规划审批严格执行《城市规划管理相关控制标准》《建设项目分级申报审批规定》等一系列规范性文件，实现了规划管理规范化、程序化、标准化。实施“六公示一监督”和“七公开”制度，对规划设计成果和规划行政许可进行批前批后公示，规划编制和审批全过程、全方位公开，增强了规划的透明度。通过加强制度建设，明确审批标准，规范审批程序，促进“廉洁规划”。

【“效率规划”】 对建设项目的审批时限作出了公开承诺，实行限时服务、限时办结、“一次性告知”制度，缩短审批时间，简化办事程序。对市、区重点项目，招商引资项目，民生工程，群众关注的热点、难点工程开设“绿色通道”，按照“特事特办、急事快办、易事简办”和“马上就办”原则，提供高效快捷的规划服务。对北城新区、涑河片区、临沂大学、城中村改造等重点项目实行跟踪服务，编制相关规划，及时报批规划项目，保证了重点工程的顺利推进。开展了服务企业“四比四看”活动，实行上门服务制度，现场解决问题，与33家包服企业、项目签订了《服务承诺书》，定期走访，跟踪服务，帮助企业解决在规划设计、规划审批方面遇到的问题。

【规划展览馆建设】 按照市委、市政府部署，投资500万元对规划展览馆进行了升级完善。在古城厅、名人厅、新城厅、建设成就厅、互动厅增加了多媒体影片，对展板进行了全面更新，丰富了展览内容，提高了参与性、趣味性。全年先后成功接待全国卫生城市、全国文明城市测评组、全国村长论坛、全省城市规划工作会议等中央、省、市参观团体3700余个，各界参观群众总计15余万人次。

（王甫亚）

住房保障与房产管理

【概况】 2011年，全市房产和住房保障系统的广大干部职工认真贯彻落实中央和省“转方式、调结构”的决策部署，紧紧围绕市委、市政府“四三二一”的工作思路，把保持房地产业稳定健康发展，保障和改善民生放在更加突出的位置，开拓进取、团结拼搏、真抓实干，房产和住房保障事业实现了又好又快发展。全市完成房地产投资190.7亿元，增长20.5%；商品房施工面积1173万平方米，增长21.6%；新增商品房预售面积770万平方米，增长19.2%；商品房销售面积730万平方米，增长18.6%；保障性安居工程开工建设项目71个、28768套，面积241.05万平方米，完成省下达任务的110%，竣工17343套，竣工率68.1%，超额完成了全年任务。

省人大常委会视察组视察临沂市保障性安居工程建设项目

（临沂市房产管理和住房保障局供稿）

【保障性安居工程】 市委、市政府高度重视保障性安居工程建设，专门召开两次市委常委会、四次市政府常务会议进行专题研究，多方统筹调度，严格督查考核，全力推动工作落实。全年共争取上级补助资金2.4亿元，新开工建设项目71个，竣工17343套，超额完成了全年任务。出台了《在新建房地产开发项目中配建公共租赁住房的意见》，将市区廉租住房和经济适用住房保障并轨，使临沂住房保障继续走在全省前列。2月，国务院召开全国保障性安居工程工作会议，临沂市作为全省唯一地级市代表参加了会议，并于4月和8月，两次在省政府召开的全省保障性安居工程和农村住房建设工作电视电话会议和分片调度会上作了典型发言，得到住房城乡建设部及省人大、省政府、省政协领导的充分肯定和高度评价。

【房地产市场调控】 为遏制房价过快上涨，促进房地产市场平稳健康发展，市政府下发了《关于贯彻国办发〔2011〕1号文件进一步做好房地产市场调控工作的通知》，提出了8条促进市场稳定健康发展的调控措施，明确了2011年新建住房价格控制目标，并于3月底通过新闻媒体向社会公布。出台了实行房地产开发项目建设条件意见书制度的政策文件，为从源头上优化房地产开发管理奠定了政策基础。实行市场分析月报、季报和年报制度，及时披露房地产市场信息，稳定市场心理预期。由于各项措施得力，全市房地产市场继续保持了平稳健康发展。

【房屋征收补偿】 为贯彻落实《国有土地上房屋征收与补偿条例》，出台了《临沂市国有土地上房屋征收补偿暂行规定》《临沂市国有土地上房屋征收社会稳定风险评估办法》等配套文件，为依法加快推进房屋征收工作奠定了基础。积极推进市重点片区的房屋征收工作，共完成入户调查1.1万户，沂河宾馆、沂蒙精神纪念馆和工业大道南片区已发征收决定，国棉八厂、运输公司片区的征收工作已开始实施，协助军分区完成了旧址评估，签订了搬迁协议。7月，住房城乡建设部副部长齐骥率国务院督查组对临沂市房屋征收补偿工作进行了检查，并给予充分肯定。

【物业管理】 加强物业企业管理，实施量化考核，建立能上能下的动态管理机制，奖优罚劣，将5家业绩不佳的企业清理出市场。加大维修资金征集管理工作力度，全年共归集1.33亿元。出台了《临沂市物业质量保修金管理办法》和具体的操作流程，启动了物业质量保修金征收工作，从根本上解决了前期物业管理中的工程质量保修问题。通过规范物业管理，小区物业管理服务水平进一步提高。美澳花园、曹王庄小区和豪森华府3个项目新获“省级物业管理优秀项目”称号，3个企业入选省物业服务企业综合实力30强，2个企业获得“省物业服务诚信企业”称号。

【农村集体土地房屋发证】 把村镇集体土地房屋登记发证作为为民办实事的重点，加强对各县的业务指导，市县同步加快推进，农房登记发证和抵押贷款工作力度加大，为推进农村住房和危房改造，解决农村经济社会发展面临的融资难问题，促进农村经济的活跃发展发挥了重要作用。年内，全市共完成集体土地房屋登记发证3.2万户、农房抵押贷款金额4.5亿元，同比分别增长16.4%、15.3%。

（孟庆民　王永杰）

住房公积金管理

【概况】 2011年，全市归集住房公积金17.6亿元，完成年度计划的116%，比上年增加3.8亿元，增长28%，完成省下达任务的122%。历年累计归集住房公积金79亿元，住房公积金累计余额达到58亿元。全年新增缴存职工2.5万人，完成年度计划的162%，其中，新增企业扩面人数1.8万人，完成年度计划的173%。全市向9194户职工家庭发放住房公积金贷款16.07亿元，贷款发放额占当年归集额的91%。历年累计向74026户职工家庭发放个贷81.7亿元，全市个贷累计余额已达到46亿元，存贷率为80%。贷款总额排全省第四位，贷款余额排第五位，个贷率排第二位。提取住房公积金6.8亿元，占当年归集额的39%，同比增长64%。回收个人住房公积金贷款9.5亿元，累计回收个贷34.5亿元。期末，全市个贷逾期率为0.11‰，逾期率创历史新低。全市实现业务收入2.1亿元，实现业务支出1.74亿元，收支相抵，实现增值收益3525万元，已累计上缴城市廉租住房建设补充资金1.6亿元。

【住房公积金归集】 继续深入开展了住房公积金归集管理年活动，确定了以增人扩面特别是企业增人扩面为目标的归集扩面任务。印发了《关于规范市直机关事业单位劳务用工人员建缴住房公积金有关事项的通知》，对全市市直机关事业单位临时聘用人员建立住房公积金制度进行了明确和规范。根据全市职工收入增长变化情况，印发了《关于调整2011年度住房公积金缴存基数的通知》，住房公积金月最高缴存基数从6917元提高到7923元，月缴存额上限（单位和职工）从1660.08元提高为1901.52元。重点做好委托银行归集住房公积金的试点工作，市中心各分支机构先后和45家业务承办银行签订了《委托归集扩面协议书》，占全市开户银行的78%。全年由银行协助扩面成功的单位共有122家，新增扩面人数7890人，占全年扩面人数的32%。同时，严格催缴执法，全市共下达《责令限期改正通知书》102份，《责令限期缴存通知书》11份。通过行政执法，新增缴存人数6499人，新增缴存金额981.1万元，占全年扩面人数的26%。

【住房公积金贷款】 一是加强公积金贷款制度建设。制定下发了《关于进一步简化贷款手续缩短办理时间的通知》《进一步明确住房公积金贷款受理审批各岗位职责的通知》等文件，对公积金贷款进行了再完善、再提速。取消了2项贷款手续，把贷款审核、审批时间由8个工作日缩短为7个工作日，委托银行放款时间由5个工作日缩短为4个工作日，置业担保公司担保受理上报时间由3个工作日缩短为2个工作日。二是严格公积金贷款管理。严格贯彻落实住房城乡建设部关于规范住房公积金个人住房贷款的政策精神，在大力支持居民一套房贷款的同时，严格二套房贷款管理，并暂停向第三套房提供贷款。和委托银行签订《委托贷款协议书》，明确了措施和责任。同时，加强监督考核力度，每季度定期召开委托银行逾期贷款情况交流会，定期通报，把逾期率指标作为确定银行是否具有继续承办公积金贷款资格的重要依据，有效提高了银行对逾期贷款催收的工作积极性和自觉性。

【住房公积金提取】 对住房公积金提取管理办法进行了修订完善，允许职工利用缴存的住房公积金归还贷款。全年用于还贷提取的住房公积金金额达到2.95亿元，占提取总额的43%。仅此一项，市中心就为职工节省利息支出750多万元。

（朱孟才）

园 林 绿 化

【概况】 2011年，临沂市园林管理部门围绕建设生态园林城市的目标，全力参与两城同创，积极推进第四届山东省园博会筹建，加强绿化规划建设、绿化养护、植保科技推广等各项工作。全市完成园林绿化投资5.9亿元，新增绿化面积407万平方米，沂南县、苍山县成功创建“山东省园林城市”，全市省级园林城市达到8个，9个乡镇荣获市级园林小城镇称号，54个单位荣获市级花园式单位、小区称号，全市园林绿化和滨河景区建设实现了增量提质，为“十二五”城市园林绿化发展奠定了坚实基础。

【创建全国卫生城市、文明城市】 成立局创城领导小组，印发创城实施方案、迎查预案，共召开3次创城动员会、9次创城调度会、6次现场会。开展绿色廊道建设，对全市180余条（段）主干道进行绿化补植，新增乔冠木1164万株，形成“景不断链、绿不断线”的道路景观效果；开展老城区绿化补植工作，投资2950万元，补植各类地被植物39万平方米，各类苗木224.2万株，提升改造公园、绿地32处；修复草坪20万平方米，栽植大乔木3万余株，补植花灌木110万株，补栽植模纹1600平方米，平整场地3.7万平方米；完成滨河路与解放路桥互通立交工程和小埠东橡胶坝加固工程竣工验收工作；投资1100万元，实施滨河道路拓宽及路面整修、北大桥维修工程，改建机动车道3.3万平方米，增设公交车港湾22处，维修道路路面1.8万平方米，修复亲水平台面积3000平方米；总投资650万元，粉刷桥梁等建筑物4.5万平方米，整修、新设果皮箱1840个，打捞河道垃圾2035吨；加大市政设施修复力度，整修各类设施3万处（个），更换路沿石2000多米，修复盲道等7000余平方米，安装各类井盖143

2011年11月22日，第四届山东省城市园林绿化博览会动员会在山东临沂召开，副市长宋培杰出席 （临沂市园林局供稿）

个，清理积水点107处；实施亮化设施修复，共铺设电缆线5530米，安装灯源3481套，实现亮灯率100%；设置各类宣传牌、标识牌272个；新设阅报栏、邮筒等便民设施25处，为临沂成功创建国家卫生城市、全国文明城市营造了良好的景观环境。

【筹办第四届山东省园博会】 成立了筹办工作领导小组，对43项筹办工作梳理分解，形成了分工明确、责任到人、相互配合的工作机制。印发《第四届山东省城市园林绿化博览会执行方案》，组织召开了全省动员会，筹办工作全面启动。围绕主题，将展会分为主题展园、室内展、室外展三部分。各展园设计工作全面展开，各项准备工作紧锣密鼓地进行。通过招投标，确定了规划设计单位，完成平面设计方案，展开场区主展馆、各个展园和建筑小品设计。

【绿化养护管理】 市园林绿化工程质量安全监督站组建到位，市园林绿化工程招标投标管理办公室正式进驻市公共资源交易中心。出台了《临沂市园林绿化精品工程评选办法》，配套制定了5项园林绿化工程质量安全监督行业标准。制定《2011年园林植物病虫害疫情监测与防控工作方案》《临沂市园林局2011年美国白蛾防控方案》，切实加强了病虫害防治，完成美国白蛾等苗木病虫害防治任务。完成维护投资3980万元，加大堤防、道路、园林绿地维护工作。园林审批进驻政务大厅，共审查绿化项目25个，规划绿地面积20公顷；完成10个绿化工程的验收备案；受理75项行政审批事项，完成26家单位的绿地改造提升、绿地临时占用审批工作；处理各类损绿事件68起，办结率、准确率、相对人满意率和案卷合格率均达100%。

【园林绿化制度建设】 报请市政府连续出台《临沂市城市园林绿化管理办法》等8个规范性文件，占全市年度规范性文件计划的17%，园林绿化延伸到乡镇、社区（村居）。进一步规范合同签约程序，制定出台了《合同管理制度》，审查各类合同96件。

【园林绿化行业开发】 成立风景园林协会，启动全市游乐园普查登记工作；成立城市园林绿化施工企业资质审查领导小组，对75家企业施工资质进行延续审核，新增园林企业资质18家。严格落实经营开发计划和项目开发方案，全年共审批新增经营项目9个、招商项目3个、续签项目72个。主办、协办了世界杯滑水锦标赛临沂赛事、2011鲁商凤凰广场元宵灯会、“好客山东贺年会”主题活动、“地球一小时”临沂启动仪式、万人健步行、首届放鱼节等活动，注册成立滨河景区游艇游船俱乐部，全年景区共接待游客100万人次，接待国家、各省市各级领导5200余人次。

（季　敏　徐　凯）

城市管理

【概况】 2011年，全市城市管理系统牢固树立服务、管理、执法“三位一体”的工作理念，紧紧围绕创建全国文明城市和国家卫生城市、城乡环境综合整治、推进新型城镇化等重点工作，创新城市管理工作机制，强化市容环境整治，城市管理水平明显提升，城市环境面貌显著变化，“以人为本、和谐城管、人民满意”的城市管理品牌深入人心。先后获得省级文明单位、全省住房城乡建设系统先进集体、全省依法行政先进集体、全省住房城乡建设系统“四五”依法行政先进单位、2011年度全省档案管理先进单位等荣誉称号。

【城乡环境集中整治】 一是疏导治理店外经营、流动摊点、马路市场、露天烧烤和违规早夜市。共清理占道经营10.8万处（次），新增农贸市场16处，规范零工市场人员4.5万余人次，新增烧烤安置点16处，取缔露天烧烤摊点300余处。二是实行户外广告网上审批。共审批各类户外广告1942件，投资600余万元连片改造重点街区门店牌匾，共整治户外广告1.24万块，亮化7654块，打造了16条户外广告样板路。严格报刊亭、早餐亭、公交站牌、宣传栏等审批管理，共审批各类岗亭368处。三是推进公共停车场收费管理备案工作。25家停车场实行收费管理，施划、复划市区32条道路临时停车泊位，新增临时停车泊位8000个。四是落实建筑垃圾运输企业市场准入制度，推进建筑垃圾运输车辆密闭改装。共改装渣土运输车223辆，密闭改装率达到80%以上，市区具备建筑垃圾经营性运输服务资格的企业达到13家，市区建筑垃圾处置率达到90%。五是强化违法建设查处力度。共查处违法建设案件1260余起、面积106万平方米，集中拆除违法建设13.8万平方米。六是开展城镇管理明星镇、环境卫生示范村（居）、广告管理样板路“三创”活动。七是开展干线公路环境整治活动、水域环境集中整治、外环路域环境集中整治，城乡环境质量进一步提升。八是启动“和谐城管”创建活动，大力开展城市管理示范路、示范单位、示范小区等创建活动，确定了2个示范单位、4条示范路（街）、3个示范广场和2个示范小区。

【环境卫生】 出台《县乡环卫基础设施建设实施方案》，全市共建成生活垃圾填埋场8座、大型生活垃圾收集（中转）站3座，实现了“一县一场（站）”。建成乡镇生活垃圾中转站135座，在建乡镇生活垃圾中转站32座。完成了市生活垃圾填埋场设施改造工程，市粪便无害化处理场投入运行，南坊固体废弃物中转站改建项目有序推进。加强城乡环卫保洁队伍建设，推进环卫保洁市场化、物业化，沂蒙路、沂河路试点“一体化保洁”。开展了乡村生活垃圾集中清理百日会战活动，清除各类垃圾3.5万余吨。提高环卫保洁作业标准和经费标准，提高环卫工人福利待遇，协调、落实环卫体制改革相关政策，环卫队伍保持稳定，环卫管理工作持续发展。开展了环境卫生提质工程，市区道路保洁机械化率和高压冲洗率达到40%，清运率达到100%，全年市区共清运生活垃圾36.35万吨。

【县城管理体制创新】 市政府在费县召开全市创新县城管理现场会，全面推广费县服务、管理、执法“三位一体”的“大城管”管理模式，各县均建立了管罚一体的城市管理体制。推进城市管理重心下移，所有乡镇（街道）建立了城市管理队伍，实现了重心下移全覆盖。落实创城网格化管理，牵头开展第五网格环境整治，创新“大网格带小网格、套小网格、帮小网格、查小

沂蒙路“和谐城管”示范街　　（临沂市城市管理行政执法局供稿）

网格”工作方法，累计投入各类资金、物资价值达50余万元。落实城市管理责任区考核制度，每月召开点评通报会议，对市区、县乡环境卫生管理进行考核，兑现奖惩。建立重大疑难案件审理委员会集体研究制度，全年共办理行政处罚案件43476件，其中，一般程序案件3815件，简易程序案件39661件。

【城管执法队伍建设】 开展思想、作风、纪律三项整顿活动，深入开展宗旨教育、规范执法教育、纪律教育和形象教育，加强队容风纪建设，强化了城市管理工作人员的工作责任心和纪律观念，转变了工作作风。推进效能服务提升年、“四比四看”和创先争优活动，提高了工作效率。推进党风廉政建设，组织开展党员干部廉政承诺、廉政宣誓、廉政报告、警示教育等活动，做好行风热线和信访工作，反腐倡廉建设深入推进。加强干部队伍建设，出台了《进一步加强领导班子和干部队伍建设的意见》《“三重一大”事项监督管理规定》等文件制度，严格落实安全生产、社会治安综合治理等目标管理责任制。开展执法办案培训活动，规范执法程序，提高执法技巧，提升了城管队伍规范化执法水平。加强软硬件设施配备，投入200余万元更新办公设备，改善办公条件。扎实开展先进集体、先进工作者、先进执法所、红旗中队、办案能手和服务标兵等评选活动，对30个先进集体和130个先进个人进行了表彰。

（刘云鹏　张　斌）

德　州　市

城乡建设

【概况】 2011年，德州市住房城乡建设系统按照市委、市政府的总体部署，紧紧围绕“一个目标、一个追求和‘三主六大’”的总体要求，埋头苦干，拼搏进取，各项工作均取得显著成绩。全年积极争取国家、省无偿补助资金4.8亿元；中心城区城市建设投资首次过百亿元，实现历史性突破；太阳能利用项目荣获住房城乡建设部“中国人居环境范例奖”，被省住房城乡建设厅评为“十一五”全省供热计量改革与既有建筑节能改造突出贡献单位。

【重点工程建设】 全年中心城区城建工程共安排了10大类、101个项目，计划总投资115.2亿元，实际完成投资116亿元，比上年增长22%。首次实现项目过百个，投资超百亿，为历年之最。新建、改造幸福大道等20多条道路；完成京沪高铁德州站站前广场一期建设；博物馆工程竣工，政务中心投入使用；完善了运河、岔河、减河“三河六岸”景观；德州大剧院、三八西路等工程等完成了年度建设目标。

【房地产业】 全市房地产开发完成投资117.6亿元，比上年增长30.4%。开展了市场秩序整顿，房产综合监管明显加强。城市综合体、大社区建设工作取得实质性进展，在“10+3”产业推进中率先突破，已有4个城市综合体项目开工建设，5个项目签订了投资协议。

【村镇建设】 紧密结合“两区同建”，不断加快小城镇建设，起草了《关于加快推进小城镇建设的意见》和《2011年度全市小城镇建设工作考核办法》。在2011年全省“百镇千村”建设示范评选活动中，全市76个农村社区获得山东省“农村社区建设示范村”称号。禹城市房寺镇等七个小城镇获得“山东省小城镇建设示范镇”称号。全年改造危房2.5万户，完成年度任务的124%。

减河湿地公园 （德州市住房城乡建设局供稿）

【建筑业】 全市建筑业保持平稳快速发展。建筑业完成产值157.5亿元，比上年增长29.4%；认真做好农民工工资清理工作，累计清理拖欠民工工资200余万元；收缴建筑企业养老保障金1.44亿元，首次过亿元，完成年度目标任务的289%。重视并加强安全质量管理工作，连续8年未发生较大以上安全事故，创省级安全文明小区1项、省安全文明示范工地5项、省级安全文明优良工程21项，10项工程荣获“泰山杯”，11项工程荣获“天衢杯”，2项工程荣获“全国优秀装饰奖”。德州政务服务中心工程获全国3A级安全文明诚信工地称号。德州市人民医院新病房楼工程和援建四川省永昌第二小学工程双获国家优质工程奖。

【建筑节能】 全市在建项目新型墙材应用率由上年的97.5%提高到98.2%，节能达标率提高到99.6%，中心城区达到100%。全面启动“十二五”既有居住建筑节能改造，落实改造项目42个、115.49万平方米。市住房城乡建设局被省住房城乡建设厅评为“十一五”全省供热计量改革与既有建筑节能改造突出贡献单位。

【可再生能源建筑应用】 出台了《关于进一步加快太阳能推广应用工作的意见》，加大了可再生能源建筑应用推广与管理力度，对32个可再生能源示范项目进行了竣工验收和检测，完成太阳能与建筑一体化应用面积260万平方米。德州市荣获国家住房城乡建设部“中国人居环境范例奖”，临邑县被列入国家“可再生能源建筑应用示范县”。

【拆迁拆违】 坚持以人为本，大力推动拆迁拆违。全市完成拆迁面积519.8万平方米，其中中心城区完成221.5万平方米。中央电视台《焦点访谈》、新华社、《人民日报》等新闻媒体对德州市“阳光拆迁破难题”的做法进行了专题报道。积极参与创建国家卫生城市工作，开展了主次干道、背街小巷及城边村、旧居住小区、建筑施工现场环境综合整治，实施了城中村、旧住宅区、棚户区改造。

【幸福德州建设】 积极响应市委、市政府“建设幸福德州”的号召，在全市住房城乡建设系统开展了“幸福德州·住房城乡建设行动”，制定了实施意见，出台了配套考核办法，组织开展了10大类29项活动，取得了阶段性成果。开设了“建设大讲堂”，举办了“幸福德州·建设者之歌”文艺汇演、“建设幸福德州、争做兴德先锋”演讲比赛等系列活动。

【机关建设】 一是廉政建设。严格落实“八条禁令”规定，发放了“八条禁令”警示牌、“明白卡”，制定了检查和责任追究办法，促进“八条禁令”落实；加强廉政风险防控，住房城乡建设局作为全省唯一典型，在8月底中纪委召开的全国廉政风险防控经验交流会上作了典型发言；政务服务中心连续5年被评为全市政务服务先进单位。二是法制建设。把依法行政贯穿于整个行政管理的全过程，采取举办培训班、法制讲座、普法考试等多种形式，提高了干部职工依法行政水平；荣获“全省普法先进工作单位”“依法行政工作先进单位”荣誉称号，连续8年被评为省级文明机关和市级文明单位。三是推行党务政务公开。扎实做好承诺热线办理工作，承诺热线办结率100%；在《承诺热线》十周年表彰暨理论研讨会、全市优化发展环境暨党务公开工作会议上作了典型发言。四是加强宣传工作。围绕城市建设、保障房建设、农房改造等群众关心关注的热点问题，加大宣传力度，树立了住房城乡建设系统的良好形象。

（艾晓娜）

城乡规划

【概况】 2011年，德州市城乡规划系统以推进跨越发展、建设幸福德州为目标，以抓好重大规划推进、重点项目编研、现代产业服务为重点，认真履行规划引领、推动、服务、保障发展职责，进一步优化了城市布局，完善了城市功能，提升了城市品位，为推动城市健康快速发展作出了积极贡献。全年共受理规划项目咨询738项，发放各类规划许可证件474项；审批用地面积321.95万平方米，建筑面积362.45万平方米，各类管线25.53万米。德州市规划局先后荣获“山东省省级文明单位”“创建国家卫生城市工作先进集体”“德州市中心城区城市建设工作先进单位”“全市支持‘两区同建’工作先进单位”“全市机关效能暨政风行风建设先进单位”“全市信访工作先进单位”“全市商务工作先进单位”等荣誉称号。

【规划编制】 一是总体规划编制。新一版城市总体规划（2011—2020年）纲要顺利通过住房城乡建设部审查。规划提出了“一主四副”的德州都市区建设发展战略，确立了“一轴、两带、三区”的市域城镇体系空间结构，为城市实现跨越发展预留了充足空间。二是控制性详细规划编制。积极补充、整合、更新中心城区控制性详细规划成果，控规全覆盖目标取得重大进展。三是专项规划编制。完成经济开发区基础设施规划、社会服务场所规划及中心城区加油、气、电站布点规划等一系列专业专项规划。四是规划设计。启动“三河六岸”规划设计，统筹研究运河、岔河、减河两岸交通及景观，全力打造和谐亲水休闲长廊；开展南部生态片区核心区深化提升规划，全力打造集生态保护、旅游休闲、商业文娱等功能为一体的生态宜居片区；开展德州市桥梁概念性设计，全力打造富有德州特色的“桥文化”；开展“中国太阳城”标志性建筑设计，全力打造德州城新地标，进一步提升德州“中国太阳城”城市影响力。

【规划研究】 一是在谋划城市发展方面，积极适应高铁时代给德州带来的新变化，加强了城市发展战略、空间布局、城镇体系等重大问题研究，提出了积极融入“两区、四圈”（半岛蓝色经济区、黄三角经济区、京津冀经济圈、环渤海经济圈、省会城市群都市圈、长三角经济圈）的发展策略，在总体规划中就构建“一主四副”德州都市区和“一轴、两带、三区”的市域城镇体系空间结构提出了方向、目标和措施。二是在拓展城市发展空间方面，加强德陵、德平一体化研究，完成了德陵一体化概念性规划，提出了融合的思路、方法和途径。三是在三区规划的衔接优化落实方面，着眼加强三区统筹，完成运河新城现代新区 11.43 平方公里优化设计等五项研究，为老城区改造提升和区域长远发展提供了科学依据。

【规划调控】 充分发挥规划引导调控作用，优化资源配置和空间布局。一是提升房地产开发品质。按照大社区占地不小于“20 公顷（300 亩）、33.33 公顷（500 亩）”，城市综合体不小于 13.33 公顷（200 亩）的标准，在中心城区完成了 24 个大社区和 9 个城市综合体的选址和策划编研；对全市 55 个待建房地产项目进行了分类处置，推动房地产开发建设向规模化、品质化和高端化发展。二是推进现代产业体系发展。积极深化调整总体规划内容，确保其与产业发展规划、土地利用规划“三规合一”；结合产业性质、产业特点和发展需求，优化产业布局；积极完善基础设施配置，确保功能分区科学、配套设施完善，推动项目落地。

【规划管理】 一是制度更加健全。《德州市规划管理技术规定》正式由市政府颁布实施，城乡总体规划审查工作规则、城乡规划编制暂行办法、日照分析审查工作规程、中心城区工业项目规划管理规定及外墙装修改建、临时建设工程管理等一系列规范性文件制定实施，初步建立起覆盖编、审、管、查各个层面的制度体系。二是决策更加规范。坚持重大规划项目上市政府常务会议审议，有效维护规划的严肃性和权威性。三是运行更加透明。积极公开办事程序，公示城市规划和建设项目，增加规划管理透明度和社会参与度。四是审批更加科学。积极运用城市规划三维辅助决策信息系统进行辅助审批。

（张　鹏）

房产管理

【概况】 全年完成房产登记 1.67 万宗、419 万平方米，新建房屋登记簿 1.25 万宗，缮证 2.65 万宗；完成测绘业务 185 宗，测绘面积 248 万平方米，晒图 1.7 万张；办理房产交易 9167 宗、189.03 万平方米；整理房产档案 1.19 万余卷，档案总库存达 18 万余卷；全年出售公有住房 1630 户、15.7 万平方米；部分产权向全部产权过渡 51 户、3100 平方米。

【住房保障】 出台了《关于加快发展公共租赁住房实施细则》，中心城区全年落实住房保障资金 1.6 亿元，加大了保障性安居工程建设力度。建立了保障性安居工程建设用地储备制度，在中心城区分别选取了 3 个地块，共 26.67 公顷土地用于保障性住房建设。全市开工建设保障性住房和新增廉租住房租赁补贴 16587 套（户），完成省下达任务的 131.8%；保障性住房建设综合开工率位居全省第二位，竣工率达到 85.6%，提前超额完成了省下达的任务目标；中心城区 320 套经济适用房建成并面向社会公开分配。廉租户年度复核工作全面完成，当年退出保障 128 户，累计退出 283 户。

【房地产市场监管】 全年共签订商品房预售资金协议 58 个，监管资金 1.13 亿元。核发预售许可证346件、237.16万平方米，检查在建房地产项目18个，查处违规预（销）售行为5起，查处侵占小区绿化违反物业管理规定的行为1起。严格执行商品房销售人员持证上岗和挂牌服务制度，为规范商品房销售行为打下良好基础。对全市房地产中介机构进行全面调查摸底，初步掌握了全市房地产经纪行业的基本情况，为进一步整顿规范房地产中介市场秩序提供了必要资料。

【物业管理】 出台了《关于规范物业管理工作的实施意见》，理顺了工作体制，明确了部门职责，规范了专业经营设施设备管理及其他物业管理行为，建立了质量保修金管理制度，调整了维修资金收缴标准。全年有4个开发项目缴纳了质保金，归集额150余万元。新审批物业服务企业29家，办理资质变更11家，截至年底，全市依法取得资质的物业服务企业为183家；批准支取使用维修资金486.18万元，受益业主1.32万户；指导选举成立7个小区业委会，18个小区获得“山东省物业管理优秀住宅小区”荣誉称号。开展了商品住宅项目前期管理工作，办理物业管理区域划分登记61宗，商品房预售前物业服务项目备案登记46宗，商品房现售前物业服务项目备案登记25宗。

【“创卫”工作】 制定了《德州市居住小区综合整治春季会战实施方案》等10余个相关内容的工作方案，经济技术开发区、德城区、运河经济开发区房管分局组成19个工作组，对669个居住小区进行了十余次拉网式督导检查，及时督促居住小区进行整改，全面提高了居住小区的物业管理水平，改善了广大群众的生活居住环境。在“创卫”验收中，居住小区一次性通过了专家技术评估。市房管中心被市委、市政府授予“创建国家卫生城市工作集体二等功”。

【房地产市场信息系统建设】 开发并推广了房产档案查询系统，提高了工作效率。全省房地产信息系统建设（二期）联网和预警预报系统数据采集、上报工作已经完成，房产信息“数字化”已基本实现。安排技术人员深入基层，积极协助各县（市、区）做好房产信息化建设工作，从整体上提高了全市房管系统的信息化水平。

【依法行政】 对市级行政权力进行了全面梳理，“商品房预售许可”“三级（含暂定）物业服务企业资质的许可”“选聘物业服务企业的许可”列入《市级行政许可事项目录》，“廉租住房和公共租赁住房申请核准”列入《市级非行政许可审批事项目录》，有效地提高了依法行政能力，被省住房城乡建设厅授予“全省住房城乡建设系统‘四五’依法行政先进单位”。

（崔志恩　郝荣强）

公用事业管理

【概况】 2011年，中心城区自来水日供水量7.18万立方米，日供水能力10万立方米，供水水质综合合格率达到100%；燃气日供气量37.8万立方米，日供气能力90万立方米，天然气供给普及率达到95%；热电联产集中供热合同面积1800万平方米，比上年增加300万平方米，集中供热普及率达到65%，位居全省前列；市公用事业管理局被授予“全省供热计量工作先进单位”称号。

【公用设施建设】 全年完成公用设施建设改造投资3.58亿元，公用设施配套进一步完善。供热设施建设方面，投资1.8亿元，完成了北线管网一期工程、解放南路南延等3处主管网建设工程、创业路等23处支管网建设工程，敷设主支管网33公里。同时，积极承建新用户二网建设工作，全年新建二网15处，改造老小区二网10处。

供水设施建设改造方面，投资1.16亿元，完成了迎宾大道等供水管网新建、改造等工程。燃气设施建设改造方面，投资0.62亿元，完成了燃气管网建设、改造和东北城燃气管网配套等工程。

【公用事业行业管理】 一是进一步加强对燃气市场监管。为满足南部片区居民用气需求，确保南部燃气市场的稳定，由市燃气总公司接收了南部片区燃气管道经营业务。二是加强对重点工程的监管。为确保供热北线管网工程质量，制订了《关于进一步加强东北城集中供热工程管理的工作意见》，规范建设工作流程。实施专职人员现场监管，对重点部位全程监督，确保工程按时保质完成。三是扎实推进供热计量改革。精选帝景苑小区、名苑小区等35个小区，实行供热分户计量改造，已完成供热计量改造面积132万平方米，超额完成省下达任务。

德州中燃公司一期钢管管道改造现场 （摄影：郑冠军）

【公用设施安全管理】 一是加大公用设施安全检查巡查力度。深入开展“安全隐患治理年”等活动，排查生产经营场所16次，制止违法违规行为62起；加强在建工程的安全管理，在施工现场设置围挡和警示标志，指派专门人员错时上下班，严盯死守，避免工程伤害32起；对中心城区范围内的供水、供气、供热公用设施的安全状况进行全面摸排，将问题消灭于萌芽状态。二是进一步加大安全投入力度。配置抢险车辆4台、四氢噻吩检测仪一台、测漏仪10台，电焊机6台，发电机4台，维护保养应急装备32台次。三是积极开展安全培训。举办各种形式的培训班，共有1000余人次接受安全培训；组织消防应急演练3次，地震防灾自救演习1次，汛期应急演练2次。四是开展企业安全生产标准化创建活动。统一中心城区范围内汽车加气站的安全管理制度及操作标准，确保安全稳定运营。

【公用事业承诺服务】 认真做好接访和投诉受理，全年共接访102次，解决问题80个，受理投诉电话203个，办结率达到100%。认真做好“承诺热线”上线办理，每月22日，局一把手按时参加承诺热线，认真解答居民关心的问题，能当场解决的当场解决，不能当场解决的保证在5个工作日内落实到位。市热力公司建成调度中心，实现了投诉、调度、处理“一站式”服务。市供水总公司严格执行《客户发展服务中心工作职能和程序》等相关规定，不断提高客服水平，进一步提高了“心水相牵、和谐供水”这一省级服务品牌的知名度。德州中燃公司积极推进客服改革，方便郊区用户需求，同时，开展创服务品牌活动，将“心燃相通”定为公司服务品牌。

（张英杰）

住房公积金管理

【概况】 2011年，德州市住房公积金管理中心对市直机关事业单位人员住房公积金缴存比例进行了调整，缴存比例上调至8%。全年新增缴存住房公积金职工2.5万人，比上年增长14.7%，缴存住房公积金人数达24.1万人；年归集公积金7.26亿元，比上年增长41.75%；年提取公积金1.32亿元，滚存余额达到18.07亿元；发放贷款6.71亿元，比上年增长114.3%，个贷率达到80%。市住房公积金管理中心先后荣获“省级文明单位”“省建设系统‘五五普法’先进单位”“德州市综合考评先进单位”“2011年度全市城区和城乡建设工作先进单位”等荣誉称号。

【公积金管理体制改革】 2011年2月19日，市政府下发了《关于冻结县市区住房公积金管理机构资产和人员编制的通知》（德政字〔2011〕12号），标志着县（市、区）住房公积金管理体制调整工作全面展开。6月，县（市、区）管理机构的整体移交工作顺利完成，解决了困扰全市住房公积金事业发展的体制问题。

【公积金征缴扩面】 稳步推进住房公积金扩面工作，调整规范了财政供养人员住房公积金缴存基数和比例，将规范缴存作为建设幸福德州的重要内容纳入市委年终综合考评，市直缴存基数调整为工资总额，缴存比例上调至8%。着力解决企业应缴未缴、缴存基数、比例偏低等问题，对全市企业进行集中执法检查，加大督查力度，促进企业积极整改。通过督查，许多企业缴存比例提高，缴存基数作了相应调整。破解征缴难题，摸清规模以上企业底数，采取邮寄催缴信（函），主动上门宣传政策和电话联系等方式逐一攻关，会同法院、人社、工商、税务等部门加大联合督导工作力度。

【住房公积金贷款管理】 一是延长借款人还款年限。将最长贷款年限由20年延长至25年，借款申请人在法定退休年龄上延长5年。二是创新贷款形式。探索团购贷款，与中正置业等开发商及单位签订团贷协议，降低了贷款风险。适时下发《德州住房公积金管理中心关于调整部分贷款政策的通知》，加大对中低收入家庭贷款支持力度。三是加强贷前审查。规范贷款操作程序，完善贷款初审、复审、人员签字制度，强化贷后管理，健全贷款风险防控体系和逾期催收机制。

【公积金管理风险防控】 按照《廉政效能管理工程的实施方案》《建立廉政风险防范机制的实施方案》以及《配档表》要求和步骤，从查找用权风险的易发高发部位抓起，进行分级、分岗布控。健全领导班子议事规则，完善议事程序，严格执行民主集中制；落实各项规章制度，并签订《科室廉政风险防范承诺书》。升级住房公积金管理系统，对提取、贷款、财务支出等重要操作，完全通过管理系统进行，杜绝人为操纵等风险因素。出台《德州市住房公积金管理中心内部控制管理办法》，按照月审和季审相结合，定期和抽查相结合的内审方式，由专人负责，对管理中心财务、经费、贷款、提取等业务进行审计，将安全隐患消灭于萌芽状态。

【公积金管理信息化建设】 全面升级、优化了全市住房公积金管理系统，实现市中心对管理部统一管理。强化硬件管理，定期检测维护，确保了数据存储和系统安全稳定运行。建立健全信息安全保障机制，加强对各经办网点设备和网络系统安全管理。加大资金投入，搞好电子政务网站，设立公积金余额、贷款查询、在线咨询栏目，实现网上办公“面对面”。通过网络群众信箱、建言献策、咨询热线、监督投诉和网上调查等栏目的设置，形成了互动服务的完整体系。

【住房公积金承诺服务】 积极开展“以我们真诚的服务，赢得您满意的微笑”主题活动，推出一系列真诚服务举措。在开设16887777语音电话查询的基础上，新增在线咨询专栏，在服务大厅显著位置设立电子触摸屏。建立了党组成员服务大厅定期值班制度，现场解答、处理职工各类问题，问计、问需于服务对象。进驻市政务服务中心，努力实现公积金业务“一条龙”“一站式”服务，减少审批环节，实行立即办结制。简化贷款内部审批程序，积极协调担保公司、银行，缩短了办结时限。

（牛中水　田　兴　秦小丽）

城市管理行政执法

【概况】 2011年，德州市城市管理行政执法系统在市委、市政府的正确领导下，牢固树立“为人民管理城市”的理念，以建立长效机制为目标，以创建国家卫生城为载体，以理顺城管体制为契机，攻坚克难，真抓实干，城市管理水平全面提高，各项工作迈上新台阶。全市城管执法系统共荣获省级荣誉称号8项，市级荣誉称号93项。

【城市管理体制改革】 按照市政府《关于进一步理顺中心城区城市管理体制的意见》的要求，重新界定了市、区城管职责权限，进行了事权调整交接，形成了三区管理一盘棋、城区执法全覆盖的“大城管”格局。在内部管理制度方面，实行“动态化、双核式”考核法，成立考核机构，制定考核办法，改革考核方式，采用考核小组专门考核和局班子成员轮流考核的方式，做到每周有评分、每月有通报、年终总结奖惩。以考核促管理，有力提升了工作效能和管理水平。

【城管执法】 一是抓严格执法。全年共办理行政许可事项5000余件，一般程序案件621件，简易程序案件5618件，无一起复议和诉讼案件；全年查处违法建设案件67起，拆除39处、1.6万平方米，为历年之最。二是抓制度建设。制定《城管执法督察制度》及《德州市区城市容貌标准》等5个规范性文件，以制度化促进规范化。三是抓便民服务。制定《市场管理导则》，为瓜农、果农、菜农选定销售点；规范管理“三修点”，迁移宠物市场，引导108户烧烤业户入室操作；联合有关单位整治修车点239家、洗车点42家，做到了许可的占道经营管得好，禁止的管得住。

【环卫保洁】 一是环卫作业现代化水平明显提高。全市累计投入6.1亿元，在全省率先完成生活垃圾处理设施“一县一场（站）”建设任务；完成干煤棚等14项附属工程，基本完成生活垃圾焚烧发电续建项目；改造提升3座垃圾场，整改维修公厕216座、压缩站14座，购置大型环卫机械14部，建成环卫专用车库；生活垃圾减量化、无害化、资源化处理水平有了新提高。二是道路保洁机械化水平明显提高。机械清扫时间提高到6小时，机扫率从不足40%迅速提高到55%，主干道一天两次洒水，道路净化效果明显提高。三是破解环卫难题的水平明显提高。针对公厕管理资金缺口大、管理主体多的状况，采取从环卫维护费挤一点、从生活垃圾处理费补一点的办法，确保了公厕维护经费足额到位；制定《德州市市区公共厕所管理办法》，统一市区管理标准，延长开放时间，解决了市民如厕难问题；提高一线环卫工人待遇，实行绩效工资，稳定了基层队伍，提高了工作积极性。

【园林绿化】 一是实施园林景区建设改造工程。投资1542万元完成人民公园水系改造工程，营造了湖岛相映的新景观；实施了截污改排等五项工程，解决了市民关注的热点问题；投资135万元对明月湖进行改造，重建广播局小桥，改造了中湖北岸塌陷部分；对大学路、青年西路、各景区广场进行绿化改造；应用微地形、“文化景墙”等元素，打造了幸福苑绿地、绿景家园绿地等一批精品景观；中心城区新增乔灌木230万株、绿地36万平方米。二是强化规划设计和苗圃建设。成立园林规划设计研究院，探索彩叶植物驯化研究，引进8个品种1.4万株；规范苗圃建设，统一规划4处苗圃，引进28个品种37万株。禹城市、齐河县成功创建省级园林城市，全市有69个单位被评为市级“花园式单位（小区）”“园林式城镇”。

【市政设施管护】 一是完善市政设施建设。总投资4600余万元，实施了中心城区防汛工程等4项工程，铺设各类管道4100米，铺装道路3.8万平方米。二是改进养护手段。购置新设备，采用新工艺，应用新技术，保证了维修路面平整顺畅，提高了冬季道路养护质量；实行绿色照明，用太阳能灯、节能灯代替普通照明；改造接线方式，调整亮灯模式，提高亮灯效果。三是改善作业手段。坚持夜间施工或错开交通高峰期施工，减少施工扰民；挖掘道路实行全封闭围挡作业，维护公共秩序。四是完善工作机制。建立徒步巡查、信息共享、联动处置、考核奖惩为一体的养护、管理网络，提高了道路管养效益。

【市容环境】 圆满完成“创卫”技术评估和复查各项任务，对近百条城区道路进行综合整治，深入开展了环境卫生等8项专项整治，粉刷建筑立面156万平方米，清理生活垃圾6500余吨，施划停车线18万米，规范车辆停放5.5万辆次。倡导运用新型材料，设置了6处电子显示屏，对解放大道、青年路、新华东路门头牌匾进行集中整治，整改牌匾2000余块。提排三干渠、宜蕙河污水505万立方米，组摆地栽鲜花100万株，城市净化、绿化、硬化、美化、序化水平明显提高，环境得到较大改善。

【应急体系建设】 进一步落实责任，印发了《德州市城市防汛排涝指挥部组建方案》，明确城市防汛各相关单位、部门责任，强化预警响应。按照市政府办公室《关于印发德州市中心城区扫雪除冰联动机制的通知》要求，构建有关单位、广大市民联动扫雪责任体系。举行城市防汛应急预案演练，锻炼了队伍，积累了经验，应急反应能力大幅提高，经受住了2011年大雨、暴雪的考验。

人民公园改造新景 （德州市城管执法局供稿）

【执法队伍建设】 一是综合素质全面提高。在全市开展劳动竞赛、技术比武等活动，对全市执法人员进行培训考试，对200余名公厕管理员进行专业培训，对环卫职工开展培训考核，提高了专业技能和综合水平。二是党建水平全面提高。严格落实“一岗双责”“三重一大”“八条禁令”等制度，建立科级以上干部廉政档案，确定廉政效能风险点，制定廉政风险防控图，组织开展“转变理念、构建和谐城管”学习讨论、星级党支部创建等活动，8个支部被评为五星级支部、1个被评为四星级支部。三是认真落实意见建议。办理人大建议、政协提案、领导批示件、承诺热线转办件等共553件；牵头开展德州东站及周边环境综合整治、青年西路综合整治，圆满完成交办任务。

（王登利　吕永蕾）

聊　城　市

城 乡 建 设

【概况】　2011年是聊城市住房城乡建设工作任务特别艰巨、成果特别丰硕、贡献特别突出的一年。市住房城乡建设委员会继续贯彻“城建靓市”方针，以开展“继续提升年”活动为主线，以“两城一河”建设为重点，以重点项目建设为着力点，以建设生态型强市名城为目标，加快推进新型城镇化进程，开拓创新，狠抓落实，各项工作达到或超过了既定目标。

【城建重点项目】　城区20个重点城建项目总投资600多亿元，18个项目形成投资进度，完成投资70.5亿元。一是以古城保护与改造为龙头的文化旅游项目形成规模。古城区完成了城门、角楼、综合管沟和四关大街仿古建筑群建设，初步形成了“中华水上古城”风貌；古城安置项目望湖小区一期工程全部完成主体；名人岛、南关岛工程全部完工，形成了集水城风光与传统历史文化于一体的新景区。二是以徒骇河世界运河（建筑）博览园开发建设为重点的湖河水系工程实现突破。徒骇河景区的河道整治、路桥建设全线展开，开挖河道6.1公里，完成滨河大道部分路段，陈口路和利民路的三座跨线桥全部完成；班滑河河道正在开挖整治。三是以道路建设为重点的基础设施工程全面完工。对利民西路、兴华西路、站前街等8条城区道路实施拓宽改

聊城市委书记、市人大常委会主任宋远方检查城建重点项目

（聊城市住房城乡建设委供稿）

造，全部竣工通车；火车站改造工程基本完工，即将投入使用。四是以物流中心为重点的商贸物流项目扎实推进。物流中心久久医药项目基本完成，农产品交易中心部分大厅完成，开发区中央商务区、银座商城等项目进展快速。五是以西安交大科技园为重点的科技文体项目加快步伐。西安交大科技园科研办公楼部分竣工，摩天轮和酒店完成基础施工；高级工程职业学校和高级财经职业学校开工建设 12.1 万平方米；市民文化活动中心正在施工，体育公园全民健身中心项目已按时竣工交付使用。

【住房保障】 制定了全市 2011～2015 住房保障规划，力争规划期末新增保障家庭 80401 户，住房保障覆盖面达到 23.2%。出台了《关于在较大新建住宅项目中配建保障性住房的意见》，奥森花园一期配建 7869 平方米的保障性住房顺利开工建设。全市共开工各类保障性安居工程 18664 套，包括廉租住房 410 套，经济适用住房 1658 套，公共租赁住房 3429 套，城市棚户区改造 11721 户，完成总任务量的 112.1%，是全省开工率最高的三个城市之一。首个保障性限价房项目——南湖新城，总规划建筑面积 44.9 万平方米，开工建设 14.31 万平方米，共 9000 多套。限价房小区坚持“限地价、限房价、限面积、限利润、限购买对象、限上市交易时间”的六限方针，主要供应对象是新就业大学生、进城务工农民和城市中低收入家庭。聊城市住房城乡建设委被评为全省保障性安居工程建设先进单位。

【房地产市场调控】 严格执行《国务院关于坚决遏制部分城市房价过快上涨的通知》《山东省人民政府关于保持全省房地产市场稳定健康发展的意见》及其相关配套政策，密切关注和监测房地产市场运行情况。拟定《聊城市房地产开发项目建设条件意见书制度》，对项目的开发期限、建设进度、公用配套实施建设要求、住宅化技术应用要求等，根据项目实际，提出规划建设条件意见，并对奥森花园等项目予以实施。推行《房地产开发项目手册》制度，加强项目开发经营全程动态监管。推行房地产开发项目综合验收制度，并将综合验收备案情况纳入企业资质核定、升级管理中，确保小区配套设施建设到位。全年完成房地产开发投资 90.9 亿元，其中住宅投资完成 68.65 亿元，新开工面积 351.98 万平方米，竣工面积 197.37 万平方米，销售面积 138.62 万平方米，房地产市场保持稳定健康发展态势。

【房产管理】 建立了物业质量保修金制度，提请市政府出台了《关于加强物业质量保修金管理的实施意见》，进一步完善住宅专项维修资金监管，解决房屋“养老”保障机制，实现真正意义的物业质量保修期的内外“无缝衔接”。城区已归集物业质量保修金 2300 余万元，涉及开发建设单位 35 家，39 个项目。建立了物业信息系统平台，共统计从业管理近千人，物业服务项目 243 个，收录信息近 5 万余条。从建立健全房地产市场信息系统着手，自筹资金 300 多万元，建立起了以楼盘表数据组织和管理模式为基础的统一应用平台和网络硬件平台，全面推进房产登记管理、新建商品房网上备案、测绘成果与管理、统计分析与信息发布等七个子系统的建设工作，房产管理一体化的综合业务管理系统显现成效。投入使用后，实现了市级与省厅联网，在实现数据共享，数据分析，预报预警及信息透明公开化方面迈上了新的台阶。在加强商品房预售资金监管的同时，出台了《聊城市城区存量房网上交易和结算资金监管办法》，进一步加强对存量房交易资金安全监管。规范简化房地产产权产籍登记办事程序，将原有的 20 项登记规程归并为 13 项，各类业务时间办理时限平均比过去缩短 5 至 8 天。

【“国家园林城市”创建】 聊城市创建国家园林城市工作顺利通过住房和城乡建设部专家组的

现场考核验收和专家委员会评审，并颁发证书。至此，聊城市提出的“五城同创”目标全部实现。各县（市、区）的绿化水平不断提升，在省政府命名的15个省级园林市县中，聊城市的茌平、东阿和高唐三县位列其中。

【农村新居建设与危房改造】 全年建设6.1万户农村新居，改造危房2291户。三年来建设农村新居共计21.7万户，实施了87个新型农村社区建设，农村新居建设规模和质量管理都走在了全省前列。30多万农民搬出危房旧房，告别旧村居，少花钱或不花钱住进了布局合理、功能齐全的新农房。

【建筑节能】 通过严格监管，全市新建、扩建、改建的民用建筑，全部按照公共建筑节能50%、居住建筑节能65%的标准设计、施工，建筑节能达标率达到98%以上。全市竣工节能建筑133.98万平方米，比上年增长40%。实施既有建筑节能改造31万平方米；实施太阳能光热系统建设40万平方米，全面完成了省政府下达的目标任务。

【建设产业】 2011年，聊城市在实现“百亿工程”的基础上继续发展建设产业，建筑、建材、装饰业规模不断壮大，三大行业完成年产值188.8亿元，比上年增长23.6%，并实现连续五年无重大安全事故。

【对口援建】 圆满完成对北川地震灾区的援建工作，高标准建设了北川七一高级职业中学和白杨坪住宅片区，获得四川省建设工程质量最高奖“天府杯”奖。聊城市住房城乡建设委获山东省委、省政府授予的“山东省抗震救灾先进集体”称号；1人获“全国建设系统抗震救灾先进个人”称号，1人获省劳动模范称号，6名同志记二等功。

（吴华军）

城乡规划

【概况】 2011年，聊城市城乡规划工作坚持“城建靓市”方针，加强城乡规划管理，服务全市重点项目，围绕“江北水城·运河古都”的城市定位和城市特色，进一步转变规划理念，发挥规划的统筹引领作用，促进全市规划工作再上新台阶。2011年，聊城市规划局获得“省级文明单位”“聊城市城区重点城建项目建设工作先进责任单位”“全市廉政文化先进机关示范点”等荣誉称号。

【规划编制】 完成中心区19平方公里（东昌路南、北）的控制性详细规划编制和人民广场城市设计。启动了南部新区概念性规划、经济开发区总体规划调整工作，为进一步拉大城市框架、完善城市功能、突出城市特色奠定了基础。开展了城市交通综合研究，完成海源路、柳园路、徒骇河滨河大道等道路的规划设计，编制完成城市防洪排涝、城市夜景观照明系统、城市色彩规划和建筑特色研究、给水工程及水系桥梁等专项规划，为进一步完善城市基础设施、提升城市品位提供了规划指导。加大村镇规划编制和管理力度，村镇规划编制取得较大进展，城镇详规覆盖率大幅提高。《聊城市城市地名专项规划》获得2011年度山东省优秀城市规划设计三等奖。

【重点项目规划建设】 一是徒骇河世界运河（建筑）博览园建设。完成滨河大道西岸（东昌路至湖南路段）道路建设，东岸道路建设前期准备工作完成，累计完成投资约7911万元。二是名人岛建设。项目占地约4公顷，总建筑面积3600平方米，总投资1亿元，已竣工并对外开放。三是南关岛建设。项目主体工程已全面完成。项目占地约5万平方米，建筑面积约2.3万平方米，总投资约1.6亿元。四是围绕古城保护与改造工程完成了一批详细规划、施工图设计等，为工程的顺利推进提供了科学规划指导。此外，围绕马颊河世界运河之窗生态旅游度假区、开发区商务中心、西安交大科技园、市民活动中心、保障性安居工程、体育公园、盛世天湖环保科技园等重点项目建设，完成大量高水平、高质量的详细规划、施工图设计和项目施工规划服务工作。

【规划决策体制创新】 强化制度建设，逐步完善领导、专家和群众相结合的规划决策机制，进一步增强了规划的公众参与性和透明度，确保了规划建设项目的科学实施。一是强化规划委员会制度。严格执行市规划委员会、市项目审查委员会、市专家咨询委员会和局项目会为框架的“四级”审批制度。全年筹备组织市规委会3次，审查项目8个；市项目会12次，审议规划和建设项目423个；市专家会34次，论证规划和建筑方案337个；局项目会15次，审查项目577个。二是创立并坚持了项目审查“票决制”。城市规划三维辅助决策系统广泛运用，项目审查“电子票决系统”更加完善，项目表决程序更加规范和科学，杜绝了“人情”项目，提升了项目审查水平。这种科学的项目审查制度得到了各级领导的肯定和社会的认可。三是健全规划公示制度。以规划公示制度为基础，大力推行“阳光规划”，努力提高规划项目审批的透明度，全年通过报纸、网站、公示栏和项目现场等进行项目公示110次，充分听取了社会的意见和建议。

【规划审批】 严格落实一次告知、首问负责、限时办结等制度，针对重大基础设施工程、大型工业项目、招商引资项目等开辟了审批“绿色通道”，办事效率和服务质量进一步提高。行政服务大厅规划局窗口被授予“红旗窗口”和“市级行风建设示范窗口单位”。全年核发建设项目选址意见书9件；建设用地规划许可证57件，用地面积304.8万平方米；建设工程规划许可证254件，建筑面积386万平方米；临时建设用地规划许可证4件，面积8.3万平方米。

【地形图测绘】 完成城区建成区1/500地形图更新测绘（湖南路北，高速公路南，京九铁路东，徒骇河西）和南部新区约53平方公里的1/500地形图测绘（湖南路南、远景南外环北、京九铁路东、聊位路西）。

【地下管线普查】 启动了城区地下管线普查及信息化系统平台建设。通过普查全面摸清了城市规划区内总长约3000余公里的各类地下管线的平面位置、高程、埋深、管径、走向、性质、规格、材质、埋设年代及权属单位等。通过对地下管线数据的综合处理，利用现代信息技术系统建立城市地下管线规划管理辅助决策系统，实现对地下管网系统快速、准确的动态管理，为科学统筹开发地下空间提供参考依据，为应急处理、决策审批和方案设计提供支持。

【规划管理体系建设】 修订出台了《聊城市城市规划管理技术规定》《聊城市城区建筑日照分析规划管理规定》和《聊城市城区建筑日照分析技术标准及规程》，有力推进了规划编制和管理的标准化、规范化、法制化。出台了《聊城市城区建设工程批后管理办法》，严肃查处违法建设行为，确保了规划的科学实施。

【城建档案管理】 2011年，全市整理入库档案477卷，签订城市规划技术服务合同106份、建设工程档案移交合同39份；接待文本查档人员120余人次，查阅档案200余卷（件）；检查、验收19个单位40余幅竣工测量图，更新电子版地形图2.7平方公里。

（蒋　涛）

市政公用事业

【概况】 2011年，聊城市市政公用事业管理工作坚持以科学发展观为指导，以开展城市环境综合整治活动为抓手，坚持“两高一好”（高标准、高效能，各项市政设施运行良好），“两保一优”（保障供给，保证安全，优质服务），全面提升公用事业服务水平；坚持一个标准（市民群众满意）、建设和谐文明单位、树立优良政风行风的工作目标，紧紧围绕迎接国家卫生城市复审、创建国家园林城市、省级文明城市测评等工作，保民生，促和谐，打造惠民市政，加强行业作风建设，各项工作水平均实现了新的提升。

【市政基础设施建设】 一是新生活垃圾处理厂建设。总投资3.2亿元，设计日处理能力1000吨，焚烧发电区已开工建设。二是中水回用工程建设。工程输水管道长23公里，总投资1.32亿元，日输送中水10万吨，正加紧实施，建成后将是全省最大的中水回用项目。三是国家园林城市创建工作。全年新增花园式单位小区13家，新增绿化面积2万平方米，垂直绿化4000平方米。四是城区防汛设施改造。2011年，重点对功能缺失的防汛设施进行了改造完善，对城区12座闸门全部进行了手、电一体改造；对市医院路口、剧院路口等多年难以解决的重点积水部位进行了有效改造，城区防汛设施的防洪排涝能力得到全面提升。

【市政基础设施管护】 加强了对城区主次干道、桥梁、路灯、沟渠、涵闸等市政基础设施的管理维护。全年共更换调整人行道花砖1万平方米，疏通排水管网8.5万米，安装河道防护网2000米。及时巡查维修路灯，亮灯率达到了98%以上。全年完成道路修补5.3万平方米，超出年度修补计划2.3万平方米。道路保洁实行“人工保洁、快速保洁、机械化保洁”三位一体的作业方式，全天候、无缝隙保洁。新增机械化作业车辆近20部，机械化作业率达到28%，比上年提高了2个百分点，超过了国家卫生城市26%的标准。新建生活垃圾压缩中转站10座，生活垃圾实行袋装化收集、密闭式运输，无害化处理率达到了78.59%。以创建国家园林城市为契机，按照国家一级标准加强了城市园林绿化日常管养，完成责任区道路、绿地绿篱补植20余种200余万棵。对城区16块街头绿地、10多条道路实施了升级改造，提升改造绿地面积22.5万平方米，呈现出“绿不断线、景不断链”“三季有花、四季常绿”的城市道路景观特色。加强了户外广告牌匾治理、市政公用工程质量监督和城市管理督查，市容环境呈现新面貌。

【公用事业管理和服务】 加强供节水管理和服务，开展城区自备水源集中整治活动，排查出自备水井700余眼，根据管网情况和用水性质进行了详细的分类。实施东聊引水复线工程，完成东郊水厂、东阿水源地双电源工程，解决了因电力检修等停电引发的城区停水问题。加强对污水处理厂的运行监管和城区污水处理费的征收工作。加强供热管理和服务，全年共受理用热申请71家，总面积281万平方米，年内城区新增供热面积179万平方米，基本上解决了供热季的用热需求。加强了燃气管理和服务，全年城区实际新增管道燃气用户1.8万户。继续在燃气行业开展360°优质服务活动，开展了岗位培训和事故处置演练，加强了燃气工程安全监管和燃气市场清理整顿工作，确保了全市燃气行业的安全运行。

（岳同昌　靖鹏程）

住房公积金管理

【概况】 2011年，聊城市住房公积金管理中心坚持以科学发展观为指导，严格执行《住房公积金管理条例》和《国务院关于进一步加强住房公积金管理的通知》，紧紧围绕全市经济发展大局，以“全面提升年”活动为动力，坚持“务实、高效、廉洁、创新”的工作理念，各项管理工作得到了全面提升，有效地发挥了住房公积金的住房消费和住房保障作用，圆满完成了年初确定的各项工作目标和任务。市住房公积金管理中心被评为全省优秀单位，列全省考核第4名，并受到省财政厅的表彰奖励。

【住房公积金归集】 广泛宣传发动，通过《聊城日报》、广播电视、定期编辑《聊城市住房公积金管理信息》、“行风热线”与面对面交流等多种形式宣传住房公积金政策，反映住房公积金工作动态。将归集重点转移到非公有制企业，开展非公有制企业的扩面追缴工作，多次到正常经营且具备缴存能力的企业宣讲政策，部分企业建立了住房公积金制度；对部分无视《住房公积金管理条例》规定、拒绝履行缴存义务的企业，下发住房公积金催缴通知书，逾期不办理的，按照《条例》有关规定，处1万元以上5万元以下的罚款，并申请人民法院采取强制执行措施。2011年全市共归集住房公积金10.7亿元，完成全年计划的111%，比上年增加2.3亿元，增长28%。截至年底，全市共有2800个单位为14.6万余名职工建立了住房公积金制度，当年新增缴存人员2.97万人，住房公积金覆盖率达94.1%，累计归集住房公积金51.4亿元。

【住房公积金贷款管理】 制定出台《住房公积金业务操作规程》，修订了《住房公积金个人贷款管理办法》。降低贷款门槛，简化贷款程序，为公积金贷款购房提供最大支持。将住房公积金贷款额度由20万元提高到30万元，年限由15年提高到20年。市住房公积金管理中心和各管理部牵头，协调受托银行、担保公司、房屋评估公司为办理住房公积金贷款的职工提供上门服务。2011年个贷业务迅猛增长。全年共发放住房公积金贷款12.8亿元，完成计划的154%，比上年增加5.3亿元，增长71%。累计发放住房公积金贷款53.2亿元，当年存贷比为119%，期末存贷比为66%。

【公积金贷款风险防范】 强化公积金贷款风险控制，建立健全了贷前、贷中、贷后风险责任制度。贷前，强化调查及风险评估工作，对房产抵押贷款进行实地查看并做好谈话记录和资信评估工作；贷中，严格贷款手续管理，强化贷款资格审查，建立账户封存制度；贷后，坚持还贷情况月汇报、季分析，及时准确掌握借贷人动态信息并做到及时催收。建立科学、严密的贷款审批机制，市住房公积金管理中心在县（市、区）管理部、中心科室对贷款材料审核的基础上增设了复审岗。制定了《聊城市住房公积金管理中心贷款业务风险控制岗位责任制》，明确了各个岗位、每个环节、每名职工的责任，并实行责任倒查、终身追究制。建立健全住房公积金网络信息系统，继归集程序投入使用后，贷款和会计核算程序相继投入使用。资金风险得到有效防范，公积金贷款实现“零逾期”。

【住房公积金窗口服务】 建立服务大厅，市住房公积金管理中心联合市建行等5家国有银行及担保公司等业务相关部门全部进驻大厅办公，实现了从公积金缴存、支取到贷款业务受理的“一站式”服务。制订《聊城市住房公积金管理中心服务大厅制度》，规范了服务窗口人员的行为，树立了文明、优质、高效的住房公积金窗口形象。全年共办理退离休、死亡、调出市外人员、购买自住住房及公积金还贷支取2.2亿元，同比增长9%。

【住房公积金资金管理】 住房公积金资金运行情况良好。全年实现住房公积金增值收益4435

万元，增值收益率为1.24%。提取廉租住房建设补充资金2669万元；几年来，累计提取廉租住房建设补充资金11889万元，为全市廉租住房建设提供了强有力的资金支持。

（王立中）

城市管理行政执法

【概况】 2011年，聊城市城市管理行政执法工作突出查处违规建设、违规经营两个工作重点，开展了“纪律作风集中整顿回头看”“和谐城管、为民执法大讨论”“争先进位、继续提升竞赛”三项活动，实施数字化城管建设等行动，不断增强执法效能，提升服务意识，为构建有序、靓丽、和谐的中华水上古城做出了重要贡献。

【违规建设整治】 认真贯彻落实《关于建立查处城区违规建设长效管理机制的实施意见》（聊办发〔2010〕29号文件），明确了执法局与规划、国土、东昌府区、开发区管委的责任，建立了联席会议制度和责任追究制度，建立了市、区、办事处、社区四级防控网络，形成了各部门单位之间的联动，实现了查处违规建设由强制拆除为主向预防、发现、制止前移的转变。

香江便民市场开业庆典　　（聊城市城管执法局供稿）

【市容市貌整治】 依法整治露天烧烤、占道经营、店外经营、建筑工地扬尘、乱设广告牌匾、挤占绿地损坏树木、乱采乱用地下水资源、噪声扰民等，实现了由突击集中整治向常态化长效规范管理的转变。对沿街主次干道2000户经营门店实施门前五包（包卫生、包绿化、包秩序、包文明、包安全），建立常态化管理模式，为“共建共管”奠定了良好的工作基础。启动归行划市工作，建设启用了湖西、香江、聊大西门、育新四街、付家大门、二干渠、双力路光明等便民市场，安排摊位达2000余个。首批划定规范了16处便民摊点群，安排摊位700余个。在城区乱点共设置服务执法岗亭24个，实现了服务、盯守、巡查、监管四位一体，同步进行。

【城管执法效能建设】 一是提升办案质量和执法效能。实行“早、巧、联、严、防五结合”工作法。实施城区执法工作24小时无缝隙管理。建立工作联动制度：在外部与相关各部门建立联动，形成联席会议制度、案件函告制度、通报制度；在内部，机关与各支队形成联动，建立职责明确，联动配合，统一协调的调度指挥体系。建立快速反应机制，严格落实24小时值班制度，做好市委、市政府领导批示，纪检监察、信访部门督办、市长热线转办、群众举报事项，做到全时段监管、全过程服务，规范、快捷、文明处理各类案件。2011年受理各类投诉举报案件1809

件，比上年下降23%，市民满意度由2010年的82%提高到88.2%。二是开展专项活动。开展“纪律作风集中整顿回头看”“和谐城管、为民执法大讨论”“争先进位、继续提升竞赛”三项活动，开展“两个调整三项整顿”活动，即调整思维方式，调整工作方式，整顿思想，整顿作风，整顿纪律，执法水平明显提高，队伍形象进一步提升。三是实施数字化城管建设行动。对执法局内部数字化资源和社会网络资源进行了初步的整合，进一步强化办公手段现代化，科技手段网络化，为实现城市管理由传统管理向数字化管理的转变奠定了基础。

【城管执法行风建设】 建立完善内外部监督体系，市城市管理行政执法局成立了执法监察领导小组，向各大队派驻了监察员；特邀部分人大代表、政协委员定期视察城管执法工作；聘请100余名行风监督员和社会监督员，畅通民意诉求渠道，设立了24小时投诉举报电话，局网站设立了局长公开信箱，局办公楼设立了意见箱，成立指挥调度中心、群众工作科和检测服务窗口，接受市民的来信、来访和咨询；对群众反映的问题实行首问负责制、一门受理、限时办结，实现了由被动接受监督向主动自觉接受监督的转变。

（张　蕴）

滨　州　市

城乡建设

【概况】 2011年，滨州市城乡建设系统深入贯彻实践科学发展观，紧紧围绕打造黄河三角洲中心名城和加快“黄蓝两区”开发建设中心任务，认真贯彻落实国家和省、市关于房地产宏观调控的决策部署，各项工作达到或超过了既定目标。全年城市基础设施完成投资59.8亿元，其中市城区完成19.8亿元；保障性住房开工15367套；农村住房建设整村开工建设3.6万户，危房改造完成2560户，分别占省下达任务的180%和140%；完成44个整村1.08万户的城中村拆迁改造工作；完成房地产开发投资106.3亿元，比上年增长10.1%；完成建筑业产值182.6亿元，实现增加值53.3亿元，分别比上年增长19%和20%。

北新开河公园　　（滨州市住房城乡建设局供稿）

【城市基础设施建设】 全市城市基础设施完成投资59.8亿元，比上年增长32.7%，其中市城区完成19.8亿元。反映设施水平的城市道路长度、路灯盏数、绿化覆盖面积分别达到1596.4公里、5.78万盏和14556公顷，比上年分别增长15.3%、24%和52.5%。全市集中供热面积达到1690.1万平方米，比上年增长22.8%，其中市城区集中供热面积达789.2万平方米，比上年增长37%。全市用水普及率和用气普及率均为100%，全市供水管道和排水管道长度分别达到2233.18公里和2437.72公里，比上年分别增长20.3%和14.8%，其中市城区供水管道和排水管道长度分别达到1173.2公里和1127.65公里，比上年分别增长24.3%和16.8%。全市污水集中处理率、生活垃圾无害化处理率分别达到92.25%和94.36%，其中市城区分别达到92.35%和100%。建成一批道路、绿化工程，蒲湖风景区一期改造、新立河雨污分流进展顺利，市城区集中供热、渤海七路改造等重点工程全部完成。

【保障房与农房建设】 全市保障性住房开工15367套，开工率105.05%，其中廉租住房、经济适用房、公共租赁房分别开工1685套、1480套、5236套；全市6595户棚户区改造居民安置房全部开工。全市农村住房建设整村开工建设3.6万户，占省下达任务的180%，危房改造完成2560户，占省下达任务的140%。三年累计新建农房10万户，改造危房1.7万户，超额完成目标任务，40多万农民搬出危旧房，住进新农房。小城镇建设不断加快，基础设施和公共服务设施进一步完善。

【城中村改造】 全市城中村改造共拆迁1.08万户，拆迁面积262.5万平方米，完成整村拆迁44个。其中，市城区共拆迁4123户，拆迁面积132.6万平方米，完成整村拆迁18个，分别是市西街道办事处亚药刘、双庙刘，北镇街道办事处五四一，彭李街道办事处大河姚、大河刘、大河芦、大河王，市东街道办事处东王、侯家、赵家、桃李，沙河街道办事处大高、沙郭、小李，杜店街道办事处南街、李肖海、北街、东尚。

【住宅与房地产业】 认真贯彻国家、省房地产调控政策，按时向社会公布了房价控制目标，住宅价格平稳，未出现大幅波动。全市完成房地产开发投资106.3亿元，比上年增长10.1%；商品房销售面积227万平方米，比上年增长8.56%，销售市场供需平衡，总体处于健康运行态势。市房产交易大厅、商品房展示服务中心正式启用。全市物业覆盖面不断扩大；实施住宅小区物业服务量化考核和星级管理办法，物业管理和服务水平明显提升，物业企业实力明显壮大，住宅专项维修资金与物业质量保修金缴存数额逐步提高。

【建筑业】 建筑业发展势头良好，全市完成建筑业产值182.6亿元，实现增加值53.3亿元，分别比上年增长19%和20%，产业实力进一步增强。全市各类建筑业企业达466家，其中一级企业9家。

【建设领域节能减排】 全市新型墙材生产比例86%，应用比例100%；新建建筑施工阶段节能标准执行率98%；完成既有居住建筑供热计量及节能改造56.2万平方米，占省下达任务的112.4%；完成太阳能光热建筑一体化应用77.3万平方米，占省下达任务的128.8%。滨州市住房和城乡建设局被省住房城乡建设厅授予“全省‘十一五’供热计量改革与既有建筑节能改造突出贡献单位”称号，被评为“全市‘十一五’节能突出贡献单位”。大力开展节水工作，全年累计节水540万立方米。全市建成运行城镇污水处理厂11座，污水集中处理率90%以上，在2011年全国水污染防治考核中，获得全国和海河流域两个第一名。垃圾处理实现“一县一场(站)”。

【勘察设计】 完成滨州红星美凯龙城市综合体、博兴县开发区污水管网、滨州蓝海国际大饭店3个工程的初步设计审查报批工作和滨州市公共卫生中心、黄河三角洲高技能人才培训中心等7个工程的初步设计审查工作。获得山东省优秀工程勘察设计方案二等奖2项，三等奖5项。滨州建筑设计院有限责任公司和滨州市规划设计研究院各获得山东援疆基层组织阵地工程和援疆新农居设计方案二等奖1项；滨州市公路勘察设计院的“水准测量QC小组”获得优秀QC小组二等奖、“小桥涵设计QC小组”获得优秀QC小组三等奖；滨州市建筑设计研究院获得山东省优秀建筑设计二等奖1项，三等奖2项。

（石贝娜　屈文娟　李军帅）

城乡规划

【概述】 2011年，滨州市规划系统按照打造黄河三角洲中心名城的决策部署，以建设“低碳生态”城市为目标，提高规划编制、实施水平，加大规划监管力度，大力实施科室管理年，充分发挥城乡规划的统筹协调和综合服务功能，为创建国家园林城市，助推“黄蓝”两区战略实施提供了坚实的规划服务保障。滨州市规划局先后荣获全市创建省级文明城市工作先进集体、滨州市生态文明村创建先进集体、全市服务业发展工作先进集体等荣誉称号，顺利通过省级文明机关复核验收。

【城乡规划编制体系】 按照“城市生态化、规划国际化”的要求，紧紧围绕“黄河三角洲中心名城”目标定位，落实“东优、西延、南跨、北拓”战略，编制完成《黄河三角洲中心名城概念性规划》《三河湖生态文化旅游度假区规划》《滨州市外环河城市公园规划》《政府储备用地控制性详细规划》《铁路客运西站周边控制性详细规划》，构建了科学合理、功能齐全、生态宜居的城市发展格局。以提高城市综合服务能力和承载力为目标，在已完成的20多项专业专项规划基础上，完成《城市雕塑规划》《主城区中小学布局规划》《城中村改造十大社区控规》《滨州市城区市政管网普查及综合规划》《喜鹊湖公园详细规划》。全力推进县（区）、乡镇总体规划修编及建设规划编制工作，64个乡镇总体规划全部完成，5300多个村庄近80%完成村庄建设规划，走在了全省前列。

【重点区域和重大项目规划】 委托山东省交通规划设计院编制完成《滨州黄河四桥方案研究报告》，为招商和政府融投资等提供了基本依据。委托天津市园林规划设计院编制了渤海十八路（南外环至北外环）、黄河二路（彩虹湖至高速路）城市干道的绿化景观改造提升规划。结合渤海十八路绿化景观提升改造，编制了以“渤海恋情，现代滨州”为主题的《渤海十八路公共艺术景观规划》并组织实施。完成六街改造、渤海国际中央公园、白鹭湖片区、金融国际中心、市科技中心（一馆三中心）、市公交调度中心、市玉

彩虹湖　（滨州市规划局供稿）

佛寺等重点区域、重点工程的规划策划及编制，做好规划设计与服务，加快了重点工程的建设步伐。评选出滨州新八景：瀚海景天、银河英姿、三蒲叠翠、红园塔雪、古城流韵、仓堡渔歌、九曲横带、双闸飞潮。新八景的评选是打造生态滨州、文明滨州、宜居滨州的重要组成部分。

【规划管理和服务】 组织现场观摩活动，推行"问题在一线解决、经验在一线总结、成效在一线体现"的"一线工作方法"。将城区建设项目绿化设计方案统一纳入规划审批管理，绿化工程须与主体工程同时规划，同时设计，同时施工，为创建国家园林城市搭建载体。实行以"窗口受理、网络传输、限时办结、全程监控"为总体目标的网上审批管理信息系统。突出重大项目前期工作、规划选址、规划服务等重点，加强与国土、建设、房管等部门的协调配合，使规划服务无缝隙。全年共受理规划行政审批事项1000余件，办结率100%。发放建设工程规划许可证87件，总建筑面积约226.75万平方米；发放建设用地规划许可证88件，总面积341.91万平方米；组织评审委员会评审的规划设计方案24项；出具选址意见218件。规划拆迁认证违章建筑的面积5.35万平方米，为城市基础设施建设节约资金约3800万元。

【规划监察执法】 为加强全市城市雕塑的建设和管理，出台《滨州市城市雕塑建设管理办法》。修订《滨州市城市规划技术管理规定》，进一步增强了各类规章制度的法定性和可操作性。开展市城区规划建设管理"百日综合整治活动"，市城区市容市貌得到了明显改观。截至年底，共查处、制止各类违法建设案件335起，下达《责令限期改正通知书》356份，共组织实施24次大型拆违行动，拆除面积1.03万平方米。组织对36起违法建设案件进行立案处罚，有效遏制了城区违法建设的蔓延。

【阳光规划】 通过"行风热线""政府在线"、规划信息网、集中宣传等形式宣传规划法规、政策。严格落实规划公示和听证制度，对全部控规方案和试点村建设规划进行社会公示，就涉及群众切身利益的审批事项组织了多次公开听证。全年共办理人大代表建议、政协委员有关城乡规划的提案15件，满意率达到100%。扩展规划宣传阵地，对城市规划展示馆内数字沙盘、交通宣传片、4D影院进行更新改版升级。举办专题宣传活动，全面改版市规划局网站，增设特色频道，加快信息更新。

【基础测绘和信息化建设】 加强测绘管理，进一步规范项目登记、成果汇交工作，建立测绘日志制度。建立地下管网验收、验线整合系统，为滨州基础设施的规划和建设打下坚实的技术基础。成功并入山东省台站网，虚拟参考站VRS技术的应用，提高了测量精度，扩大了测绘范围。购置日本拓普康HiperⅡG双系统全球定位接收机、0.5秒级全自动电子全站仪和美国天宝高精度电子水准仪，为开拓变形监测新业务打下坚实的硬件基础。组织"三维城市规划管理信息系统"建设、"规划审批办公自动化系统"工作，搭建起"数字规划"框架体系。

（张新勇）

住房公积金管理

【概况】 2011年，滨州市住房公积金管理中心深入贯彻实践科学发展观，结合宏观经济形势和房地产市场变化，认真贯彻落实国家和省、市关于房地产宏观调控的决策部署，紧紧围绕"发挥制度作用""保障资金安全""提高服务品质"的总目标，坚持最大限度扩大住房公积金覆盖面，全面推进"学习型""服务型""规范型""信息型"公积金建设，既实现了住房公积金安全增值、运行质态优良的经济目标，又取得了住房公积金管理服务工作新的业绩，连续九年被评为“全省住房公积金管理先进单位”。

【住房公积金归集】 一是开展多层面、多角度、多方位的宣传活动。在《公积金决策参考》《齐鲁晚报》《滨州日报》《鲁北晚报》《鲁中晨报》上发布简讯；在滨州电视台“公积金之窗”栏目播放了22期专题片；利用滨州住房公积金网站实现业务及时公开；在渤海国际广场树立广告牌、悬挂宣传幅18次；上街宣传7次，发放宣传手册1万余份，发放公积金余额告知单14万份。二是开展住房公积金催建催缴工作。建立健全企业数据库，采取信函催缴、电话催缴、上门催缴，下达限期开户通知书、催缴通知书等方式，对148个单位下达了限期开户通知书，3个单位下达了责令改正通知书，2个单位下达了催缴通知书。开展“催建催缴月”活动，借助政府督导的作用，重点推进了非公有制企业住房公积金建缴工作。全年实现新增缴存单位255个，新增月缴额220万元。三是调整住房公积金缴存基数和缴存比例。调整了市直及无棣县的缴存基数，市直、滨城区、经济开发区、高新区、邹平县、无棣县住房公积金缴存基数达到职工工资总额。市直住房公积金缴存比例由6%提高至8%；邹平县缴存比例由8%提高至10%。全年380个市直单位38015人进行了缴存基数比例调整，调整后的住房公积金月缴存额达到1700万元，月增351万元。2011年全市共归集住房公积金7.47亿元，比上年增长38.85%。

【住房公积金贷款管理】 新增住房公积金按揭贷款（期房贷款），印发《滨州市住房公积金期房抵押贷款实施细则》，扩大住房公积金贷款业务，解决年轻职工贷款难的问题。印发《关于扩大个人住房公积金贷款范围的通知》（滨住金贷字〔2011〕2号）文件，凡正式在编事业单位的职工纳入发放住房公积金个人信用贷款的范围，中央、省驻滨单位职工符合条件的可以办理公积金信用贷款，在滨州市范围内个人房屋抵押贷款可以办理异地贷款，扩展了贷款服务效能。打破资金区域流动限制，全市个贷资金实现了统一调配。实行“首问负责制”“一次性告知制”“限时办结制”“贷款轮候制”等几项服务承诺，提高了服务质量与贷款效率。重新和受托银行签订了委托贷款协议，完善了与各担保公司的担保协议，明确了各方责任，增强了合同的可执行性。8月，集中清理了开发商账户转入个人账户的违规行为。全年累计为4101个职工家庭发放住房公积金贷款7.64亿元，比上年增长22%。

【住房公积金服务管理】 滨州市住房公积金管理中心服务大厅把咨询、贷款、担保等业务集中办理，将贷款、支取等办事流程和所需材料上墙公示，简化贷款手续，精简贷款流程，缩短了贷款审批时间。9月28日，在无棣县举行了滨州市公积金龙卡发放仪式，“住房公积金龙卡”为住房公积金缴存职工提供银行借记卡和住房公积金账户卡的双重功能，方便了职工查询个人账户信息和办理住房公积金各项业务。除《住房公积金管理条例》规定的支取范围外，专门对重大疾病以及一些特殊事由专门制定了支取办法。2011年共支取住房公积金1.43亿元，完成全年任务的118.94%。

【住房公积金资金管理】 加强住房公积金监管，实现保值增值，全年实现增值收益1090万元，当年计提贷款风险准备金485万元，历年累计贷款风险准备金1670万元，当年计提廉租住房补充资金100万元，历年累计计提廉租房补充资金1165万元。

（苏向华　邹江山　韩燕燕）

城市管理行政执法

【概况】 2011年，滨州市城市管理执法局紧紧围绕打造黄河三角洲中心名城和加快“黄蓝两区”开发建设中心任务，以创建国家园林城市、省级文明城市和迎接国家卫生城市复检验收为工作重点，以构建市民满意的城管品牌为目标，以服务人民、奉献社会为宗旨，以提高职工队伍素质为根本，解放思想，改进作风，完善制度，创新实干，城市净化、绿化、亮化、美化、序化水平全面提升，城市管理工作迈上了新的台阶。

【城乡环境整治】 结合迎接国家卫生城市复检验收工作，及时启动重大活动环卫保障应急预案，开展大型整治活动，改善城市形象。扎实做好节日期间和重大活动市容保障工作，组织开展专项集中整治20多次。集中开展了垃圾死角清理行动，解决市区内垃圾死角90处。加大巡查力度，及时查处向河道乱扔乱倒垃圾行为，确保了河道清洁干净。开展了车辆撒漏集中整治活动，共纠正违规车辆30车次，查处违章工地9个，车辆洒漏和带泥上路现象得到有效遏制。在渤海九路以西新城区全面推行道路保洁机械化清扫，节约了人力资源，节省了开支，提高了保洁质量。截至年底，垃圾焚烧发电项目到位资金达1.36亿元。城乡环卫一体化投资1680万元，新上大型清运设备16台，保洁收集车425辆，新建压缩式中转站2处，设置各类垃圾桶1738个，修建村居垃圾存放平台447处，市城区四环之内195个村居全部完成环卫一体化工作，达标率100%。

【城市绿化】 高标准完成黄河二路、黄河五路和渤海十八路的绿化升级改造工程。举办首届郁金香展，展出各类郁金香7万多盆；举办第六届菊花展，展出菊花300余种，20余万盆；投资300余万元，栽植摆放20多个种类的草花近300余万盆。组织开展城市绿色风暴行动，采取见缝插绿，拆违植绿，垂直造绿，零星点绿等多元化增绿手段，共计栽植各类花卉苗木120余万株。开展了城区裸露治理工作，对城区近40个路段及管理的四个公园的裸露和缺株断垄现象进行治理，累计栽植各类宿根花卉及苗木300余万株。

【城市亮化】 实施了灯饰夜景亮化工程。元旦、春节期间，投资700余万元，将黄河二路、黄河五路、黄河八路、渤海十八路沿街的路灯杆、行道树、建筑物作为亮化工程载体，悬挂体现中国传统的红灯笼、中国结灯和红鱼灯；在主城区主要干道节点设置多处亮化小品；在新滨公园门口摆放大型亮化造型。2011年国庆前夕，投资100余万元，在文化广场、中海周边、市政府周边等重要节点和人流量较大的地段，设置八组亮化小品；在城市主干道灯杆上安装国旗1272面，增添了节日氛围，扮靓了城市街景。抓好黄河十二路照明改造工程，共改造路灯236套，确保了照明效果。

【市容环境专项治理】 进一步整合资源，创新机制，完善功能，全面启动城市管理数字执法系统。升级改造门头牌匾730余块，城区容貌进一步美化。以学校、医院、市场、城区出入口周边为重点，开展集中整治36次，清理各类流动摊点740余处，清理乱摆乱放、乱贴乱画6000余处，当场制止并处罚各类违法行为2200余起，说服教育1500余人次，市容环境有了较大改观。结合全市城区建筑装卸和土方管理市场“百日”集中整治行动，集中排查施工工地88处，硬化道路12处，督察两区施工土场9处，制止乱挖土方行为6起，维护了土方市场管理秩序。按照“疏堵结合，以疏为主”的原则，开展烧烤专项集中行动26次，申请法院强制执行，拘传当事人5人，有效规范了烧烤市场。加强井盖设施管理，建立了保证金制度，每周一调度，每周一通报，强化监督管理，解决了因井盖设施破损严重、更换滞后造成的毁车伤人等问题。在黄河五路设立了城市管理示范街，成立女子巡查大队，推行人性化执法，使城管工作由“刚性”执法向“柔性”执法推进。

【城市管理市场化建设】 加大城市管理市场化运作力度，市城管监察支队加大广告拍卖力度，增加收入150余万元；夏季啤酒广场于6月投入使用；在文化广场、银座广场等地段新上LED大屏幕广告显示屏，美化了环境，提高了品位，增加了收益。市环卫处通过市场化运作新上高档果皮箱510个，电动路面保洁车辆54台。市园林处对春华秋实园进行了对外承包管理，对新滨公园房屋对外实施租赁，莲池夜月水面由企业进行承包经营，充分利用渤海十路等路段的商业资源优势设置绿地护栏广告，实现了双赢；通过招商引资300多万元，在园林科研所筹建了城市绿化有机垃圾处理厂。市路灯处在城区30多个路段路灯杆上进行市场化运作，制作安装了创城宣传标语及商业广告刀旗，收到了良好效果。

（赵晓志）

菏泽市

城乡建设

【概况】 2011年，菏泽市以统筹城乡协调发展、增强城市综合承载力、提高群众生活质量为重点，不断加大城乡建设力度，新型城镇化建设、农房建设与危房改造、节能减排、科技推广、建筑业管理、精神文明建设等均取得显著成效。全市完成城市基础设施建设投资86亿元，城市综合承载能力得到极大提升。完成村镇建设投资213.68亿元，农村住房建设与危房改造工作成效显著，村镇人居环境明显改善。建筑业稳步发展，全市各类建筑企业已达286家，完成总产值106亿元，同比增长25%。工程质量创优活动再创佳绩，6项工程获省建筑工程质量“泰山杯”奖。建筑节能和科技创新不断加强，全年生产新型墙材折标砖10亿块，实现节约土地110公顷，节约能源6.2万吨标煤。全市推广散装水泥283.3万吨，同比增长20%。完成太阳能光热系统建筑应用项目34个，建筑面积140万平方米，同比增长138.7%。公共服务水平不断提升，全年完成行政审批项目956件，办结率100%。行业精神文明建设成效明显，系统内新增省级青年文明号5个、市级青年文明号14个、市级青年岗位能手2个。

【城市基础设施建设】 2011年，全市共完成城市基础设施建设投资86亿元，同比增长23.2%，新建和改造道路130余条、面积376万平方米；修建排水管道482公里，铺设供水管道155公里。市城区实施重点城建项目60余项，完成投资15亿元。新建、改造了太原北路等道路36条60余公里，配套建设了雨水、污水管道80公里，完成高压入地12公里，栽植各类绿化树木20余万株。挖补修复路面3万平方米，疏通下水道5.57万米，清挖雨水井1.87万座次，为广大市民创造了良好的出行环境。松花江路桥、大学路桥、点将台路桥等建成通车，人民路桥主体工程基本完工。大力实施了碧水工程。完成了南关沟等4条河道的清淤、截污和景观改造，对太原路等16条道路实施了截污，共埋设污水管网22公里，铺设雨水管网16.6公里，清理疏通城区污水管网56公里，城区水体水质明显改善。全面完成赵王河下游综合整治。实施了桥梁和景观小品建设，完善绿化面积2万多平方米。赵王河公园景观工程荣获了全国市政工程质量最高奖“市政金杯奖”，并入选为国家级水利风景区。市图书馆主体工程基本完成；规划展览馆、文化艺术馆等已完成片区征收。全市建成11座污水处理厂，对其中9座进行了提升改造，日处理污水30.5万吨，城区污水集中处理率80.6%。按照“一县一场”的总体目标，投资4.2亿元建成垃圾处理场9座，日处理能力2250吨，生活垃圾无害化处理率达60%。各县区城建力度进一步加大。单县完成投资近亿元的君子路提升改造，实施了护城河公园建设；总投资25亿元的凤凰城建设项目已完成拆迁1300多户。巨野县对光明路、北园路西段等11条道路进行了升级改造；新增绿化面积150万平方米；完成了人民公园一期及洙水河水系工程建设。曹县完成了青菏北路、富春江路等7条道路新建改造；人民公园、环岛公园和四季河公园一期工程建成投用，铺设污水管网11公里、雨水管网34.6公里。

【村镇建设】　全市村镇新增住宅建筑面积1554.63万平方米，新增公共建筑面积113.63万平方米，新增生产性建筑面积244万平方米。修建道路831公里、面积445万平方米，安装路灯2791盏，新建桥梁114座，共完成投资213.68亿元。牡丹区吴店镇、曹县庄寨镇、郓城县南赵楼镇等6个乡镇被评为全省“小城镇建设示范镇”。单县李田楼镇中心社区、巨野太平镇郭坊村、东明陆圈镇纪庄村等66个村被评为全省“村庄建设示范村”。农村住房建设与危房改造工作成效显著，全市共启动整村改造建设项目301个，开工建设10.25万户，改造危房3.44万户，完成投资178.15亿元。

【建筑业】　建筑业总量规模进一步扩大。全市各类建筑企业发展到286家，其中一级资质企业9家，建筑业从业人数达20万人，完成总产值106亿元，同比增长25%，增加26亿元，同比增长15.2%，利税6亿元，同比增长13%。外出施工产值15亿元。一是整顿规范建筑市场秩序力度加大。对基本建设程序、招标投标、规费收缴、建筑节能、质量安全、勘察设计、施工监理等进行了全面治理，全年共检查工程项目350余个，建筑面积280多万平方米，下达责令整改通知书30余份，提出各类整改建议200余条，对其中16个存在严重违法违规问题的工程项目进行了通报并依法进行了处罚。二是

菏泽大剧院　　（菏泽市城乡建设局供稿）

安全生产形势平稳。以健全制度和构建长效机制为重点，加强和完善安全生产监管体系，加大监督检查力度，全年共检查工程项目923个，单体工程1966个，下发隐患整改通知书121份，整改安全隐患2788条，限期整改工程118个，停工整改工程3个，安全事故得到有效遏制。全市共有5个工程项目被评为“省级安全文明示范工地”，17个工程项目被评为“省级安全文明优良工地”，2个小区被评为“省级安全文明施工小区”。三是工程质量创优活动成绩显著。全年监督建筑工程2273个，建筑面积1283.88万平方米，完成施工图设计审查380余项，建筑面积近1000万平方米，在监工程项目344个，建筑面积1346.6万平方米。6项工程获省建筑工程质量最高奖“泰山杯”奖，12项工程获市建筑工程质量“牡丹杯”奖；群众性质量管理活动再上新台阶，全市获得国家级优秀QC成果奖2项，省级优秀QC成果5项。

环城公园

【墙材革新与建筑节能】 全年生产新型墙材折标砖10亿块，实现节约土地110公顷，节约能源6.2万吨标煤。新型墙材应用量达到8.14亿标块，建制镇以上城市规划区新型墙材应用比例达到85%以上。积极开展公共建筑能源审计，完成审计工程量30.4万平方米，对公共建筑进行了节能改造，改造面积5.4万平方米；既有居住建筑节能改造完成16.1万平方米，超额完成了省下达的目标任务。全市征收新型墙材专项基金3336万元，有效促进了新型墙材与建筑节能新技术、新产品的研发推广。全市推广散装水泥283.3万吨，同比增长20%，散装率55.5%。征收散装水泥专项资金1629.8万元，同比增长131.8%。全市预拌混凝土搅拌站发展到51家，全年推广预拌混凝土421.6万立方米，为上年同期的1.4倍，城镇规模以上建设工程普遍使用预拌混凝土，“禁现率”达96%。完成太阳能光热系统建筑应用项目34个，建筑面积140万平方米，同比增长138.7%。落实地源热泵系统建筑应用项目322.8万平方米，完工104万平方米，同比增长87.1%。对325家、595个节能降耗建筑材料和产品进行了登记备案，有效规范了建材市场秩序。

（菏泽市城乡建设局供稿）

【精神文明建设】 切实规范各类行政行为，全年完成行政审批项目956件，办结率100%。转办督办市长热线电话152个，办理群众来信来访80余件，认真办理人大建议、政协提案20余件。积极参与“行风热线”上线活动，线上答复问题680个，依法行政和为民服务水平进一步提高。成功举办首届“建设杯”城乡建设系统职工运动会。行业精神文明建设成效明显，系统内新增省级青年文明号5个、市级青年文明号14个、市级青年岗位能手2个，涌现出266个先进集体、563个先进个人。

（周金福　杨存生）

城乡规划

【概况】 2011年，菏泽市规划部门坚持“高起点规划、高标准服务、高效能管理”的原则，创新工作理念，实现整体突破，为促进全市经济社会又好又快发展做出了应有贡献。配合省住房城乡建设厅做好《鲁南城镇带规划》编制的基础资料调查和成果审查工作。完成文化中心片区、环堤公园和万福河景观带、牡丹区行政中心、雷泽湖风景区与东部城区综合区、城南组团调整和黄河路东段等7项详细规划设计的方案汇报、论证工作。启动商贸物流规划、热力规划、色彩规划等7项专项规划的方案编制工作。依法对老城区、中心城区和东部城区三项控规中8个地块进行了调整，增强了规划的可操作性。指导八县完成道路交通、供气供水、燃气热力等专项规划23项、各类修建性详细规划150余项、控制性详细规划28项。完成乡镇总体规划16项，控制性详细规划、修建性详细规划及专项规划80余项，村庄规划150余项，各乡镇总体规划第二轮修编全部完成，重点镇控规实现全覆盖。

【规划审批】 组织局业务办公会16次，研究评审菏建·华泰嘉园小区、千禧园小区、御河丹城小区、圣泽中华世纪城小区、将军苑小区等建设工程项目179件次，规划建筑面积913万平方米；组织技术人员360余人次，实地勘察，及时掌握一手资料，核提规划条件项目59个，办理规划用地35件，审批规划用地248.8公顷；先后对盛世·牡丹新城小区南区、金色家园小区等66个建设项目进行批前公示，收集反馈意见6件；组织召开市城市规划委员会专家组会议8次，对菏泽博物馆、菏泽规划展览馆等重点规划项目进行把关，确保城市规划的权威性、科学性，审批建筑工程项目179件，建筑面积913万平方米。

【规划管理】 坚持严格执法，施行全覆盖综合治理。继续加大批后管理力度，着力提高执法人员的责任意识、服务意识和执法能力；强化法规建设，使之有法可依，有章可循。研究制定新的城市房屋征收补偿办法，坚决制止违法建设“多建沾光、少建吃亏”现象，同时，研究制定新的城市规划控制区方案，实行属地管理，加强市区联动，细化目标任务，落实各级责任，建立违法建设日常巡查和考核奖惩机制，积极配合牡丹区、开发区深入开展违法建设集中治理活动，依法及时查处、拆除违法建设。2011年，共依法及时拆除各类违法建设1850处、面积28.1万平方米，违法建设数量与去年同期下降60%以上。

【规划服务】 一是确保重点，积极为城市基础工程服务。组织编制《菏泽市碧水工程规划方案》，对赵王河和引水线路段全长13.2公里沿线63个排污口提出改造方案；制定太原路、大学路退水线路规划方案，完成7个污水泵站的选址、放线，对市区60公里截污管线核提规划条件及放验线；核提渤海路、北外环西路等12条共计45公里新建道路的规划设计条件；制定长江路、太原路等10条道路的热力和燃气管线敷设方案，并办理相关规划手续。二是规划编制，为加快城镇化进程服务。组织编制中心镇总体规划2项，规划用地2平方公里；完成控制性规划6项，规划用地2972公顷；完成修建性详规63项，规划用地570公顷；完成城市发展战略研究及城市总体规划2项，规划用地206公顷；三是服务社会，积极提供基础性资料。组织菏泽城区、单县城北新区等1：500地形图测绘，完成测区面积50余平方公里；完成长城路、太原路北段等十余条道路定线，长度39公里；完成城区市政管线测量31公里；建筑放验线165件；完成中达尚城等32个工程项目竣工验收测量；完成牡丹新城等29个高层建筑项目进行沉降观测；完成菏泽大学园区、菏泽高新开发区等30平方公里地形图更新入库；完成工程勘察项目400余项；四是做好城建档案管理工作。全市开工项目27个，签订归档合同书22份，签订档案预验收书19份，发放档案合格证2份，接收工程档案资料3000多卷，接待利用者136人次，负责调卷408卷，为社会提供利用档案680页（册），取得良好的社会效果。

【规划队伍建设】　严格执行市委、市政府“三项工作”要求，进一步修订完善规划许可服务程序，实行了电话公开、限时办结和服务承诺。落实“党风廉政建设责任制”和“一岗双责制”，加强法制教育和业务培训，提高了规划执法队员依法行政水平和能力。加强信访工作，认真办理人大建议、政协提案35件，市领导批办件、群工办转办件97件，解决“行风热线”反映问题电话62个，及时办结率100%。被菏泽市人民政府、政协菏泽市委员会评为“2011年度提案承办先进单位”。

（蒋宝府）

住房保障和房产管理

【概况】　2011年，全市住房保障和房产管理系统认真落实国家宏观调控政策，不断加大保障性住房建设力度，严格征收拆迁管理，加强房地产市场调控，规范和完善物业管理、房产管理，全市住房保障和房产管理事业迈上了一个新的台阶。全市新开工建设各类保障性住房33664套，实施房屋征收拆迁项目75个，征收拆迁房屋面积401.93万平方米，征收拆迁规模居全省第一。全市新建商品住房均价2969元/平方米，市区新建商品住房均价为3429元/平方米，同比分别增长1.2%和0.12%，远远低于上涨幅度不高于11%的调控目标。

【保障性住房建设】　先后研究起草了《菏泽市公共租赁住房管理办法》《菏泽市经济适用住房售后管理实施意见》《2011年度菏泽市城区居民购买经济适用住房资格认定及办理程序》《2011年度菏泽市城区廉租住房租赁补贴申请条件及保障标准》等规范性文件，初步形成了按照最低收入、低收入、中等收入和高收入家庭分别供应廉租住房、经济适用住房、公共租赁住房和普通商品住房四个层次的住房供应体系，住房供应层次更加分明、合理。新开工建设各类保障性住房33664套。其中：新建经济适用住房22462套，廉租住房500套，公共租赁住房3557套（间），新增租赁补贴1376户，城市棚户区改造4960户，林业棚户区改造809户，主体基本完工的8345套。开工建设的滨河新城经济适用住房小区规划设计方案顺利通过“国家康居示范工程”评审验收，同时也是山东省第一个通过国家康居示范工程方案评审的保障性住房项目。2011年10月10日，住房城乡建设部以《简报》形式，推广了菏泽的经验。菏泽市住房保障和房产管理局被评为“全省住房保障工作目标责任考核先进单位”。

【城市房屋征收管理】　认真贯彻落实国务院《国有土地上房屋征收补偿条例》，在全省率先研究出台了《菏泽市国有土地上房屋征收与补偿暂行办法》（市政府〔2011〕第12号令）和《菏泽市国有土地上房屋征收评估试行办法》以及与之配套的资金管理、房屋拆除、风险评估、估价鉴定等制度，形成了一整套完善的政策体系，地方配套性文件走在了全省的前列。同时，菏泽积极创新房屋征收工作机制，对签协议、搬家、交钥匙等三个重要环节中实行千分工作制，对在规定期限内自行拆除违章建筑者给予每平方米380元补助，对装饰装修均按照被征收房屋的合法建筑面积每平方米300元的标准给予包干补偿，对合法国有土地“空地皮”允许按0.9的容积率给予回迁安置等，这些措施都极大地体现了民本思想，节约了社会资源。对每一个征收拆迁项目都坚持做到了“公开政策规定、公开操作程序、公开评估方法、公开补偿结果，确保征收项目合法、确保征收补偿方案科学合理、确保补偿安置方案广泛接受、确保一个政策执行到底、确保补偿资金和安置房源到位、确保不出现越级访和群体访”。全市共实施房屋征收拆迁项目75个，征收拆迁房屋面积401.93万平方米，征收拆迁规模居全省第一。其中，实施征收项目34个，约占全国征收项目的十分之一，新启动征收项目没有出现一起越级上访和集体上访案件。菏泽的房屋征收工作得到了国家住建部和省住建厅的充分肯定和认可，12月5月，省住房和城乡建设厅在菏泽召开了全省房屋征收暨棚户区改造现场会。12月7日，菏泽作为应邀的九个城市之一，参加了住房城乡建设部举办的全国房屋征收工作座谈会，工作经验得到住房城乡建设部及与会人员的好评；12月20日，在全省征收拆迁暨信访工作会议上，菏泽作了典型发言。

【房地产开发管理】 出台了《关于贯彻国办发〔2011〕1号和鲁政办发〔2011〕5号文件精神进一步加强全市房地产市场调控的通知》（菏政办发〔2011〕13号），成立了全市房地产市场调控和稳定住房价格工作领导小组，市、县均在3月底前及时公布了新建商品住房价格增幅控制目标，使全市房地产市场保持了平稳健康发展的态势。2011年底，全市新建商品住房均价2969元/平方米，市区新建商品住房均价为3429元/平方米，同比分别增长了1.2%和0.12%，远远低于年初制订的房价上涨幅度不高于11%的调控目标。同时，围绕规范企业管理、优化市场发展环境这一目标，不断加强房地产市场整顿，先后对全市房地产市场进行三次全面排查，十二次不定期抽查和百余次重点检查，对36个项目在开发经营中存在的问题及时进行纠正，责令其限期整改；对4个违规开发项目给予了行政处罚，并将检查结果予以通报，促进了全市房地产业持续健康发展。2011年度全市有1家企业获得“全国房地产开发诚信企业”称号，5家企业获得“全省房地产开发诚信企业”称号。同时，有1家企业晋升为国家一级开发资质，实现了菏泽一级开发企业零突破；2家开发企业入选“全省房地产开发企业50强”。全市完成房地产开发投资148.5亿元，其中市区75.62亿元，同比分别增长43.1%和29%；全市累计新开工面积1706.12万平方米，其中市区552.67万平方米，同比分别增长88.09%和76.21%；全市竣工面积996.68万平方米，其中市区竣工302.81万平方米，同比分别增长30.65%和41.09%；全市批准商品房预售面积937.75万平方米，其中，市区批准预售面积239.18万平方米，同比分别增长18.63%和17.25%。房地产开发水平明显提升，片区综合开发、大项目连片建设已成为全市房地产开发建设的趋势。

【房产管理】 全市完成房屋权属登记业务5.4万余件，其中，初始登记1.2万余件，转移登记1.3万余件，抵押权登记近1万件，预告登记1.7万余件。完成房产测绘3.2万项，测绘面积1500万平方米。整理房产档案4万余件，归档率达100%，提供房产档案查询6万余次，协助纪检监察和司法部门进行房产档案调查3000余次，开展房屋安全鉴定500余起。房屋租赁管理更加规范，业务受理量明显增加，完成登记备案6000余件。进一步加强了城市商品房租赁管理和农村房屋确权登记管理工作，启动了市区两级档案数字化建设，积极开展了房产中介市场整顿，促进了房产中介市场良性发展。进一步加强了房地产市场信息系统建设，基本实现了省、市、县三级联网。加大了对房屋登记历史遗留问题的解决力度，定期组织召开遗留问题解决专题会议，依法依规及时帮助群众解决历史遗留问题。同时，以国家房屋登记官考试为契机，不断加强业务人员学习教育，制定专门培训方案，落实定期学习制度，先后组织各类培训班100多期。在2011年12月10日国家房屋登记官考试中，市、区住房保障和房产管理局考试合格通过率达38%，居全省第一。

【物业管理】 不断规范物业管理，强化从业人员培训，积极落实业主大会制度，指导小区成立业主委员会，努力拓展物业管理覆盖面，2011年度全市物业总管理面积达1755万平方米，年增长率46.25%，新建住宅小区物业管理覆盖率达100%，全市住宅小区专项维修资金归集累计完成1.02亿元，新住宅小区归集率达100%。加强了物业企业定期考核，及时公布考核结果，广泛接受社会监督，开展了示范小区创建活动，2011年，全市有1个住宅小区顺利通过“国家级”物业管理示范项目评审验收，实现了菏泽住宅类物业“国优”项目零的突破。5个物业项目获得“省级”优秀物业管理示范项目，1家物业企业获得了“山东省诚信物业企业”称号，1家物业公司晋升为一级资质，填补了菏泽一级资质物业企业的空白。加强小区精神文明建设，与市精神文明办公室和市广播电视台联合开展了“文明走进小区、创建和谐邻里”大型活动，历时4个月，分别在8个住宅小区成功举办了8场演出活动，受到社会各界好评。加大了小区物业纠纷解决力度，把握纠纷根源，及时将矛盾化解到萌芽状态，解决在基层，通过开展专题调研、摸底排查、处理来信来访、上级批办件等方式，变被动为主动，由接访到下访，解决各类物业矛盾纠纷问题111件，办结率达100%。

【住宅与房地产业博览会】 由菏泽市人民政府主办，菏泽市住房保障和房产管理局、菏泽市城市综合开发办公室、菏泽市住宅与房地产业协会承办的菏泽第八届住宅与房地产业博览会于4月9日~11日在中国林展馆成功举办。参展开发企业49家，展出楼盘56个，展出面积2158万平方米，所有展项均创历届之最。期间举办了“住房保障成果展”“县区房地产开发成果展”“房管系统书画展”等系列展览，组织了“房地产开发二十强企业”“百姓喜爱的十大楼盘”和“十佳物业企业”颁奖评选活动。住博会历时三天，共接待参观群众约32万人次，提供政策咨询7万人次；现场成交房屋361套；意向购房8700多套，意向交易额达到30.3亿元；举办的住博会房地产开发项目签约仪式，现场签约14个大型房地产开发项目，协议总投资额约179亿元。

（王亚东）

住房公积金管理

【概况】 2011年，菏泽市住房公积金管理部门坚持保民生、保稳定、促发展，树立“安全、服务、增值”的管理理念，抓扩面、抓归集、抓试点、抓创新、抓监督，使覆盖面继续扩大，缴存额持续快速增长，服务水平和服务质量不断提高，资金安全完整。全市住房公积金实缴单位数2304户，实缴职工数21.5万人；当年新开户单位数106户，新开户职工数17183人，年缴存额8.02亿元；缴存总额34.49亿元，缴存余额25.24亿元。当年提取住房公积金2.46亿元；共为10923人办理购建住房部分支取1.79亿元，为4943人办理销户支取0.67亿元。个人住房贷款发放307笔，个人贷款发放额6300万元，个人贷款回收额95.32万元；个人贷款累计发放400笔，个人贷款累计发放额6631.40万元，个人贷款余额6192.68万元，个贷率2.5%；个人贷款逾期笔数、逾期余额、逾期率均为0。全市住房公积金存款利息收入8282.77万元，委托贷款利息收入42.24万元。2011年菏泽市为住房公积金缴存计息4855.94万元，归集手续费用支出12.20万元，委托贷款手续费支出1.71万元。

【个人住房贷款委托全面启动】 3月28日，菏泽市住房公积金管理中心在工商银行菏泽市分行举办了住房公积金个人住房贷款启动仪式。市住房公积金管理中心和工商银行、建设银行分别签署了《菏泽市住房公积金个人住房贷款委托协议》，标志着菏泽市住房公积金个人住房贷款试点工作正式启动。5月19日，市住房公积金管理中心完成了与中国银行、中国农业银行的联网调试工作，并与两家银行签订委托贷款协议，菏泽市住房公积金个人住房贷款在四家国有商业银行全部开始承办。

（李现省）

城市管理

【概况】 2011年，菏泽市城市管理系统以“服务民生、科学管理、优化环境”为目标，大力实施绿化、亮化、净化、美化和燃气热力工程，积极筹建数字城市综合管理项目，深入开展城乡环境集中整治，城市形象明显改善，城市品位显著提升。牢固树立“柔性执法”理念，变刚性“收、查、罚、扣”为柔性“说、劝、引、帮”，通过服务解决70%的城市管理难题，取得市容环境规范整洁和弱势群体享受经济社会发展成果的双赢。8月9日，大众日报头版头条以“菏泽城管柔性执法创良好秩序”为题进行报道；11月21日，省政府研究室《决策参阅》第86期以“坚持柔性执法服务，打造人民满意城管”为题予以刊发。

【园林绿化】 市区新建兰州路、中华西路等14条道路绿化，安装绿化护栏14万米，栽植树木40万棵，新增绿化面积100万平方米；提升改造29处街头绿地、20条道路绿化，消除裸露地面18万平方米，建成区绿化覆盖率达到38.85%，建成区绿地率达到29.62%，人均公园绿地面积达到9.65平方米。修剪树木3.7万株、草坪31次，防治病虫害16次，保持良好绿化效果；节日和重大活动期间，在重点部位和主要道路节点摆放植物雕塑造型40余处，鲜花70万盆，营造良好节日氛围。单县、巨野县创建成为省级园林城市。

【环境卫生】 新增保洁面积196万平方米，城市建成区基本实现全域覆盖；购置扫路车4辆、洒水车6辆，每天4次对城区主次干道洒水除尘，道路保洁质量和空气质量明显提高；购置果皮箱500个、大型垃圾箱40个，建设高标准压缩式垃圾中转站10座、地埋式垃圾中转站12座，建设公厕5座，环卫基础设施进一步完善；八县生活垃圾无害化处埋场全部建成，顺利通过省级验收并正式投产运行；公共区域蚊蝇消杀面积增加200万平方米，大环境蚊蝇密度保持在国家标准范围以内；开展建筑渣土专项治理活动，出台《菏泽市建筑渣土管理办法》，规范建筑渣土运输处置，渣土随意抛洒、污染路面情况基本消除；举办菏泽市首届环卫工人职业技能竞赛，激发了环卫工人爱岗敬业、比学赶帮的工作热情，作业水平进一步提高。单县创建成为省级卫生城市。

【路灯亮化】 配套海河路、兰州路等16条新建道路和南华街、双井街等5条老城区街巷照明设施，安装路灯921盏；楼体亮化达到160座，建成赵王河公园、环城公园、洙水河公园3条景观亮化带；春节期间，在城市主要道路、重点部位安装彩色LED灯串3万串、灯笼1000个、大型灯组6组，营造良好节日氛围；维修路灯9000余盏，线路350余处，设施完好率和亮灯率保持在98%以上，功能性照明和夜景亮化水平进一步提高。

【广告治理】 拆除违法设置、视觉污染严重、存在安全隐患的大型户外广告牌1663块，面积9.2万平方米，跨街牌坊21处，立杆广告20处，灯箱800余个，墙体广告2000余块。楼顶楼体的大型广告牌90%以上被拆除，主干道基本达到“一店一招”的治理效果，展现了良好的城市天际线，打造了规范整洁的墙体立面景观。

【市政设施管理】 维修亭廊6000平方米、木栈道3000余米、木凳200余个；专人管护，及时检修，市区130座公厕内外环境进一步改善；归拢整理裸露架空线缆12公里；清理乱贴乱画3.6万处；清洗、粉刷、复新墙体2万平方米、各类箱体720个、公交站牌站亭112个、灯杆600个；赵王河公园丹阳桥、八一桥、双河立交桥粉刷2次；拆除违规违章棚厦板房260余处、废弃电线杆386根、箱体58个、路坡2万余米，市政公共设施进一步优化。

【燃气热力】 被市委、市政府列为十大民生工程。投资2.3亿元，建设供热管网31.6千米，新增集中供热小区和单位92个、覆盖面积980万平方米；11月10日，主管网全线贯通，市区集中供热管网达到86千米，总覆盖面积1480万平方米。投资2200万元，更换东明至菏泽天然气长输管线22.7千米，设计输送能力55万立方米/天，是原管线输气能力的两倍，用气高峰期气压低的问题得到彻底解决；全年发展天然气民用户1.2万户。

【城管执法便民服务】 定点设置早餐摊点400个，便民修车修鞋点160个，临时果蔬、花卉、宠物市场36个，夜市烧烤市场6个，临时劳动力市场4处，农民进城瓜果销售点24个，建设农贸市场12处，安装自行车摩托车停车架8000个，补划机动车停车位1万个，实现市民群众生产生活和街道秩序规范整洁的双赢。

【城乡环境集中整治】 以街头绿地、节点绿地、小区绿地为点，以道路绿化、沿河绿化带为线，以公园、广场绿化为面，采取拆墙透绿、见空施绿等方法，为城市“增绿、添绿、补绿”，城市生态环境明显改善；以道路清扫保洁和垃圾清运为重点，突出抓好主次干道、背街巷、城市出入口、城乡结合部、集贸市场、乡镇驻地等重点部位的治理工作；加强对原有亮化设施的检修，配套建设亮化设施，科学设置景观亮化，丰富了城市夜景；重拳整治城市规划区、乡镇驻地乱搭乱建和破旧户外广告，全面清理整顿店外经营、占道经营、马路市场，合理设置车辆临时停车点，打造了整洁美观的街道形象；在国道、省道等主要交通干线两侧500米视野内开展环境综合治理，拆除违法建设和破旧建筑，粉刷保留建筑，搞好卫生清扫保洁，治理“三大堆”和废品收购点，实施绿化美化，城乡面貌焕然一新。

【曹州牡丹园景区管理】 2011年花期，游客达到130余万人，票务收入首次突破1000万元，同比增长20%，接待外宾3000余团次，带动旅游收入达到17.5亿元，同比增长25%，游客量和经济收入均创历史新高。花期之后，合理搭配早中晚期品种，补植牡丹10.5万棵、芍药3.35万棵，最大限度延长花期；栽植丰花月季等40余种多年生花卉27万余棵，提高了园区观赏效果；为突出牡丹温室效果，储存催花用牡丹1.3万株，1米高左右大棵牡丹2000余株，让游客天天看到盛开的牡丹花，景观效果日益丰富。

【数字城市综合管理】 按照“完善、提升、整合、共享”的建设思路，市政府先后组织七次修改完善方案，6月份通过部级专家论证，8月份招标建设。项目投资2600万元，包括1个监督指挥中心，1个综合应用平台，规划、建设、房管、城市管理4个业务平台，66个系统，涉及42个行政事业单位和供水、供电、供热、供气等15个公共服务企业，设计起点高、综合性强，处于全国领先水平。12319热线设8个坐席，与数字城市综合管理系统联动运行，取得了明显成效。

（蔡孝磊）

政策文件

国有土地上房屋征收与补偿条例

中华人民共和国国务院令第590号

《国有土地上房屋征收与补偿条例》已经2011年1月19日国务院第141次常务会议通过，现予公布，自公布之日起施行。

总　理　温家宝
二〇一一年一月二十一日

国有土地上房屋征收与补偿条例

第一章　总　则

第一条　为了规范国有土地上房屋征收与补偿活动，维护公共利益，保障被征收房屋所有权人的合法权益，制定本条例。

第二条　为了公共利益的需要，征收国有土地上单位、个人的房屋，应当对被征收房屋所有权人（以下称被征收人）给予公平补偿。

第三条　房屋征收与补偿应当遵循决策民主、程序正当、结果公开的原则。

第四条　市、县级人民政府负责本行政区域的房屋征收与补偿工作。

市、县级人民政府确定的房屋征收部门（以下称房屋征收部门）组织实施本行政区域的房屋征收与补偿工作。

市、县级人民政府有关部门应当依照本条例的规定和本级人民政府规定的职责分工，互相配合，保障房屋征收与补偿工作的顺利进行。

第五条　房屋征收部门可以委托房屋征收实施单位，承担房屋征收与补偿的具体工作。房屋征收实施单位不得以营利为目的。

房屋征收部门对房屋征收实施单位在委托范围内实施的房屋征收与补偿行为负责监督，并对其行为后果承担法律责任。

第六条　上级人民政府应当加强对下级人民政府房屋征收与补偿工作的监督。

国务院住房城乡建设主管部门和省、自治区、直辖市人民政府住房城乡建设主管部门应当会同同级财政、国土资源、发展改革等有关部门，加强对房屋征收与补偿实施工作的指导。

第七条　任何组织和个人对违反本条例规定的行为，都有权向有关人民政府、房屋征收部门和其他有关部门举报。接到举报的有关人民政府、房屋征收部门和其他有关部门对举报应当及时核实、处理。

监察机关应当加强对参与房屋征收与补偿工作的政府和有关部门或者单位及其工作人员的监察。

第二章　征收决定

第八条　为了保障国家安全、促进国民经济和社会发展等公共利益的需要，有下列情形之一，确需征收房屋的，由市、县级人民政府作出房屋征收决定：

（一）国防和外交的需要；

（二）由政府组织实施的能源、交通、水利等基础设施建设的需要；

（三）由政府组织实施的科技、教育、文化、卫生、体育、环境和资源保护、防灾减灾、文物保护、社会福利、市政公用等公共事业的需要；

（四）由政府组织实施的保障性安居工程建设的需要；

（五）由政府依照城乡规划法有关规定组织实施的对危房集中、基础设施落后等地段进行旧城区改建的需要；

（六）法律、行政法规规定的其他公共利益的需要。

第九条　依照本条例第八条规定，确需征收房屋的各项建设活动，应当符合国民经济和社会发展规划、土地利用总体规划、城乡规划和专项规划。保障性安居工程建设、旧城区改建，应当纳入市、县级国民经济和社会发展年度计划。

制定国民经济和社会发展规划、土地利用总体规划、城乡规划和专项规划，应当广泛征求社会公众意见，经过科学论证。

第十条　房屋征收部门拟定征收补偿方案，报市、县级人民政府。

市、县级人民政府应当组织有关部门对征收补偿方案进行论证并予以公布，征求公众意见。征求意见期限不得少于30日。

第十一条　市、县级人民政府应当将征求意见情况和根据公众意见修改的情况及时公布。

因旧城区改建需要征收房屋，多数被征收人认为征收补偿方案不符合本条例规定的，市、县级人民政府应当组织由被征收人和公众代表参加的听证会，并根据听证会情况修改方案。

第十二条　市、县级人民政府作出房屋征收决定前，应当按照有关规定进行社会稳定风险评估；房屋征收决定涉及被征收人数量较多的，应当经政府常务会议讨论决定。

作出房屋征收决定前，征收补偿费用应当足额到位、专户存储、专款专用。

第十三条　市、县级人民政府作出房屋征收决定后应当及时公告。公告应当载明征收补偿方案和行政复议、行政诉讼权利等事项。

市、县级人民政府及房屋征收部门应当做好房屋征收与补偿的宣传、解释工作。

房屋被依法征收的，国有土地使用权同时收回。

第十四条　被征收人对市、县级人民政府作出的房屋征收决定不服的，可以依法申请行政复议，也可以依法提起行政诉讼。

第十五条　房屋征收部门应当对房屋征收范围内房屋的权属、区位、用途、建筑面积等情况组织调查登记，被征收人应当予以配合。调查结果应当在房屋征收范围内向被征收人公布。

第十六条　房屋征收范围确定后，不得在房屋征收范围内实施新建、扩建、改建房屋和改变房屋用途等不当增加补偿费用的行为；违反规定实施的，不予补偿。

房屋征收部门应当将前款所列事项书面通知有关部门暂停办理相关手续。暂停办理相关手续的书面通知应当载明暂停期限。暂停期限最长不得超过1年。

第三章　补　偿

第十七条　作出房屋征收决定的市、县级人民政府对被征收人给予的补偿包括：

（一）被征收房屋价值的补偿；

（二）因征收房屋造成的搬迁、临时安置的补偿；

（三）因征收房屋造成的停产停业损失的补

偿。

市、县级人民政府应当制定补助和奖励办法，对被征收人给予补助和奖励。

第十八条 征收个人住宅，被征收人符合住房保障条件的，作出房屋征收决定的市、县级人民政府应当优先给予住房保障。具体办法由省、自治区、直辖市制定。

第十九条 对被征收房屋价值的补偿，不得低于房屋征收决定公告之日被征收房屋类似房地产的市场价格。被征收房屋的价值，由具有相应资质的房地产价格评估机构按照房屋征收评估办法评估确定。

对评估确定的被征收房屋价值有异议的，可以向房地产价格评估机构申请复核评估。对复核结果有异议的，可以向房地产价格评估专家委员会申请鉴定。

房屋征收评估办法由国务院住房城乡建设主管部门制定，制定过程中，应当向社会公开征求意见。

第二十条 房地产价格评估机构由被征收人协商选定；协商不成的，通过多数决定、随机选定等方式确定，具体办法由省、自治区、直辖市制定。

房地产价格评估机构应当独立、客观、公正地开展房屋征收评估工作，任何单位和个人不得干预。

第二十一条 被征收人可以选择货币补偿，也可以选择房屋产权调换。

被征收人选择房屋产权调换的，市、县级人民政府应当提供用于产权调换的房屋，并与被征收人计算、结清被征收房屋价值与用于产权调换房屋价值的差价。

因旧城区改建征收个人住宅，被征收人选择在改建地段进行房屋产权调换的，作出房屋征收决定的市、县级人民政府应当提供改建地段或者就近地段的房屋。

第二十二条 因征收房屋造成搬迁的，房屋征收部门应当向被征收人支付搬迁费；选择房屋产权调换的，产权调换房屋交付前，房屋征收部门应当向被征收人支付临时安置费或者提供周转用房。

第二十三条 对因征收房屋造成停产停业损失的补偿，根据房屋被征收前的效益、停产停业期限等因素确定。具体办法由省、自治区、直辖市制定。

第二十四条 市、县级人民政府及其有关部门应当依法加强对建设活动的监督管理，对违反城乡规划进行建设的，依法予以处理。

市、县级人民政府作出房屋征收决定前，应当组织有关部门依法对征收范围内未经登记的建筑进行调查、认定和处理。对认定为合法建筑和未超过批准期限的临时建筑的，应当给予补偿；对认定为违法建筑和超过批准期限的临时建筑的，不予补偿。

第二十五条 房屋征收部门与被征收人依照本条例的规定，就补偿方式、补偿金额和支付期限、用于产权调换房屋的地点和面积、搬迁费、临时安置费或者周转用房、停产停业损失、搬迁期限、过渡方式和过渡期限等事项，订立补偿协议。

补偿协议订立后，一方当事人不履行补偿协议约定的义务的，另一方当事人可以依法提起诉讼。

第二十六条 房屋征收部门与被征收人在征收补偿方案确定的签约期限内达不成补偿协议，或者被征收房屋所有权人不明确的，由房屋征收部门报请作出房屋征收决定的市、县级人民政府依照本条例的规定，按照征收补偿方案作出补偿决定，并在房屋征收范围内予以公告。

补偿决定应当公平，包括本条例第二十五条第一款规定的有关补偿协议的事项。

被征收人对补偿决定不服的，可以依法申请行政复议，也可以依法提起行政诉讼。

第二十七条 实施房屋征收应当先补偿、后搬迁。

作出房屋征收决定的市、县级人民政府对被征收人给予补偿后，被征收人应当在补偿协议约定或者补偿决定确定的搬迁期限内完成搬迁。

任何单位和个人不得采取暴力、威胁或者违反规定中断供水、供热、供气、供电和道路通行等非法方式迫使被征收人搬迁。禁止建设单位参与搬迁活动。

第二十八条 被征收人在法定期限内不申请行政复议或者不提起行政诉讼，在补偿决定规定的期限内又不搬迁的，由作出房屋征收决定的市、县级人民政府依法申请人民法院强制执行。

强制执行申请书应当附具补偿金额和专户存储账号、产权调换房屋和周转用房的地点和面积等材料。

第二十九条 房屋征收部门应当依法建立房屋征收补偿档案，并将分户补偿情况在房屋征收范围内向被征收人公布。

审计机关应当加强对征收补偿费用管理和使用情况的监督，并公布审计结果。

第四章 法律责任

第三十条 市、县级人民政府及房屋征收部门的工作人员在房屋征收与补偿工作中不履行本条例规定的职责，或者滥用职权、玩忽职守、徇私舞弊的，由上级人民政府或者本级人民政府责令改正，通报批评；造成损失的，依法承担赔偿责任；对直接负责的主管人员和其他直接责任人员，依法给予处分；构成犯罪的，依法追究刑事责任。

第三十一条 采取暴力、威胁或者违反规定中断供水、供热、供气、供电和道路通行等非法方式迫使被征收人搬迁，造成损失的，依法承担赔偿责任；对直接负责的主管人员和其他直接责任人员，构成犯罪的，依法追究刑事责任；尚不构成犯罪的，依法给予处分；构成违反治安管理行为的，依法给予治安管理处罚。

第三十二条 采取暴力、威胁等方法阻碍依法进行的房屋征收与补偿工作，构成犯罪的，依法追究刑事责任；构成违反治安管理行为的，依法给予治安管理处罚。

第三十三条 贪污、挪用、私分、截留、拖欠征收补偿费用的，责令改正，追回有关款项，限期退还违法所得，对有关责任单位通报批评、给予警告；造成损失的，依法承担赔偿责任；对直接负责的主管人员和其他直接责任人员，构成犯罪的，依法追究刑事责任；尚不构成犯罪的，依法给予处分。

第三十四条 房地产价格评估机构或者房地产估价师出具虚假或者有重大差错的评估报告的，由发证机关责令限期改正，给予警告，对房地产价格评估机构并处5万元以上20万元以下罚款，对房地产估价师并处1万元以上3万元以下罚款，并记入信用档案；情节严重的，吊销资质证书、注册证书；造成损失的，依法承担赔偿责任；构成犯罪的，依法追究刑事责任。

第五章 附 则

第三十五条 本条例自公布之日起施行。2001年6月13日国务院公布的《城市房屋拆迁管理条例》同时废止。本条例施行前已依法取得房屋拆迁许可证的项目，继续沿用原有的规定办理，但政府不得责成有关部门强制拆迁。

国务院批转住房城乡建设部等部门关于进一步加强城市生活垃圾处理工作意见的通知

国发〔2011〕9号

各省、自治区、直辖市人民政府，国务院各部委、各直属机构：

国务院同意住房城乡建设部、环境保护部、发展改革委、教育部、科技部、工业和信息化部、监察部、财政部、人力资源社会保障部、国土资源部、农业部、商务部、卫生部、税务总局、广电总局、中央宣传部《关于进一步加强城市生活垃圾处理工作的意见》，现转发给你们，请认真贯彻执行。

国务院

二〇一一年四月十九日

关于进一步加强城市生活垃圾处理工作的意见

住房城乡建设部　环境保护部　发展改革委　教育部
科技部　工业和信息化部　监察部　财政部
人力资源社会保障部　国土资源部　农业部　商务部
卫生部　税务总局　广电总局　中央宣传部

为切实加大城市生活垃圾处理工作力度，提高城市生活垃圾处理减量化、资源化和无害化水平，改善城市人居环境，现提出以下意见：

一、深刻认识城市生活垃圾处理工作的重要意义

城市生活垃圾处理是城市管理和环境保护的重要内容，是社会文明程度的重要标志，关系人民群众的切身利益。近年来，我国城市生活垃圾收运网络日趋完善，垃圾处理能力不断提高，城市环境总体上有了较大改善。但也要看到，由于城镇化快速发展，城市生活垃圾激增，垃圾处理能力相对不足，一些城市面临“垃圾围城”的困境，严重影响城市环境和社会稳定。各地区、各有关部门要充分认识加强城市生活垃圾处理的重要性和紧迫性，进一步统一思想，提高认识，全面落实各项政策措施，推进城市生活垃圾处理工作，创造良好的人居环境，促进城市可持续发展。

二、指导思想、基本原则和发展目标

（一）指导思想。以科学发展观为指导，按照全面建设小康社会和构建社会主义和谐社会的总体要求，把城市生活垃圾处理作为维护群众利

益的重要工作和城市管理的重要内容，作为政府公共服务的一项重要职责，切实加强全过程控制和管理，突出重点工作环节，综合运用法律、行政、经济和技术等手段，不断提高城市生活垃圾处理水平。

（二）基本原则。

全民动员，科学引导。在切实提高生活垃圾无害化处理能力的基础上，加强产品生产和流通过程管理，减少过度包装，倡导节约和低碳的消费模式，从源头控制生活垃圾产生。

综合利用，变废为宝。坚持发展循环经济，推动生活垃圾分类工作，提高生活垃圾中废纸、废塑料、废金属等材料回收利用率，提高生活垃圾中有机成分和热能的利用水平，全面提升生活垃圾资源化利用工作。

统筹规划，合理布局。城市生活垃圾处理要与经济社会发展水平相协调，注重城乡统筹、区域规划、设施共享，集中处理与分散处理相结合，提高设施利用效率，扩大服务覆盖面。要科学制定标准，注重技术创新，因地制宜地选择先进适用的生活垃圾处理技术。

政府主导，社会参与。明确城市人民政府责任，在加大公共财政对城市生活垃圾处理投入的同时，采取有效的支持政策，引入市场机制，充分调动社会资金参与城市生活垃圾处理设施建设和运营的积极性。

（三）发展目标。到2015年，全国城市生活垃圾无害化处理率达到80%以上，直辖市、省会城市和计划单列市生活垃圾全部实现无害化处理。每个省（区）建成一个以上生活垃圾分类示范城市。50%的设区城市初步实现餐厨垃圾分类收运处理。城市生活垃圾资源化利用比例达到30%，直辖市、省会城市和计划单列市达到50%。建立完善的城市生活垃圾处理监管体制机制。到2030年，全国城市生活垃圾基本实现无害化处理，全面实行生活垃圾分类收集、处置。城市生活垃圾处理设施和服务向小城镇和乡村延伸，城乡生活垃圾处理接近发达国家平均水平。

三、切实控制城市生活垃圾产生

（四）促进源头减量。通过使用清洁能源和原料、开展资源综合利用等措施，在产品生产、流通和使用等全生命周期促进生活垃圾减量。限制包装材料过度使用，减少包装性废物产生，探索建立包装物强制回收制度，促进包装物回收再利用。组织净菜和洁净农副产品进城，推广使用菜篮子、布袋子。有计划地改进燃料结构，推广使用城市燃气、太阳能等清洁能源，减少灰渣产生。在宾馆、餐饮等服务性行业，推广使用可循环利用物品，限制使用一次性用品。

（五）推进垃圾分类。城市人民政府要根据当地的生活垃圾特性、处理方式和管理水平，科学制定生活垃圾分类办法，明确工作目标、实施步骤和政策措施，动员社区及家庭积极参与，逐步推行垃圾分类。当前重点要稳步推进废弃含汞荧光灯、废温度计等有害垃圾单独收运和处理工作，鼓励居民分开盛放和投放厨余垃圾，建立高水分有机生活垃圾收运系统，实现厨余垃圾单独收集循环利用。进一步加强餐饮业和单位餐厨垃圾分类收集管理，建立餐厨垃圾排放登记制度。

（六）加强资源利用。全面推广废旧商品回收利用、焚烧发电、生物处理等生活垃圾资源化利用方式。加强可降解有机垃圾资源化利用工作，组织开展城市餐厨垃圾资源化利用试点，统筹餐厨垃圾、园林垃圾、粪便等无害化处理和资源化利用，确保工业油脂、生物柴油、肥料等资源化利用产品的质量和使用安全。加快生物质能源回收利用工作，提高生活垃圾焚烧发电和填埋气体发电的能源利用效率。

四、全面提高城市生活垃圾处理能力和水平

（七）强化规划引导。要抓紧编制全国和各省（区、市）“十二五”生活垃圾处理设施建设规划，推进城市生活垃圾处理设施一体化建设和网络化发展，基本实现县县建有生活垃圾处理设施。各城市要编制生活垃圾处理设施规划，统筹

安排城市生活垃圾收集、处置设施的布局、用地和规模，并纳入土地利用总体规划、城市总体规划和近期建设规划。编制城市生活垃圾处理设施规划，应当广泛征求公众意见，健全设施周边居民诉求表达机制。生活垃圾处理设施用地纳入城市黄线保护范围，禁止擅自占用或者改变用途，同时要严格控制设施周边的开发建设活动。

（八）完善收运网络。建立与垃圾分类、资源化利用以及无害化处理相衔接的生活垃圾收运网络，加大生活垃圾收集力度，扩大收集覆盖面。推广密闭、环保、高效的生活垃圾收集、中转和运输系统，逐步淘汰敞开式收运方式。要对现有生活垃圾收运设施实施升级改造，推广压缩式收运设备，解决垃圾收集、中转和运输过程中的脏、臭、噪声和遗洒等问题。研究运用物联网技术，探索线路优化、成本合理、高效环保的收运新模式。

（九）选择适用技术。建立生活垃圾处理技术评估制度，新的生活垃圾处理技术经评估后方可推广使用。城市人民政府要按照生活垃圾处理技术指南，因地制宜地选择先进适用、符合节约集约用地要求的无害化生活垃圾处理技术。土地资源紧缺、人口密度高的城市要优先采用焚烧处理技术，生活垃圾管理水平较高的城市可采用生物处理技术，土地资源和污染控制条件较好的城市可采用填埋处理技术。鼓励有条件的城市集成多种处理技术，统筹解决生活垃圾处理问题。

（十）加快设施建设。城市人民政府要把生活垃圾处理设施作为基础设施建设的重点，切实加大组织协调力度，确保有关设施建设顺利进行。要简化程序，加快生活垃圾处理设施立项、建设用地、环境影响评价、可行性研究、初步设计等环节的审批速度。已经开工建设的项目要抓紧施工，保证进度，争取早日发挥效用。要进一步加强监管，切实落实项目法人制、招投标制、质量监督制、合同管理制、工程监理制、工程竣工验收制等管理制度，确保工程质量安全。

（十一）提高运行水平。生活垃圾处理设施运营单位要严格执行各项工程技术规范和操作规程，切实提高设施运行水平。填埋设施运营单位要制定作业计划和方案，实行分区域逐层填埋作业，缩小作业面，控制设施周边的垃圾异味，防止废液渗漏和填埋气体无序排放。焚烧设施运营单位要足额使用石灰、活性炭等辅助材料，去除烟气中的酸性物质、重金属离子、二英等污染物，保证达标排放。新建生活垃圾焚烧设施，应安装排放自动监测系统和超标报警装置。运营单位要制定应急预案，有效应对设施故障、事故、进场垃圾量剧增等突发事件。切实加大人力财力物力的投入，解决设施设备长期超负荷运行问题，确保安全、高质量运行。建立污染物排放日常监测制度，按月向所在地住房城乡建设（市容环卫）和环境保护主管部门报告监测结果。

（十二）加快存量治理。各省（区、市）要开展非正规生活垃圾堆放点和不达标生活垃圾处理设施排查和环境风险评估，并制定治理计划。要优先开展水源地等重点区域生活垃圾堆放场所的生态修复工作，加快对城乡结合部等卫生死角长期积存生活垃圾的清理，限期改造不达标生活垃圾处理设施。

五、强化监督管理

（十三）完善法规标准。研究修订《城市市容和环境卫生管理条例》，加强生活垃圾全过程管理。建立健全生活垃圾处理标准规范体系，制定和完善生活垃圾分类、回收利用、工程验收、污染防治和评价等标准。进一步完善生活垃圾分类标识，使群众易于识别、便于投放。改进城市生活垃圾处理统计指标体系，做好与废旧商品回收利用指标体系的衔接。

（十四）严格准入制度。加强市场准入管理，严格设定城市生活垃圾处理企业资金、技术、人员、业绩等准入条件，建立和完善市场退出机制，进一步规范城市生活垃圾处理特许经营权招标投标管理。具体办法由住房城乡建设部会同有关部门制定。

（十五）建立评价制度。加强对全国已建成运行的生活垃圾处理设施运营状况和处理效果的监管，开展年度考核评价，公开评价结果，接受社会监督。对未通过考核评价的生活垃圾处理设施，要责成运营单位限期整改。要加快信用体系建设，建立城市生活垃圾处理运营单位失信惩戒机制和黑名单制度，坚决将不能合格运营以及不能履行特许经营合同的企业清出市场。

（十六）加大监管力度。切实加强各级住房城乡建设（市容环卫）和环境保护部门生活垃圾处理监管队伍建设。研究建立城市生活垃圾处理工作督察巡视制度，加强对地方政府生活垃圾处理工作以及设施建设和运营的监管。建立城市生活垃圾处理节能减排量化指标，落实节能减排目标责任。探索引入第三方专业机构实施监管，提高监管的科学水平。完善全国生活垃圾处理设施建设和运营监控系统，定期开展生活垃圾处理设施排放物监测，常规污染物排放情况每季度至少监测一次，二英排放情况每年至少监测一次，必要时加密监测，主要监测数据和结果向社会公示。

六、加大政策支持力度

（十七）拓宽投入渠道。城市生活垃圾处理投入以地方为主，中央以适当方式给予支持。地方政府要加大投入力度，加快生活垃圾分类体系、处理设施和监管能力建设。鼓励社会资金参与生活垃圾处理设施建设和运营。开展生活垃圾管理示范城市和生活垃圾处理设施示范项目活动，支持北京等城市先行先试。改善工作环境，完善环卫用工制度和保险救助制度，落实环卫职工的工资和福利待遇，保障职工合法权益。

（十八）建立激励机制。严格执行并不断完善城市生活垃圾处理税收优惠政策。研究制定生活垃圾分类收集和减量激励政策，建立利益导向机制，引导群众分类盛放和投放生活垃圾，鼓励对生活垃圾实行就地、就近充分回收和合理利用。研究建立有机垃圾资源化处理推进机制和废品回收补贴机制。

（十九）健全收费制度。按照“谁产生、谁付费”的原则，推行城市生活垃圾处理收费制度。产生生活垃圾的单位和个人应当按规定缴纳垃圾处理费，具体收费标准由城市人民政府根据城市生活垃圾处理成本和居民收入水平等因素合理确定。探索改进城市生活垃圾处理收费方式，降低收费成本。城市生活垃圾处理费应当用于城市生活垃圾处理，不得挪作他用。

（二十）保障设施建设。在城市新区建设和旧城区改造中要优先配套建设生活垃圾处理设施，确保建设用地供应，并纳入土地利用年度计划和建设用地供应计划。符合《划拨用地目录》的项目，应当以划拨方式供应建设用地。城市生活垃圾处理设施建设前要严格执行建设项目环境影响评价制度。

（二十一）提高创新能力。加大对生活垃圾处理技术研发的支持力度，加快国家级和区域性生活垃圾处理技术研究中心建设，加强生活垃圾处理基础性技术研究，重点突破清洁焚烧、二英控制、飞灰无害化处置、填埋气收集利用、渗沥液处理、臭气控制、非正规生活垃圾堆放点治理等关键性技术，鼓励地方采用低碳技术处理生活垃圾。重点支持生活垃圾生物质燃气利用成套技术装备和大型生活垃圾焚烧设备研发，努力实现生活垃圾处理装备自主化。开展城市生活垃圾处理技术应用示范工程和资源化利用产业基地建设，带动市场需求，促进先进适用技术推广应用和装备自主化。

（二十二）实施人才计划。在高校设立城市生活垃圾处理相关专业，大力发展职业教育，建立从业人员职业资格制度，加强岗前和岗中职业培训，提高从业人员的文化水平和专业技能。

七、加强组织领导

（二十三）落实地方责任。城市生活垃圾处理工作实行省（区、市）人民政府负总责、城市人民政府抓落实的工作责任制。省（区、市）人民政府要对所属城市人民政府实行目标责任制管理，加强监督指导。城市人民政府要把城市生活垃圾处理纳入重要议事日程，加强领导，切实抓好各项工作。住房城乡建设部、发展改革委、环境保护部、监察部等部门要对省（区、市）人民政府的相关工作加强指导和监督检查。对推进生活垃圾处理工作不力，影响社会发展和稳定的，要追究责任。

（二十四）明确部门分工。住房城乡建设部负责城市生活垃圾处理行业管理，牵头建立城市生活垃圾处理部际联席会议制度，协调解决工作中的重大问题，健全监管考核指标体系，并纳入节能减排考核工作。环境保护部负责生活垃圾处理设施环境影响评价，制定污染控制标准，监管污染物排放和有害垃圾处理处置。发展改革委会同住房城乡建设部、环境保护部编制全国性规划，协调综合性政策。科技部会同有关部门负责生活垃圾处理技术创新工作。工业和信息化部负责生活垃圾处理装备自主化工作。财政部负责研究支持城市生活垃圾处理的财税政策。国土资源部负责制定生活垃圾处理设施用地标准，保障建设用地供应。农业部负责生活垃圾肥料资源化处理利用标准制定和肥料登记工作。商务部负责生活垃圾中可再生资源回收管理工作。

（二十五）加强宣传教育。要开展多种形式的主题宣传活动，倡导绿色健康的生活方式，促进垃圾源头减量和回收利用。要将生活垃圾处理知识纳入中小学教材和课外读物，引导全民树立“垃圾减量和垃圾管理从我做起、人人有责”的观念。新闻媒体要加强正面引导，大力宣传城市生活垃圾处理的各项政策措施及其成效，全面客观报道有关信息，形成有利于推进城市生活垃圾处理工作的舆论氛围。

各省（区、市）人民政府要在2011年8月底前将落实本意见情况报国务院，同时抄送住房城乡建设部。

国务院办公厅关于进一步做好房地产市场调控工作有关问题的通知

国办发〔2011〕1号

各省、自治区、直辖市人民政府，国务院各部委、各直属机构：

《国务院关于坚决遏制部分城市房价过快上涨的通知》（国发〔2010〕10号，以下简称国发10号文件）印发后，房地产市场出现了积极的变化，房价过快上涨的势头得到初步遏制。为巩固和扩大调控成果，进一步做好房地产市场调控工作，逐步解决城镇居民住房问题，促进房地产市场平稳健康发展，经国务院同意，现就有关问题通知如下：

一、进一步落实地方政府责任

地方政府要切实承担起促进房地产市场平稳健康发展的责任，严格执行国发10号文件及其相关配套政策，切实将房价控制在合理水平。2011年各城市人民政府要根据当地经济发展目标、人均可支配收入增长速度和居民住房支付能力，合理确定本地区年度新建住房价格控制目标，并于一季度向社会公布。各地要继续增加土地有效供应，进一步加大普通住房建设力度；继续完善严格的差别化住房信贷和税收政策，进一步有效遏制投机投资性购房；加快个人住房信息系统建设，逐步完善房地产统计基础数据；继续做好住房保障工作，全面落实好年内开工建设保障性住房和棚户区改造住房的目标任务。

二、加大保障性安居工程建设力度

2011年，全国建设保障性住房和棚户区改造住房1000万套。各地要通过新建、改建、购买、长期租赁等方式，多渠道筹集保障性住房房源，逐步扩大住房保障制度覆盖面。中央将加大对保障性安居工程建设的支持力度。地方人民政府要切实落实土地供应、资金投入和税费优惠等政策，引导房地产开发企业积极参与保障性住房建设和棚户区改造，确保完成计划任务。加强保障性住房管理，健全准入退出机制，切实做到公开、公平、公正。有条件的地区，可以把建制镇纳入住房保障工作范围。

要努力增加公共租赁住房供应。各地要在加大政府投入的同时，完善体制机制，运用土地供应、投资补助、财政贴息或注入资本金、税费优惠等政策措施，合理确定租金水平，吸引机构投资者参与公共租赁住房建设和运营。鼓励金融机构发放公共租赁住房建设和运营中长期贷款。要研究制定优惠政策，鼓励房地产开发企业在普通商品住房建设项目中配建一定比例的公共租赁住房，并持有、经营，或由政府回购。

三、调整完善相关税收政策，加强税收征管

调整个人转让住房营业税政策，对个人购买住房不足5年转手交易的，统一按其销售收入全额征税。税务部门要进一步采取措施，确保政策执行到位。加强对土地增值税征管情况的监督和检查，重点对定价明显超过周边房价水平的房地产开发项目，进行土地增值税清算和稽查。加大应用房地产价格评估技术加强存量房交易税收征管工作的试点和推广力度，坚决堵塞“阴阳合同”产生的税收漏洞。严格执行个人转让房地产所得税征收政策。

四、强化差别化住房信贷政策

对贷款购买第二套住房的家庭，首付款比例不低于60%，贷款利率不低于基准利率的1.1倍。人民银行各分支机构可根据当地人民政府新建住房价格控制目标和政策要求，在国家统一信贷政策的基础上，提高第二套住房贷款的首付款比例和利率。银行业监管部门要加强对商业银行执行差别化住房信贷政策情况的监督检查，对违规行为要严肃处理。

五、严格住房用地供应管理

各地要增加土地有效供应，认真落实保障性住房、棚户区改造住房和中小套型普通商品住房用地不低于住房建设用地供应总量的70%的要求。在新增建设用地年度计划中，要单列保障性住房用地，做到应保尽保。今年的商品住房用地供应计划总量原则上不得低于前2年年均实际供应量。进一步完善土地出让方式，大力推广“限房价、竞地价”方式供应中低价位普通商品住房用地。房价高的城市要增加限价商品住房用地计划供应量。

加强对企业土地市场准入资格和资金来源的审查。参加土地竞买的单位或个人，必须说明资金来源并提供相应证明。对擅自改变保障性住房用地性质的，要坚决纠正和严肃查处。对已供房地产用地，超过两年没有取得施工许可证进行开工建设的，必须及时收回土地使用权，并处以闲置一年以上罚款。要依法查处非法转让土地使用权的行为，对房地产开发建设投资达不到25%以上的（不含土地价款），不得以任何方式转让土地及合同约定的土地开发项目。

六、合理引导住房需求

各直辖市、计划单列市、省会城市和房价过高、上涨过快的城市，在一定时期内，要从严制定和执行住房限购措施。原则上对已拥有1套住房的当地户籍居民家庭、能够提供当地一定年限纳税证明或社会保险缴纳证明的非当地户籍居民家庭，限购1套住房（含新建商品住房和二手住房）；对已拥有2套及以上住房的当地户籍居民家庭、拥有1套及以上住房的非当地户籍居民家庭、无法提供一定年限当地纳税证明或社会保险缴纳证明的非当地户籍居民家庭，要暂停在本行政区域内向其售房。

已采取住房限购措施的城市，凡与本通知要求不符的，要立即调整完善相关实施细则，并加强对购房人资格的审核工作，确保政策落实到位。尚未采取住房限购措施的直辖市、计划单列市、省会城市和房价过高、上涨过快的城市，要在2月中旬之前，出台住房限购实施细则。其他城市也要根据本地房地产市场出现的新情况，适时出台住房限购措施。

七、落实住房保障和稳定房价工作的约谈问责机制

国务院有关部门要加强对城市人民政府住房保障和稳定房价工作的监督和检查。对于新建住房价格出现过快上涨势头、土地出让中连续出现楼面地价超过同类地块历史最高价，以及保障性安居工程建设进度缓慢、租售管理和后期使用监管不力的，住房城乡建设部、国土资源部、监察部要会同有关部门，约谈省级及有关城市人民政府负责人。对未如期确定并公布本地区年度新建住房价格控制目标、新建住房价格上涨幅度超过年度控制目标、没有完成保障性安居工程目标任务的，相关省（区、市）人民政府要向国务院作出报告。监察部、住房城乡建设部等部门要视情况，根据有关规定对相关负责人进行问责。对于执行差别化住房信贷、税收政策不到位，房地产相关税收征管不力，以及个人住房信息系统建设滞后等问题，也要纳入约谈和问责范围。

省级人民政府及其有关部门，要参照上述规定，建立健全对辖区内城市落实住房保障和稳定房价工作的约谈问责机制。

八、坚持和强化舆论引导

新闻媒体要对各地稳定房价和住房保障工作好的做法和经验加大宣传力度，深入解读政策措施，引导居民从国情出发理性消费，为促进房地产市场平稳健康发展和加快推进住房保障体系建设提供有力的舆论支持，防止虚假信息或不负责任的猜测、评论误导消费预期。对制造、散布虚假消息的，要追究有关当事人的责任。

国务院办公厅

二〇一一年一月二十六日

国务院办公厅关于保障性安居工程建设和管理的指导意见

国办发〔2011〕45号

各省、自治区、直辖市人民政府，国务院各部委、各直属机构：

大规模推进保障性安居工程建设，是党中央、国务院为推动科学发展、加快转变经济发展方式、保障和改善民生采取的重大举措。为贯彻落实党中央、国务院的决策部署，全面推进保障性安居工程建设，进一步加强和规范保障性住房管理，加快解决中低收入家庭住房困难，促进实现住有所居目标，经国务院同意，现提出如下意见：

一、总体要求和基本原则

（一）总体要求。适应工业化、城镇化快速发展的要求，深入贯彻落实科学发展观，把住房保障作为政府公共服务的重要内容，建立健全中国特色的城镇住房保障体系，合理确定住房保障范围、保障方式和保障标准，完善住房保障支持政策，逐步形成可持续的保障性安居工程投资、建设、运营和管理机制。到“十二五”期末，全国保障性住房覆盖面达到20%左右，力争使城镇中等偏下和低收入家庭住房困难问题得到基本解决，新就业职工住房困难问题得到有效缓解，外来务工人员居住条件得到明显改善。

（二）基本原则。住房保障工作要坚持从我国国情出发，满足基本住房需要；坚持政府主导、政策扶持，引导社会参与；坚持加大公共财政的投入，同时发挥市场机制的作用；坚持经济、适用、环保，确保质量安全；坚持分配过程公开透明，分配结果公平公正；坚持规范管理，不断完善住房保障制度。

二、大力推进以公共租赁住房为重点的保障性安居工程建设

（一）重点发展公共租赁住房。公共租赁住房面向城镇中等偏下收入住房困难家庭、新就业无房职工和在城镇稳定就业的外来务工人员供应，单套建筑面积以40平方米左右的小户型为主，满足基本居住需要。租金标准由市县人民政府结合当地实际，按照略低于市场租金的原则合理确定。发展公共租赁住房，对于完善住房供应和保障体系、引导合理住房消费、缓解群众住房困难，实现人才和劳动力有序流动、促进城镇化健康发展具有十分重要的意义。各地要根据实际情况适当增加公共租赁住房供应，人口净流入量大的大中城市要提高公共租赁住房建设的比重。

要加大政府投资建设力度，综合运用土地供应、资本金注入、投资补助、财政贴息、税费优惠等政策措施，吸引企业和其他机构参与公共租赁住房建设和运营，多渠道增加公共租赁住房供应。政府投资的公共租赁住房项目可以委托企业代建，市县人民政府逐年回购。公共租赁住房项目采取划拨、出让等方式供应土地，事先要规定建设要求、套型结构等，作为土地供应的前置条件。同时，公共租赁住房项目可以规划建设配套商业服务设施，统一管理经营，以实现资金平衡。新建普通商品住房项目，应当规划配建一定比例的公共租赁住房，具体配建比例和管理方式由市县人民政府确定。外来务工人员集中的开发区、产业园区，应当按照集约用地的原则，统筹规划，集中建设单元型或宿舍型公共租赁住房，面向用工单位或园区就业人员出租。坚持谁投资、谁所有的原则，积极探索公共租赁住房投资回收机制。各地要及时制定公共租赁住房管理办法。

城镇低收入住房困难家庭较多、小户型租赁住房房源不足的地区，要加快建设廉租住房，提高实物配租比例。逐步实现廉租住房与公共租赁住房统筹建设、并轨运行。

（二）根据实际情况继续安排经济适用住房和限价商品住房建设。规范发展经济适用住房，严格执行建设标准，单套建筑面积控制在60平方米以内。房价较高的城市，要适当增加经济适用住房、限价商品住房供应。

（三）加快实施各类棚户区改造。棚户区（危旧房）改造要坚持政府主导、市场运作，发挥多方面积极性，改造资金由政府适当补助，住户合理负担。国有林区、垦区和工矿（含煤矿）棚户区改造，企业也要安排一定的资金。棚户区改造要尊重群众意愿，扩大群众参与，切实维护群众合法权益。

（四）加大农村危房改造力度。抓紧编制农村危房改造规划，逐步扩大中央补助地区范围，加大地方政府补助力度。按照统一要求建立和完善农村危房改造农户档案管理信息系统，提高规划设计水平，加强资金和质量监管。

三、落实各项支持政策

（一）确保用地供应。市县人民政府应当依据住房保障规划和保障性安居工程年度建设任务，科学编制土地供应计划，涉及新增建设用地的要在年度土地利用计划中优先安排、单列指标，做到应保尽保。要提前做好项目储备并落实到具体地块，努力挖潜，充分利用存量建设用地。涉及新增建设用地的，要提前确定地块，开展土地征收等前期工作，确保及时供地。储备土地和收回使用权的国有土地，优先安排用于保障性住房建设。严禁改变保障性住房建设用地用途，擅自改变用途的，要依法从严处理。

（二）增加政府投入。中央继续加大资金补助力度。地方各级人民政府要在财政预算安排中将保障性安居工程放在优先位置，加大财政性资金投入力度。按照“省级负总责、市县抓落实”的原则，加大省级政府统筹力度，确保项目资本金足额及时到位。住房公积金增值收益在提取贷款风险准备金和管理费用后，全部用于廉租住房和公共租赁住房建设。土地出让收益用于保障性住房建设和棚户区改造的比例不低于10%。中央代发的地方政府债券资金要优先安排用于公共租赁住房等保障性安居工程建设。公共预算支出安排不足的地区，要提高土地出让收益和地方政府债券资金安排比重。完不成保障性安居工程建设任务的城市，一律不得兴建和购置政府办公用房。

（三）规范利用企业债券融资。符合规定的地方政府融资平台公司可发行企业债券或中期票据，专项用于公共租赁住房等保障性安居工程建设。地方政府融资平台公司发行企业债券，要优先满足保障性安居工程建设融资需要。承担保障性安居工程建设项目的其他企业，也可以在政府核定的保障性安居工程建设投资额度内，通过发行企业债券进行项目融资。对发行企业债券用于保障性安居工程建设的，优先办理核准手续。

（四）加大信贷支持。在加强管理、防范风险的基础上，银行业金融机构可以向实行公司化运作并符合信贷条件的公共租赁住房项目直接发放贷款。对于政府投资建设的公共租赁住房项目，银行业金融机构可向经过清理整顿符合条件的直辖市、计划单列市及省会城市政府融资平台公司发放贷款，融资平台公司贷款偿付能力不足的，由本级政府统筹安排还款；银行业金融机构也可向经过清理整顿符合条件且经总行评估认可、自身能够确保偿还公共租赁住房项目贷款的地级城市政府融资平台公司发放贷款。其他市县政府投资建设的公共租赁住房项目，可在省级政府对还款来源作出统筹安排后，由省级政府指定一家省级融资平台公司按规定统一借款。借款人和当地政府要确保按期还贷，防范金融风险和债务风险。公共租赁住房建设贷款利率下浮时其下限为基准利率的0.9倍，贷款期限原则上不超过15年。扩大利用住房公积金贷款支持保障性住房建设试点城市的范围，重点支持公共租赁住房建设。

（五）落实税费减免政策。对廉租住房、公共租赁住房、经济适用住房和棚户区改造安置住房，要切实落实现行建设、买卖、经营等环节税收优惠政策，免收城市基础设施配套费等各种行政事业性收费和政府性基金。

四、提高规划建设和工程质量水平

（一）优化规划布局和户型设计。要把保障性住房建设作为城乡规划和土地利用总体规划的重要内容，提出明确要求，合理安排布局，严格执行抗震设防和建筑节能等强制性标准。保障性住房实行分散配建和集中建设相结合。集中建设保障性住房，应当充分考虑居民就业、就医、就学、出行等需要，加快完善公共交通系统，同步配套建设生活服务设施。保障性住房户型设计要坚持户型小、功能齐、配套好、质量高、安全可靠的要求，合理布局，科学利用空间，有效满足各项基本居住功能，鼓励通过公开招标、评比等方式优选户型设计方案。廉租住房、公共租赁住房应当提供简约、环保的基本装修，具备入住条件。

同时，在保障性住房规划设计中，要贯彻省地、节能、环保的原则，落实节约集约用地和节能减排各项措施，全面推广采用节水型器具，配套建设污水处理和生活垃圾分类收集设施。农村危房改造要重视自然采光和通风，大力推广建筑节能技术。

（二）落实工程质量责任。保障性安居工程建设，要严格履行法定的项目建设程序，规范招投标行为，落实项目法人责任制、合同管理制、工程监理制。严格建筑材料验核制度。项目法人对住房建设质量负永久责任，其他参建单位按照工程质量管理规定负相应责任。实行勘察、设计、施工、监理单位负责人和项目负责人责任终身制。推广在住房建筑上设置质量责任永久性标识制度，接受社会监督。

（三）强化工程质量监督。保障性安居工程参建各方要建立健全质量管理体系，切实把加强质量监管贯穿于建设全过程。严格按照法律法规和强制性标准规定进行勘察、设计、施工、监理和验收，加大对工程质量和施工安全的监督检查力度。对存在违法违规行为和工程质量不符合强制性标准的工程项目，要责令整改。

五、建立健全分配和运营监管机制

（一）规范准入审核。市县人民政府要根据当地经济社会发展水平、居民收入、住房状况，合理确定保障对象住房困难、家庭收入（财产）的具体标准，定期调整，并向社会公布。完善住房保障申请、审核、公示、轮候、复核制度。健全住房城乡建设、民政、公安、税务、金融等部门及街道、社区协作配合的家庭住房和经济状况审核机制。保障性住房申请人应当如实申报家庭住房、收入和财产状况，声明同意审核机关调查核实其家庭住房和资产等情况。审核机关调查核实申请人住房、金融资产、车辆等财产的，有关机构应当依法提供便利。严禁以任何形式向不符合住房困难标准的家庭供应保障性住房。切实防范并严厉查处骗租骗购保障性住房、变相福利分房和以权谋私行为。对以虚假资料骗购、骗租保障性住房的，一经查实应立即纠正，并取消其在5年内再次申请购买或租赁保障性住房的资格。建立住房保障诚信档案，完善失信惩戒制度。

（二）严格租售管理。经审核符合条件的家庭，市县人民政府应当在合理的轮候期内安排保障性住房。具体轮候期限由市县人民政府确定并公布。廉租住房租赁补贴应当按月或季度及时发放，确保当年12月25日前全部发放到位。廉租住房、公共租赁住房的租赁合同，应当载明租金、租期以及使用要求。公共租赁住房租赁合同期限一般为3至5年。租赁合同期满后承租人仍符合规定条件的，可以申请续租。经济适用住房和限价商品住房购买不满5年的，不得上市交易。经济适用住房配售时，要明确界定政府与购买人的资产份额，并按照政府回购、适当兼顾保障对象合法权益的原则，确定经济适用住房出售所得价款的分配比例。限价商品住房的上市交易收益调节办法，由市县人民政府制定。

（三）加强使用管理。市县人民政府应当建立住房保障管理信息系统，完善保障性住房和保障对象档案，动态监测住房保障对象家庭人口、住房和经济状况变化情况。建立公众监督机制，落实信息公开，充分发挥社会监督作用。定期检查保障性住房使用情况，对违反规定将保障性住房出售、转借、出租（转租）、闲置、改变用途且拒不整改的，应当按照有关规定或者合同约定收回。对中介机构违规代理出售、出租保障性住房的，应当依法给予处罚。保障性住房的使用人要按有关规定和合同约定使用住房，不得擅自改变房屋结构，影响房屋质量安全和使用功能。保障性住房小区可以实行住户自我管理、自我服务，也可以聘请专业机构提供物业服务。

（四）健全退出机制。廉租住房、公共租赁住房承租人经济状况改善，或通过购置、继承、受赠等方式取得其他住房，不再符合相应的住房保障条件的，应当在规定期限内腾退；逾期不腾退的，应当按市场价格交纳租金。经济适用住房购房人通过购置、继承、受赠等方式取得其他住房，不再符合经济适用住房保障条件的，应当退出经济适用住房，或者通过补交土地收益等价款取得完全产权。对拒不服从退出管理的，可以依照规定或合同约定申请人民法院强制执行。

六、加强组织领导，进一步落实地方政府责任

（一）建立目标责任制。省级人民政府对本地区保障性安居工程工作负总责；市县人民政府具体实施，负责落实项目前期工作、建设资金、土地供应、工程质量监督、保障性住房租售管理和使用监管等。省级人民政府要指导市县人民政府，加强住房保障管理机构和具体实施机构建设，充实工作人员，落实工作经费。要加强组织领导和督促检查，周密部署，精心落实，注意总结经验，优化审批程序，简化办事手续，把保障性安居工程建成廉洁工程、平安工程、放心工程。

（二）统筹安排年度建设任务。要因地制宜，科学编制建设规划，统筹安排年度建设任务，不搞“一刀切”。“十二五”时期全国保障性安居工程建设目标是经济和社会发展的约束性指标。各省、自治区、直辖市要按照目标任务，按需申报，自下而上，编制本地区保障性住房建设规划，将任务分解到年度。要尽快明确2012年保障性安居工程建设任务、投资计划、用地计划、资金来源渠道等。市县人民政府要按照规划编制年度实施计划，并落实到项目，尽早开展前期工作，以便落实资金和土地，确保建设任务按计划顺利实施。市县人民政府要向社会公布年度保障性安居工程建设计划、项目开工和竣工情况，以及项目名称、建设地址、建设方式和建设总套数等。

（三）建立考核问责机制。各地区、各有关部门要加强对保障性安居工程建设的监督检查，全面落实工作任务和各项政策措施。住房城乡建设部等有关部门要制定具体考核办法。住房城乡建设部、监察部等有关部门要建立约谈和问责机制，对项目资金土地不落实、政策措施不到位、建设进度缓慢地区的政府负责人进行约谈。对没有完成年度目标任务的地区，监察部、住房城乡建设部等部门要视情况对其政府负责人进行问责。要严格规范保障性安居工程建设程序，加强资金监管。对在保障性安居工程建设、分配和管理过程中滥用职权、玩忽职守、徇私舞弊、失职渎职的政府及其相关职能部门工作人员，要依法依纪追究责任；涉嫌犯罪的，移送司法机关处理。

国务院办公厅
二〇一一年九月二十八日

山东省人民政府关于推进供热计量改革与既有建筑节能改造的意见

鲁政发〔2011〕26号

各市人民政府，各县（市、区）人民政府，省政府各部门、各直属机构，各大企业，各高等院校：

建筑节能是节能减排的重点领域。推进供热计量改革与既有建筑节能改造，可以有效节约能源、减少污染、降低供热成本、减轻居民采暖负担，对于促进全社会节能减排、转方式调结构、建设资源节约型和环境友好型社会具有重要意义。根据《民用建筑节能条例》和国家有关部署，结合我省实际，现就推进供热计量改革与既有建筑节能改造提出如下意见：

一、总体思路和目标任务

（一）总体思路。以科学发展观为指导，坚持“政府主导、部门组织、企业参与、用户配合”的原则，加快推进供热计量改革和建筑节能改造，变按供热面积收费为按实际用热量计价收费，对保温隔热性能差、能耗较高的既有建筑进行节能改造，提升建筑品质、提高居民居住舒适度。进一步深化改革，创新工作机制，推动供热降耗、用户节费、社会节能和建筑品质提升，全面完成国家下达的“十二五”工作任务，为全省加快转变发展方式、调整优化经济结构作出积极的贡献。

（二）目标任务。

1. 供热计量改革。从2011年冬季采暖期开始，全省所有实行集中供热的新建建筑和已完成供热计量改造的建筑，取消按面积计价收费，实行按用热量计价收费；2012年冬季采暖期前，全部完成单体建筑面积2万平方米以上的大型公共建筑供热计量改造并按用热量计价收费；2015年冬季采暖期前，所有市、县（市）的集中供热系统全部建成能耗在线监测平台。

2. 既有居住建筑供热计量及节能改造。到2015年，各市、县（市）具备改造价值的既有居住建筑要改造40%以上，2020年前全部完成改造，其中2011—2013年全省至少完成改造4938万平方米。

3. 公共建筑节能改造。2012年底前，设区城市建成公共建筑能耗动态监测平台；2013年底前，所有大型公共建筑安装用能分项计量装置和节能监测系统；“十二五”期间改造高耗能公共建筑1000万平方米；到2015年，公共建筑单位面积能耗降低10%，其中大型公共建筑能耗降低15%。

二、突出重点，加快供热计量改革步伐

（一）科学编制供热计量改革规划。各市、县（市）要结合当地实际和供热运行状况，抓紧编制和完善供热计量改革规划，明确指导思想、目标任务、实施步骤、时间安排、政策措施等内容。各县（市）的供热计量改革规划，报设区市供热主管部门审核；各设区市的供热计量改革规划报省住房城乡建设厅审核。各供热企业要按照本地供热计量改革规划，尽快制定实施方案，明确供热计量模式、技术路线、组织实施方式等内容，报经当地供热主管部门审查批准，尽快组织

实施。

（二）科学选定供热计量技术路线。各市、县（市）要以节能、降耗、节费为出发点，摆脱单纯按表计量的误区，采用供热计量温控一体化技术路线，建设供热企业可控、居民用户可调、政府主管部门可管的数字化管理和远程监控调节平台，从热源到管网、换热站、终端用户的整个系统实现供热计量智能化、系统控制自动化、住户用热自主化、政府监管科学化。各供热企业要抓紧设立供热计量调配控制中心，完善控制、调节、监测、故障报警、智能收费等系统。各地的供热计量产品选型必须相对统一，便于采集、接收、使用、管理计量数据，保证供热系统安全稳定运行和集成节能效果。供热主管部门要加强技术指导，抓紧培养和引进专业人才。

（三）切实抓好新建、改扩建民用建筑供热计量及同步计量收费。以当地供热计量改革规划和实施方案确定的技术路线为依据，严格组织施工图设计，否则不予通过施工图审查；开发建设单位必须按规定缴纳供热计量装置采购和安装费用，否则不予办理规划、施工许可；工程项目未按规定安装供热系统控制装置、计量与温控装置或达不到供热计量要求的，不得办理竣工验收备案手续，不得并网供热。各地要抓紧对 2007 年 10 月 1 日以后竣工的建筑进行清理检查，对未安装供热系统控制装置、计量与温控计量装置或已安装但达不到标准的建筑，责令原开发建设单位限期整改、补缴费用，由供热企业组织采购安装到位，并负责后期维修、养护、更换。供热企业是供热计量收费实施主体，凡已具备分户计量收费条件的新建建筑和既有建筑，供热企业必须实行同步计量收费，否则依法追究责任。

三、加大力度，扎实推进既有建筑供热计量及节能改造

（一）确保全面完成“十二五”既有居住建筑供热计量及节能改造任务。各市、县（市）要组织对县城以上规划区内既有居住建筑进行全面调查摸底，依据不同建筑的使用年限、结构及内部供热设施情况，科学确定改造区域、项目和内容。要根据上级下达的改造任务，科学编制年度计划，制定详细的实施方案，落实改造项目、改造内容、实施主体，保证如期完成。党政机关、大专院校、医疗机构、大型企业等单位的职工集中居住区，要率先进行改造。“节能暖房”重点市、县应加大工作力度，确保“十二五”期间将具备改造价值的既有居住建筑全部改造完毕，有条件的要在 3 年内完成。各市、县（市）要进一步扩大改造规模，力争提前完成改造目标。要把节能改造与旧住宅小区综合整治结合起来，凡是确定进行整治的旧小区，在清理脏乱差、屋面平改坡、重置管线、整修立面、绿化美化时，同时安排其同步进行供热计量和节能改造。坚持以同一热源或换热站为单元，对其供热区域内的既有建筑组织统一实施供热计量与节能改造，体现整体节能效果。

（二）积极开展既有公共建筑节能改造。各市要抓紧组织进行公共建筑能耗调查摸底，2011 年底前编制完成公共建筑节能改造“十二五”规划，并报省住房城乡建设厅备案。要根据上级下达的改造任务，编制年度工作计划。要以大中型商场、宾馆、医院、高校、办公楼、写字楼为重点，摸清能耗状况，对其中用能总量大、单位面积能耗高、节能潜力大的公共建筑，优先组织节能改造。要根据每幢、每组公共建筑的实际，统筹安排采暖制冷系统、照明系统、围护结构的节能改造，并同步安装用能分项计量及节能监测系统，具备条件的还应积极应用太阳能光热、光电和地源热泵等可再生能源，力求改造投资最优化、节能效果最大化。凡公共建筑申报修缮装修的，一律安排其同步进行节能改造，避免重复投资、重复改造。公共建筑节能改造，由产权单位或使用单位负责实施，改造方案事先须报住房城乡建设部门审核，改造完成后须经住房城乡建设部门验收。

四、创新机制，为推进供热计量改革与既有建筑节能改造提供保障

（一）建立资金筹措机制。对所有新建建筑，实行开发建设单位出资、银行专户监管、供热企业使用、供热主管部门监督的供热计量资金管理制度。对既有建筑供热计量及节能改造，总的采取中央和省奖一块、市县财政配一块、供热企业投一块、产权单位拿一块、受益居民出一块、市场运作集一块的办法，按照“谁受益、谁分担”的原则，多渠道筹集资金。省、市、县三级财政要根据财力情况和节能改造任务，相应安排配套资金或奖补资金。引进专业化节能服务公司，或由供热企业为主，采用合同能源管理方式开展建筑节能改造。

（二）建立供热计量和建筑节能监测产品准入机制。本着促进建筑节能和供热系统降耗的原则，严格实行供热计量和建筑节能监测产品推荐目录制度，杜绝假冒伪劣，保障安全稳定供热，保证监测数据真实，维护用户合法权益。凡进入我省的供热计量和建筑节能监测产品，必须技术可靠、先进适用，其生产、经销企业要确保供热计量装置、温控阀、建筑能耗数据采集器，分别在安装使用后的9年、15年、5年内免费保修保换。

（三）完善供热计量与既有建筑节能改造工程监管机制。供热主管部门是供热计量改革的实施主体，在供热计量工程建设及改造中要完善监管制度，认真履行监管职责。在规划阶段，要依据当地供热专项规划确定集中供热单位，并对申请集中供热的建设单位提出供热分项设计技术要求；在设计阶段，要对设计单位编制的供热分项施工图进行审查，并签署意见后，方可进行供热项目施工；在施工阶段，要加强工程监管；在验收阶段，要组织专家对既有建筑供热专项进行验收，对开发建设单位组织的供热专项验收进行审查。否则，不予通过施工图审查，不予办理施工许可手续，不予办理竣工验收备案，不予并网供热。建筑围护结构改造项目必须纳入工程建设程序，严格执行国家和省有关技术标准，确保改造效果和质量安全；严格按有关规定对外墙保温材料进行现场抽检，不达标产品一律不准使用；加强建筑节能改造工程的过程管理，对完成改造的项目及时组织验收。

（四）完善供热和采暖费补贴机制。从2011年冬季采暖期开始，将供热政策性亏损补贴改为供热计量奖补资金，资金发放额度与供热计量改革绩效和供热节能量挂钩，提高供热企业参与计量改革、开展节能技改的积极性，具体办法由各市供热主管部门会同财政部门制定。

（五）建立供热计量改革和建筑节能改造奖惩约束机制。省住房城乡建设厅要尽快制定实施全省供热系统能耗和公共建筑能耗统计、监测和评价制度，对供热企业供热能耗和公共建筑能耗实行在线动态监测。对供热计量改革、供热系统节能技改和建筑节能改造成绩突出的单位，要按照有关规定给予表彰和奖励，对工作进展缓慢、敞开口供热、无节制用煤的供热企业，要督促其限期整改，依法处罚直至吊销供热经营许可；对浪费能源严重、拒不进行节能改造的公共建筑用能大户在媒体上公开曝光，必要时依法处罚其产权单位或使用单位。

五、加强组织领导，加快推进供热计量改革与既有建筑节能改造进程

（一）加强组织领导。进一步完善协调配合机制，加强对全省供热计量改革与既有建筑节能改造工作的组织领导，各有关部门要相互配合，统筹运作，切实落实部门职责，力争全面完成国家下达的“十二五”供热计量改革与既有建筑节能改造工作任务。

（二）加强督查考核。省住房城乡建设厅要会同有关部门，定期开展供热计量改革和既有建筑节能改造专项检查，将检查结果向全省通报。省财政厅、住房城乡建设厅要与各市政府签订《既有居住建筑供热计量及节能改造目标责任书》，每年对各市政府供热计量改革和既有建筑节能改造工作进行考核。对未完成供热计量改革与既有建筑节能改造年度任务的市、县，不受理国家及省级园林城市、人居环境奖、可再生能源建筑应用示范城市的申报。

（三）加强宣传引导。加大宣传教育力度，普及供热计量改革与既有建筑节能改造基本知识，耐心做好宣传解释工作，争取广大群众的理解和支持。坚持正确的舆论导向，广泛深入地宣传供热计量改革与既有建筑节能改造的必要性和紧迫性，宣传国家和省里的有关法规政策，总结推广典型经验，营造推进工作的良好氛围。

山东省人民政府
二○一一年七月四日

山东省人民政府关于贯彻国发〔2011〕9号文件进一步加强城市生活垃圾处理工作的意见

鲁政发〔2011〕53号

各市人民政府，各县（市、区）人民政府，省政府各部门、各直属机构，各大企业，各高等院校：

为认真贯彻《国务院批转住房城乡建设部等部门关于进一步加强城市生活垃圾处理工作意见的通知》（国发〔2011〕9号）精神，进一步加强我省城市生活垃圾处理工作，改善人居环境，促进城市可持续发展，现提出如下意见：

一、科学编制我省城乡“十二五”环卫发展规划

做好城市生活垃圾处理工作是维护群众利益和加强城市管理的重要内容，是政府公共服务的一项重要职责。要按照全民动员、科学引导，综合利用、变废为宝，统筹规划、合理布局，政府主导、社会参与的原则，切实加强全过程控制和管理，突出重点工作环节，综合运用法律、行政、经济和技术等手段，不断提高城市生活垃圾处理水平。省住房城乡建设厅要会同省直有关部门，根据《山东省国民经济和社会发展第十二个五年规划纲要》和山东省城镇体系规划，编制全省城乡环卫发展“十二五”规划。各市、县要尽快编制城乡环卫发展专项规划，统筹安排城乡生活垃圾收集、处置设施的布局、用地和规模，并纳入土地利用总体规划、城市总体规划和近期建设规划，将生活垃圾处理设施用地纳入城市黄线保护范围，禁止擅自占用或者改变用途，严格控制设施周边的开发建设活动。各市、县城乡环卫发展专项规划要在2012年10月31日前修编或编制并完成报批。

二、加快推进城市生活垃圾处理设施建设

到2011年年底，要确保实现全省城市生活垃圾无害化处理率达到95%的目标。受选址制约不宜自建垃圾处理场的县（市、区），要与相邻县（市、区）联合建设、共同使用或有偿委托相邻县（市）进行无害化处理；已建成运行的生活垃圾填埋场、焚烧厂，要及时申报无害化等级考核评价；对建设进展缓慢的项目，要加强督查，加快进度，确保质量，按期完成建设任务；对不符合国家建设标准和环保要求的现有垃圾处理场，要制定升级改造计划，抓紧组织实施；对使用期满的填埋场，要规范封场，确保环境安全。鼓励有条件的设区城市和相邻的县（市）共同规划建设垃圾焚烧处理设施，资源共享，实现规模效益。加强城市生活垃圾收运体系建设，提高收运设施和车辆自动化、密闭化、数字化水平。

三、积极开展城市生活垃圾源头减量和分类收集工作

各地要通过大力发展循环经济，全面推行清洁生产，深入开展资源综合利用等措施，积极促进城市生活垃圾源头减量。不断加大治理商品过度包装的工作力度，限制包装材料过度使用，提倡简易、合理包装，引导、鼓励生产、销售企业和公众自觉抵制过度包装商品，减少包装物产生，探索建立包装物强制回收制度；组织净菜和洁净农副产品进城，减少农副产品垃圾产生量；大力推广应用天然气、太阳能等清洁能源，减少灰渣产生；宾馆、酒店、餐饮等服务行业，要逐步取消一次性日用品使用，改为明码标价、有偿使用，推广使用可循环利用、重复使用的物品。

各地要认真实施城市生活垃圾分类及评价标准，合理设置垃圾分类收集容器和废品收购点，规范分类标志，并根据本地垃圾特性和处理方式选择垃圾分类方法，制定垃圾分类指南，做到分类投放、分类收集、分类运输、分类处理。要加大生活垃圾分类知识宣传，动员社区与家庭积极参与。加强生活垃圾可再生资源和废旧物资回收利用管理，重点推进废弃含汞荧光灯、废温度计、废电池等有害垃圾单独收运处理，鼓励居民分开盛放和投放厨余垃圾，建立高水分有机生活垃圾收运系统。省住房城乡建设部门要会同有关部门研究制定生活垃圾分类收集导则和评价考核指标，确定省级生活垃圾分类示范城市，出台相应的激励政策和措施，并加强监督检查。各市、县要积极开展垃圾分类试点小区、单位和片区工作，探索经验，逐步推开。到2012年年底，列入省级试点的城市初步建立城市生活垃圾分类收集和处理系统；2015年年底前，50%的设区城市和有条件的县（市）实现垃圾分类收集。

四、大力推进城乡生活垃圾一体化管理

加快农村生活垃圾治理工作，是统筹城乡发展、改善农村人居环境的重要条件。推广莱芜、章丘、烟台莱山、昌邑、寿光等市（区）的做法，稳步推进城市生活垃圾管理模式向村镇延伸。要立足实际，因地制宜，采取全托管、半托管和自我服务等环卫管理模式，逐步扩大“村收集、镇转运、县（市）处理”的范围。根据村镇人口规模、经济实力、自然条件等因素，建立村镇环卫保洁队伍，配置垃圾收集容器和设施，合理设置垃圾中转站，购置垃圾转运密闭车辆，实行垃圾收集和运输密闭化。深入开展生态文明乡村建设行动和村镇环境综合整治活动，探索市（县）、镇、村和农民合理分担垃圾处理费用的运行机制和模式，化解资金制约瓶颈，有效解决农村生活垃圾处理难、环境卫生条件差的问题。制定农村环卫作业标准、垃圾收集管理、卫生检查评比等有关制度，完善村规民约，逐步形成村民自我管理机制，实现长效管理。

五、积极推进餐厨废弃物无害化处理和资源化利用

各地、各部门要认真贯彻国家有关加强“地沟油”整治和餐厨废弃物管理的要求，认真落实餐厨废弃物管理市（县）长负责制，广泛深入开展“地沟油”专项整治，严厉打击非法制售“地沟油”违法犯罪行为，严防“地沟油”流入食品生产经营单位。加快推进餐厨废弃物资源化利用和无害化处理，青岛、潍坊作为全国餐厨废弃物资源化利用和无害化处理试点城市，要确保2012年年底前建成运行；济南市作为省级试点城市要确保尽快启动，早日建成运行。同时，要抓紧扩大试点范围，继续开展省级和市级试点工作。各地要把餐厨废弃物处理设施建设作为“十二五”城市基础设施建设的重点，明确职责分工，实行配套联动，2015年年底前，全省所有设区市建成运行餐厨废弃物无害化处理和资源化利用项目。同时，要加强和完善餐厨废弃物收运体系建设，实行特许经营管理，建立台账制度、激励制度、督查制度和投诉举报制度；强化规划引领和约束作用，鼓励和提倡餐厨废弃物处理设施共建共享；健全和完善餐厨废弃物管理规章制度，规范餐厨废弃物收运和处置行为。各地要加大投入，积极引导各类经济成份参与投资建设运营餐厨废弃物资源化项目。

六、不断提高生活垃圾处理设施运行监管水平

生活垃圾填埋场应按照国家有关标准、规范配备配齐作业机械设备和设施，建立和完善内部管理制度，遵循技术规范和操作规程，规范化作业，强化垃圾渗滤液处理设施管理，保证垃圾渗滤液达标排放。生活垃圾焚烧厂应严格控制垃圾焚烧温度，确保烟气排放达标，并将焚烧产生的飞灰、炉渣等进行无害化处理。新建生活垃圾焚烧设施，应安装排放自动监测系统和超标报警装置，建立污染物排放日常监测制度，按月向主管部门报告监测结果。

住房城乡建设（城管）部门要加强生活垃圾处理设施的运行监管，强化管理和作业人员培训，建立运行绩效考核制度。对已建成运行的生活垃圾填埋场、焚烧厂，及时组织无害化等级考核评价，公开评价结果；未通过等级考核评价的处理设施不计入无害化处理范围，责成设施建设、运营单位限期整改；对通过等级考核评价的处理设施实行动态管理，定期复查。环保部门要定期开展生活垃圾处理设施污染物排放情况监督监测，生活垃圾处理设施运营单位应根据国家有关标准、规范要求定期开展常规污染物及二噁英排放监测，主要监测数据和结果要向社会公布。

七、完善和落实城市生活垃圾处理资金保障政策

加快实施城市生活垃圾收费制度，尚未开征生活垃圾处理费的市、县要尽快开征，确保2011年年底前征收标准达到城市家庭10元/户·月，单位职工4元/人·月。已实行城乡生活垃圾一体化处理的镇村，由县（市）、乡（镇）政府参照省里的标准确定垃圾处理费的征收标准和办法。各级政府要进一步加大对城市环卫事业的投入，并逐步增加，要安排财政专项资金，用于生活垃圾收运处理设施建设和升级改造以及环卫车辆等设备的更新，保证垃圾收运处理设施的正常运行。要借鉴推广生活垃圾处理费与自来水费等捆绑收费的经验，改进城市生活垃圾处理收费方式，降低征收成本，提高征收率。住房城乡建设（城管、市政）、财政、审计、监察等部门要加强垃圾处理费收缴和使用监管，确保垃圾收费做到专户管理、专款专用。同时，引入市场机制，鼓励和提倡各类社会资金参与城市生活垃圾（含餐厨垃圾）处理设施建设和运营。省财政要继续加大对城市生活垃圾处理和中转设施建设的投入，要积极组织利用外国政府贷款和国际金融组织优惠贷款，拓宽垃圾处理设施建设资金渠道。

八、改善和提高环卫一线工人的工作生活条件

按照国家有关法律政策，完善环卫用工制度和保险救助制度，落实环卫职工的工资和福利待遇，保障环卫职工劳保福利、休息休假、岗位津贴、高温补贴等合法权益。要加强环卫保洁人员公寓、休息房、食堂、浴室等生活设施建设，鼓励社会为环卫职工提供休憩点；加强环卫一线职工应对夏季酷暑和冬季严寒天气的措施，保障环卫职工的安全和健康；组织环卫职工加强业务知识培训，不断提高环卫职工综合素质和服务技能；大力推广环卫作业标准化、精细化和数字化管理，逐步提升环卫行业机械化和信息化水平。

九、加强对城市生活垃圾处理工作的组织领导

城市生活垃圾处理工作实行省政府负总责、城市政府抓落实的工作责任制。各级政府要强化城市生活垃圾管理工作，细化任务目标，切实抓好各项工作。对推进生活垃圾处理工作不力，未按期完成工作任务，影响社会发展和稳定的，要进行责任追究。省直有关部门要明确分工，强化职责，齐抓共管，形成合力。省住房城乡建设厅负责拟订城市环卫行业管理的政策、措施，会同有关部门制定行业发展规划，协调解决生活垃圾处理工作中的重大问题；省发展改革委负责做好生活垃圾处理项目立项审批、争取国家资金补助等工作；省经济和信息化委负责生活垃圾综合利用及相关处理装备研制工作，会同有关部门做好餐厨废弃物资源化利用和无害化处理试点工作；省财政厅负责垃圾处理项目专项资金预算安排和使用监管；省环保厅负责生活垃圾处理项目环境影响评价和污染物排放监督管理；省国土资源厅负责垃圾处理项目用地的审查办理，保障建设用地供应；省物价局负责垃圾处理收费政策及监管实施；省商务厅负责生活垃圾中可再生资源回收管理工作；省人力资源社会保障厅负责对环卫职工劳动保障合法权益的维护和监督；省农业厅负责生活垃圾肥料标准制定和推广使用审核工作；省住房城乡建设厅、发展改革委、环保厅、监察厅等部门要加强对城市政府、各有关部门落实国家和省政策情况的监督检查；其他有关部门要按照职责分工，认真履行职责，确保各项措施落实到位。

各市人民政府要在2012年3月31日前将落实本意见情况报省住房城乡建设厅。

山东省人民政府
二〇一一年十二月十三日

山东省人民政府办公厅转发省住房城乡建设厅等部门关于推进济南铁路局棚户区（危旧房）改造实施方案的通知

鲁政办发〔2011〕28号

各市人民政府，各县（市、区）人民政府，省政府各部门、各直属机构，各大企业，各高等院校：

省住房城乡建设厅、发展改革委、财政厅、国土资源厅、济南铁路局《关于推进济南铁路局棚户区（危旧房）改造实施方案》已经省政府同意，现转发给你们，请认真贯彻执行。

山东省人民政府办公厅
二〇一一年六月十日

关于推进济南铁路局棚户区（危旧房）改造实施方案

省住房城乡建设厅　省发展改革委　省财政厅
省国土资源厅　济南铁路局

济南铁路局是驻我省部属国有企业，为山东的经济社会发展作出了重要贡献。多年来，受改造资金等条件限制，路局职工居住环境和居住条件尚未得到根本改善，有的居住区已经成为驻地城市的棚户区或危旧房片区。省政府决定将济南铁路局职工住房中符合棚改条件的棚户区（危旧房）纳入全省棚改规划一并实施改造，切实改善铁路职工居住条件。依据《国务院关于解决城市低收入家庭住房困难的若干意见》（国发〔2007〕24号）和住房城乡建设部等五部门《关于推进城市和国有工矿棚户区改造工作的指导意见》（建保〔2009〕295号）精神，现就推进济南铁路局棚户区（危旧房）改造（以下简称济南铁路局棚改）工作制定本方案。

一、目标任务

为改善济南铁路局职工居住条件和生活环境，根据全省棚改工作的总体部署，按照“科学规划、政府主导、部门协作、政策扶持、市场运作”的工作思路，充分利用国家和省棚改政策，加大驻地政府支持力度，积极争取铁道部支持，盘活铁路土地资源，力争用3年时间，在全省逐步实施济南铁路局棚改，基本改善铁路职工特别是低收入住房困难职工的住房条件，努力将铁路棚户区（危旧房）改造成房屋质量优良、功能完善、设施齐全、生活便利、环境优美的新型城市社区。

二、改造范围

济南铁路局棚改的范围是我省行政区域内符合棚改条件、归属济南铁路局管理的铁路职工居住区。济南铁路局依据国家关于棚户区范围界定，对所属职工居住区进行了摸底排查，确定将10个设区城市的32个片区中的1076栋房屋列入棚改范围，涉及铁路职工25321户，改造面积为1450668平方米。其中2011—2013年改造1033栋、24305户、1390283平方米。

三、基本原则

（一）统筹规划，分步实施。济南铁路局棚改纳入全省城市和国有工矿棚户区改造规划。有关市、县人民政府要结合城市规划、土地利用规划和保障性住房建设规划，将济南铁路局棚改纳入当地城市和国有工矿棚改规划和年度计划。济南铁路局要以2011年和2012年为重点，合理确定棚改工作重点和时序，区分轻重缓急，以铁路棚改带动铁路沿线周边环境整治，优先安排铁路站、线周边改造，有计划、有重点、有步骤地稳步推进，分步实施。

（二）政府主导，各负其责。省政府建立济南铁路局棚改工作协调联席会议制度，负责协调和解决济南铁路局棚改工作有关事宜。济南铁路局棚改参照城市和国有工矿棚户区改造运作方式，驻地市、县人民政府是铁路棚改的责任主体，济南铁路局是铁路棚改的实施主体并成立专门棚改工作机构，要充分发挥在人、财、物、土地等方面统一调配与行业管理的优势，充分调动铁路职工的积极性，集中力量，搞好协调，落实资金，认真组织好棚改工作。有关市、县人民政府要在优惠政策落实、土地出让与置换、规划、补偿安置等方面给予大力支持。相关部门要恪尽职守，尽职尽责，密切配合协作，共同推进济南铁路局棚改工作。

（三）以人为本，依法实施。济南铁路局要积极配合驻地市、县人民政府依据《国有土地上房屋征收与补偿条例》（国务院令第590号）做好房屋征收和补偿安置工作。有关市、县房屋征收部门要加强监督管理，确保严格执行国家、省房屋征收和补偿安置的政策规定，做到房屋征收项目、主体、程序和补偿标准合法，补偿资金和安置房源到位，切实维护好职工的合法权益。

（四）市场运作，配套建设。济南铁路局要在深入调查摸底和精确测算的基础上，因地制宜，科学制定棚改项目实施方案，在驻地政府的统一组织协调下，既可自行组织改造，也可将铁路棚改纳入周边区域城市建设规划，采取土地置换、捆绑改造等市场运作方式统一实施。要坚持全面规划、合理布局、节约用地、综合开发，组织好新建居住区的供水、供电、供气、供热、通讯、污水与垃圾处理等市政基础设施和商业、教育、医疗卫生、无障碍设施等配套公共服务设施的建设，促进以改善民生为重点的社会建设。

四、相关政策支持

济南铁路局棚改要严格落实《山东省人民政府办公厅关于进一步加快城市和国有工矿棚户区改造工作的通知》（鲁政办发〔2010〕10号）有关规定，享受与驻地城市和国有工矿棚改相同的资金支持、税费减免、土地供应、补偿安置及住房保障等优惠政策。对远离市区、符合中央国有工矿棚改投资计划条件的铁路棚改项目，各部门要给予大力支持，积极帮助列入国有工矿棚改项目中央投资计划；对市区内由驻地政府统一组织实施的铁路棚改项目，享受与城市棚户区相同的中央城市棚改专项资金和省级奖补资金补助政策，补助资金由相关市、县人民政府按照有关规定统筹安排使用。要充分借鉴廉租住房、经济适用住房、公共租赁住房、限价商品房等相关政策，多渠道、多形式、多途径推进铁路棚改工作。济南铁路局要多渠道筹措改造资金，对纳入地方统一管理的济南铁路局住房公积金，其增值收益扣除计提住房公积金贷款风险准备金和管理费用后的余额部分，全部用于铁路棚改中廉租住房和公共租赁住房建设。

五、组织实施

（一）统一认识，解放思想。济南铁路局要从落实科学发展观、改善民生、共建和谐社会的高度，统一路局广大干部职工思想认识，把济南铁路局棚改工作作为路局民心工程，全力抓紧抓好。济南铁路局要加强与铁道部的汇报沟通，争取将济南铁路局棚改工作作为铁道部全国棚改试点，积极争取铁道部政策和资金支持。要解放思想，充分挖掘路局各类资源优势，进一步细化铁路棚改政策和资金筹集措施，努力推进铁路棚改工作。

（二）摸清底数，编制计划。济南铁路局要对拟改造片区进行详细的摸底调查，综合分析所处地段、周边环境、土地价值、房屋补偿标准、住房状况和户数等情况，依据驻地城市总体规划，合理确定改造和建设规模，测算改造资金，明确改造方式、改造时间和资金筹措方式。铁路棚改计划要纳入当地保障性住房建设规划，列入当地棚户区改造年度计划。铁路棚改计划由济南铁路局会同驻地政府有关部门共同编制，由相关设区城市单独报省政府有关部门批准后实施。

（三）建立动态监管和信息报送制度。有关市、县人民政府要加强对铁路棚改的督导检查，及时掌握项目进展情况，按照国家和省棚改统计制度要求，建立铁路棚改动态监管和数据报送制度。济南铁路局要按月将统计报表报驻地市有关部门，列入各市城市和国有工矿棚户区改造数据，由各设区城市通过住房保障报送系统上报。同时，铁路棚改实行直报制度，由济南铁路局按月按项目直接报送济南铁路局棚改联席会议办公室。

（四）强化物业管理。要适当增加棚户区新建安置小区公共建筑面积，按照房屋总建筑面积3‰的比例，建设社区服务、物业管理和居民公共活动用房；按照房屋总建筑面积4‰的比例，建设经营用房，公建的出租、经营收入用于物业服务。

（五）确保棚改安置房工程质量。济南铁路局棚改要坚持高标准规划、高标准设计的原则，科学规划，在住房质量和居住环境等方面切实满足职工的住房需求。要严格执行法定建设程序、技术规范和标准，加强施工管理，确保工程质量。要按照节能、省地、环保的要求，推广新技术、新工艺、新材料和新设备。规范工程建设承发包交易行为，对涉及住房质量、建筑节能和使用功能等方面的指标要求，要在建设合同中予以明确。

六、加强领导

（一）落实工作责任。济南铁路局要把铁路棚改工作摆上重要议事日程，加强组织领导，强化对铁路棚改工作的督导，确保工程项目建设、安置房分配公开透明。各级、各部门要打破条块分割限制，密切配合，各负其责，形成合力。

（二）强化督查奖惩。省政府对列入年度改造计划的铁路棚改项目进行督查考核，对工作不落实、措施不到位的市、县要通报批评，限期整改；对较好完成年度工作目标的市、县，在安排下年度中央投资补助资金和省财政奖补资金时给予适当倾斜。

（三）加强宣传，正确引导。济南铁路局和有关市、县人民政府要采取多种形式，广泛宣传铁路棚户区（危旧房）改造的重要意义，准确解读政策措施，取得铁路职工的理解和支持。在工作安排上，要统筹谋划，精心实施，把工作做实、做细、做到位，要不断总结经验，及时发现并化解各类矛盾纠纷，为铁路棚户区（危旧房）改造营造良好的舆论氛围。

山东省人民政府办公厅
关于进一步加快解决企业职工住房问题的意见

鲁政办发〔2011〕71号

各市人民政府，各县（市、区）人民政府，省政府各部门、各直属机构，各大企业，各高等院校：

近年来，随着住房保障制度建设的快速推进，我省城市低收入家庭住房困难逐步得到缓解，但部分企业职工的住房问题仍较为突出。为进一步加快解决企业职工住房问题，根据国家有关政策规定，结合我省实际，经省政府同意，现提出以下意见：

一、加快解决企业职工住房问题的总体要求

加快解决企业职工住房问题，要适应社会主义市场经济体制要求和企业特点，坚持政府主导、企业组织、职工参与的原则，既要继续加大政府住房保障投入，逐步扩大住房保障覆盖面，对更多符合条件的企业职工实施住房保障；又要充分发挥企业和职工的主动性、积极性，组织开展企业公共租赁住房建设、集资合作建房和国有工矿棚户区改造，同时全面建立住房公积金制度，进一步加快解决职工住房困难，改善职工住房条件。

二、多渠道解决企业职工住房困难

（一）积极发展企业公共租赁住房建设。公共租赁住房是住房保障体系的重要内容，也是当前和今后一个时期解决企业职工住房困难的主要渠道。鼓励企业开展公共租赁住房建设。公共租赁住房只用于出租，不得出售。企业较为集中的各类开发区、工业园区和产业园区，应当按照集约用地的原则，在企业相对集中的地段，由相关企业出资参与集中建设公共租赁住房，统一配套公共服务设施，面向用工单位或园区就业人员出租，实现公共租赁住房的统一规划、统一招标建设、统一供地、统一管理、统一保障标准和分配准入政策。距离城区较远的独立工矿企业和住房困难职工较多的企业，在符合土地利用总体规划、城市总体规划的前提下，经市、县人民政府批准，可以利用自有土地建设公共租赁住房，向本企业符合条件的职工出租。

（二）规范开展企业集资合作建房。距离城区较远的独立工矿企业和住房困难户较多的企业，在符合土地利用总体规划、城市总体规划、住房建设规划的前提下，经市、县人民政府批准，可以利用单位自有土地组织开展集资合作建房，并纳入所在市、县经济适用住房建设计划管理。

（三）加快推进国有工矿棚户区改造。国有工矿企业是国有工矿棚户区改造的实施主体。按照法人单位和企业性质，国有独资公司应严格落实省有关规定，筹措棚户区改造专项资金；国有控股公司应通过股东会决定用于棚户区改造的资金；国有参股公司国有股东应积极做好其他股东工作，落实棚户区改造资金，积极推进国有工矿棚户区改造。棚户区居民也应合理承担安置住房建设费用。积极引导社会资金投入，支持有实力、信誉好的房地产开发企业参与国有工矿棚户区改造。

（四）全面建立住房公积金制度。住房公积金是国家机关、事业单位、企业及其在职职工缴存的长期住房储金，是实施住房货币分配、增强职工住房消费能力的重要措施。为职工缴存住房公积金是企业的法定义务，各企业应认真贯彻国家和省有关法规规定，建立和完善住房公积金制度，按时、足额为职工缴存住房公积金。住房公积金管理中心要依法强化企业住房公积金归集，对不办理缴存登记或者不为本企业职工办理住房公积金账户开立手续的，应责令限期办理；逾期不办理的，严格按照《住房公积金管理条例》的有关规定予以处罚。对逾期不缴或者少缴住房公积金的，应责令限期缴存；逾期仍不缴存的，可以申请人民法院强制执行。

三、完善支持政策和工作机制

（一）加大政策支持。一是对企业公共租赁住房建设、集资合作建房和国有工矿棚户区改造，一律免收城市基础设施配套费、防空地下室易地建设费等各种行政事业性收费和政府性基金，并执行保障性安居工程的有关税收优惠和信贷支持政策。二是对企业公共租赁住房建设和国有工矿棚户区改造，中央和省级财政保障性安居工程补助资金予以支持。市、县财政应积极运用投资补助、贷款贴息、注入资本金、税费优惠等政策措施，鼓励相关企业参与公共租赁住房建设和运营试点。三是企业利用自有土地建设公共租赁住房，原为划拨土地使用权的，可暂不改变用地性质；原为出让土地使用权的，可不再缴纳用途差价。企业自管公有住房出售收入的结余资金，可用于建设公共租赁住房。四是国有工矿棚户区改造项目，涉及的经营性收费减半征收，新建安置小区有线电视和供水、供电、供气、供热、排水、通讯、道路等市政公用设施，由各相关单位出资配套建设。国有工矿棚户区改造安置住房建设，执行经济适用住房的税收优惠政策。五是职工购买、建造、翻建和大修自住住房，申请个人住房贷款的，住房公积金受委托银行应当首先提供住房公积金贷款；未申请个人住房公积金贷款的，本人及其配偶在购建和大修住房一年内，在不超过实际发生额的前提下，可以一次或分次提取住房公积金账户内的存储余额。职工完全丧失劳动能力并与单位终止劳动关系的，可以提取本人住房公积金账户内的存储余额。

（二）规范建设改造。解决企业职工住房问题，是保障性安居工程的重要工作内容，应当依据国家和省有关政策规定，统一规范管理。一是规范建设审批。企业公共租赁住房建设、集资合作建房和国有工矿棚户区改造，均应当报经所在市、县人民政府审批，并纳入保障性安居工程建设规划和年度计划。项目申报、审批的具体程序、标准和要件，由各市、县依据国家和省有关规定，结合当地实际制定并公布实施。二是规范建设标准。公共租赁住房建设、集资合作建房以满足基本居住需求为目的，要严格控制套型标准。公共租赁住房既可以是成套住房，也可以是集体宿舍。新建的成套公共租赁住房，套型建筑面积严格控制在60平方米以内，以40平方米左右的小户型为主。集资合作建房的套型建筑面积，严格按照经济适用住房的有关规定执行。三是规范资金管理。中央和省级财政下达的公共租赁住房和国有工矿棚户区改造补助资金，必须专项管理、分账核算、专款专用，确保资金安全、规范、有效使用。企业收取的集资合作建房款项，应当实行专款管理、专项使用，并接受当地财政和住房保障主管部门的监督。集资合作建房原则上不收取管理费用，不得有利润。四是规范住房供应。企业公共租赁住房、集资合作建房供应的对象，必须限定在本单位符合市、县人民政府公共租赁住房、经济适用住房供应条件的职工。企业建设的公共租赁住房，应当按照所在市、县公共租赁住房有关规定组织配租，并将配租情况报住房保障主管部门、经济和信息化部门备案。已享受房改政策购房、已购买经济适用住房的，不得参加集资合作建房；已参加集资合作建房的，不得再次参加集资合作建房或者购买经济适用住房。严禁任何单位假借集资合作建房名义，变相实施住房实物分配或者进行商品房开发。五是规范住房公积金缴存。新设立企业，应按规定及时办理住房公积金缴存手续。企业发生合并、分立、撤销、破产、解散或改制等情形的，在为职工补缴以前欠缴的住房公积金后，方可办理各项相关事项；确实无力补缴的，应当明确缴存责任主体。企业和职工缴存住房公积金的比例均不得低于职工上一年度月平均工资的5%，不得高于12%；缴存住房公积金的月工资基数，不得超过职工工作地所在设区城市统计部门公布的上一年度职工月平均工资的3倍。

（三）坚持民主决策。住房问题涉及广大职工的切身利益。加快解决企业职工住房问题，应当坚持走群众路线，在国家和省统一政策指导下，因企制宜，民主决策。企业的公共租赁住房、集资合作建房及棚户区改造的建设和分配方案，均应经职工代表大会或者工会讨论通过，并报当地住房保障主管部门、经济和信息化部门备案后执行。缴存住房公积金确有困难的企业，经企业职工代表大会或者工会讨论通过，并经住房公积金管理中心审核，报住房公积金管理委员会批准后，可以降低住房公积金缴存比例或者缓缴；待企业经济效益好转后，再提高缴存比例或者补缴缓缴。

山东省人民政府办公厅

二〇一一年十一月二十八日

山东省人民政府办公厅关于进一步加强房屋建筑和市政工程质量安全管理的意见

鲁政办发〔2011〕74号

各市人民政府，各县（市、区）人民政府，省政府各部门、各直属机构：

为进一步加强房屋建筑和市政工程质量安全管理工作，有效落实属地管理、行业监管和企业主体责任，切实维护人民群众生命财产安全，根据《中华人民共和国建筑法》、《建设工程质量管理条例》、《建设工程安全生产管理条例》等法律法规及有关政策规定，经省政府同意，现就有关问题提出如下意见：

一、大力规范建筑市场秩序

（一）严格执行工程建设法定程序。新建、改建、扩建各类房屋建筑和市政工程必须严格履行法定建设程序，凡是未办理规划许可、施工图审查、质量安全报监、施工许可等手续或手续不全的，不得开工建设。对未经批准或手续不全开工的，要依法责令停工，严肃追究建设单位及法定代表人责任，属于使用财政资金的要停止资金拨付并暂停审批其新上建设项目；对参与建设的开发、施工、监理等单位，责令限期整改，整改期间暂停企业和项目负责人、总监理工程师承接新的工程项目。

（二）进一步规范工程承发包行为。建设单位必须把工程项目的勘察、设计、施工、监理全部发包给具备相应资质的单位，不得以任何名义肢解发包。全部使用国有资金投资或者国有资金投资占主导地位的建设工程，必须依法进行公开招标，不得以其他方式规避招标。建设工程招标不得把安全防护和文明施工措施费、监理费作为竞标条件，否则招标结果无效，责令建设单位和招标代理机构限期整改，整改期间暂停其他项目的招标。

（三）加强建设工程合同管理。建设工程合同应当采用标准示范文本，对质量安全责任、质量安全措施费、项目管理机构及其组成人员等作出明确约定。各级建设行政主管部门要加强对建设工程合同履行情况的监督，发现建设单位不按合同约定拨付相关款项的，责令改正并在改正前暂停其新上项目的招标活动；发现施工、监理单位不按中标承诺和合同约定配备工程管理和技术人员或擅自撤换有关人员的，责令停工整改。

二、强化建设单位质量安全责任

（一）突出建设单位第一责任人的地位。建设单位是建设工程的组织者和管理者，是工程质量安全第一责任人。凡是因参建队伍选择、材料采购供应、工程款拨付、工期要求等问题影响工程质量安全的，要严肃追究建设单位法定代表人和项目负责人的责任，造成重大隐患或质量安全事故的一律依法按处理规定的上限进行处罚。

（二）科学确定并严格执行合理工期。建设单位应当根据实际情况对工程充分评估、论证，依据国家建设工程工期定额，科学确定勘察、设计、施工每个阶段的合理工期，严禁边勘察、边设计、边施工。建设单位压缩建设工期的，必须通过工程建设专家的技术评审，并采取相应措施，增加技术措施费用，确保工程质量安全。

（三）确保工程建设合理费用。建设单位要合理确定工程造价，不得迫使施工单位低于成本价承包工程，杜绝因造价过低导致质量安全问题。质量安全措施费要列入工程造价，勘察设计、建设监理、招标代理等咨询服务费要严格执行国家标准。

（四）全面收集并及时移交工程档案。建设单位要建立健全工程档案管理制度，牵头组织收集可行性研究、立项、环境评估、安全评价、勘察、划、设计、施工、监理及招投标、质量安全监督、竣工验收等技术档案和文件资料，明确记录责任单位及责任人，并在工程竣工验收及备案后3个月内，将工程档案移交当地城建档案管理机构。

（五）认真组织工程竣工验收。建设单位要严格按照规定程序和标准组织参建单位进行工程竣工验收，并及时办理竣工验收备案，住宅工程要全面实施分户验收制度。对竣工验收中发现的各类质量安全隐患，要督促责任单位彻底整改，否则不得通过验收。凡是未经竣工验收或验收不合格的建设工程，不得投入使用；擅自使用造成质量安全事故的，由建设单位承担责任。

三、严格实行总承包单位负总责制度

（一）依法实施工程分包。施工总承包单位要对分包单位的企业资信和人员资格进行严格审查，由于审查把关不严导致质量安全事故的，由总承包单位承担全部责任。达到法定招标规模的分包活动，要通过招标方式分包并进入有形建筑市场公开交易。总承包单位转包或者违法分包工程的，责令限期整改，整改期间暂停承接新的工程；情节严重的，依法降低资质等级或吊销资质证书。

（二）施工总承包单位对施工质量安全负总责。施工总承包单位要协调管理施工现场所有专业承包、劳务分包单位的施工活动，牵头负责现场隐患排查、事故预防及上报等事项。属于建设单位依法直接分包的，施工总承包单位要与专业承包单位签订施工现场管理协议，纳入统一管理。施工总承包单位未尽到管理职责造成质量安全问题的，由总承包单位承担主要责任；分包单位不服从管理的，由分包单位承担主要责任，总承包单位承担连带责任。

四、切实加强工程建设关键环节的管理

（一）提高勘察设计服务水平。勘察、设计单位要确保工作成果符合法律、法规和工程建设强制性标准，对涉及工程质量安全的重点部位、环节及建筑材料性能等，要在设计文件中注明并对防范质量安全事故提出建议。勘察、设计单位要加强工程建设过程服务，对无法保证工程质量安全的内容，及时按程序变更。勘察、设计单位未按照工程建设强制性标准进行勘察、设计，造成工程质量安全事故的，依法责令停业整顿，情节严重的依法降低资质等级或吊销资质证书。

（二）强化现场施工管理。施工单位要严格按照投标承诺派驻现场技术和管理人员，全面落实设计方案中提出的专项质量安全措施。要认真执行专项安全施工方案编制与审查制度，加强对危险性较大分部分项工程的技术管理，凡是未编制专项方案或方案未通过审批的，一律不得组织施工。要建立健全工程质量安全隐患排查、风险分析、事故预警和应急救援等制度，加强对工程项目开工安全条件和施工过程分阶段的自查自评，对发现的问题和隐患，要定人员、定时间、定措施组织整改。

（三）充分发挥监理单位的过程控制作用。建设工程监理实行总监理工程师负责制，项目总监依法对工程质量安全承担监理责任。要认真审查进场单位资质和人员资格，严格审核施工组织设计和专项施工方案并监督实施。要加强施工现场巡查，发现问题须及时制止，制止无效时及时报告建设单位，由建设单位负责报告质量安全监督机构。因监理责任导致工程质量安全事故的，责令限期整改，整改期间暂停企业和项目总监承接新的工程。

（四）确保中介机构的工作质量。工程检测和施工图审查等中介服务机构应当依法开展服务，承担对应业务的工程质量安全责任。对编制虚假检测报告、检测结果失准、施工图审查意见重大失误和弄虚作假的中介服务机构，暂停其承接新的业务；情节严重的，降低或者吊销单位资质并依法对相关技术人员执业资格作出处理。

（五）切实加强材料设备进场管理。各地要实施伪劣建材曝光退市制度，对生产和提供不合格及假冒伪劣建材的，禁止其产品在本地使用。规范设备租赁市场，认真执行建筑起重机械产权备案、安装拆卸告知、使用登记和淘汰报废制度，对达不到安全性能要求或国家明令淘汰的建筑起重机械，要坚决停用并清出施工现场。坚持“谁采购谁负责、谁验收谁负责”的原则，严格执行见证取样制度，严禁使用未经检测或者经检测质量不合格的建筑材料。

（六）严格现场带班值班管理。建设单位项目负责人、施工单位项目负责人和监理单位总监理工程师应当在施工现场值守带班，工程质量安全专职管理人员要现场盯守。节假日期间，建设、施工和监理等单位领导班子成员要带队对施工现场进行巡查。上述人员擅离职守的，依法给予规定上限的经济处罚。

五、全面加强工程质量安全监管

（一）依法规范各类园区工程质量安全管理。开发区、工业园区、高新区等经济功能区的各类建设活动，要依法纳入县级以上建设行政主管部门的统一监管。凡是实行封闭管理、超越权限办理建设工程审批事项，以及逃避监管或阻挠建设行政执法的，由设区的市人民政府责令改正；拒不改正或改正不力的，依法严肃追究有关责任人的责任。

（二）切实加强监管体系建设。各级人民政府要健全建设工程质量安全监督体系，根据本地建设工程规模，保证质量安全监督机构专业技术人员配备和工作经费，并为监督检查人员提供必要的安全保障。省建设行政主管部门要制定完善建设工程质量安全监督机构工作规范和考核办法，建立层级监督考核指导工作机制。

（三）努力提高监管水平。全面推行“网格化”监管，按照“属地管理”与“分级管理”相结合的原则，实行分片包干、责任到人，确保把所有建设工程纳入质量安全监管范围。积极推行“差别化”管理，加大巡查抽查力度，对低资质企业、重大项目、技术复杂工程和隐患较多的施工现场进行重点监控。各地要建立工程质量安全信息化监管平台，强化对工程建设关键环节、现场信息和险情预兆的监控，完善应急处置机制。

（四）严格挂牌督办制度。对日常监督检查、受理社会投诉发现的重大质量安全隐患，要实行挂牌督办制度，监督机构要派出监督人员现场督促整改，隐患不消除监督人员不得撤离现场。对上级部门下达的停工整改指令以及对质量安全事故的查处，要实行层级督办制度，当地建设行政主管部门要及时将整改落实和结案情况报告上级主管部门。

（五）严肃事故查处。各级建设行政主管部门要严格履行法定职责，依法组织或参与建设工程质量安全事故调查处理工作，在查清事故原因的基础上，提出对责任单位和责任人的处理意见，并负责落实对建设类企业资质和从业人员资格的处罚。建设过程中凡发生死亡事故的，一律依法暂扣施工单位安全生产许可证，直至调查处理结案后再按照结案报告落实处罚；对负有责任的相关企业，一年内不予受理资质升级、资质增项等行政许可申请；对负有责任的注册执业人员，责令停止执业 1 年以上，情节严重的，依法吊销注册执业证书；负有责任的企业主要负责人、技术负责人、项目负责人、专职安全管理人员等，依法吊销安全生产考核合格证书，5 年内不予考核，情节严重的，终身不予考核。

六、加快推进长效机制制度建设

（一）完善教育培训制度。要建立政府、部门、行业和企业多层次的教育培训体系，制定完善教育培训考核办法，加强对施工单位企业主要负责人、项目负责人、专职安全管理人员、特种作业人员以及监理人员、注册执业人员的教育培训，严格实行持证上岗。按照政府支持、市场运作、企业为主的原则，加快建筑行业农民工培训步伐，督促施工单位落实三级安全培训、岗前安全教育等制度，切实做到先培训、后上岗。

（二）完善动态监管机制。严格建筑市场准入清出制度，对本地企业和从业人员，要加强资质资格许可后的动态监管，对降低工程质量安全生产条件、施工现场管理混乱的，一律依法暂扣有关资质资格证书并限期整改，整改达不到标准条件的，清出建筑市场；对外埠企业和从业人员，要实行严格的质量安全业绩考核制度，加强对企业质量安全保证体系运行情况和个人执业情况的动态监控，对业绩不良的及时清出当地建筑市场，并报告上级主管部门。

（三）健全激励约束机制。继续组织开展“鲁班奖”、“国优”、“市政金杯”、“泰山杯”、“优质结构”、安全文明工地、安全质量标准化示范工地等创建活动和工程质量施工安全管理“十佳企业”评选活动，落实优质优价政策。凡是发生质量安全事故或者施工现场管理混乱、质量安全隐患较多的工程项目和参建单位，不得评优，已经获得荣誉称号的要予以撤销。

（四）坚持科技兴安。要组织科研机构、高等院校、大型施工和监理企业，积极开展工程质量安全科技攻关，大力推广节能、节材、节地、环保等先进适用的新技术、新工艺、新材料、新设备。加快推行施工现场安装远程视频监控系统和起重机械安全保险电子集成系统；加强工程建设技术标准体系建设，不断完善企业工法管理制度，积极申报省级和国家级工法，提高企业的技术素质和管理水平。

（五）加快诚信体系建设。各级、各部门要加强协作，进一步完善建筑市场主体信息数据库，逐步实现部门之间、上下级之间的互联互通，通过信息平台定期公布建设工程履行法定程序情况，及时通报工程质量安全事故及查处信息，公开曝光肢解发包、层层转包、违法分包、使用劣质建材等涉及工程质量安全的违法违规行为，制止工程质量安全的不良行为，实现管理协同、信息共享、执法联动。

山东省人民政府办公厅
二〇一一年十二月五日

山东省物价局、山东省住房和城乡建设厅关于印发《山东省住宅物业服务收费管理办法》的通知

鲁价综发〔2011〕185号

各市物价局、住房城乡建委（建设局）、房管局、市政公用局、城管执法局：

为进一步规范住宅物业服务收费行为，维护业主、物业使用人、物业服务企业、其他管理人的合法权益，根据《中华人民共和国价格法》、《山东省物业管理条例》等法律、法规，结合我省实际，制定《山东省住宅物业服务收费管理办法》，现印发给你们，请认真贯彻执行。

附件：山东省住宅物业服务收费管理办法

山东省物价局　山东省住房和城乡建设厅
二〇一一年十一月九日

山东省住宅物业服务收费管理办法

第一条　为规范住宅物业服务收费行为，维护业主、物业使用人、物业服务企业的合法权益，根据《中华人民共和国价格法》、《山东省物业管理条例》等法律、法规，结合本省实际，制定本办法。

第二条　本办法适用于本省行政区域内住宅物业服务收费及监督管理。

第三条　本办法所称住宅物业服务收费，是指物业服务企业按照物业服务合同的约定，对住宅小区内的房屋及配套的设施设备和相关场地进行维修、养护、管理，维护物业管理区域内的环境卫生和相关秩序，向业主或者物业使用人收取的费用。

第四条　提倡业主通过公开、公平、公正的

市场竞争机制选择物业服务企业，鼓励物业服务企业开展正当的价格竞争，禁止价格欺诈，促进物业服务收费通过市场形成。

第五条 住宅物业服务收费应当遵循合理、公开以及收费与服务水平相适应的原则。

第六条 省价格主管部门会同省住房城乡建设主管部门负责全省住宅物业服务收费的监督管理工作。

设区的市、县（市、区）人民政府价格主管部门会同同级房地产管理部门或者建设行政主管部门（以下统称物业主管部门）按照价格管理权限，负责本行政区域内住宅物业服务收费监督管理工作。

第七条 住宅物业服务收费根据住宅的种类、特点及物业服务阶段，分别实行政府指导价和市场调节价。

普通住宅前期物业服务费、停车服务费实行政府指导价，由设区的市、县（市、区）人民政府价格主管部门会同同级物业主管部门制定在本地区执行的基准价及浮动幅度，报同级人民政府批准并每年向社会公布。具体收费标准，由建设单位与前期物业服务企业在规定的基准价和浮动幅度内约定。

非普通住宅以及业主委员会成立后的普通住宅物业服务收费实行市场调节价，由业主大会或全体业主与物业服务企业约定。

第八条 普通住宅前期物业服务费根据物业服务的等级、服务质量、服务成本等因素，实行分等级定价。

物业服务等级标准由设区的市物业主管部门会同同级价格主管部门制定并公布。

第九条 普通住宅物业服务成本包括：

（一）管理服务人员的工资、社会保险和按规定提取的福利费等；

（二）物业共用部位、共用设施设备的日常运行、维护、检测费用；

（三）物业管理区域清洁卫生费用；

（四）物业管理区域绿化养护费用；

（五）物业管理区域秩序维护、安全防范费用；

（六）办公费用；

（七）物业服务企业的固定资产折旧；

（八）物业共用部位、共用设施设备及公众责任保险费用；

（九）经业主同意的其它费用。

物业共用部位、共用设施设备的维修、更新和改造费用，应当通过专项维修资金予以列支，不得计入物业服务支出或者物业服务成本。

供水二次加压设备运行电费由供水单位承担，不得列入物业服务成本。

第十条 物业服务合同应当约定物业服务等级、服务内容、收费标准、收费方式及收费起始时间、合同终止情形等内容。涉及物业买受人共同利益的，其约定应当一致。

建设单位与物业买受人签订的房屋买卖合同应当包含上述物业服务合同内容。

前期物业管理住宅小区，因开发建设单位分期开发、分批交付使用的原因，造成小区配套设施和绿化环境等未能达到购房合同约定标准的，物业服务收费应当适当减免，差额部分由建设单位补偿物业服务企业。

第十一条 业主或者物业使用人应当自物业交付之日起按月交纳物业服务费。已纳入物业服务范围但物业尚未交付业主或者物业使用人的，物业服务费用由开发建设单位交纳。

业主或者物业使用人无正当理由拖延办理交付手续的，物业服务费从建设单位书面通知业主或物业使用人办理交付手续之日起按月计收。

物业服务合同有约定的，物业服务费可以预收，预收时间一般不超过半年。

第十二条 物业服务费按法定房屋产权面积（不含与住宅配套的储藏室面积）计收。

改变设计用途用于经营的房屋、车库、储藏室按相应的经营性用房物业服务费标准收取。

第十三条 房屋交付后空置一年以上的，其物业服务费按实际运行费用适当减收，合同另有约定的，从其约定。

第十四条 车位租赁费实行政府指导价，由设区的市、县（市、区）人民政府价格主管部门会同同级物业主管部门制定在本地区执行的基准价及浮动幅度，报同级人民政府批准。具体收费标准由承租人与建设单位在规定的基准价和浮动幅度内约定。

第十五条 物业管理区域内业主共有车库内的车位使用人应当交纳停车服务费。

停车服务费包括车库、车位的设施设备运行及维护、保洁、秩序维护、购买公众责任保险等发生的费用。

业主或者物业使用人对汽车或非机动车辆有看管要求的，应当与物业服务企业另行约定。

已购买车位但未停放车辆的，停车服务费应当适当减收。

第十六条 占用物业管理区域内业主共有道路或者其他场地停放汽车的，应当交纳车位场地使用费，收费标准由业主大会确定，所收费用属全体业主共有。

第十七条 物业服务企业对车辆实行出入证管理的，应当为业主或物业使用人免费配置出入证。因遗失、损坏需要补办的，可以适当收取工本费。

第十八条 物业服务企业不得向进入物业管理区域内为业主或者物业使用人配送、维修、安装、执行公务等车辆收取停车费用。

除前款规定以外的其他外来车辆，停放超过2个小时的，可以收取一定费用。

第十九条 供水、供气、供电、供暖等专业经营单位应当按照与业主签订的服务合同，向最终用户收取费用。

物业服务企业接受专业经营单位及环卫管理单位委托代收费用的，不得向业主收取手续费等额外费用，但可以根据约定向专业经营单位及环卫管理单位收取报酬。

专业经营单位及环卫管理单位不得强制物业服务企业代收费用，不得因物业服务企业拒绝代收有关费用而停止向最终用户提供服务。

第二十条 业主或者物业使用人对其物业进行室内装修产生的建筑垃圾，应当按照物业服务企业或者社区居民委员会指定的地点堆放，并承担清运费用，具体收费标准由双方协商确定。

第二十一条 物业服务企业应当加强价格自律，遵守价格法律、法规、政策，严格履行物业服务合同，服务标准与收费标准应当质价相符。

第二十二条 物业服务企业应当在物业管理区域内显著位置公示服务企业名称、服务内容、服务标准、计费方式、计费起始时间、服务项目、收费标准以及收费依据、12358价格举报电话等，接受业主的监督，不得向业主或者物业使用人收取任何未予标明的费用。

第二十三条 物业服务企业应当定期在物业管理区域显著位置公告共有部分收益的收支账目。

第二十四条 物业服务企业违反规定以及物业服务合同，擅自扩大收费范围、提高收费标准、重复收费的，业主或者物业使用人有权拒绝缴纳。

物业服务企业依约履行义务的，业主或者物业使用人应当按时足额交纳物业服务费，不得以任何理由拒绝交纳。业主拒不缴纳的，物业服务企业可依法追缴。

物业产权转移时，业主或者物业使用人应当结清物业服务费。

第二十五条 政府价格主管部门对物业服务实行成本监审制度和价格监测制度。物业服务企业应当按照政府价格主管部门的要求，如实反映情况，提供必要的资料。

第二十六条 政府价格主管部门应当加强对物业服务收费的监督检查。物业服务企业有下列行为之一的，由价格主管部门依据《价格法》、

《价格违法行为行政处罚规定》等法律、法规予以处罚：

（一）超出政府指导价浮动幅度制定收费标准的；

（二）低于服务等级要求提供服务并收费的；

（三）采取分解收费项目、重复收费、扩大收费范围等方式变相提高收费标准的；

（四）强制服务并收费的；

（五）不按规定实行明码标价的；

（六）其他违反价格法律、法规规定的行为。

第二十七条 价格主管部门、物业主管部门未按照《价格法》、《山东省物业管理条例》和本办法管理和监督物业服务的，由上级价格主管部门、物业主管部门予以纠正，并依法追究有关人员责任。

第二十八条 本办法实施前已签订物业服务合同尚未到期的，物业服务及其收费标准等仍按原合同约定执行，合同到期后按本办法规定执行。

第二十九条 其他管理人的物业服务收费可参照本规定执行。

第三十条 各设区市应结合当地实际制定具体实施办法，并报省物价局、省住房城乡建设厅备案。

第三十一条 本办法自2012年1月1日起施行5年。《山东省物价局、山东省建设厅关于印发〈山东省物业服务收费管理实施办法〉的通知》（鲁价费发〔2004〕205号）同时废止。

关于加强建设项目选址规划管理的通知

鲁建发〔2011〕2号

各市规划局：

为进一步规范建设项目选址意见审查审批管理工作，保障城乡规划实施，依据《中华人民共和国城乡规划法》、《国务院关于加强城乡规划监督管理的通知》等有关法律、法规和规定，现将建设项目选址规划管理有关问题通知如下：

一、建设项目选址的规划管理原则

建设项目选址规划管理工作应当遵循科学规划、合理布局、保护耕地、节约土地、集约用地的原则，促进资源、能源节约和综合利用，保护自然资源和历史文化遗产，防止污染和其他公害，并符合国防建设、防灾减灾和公共卫生、公共安全的需要。

在本省行政区域内新建、扩建和改建各类建设项目（以下简称建设项目），建设单位或者个人（以下简称申请人）申请建设项目选址，城乡规划行政主管部门对建设项目选址进行规划许可，应当遵守本通知。

二、建设项目选址的规划管理

（一）省城乡规划行政主管部门负责全省建设项目选址规划管理工作。

设区的市、县（市）城乡规划行政主管部门负责本行政区域内建设项目选址规划管理工作。

（二）按照国家规定需要有关部门批准或者核准的建设项目，申请人应当持建设项目的有关批复文件向城乡规划行政主管部门申请核发《建设项目选址意见书》。

（三）城乡规划行政主管部门依据有关法律、

法规和经批准的城乡规划，对申请人提出的选址申请进行审查，依法确定是否核发《建设项目选址意见书》。

(四)《建设项目选址意见书》的核发实行分级管理：

国务院、省人民政府有关部门批准或者核准的建设项目，由项目所在地县级以上城乡规划行政主管部门提出审查意见，逐级报省城乡规划行政主管部门核发《建设项目选址意见书》。

设区的市人民政府有关部门批准或者核准的建设项目，由项目所在地县（市）城乡规划行政主管部门提出审查意见，报设区的市城乡规划行政主管部门核发《建设项目选址意见书》。

县（市）人民政府有关部门批准或者核准的建设项目，由县（市）城乡规划行政主管部门核发《建设项目选址意见书》。

三、申请《建设项目选址意见书》需提报的材料

（一）申请人申请核发《建设项目选址意见书》，应当提交如下材料：

1. 建设项目选址意见书申报表

申请人应当按要求填写建设项目基本情况、拟选址意见，准确表述建设项目拟选址位置和用地范围。

项目所在地县级以上城乡规划行政主管部门应当按要求填写审查意见，说明建设项目拟选址是否符合城乡规划，是否同意该建设项目选址。

2. 有关城乡规划材料

法定城乡规划的相关图纸、文本及批准文件。

标明拟选址位置、用地边界（坐标）的现状地形图（比例尺为1：500～1：5000，线性基础设施图纸比例根据项目具体情况确定）。

3. 有关支持性文件

国务院及有关部委、省政府及省发展改革、国土、环保、水利等有关部门的支持性文件。

项目可行性研究报告或者申请报告。

4. 需编制建设项目选址论证报告的建设项目还应当提交建设项目选址论证报告。

5. 需报上一级城乡规划行政主管部门核发《建设项目选址意见书》的，建设项目所在地县级以上城乡规划行政主管部门应当出具关于该建设项目规划选址的请示文件，并在相关图纸上加盖公章。

6. 法律、法规等规定的其他材料。

（二）申请人申请核发《建设项目选址意见书》，应当提交材料份数：

1. 国务院有关部门批准或者核准的建设项目，一式5份。

2. 省人民政府有关部门批准或者核准的建设项目，一式4份。

3. 设区的市人民政府有关部门批准或者核准的建设项目，一式3份。

4. 县（市）人民政府有关部门批准或者核准的建设项目，一式2份。

（三）申请人对所有申报材料内容的真实性负责。

四、建设项目选址的规划审核

（一）城乡规划行政主管部门收到规划选址申请后，经初审，符合规定的，应当受理；材料不全的，应当一次性告知申请人需要补正的有关材料；不符合规定的，不予受理。

（二）城乡规划行政主管部门依据下列条件对选址申请材料进行审查：

1. 是否符合国家法律、法规和相关政策；

2. 是否符合城乡规划；

3. 是否对自然和历史文化遗产保护造成不利影响；

4. 是否对公共利益和直接关系人的合法权益造成不利影响。

（三）建设项目拟选址不符合法定城乡规划的，不得做出规划许可。

（四）法定城乡规划没有涵盖的建设项目（如跨区域的重大基础设施建设项目以及因公共利益确需进行建设的项目等），应当编制建设项目选址论证报告。

（五）建设项目选址论证报告应当委托具有相应城市规划编制资质的单位编制。

建设项目选址论证报告应当符合有关城乡规划技术规定。

（六）对编制选址论证报告的建设项目，城乡规划行政主管部门应当对选址论证报告组织评审。评审通过的，方可核发《建设项目选址意见书》。

（七）城乡规划行政主管部门在核发《建设项目选址意见书》前，应当在网站、报刊等媒体上对项目名称、申请人名称、项目基本情况、选址方案等进行公示，公示期不少于7日。

五、《建设项目选址意见书》的有效时限

（一）《建设项目选址意见书》自核发之日起，有效期为1年。

（二）有效期内未取得建设项目批准或者核准文件的，申请人可以在《建设项目选址意见书》有效期届满30日前向原核发机关申请延期。原核发机关应依法作出是否准予延期的决定。同意延期的，延长期限最长为1年。

（三）《建设项目选址意见书》有效期届满后，申请人未申请延期或者延期后在有效期间仍未取得建设项目批准或者核准文件的，《建设项目选址意见书》作废。

山东省住房和城乡建设厅

二〇一一年三月二十九日

关于印发《山东省国有土地上房屋征收补偿房地产价格评估机构选定办法》等的通知

鲁建发〔2011〕9号

各市人民政府，各县（市、区）人民政府，省政府各部门、各直属机构，各大企业，各高等院校：

《山东省国有土地上房屋征收补偿房地产价格评估机构选定办法》、《山东省国有土地上房屋征收停产停业损失补偿办法》和《山东省国有土地上个人住宅房屋征收优先住房保障办法》已经省政府同意，现印发给你们，请认真贯彻执行。各地在执行过程中遇到的问题和贯彻落实情况及时报省住房城乡建设厅。

山东省住房和城乡建设厅

二〇一一年七月四日

山东省国有土地上房屋征收补偿房地产价格评估机构选定办法

第一条 为了规范国有土地上房屋征收补偿房地产价格评估机构选定活动，根据《国有土地上房屋征收与补偿条例》的规定，结合本省实际，制定本办法。

第二条 在本省行政区域内，选定国有土地上房屋征收补偿房地产价格评估机构，适用本办法。

第三条 省住房城乡建设行政主管部门负责全省房屋征收补偿房地产价格评估机构选定的监督管理工作。

设区的市、县（市）房屋征收部门负责本行政区域内房屋征收补偿房地产价格评估机构选定的监督管理工作。

第四条 国有土地上房屋征收补偿房地产价格评估机构的选定，应尊重被征收人意愿，遵循程序正当、公开透明的原则。

第五条 市、县房屋征收部门应当会同房地产价格评估主管部门每年推荐一批社会信誉好、综合实力强、具有三级资质（含）以上的房地产价格评估机构名单供被征收人选择，但不得限制其他符合条件的房地产价格评估机构承揽评估业务。

第六条 房屋征收范围确定后，房屋征收部门应当将拟征收项目的名称、范围、房地产价格评估机构选定方式等相关事项在征收范围内予以公告，并告知被征收人有协商选定房地产价格评估机构的权力。被征收人协商选定房地产价格评估机构的期限为15日。

房地产价格评估机构可以由被征收房屋所在地街道、居委会组织被征收人协商选择。

第七条 被征收人在公告协商期内协商不成的，房屋征收部门可组织采取逐户征询或者集中投票的方式，按照多数决定的原则选定房地产价格评估机构。逐户征询或者集中投票应当以书面形式进行。

第八条 参与投票的被征收人占被征收人总人数比例过小的，房屋征收部门可以通过抽签、摇号等形式在公布的房地产价格评估机构名单中随机选定房地产价格评估机构。

第九条 采取集中投票、抽签或者摇号等方式确定房地产价格评估机构时，房屋征收部门应当邀请被征收人、街道办事处、社区居委会代表等进行现场监督。

第十条 房地产价格评估机构确定后，房屋征收部门应当将房地产价格评估机构名单在征收范围内公告。同时书面告知被选定的房地产价格评估机构，并与其签订书面房屋征收评估委托合同。

第十一条 设区的市房屋征收部门可以结合本地实际，制定国有土地上房屋征收补偿房地产价格评估机构选定具体办法。

第十二条 本办法自印发之日起施行。

山东省国有土地上房屋征收停产停业损失补偿办法

第一条 为了规范国有土地上房屋征收停产停业损失补偿活动，根据《国有土地上房屋征收与补偿条例》的规定，结合本省实际，制定本办法。

第二条 在本省行政区域内，对因征收国有土地上的房屋造成被征收人停产停业损失给予补偿的，适用本办法。

第三条 停产停业损失补偿工作，应当遵循公平、公正、公开、合理的原则。

第四条 给予征收房屋停产停业损失补偿，应当符合下列条件：

（一）房屋权属证书和房屋登记簿记载的房屋用途为生产、经营用房等非住宅用途；

（二）具有合法的营业执照、税务登记证并有近期纳税记录；

（三）房屋权属证书和房屋登记簿、营业执照、税务登记证注明的营业地点相一致。

第五条 被征收人选择货币补偿的，可以给予一次性停产停业损失补偿，具体标准应在补偿方案中合理确定。

第六条 被征收人选择产权调换的，停产停业损失补偿应当根据房屋征收前的效益、停产停业期限等因素确定。

停产停业损失补偿金额可以由征收当事人协商确定；协商不成的，可以委托房地产价格评估机构评估确定。

第七条 在规定的过渡期限内，房屋征收部门为被征收人提供非住宅临时安置用房的，不需支付停产停业损失补偿。

第八条 设区的市人民政府应当根据本地实际，合理确定停产停业损失补偿标准，并适时进行调整。

第九条 本办法自公布之日起施行。

山东省国有土地上个人住宅房屋征收优先住房保障办法

第一条 根据《国有土地上房屋征收与补偿条例》和国家住房保障有关规定，结合本省实际，制定本办法。

第二条 在本省行政区域内，给予国有土地上住宅房屋征收被征收人优先住房保障，适用本办法。

第三条 国有土地上个人住宅房屋征收给予优先住房保障，应当尊重被征收人意愿，遵循公开、公平、优先的原则。

第四条 征收个人住宅，被征收人既符合申请廉租房、公共租赁房、经济适用房、限价商品房等保障住房条件，也符合享受最低套型面积补偿条件的，市、县级房屋征收部门要征求被征收人意见，由被征收人选择最低套型面积补偿或者住房保障方式。

第五条 被征收人选择住房保障方式的，被征收人住房保障的申请、审核、公示、配租（配售）和后期管理，按照所在市、县住房保障有关规定执行。经申请、审核、公示，符合条件的，直接配租（配售）保障性住房，不再等待轮候。

第六条 设区的市人民政府可以结合本地实际，制定国有土地上个人住宅房屋征收被征收人优先住房保障办法。

第七条 本办法自印发之日起实施。

关于印发《山东省建设工程勘察质量管理办法》的通知

鲁建发〔2011〕14号

各市住房和城乡建委（建设局）、省直有关部门：

根据《山东省建设工程勘察设计管理条例》（2010年12月1日实施）和《建设工程勘察质量管理办法》（建设部令第163号）的规定，为加强我省建设工程勘察质量的管理，我们制定了《山东省建设工程勘察质量管理办法》，现印发给你们，望认真贯彻执行。

山东省住房和城乡建设厅

二〇一一年九月十九日

山东省建设工程勘察质量管理办法

第一章 总 则

第一条 为了加强对建设工程勘察质量的管理，保证建设工程质量，根据《山东省建设工程勘察设计管理条例》和《建设工程勘察质量管理办法》，结合我省实际，制定本办法。

第二条 凡在本省行政区域内从事建设工程勘察活动和实施对工程勘察活动监督管理的，均须遵守本办法。

本办法所称建设工程勘察，是指根据建设工程的要求，查明、分析、评价建设场地的地质地理环境特征和岩土工程条件，编制建设工程勘察文件的活动。

第三条 省住房和城乡建设行政主管部门对全省的建设工程勘察质量实施统一的监督管理。

设区的市、县（市）住房和城乡建设行政主管部门对本行政区域内的建设工程勘察质量实施监督管理。

第四条 鼓励工程勘察企业进行质量体系认证，确保质量管理体系有效正常运行。

鼓励工程勘察企业积极引进应用新技术新方法，开展与科研机构及高等院校等的合作，争创优质工程。

第二章 质量责任和义务

第五条 建设工程必须坚持“先勘察、后设计、再施工”的原则。建设单位应当为勘察工作提供必要的现场工作条件，保证合理的勘察工期，提供真实可靠的原始资料。

建设单位应当严格执行国家收费标准，不得迫使工程勘察企业以低于成本的价格承揽任务，并应在合同约定的范围内及时支付勘察工程款。

第六条 建设单位不得将未经审查或审查不合格的勘察文件交设计单位使用。

工程勘察企业应当督促建设单位及时办理勘察审查手续。

第七条 工程勘察企业必须依法取得工程勘察资质证书，并在资质许可的范围内承揽勘察业务。

工程勘察企业不得超越其资质等级许可的业务范围或者以其他勘察企业的名义承揽勘察业务；不得允许其他企业或者个人以本企业的名义承揽勘察业务；不得转包或者违法分包所承揽的勘察业务。

第八条 工程勘察企业应建立健全勘察质量管理体系和质量责任制度。按照有关建设工程质量的法律、法规、工程建设强制性标准和勘察合同进行勘察工作，并对勘察质量负责。

第九条 工程勘察单位应当根据任务要求、勘察阶段、岩土工程条件等情况，对勘察策划、现场作业、室内试验和勘察文件编制实施全过程质量控制。

第十条 勘察策划质量控制内容：

（一）明确勘察任务、技术要求及工程类别，并按勘察合同、委托任务书及相关规范、规程的要求进行勘察工作。

（二）勘察单位应当组织有关人员做好现场踏勘、调查，按照要求编写勘察纲要。

（三）勘察纲要应按勘察企业内部质量保证体系的规定程序经相关责任人签字，并报住房和城乡建设行政主管部门认可的工程勘察质量监督机构或施工图审查机构确认后实施。

第十一条 现场作业质量控制内容：

（一）钻机须由住房和城乡建设行政主管部门进行挂牌管理后方可承接工程勘察钻探任务。

（二）现场勘探作业应严格按照勘察纲要及有关操作规程的要求开展，并留下印证记录。现场编录须跟班作业，无人编录时不得钻探。

（三）勘探原始记录应在勘察过程中及时整理、核对，确保取样、记录的真实和准确，严禁离开现场追记或者补记。

（四）每个钻孔应保存土芯和岩芯照片资料，并标注工程名称及钻孔编号。土芯和岩芯照片应作为原始记录的附件归档保存。

（五）鼓励原位测试工作使用计算机采集系统。与钻探孔并行的原位测试应按有关操作规程进行。

各种原位测试均应在现场按照有关标准绘制相关曲线，并及时分析和处理。

（六）原始资料取得的方法、手段应当正确、合理，所有原始资料均应保持其原始面貌，严禁涂抹和重色覆盖，严禁用重抄的资料代替原始资料。

（七）原始记录表格应按要求认真填写，经有关作业人员检查、签字，并应加盖个人从业资格印章。

（八）项目负责人应始终在作业现场进行指导、督促和检查，并对各项作业资料检查、验收、签字。

第十二条 室内试验质量控制内容：

（一）土工试验室必须取得省住房和城乡建设行政主管部门颁发的土工试验室认证证书，并在认证的范围内开展工作。

（二）鼓励土工试验数据处理和成果分析采用土工试验软件。

（三）试验原始资料是试验结果的记实，应具有真实性、可靠性和可追溯性，不允许随意更改、删减。数据写错需要划改时，用两条平行线将原数据划掉，然后将正确数据另写在上方，并在其上加盖印章。废除数据应保持能看清字迹，严禁就字改字、涂抹和用重抄的资料代替。

（四）所有土工试验原始资料均应注明工程名称或编号、试样编号、试验日期，并有试验者和校核者的签名。

（五）所有土工试验原始资料和成果应经有关作业人员检查、签字，并应加盖个人从业资格印章和土工试验室认证证章。

第十三条 勘察文件编制质量控制内容：

（一）工程勘察资料、图表、报告等文件要依据工程类别，按照有关规定执行三检两审制度，即自检、互检、工程负责人检和主任工程师审、总工审，并由责任人签字。

（二）工程勘察成果资料应齐全、可靠，并应进行正确合理的岩土工程分析评价，对存在的岩土工程问题提出建议，满足国家有关法律、法规、技术标准和工程建设对勘察的要求。

（三）勘察报告应当采用计算机辅助编制，应用计算机出图率：甲级资质单位应达到100%，乙级资质单位应达到80%以上。

（四）工程勘察企业的法定代表人、项目负责人、审核人、审定人等相关人员，应当在勘察文件上签字或者盖章。

（五）勘察报告应加盖山东省工程勘察资质证章，勘察报告中的土工试验成果应加盖土工试验室认证证章和个人从业资格印章。

分项委托的原位测试项目应提出专项成果报告，由责任人签署，并加盖相应资质印章。

第十四条 工程勘察企业应拒绝用户提出的违反国家有关规定的不合理要求，有权提出保证工程勘察质量所必需的现场工作条件和合理工期。

工程勘察企业应参与施工验槽，及时解决工程设计和施工中与勘察工作有关的问题。

工程勘察企业应参与建设工程质量事故的分析，并对因勘察原因造成的质量事故，提出相应的技术处理方案。

第十五条 工程勘察项目负责人、审核人、审定人及有关技术人员应具有相应的技术职称或者注册资格。

相关人员应对勘察质量负相应终身质量责任：

（一）工程勘察企业法定代表人对本企业勘

察质量全面负责;

(二)项目负责人对项目的勘察文件负主要质量责任;

(三)项目审核人(或专业总工)、审定人(或总工)对其审核、审定项目的勘察文件负审核、审定的质量责任。

(四)司钻、记录员对钻探原始资料负质量责任;

(五)测试和土工试验人员分别对测试、试验原始资料和相关成果负质量责任。

第十六条 工程勘察企业应加强职工技术培训和职业道德教育,提高勘察人员的质量责任意识。

第十七条 工程勘察企业应加强技术档案的管理工作。工程项目完成后,必须将全部资料分类编目,装订成册,归档保存。

第三章 监督管理

第十八条 实行工程勘察监督检查和质量审查制度。

第十九条 山东省建设工程勘察质量监督站是实施全省工程勘察质量监督的专职机构,受省住房和城乡建设行政主管部门的委托,负责以下全省勘察质量监督日常工作:

(一)负责全省建设工程勘察质量监督和认定工作。

(二)指导全省建设工程勘察质量监督部门开展工程勘察质量监督工作。

(三)负责工程勘察新技术、新工艺的鉴定与推广。

(四)负责工程勘察质量争议的仲裁检验。

(五)负责实施土工试验仪器的检定工作。

(六)负责建筑边坡与深基坑工程设计方案评审工作。

第二十条 住房和城乡建设行政主管部门或其委托的勘察质量监督机构在履行工程勘察监督检查职责时,有权采取以下措施:

(一)要求被监督检查的单位提供有关工程勘察质量管理方面的文件、建设单位勘察任务委托书(包括勘察技术要求)、中标通知书(指投标工程)、勘察合同、勘察纲要、勘察报告(含文字报告、图纸图表、原始资料等)。

(二)到被检查单位的作业现场进行检查,检查内容包括:勘察过程中使用的设备、仪器、工具、材料,作业方法和作业程序,原始记录等。

(三)发现有影响勘察质量的问题时,责令其改正,并可下发整改通知书。

第二十一条 住房和城乡建设行政主管部门或其委托的勘察质量监督机构应对工程勘察企业质量管理程序的实施、试验室是否符合标准等情况进行检查,并将检查结果与企业资质动态管理挂钩,定期向社会公布检查和处理结果。

第二十二条 工程勘察企业须自觉接受住房和城乡建设行政主管部门或其委托的勘察质量监督机构的监督检查,并应按监督检查的需要无偿提供检验样品。拒绝监督检查的,其成果按“不合格”处理。

第二十三条 工程勘察文件应经施工图设计文件审查机构(以下简称审查机构)对工程勘察文件进行审查。

审查机构应当履行下列职责:

(一)监督检查工程勘察企业有关质量管理文件、文字报告、计算书、图纸图表和原始资料等是否符合有关规定和标准。

(二)发现勘察质量问题,及时报告有关部门依法处理。

第二十四条 审查机构对勘察审查工作负责,承担审查责任。

勘察文件经审查合格后,仍有违反法律、法规和工程建设强制性标准的问题,给建设单位造成损失的,审查机构依法承担相应的赔偿责任。

第二十五条 审查机构应当建立、健全内部管理制度。勘察审查应当有经专业审查人员签字的审查记录，审查记录、审查合格书等有关资料应当归档保存。

第二十六条 建设工程勘察质量审查实行分级管理。国家及省重点工程、生命线工程和工程设计等级为大型的勘察项目、一级边坡和一级基坑工程，由工程所在地施工图审查机构转报省建设工程勘察质量监督站，由其委托具有相应资格的勘察审查机构进行审查；其它工程项目的工程勘察由项目所在地的施工图审查机构进行审查。

第二十七条 对工程勘察钻机实行挂牌管理制度。钻机挂牌应符合《山东省钻机挂牌管理办法》的规定。

第二十八条 对土工试验室实行等级认证管理制度。试验室认证应符合《山东省土工试验室资质等级标准》的规定，相关仪器设备应进行检定。

第二十九条 实施勘察现场旁站监督、监理制度。

建设单位应委托具有勘察监理资格的单位对勘察现场作业进行监理。

勘察质量监督审查机构或勘察质量委员会应派人到现场督查工作质量。

第三十条 对观测员、试验员、记录员、司钻（机长）等现场作业人员实行从业管理制度。观测员、试验员、记录员、司钻（机长）等现场作业人员应接受专业培训，取得省住房和城乡建设行政主管部门或其委托机构核发的个人从业资格证书和从业印章后方可从事相关业务。

第三十一条 工程勘察发生重大质量、安全事故时，有关单位应按照规定向住房和城乡建设行政主管部门或其委托的勘察质量监督机构报告。

第三十二条 任何单位和个人有权向住房和城乡建设行政主管部门或其委托的勘察质量监督机构检举或投诉工程勘察质量、安全问题。

第三十三条 建设单位和工程勘察企业违反《建设工程勘察设计管理条例》、《建设工程质量管理条例》、《山东省建设工程勘察设计管理条例》、《建筑和市政基础设施工程施工图设计文件审查管理办法》的，由住房和城乡建设行政主管部门按照有关规定给予处罚。

第四章 附则

第三十四条 本办法由省住房和城乡建设行政主管部门负责解释。

第三十五条 本办法自2011年10月1日起施行。

关于积极促进绿色建筑发展的意见

鲁建发〔2011〕19号

各市住房城乡建委（建设局），有关行业主管局，各有关单位：

为贯彻落实《国务院“十二五”节能减排综合性工作方案》及国家、省有关决策部署，加快建设资源节约型、环境友好型社会，积极推进绿色建筑发展，现提出以下意见：

一、充分认识发展绿色建筑的重要性和紧迫性

绿色建筑是指在建筑的全寿命周期内，最大

限度地节约资源（节能、节地、节水、节材）、保护环境和减少污染，为人们提供健康、适用和高效的使用空间，与自然和谐共生的建筑。大力发展绿色建筑，是实现节能减排目标，应对全球气候变化，提升城乡发展质量和效益的重大举措，有利于提高资源能源使用效率，缓解资源能源供需紧张的矛盾；有利于降低社会总能耗，减少污染物排放，确保完成节能减排硬任务；有利于推进住宅产业现代化，提高住宅产业科技含量和产业附加值，加快建筑业和房地产业转型升级；有利于提高建筑空间健康、舒适程度，改善人居环境，实现全面小康目标；有利于在全社会促进形成节约资源、保护环境的生产生活方式和消费模式，加快建设资源节约型、环境友好型社会。各级各有关部门要从全局和战略的高度，充分认识推进绿色建筑发展的重要性和紧迫性，切实把这项工作摆到更加突出的位置，采取更加有力的措施，努力提高绿色建筑发展水平。

二、指导思想、基本原则和主要目标

（一）指导思想

深入贯彻落实科学发展观，建立政府引导、市场运作、全民参与的工作机制，全面推进城乡建设领域“四节一环保”工作，提高建筑品质，改善人居环境，减少资源消耗，实现人、建筑、自然的和谐相处，促进城乡建设发展方式转变，推动资源节约型、环境友好型社会建设。

（二）基本原则

政府引导，市场运作。坚持在政府引导下充分发挥市场配置资源的基础性作用，积极引导鼓励各类要素参与绿色建筑发展，逐步形成全社会关心、重视和支持发展绿色建筑的良好氛围。

质量第一，集约高效。坚持把确保人民群众生命财产安全放在首位，在保证建筑质量和安全的前提下，积极推广应用各种先进高效的绿色建筑技术和产品，不断提升建筑能源资源利用效率。

因地制宜，分类指导。坚持推动绿色建筑发展与各地实际相适应，充分利用各地的气候条件和自然资源，充分尊重当地群众的意愿，以点带面、积极有序地推动绿色建筑发展。

依法推进，规范管理。坚持以法制规范作为推进绿色建筑发展的重要保障，严格执行并不断完善各项法律法规和政策标准，推动发展绿色建筑工作走上制度化、法制化、规范化的轨道。

（三）主要目标

在“十二五”期间，建立完善绿色建筑建设及评价的监管体系、政策法规体系、技术标准体系和咨询服务体系，形成完备有效的绿色建筑发展推广机制；政府投资的项目全部按照绿色建筑标准规划、设计、建设、使用，城市新区、新批经济开发区等内的新建建筑全部满足绿色建筑标准要求，创建一批示范带动作用明显的绿色建筑区域示范；加强社会宣传和知识普及，使绿色建筑理念成为全社会的广泛共识。

三、工作重点

（一）深入推进建筑集约用地。合理确定城镇规模及空间布局，充分考虑土地、水资源、生态基础等承载条件，引导紧凑型城市布局。科学规划和布局城市功能，促进城市居住、就业和公共服务等就近配套，减轻城市交通负荷。提升城市用地尤其是工业园区的土地利用效能，继续推进工业向园区集中、人口向城镇集中、居住向社区集中，促进土地节约集约利用。结合重大基础设施和公共设施布局，合理开发利用城市地下空间，鼓励结合广场、大型建筑和地下通道等，建设地下车库、地下商场等公共配套设施。加强城市新区各类管线布局和建设的综合协调，统筹推进缆线共用沟、管道共用沟的建设，鼓励建设集约式立体停车库。

（二）继续加强建筑节能。严格执行新建建筑节能设计标准，进一步完善建筑节能闭合管理模式，突出抓好工程现场和施工环节监管，认真实施节能信息公示、外墙外保温工程专项施工资质等制度，积极推行民用建筑能效测评标识，不断提高节能标准执行率和工程质量。开展农村节能住宅示范建设，促进引导农村建筑节能工作。认真贯彻落实《山东省人民政府关于推进供热计量改革与既有建筑节能改造的意见》，确保按时保质完成“十二五”期间改造任务。鼓励农村地区结合危旧房改造，提高农村房屋的节能性能。扎实推进供热计量改革，积极开展供热系统节能技改。加快推进可再生能源建筑应用，突出抓好太阳能光热建筑一体化，因地制宜推广地源热泵建筑一体化系统，促进太阳能光伏建筑一体化技术应用。继续抓好国家可再生能源建筑应用工作，积极开展低碳生态示范城市、县、镇和低碳社区（小区）建设试点。加快推进公共建筑节能，积极开展能耗统计、能源审计、能效公示和节能监测系统建设，推行合同能源管理模式进行公共建筑节能改造，认真组织好节约型校园建设。加强城市照明用电管理，积极推广LED照明产品、太阳能路灯和节能自控技术，加快推进城市照明动态智能化。大力发展应用自然通风、建筑外遮阳、节能与结构一体化等技术产品，积极推广高效建筑用能设备。

（三）大力推动建筑节水。新建、改建、扩建的建筑项目应当制定节水措施方案，节水设施应与主体工程同时设计、同时施工、同时投入使用。加快推进“一户一表”工程，积极推进生活用水阶梯式水价和非居民用水超定额累进加价政策。严格执行节水型生活用水器具标准，城市所有新建、改建和扩建的民用建筑，应采用符合节水标准的用水器具。大力推广管网检漏防渗技术，加快漏损管网改造，降低城市供水管网漏损率。积极推广耐旱性树种、节水型植物群落和微灌、滴灌、渗灌等技术，积极发展节水型绿化。开发利用城市雨水、再生水，促进污水资源化利用，推进中水利用系统建设，提倡应用透水路面工程技术。鼓励城市大型公共建筑、居住小区设置雨水收集利用装置，建设区域性中水回用系统。因地制宜规划城市水景，从严控制非自然水源人工水景的建设。

（四）不断深化建筑节材。巩固发展“禁实”成果，加快推进“禁粘”和村镇“禁实”。规范加强新型墙材节能技术产品认定管理，提高产品质量，维护市场秩序。大力推广建筑节能与结构一体化技术和新型结构体系，加快发展以工业废渣、粉煤灰、建筑垃圾、煤矸石和江河淤泥等为原料的新型墙体材料，积极开发各种砌块、轻质板材和高效防火保温材料。加快推进建筑施工工厂化、住宅部品产业化，实施住宅装修一次到位或菜单式装修模式，大力推广预拌砂浆、预拌混凝土、高效钢筋、钢结构及装配式结构施工技术等。积极探索符合我省实际的垃圾分类收集与再生利用机制，提高垃圾处理水平。大力推进建筑垃圾资源化利用，实现施工过程中建筑垃圾减量化和资源化，完善建筑施工中再生资源回收利用体系。

（五）加强建筑环境与安全管理。建立民用建筑场地安全勘察机制，凡放射性指标等严重影响人体健康的危害性指标未达到建筑场地环境安全标准的建设用地，必须经工程技术处理达标后方可用于民用建筑开发建设。加强材料进场检验，凡放射性指标、有害物质含量指标超标的产品不得进场使用。积极推进绿色施工，加强施工现场噪声和光污染、水污染等控制，施工现场主要道路路面和加工场地要硬化，裸露场地要采取固化或绿化措施，切实控制施工扬尘。加强民用建筑工程室内环境竣工验收检测，凡放射性指标、有害物质含量指标不符合规范要求的，不予竣工备案，不得投入使用。积极推广应用建筑热环境和通风环境模拟评估技术，提高建筑群体特别是住宅小区规划设计水平。进一步加强城市绿化工作，继续推进园林城市创建，积极鼓励新建建筑发展屋顶绿化和垂直绿化，提高建筑环境品质。

四、主要措施

（一）加强组织领导。成立省住房城乡建设

厅绿色建筑发展领导小组，负责组织协调全省绿色建筑发展工作，领导小组办公室设在厅建筑节能与科技处。厅有关各处室、单位要各司其职，密切协作，形成合力。各地要高度重视发展绿色建筑，建立健全相应的领导机制和工作机制，探索建立政府主导和市场推动相结合的推广模式，研究制定绿色建筑约束机制和激励政策，确保各项工作顺利开展。全省要形成上下联动、协同推动绿色建筑发展的工作格局。

（二）建立完善推广政策。尽快出台《山东省民用建筑节能条例》，明确发展绿色建筑的各项规定。将绿色建筑列为省政府节能目标责任考核指标，向各地分解下达推广任务，每个设区市每年应有3个以上项目获得绿色建筑星级标识。在“鲁班奖”、“广厦奖”、“华夏奖”“泰山杯”等评优活动及各类示范工程评选中，对获得绿色建筑评价标识的项目，实行优先入选、推荐上报或适当加分等。充分调动勘察设计、房地产开发等单位的积极性，扶持引导其设计、建设绿色建筑项目。原则上，甲级建筑设计单位每年应完成1个以上绿色建筑项目设计并取得绿色建筑设计标识。鼓励有积极性、有工作基础的地方，以政府投资的建筑或机关、事业单位、公共服务机构等筹资建设的建筑为突破口，出台强制推广绿色建筑的政策。

（三）加大财政投入。省里将逐步增加建筑节能专项资金，加强新型墙材专项基金征管，每年列支部分资金，重点支持绿色建筑相关科研开发项目和示范工程建设。建设领域其他科研资金、奖补资金等，应对符合条件的绿色建筑项目优先给予支持。各地应进一步加大财政资金争取力度，发挥好建筑节能专项资金和新型墙材专项基金的引导作用，不断增加对发展绿色建筑的投入。鼓励有条件的地方结合当地实际，出台专项补贴、规费减免等经济激励政策，促进绿色建筑发展。

（四）强化产品技术支撑。出台符合我省实际的《绿色建筑评价标准》、《绿色建筑设计标准》等标准规范，明确绿色建筑规划、设计、施工、竣工验收、评价、使用、拆除等环节的技术要求。鼓励引导高校、科研院所和企业等开展绿色建筑相关技术研究和示范，力争在绿色建筑共性关键技术、技术集成创新等领域取得突破。大力推广应用国内外先进的绿色建筑新技术、新工艺、新材料、新装备，着力提高绿色建筑技术含量。积极引进、消化、吸收国际先进理念和技术，增强自主创新能力。

（五）进一步扩大绿色建筑示范。组织实施省级绿色建筑示范工程建设，加强技术指导和跟踪管理，并视情给予资金支持。国家可再生能源建筑应用示范城市（县）应积极发展绿色建筑，按绿色建筑标准建设的建筑占全部新建建筑的面积比例原则上不低于30%。从明年起，组织申报国家可再生能源示范项目和示范市（县）时，将把绿色建筑列为推荐上报的重要参考条件。鼓励指导各地创建低碳生态城市、县、镇和低碳社区、小区，将绿色建筑作为其中的重要内容和考核指标，形成区域带动作用。

（六）加强宣传培训。充分利用网络、电视、报刊、杂志等媒体，普及绿色建筑常识，提高全社会对绿色建筑重要性的认识。积极开展标准宣贯、技术培训等活动，将建筑节能和绿色建筑相关知识作为注册建筑师、结构师、建造师等继续教育的重点内容，提高设计、施工、安装、评估和物业管理等从业人员专业素质。积极开展绿色建筑学术交流、技术研讨等活动，加强国内外绿色建筑领域的交流与合作，促进我省绿色建筑技术与管理水平的提高。

山东省住房和城乡建设厅

二〇一一年十二月一日

关于进一步加强全省保障性安居工程质量安全管理的通知

鲁建字〔2011〕15号

各市住房城乡建委（建设局），有关市住房保障局：

2011年7月17日，中央电视台新闻频道报道了河南郑州安置房汇景嘉园小区严重工程质量问题，引起社会各界高度关注，为各地保障性安居工程建设敲响了警钟。按照省政府分管领导的指示，现就进一步加强我省保障性安居工程质量安全管理工作提出如下要求：

一、进一步统一思想，充分认识确保保障性安居工程质量安全的重要意义

大规模实施保障性安居工程，是党中央、国务院作出的重要战略部署，是转方式、调结构、惠民生的重大举措。2011年，国家下达我省保障性安居工程32.82万套，是2010年的2.8倍，建设任务十分艰巨。省委、省政府对保障性安居工程建设高度重视，多次召开专门会议作出部署、提出要求。保障性安居工程的质量安全，直接关系人民群众生命财产安全，关系经济发展与社会和谐稳定的大局，涉及面广、公益性强、社会影响大。各级各有关部门要切实把思想统一到中央和省委、省政府的决策部署上来，进一步增强使命感、责任感和紧迫感，特别是在保障性安居工程的质量安全管理上，不能有丝毫的马虎和放松，要把“质量第一、安全至上”的原则贯穿到保障性安居工程的勘察、设计、施工、监理和竣工验收工作的全过程，进一步强化工程质量安全管理，确保把保障性安居工程建成质量过硬、群众满意、经得起历史检验的德政工程。

二、切实把保障性安居工程作为质量安全监管的重中之重

今年以来，全省住房城乡建设系统各级各有关部门深入贯彻国家和省委、省政府的决策部署，紧紧围绕目标责任书确定的工作任务，积极推进、强化监管。截至6月底，全省廉租住房、经济适用住房、公共租赁住房、限价商品住房和棚户区改造等保障性安居工程开工率达到70.9%，工程质量安全总体上处于受控状态。下一步，各级要把保障性安居工程的质量安全管理作为整个质量安全工作的重中之重，列为首要任务，集中一切力量，采取一切措施，克服一切困难，全力以赴，在保障性安居工程的质量安全方面不能出现任何问题。各级工程质量安全监督机构要调整充实监督力量，把辖区内所有的保障性安居工程纳入监管范围，实施专人或专门科室的监督管理，强化对参建各方建设行为和工程实体质量安全的监督检查，实施基础、主体、竣工阶段验收现场监督制度，对进场主要材料实施随机性抽检，对地基基础、主体结构必须实施结构性抽检，抽检工作均由监督人员现场抽取试件，由施工、监理单位送交第三方检测机构执行。同时，要全面落实保障性安居工程质量通病专项治理的各项管理和技术措施，消除质量缺陷，保证使用功能。

三、突出关键环节，提高监管效能

一是切实履行法定建设程序。各级住房城乡建设部门既是工程质量安全的监管部门又是保障性安居工程的建设单位，要认真履行职责，积极创造条件，加快办理相关手续，保证各类保障性安居工程按时开工。保障性安居工程建设要严格执行规划许可、招标投标、施工图审查、施工许可、质量安全监督、工程监理、竣工验收备案等建设程序，落实项目法人制、招标投标制、工程监理制、合同管理制等规定，从源头上保证工程质量安全。

二是严格落实各方主体责任。建设单位要对保障性安居工程质量安全全面负责，勘察单位要按照工程建设强制性标准进行勘察，设计单位要根据保障性住房特点精心设计，施工单位要强化质量控制确保施工质量，监理单位要按照监理规范和规定程序履行监理职责、实施旁站监理，施工图审查机构要按照标准规范认真审核、严格把关，工程质量检测机构要确保各项检测数据真实准确。建设、勘察、设计、施工、监理、图审、检测等单位的法定代表人、工程项目负责人、工程技术负责人、注册执业人员要按照各自职责，对所承担的工程项目在设计使用年限内的质量负终身责任，哪个环节出现问题，就追究哪个责任单位和责任人的责任。对在保障性安居工程建设过程中出现重大质量安全事故的企业和个人，除记录、公示其不良行为外，还将限制其在建筑市场中招投标行为，责任人员将取消其执业资格，并依法追究其相应责任。

三是严把材料采购进场关。对保障性安居工程使用的钢筋、混凝土、砌体材料、砌筑砂浆、节能材料、电线电缆、水暖器材、防水材料等，必须进行进场验收，每批都要进行抽样检测，坚决杜绝不合格材料进场使用。进场材料按照规范标准要求需要复试的，必须按规定的频次和数量进行复试，复试不合格的坚决清除出施工现场。建设、监理、施工单位要严格执行见证取样、送检制度，严禁不合格材料用于工程，绝不能因材料问题影响工程质量安全。

四是严格执行关键岗位持证上岗制度。对建设单位的项目管理负责人、项目质量（技术）负责人，施工企业的项目经理、技术（质量、安全）负责人、专职质（安）检员、见证取样员、资料员和监理单位的总监理工程师、专业监理工程师、监理员等人员实行持证上岗制度。其中，施工企业的项目经理、技术（质量、安全）负责人、专职质（安）检员以及总监理工程师、专业监理工程师必须盯靠在施工现场，确保现场工程质量安全保证体系的有效运行。

五是严格执行住宅工程质量分户验收制度。质量分户验收是保障性安居工程交付使用的重要关口。各市工程质量安全监督机构要监督建设、施工、监理等单位严格履行分户验收职责，对每户住宅及相关公共部位的观感质量和使用功能都要进行检查验收，对分户验收的结论进行签认，确保交给老百姓的每一间房屋都满足质量标准要求。今后，凡是未经分户验收或分户验收不合格的保障性安居工程，一律不得交付使用。要严格执行在建筑物明显部位设置永久性标牌制度，把参建单位名称及其主要负责人姓名刻在标牌上，让群众直接进行监督和评价。建设单位和施工单位要严格按照有关规定履行质量保修义务，对于群众反映的质量问题，要高度重视，及时解决，绝不能拖延、推诿，损害群众利益。

四、全面开展保障性安居工程大检查“回头看”活动

按照住房城乡建设部的部署安排，6 月份，省住房城乡建设厅以保障性安居工程为重点，组织开展了工程质量安全及建筑市场综合执法检查，在企业自查、市级普查的基础上，省厅组织 8 个检查组对全省 17 个市的 34 个保障性安居工程进行了抽查。住房城乡建设部将于 8 月下旬对我省进行检查。从省里检查情况看，各地的保障性安居工程建设普遍存在建设手续滞后，规划设计水平、参建队伍水平、现场管理水平不高等问题，存在不少质量安全隐患。从现在开始，各级住房城乡建设部门要组织对大检查情况开展“回头看”，对所有已开工的保障性安居工程进行拉网式检查，做到全面覆盖、不留死角；对前段检查发现的问题以及新出现的问题，要立即督促责任单位整改，不得拖延更不得推诿扯皮，真正做到发现隐患、消除隐患；对违法违规单位和个人要严肃处罚、以儆效尤。省里将不定期组织抽查。

五、进一步加强保障性安居工程质量安全的组织领导

各级住房城乡建设主管部门要把保障性安居工程的质量安全管理作为当前和今后一段时期的中心工作，列入重要议事日程，研究制定保障性安居工程质量安全管理目标，分解工作任务，明确工作责任，确保各履其职、各负其责。主要负责同志作为第一责任人，要亲自抓，要经常研究、经常过问，了解、掌握实际情况；分管负责同志作为直接责任人，要具体抓，要拿出主要精力和时间，亲自组织检查；其他职能部门负责人按分工职责承担相应责任，要靠上做好各项具体工作。省住房城乡建设厅已经成立了领导小组，负责全省保障性安居工程质量安全工作的组织领导和综合协调工作。各市住房城乡建设主管部门都要成立专门领导小组，定期听取保障性安居工程质量安全情况汇报，研究解决涉及质量安全的有关重大问题。各级都要建立保障性安居工程质量安全投诉举报制度，公开举报电话，做好工程质量安全投诉处理工作，主动接受社会监督，建立完善全社会共同参与的工作机制，确保保障性安居工程的质量安全。

山东省住房和城乡建设厅

二〇一一年七月十九日

关于印发《山东省住房和城乡建设厅建设行业资质审批工作规则（试行）》和《山东省建设行业资质审查专家管理办法》的通知

鲁建办字〔2011〕26号

机关各处室、厅属各单位，省建管局，各市住房城乡建委（建设局）、各行业主管局、住房公积金管理中心：

《山东省住房和城乡建设厅建设行业资质审批工作规则（试行）》和《山东省建设行业资质审查专家管理办法》已经厅长办公会议讨论通过，现印发给你们，请认真贯彻执行。

山东省住房和城乡建设厅

二〇一一年十一月八日

山东省住房和城乡建设厅建设行业资质审批工作规则（试行）

第一章 总 则

第一条 为了进一步规范山东省建设行业资质审批工作程序，提高工作效率和管理水平，使资质审批制度更加合理、程序更加简化、管理更加规范，根据《行政许可法》和相关法律、法规规定，结合我厅工作实际，制定本规则。

第二条 本规则所称资质审批，是指山东省住房和城乡建设厅根据申请人的申请，经依法审查，准予其从事建设行业市场特定活动的行为（含资质变更、资质有效期延续）。

第三条 本规则所称建设行业资质包括：房地产开发、物业管理、房地产估价、工程造价咨询、工程勘察、工程设计、工程设计与施工一体化、施工图审查、工程监理、工程项目招标代理、园林施工、市政施工、市政公用、城乡规划编制、燃气经营、供热经营等类型单位资质资格。

第二章 受 理

第四条 申请人向山东省住房和城乡建设厅提出的资质审批事项由厅行政审批服务中心统一负责受理。

第五条 收到资质审批申请后，厅行政审批服务中心应当会同厅各主管处室（单位）根据不同情况作出处理决定：

（一）对依法不需要取得行政许可或者不属于本机关职权范围的行政许可申请，申请人隐瞒有关情况或者提供虚假材料申请行政许可的，即时下达《建设行政许可不予受理通知书》，发送申请人。

（二）对申请材料存在可以当场更正的错误的，应当允许申请人当场更正。

（三）对属于本机关受理的行政许可申请，即时下达《建设行政许可申请材料接收凭证》，发送申请人。

（四）对材料不齐全或者不符合法定形式的行政许可申请，应当当场或者在五日内下达《建设行政许可补正材料通知书》，发送申请人。逾期不告知的，自收到申请材料之日起即为受理。

（五）对属于本机关职权范围，材料（或补正材料）齐全、符合法定形式的行政许可申请，在五日内制作《建设行政许可受理通知书》，发送申请人。

申请人对其申请材料实质内容的真实性负责。

第三章 审 查

第六条 山东省住房和城乡建设厅建立统一的建设行业资质审查专家库。专家库的建立以及审查专家的选聘、考核和使用按照《山东省建设行业资质审查专家管理办法》执行。

第七条 厅各主管处室（单位）根据资质申请类别、数量和资质审批时限等实际情况，会同厅行政审批服务中心不定期组织召开专家审查会，按照资质规定的条件、标准对申请材料进行审查。专家审查中的相关政策性问题由厅各主管处室（单位）负责解释。对于涉及安全生产和重大民生等审批事项，在组织召开专家审查会前，厅主管处室（单位）可派员到现场进行实地察看。

第八条 在专家审查会开始前一个工作日，由厅主管处室（单位）会同厅行政审批服务中心按照资质类别以随机方式从专家库中抽取审查专家，并通知专家本人参会，被抽取的专家不得与被审查单位有利害关系。

第九条 专家只针对申请材料是否符合资质分级标准的实际情况及国家有关法律法规规定的

情况进行审查，除此之外的因素不作为审查依据。

第十条 专家必须出具明确、具体的审查意见，每个单位的申报材料应至少由两名专家在不交换审查意见的情况下独立审查，并分别填写资质审查表。当两名专家审查意见一致时，该意见即可作为专家审查意见，当两名专家审查意见不一致时，由第三名专家审查，第三名专家意见作为终审意见。

第十一条 专家审查会的费用由厅各主管处室（单位）负责筹集。

第四章 签 批

第十二条 对专家审查合格的申请事项，厅各主管处室（单位）按照程序办理相关签批手续。首先由厅各主管处室（单位）具体工作人员审签，在处（单位）务会上通报情况，然后直接由处室（单位）一把手审签，最后由分管厅长或厅长签批。

第十三条 在资质审批程序的全过程中，经办人员必须是厅机关公务员或具有行政审批职能事业单位的正式工作人员，经办人员每三年要进行轮岗交流。

第十四条 作出的资质审批决定，在山东省住房和城乡建设厅主页（http//www.sdjs.gov.cn）公布，公众有权查阅。

第五章 发 证

第十五条 准予资质审批的决定及需要颁发的审批证件、资质证书、印章等，应当自作出决定之日起十日内向申请人颁发。

第十六条 资质审批证件或其他文件由厅行政审批服务中心统一送达。申请人可凭书面收文凭证领取办理结果。

第十七条 资质审批事项的听证、变更、延续和办理期限，按照《行政许可法》的有关规定执行。

第六章 纪 律

第十八条 资质审批工作要坚持依法办理、廉洁高效、公开公正和方便群众的原则。

第十九条 资质审批过程中的工作人员和专家不得在资质审批中弄虚作假、徇私舞弊；不得泄露申请人的商业秘密和审批结果；不得利用审批得到的信息，为本人、他人或任何单位谋取非法利益；不得接受被审查或与其有利害关系的单位或人员的馈赠、宴请。

第二十条 资质审批过程中，工作人员和审查专家与申请人存在利害关系时要实行回避。

第七章 监 督

第二十一条 资质审批程序的全过程以及资质审查专家库的建立、评审专家的选聘、考核和使用接受省纪委驻省住房城乡建设厅纪检组和厅法规处的监督。

第二十二条 申请人可对资质审批过程中工作人员或审查专家的违纪违法行为向有关部门投诉、举报。对在资质审批过程中中玩忽职守、滥用职权、徇私舞弊的，根据有关规定依法处理；构成犯罪的，移送司法机关追究其刑事责任。

第八章 附 则

第二十三条 资质所应符合的条件、标准及管理等按照现行法律、法规的规定执行。

第二十四条 厅各主管处室（单位）会同行政审批服务中心根据本规则制定具体的操作规程。

第二十五条 本规则由山东省住房和城乡建设厅负责解释。

第二十六条 本规则自发布之日起实施；本规则发布前厅有关规范性文件中关于资质审批的规定与本规则不一致的按照本规则执行。

山东省建设行业资质审查专家管理办法

第一章　总　则

第一条　为加强山东省建设行业资质审查专家管理，规范专家审查行为，提高审查质量，确保审查结果公正、公平、公开，根据建设行业资质管理实际，制定本办法。

第二条　本规则所称建设行业资质包括：房地产开发、物业管理、房地产估价、工程造价咨询、工程勘察、工程设计、工程设计与施工一体化、施工图审查、工程监理、工程项目招标代理、园林施工、市政施工、市政公用、城乡规划编制、燃气经营、供热经营等类型单位资质资格。

审查专家是指符合本办法规定条件和要求，参加山东省住房和城乡建设厅企业资质审查的人员。

第三条　山东省住房和城乡建设厅按照建设行业资质类别建立统一的审查专家库，并负责审查专家的选聘、考核和使用管理。

第四条　资质审查专家库的建立以及审查专家的选聘、考核和使用接受省纪委驻省住房城乡建设厅纪检组（以下简称驻厅纪检组）和厅法规处的监督。

第二章　基本条件与选聘

第五条　山东省建设行业资质审查专家应具备以下条件：

（一）遵守国家法律法规，有良好的职业道德，工作认真负责，坚持原则，公道正派，清正廉洁，纪律性强，个人无重大违法违纪记录；

（二）在建设行业从事企业综合管理或工程项目管理工作8年以上，或从事相关专业资质管理工作2年以上；

（三）具有大专以上学历、中级以上技术职称；

（四）熟悉行政许可、建设行业资质审批相关的法律法规和规范性文件。

（五）身体健康，原则上不超过60周岁，能适应评审工作需要。

第六条　资质审查专家库的建立：

（一）各市建设主管部门、省直有关部门建设主管单位、各建设行业协会（学会）根据本办法第五条规定提出推荐专家人选并报省住房城乡建设厅，各推荐单位对推荐人员材料的真实性负责；

（二）厅各主管处室（单位）会同厅行政审批服务中心对各单位推荐的人选进行审查并予公示；

（三）公示无异议的推荐人员入选专家库。

厅各主管处室（单位）对取得审查专家资格的人员，组织专项业务培训。审查专家经考核合格，方可参加审查。

第七条　审查专家每届任期三年，选聘工作在每届任期届满前三个月内进行。审查专家的数量、专业划分等，可根据审查工作需要进行调整。

第三章　权利和义务

第八条　在审查工作开始前，审查专家应签署工作纪律承诺书，保证在审查工作中认真履行专家职责。对涉及保密的申报材料进行审查之前应签署保密承诺书。

第九条　审查专家对申报材料应独立提出审查意见。

第十条　在审查工作中，审查专家与被审查单位有下列情形之一的应当回避：

（一）审查专家所在单位与申报单位属同一地市或企业集团的；

（二）审查专家或亲属在被审查单位中持有股份、出任董事会成员、监事会成员或担任高级管理人员、顾问的；

（三）其他可能影响审查专家公正履行职责的情形。

第十一条 在审查工作中，审查专家应当严格遵守以下规定：

（一）按时参加审查活动。专家确认参加审查后，无特殊原因不得请假，如有特殊原因确实不能参加审查的，应及时向省住房城乡建设厅提出；

（二）在审查工作期间，服从省住房城乡建设厅的统一安排，认真履行职责，严谨细致、勤勉尽责、客观公正地进行审查，自觉接受监督；

（三）对申请的具体指标和事项独立作出定量或定性的评定结论。每天审查结束后，将审查相关的各类资料全部移交给省住房城乡建设厅。

（四）严格遵守保密规定，不得泄露申请单位的商业秘密和审查结果，不得向外界透露本人和其他专家参加审查工作的情况，不得利用审查得到的信息，为本人、他人或任何单位谋取非法利益；

（五）不得接受被审查或与其有利害关系的单位或人员的馈赠、宴请，廉洁自律，不在评审中弄虚作假、徇私舞弊；

（六）自觉遵守回避制度，发现与申请人存在利害关系时应主动说明情况申请回避。

第四章　监督管理

第十二条 有下列情形之一的，不再担任审查专家：

（一）因相关原因，不能满足审查工作要求的；

（二）本人提出申请，要求不再担任审查专家的。

第十三条 有下列情形之一的，对审查专家进行约谈告诫，经告诫无效的，终止其审查活动：

（一）审查工作期间，未经批准不按时参加审查工作，或擅自离开岗位的；

（二）审查工作期间，不按审查规定移交资料，或接待与审查无关的人员，或与被审查单位接触并通报情况的。

第十四条 有下列情形之一的，取消其审查专家资格：

（一）无正当理由拒不参加审查工作，造成严重后果的；

（二）故意隐瞒与申请单位的利害关系，不遵守回避原则的；

（三）在审查工作中不遵守保密承诺的；

（四）自行与申报单位联系、核实申报材料中有关事项的；

（五）干预其它审查专家的正常评审、影响审查结果公正性的；

（六）互通审查信息，并将审查意见向外透露的；

（七）出现严重审查错误的；

（八）经考核评价不满足专家要求的；

（九）有其它严重违法违纪行为的。

第十五条 审查专家因失职造成严重后果的，根据法律法规规定，依法处理；构成犯罪的，移送司法机关追究其刑事责任。

第五章　附则

第十六条 本办法由山东省住房和城乡建设厅负责解释。

第十七条 本办法自发布之日起实施；本办法发布前厅有关规范性文件中关于资质审批的规定与本办法不一致的按照本规则执行。

关于在全省组织实施城市绿荫行动的通知

鲁建城字〔2011〕20号

各市住房城乡建委（建设局）、有关市行业主管局：

为进一步提升我省城市园林绿化工作水平，转变园林发展方式，调整绿化配置结构，打造结构合理、功能完善、服务民生、内涵丰富的城市园林绿化体系，不断改善城市生态环境质量，优化城市人居环境，经研究，决定自今年开始，用三年的时间在全省组织实施城市绿荫行动。现将有关事项通知如下：

一、指导思想

以科学发展观为统领，贯彻省委省政府转方式调结构工作要求，按照“以人为本、贴近群众、服务民生”的原则，加快城市园林绿化建设步伐，切实转变园林发展方式，调整绿化配置结构，全力实施城市绿荫行动“五大工程”，切实增加城市的绿荫覆盖，努力建设生态园林、民生园林、文化园林，使城市空气更加清新、生活更加舒适、环境更加宜居、景色更加优美，城市生态环境质量不断改善。

二、行动目标

城市绿荫行动的基本目标和工作重点是：从现在起，全面实施城市绿荫行动“五大工程”，即城市林荫路系统建设、林荫公园建设、林荫庭院小区建设、林荫停车场建设和立体绿化建设，力争用三年左右的时间，使全省各设市城市、县城都能建成初具规模的城市林荫路系统，林荫小区和庭院的比例达到40%以上，林荫广场和停车场比例达60%以上，屋顶绿化和立体绿化全面推开，基本建成以林荫公园、林荫休闲广场多点布局，以城市林荫路系统为网状框架，以林荫庭院、小区为全面覆盖的点、线、面有机结合的城市绿荫体系。

三、行动内容

城市绿荫行动要着力解决有绿无荫、有绿少荫的问题。在植物配置上应坚持乔灌花草合理搭配，以植树为主的原则。在项目建设中，要坚持多植树、增绿荫、保生态、重人本。具体内容是：

（一）加强道路绿化，建设城市林荫路系统。道路是城市的经络，道路绿化是城市的风景线。要突出加强行道树建设，构建林荫走廊。行道树要选择冠大荫浓、生长较快、病虫害较少的大规格乔木，优先选用法桐、国槐、白蜡、柳树、栾树等阔叶树种。鼓励行道树双排或多排种植，道路隔离带和分车带在不影响交通的前提下补植行道树。树穴是树木地上、地下水分运输、养料传递、气体交换的重要窗口，不能片面追求景观效果而减小树穴或用水泥沥青等进行硬化处理。城市道路改造过程中，要千方百计地保留原有行道树。新建城市道路的，必须留出人行步道，提倡设立自行车专用车道，人行步道和自行车道要通过种植行道树的绿化带进行分割。通过集中、连线的道路绿化建设，尽快形成城市林荫路系统。

（二）实施公园绿地提升改造，建设林荫公园。公园绿地是供公众游览、观赏、休憩，开展科学文化教育及锻炼身体的最重要的场所。要在

《城市绿地系统规划》的指导下，按照《公园设计规范》规定，科学合理地规划综合性公园。利用城区内山体、水面、河道等建设森林公园、湿地公园，发挥城市绿岛的生态效应。公园建设要突出植物景观，绿化面积应占陆地总面积的70%以上，其中乔、灌木覆盖面积应占到绿地总面积的70%以上，乔木覆盖率应达40%以上。公园的树种应根据当地的气候状况、园内的立地条件，结合景观构想、功能要求等来确定。按照500米服务半径要求，因地制宜建设具有休憩功能的街头绿地，绿地内也应该增加绿荫，同时配置健身、休憩设施。城市广场要根据广场性质，在满足交通组织、人流集散、景观效果等功能性要求的前提下，尽量提高林荫覆盖率。城市火车站、汽车站、购物中心、宾馆、博物馆、电影院等公众聚集场所的广场，人流量比较大，应种植大规格乔木，覆盖率达70%以上，让人进得来、坐得下、留得住。城市公园、广场铺装应尽量采用渗透性较好的透水材料。贯彻《城市公园服务规范》、《城市绿地养护服务规范》，切实提高城市公园养护管理水平。

（三）加强单位绿化，建设林荫庭院和小区。居住小区、单位庭院是居民工作和生活的主要空间。庭院小区内主要道路的行道树要完整，绿化覆盖效果较好。小区内因地制宜设置健身步道，完善健身设施，方便群众休憩健身。健身广场和小游园四周要有大规格乔木覆盖。树种选择要合适，严禁选用危及游人生命安全的有毒植物、有浆果或分泌物坠地的种类，不宜选用挥发物或花粉能引起明显过敏反应的种类。千方百计提高单位内绿化覆盖率，楼前屋后的空闲地都要见缝植树。继续推行沿街单位拆墙透绿、拆墙建绿，实行绿化提升，把庭院绿化与道路绿化融为一体，实现绿色共享。不具备拆除条件的围墙要种植蔷薇等垂直植物美化景观。

（四）加强停车场绿化，建设林荫停车场。城市现有的多数停车场大都采用混凝土、沥青等硬质铺装材料，有的甚至黄土裸露，普遍缺少绿化和林荫覆盖。城市机动车越来越多，加强停车场绿化，能够改善停车场的生态环境，有利于机动车的节能减排。停车场的车辆间隙要利用乔木进行分割，并形成林荫覆盖。在保证树木有必要的立地条件与生长空间的同时，应符合行车视线和行车净空要求，不得对停放车辆造成损伤和污染。停车场绿化树种应选择适应性强、病虫害少、无树脂分泌、无生物污染、栽培管理简便、应用效果好的常见植物。停车场地面尽量利用嵌草砖等透气、透水性好的铺装材料进行铺装，所嵌草坪应耐践踏。

（五）积极推广立体绿化，丰富城市景观空间。屋顶绿化能在不增加城市绿化占地的情况下，十分有效地改善室内外环境温度，是冬暖夏凉的“绿色空调”、“天然空调”。屋顶绿化可采取简单式屋顶绿化和花园式屋顶绿化两种形式。简单式屋顶绿化主要适用于现有普通屋面和新建楼房的非种植屋面，利用低矮灌木或地被、草坪进行屋顶绿化，不设园林小品等设施。花园式屋顶绿化主要适用于新建现浇混凝土楼顶，在楼房建筑设计时，充分考虑屋顶承载力、防水等因素，将屋顶设计成种植屋面，在屋面上种植小乔木、灌木、地被和草坪类植物，设置园路、座椅、园林小品等提供一定的游览和休憩活动空间。各市要学习借鉴临沂的做法，大力推行屋顶绿化，首先可以从简单式屋顶绿化开始，先把屋顶绿起来。城市立交桥桥体、城市河道硬质驳岸、具备条件的建筑物墙体等，也都应种植爬墙虎、凌霄、紫藤等攀援植物，尽可能扩绿增绿。

四、保障措施

（一）加强组织领导。各地要落实城市绿荫行动工作领导责任制，加强机构和队伍建设，建立专门班子，完善工作机制，切实推动绿荫行动有序开展。要在组织对本市城市绿化情况进行全面排查，摸清家底的基础上，结合各地实际，编制并实施城市绿荫行动建设规划，明确城市绿荫行动建设项目的时序安排。各市城市绿荫行动建设规划应及时报省住房城乡建设厅备案。

（二）强化检查督导。通过召开专题会、观摩会、现场考核、信息调度等方式，加强对各市城市绿荫行动开展情况的检查督导。将城市绿荫行动实施情况纳入和谐城乡建设行动考核内容。在园林城市创建方面，在考核绿化覆盖率、绿地率、人均公园绿地等常规指标的基础上，强化对林木覆盖率、林荫停车场推广率、立体绿化推广等指标的考核，增加考核分量。建立健全群众诉求反映机制，通过公开服务电话、电子信箱，举办电视专题节目、召开座谈会等方式广泛听取群众意见。注重发挥专家力量，对各市进行巡回指导。

（三）加强园林科研技术指导。省、市园林主管部门要加强联系，组织编制城市林荫路、林荫公园、林荫小区和庭院、林荫停车场、立体绿化等建设导则和技术性文件，为有序推进城市绿荫行动提供技术指导。加强苗木基地建设，重点培育大规格苗木，为城市绿化用苗提供支撑。

（四）建立城市绿化养护管理长效机制。新建道路绿化和公园绿化的乔木栽植应在保证成活率的前提下尽量采用全冠种植，保证尽快成荫，尽量不种光杆树。行道树修剪在不影响安全的情况下不能杀头、不能重剪。不能刻意追求监管造型，减少绿荫。加强城市古树名木保护，采取有效复壮措施，促进古树开枝散叶。要加快建立城市绿化建设、管理、维护等方面的制度，为城市绿化养护长效管理提供制度保障。坚持政府主导、市场参与的原则，城市园林绿化维护和日常管理费用要纳入城市建设维护资金盘子，具体作业行为要引入市场机制，提高养护运营效率。

（五）营造良好社会氛围。各地要加大宣传工作力度，充分利用各种新闻媒体，通过编制宣传资料、建设专题网站等多种形式，加强对先进典型的培育宣传，及时总结推广好的经验和做法，提升绿荫行动的影响力和知名度。同时，要深入发掘城市绿荫的生态、体育、旅游休闲、文化、科普教育等多种功能，让绿荫更加贴近群众、服务民生，引导广大人民群众积极参与和支持城市绿荫行动的开展。

各地开展城市绿荫行动情况请及时报省住房城乡建设厅城市建设处。

山东省住房和城乡建设厅
二〇一一年六月十八日

关于在全省积极发展应用建筑节能与结构一体化技术的通知

鲁建节科字〔2011〕26号

各市住房城乡建委（建设局），各有关单位：

为确保建筑节能工程质量和安全，促进建筑节能工作深入健康发展，自2009年以来，省厅组织对建筑节能与结构一体化技术（以下简称一体化技术）进行研究，筛选确定了部分成熟适用的一体化技术体系，编制发布了相关标准规范，开展了试点工程建设。目前，一体化技术在我省已基本具备规模化推广应用的基础条件。为加快发展应用一体化技术，现就有关事项通知如下：

一、充分认识发展应用一体化技术的重要意义

一体化技术是指集保温隔热功能与围护结构功能于一体，墙体不需另行采取保温措施即可满足现行建筑节能标准的建筑节能技术。该技术具有与建筑同寿命、安全可靠、施工方便等优点，是对传统建筑保温设计和施工方法的一次重大变革。推广应用一体化技术，是有效解决节能保温工程质量通病和消防安全问题的重要举措，符合国家节能减排发展形势和产业政策，对于提高我省建筑节能工作水平、促进建设领域可持续发展具有重要的意义。各级各有关单位要充分认识发展应用一体化技术的重要性和紧迫性，采取切实措施，认真加以推进。

二、明确推广重点，完善技术支撑体系

经充分研究论证，确定 CL 结构体系、FS 外模板现浇混凝土复合保温系统、非承重砌块自保温结构体系、承重混凝土多孔砖自保温结构体系、装配式墙板自保温体系、居住建筑夹芯保温复合砖砌体结构体系等为重点推广的一体化技术。今后，将继续深化一体化技术研究，逐步完善现行节能设计标准中对一体化技术的要求，组织编制相关技术规程、标准图集、施工工法等，健全质量评价和验收标准，确保工程质量和安全。鼓励有关高校、科研机构、企业等发挥自身优势，积极开展科研攻关，研究开发多样化的一体化技术，不断丰富我省一体化技术支撑体系。

三、加强示范引导，促进规模化应用

省厅将组织开展省级一体化示范工程建设，利用新型墙材专项基金和省建筑节能专项资金给予一定资金补助。各地要按照“示范先行，扎实推进”的原则，每年至少组织建设 3 个以上具有一定规模的示范工程或小区，并给予相应的支持。通过示范工程建设，总结实践经验，完善应用技术，消除质量隐患，为大面积推广应用打下坚实基础。对县城及以上城市规划区适用一体化技术的新建民用建筑，应积极采用一体化技术体系。鼓励有条件的市（县），以大型公共建筑及新农村建设项目、保障性住房等政府投资项目为突破口，在设计、新型墙材专项基金、科研立项等方面出台激励或约束措施，加大一体化技术推广应用力度。将一体化技术纳入我省绿色建筑评价、建设领域评奖、评优等的重要内容，充分利用国家康居示范工程、A 级住宅性能认定等平台，鼓励引导建设、开发等单位积极采用一体化技术。对一体化技术应用项目，各有关部门、单位要加强技术指导和跟踪管理，创造良好宽松的应用环境，促进一体化技术规模化应用。

四、发展主导技术，培育产业化基地

各地要根据当地经济发展水平、建筑结构特点、资源条件和产业现状等，通过示范工程建设和充分调研论证，坚持“因地制宜，成熟适用”的原则，合理确定当地一体化技术主导方向。以当地的科研机构、企业等为依托，积极研发具有地方特色的一体化技术产品，完善相关生产工艺、产品标准、应用技术等。引进和消化吸收一批成熟的一体化技术，积极开展技术改造、革新和装备升级，培育发展一批从事一体化技术研发、生产的产业化基地，确保产品质量和市场供应。

五、强化过程监管，确保应用工程质量

各地要加强一体化技术产品生产、施工、检测等环节的过程监管，确保工程质量和安全。依据《山东省建筑节能与结构一体化技术产品认定条件》有关要求，对一体化技术产品进行专项认定，未获得专项认定的不得作为一体化技术产品应用于民用建筑工程。设计单位和施工图审查机构要依据一体化技术相关标准规范，对应用工程进行设计和审查，确保设计质量和水平；施工单位要制定专项施工技术方案，加强施工组织管理，避免出现质量通病；工程建设、施工、监理等单位要严格执行材料见证取样制度，认真查验专项认定证书及组成材料的品种、型号、型式检验报告等，确保入场施工的材料符合设计文件和和一体化技术要求；工程质监机构要明确见证取样范围，加强施工现场监管，提高一体化技术应用效果和工程质量。

六、加强组织领导，加大宣传培训力度

各级住房城乡建设行政主管部门负责当地一体化技术的发展应用工作，要将这项工作列入重要议事日程，借鉴先进地市的经验和做法，制订相应的政策措施，促进工作平稳、健康开展。要加强与公安消防、规划、房管等部门的联系沟通，形成工作合力。要积极开展多层次、多形式的宣传活动，大力宣传一体化技术的特点和好处，为推广应用工作创造良好的群众基础和舆论氛围。要针对开发、设计、施工、质监、监理等单位的从业人员，组织开展标准宣贯、岗位技术培训等活动，提高其应用一体化技术的能力和水平。省厅将进一步加强技术和工作指导，坚决查处和打击假冒伪劣产品，对各地工作进展情况进行不定期调度统计和监督检查，确保各项工作落到实处。

山东省住房和城乡建设厅

二〇一一年十月十八日

图片专版（后）

济南旧城开发投资集团

经八纬一棚改项目

济南旧城开发投资集团是由市财政局出资的国有独资公司，负责全市旧城改造工作的组织协调并作为市级平台直接参与运作，承担着旧城范围内的土地熟化工作和政府公益性项目建设任务。负责旧城改造及片区开发项目规划方案的组织编制与报批；负责旧城改造及片区开发项目资金的筹集、管埋和使用；负责旧城改造及片区开发项目范围内土地的整理、熟化及安置房建设；负责项目范围内国有土地的收回（购）工作；负责进行资产运营和房地产开发等经营性业务。

几年来，济南旧城开发投资集团按照全市“拓展城市发展空间，打造现代产业体系”总体思路和“一城三区”城市发展格局要求，突出棚户区改造、危旧房改造（试点）工作重点，着重抓好棚改安置房建设、公共租赁住房建设，着力做好“老城改造提升”的文章。截至2011年底，对全市38个集中连片棚户区和35个零星片区进行了改造，动迁居民约6万户、18.3万人，拆迁建筑面积430万平方米，安置房开工310万平方米、竣工130万平方米。馆驿街新区、茂新新区、聚贤新区、顺河新区、华阳新区、济安新区（经一顺河三角地棚改项目）、顺祥新区（经一纬九棚改项目）、兴盛小区（经七纬十二东南棚改项目）、发祥巷、文华园、和信花园（馆驿街西棚改项目）、泉馨园（小园庄菜市庄棚改项目）、振兴花园、泺祥新区（汽车厂东路棚改项目）、燕山立交西15个片区竣工回迁，以及美里新居、盛福花园部分外迁安置房，20个集中连片棚户区约2.4万户居民陆续入住新居。累计完成投资约161亿元，为提升城市功能形象，拓展城市发展空间，改善服务民生，打造产业体系，促进经济社会发展作出了突出贡献。

2011年，为实施保障性安居工程，着力解决城市中等偏下收入家庭住房困难问题，市委、市政府将“开工建设3万套保障性住房”作为我市承诺为民办的10件实事之一，济南旧城开发投资集团承担着开工建设棚改安置房5000套、公租房3500套的任务。为此，济南旧城开发投资集团集中人力物力，全力加快棚改安置房、文庄片区公租房的建设，全年新开工建设棚改安置房5000套、文庄片区公租房6050套，超额完成年度工作目标任务，兑现了我市为民办10件实事的有关承诺。

顺祥新区（经一纬九棚改项目）

振兴花园（振兴街棚改项目）

① 梁庄棚改项目效果图
② 宝华街棚改项目效果图
③ 文庄公租房项目效果图
④ 中大槐树棚改项目
⑤ 华强广场（铁路职业技术学院土地熟化项目）
⑥ 和谐广场（振兴街棚改项目）
⑦ 万达广场（魏家庄棚改项目）

济南四建（集团）有限责任公司

省委书记姜异康来公司视察

市委书记王敏来公司视察

企业文化手册发行仪式现场

济南四建（集团）有限责任公司是一家有30多年历史的企业，现在已经形成以建筑施工为主业，兼营房地产开发、国际工程、安装工程、装饰工程等建筑相关产业，年产值40亿元，年施工面积400多万平方米，业务遍及济南、青岛、潍坊、淄博、日照、枣庄、东营、滨州、泰安、莱芜等地的现代化、跨地区的大型建筑企业集团。

集团公司注册资本3亿元，固定资产3.6亿元，拥有8家控股子公司，一个省级技术研发中心，一个设计研究中心，30多个直属项目部，20多个专业分公司，形成了建筑工程设计、房地产开发、建筑施工、装饰装修、交付使用的全方位的总承包能力。集团公司具有房屋建筑施工总承包一级、地基与基础工程专业承包一级、建筑装修装饰设计与施工一级、房地产开发一级资质、钢结构工程专业承包一级、机电设备安装专业承包一级、消防设施工程专业承包一级、建筑幕墙工程设计与施工一级等25项企业资质。此外，集团公司还

东营会展中心

具有国家外经贸部批准的对外经济技术合作和工程承包权、劳务合作经营权。

济南四建集团坚持走质量兴业和可持续发展之路。集团公司拥有3000多人的员工队伍，形成了坚实而合理的人才梯队，其中全国优秀项目经理14名，国家一级建造师133名，二级建造师125名，高级职称人员67名，中级职称人员245名，拥有600多台（套）施工设备，总计5.89亿元的银行授信额度，成为保证施工顺利进行的坚强后盾；集团公司早在1996年就通过ISO9002质量管理体系认证，2002年依据ISO9001、ISO14001和OHS18001标准，建立了质量、环境和职业健康安全管理体系，完善而科学的管理体系为创建精品工程形成了保障；诚信为核心的企业文化是四建人在市场中制胜的法宝；良好的银行信誉为企业的发展奠定了坚实的资金基础；完善的工程回访体系解除了业主的后顾之忧。

30多年的艰苦奋斗，四建集团先后参与了2000多项国家和省市重点工程建设，并远赴波兰、佛得角、蒙古、巴基斯坦、塞尔维亚、东帝汶等国承建大使馆工程。集团公司先后获得了中国建筑工程质量最高奖——“鲁班奖”十项（其中1999年到2003年连续五年获得该奖）、“国家优质工程银质奖”两项、“中国土木工程詹天佑奖”一项、“泰山杯”工程奖29项、“泉城杯”工程奖109项，还先后获得“中华质量信誉宝鼎”、“中国建筑业最具成长性百强企业”、“全国工程建设质量管理优秀企业”、“中国企业品牌文化建设先进单位”、“全国用户满意企业”、“全国优秀施工企业”、“全国守合同重信用企业”、“山东省文明单位”等多项荣誉称号。

奥体中心网球馆（鲁班奖）

鲁商国奥城（国优工程）

园博园主展馆

美林苑整体鸟瞰图

中海油

山东化学工程有限责任公司

中海油山东化学工程有限责任公司隶属于中国海洋石油总公司控股的海洋石油工程股份有限公司，是化工、石化、医药、石油天然气、电力、建筑等建设领域具有工程设计、工程咨询、工程监理、工程造价咨询、工程总承包、工程技术开发功能的工程公司。

公司持有化工石化医药，建筑、环保工程设计（总承包）甲级，工程咨询甲级，工程监理甲级，工程造价咨询甲级资质；石油天然气、电力、轻工、热力、燃气乙级设计资质（总承包）；环境工程影响评价乙级以及压力管道GA2、GB1、GB2、GC1 、GC2，压力容器A1、A2设计许可证书；具有对外承包经营资格。公司建立了完善的质量、职业健康安全、环境管理体系。公司现有员工560余人，各类注册师 273 名。

公司设有山东正大建设监理有限公司、山东华宇工程造价咨询有限公司、山东恒泰安全技术咨询有限公司等三个子公司，及中国海洋石油工程质量监督化工中心站，山东省化工工程质量监督站。是全国化工合成氨设计技术中心站（中国石油和化工勘察设计协会合成氨设计专业委员会）、全国硝酸硝盐技术协作网，山东省勘察设计协会石油化工专业委员会的挂靠单位。

公司在石油化工、天然气化工、盐化工、煤化工、化学肥料、电力工业、民用建筑等领域具有技术优势和良好的业绩。

中海油山东化学工程有限责任公司将致力于建设一流专业化工程公司，为国内外客户提供优质全面的专业工程服务。

中海油山东海化集团热电厂

中石油能源发展股份有限公司石化分公司40万吨/年锻后焦装置（EPC总承包）

伊朗20万吨/年纯碱装置（项目管理）

获全国化工优质工程奖的海南6万吨/年生物柴油示范装置

获全国工程项目管理银奖的烟台万华4万吨/年甲醛装置（总承包）

中国蓝星济南裕兴化工有限责任公司30万吨/年硫磺制酸装置（EPC总承包）

中国蓝星济南裕兴化工有限责任公司10万吨/年钛白粉装置厂前区

获国家优秀设计金奖的烟台万华13万吨/年MDI装置

济南鲍德房地产开发有限公司

和谐人居 鲍德房产

总经理 遇功民

济南鲍德地产开发有限公司是济钢集团有限公司出资成立的专业房地产开发公司，是集市场开发论证、项目报批报建、工程建设管理、楼盘销售和物业管理于一体的综合性房地产开发公司。公司现有员工100多人，其中高、中级管理技术人员40多人。

公司依托济钢集团，秉承“认真做事，诚实做人”的开发经营理念，于2001—2004年管理建设了86栋楼，近40万平方米的济钢职工集资房；2002—2010年在省内外又成功开发建设了济南·茂岭花苑、德盛家园、华丰居、钢城新苑、现代逸城，日照·蓝天花园，海南三亚·温泉丽景等110多万平方米的商品房楼盘；2011年全年销售收入突破5.46亿元。

公司在加强基础工作的科学规范化管理，建立健全各项规章制度的同时，按照“内强素质、外树形象”的要求，积极推进公司品牌战略的实施。公司从2003年至今连续8年被命名为省级“守合同重信用”企业、济南市统计先进单位、2011年山东地产十大优秀企业、最具责任感品牌称号。公司所开发的现代逸城楼盘被评为山东地产十大明星楼盘、山东地产最具创新价值楼盘、济南十大名盘、济南十大放心楼盘。现代逸城二期项目获得济钢集团公司的效能监察一等奖。执行董事兼经理遇功民被济南时报举办的“济南地产年度总评榜”评为济南地产十大人物。

公司以优秀高标准的楼盘品质，诚实守信人性化的周到服务，赢得了广大消费者的肯定和认可。

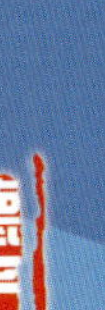

★荣誉证书★

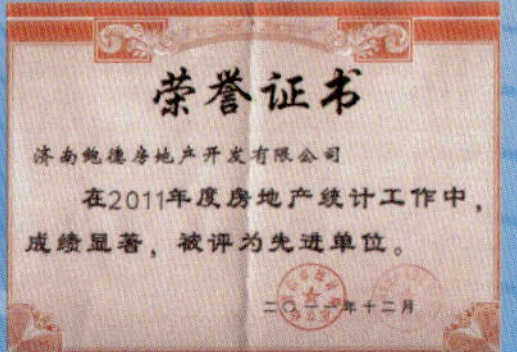

温泉丽景

茂岭花苑

华丰居小区

德盛家园

钢城新苑

日照蓝天花园

现代逸城（位于济南市解放东路34-1号，总占地10万平方米，总建筑面积27万余平方米，共24栋楼，其中住宅楼20栋，可容纳1400余户，项目于2009年7月开工。一期已于2011年5月1日交付使用，二期计划2012年9月1日交付使用。）

现代逸城

青岛柏高市政园林建设集团

青岛柏高市政园林建设集团有限公司（原青岛柏高建设集团有限公司），是集市政工程施工，公路工程建设，园林景观设计、施工，仿古建筑工程设计、施工等于一体的综合性施工企业，具有由住房城乡建设部颁发的市政公用工程施工总承包壹级资质和城市园林绿化企业壹级资质。

集团自成立以来，把握良好的市场机遇，并取得了长足发展。近年来，公司内抓管理，外拓市场，内强素质，外树形象，综合实力日益增强，率先在行业内通过了ISO9001质量管理体系认证、ISO14001环境管理体系认证和OHSAS18001职业健康安全管理体系认证；连续多年获省、市级“守合同重信用企业”荣誉称号。所承建的工程项目多次获得国家、部、省、市优良工程奖项，工程达优率95%以上。

集团公司现有从业人员700多人，其中高级技术人员25人，中级技术人员121人，一级建造师26人，二级建造师51人，公司自有各类施工机具190多台（套），施工机具配套齐全，技术力量雄厚，管理科学完善，具有较强的市场竞争力。

集团公司长期秉承“诚信守约、科学管理、稳步发展、服务社会”的经营理念，视诚信为企业生存之本，视质量为企业兴盛之基，视绿色品牌为企业奋斗的主题，积极参与市场竞争。在工程项目管理中，公司严格执行“安全第一，质量第一”的管理目标，以“让业主满意，让群众放心”为基本的考核条件，以“团结拼搏、争创最佳，品质第一、用户至上”的生产口号，严格履行合同承诺，具有良好的社会信誉。

公司将秉承“构建和谐建设文化，营造绿色人文环境”的企业使命，竭诚与国内外各界朋友协作共赢。

青岛海湾大桥桥梁工程

青岛市滨海公路工程

地 址：青岛市山东路40号广发金融大厦17层
电 话：（+86）532 86660266
传 真：（+86）532 86660278
邮 编：266071
地 址：www.china-parco.com
邮 箱：office@china-parco.com

部分工程案例

308国道拓宽改造工程

青岛市空港产业区路网建设工程

青岛国家高新区河东路工程

即平高速公路工程

即墨鹤山路工程

青岛市体育中心室外园林绿化景观工程

青岛市辽阳路——海尔路立交桥及立体绿化工程

青岛市南软件产业基地景观绿地工程

青岛绿韵市政园林集团有限公司

董事长　李　杨

公司成立于1993年，于2001年重组更名为现在的青岛绿韵市政园林集团有限公司。系世界杰出华裔理事长单位，山东省园林协会会员单位，山东省园林骨干单位。具有国家建设部批准的园林规划设计乙级资质和山东省建设厅批准的园林绿化施工三级资质。全面通过ISO9001：2008国际质量体系验证，ISO4001:2004环境管理体系认证，GB/T28001-2001职业安全健康管理体系认证。

集团下辖绿韵城乡规划设计院有限公司、绿韵集团建设发展有限公司、绿韵植物科学研究院三个实体公司。注册资金2700万元，实有资产总值过亿，现有高级管理人员60余名，员工360余名，主要从事人居环境的规划设计、施工、养护和稀有珍品树种的科学研究与保护。

公司成立以来，独立承担完成的规划设计项目和施工项目三百余项，2011~2012年的设计施工业绩尤为突出。其中，青岛都霖美景房地产景观工程、青岛高速公路绿化工程，山东招远开源实业有限公司景观工程、山东惠民乐安花苑小区设计及绿化工程，山东烟台海阳明珠商业区设计及绿化工程、山东淄博朱台镇道路绿化工程，以及青岛海事法院和青岛生建机械厂等等的绿化工程受到广大业主的好评，并多次获得省市级嘉奖。公司植物科学研究院基地1200余亩，建设紫薇、桂花等多个名贵品种植物专类园，并储备大量工程用苗。

近年来公司技术及科研实力得以长足稳定的发展，本科以上学历25 人，中级职称以上19人（包括高工5名），中级以上技工29人（包括高级技工6名），由公司员工撰写的多篇论文发表于省内外刊物。

集团公司业绩显著，《人民日报》、《大众日报》、《中国消费者报》、《山东园林》、《半岛都市报》等国家级、省级、市级新闻媒体多次予以宣传报道，推广绿韵集团的成功经验。

1

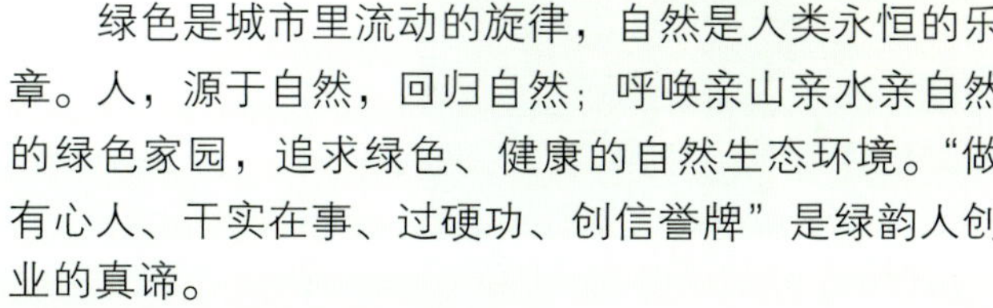

绿色是城市里流动的旋律，自然是人类永恒的乐章。人，源于自然，回归自然；呼唤亲山亲水亲自然的绿色家园，追求绿色、健康的自然生态环境。“做有心人、干实在事、过硬功、创信誉牌”是绿韵人创业的真谛。

1 青岛绿韵集团植物科技研发成果
2 山东平度惠园小区
3 山东招远开源实业有限公司
4 山东莱芜青草河
5 山东滨州惠民乐安花苑小区
6 青岛都霖美景

青岛经济技术开

QingDaoJingJiJiShuKaiFaQuGongPaiShuiZongGongSi

区工会主席孙茂廉观看职工技术比武

青岛经济技术开发区供排水总公司成立于1982年，系国有中（一）型全民所有制企业，从事自来水生产和供应、城市公用供水设施的施工和维修、市政建设工程设计和施工、仪表生产销售及水质监测等业务。公司现有资产4.6亿元，目前设计日供水能力为20万吨，现日供水量17.1万吨左右，最高日供水量达19.3万吨，输配水管线490公里。总公司下设八个职能部室、四个创收部门、一个客服中心、三个供水公司和三个水厂。

近年来公司走在了全省供排水事业改革的前沿，是省内同行业中首家通过ISO9002国际质量体系认证的公司，使质量管理与国际惯例接轨；2004年成立了省内唯一一家实行供水水质、排水水质监测一体化的检测站，建立了水厂工艺、水厂实验室、公司中心化验室三级检测体系。2010年6月，

供排水总公司客服中心

客服中心报装人员正在工作

发区供排水总公司

工作人员正在进行水质检测试验

工作人员正在将蝶阀更换为闸阀

监测站通过了山东省实验室资质认定评审组的复评审和扩项评审，成为全省第三家通过国家《生活饮用水卫生标准》106项认证的监测站。2008年投资建设成立客户服务中心，将报装、收费、呼叫系统等对外服务业务纳入一站式服务；随着保税港区规划功能的扩建，公司将供水服务管辖范围也相应进行调整，将保税区供水所升格为保税区供水公司；为优化出口加工区和红石崖办事处的投资环境，进一步完善提高公司的服务水平，成立了红石崖供水管理所；成立了中心调度室，为确保城市生产及居民生活用水的供水管网系统安全、可靠、合理地运行提供了有力的保障；为拓展对外创收渠道，成立了中润公用事业设计有限公司，主要承接给排水、热力、道路工程的设计。

公司2003年被青岛市信誉认定委员会认定为信誉AAA企业，2006年又通过复审；公司自1995年至今连续被评为青岛市文明单位，2005年被评为山东省和全国优秀县镇供水企业，服务品牌被评为青岛开发区十佳服务品牌；2006年至今保持省级文明单位称号；2008年至今连续四年在青岛市政风行风民主评议中排名第一；2009年被评为青岛市办事公开示范点。

水厂工人更换滤沙

2011年3月31日，胶南市两河抢修

山东齐鲁石化工程有限公司

董事长、总经理　刘士河

中石化集团公司总经理王天普与刘士河总经理亲切交谈

山东齐鲁石化工程有限公司（简称QPEC）始建于1971年，通过重组和改制，已经发展成为国内知名的综合性、科技型工程公司，是国家高新技术企业和中国化工行业技术创新示范企业。

QPEC资质齐全，拥有石化化工医药、石油天然气（油气库）、建筑工程甲级设计，以及岩土工程、工程测量、工程监理、工程咨询、工程造价咨询等甲级资质。具有A1、A2、A3、SAD类压力容器设计和GB、GC、GD类压力管道设计资格。

QPEC拥有一支专业配套、经验丰富的人力资源队伍，现有工程技术及管理人员600余人，中高级以上技术职称400余人，有国家各类注册工程师260余人。

总承包的抚顺石化8万吨/年MTBE装置，4万吨/年丁烯装置

公司监理建设的青岛1000万吨炼油装置

2010年度中国化工行业技术创新示范企业

公司设计的目前国内规模最大的苯乙烯装置——天津50万吨苯乙烯装置

QPEC技术研发能力雄厚，拥有专有技术23项，专利技术28项，成套工艺技术17项。40多年来，完成了50余套MTBE/丁烯-1装置、20多套苯乙烯装置、20多套丁苯/顺丁/丁基/异戊/丁腈等橡胶装置、多套生产规模世界最大的丙烷脱氢装置以及国内20余套大型乙烯和千万吨炼油工程的设计、监理、总承包。QPEC先后6次获得国家“鲁班奖”，50多项工程获得国家和省部级优质工程、优秀设计、优秀咨询等奖励，25项设计技术获得国家和省部级科技进步奖。

QPEC秉承齐鲁文化精髓，信守“让业主满意，让合作伙伴成功”的理念和“提供一流服务，建设优质工程”的承诺，热诚欢迎国内外朋友的光临，并愿与各位朋友携手共创美好未来。

公司监理建设的天津100万吨乙烯装置

公司设计的南京扬子10万吨丁苯橡胶装置

创以至诚，业以久远

2011年10月，公司与清华大学建筑学院、清华大学建筑设计研究院签订战略合作协议。公司董事长刘炳俊（右）与清华大学建筑设计研究院院长庄惟敏为战略合作单位揭牌。

山东创业房地产开发有限公司成立于1992年，具有国家房地产开发一级资质。公司涉及房地产开发、物业管理、商业贸易、园林绿化等多个领域，经过二十年的发展，现已淬砺成总资产超过30亿元，年开发能力50多万平方米的大型房地产企业。

公司自成立以来，牢固树立"诚信为本、质量第一、客户至上"的诚信经营理念，按照"以项目为载体，以效益为中心，以营销为主线，以开发为重点，以品质为保障"的总体工作思路，扎实开展各项工作，先后开发建设了世纪花园、泰和苑、颐丰花园、上城名府、齐悦国际城、金域东山、齐韵韶苑、御景大厦、创业城市广场、上品广场、上城府第、晓月馨园等二十多个项目。

在开发建设工作中，公司坚持"以设计为抓手，以质量为命门，以工期为重点，以效益为中心"的总体思路，注重对项目建设各环节的整合、统一和协调。在设计工作中，公司按照"名院、名人、名盘、名企"的工作要求，努力做好开发项目的规划设计工作。2011年公司与清华大学建筑学院、清华大学建筑设计研究院建立了战略合作关系，由清华大学建筑学院、建筑设计研究院为公司的开发项目进行规划设计，进一步提升了开发项目的设计水平。

在推进住宅产业化工作中，公司积极申报国家康居示范工程和住宅性能认定项目。目前公司开发的颐丰花园项目顺利通过了国家康居示范工程中期审查；齐悦国际城一、二期项目顺利通过了国家康居示范工程初审；上城名府项目顺利通过了2A级住宅性能中期审查；齐韵韶苑项目顺利通过了2A级住宅性能认定初审。

公司始终坚持"诚实守信"的市场行为准则，所开发建设的项目具有设计合理、质量优良、配套完善、价位适中、物业管理到位等优势，深受消费者欢迎，在社会上逐步树立起了"诚信、稳建"的企业形象。公司先后被住房城乡建设部授予"销售放心房履行承诺企业"，被中国房地产业协会授予"2009-2010年度中国房地产开发诚信企业"，被省发改委表彰为"山东省重点服务业企业先进单位"，被省住房城乡建设厅表彰为"山东省房地产综合实力50强企业"，被省房地产业协会评为"2010年度房地产开发诚信企业"，连续八届被省工商局评为"山东省消费者满意单位"，是省级"守合同、重信用"企业。

"让政府放心，让用户满意"一直是公司追求的工作目标。全体创业人将一如既往地坚持"铸质量品牌，创百年基业"的经营理念，努力打造创业"放心房"质量与诚信品牌，为居住文明及和谐社会的发展做出积极贡献。

——山东创业房地产开发有限公司

齐悦国际城（国家康居示范工程项目）　　齐韵韶苑（2A级住宅性能认定项目）

颐丰花园（国家康居示范工程项目）

淄博市煤气公司

淄博燃气

党委书记、经理　赵　颙

淄博市煤气公司成立于1979年4月，是全民所有制中型（一）类企业，被市委、市政府确立为淄博市天然气项目的业主单位，现拥有中石油沧淄管输天然气、中石油泰青威管输天然气、中石化济青管输天然气、中原油田LNG液化天然气四大气源供应保障。在全市形成了北至桓台，南到沂源，东进临淄，西及王村呈大"十"字形长达近260公里的天然气输配主管网。

近年来，公司坚持以科学发展观统领企业发展方向，解放思想，更新观念，转换机制，以改善淄博市能源结构为己任，积极探索清洁能源利用领域的发展新空间，为燃气行业的发展闯出了新路。2011年供气量突破6亿立方米，日供气量突破200万立方米，形成了"一家引气，有序经营，相互协作，共同发展"的天然气供应格局，为减少大气污染、优化产业结构、改善投资环境、促进经济发展做出了贡献，也开创了省内大规模使用天然气的先河，走在了"气化山东"、"环境立市"战略的前列。

安全稳定是燃气行业的重中之重。多年来，公司通过制度建设、设备更新、强化培训等行之有效的措施，各项安全工作正规运转，员工安全理念不断增强，应对紧急事件的能力不断提高。与此同时，公司始终坚持把加强企业管理作为企业树形象、求效益、谋发展的重要手段，积极探索科学的管理方法，并于2010年10月取得了ISO9001质量管理体系资质证书。

燃气事业，造福于民，前景美好。公司全体员工又站在了新的起点上，始终遵循"辛苦我一人，光热千万家"的服务宗旨和"绿色能源、惠通万家"的经营理念，千方百计地服务创新，兢兢业业地发展燃气事业，用洁净能源传播绿色文明，为建设和谐淄博而努力奋斗！

煤气公司与中石油签订长期合作协议

市委副书记、市长周清利(中)，市委副书记周连华(左)在公司党委书记、经理赵颙(右)的陪同下莅临现场指导工作

亚太地区最大的卫星式液化天然气站—杨寨液化天然气站

通过制度建设、强化培训、消防演练、宣传推广等行之有效的措施，不断提高公司员工安全理念和应急事件处置能力

天然气综合利用项目管道铺设工地—顶管作业

公司荣誉

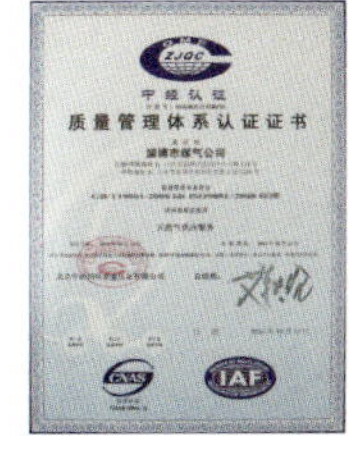

淄博绿博燃气有限公司

ZI BO LV BO RAN QI

董事长　张猛

总经理　赵颙

2011年，在市委、市政府和市公用局的正确领导下，公司领导班子带领全体员工，认真贯彻落实董事会决议，紧紧围绕全年工作目标，以安全运营为中心，不断完善管网设施建设，扎扎实实推进各项工作，实现了安全、稳定供气，圆满完成了各项工作任务，再次荣获“淄博高新区2011年度工业三十强明星企业”（位列第八），取得了较好的经济和社会效益。据统计，全年销气量较上年增长6%，销售收入增长13%，上缴税金增长4.6%。

这些成绩的取得，是董事会和全体员工共同努力的结果。这些努力，屈指数来，一年中精彩之笔是开辟了第二条气源代输通道。2011年以来，随着沧淄线上游用气量的大幅增加，公司能够从沧淄线下载的气量越来越少，由原来的148万立方米/日渐降至目前的不足60万立方米/日，并时常受到末端压力不稳的影响。新开通的由安平至周村代输气通道，极大地缓解了供需紧张状况，但由于受中石化管输能力所限，不能完全满足公司日益增长的用气需求。特别是进入冬季用气高峰期，供需缺口达30万立方米/日。为此，公司领导积极协调中石油、中石化和青岛泰能集团，让泰青威天然气通过青岛泰能集团、中石化济青管线代输至公司，并于12月12日顺利实现供气，弥补了冬季供需缺口，保障了所有用户的稳定用气，是公司气源协调工作的又一大创举。

行政部员工学习《责任决定一切》一书

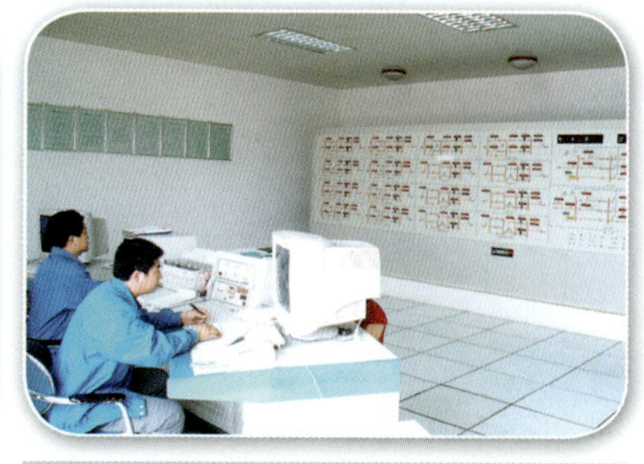
淄博天然气首站主控室

张店东部化工区燃气管网建设

博山天然气门站建设

博山天然气门站检测

博山天然气门站场景

公司荣誉

淄博诚挚燃气有限公司

总经理　杨本忠

淄博诚挚燃气有限公司成立于2005年1月，注册地为张店区淄博科技工业园，注册资本1123万元，现有固定资产2900多万元。资本构成为：淄博华油天然气利用有限公司出资573万元，占公司注册资本的51.02%，淄博鑫能能源集团有限公司出资350万元，占公司注册资本的31.17%，淄博荣德机械有限公司出资200万元，占公司注册资本的17.81%。公司是一家专业从事压缩天然气（CNG）经营的企业，内设运管部、财务部、企划部、办公室、维修中心五个部门，现有职工63人。公司的经营范围是：天然气销售，燃气设备、配件销售，燃气工程咨询等。2005年5月28日，公司第一座加气站——诚挚燃气第二加气站投入试运行，开创了淄博市加气站经营的先河。现我公司共有四座加气站（标准站一座，子站三座），分别位于淄博市中心城区的东、南、西、北四个方向，站点分布合理，地理位置优越，加气方便。自公司成立以来，公司领导班子始终坚持"严谨、务实"的工作作风，带领广大干部职工以优质的服务向社会提供稳定的气源供应，秉承"诚实守信、合法经营"的宗旨，按照市场经济规律规范运作，不断改革创新，服务社会。通过"内强素质，外树形象"，企业的知名度和美誉度不断提高，得到了社会各界和广大用户的支持和信任，经济效益逐年稳步增长，成为淄博市加气站行业的龙头企业。

淄博市政协副主席张建祥在总经理杨本忠的陪同视察加气站电子扫描工作

总经理杨本忠陪同江苏宿州市人大领导在公司视察工作

“庆七·一”组织党员到孔繁森纪念馆参观学习

标准站

第一加气站

第三加气站

第四加气站

大象置业集团有限公司是在枣庄市鑫城房地产有限公司的基础上，经过资产的优化配置于2008年12月经国家工商总局核准成立的房地产一级开发企业。集团经营以房地产开发销售为主导，涉及酒店经营、物业管理、建筑装修、园林设计、文化传媒等多个领域，拥有总资产18亿元，员工600余人，形成了多元化、集团化、规模化发展新格局。

集团秉承"干事创业、求真务实"的企业精神，本着集团化经营、规模化开发、高标准建设的目标，不断扩张经营规模，取得了良好的经济效益和社会效益。近几年来，集团先后开发了左岸春天、滕都帝景、远航第一国际、留园山庄、远航·未来城等项目，累计完成各类项目总投资42亿元，上缴利税约6亿元。2009年，公司一跃进入全市年度纳税企业排行榜前50强。

集团始终坚持精心设计，精心选材，精心施工，精心管理的原则，抓工程质量，抓企业信誉，高标准通过了ISO9001质量体系认证；企业先后被省工商局、市建委、市房协命名为"省级重合同守信用企业"、"房地产开发经营十强企业"和"诚信企业"称号；被金融部门授予"AAA"级信用企业。2010年，公司一举进入"山东省房地产开发综合实力50强"企业。2011年，公司被中国房地产协会授予"中国房地产诚信企业"荣誉称号。2012年，企业被山东省企业信用与社会责任协会授予"2011年度山东省优秀企业公民"荣誉称号。集团开发的左岸春天项目被省建设厅评为"省级花园式小区"；滕都帝景项目被省建设厅评为"省级优秀住宅小区"。

业绩属于过去，成功取决于未来。面对新形势、新格局、新机遇，大象置业集团有信心、有能力，在新的起点上进一步整合公司资源，完善服务功能，继续拓展经营领域和经营规模，不断增强企业核心竞争力，积极参与旧城拆迁改造、城中村搬迁及城镇商贸服务设施等项目，为建设"江北水乡、运河古城"幸福新枣庄做出更大贡献。

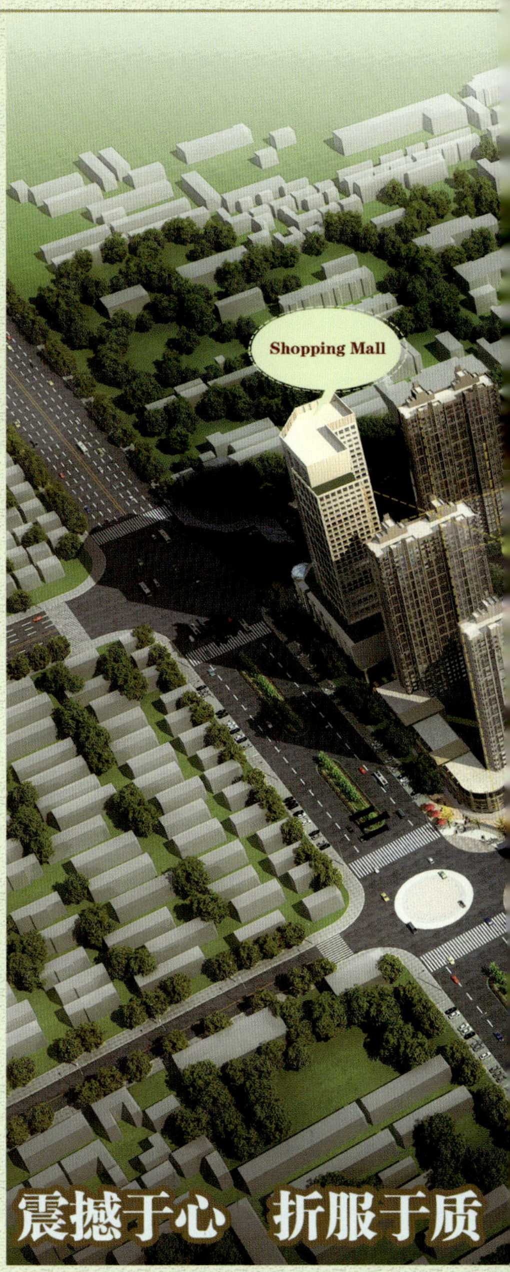

Shopping Mall

震撼于心　折服于质

五大项目

远航·第一国际

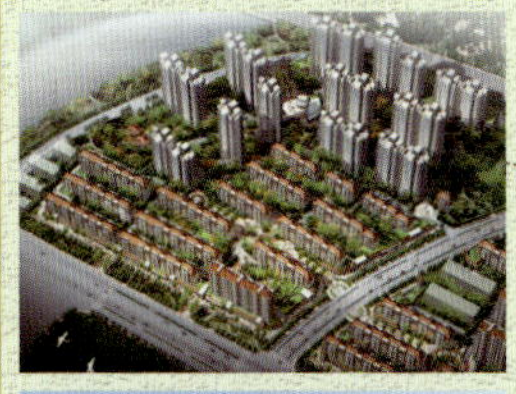

左岸春天

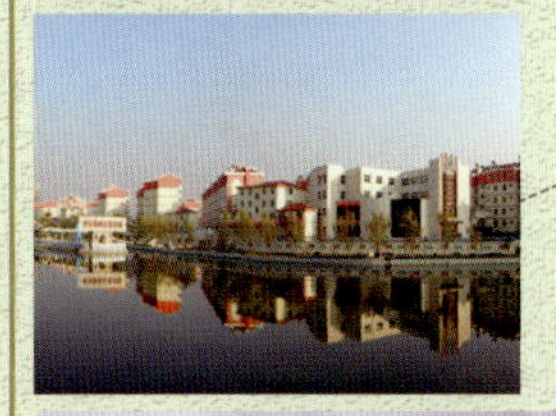

滕都帝景

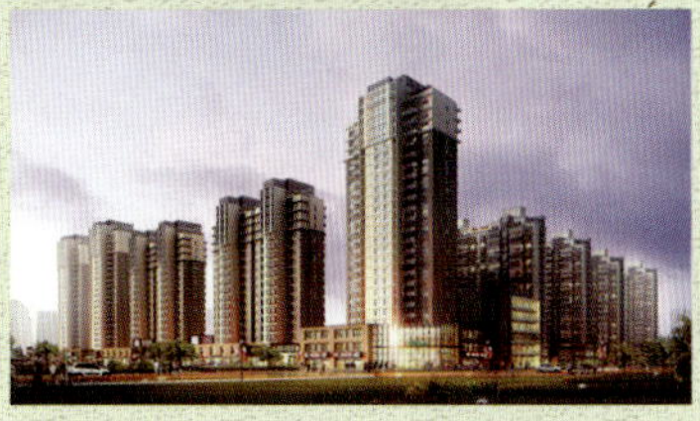

留园山庄

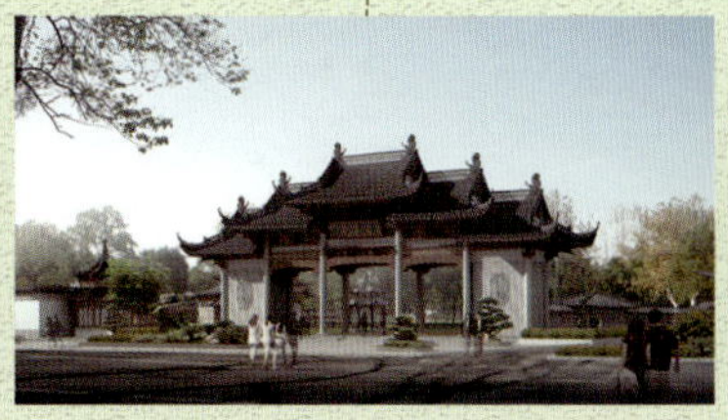

远航·未来城

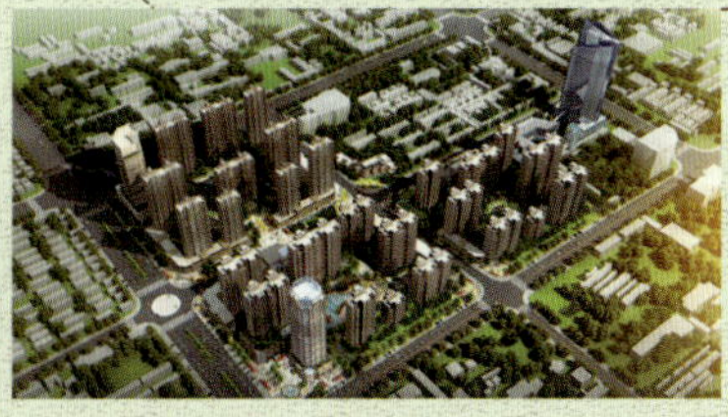

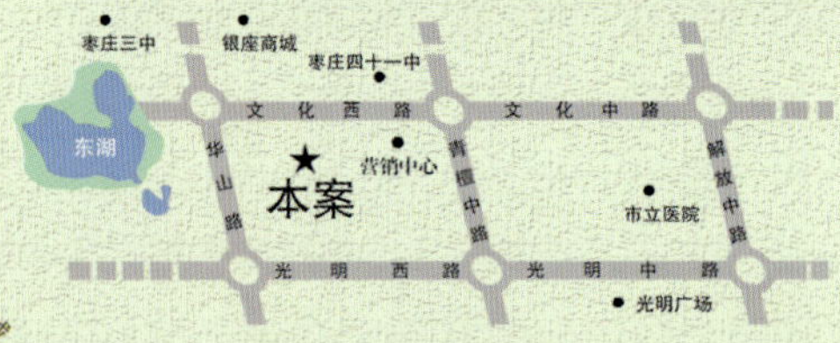

枣庄三中　银座商城　枣庄四十一中　东湖　文化西路　文化中路　营销中心　本案　华山路　青檀中路　解放中路　市立医院　光明西路　光明中路　光明广场

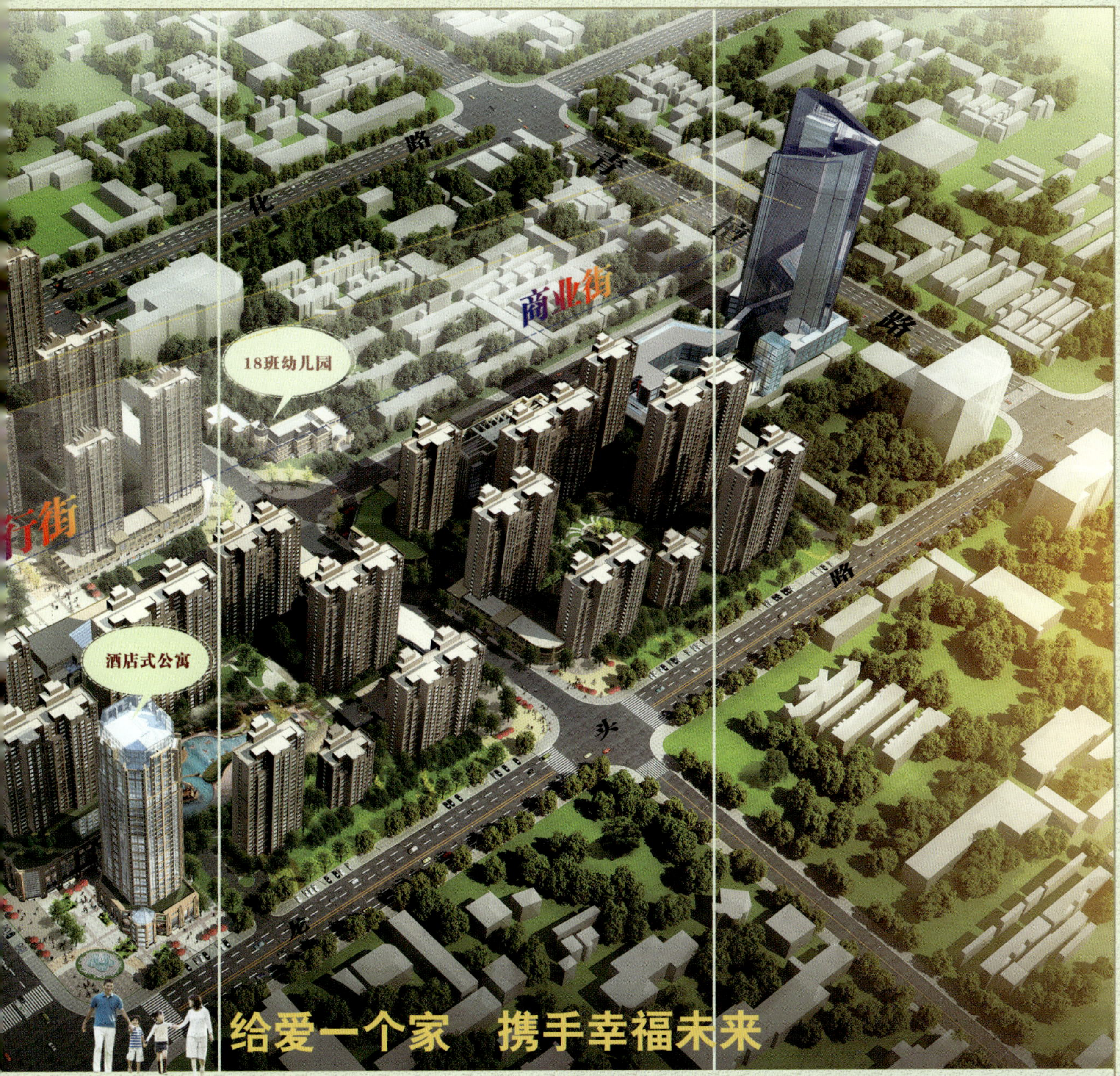

项目简介

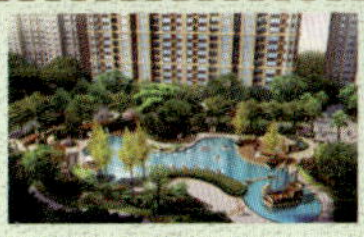
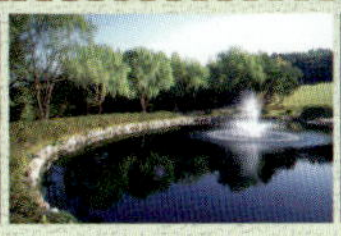
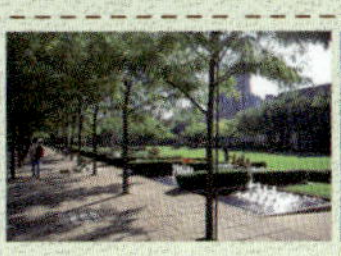
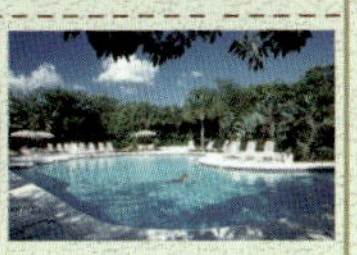

“远航·未来城”百万平米都市大盘，地处文化路和华山路交会处，枣庄第一个真正意义上的城市综合体，坐拥核心地段，项目紧邻多条城市主干道，交通便利，周边配套成熟，名校林立，项目自身配备18班的幼儿园，枣庄第四十一中学即在项目对面，文化路小学、鑫昌路小学、枣庄三中西校、枣庄十五中西校更是近在咫尺，从幼儿园一直到高中，充分保障您的孩子在家门口就可以享受到高品质的教育。小区北欧风情的皇家园林设计、星级的物业管理、多样化的户型设计；完善的生活、教育、餐饮、居住、购物、金融、娱乐配套，充分满足了小区居民的日常生活需求，是枣庄老百姓购房的最佳选择。

远航 未来城
OCEANGOING VOYAGE FUTURE CITY
【未来·从这里启航】

VIP专线：0632 +362 8888/ 8889

● 营销中心：枣庄市市中区文化西路（市农发行对面）　● 项目地址：山东·枣庄（文化西路与华山路交会处）

+开发商：大象置业集团有限公司　+全程代理：易居·中国　+建筑设计：上海凌境　+景观设计：香港博唯

本广告图文仅供参考，不作为合同要约附件，最终以政府批文为准，开发商保留最终解释权。

枣庄市市中区住宅建设开发公司

省住房城乡建设厅副厅长宋守军视察明珠花园

枣庄市市中区住宅建设开发公司成立于1979年，是枣庄市十强房地产开发企业之一，隶属于枣庄市市中区住建局。公司开发资质为三级，注册资金2060万元，自有流动资金8000万元，公司技术力量雄厚，专业技术人员26人，占职工总数的53%。公司在枣庄市、区两级建设行政管理部门的领导支持下，始终坚持“高起点规划，高标准建设，高效能管理，高档次配套，高水平服务”的原则，先后承建了市中区人民医院等十余项社会公益工程，开发建设了振兴小区、中兴花园、明珠花园、国泰花园、东湖明珠、枣庄老街等多处住宅小区，累计开发面积约150万平方米，共向社会提供优质商品房1.3万余套，完成建安产值15亿元，上缴各种税收

枣庄老街水舞台

国泰花园中心广场

明珠花园鸟瞰图

东湖明珠鸟瞰图

远眺东湖明珠

2.7亿元，为加快枣庄市商品住宅的产业化发展做出了积极的贡献。

枣庄市东湖明珠(小区)位于枣庄市文化西路以南、衡山路以东，东侧紧邻东湖公园，与东湖隔路相望，地理位置非常优越。东湖明珠（小区）占地5.6万平方米，规划建筑面积13万平方米，总投资额5亿元，小区绿化率达38.5%，开发建设12个单体楼，可入住居民1100户。东湖明珠（小区）2009年5月开工建设，将于2012年10月竣工。东湖明珠（小区）由枣庄市市中区住宅建设开发公司投资开发建设，由中国九冶建筑集团等六家施工企业施工，由苏州科技大学空间建筑研究所规划设计，规划设计按照人文与自然协调共存，物质需求与精神需求相结合、交通便捷的总体要求进行小区的规划，规划设计充分体现舒适、方便、优美、安全的以人为本理念，实现土地利用充分、空间丰富、环境优美、住宅功能合理的规划目标。

小区绿化实景

中兴花园绿化

东湖公园

枣庄市燃气总公司

市委书记陈伟来公司视察

总经理卢洪涛到一线指导工作

总经理卢洪涛做客政风行风热线直播间

枣庄市燃气总公司前身为枣庄市煤气公司，筹建于1982年，1984年实现供气，是山东省率先经营管道煤气的企业。1990年晋升为省级先进企业，现为中国城市燃气协会理事和山东省燃气协会常务理事单位。公司以天然气、煤制气、液化石油气的输配及销售为主，是集燃气输配、工程施工、新型建材生产销售、燃气具销售为一体的国有中一型企业。公司下设25个部门、1个全资子公司、2个控股子公司（分别为光明燃气工程有限公司、光明液化气有限公司和光明新型建材有限公司），现有职工520余人，总资产1.4亿元。拥有管道燃气居民用户12万余户（其中，天然气用户8万余户、煤气用户4万余户数），工业户3户，营业、福利户276户。现管网已经覆盖市中、薛城、新城、峄城、台儿庄和枣庄市高新技术开发区五个区。公司始终坚持科学的发展观，积极拓展燃气市场，拓宽公司发展渠道，不断深化企业内部改革，强化经营管理。在营销策略上，公司始终坚持“诚实守信、用户至上”的服务理念，积极开展创建“文明窗口”、“行业标兵”等活动，为用户提供方便、快捷、满意的服务。公司先后荣获了市级“文明单位”、“先进基层党组织”、“文明示范活动窗口”，省级“先进集体”、“行业建设示范单位”等荣誉称号。通过积极引进天然气，采取逐步置换的策略，进一步改善了居民用气质量，保证了安全优质供气。截至目前，在公司干部职工的共同努力下，已有8万余户家庭用上了洁净、高效的天然气。

ZAO ZHUANG SHI RAN QI ZONG GONG SI

安全生产培训

入户安全宣传检查

冬季安全供气活动动员会

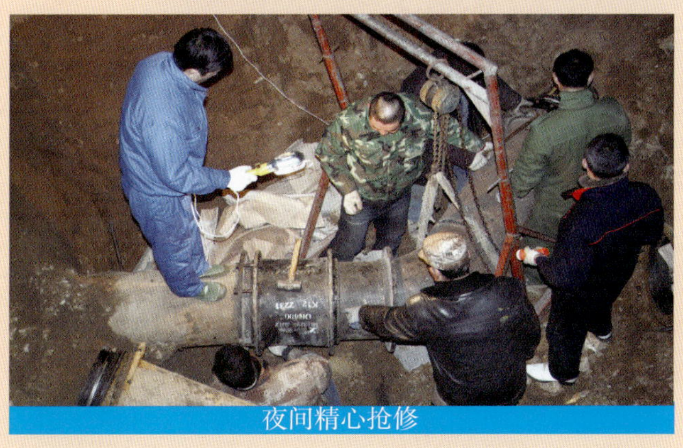
夜间精心抢修

庆祝建党90周年文艺演出

滕州供水 润泽万家

主任 彭友杰

滕州市城乡供水中心为企业化管理的副科级事业单位，始建于1964年。经过40余年的积淀和发展，现已发展成为集自来水生产经营为龙头，纯净水生产销售、水质检测、工程设计施工、预制件生产加工为依托的综合型、多元化集团公司。中心下设14个行政管理部门，6个三产辅业单位，现有职工近千人，固定资产3.18亿元，有荆泉、羊庄等6处水源地，3座二级加压配水厂，1座三级加压配水厂和4处独立供水区，装机总容量3000千瓦，供水能力达16万立方米/日，全市100 mm以上供水管道830公里，供水服务

国家水利部政策法规司司长赵伟视察滕州市荆泉水源地

省水利厅副厅长刘勇毅视察滕州市水质检测站

省水利厅党组成员、省纪委驻省水利厅纪检组长张建德莅滕视察供水工程

新建成的滕州市第三加压水厂

蓬勃发展中的滕州市城乡供水事业

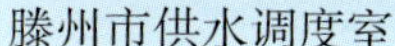
滕州市供水调度室

滕州市供水综合服务大厅

由城区延伸至农村，已覆盖14个镇（街）538个村（居）近100万人，基本形成农村供水城市化、城乡供水一体化的格局。

滕州起源、发展得益于水。水的无私、奉献、谦和、自净、包容的品格，渗透到滕州供水管理和服务的每个细节。近年来，滕州市城乡供水中心在滕州市委、市政府的正确领导下，在上级业务部门的支持指导下，秉承“水压足、水质优、服务好”的经营理念，坚持“让政府放心，让用户满意”为指针，立足于保障全市安全供水，强化管理，深化服务，各项工作取得显著成绩。滕州市城乡供水中心曾荣获“省级先进企业”、“全省规范化管理先进单位、全省水利系统文明单位、全省水利系统优秀企业、全省城镇供水管理奖”、“枣庄市百强企业、枣庄市诚信单位”、“滕州市优质服务最佳单位”等荣誉称号。

滕州市荆泉水源特级保护区和谐美丽

淄博宏远建设监理有限公司

氟硅材料产业园

金诚石化办公楼

桓台县文体中心

桓台县惠仟佳

宝龙大厦

桓台二中

淄博宏远建设监理有限公司成立于1997年4月，具有房屋建筑工程监理甲级、公路工程监理丙级、招标代理乙级、造价咨询乙级资质，可以承接房屋建筑工程、公路工程的工程监理、招标代理、造价咨询及工程建设咨询等业务。

在近十几年的发展过程中，公司积累了丰富的监理经验，形成了一支专业技术、管理水平、道德素质较高的专业监理队伍，现有各类专业技术人员90余人，其中高级技术职称26人，中级职称48人，国家注册执业资格人数28人。

近年来，公司始终坚持“业主至上，科学监理，热情服务”的经营宗旨，深化内部经营机制和管理体制改革，大胆开拓市场，实施超前监理，赢得了建设单位的信赖。开辟了莱芜市钢城区、威海市乳山区、东营市河口区、内蒙古通辽市、河北廊坊等地区建设监理市场。先后承接了桓台文体中心、齐鲁医院桓台分院、惠仟佳广场、少海花园、山东金诚石化办公楼、宝龙大厦、山东东岳氟硅材料产业园等2000多个工程项目监理，总建筑面积800多万平方米，总投资100多亿人民币，监理的工程项目合格率达100%，并获得1项“鲁班奖”、1项“广厦杯”住宅小区、5项“国家优质工程”、8项“泰山杯”。

公司连续10年被市政府、市建委评为“先进监理企业”，被住房城乡建设部、中国建设监理协会评为2009年度“共创鲁班奖”企业，公司被评为2010年度“山东省先进监理企业”。

公司坚持以重质量、抓安全、创品牌为主线，以文化为核心、以人才为根本，不断优化管理，提升效益，提升公司的核心竞争力，把公司做强，做实，做大。秉承“守法、诚信、公正、科学”准则，以“诚信公正、优质服务、质量第一、信誉至上”为宗旨，用“科学管理、规范运行、标准作业、专业服务”的管理理念，竭诚为各界提供全方位、规范化的监理、代理、咨询等服务。

先进监理企业

鲁班奖

齐鲁医院桓台分院“鲁班奖”工程

滕州市房地产综合开发公司

滕州市房地产综合开发公司成立于1987年，国家壹级资质开发企业，年开发规模30万平方米，年产值达10亿元，现有员工162人，其中各类专业技术人员120人，已累计开发总面积500多万平方米，工程合格率100%，优良率50%以上。2002年，公司顺利通过ISO9001：2000质量管理体系认证，是鲁南地区资质较高、规模较大、技术和资金力量较为雄厚的开发企业之一。

近年来，公司坚持秉承“责任、诚信、团结、创新、卓越”的滕州房产精神，以“做鲁南地区房地产开发的领跑者，建适宜人居的低碳环保社区”为目标，在规划建设中注重营造绿色生态环境，在施工工艺上采用高科技外墙保温板等新材料、新技术，在设备配套、功能完善等诸多方面都投入了大量的精力和资金，不仅加大了住宅的科技含量，确保了工程质量，而且建筑造型和色彩更加美观，大大提升了业主的生活舒适度，不断打造着一座座城市精品工程。

公司先后荣获2009年度“山东省诚信企业”；2010年度“山东省房地产开发综合实力50强企业，山东省房地产价格调查先进单位”；2012年度“中国房地产开发企业500强”等荣誉称号。

建设中的碧水云天·中央城项目A、B区

正在开工建设的阳光丽景二期项目鸟瞰图

公司荣誉

潍坊华润燃气有限公司

潍坊华润燃气有限公司由华润燃气（控股）有限公司、山东实华天然气有限公司、潍坊市坊子区燃气热力公司、河南中原绿能高科有限责任公司共同出资组建，并由华润燃气（控股）有限公司控股，注册资金2000万元，位于山东省潍坊市坊子区，是一家具有燃气建设、经营资质的中外合资企业。

公司于2012年2月8日正式更名运营，现有储配站一座，具有中石油、中石化管道天然气双气源、LNG（液化天然气）、CNG（压缩天然气）三大供气系统，日供气能力40万立方。管网敷设高、中压供气主管网140余公里，发展居民用户3万余户，工商业用户40余家。公司拥有专业高效的管理团队，先进的维抢修技术及能力。

公司积极推广管道燃气、车用燃气及燃气器具销售等业务。秉承专业、亲切、高效的服务理念，提供安全清洁能源，努力提高环境质量，不断改善人们生活，为潍坊市的经济发展、环境建设、城市文明做出了贡献。

总经理　高峰

公司2012中层经理人竞聘会

公司年度客户联谊会

公司在政府为民服务中心设立的窗口

燃气安全活动进社区

管道连接新工艺探索

公司员工餐厅

潍坊华润燃气有限公司供气站一角

山东潍坊东盛园艺有限公司

Shandong Weifang Dongsheng Gardening Co.,Ltd.

山东潍坊东盛园艺有限公司位于潍坊市高新技术产业开发区，前身是潍坊市林业局下属事业单位——潍坊市花卉苗木良种繁育试验场，始建于1996年，2002年改制为民营企业。公司注册资本1000万元，截至2011年12月底公司总资产5.8亿元。

公司在潍坊、海南拥有苗木繁育基地1000余亩，现代化日光智能温室展厅6600平方米，各类生产温室30000平方米。2011年公司通过了ISO9001质量管理体系认证、ISO14001环境管理体系认证、ISO28001职业健康安全管理体系三大体系认证，并被山东省科技厅认定为"高新技术企业"。

十六年来，公司始终秉承"诚信、创新、发展、共赢"的企业宗旨，本着"绿色改变生活"的理念，以"生态建设"为己任，坚持科学管理，为潍坊市的生态建设做出了突出贡献。

公司坚持实施品牌战略，承建的"潍坊市植物园改扩建工程"，于2011年荣获"全国优秀园林绿化工程奖"金奖；"白浪河上游生态湿地公园"被评为国家AAAA级景区；"浞河五行风情文化带景观工程"获批国家水利风景区和3A级景区。目前正在建设中"白浪河下游北辰绿洲"、"青州南阳河综合治理"和"潍坊滨海盐碱地改良生态示范园暨白浪河入海口生态示范带"等大型景观绿化工程进展顺利，并将如期竣工。

全国政协主席贾庆林、国家副主席习近平、住房城乡建设部领导先后到"潍坊市植物园改扩建工程"和"潍坊市白浪河上游生态湿地公园"视察并给予充分肯定。2010年10月，姜大明省长视察公司以BT模式建设的园林式九年一贯制潍坊高新区实验学校，并给予高度评价，该项目也成为潍坊市民营企业投资教育产业的经典案例。

多年来，企业的蓬勃发展也得到了社会各界的广泛赞誉。公司先后荣获全国"十大花卉基地"、山东省"十佳苗圃"、山东省"十佳花卉企业"、"林木科技先进单位"、"科技兴农先进单位"、市"民营科技企业"、市级"农业产业化龙头企业"等荣誉称号。

"十二五"期间，公司将紧紧抓住潍坊地处国家蓝黄战略重叠区跨越式大发展的有利时机，以绿色环保为突破点，将高效生态与园林绿化产业进行良好的结合，努力成为绿色生活的开拓者、建设者、经营者。

● 原国家林业局党组成员、中国林科院院长兼党委书记、中国花卉协会会长江泽慧来公司视察工作

● 公司承建的"潍坊市植物园改扩建工程" 2011年荣获"全国优秀园林绿化工程奖"金奖

● 公司承建的园林式九年一贯制学校——潍坊高新区实验学校

● 公司承建的"浞河五行风情文化带景观工程"获批国家水利风景区和3A级景区

● 公司承建的"白浪河上游生态湿地公园"被评为国家城市湿地公园、国家AAAA级景区、国家级水利风景区

白浪河湿地初雪

昌乐华宏置业有限公司

总经理　刘增胜

昌乐华宏置业有限公司成立于2001年7月，原名昌乐县华宏房地产开发有限公司，后几经发展和改制，逐渐成为一个具有较强实力的房地产开发公司。公司秉承投资稳健诚信的经营理念，着眼未来，涉足住宅、公寓、写字间、学校等多种房地产项目的开发经营。先后开发建设了昌乐县恒安小区、昌乐双语学校、昌乐育才幼儿园，颐和家园小区正在开发建设中。

颐和家园小区东依万松山，南临县城最靓丽的昌盛街，西距汽车站不足1华里，北与闹市区紧紧相依，昌乐一中、实验高中、特师附小、育才双语学校、育才幼儿园在其周边分布，出行、居住十分方便而又不失幽静，风景秀丽，空气新鲜，自然环境与周边环境相得益彰、浑然天成，是县城不可多得的黄金宝地。颐和家园的建设，集22层写字楼、大型住宅群落、裙楼临街商业于一身，融办公商务、休闲居住、潮流购物于一体，是昌乐县城区建设的一靓点工程。

颐和家园项目，总投资约2.6亿元，总占地11万平方米，总建筑面积13万平方米，机动停车位1400余个，总居住户数1100余户，居住人口达3400余人，由上海柏恩建筑设计有限公司规划设计，秉承人本、自然、文化、融合的设计理念，设计新颖、结构合理、功能齐全。昌乐华宏置业有限公司以高度负责的精神，信守承诺，诚实履约，争分夺秒促进度，一丝不苟抓质量，万无一失保安全，把颐和家园项目建设成精品工程、亮点工程，拉动了城区建设的品位，为业主营造一个舒适的环境，为商家搭建一个升值的平台。

投资建设的幼儿园

开发建设的颐和家园

开发建设的颐和家园

开发建设的颐和家园

投资建设的育才双语学校

中建三局建设工程股份有限公司

潍坊市委书记许立全视察艺术中心项目

潍坊前市委书记张新起视察艺术中心项目

中建三局董事长陈华元视察潍坊艺术中心

中建三局工程总承包公司总经理陈保勋雪后视察工地

中建三局建设工程股份有限公司（以下简称公司）具有房屋建筑工程施工总承包特级资质。公司先后承建了上海环球金融中心、央视新址CCTV大楼、香港环球贸易广场工程（香港第一高楼）、天津市117工程等一大批国家和地方重点建设项目，其中100项工程荣获鲁班金像奖/国家优质工程奖，是全国获此殊荣最多的单位之一。公司两次荣获“全国五一劳动奖状”，多次被评为“全国质量效益型先进企业”、“建设部十佳企业”等荣誉称号。

由中建三局承建的潍坊市文化艺术中心项目位于市机关综合办公大楼以南，总占地472亩，为组团式城市综合体项目，包括5个组团9座建筑，分别为城市规划艺术馆、劳动人民文化宫、青少年宫、图书馆、科技馆、大剧院、音乐厅、配套商业设施及景观双塔等，总建筑面积约32万平方米，总投资34亿元。

工程由新加坡国际规划设计大师刘太格先生设计，创意取自潍坊风筝灵感，造型新颖，空间飘逸，像展翅的风筝，寓意为“飞的意味”。建筑色彩充分吸取地方风筝、年画、剪纸色彩元素精华，传统与现代结合，既有民族传统韵味，又有现代风格的建筑形态与景观空间，塑造出象征城市飞跃发展的标志性建筑。

项目总承包管理模式近似于设计—采购—施工（EPC）的工程总承包管理，中建三局作为该项目的总承包方，承担着项目的全部施工管理任务，并对整个工程的质量、安全、工期、造价全面负责。工程涵盖了全部的深化设计及设备采购任务，施工内容包含土建、钢结构、机电安装、幕墙、室内装饰装修、室外园林景观、河道、桥梁、道路以及城市家具等。项目建设过程中，通过积极探索推行项目总承包管理模式，努力把项目打造成世界一流、国内领先的城市综合体。

工程先后获得了中建总公司CI形象金奖、山东省建筑工程安全文明施工现场、全国AAA级安全文明标准化诚信工地、山东省优质工程奖（泰山杯）、全国优秀质量管理小组、全国工人先锋号、中国建设工程鲁班奖等。

公司荣誉

鲁班奖奖牌和奖杯

中建三局建设工程股份有限公司承建的潍坊文化艺术中心项目二组团工程荣获
AAA级安全文明标准化诚信工地
中国建筑业协会
二〇〇九年四月

3A级全国安全文明标准化诚信工地

项目经理简介

肖华，中共党员，高级工程师，武汉大学工学博士，MBA，国家A级项目经理，一级注册建造师，英国皇家特许建造师，主持过多个国家重点项目建设任务，现任中建三局山东区域公司常务副总经理。他爱岗敬业，无私奉献，在工程建设领域作出了卓越贡献，多次被评为先进工作者，优秀共产党员，十大杰出青年，全国优秀项目经理，国家AAA诚信项目经理等荣誉称号。2011年，他任项目经理的潍坊文化艺术中心项目荣获该年度国家质量最高奖——“鲁班奖”。

潍坊市文化艺术中心总体平面规划图

潍坊昌大建设集团

Weifang Changda Construction Group

潍坊昌大建设集团有限公司创始于1949年，是集项目投资、规划设计、房地产开发、工程建设、工程配套、运营管理、金融服务于一体的综合性建设集团，是潍坊市建设行业龙头企业。企业注册资本4.7亿元，资产总额超过50亿元。现有员工3000余人，各类专业技术人员1100余人，其中中级以上专业技术人员600余人，一、二级注册建造师、建筑师等执业人员300余人。现有专业分公司22个，全资、控股子公司10个，参股公司4个。已通过质量、环境、职业健康安全国际标准认证。

集团始终践行“站着做人、跪着服务”的服务理念，秉承以“专业人士、专业技术、专业公司、专业服务”替业主省钱的服务思路，为社会提供从工程设计、投资、施工到竣工后保修、维修的全生命周期服务，坚定不移打造品质建筑。2011年共创出“鲁班奖”工程1个，“国家优质工程”1个、“泰山杯”、“山东省市政金杯示范工程”等市级及以上名牌工程37个；集团公司入选中国建筑业竞争力百强企业、全国工程建设质量管理优秀企业、中国施工企业管理协会科学技术奖技术创新先进企业等荣誉称号。

集团坚持“技术立企、质量兴企、服务强企”，积极推进实施差异化竞争战略、多元化发展战略和品牌发展战略，通过整合管理流程、打造企业资本运营平台，逐步实现从承包商向投资商再向城市综合运营商的商业模式升级，为社会创造价值，为员工谋求福利，做一家具有高度社会责任感的企业。

地址：山东省潍坊市潍州路696号
邮编：261031
电话：0536-2108168
网址：http：//www.wf-changda.com

北川人民医院鲁班奖奖牌

北川人民医院鲁班奖奖杯

阳光大厦工程荣获2011年度国家优质工程奖

潍坊奥体公园体育场工程荣获2010年度国家优质工程奖

全国市政金杯示范工程—玄武街

泰山杯工程——风筝广场

白浪河综合整治工程

北川羌族自治县人民医院工程荣获2010—2011年度中国建设工程鲁班奖

山东永胜建设集团

董事长　叶　露

山东永胜建设集团，总部在山东省济宁市洸河路22号新闻大厦。为国家一级房屋建筑工程总承包企业，年施工产值19.7亿元，拥有资产3.2亿元。集团下设山东洪通水利施工有限公司、山东装饰工程有限公司、泗水永胜房地产开发有限公司、泗水信捷物业有限公司、济宁居都装饰设计有限公司、澳高新型建材厂等6个子公司及多个土建、安装、设备租赁等分公司；建筑市场覆盖山东、海南、四川等省市。并于2000年与北京城建集团实施联合经营，创造了多项品牌工程；注册了京投投资有限公司，开展BT、BOT业务，与建筑形成有机产业链，创造了巨大的经济效益。发展到现在，公司具备了强大的经济实力，技术力量雄厚，施工设备先进，管理经验丰富，已经成为开放性、多层次、跨地区、跨行业的综合施工企业。

多年来，公司始终奉行“以质量求生存，靠信誉谋发展，抓管理促效益”的经营方针，信守“优质快速、安全低耗、质量第一、用户至上”的宗旨，在赢得良好社会信誉的同时，取得了优异的经营业绩，企业也得到快速发展。

公司始终坚持工程质量与安全文明齐抓共管，不断完善质量管理体系，近年来创建了多项国优、泰山

文体中心鸟瞰图

新闻大厦办公楼

圣都国际会议中心

科苑会馆

祥和花园工程

杯、省优工程，在济宁市同行业中名列前茅，连续被授予“济宁市综合实力十强总承包企业”及“十佳质量管理企业”称号。并荣获山东省质量管理先进单位、山东省安康杯优胜单位等称号。

随着信誉的不断提高，山东永胜建设集团有限公司被金融系统评为“AAA”诚信单位，被国家工商行政管理总局评为国家级“守合同、重信用”单位。

公司将一如既往地坚持“建一个工程，树一座丰碑；送一片真情，交一方朋友”的方针，与各界朋友共创美好明天。

附院门诊、医技、病房综合楼

山东齐鲁城市建设管理有限公司

SHANDONG QILU CHENGSHI JIANSHE GUANLI YOUXIAN GONGSI

董事长、总经理 王 华

单县商务中心（荣获“泰山杯”奖）

援建项目：羌族特色商业街（荣获“泰山杯”、“天府杯”奖）

公司简介

山东齐鲁城市建设管理有限公司成立于1994年5月，隶属于济宁市住房和城乡建设委员会。具有国家房屋建筑工程甲级监理资质，市政公用工程甲级监理资质，公路工程乙级监理资质，机电安装工程乙级监理资质，水利水电工程乙级监理资质，造价咨询乙级资质；工程建设项目管理、项目招标代理、设备招标、政府采购资质；起重机械检测检验资质。率先通过ISO9001质量管理体系、ISO14001环境管理体系和OHSAS18001职业健康安全管理体系三位一体认证，“AAA”信誉企业，省级“重合同守信用企业”，中国建设监理协会会员单位，《建设监理》理事单位。

公司目前下设两个全资子公司：济宁华宁建筑起重机械检测检验有限公司、济宁圣华造价咨询有限公司，五家分公司，一所综合实验室。现有各类专业技术人员1000余人，其中教授级高工2人，高级技术职称人员31人，中级职称人员326人，国家注册监理工程师50人，国家注册造价师13人，注册安全工程师6人，国家一级建造师12人。各类专业齐全，知识结构、年龄结构合理。凭借雄厚的技术力量和良好的社会信誉，连续多年被省、市建设主管部门授予“全省工程建设监理先进单位”、“山东省建设系统先进单位”、“山东省援川工作先进集体”、“济宁市建设监理先进单位”、“济宁市安全生产工作先进单位”，荣获2006山东省“最具潜力与竞争力品牌”称号，荣获“2010中国工程监理行业先进企业”。在工程建设中取得了卓越的成绩，2009年以来获11项山东省“泰山杯”质量奖和3项四川省“天府杯”质量奖。

公司发扬“团结奋斗、务实高效、争

创一流”的企业精神，依靠企业信誉、人力资源和规范管理的优势，承揽了不同规模、类型众多的工程监理任务，其中不乏各个地区或行业的标志性建筑。公司经营地域以济宁为中心并辐射省内和省外市场，先后在临沂、日照、枣庄、菏泽、德州、烟台、泰安、济南、河南、四川、内蒙古、新疆、宁夏等地开展了监理业务。

在未来的发展中，山东齐鲁城市建设管理有限公司将更注重企业文化建设和制度创新，开发基于网络的办公平台，全面实行微机辅助管理，购置大量的检测设备仪器进行工程实体检测，使监理工作实现规范化、标准化、科学化。坚持“科学管理、热情服务、公正廉洁、质量第一”的质量方针，遵守落实“准确实现监理合同，业主满意度达到100%”的质量目标，竭诚为建设单位提供全过程、全方位的监理服务。

电话: 0537-2607980
传真: 0537-2607980
网址: http://www.jnjsjl.com/
邮箱: jnjsjl@163.com

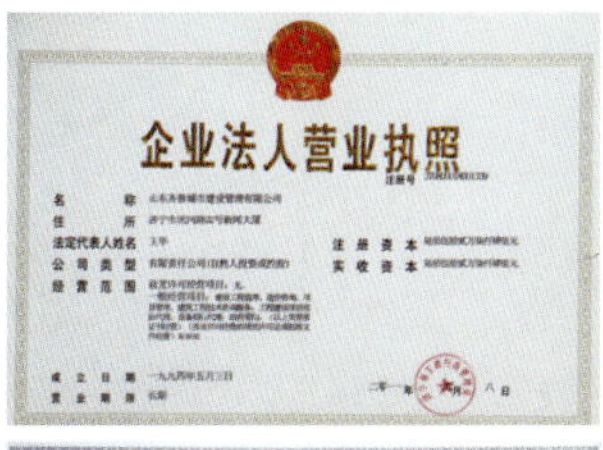

山推研发大楼（荣获“泰山杯”奖）

援建项目：北川县温泉片区安居房（荣获“泰山杯”、“天府杯”奖）

无线电厂高层住宅（荣获“泰山杯”奖）

新泰市市中第一建筑工程公司

团结奋进的公司领导班子

新泰市市中第一建筑工程公司始建于1964年，是集工程总承包、房地产开发、物业管理、压力管道设备安装、对外承包工程等于一体的综合性企业。现拥有房屋建筑工程总承包一级、房地产开发二级、物业管理二级、特种设备压力管道安装GB2级、GC3级和对外承包工程资质，以及机电设备安装工程、建筑装修装饰工程、起重设备安装工程等多项专业承包资质。

公司下设6委会7中心17部室，13个工程项目部，下属房产开发公司、置业投资公司、物业管理公司、压力容器公司、路桥工程公司。现有员工3725人，其中一级注册建造师14人，高级职称26人，中级技术职称191人。企业注册资金5200万元，主营工业与民用建筑工程的施工安装与装饰，开发年建设能力达5亿多元。2007年相继通过ISO9001：2000质量管理、ISO14001环境管理和OHSAS18001职业健康安全管理三大体系认证，是全省“讲诚信，重信誉，创品牌，重安全”的优秀建筑企业。

近五年来，公司共创省级安全文明小区2项

公司办公楼

计43个工程，省级安全文明示范工地4项，省级安全文明优良工地12项，山东省建筑业最高质量奖“泰山杯”小区1项计20栋楼和“泰山杯”工程1项，泰安市级安全文明工地39项；省优和质量诚信、用户满意工程16项，泰安市级优良工程58项。其中，新泰市秀水花园小区先后被评为省级安全文明小区、省级节能环保示范小区、省级物业管理优秀住宅小区和山东省建筑业最高质量奖“泰山杯”小区工程；福田花园北区工程获得省级安全文明小区和全国AAA级安全文明标准化诚信工地荣誉称号。

近五年来，连年被新泰市、泰安市评为建筑业先进单位、纳税先进单位、工会先进单位等荣誉称号；先后获得山东省文明单位、山东省诚信企业、山东省建筑工程安全管理先进单位、山东省“十佳安全管理”企业、山东省安康杯竞赛优胜企业、山东省建筑业质量管理先进企业、山东省“守合同、重信用”企业、山东省管理创新优秀企业、山东省资金信用AAA级企业、支持省体育局棋类事业先进单位、“恒丰杯”世界象棋锦标赛“支持象棋事业奖”、全国AAA级诚信经营企业、全国优秀施工企业等荣誉称号。

新泰市桃园商务大酒店综合楼（泰山杯工程、省级安全文明示范工地）

新泰市青云街道办事处办公楼（泰安市优良工程）

新泰市人力资源大厦（省级质量诚信用户满意工程）

新泰市秀水花园小区（泰山杯工程、省级安全文明小区、省级节能环保示范小区、市“花园式”小区）

诚信服务树品牌　专业品质塑形象

——山东新矿集团泰兴物业有限公司

山东能源新矿集团泰兴物业公司发展十多年来，始终坚持“以人为本，服务诚信”的服务宗旨，致力于做国内优秀品牌物业服务企业。作为一家大型物业服务企业，泰兴物业被评为山东省“守合同、重信用”企业，中国物业管理行业承担社会责任优秀企业，所辖项目多次获得国家级、省级荣誉。

董事长、总经理　史连池

以诚为本，细化服务，树立品牌

泰兴物业公司将“以人为本，服务诚信”的服务宗旨贯彻始终。2012年，公司健全了领导带班制度、示范化服务考核、巡检交流制度等，将服务标示、服务着装、服务标准“三统一”的具体要求细化到具体服务中，持续加大环境卫生治理、秩序维护考核力度，经常性开展社区环境整治、文明卫生创建活动，着力细化服务流程，强化服务功能。为更好地体现“以人为本，服务诚信”的服务宗旨，提高物业服务工作的透明度，公司创建了物业服务收费网络管理系统、换热站运行无人值守监控系统，实现了资源共享，提高了物业服务的科技含量，改变了物业服务企业科技含量低的历史，增强了物业服务的能力和水平。

团结奋进的公司领导班子

泰兴牢固树立“接一幢物业、树一个品牌”的服务理念，以创建服务精品为先导，以凸现产品和服务在用户眼中所具有独特价值为目的，在服务模式和达标创优上做文章，持续提升服务品质。2012年，公司确定了将新矿集团办公大楼通过“全国物业管理示范大厦”验收复审的目标，并力争将内蒙能源公司综合办公楼创建为“省级物业管

新矿集团办公大楼（全国物业管理示范大厦）

理示范大厦”，将泰安嘉和新城小区创建为“省级物业管理示范小区”，在业内打响“泰兴物业”服务品牌。

严格管理，技术创新，专业取胜

泰兴物业从加大内部挖潜、提高服务质量入手，先后细化了经营考核、物业投标、档案管理及市场开拓等考核制度，健全和完善了以价值创造为核心的全员业绩评价体系。特别是通过以市场拓展、客户管理、服务创新、技术操作、运营管控能力以及改革措施的出台，堵塞了管理漏洞，强化了风险控制，使公司管理目标更加明确，职责权限更加明晰，过程控制更加严格，服务流程更加优化。公司以提升人员专业技术和人才素质为重点，先后投入100余万元，采取校企联合办学、学练提争活动等形式，精心搭建学习、技能、培训、竞赛“四大平台”，多渠道、广层次地组织开展物业服务技能大赛、礼仪服务技术比武、“安康杯”劳动竞赛，全面提高员工职业道德知识技能和文化素养，为公司持续发展提供强有力的人才支撑和智力保障。

科技是第一生产力。泰兴物业把推广应用“新技术、新工艺、新材料、新设备”作为实施科技兴企的重要抓手，把技术创新作为引领企业发展的主要驱动，积极谋求服务模式升级换代，着力在规范化、标准化、精细化上做文章，在改变传统工艺、提高核心竞争力和服务质量上狠下工夫。今年以来，公司新接管了一批资源条件好、经济效益好、市场有保障的以泰安樱桃园山庄及新矿会所等为代表的大型服务项目，扩大了市场占有率，为实现稳中较快发展注入了新活力。

乘风扬帆正当时，凌峰阔步展宏图。如今，在山东能源“明德立新、包容超越”的理念引领下，奋进中的新矿集团泰兴物业公司将紧紧围绕“内强管理、外拓市场；品牌引领、服务创新”的新一轮发展战略，按照“转方式、调结构、增能力、强水平”的总体思路，不断推进服务模式转变，强化核心能力建设，以搏击沧海的大胆略、大气魄不断推动企业实现大变革、大发展。

公司服务的“省优物业示范小区”新矿佳苑

公司服务的新阳能源社区

公司服务的泰安嘉和新城小区

全国物业管理示范大厦新巨龙公司办公大楼

山东中正热力集团有限公司

山东中正热力集团有限公司（以下简称公司）成立于2003年4月，坐落在驰名中外的泰山脚下，注册资金1000万元，是专业从事城市集中供热基础设施设计、建设（施工）、运营及相关产品设计、生产制造的大型民营企业。截至2011年底，总资产达到2亿多元，实现利税1400多万元。

现有四个全资公司：泰安市中正东城供热有限公司（换热站安装先进的仪表和远程监控系统，管网安装了国内领先水平的PS分流平衡器，拥有泰安最大的循环水工程），郓城中正热能科技有限公司（生产销售金属波纹管补偿器、保温管、PS分流平衡器以及热量表等，实现了热力设备自主生产），巨野中正热力有限公司（开创巨野供热先河），泰安市中正节能技术研发有限公司（与高校合作进行技术研发，办公、实验、研发大楼坐落于泰山硅谷）。四个控股公司：肥城市东城热力有限公司（换热站安装先进的仪表和远程监控系统，管网安装了国内领先水平的PS分流平衡器），临沂正龙供热有限公司（2006年苍山县政府十大城市基础设施工程之一），郓城中正热力有限公司（换热站安装先进的仪表和远程监控系统，服务一流）、泰安中正节能工程设计有限公司（注重技术研发，节能技术研究）。

公司于2008年通过质量、环境和职业健康安全三位一体管理体系认证，具有特种设备（压力管道）安装改造维修许可资质和特种设备（压力管道）设计许可资质，以及机电设备安装工程和防腐保温工程三级施工资质。2010年，公司自主研发的“城市热力网PS分流平衡供暖节能技术”填补了国内空白，居国内领先水平。

公司实行规范化管理，倡导温馨的企业文化。是山东省热力协会和省、市工商联的会员单位，先后荣获“光彩之星”、“守合同重信用企业”、“优秀民营企业”、“优秀会员企业”等荣誉称号，公司将竭诚为广大热用户提供供热、制冷、工程设计、项目咨询、技术指导等全方位服务，为城市集中供热事业和社会和谐发展做贡献！

2011年年会

技术培训学习

干部就职宣誓

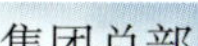
集团总部

巨野热源厂

PS分流平衡器

供热站

设计中心研发楼

泰安安泰燃气有限公司

泰安安泰燃气有限公司成立于2005年，是一家新兴的国有管道燃气运营企业。主要从事城市管道燃气建设，天然气、液化石油气、液化天然气、压缩天然气的销售与开发应用，是集燃气输配、工程设计、管网建设、设备安装、燃气经营管理、燃气具销售、维修、客户服务为一体的多元化经营企业。是中国城市燃气协会常务理事单位、山东省燃气协会理事单位，并先后获得省燃气行业先进集体，省、市重点纳税单位，市政公用行业先进集体、泰安市最具社会责任感企业等荣誉称号。公司总经理贺国防当选为中国城市燃气协会常务理事，山东省燃气协会理事，泰安市人大代表，并荣获中国城市建设与管理60年百名优秀人物和泰安市建设系统先进个人等荣誉称号。

公司自成立以来，以人为本，倾力打造“诚信、和谐、共赢”的综合服务型龙头企业。目前，拥有输配场站二座，占地面积30余亩，储备气站一座，总容量4650立方米，已敷设高、中压及庭院管网200多公里，管网日供气能力可达100—120立方米，能够同时满足各类燃气用户的压力需求。安泰燃气管线的建成投产，为泰安的强市名城建设做出了突出贡献：保障了城市燃气供应，提升了服务质量，优化了投资环境，创造了巨大的经济效益和社会效益。公司高标准的站场建设、高效能的管理模式、信息化的调控系统和优质的

中石油西气东输副总经理陈正惠视察公司

安泰燃气开工建设仪式

住房城乡建设部中国城市燃气协会迟国敬秘书长视察公司鱼池门站

安泰燃气开工建设仪式总经理贺国防讲话

省住房城乡建设厅领导视察站区

总经理贺国防深入供气一线了解情况

服务，曾多次受到国家燃气协会、中石油集团公司、省住房城乡建设等各级领导的高度评价。

公司秉承“安全、优质、高效”的企业宗旨，“先做人、后做事”，从转变思想观念，强化市场意识入手，不把盈利作为企业的唯一目标，而是自觉奉行“为政府分忧，让利于用户”的理念，追求卓越的管理。公司建立了符合现代企业可持续发展、全员参与的安全管理及服务管理体系，并将市场拓展、预约服务、燃气抢修等工作实行规范化、电子化、网络化的科学管理模式。努力为客户提供安全、优质、高效的一站式服务，赢得了用户、政府和社会各界的广泛赞誉和好评。

赠人玫瑰，手有余香。安泰燃气公司不断发展壮大的同时也不忘回馈社会，公司积极参与公益事业。每年的“泰安安泰燃气”杯泰安十大新闻系列评选活动，已成为城市盛典。多年来公司的公益捐款捐物达数百万元。

安泰燃气公司，一个志存高远，目标坚定的企业；一个敢于创新，充满活力的企业；一个团结睿智，求实高效的企业。安泰燃气公司将继续致力于城市燃气事业，以改善生存环境、提高生活品质为使命，取之于民，服务于民，始终将客户的利益放在首位，不断提升服务质量，以满足客户日益增长的用气需求和对服务品质的更高要求。积极奉行“售前服务、售中服务、售后服务、优质服务、承诺服务”五个服务理念，持续发展成为管理先进、技术领先、安全保障的管道燃气品牌企业。

成就铸就丰碑，荣誉积淀历史。展望未来，泰安安泰燃气有限公司愿与社会各界朋友携手共创燃气事业的美好明天。

安全用气宣传

安全用气宣传

安泰燃气便民服务队入户安检

LNG气站

CNG加气站

施工现场

新泰市自来水有限公司

经理　张传德

副省长王军民，泰安市委书记耿文清，在新泰市委书记章显明，市长郭德文的陪同下来公司视察工作

新泰市市长刘学保、副市长王炳建来公司视察工作

新泰市自来水有限公司成立于1981年，属国有小型二级企业，隶属于新泰市城市资产运营公司，主要负责新泰市城区工业生产、机关团体、居民生活用水的供水任务。截至目前，企业拥有总资产 9338 万元，现代化净水厂两座，综合日供水能力8万吨，供水面积近40平方公里，管线总长度390多公里，服务人口22万人。城市供水普及率达98%左右。公司现有干部职工439人，下设企业管理办公室、政工科、财务科、生产技术科、水质检验科、供应科、保卫科、供水节水稽查科、水表校验中心、工会办公室、计划生育办公室、卫生室等12个职能科室和第一净水厂、清润净水厂、管线所、营业所、安装公司、富氧水厂、物业管理科等7个供水生产经营管理部门及三产单位。近年来，公司在经理、党总支书记张传德同志的带领下，紧紧围绕城市供水事业发展，科学规划、创新服务理念，谋划新的发展举措，实现了城市供水事业的新跨越。公司先后获得全省建设系统“文明示范窗口”、山东省城镇供水工作先进集体、山东省城建行业文明服务规范管理先进单位、泰安市文明单位、泰安市总工会工人先锋号等30多项荣誉称号。为构建和谐优质供水，公司始终坚持以“用户为中心，以满意为标准”，主要采取以下措施来保证城市供水：一是投资4000多万元，完成清润净水厂及其配套管网建设工程，于2008年底投入运行，使该水厂全面担负起了整个城区的供水任务。二是投资100多万元安装DN150PE管4200米，解决华源矿区居民用水问题。三是投资1300万元实施第一净水厂改造工程，使出厂水质符合GB5749—2006卫生标准。整个工程于2011年5月份

新泰市副市长王炳建（左二）来公司检查工作

公司办公楼

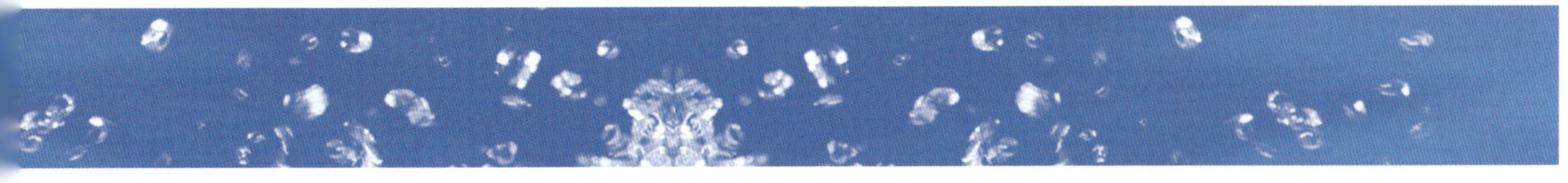

投产后，形成了青云湖和金斗水库互动互补的供水格局，从而切实提升了城市供水的安全性和可靠性。四是加强水质管理，实行24小时跟班化验制度，根据原水季节变化情况，采取提高二氧化氯加药量、增加混凝剂的投加量及加强滤池反冲洗次数来提高净化效果，使水质综合合格率达99.60%，各项水质指标均达到国家新的《生活饮用水卫生标准》。五是加强管网管理，对供水管线实行定人、定时、定路线巡查，发现问题及时汇报、抢修。六是加强水费征收管理，建立了供水管理信息平台系统。对所有用户的抄表、收费数据信息采取集中数据化处理，既提高了工作质量和效率，又能进行有效的监督。七是扩大供水范围，加大封井力度，提高供水量。抓好城区自备井封停工作，首先取得了上级部门的支持，与公安、执法、水资源等部门搞好配合，充分发挥他们的执法职能，做好封井工作；其次供水节水稽查科作为职能部门，全力做好这项工作，加强巡回检查，对重新启用旧井或新打井的，及时发现，及时查处，对未封停的井，要加大工作力度，继续封停。近几年来，工作人员克服了封井工作的种种阻力和困难，在有关部门的配合下，封停大小自备井573眼，取得了封井工作的阶段性胜利，供水量得到逐步提高。八是加强公司三产管理。近年来，安装公司完成大小供水工程100多项，安装各种口径的供水管道45.6公里，使城区供水管网累计达到390公里。富氧水厂始终坚持质量第一的原则，使销售量逐年得到提高。在2008年全国竞走锦标赛比赛期间，被大赛组委会授权为“合作伙伴，大赛指定专用纯净水”。

公司经理张传德（右二）与外地同行交流工作经验

团结奋进的公司领导班子

新泰市第一净水厂

清润净水厂

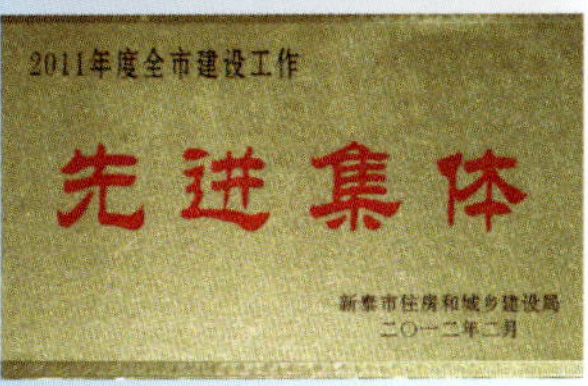

集团简介

威海市园林建设集团是一家拥有园林工程施工一级资质、景观规划设计甲级资质、市政公用工程施工总承包三级资质以及市政公用工程监理丙级资质的多元化集团公司。产业涉及园林科研、景观规划设计、园林工程建设、市政工程监理、绿地系统养护、花卉苗木生产、地产咨询策划、旅游餐饮服务等。先后取得了国际质量管理体系认证、环境体系认证和职业健康安全管理体系认证等标准认证。

作为山东服务名牌企业，多年来，集团承揽的各项工程获得了多项国家级及省市级大奖，拥有众多骄人的业绩。承建的威海公园为威海市赢得了中国建设工程领域最高奖——鲁班奖；承建的幸福公园、悦海公园荣获中国园林协会优秀工程金奖和银奖；承建的四川省援建工程项目获得四川省最高工程质量奖——“天府杯优质工程奖”。

集团倡导现代化企业管理模式和人尽其才的人才激励制度。现拥有员工500余人，大专以上学历人才达80%，拥有中高级职称人数达20%以上。集团还与中农大、北林大、山东农大、中央美院、山东大学等众多重点高校合作，建立产、学、研联盟。

威海市园林建设集团一直坚守“敬安共济、和谐家园”的核心经营理念，立志打造“‘生态人居’缔造专家”第一品牌，在中国园林景观建设和生态保护事业上，集团将不懈努力，不断演绎华彩乐章。

北川援建部分职工合影

集团援捐助建的北川凤凰乡希望小学

威海公园（2001年荣获建设部“中国建筑工程鲁班奖”）

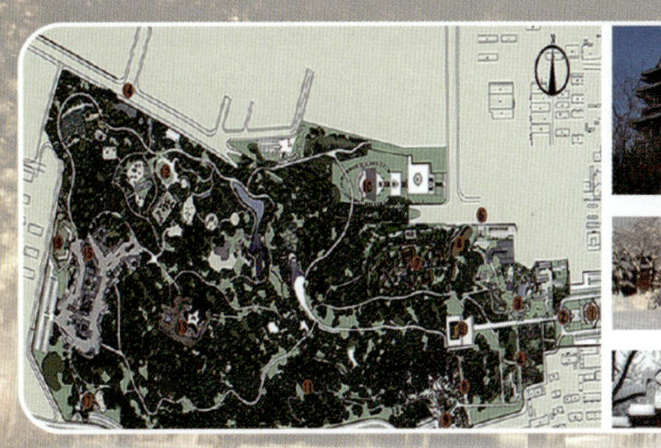

环翠楼公园（2012年威海市重点改造工程项目）

绿植维护修剪

植物材料基地

在重庆园博会展出的具有浓郁胶东民俗文化的海草房

植物种植

路面铺设新工艺

现场规范施工

威海冠宏房地产开发有限公司

小城故事·天东家园实景图

威海唐人公馆·洲际酒店鸟瞰图
威海小城故事·天东家园鸟瞰图
威海小城故事·台北家园鸟瞰图

威海冠宏房地产开发有限公司成立于2007年7月，通过5年的艰苦创业和发展，公司目前已形成拥有近十亿元资产，集房地产开发、商品混凝土供应、园林绿化施工、物业管理为一体的现代化企业集团。

公司自成立以来，本着“诚信做人、团结拼搏、敢打必胜、报效社会”的经营理念，紧抓时代发展机遇，以适应市场竞争为导向，全面引进现代企业管理机制，坚持以人为本，认真规范企业内部管理。目前，公司正向科学发展、和谐发展、率先发展的新形象迈进。

威海冠宏房地产开发公司于2008年开发承建的“小城故事·天东家园”项目，是威海市城中村改造重点项目之一。规划总用地约30万平方米，总建筑面积约40万平方米（不含地下、半地下建筑），绿地率达到41%。“小城故事·天东家园”工程在项目确立之初，就制定了“打造精品社区、创建示范小区”的目标。小区户型设计优良，景观自然、和谐、生动。社区有2个幼儿园，1个中心会所及商业景观大道，有占地1.5万公顷的区级体育公园和占地0.8公顷的区级文化活动中心。在设计施工中，以高规格、高标准要求，在各个开放区域和交通节点形成了商业景观大道、中心景观花园、会所中心广场等不同区域功能的园林景观；在半开放半私密的建筑组团内部，营造出了忆云小径、紫藤花架、梦想天地等颇具情趣的主题小品；小区设立了区级监控室和警务室。该社区在威海晚报、日报社举办的楼盘评选中，荣获“2009年度最受置业者欢迎楼盘”；在“2010威海市城市优秀住宅小区评选”中，全市仅两个“威海市城中村改造回迁安置示范小区”，“小城故事·天东家园”占有一席之地。

公司持续发展后势强劲。“小城故事”项目后期工程20多万平方米的建设如火如荼，销售状况良好。与上海立天唐人公司合作开发的唐人·皇冠假日酒店项目，地处威海东部滨海钻石湾区中央核心

WEI HAI GUAN HONG FANG DI CHAN

威海小城故事·天东家园景观图

位置，紧邻威海国际会议中心、国际会展中心、文化艺术中心，背靠翠郁山峦，私享4000余米一线迷人海滨公园海岸景观，百年刘公岛、仙姑顶推窗即望。项目地上总建设规模9万平方米，总投资逾12亿元，由一座五星级“唐人·皇冠假日酒店”和酒店式公寓及四栋顶级滨海豪宅组成。其中唐人·皇冠假日酒店总面积逾4万平方米，由世界知名的豪华酒店管理集团——洲际酒店集团管理，计划于2013年7月投入使用。2011年开工建设的九龙华府·当代传奇住宅项目是公司面向高端客户群着力打造的扛鼎之作，项目位于九龙湾核心板块，毗邻大型的商务中心，整个工程预计2013年5月完成。2012年投资建设西曲阜住宅项目，又将成为威海宜居城市的优美注脚。同时，公司还与另外两家房地产公司合作开发了将成为威海地标的宏润·智汇中心项目和建筑面积达52万平方米的高新城市广场项目。

公司在立足企业发展的同时，不忘回报社会，热心公益。先后向学校、扶贫村、地震灾区、社会公益事业等捐款。2009、2010年连续两年荣获威海市城中村改造先进单位，2010年度被授予省级诚信企业荣誉称号，同时晋升为二级开发资质，一举进入省50强企业；威海市委、市政府授予公司“2010年度纳税新星企业”“威海市先进民营企业”“年度热心公益慈善捐助及支持新农村建设先进企业”荣誉称号；2010、2011年连续两年获得威海市房地产开发协会授予的“威海房地产地行业诚信开发企业”荣誉称号；2011年被市建委授予AAA级诚信开发企业；2010、2011年，经济开发区工委、管委授予公司董事长曲明旭“年度贡献突出企业经营者”奖。

威海九龙华府·当代传奇鸟瞰图

威海高新城市广场鸟瞰图

威海冠宏房地产开发有限公司将依托科学发展观，从“小城故事”项目为起点，珍惜荣誉，继往开来，以诚为本，不辜负社会各界的期望，打造更多的建筑精品，服务社会，为威海房地产行业的发展做出持续的、更大的贡献。

威海港华燃气有限公司

董事长　尹德春

公司简介

威海港华燃气有限公司成立于2003年12月31日，由威海市煤气总公司与香港中华煤气（威海）有限公司合资组建，主要负责威海市天然气项目的建设和经营管理。目前，公司经营区域涵盖了威海市环翠区、环翠省级旅游度假区、文登开发区、荣成市、威海工业新区。2011年11月，文登市将葛家镇、界石镇及米山镇309国道以北区域授权给威海港华经营。公司现有天然气民用户近20万户，工商业用户1000多户，天然气管网1500多公里，年输气能力为3亿立方米。

公司成立以来，始终秉承"以客为尊，安全至上"的服务理念，以让政府放心、百姓满意为目标，以抓管理、促服务、保安全、增效益为中心，不断强化内部管理，完善服务措施，提升服务水平，先后荣获国家"安康杯竞赛活动优胜单位"、"山东省文明单位"、"山东省价格诚信单位"、"山东省消费者满意单位"、"山东省消费者信得过单位"、"山东省人民满意金牌窗口单位"、"全省燃气行业安全管理先进集体"、"山东省建设系统青年文明号"等荣誉称号。

威海市委书记孙述涛到公司视察

文登市委书记张竞视察威海港华文登分公司

公司被授予价格诚信单位荣誉称号

公司开展消防演练

2011年度主要工作业绩

2011年度投资1.5亿元完成配套安装民用户4万多户、工商业用户近100户；建设中低压管线200多公里。

公司继续坚持“六查、三改、三监控”安全管理措施，进一步强化安全及风险防范，落实隐患整改，对地下管网进行风险评估，并实施老旧管线改造。年内完成市政及小区的铸铁管改造30多公里。重点对前进社区、同心社区、戚东夼小区等3个小区的铸铁管和老旧入户管及部分户内立管进行了更换，大大提升了区域燃气管网的安全性能。同时投资1500多万元为孙家疃、东涝台西区、长峰西一区、蒿泊西区等旧生活小区配套建设了小区庭院管网25公里，为老旧小区居民用气做好了充分准备。

为提高广大用户的安全意识，全年联合主流媒体组织义工开展了以“服务入社区、安全进万家”为主题的社区服务和安全宣传活动100余次，发放《安全用气常识》等宣传资料20多万份，并对有效举报燃气管网泄漏及隐患的市民给予奖励。

全国“安康杯”竞赛优胜企业
中华全国总工会
国家安全生产监督管理总局
二〇一〇年一月

“万粽同心”社区安全宣传活动

公司领导带领义工走访慰问老弱孤寡客户

董事长尹德春、总经理张卫东热诚欢迎社会各界光临指导，携手共赴美好未来。

威海港华客户服务热线：0631-5207779
报警抢修电话：0631-5321111（24小时）

北京燃气集团山东有限公司

北京燃气集团山东有限公司是北京燃气集团下属的国有全资子公司。北京燃气集团山东公司注册资本为20036万元，主要从事天然气、液化气的投资与销售、燃气炉具、钢瓶、仪器仪表的销售、燃气管道安装、市政公用工程施工。公司总部设在威海市区，下设海阳、荣成、乳山、文登、威海5个分（子）公司。现有员工280余人，公司拥有市政公用工程施工总承包贰级资质、压力管道GB1、GC2安装资质、城市燃气经营许可证、ISO9001国际质量体系认证等多项资质证书，系中国城市燃气协会、山东省燃气协会理事单位。

公司投资建设的“乳山—文登—荣成”天然气长输管线，全长128公里，横跨荣成、文登、乳山三市，是威海市最大规模的单线天然气管道工程，并与“海阳—乳山”天然气输气管道相连，形成了横贯威海东西的输气系统主动脉，年输气能力可达3.6亿立方米以上，受益面积达4705平方公里，受益人口为190万人，不仅从根本上解决了威海各县级城市的天然气供应瓶颈难题，而且对于优化城市能源结构、提高城镇居民的生活质量和节能减排水平，营造良好的投资环境等方面都起到了十分重要的推动作用。截至2011年底，公司已建设完成高压、次高压管网334余公里，总投资3.2亿元。目前，公司已形成了以高压放射性管网为主体，以中低压配气网络为辅的完善的输供气管网体系，天然气管网辐射至文登、荣成、乳山、海阳等区域。截至2011年底，公司共发展居民用户18万余户，工商业用户200余户，取得了良好的经济效益和社会效益。

地址：威海市环翠区重庆街112号
邮编：264200
电话：0631-5289058
网址：www.bjsdgas.com

2008年，北京燃气集团山东有限公司揭牌仪式

BEI JING RAN QI JI TUAN SHAN DONG GONG SI

公司"乳-文-荣"天然气长输管线，与"海阳-乳山"天然气管线相连，形成了横贯威海东西的输气系统主动脉

公司"乳-文-荣"天然气长输管线置换通气启动现场

公司"乳-文-荣"天然气长输管线顺利通过验收

公司按照高标准、高要求建立的客服营业大厅

公司门站

乳山国泰城建开发有限公司

乳山国泰城建开发有限公司成立于1985年，具有二级房地产开发资质，通过了ISO9001质量管理体系认证，是威海市房地产行业的骨干企业。公司下属的民安物业服务有限公司具有三级物业服务资质， 共管理住宅小区及组团28个，以优质、规范、人性化的服务，为广大业主提供一个具有归宿感和家园感的温馨居所。

经过20多年的发展，公司已发展成为集住宅、别墅、商业网点及物业服务为一体的多功能综合性开发建设集团，成功开发建设了世纪花园、宏泰花园、银泰海景花园等20多个楼盘，累计开发面积达200多万平方米；其中世纪花园小区获得了省建设厅颁发的“首届城市优秀住宅小区银奖”和“省级花园式小区”称号，东山小区先后被授予“精神文明示范小区”和“威海市优秀住宅小区”称号，银泰海景花园小区、宏泰阳光花园小区获得了中国建筑文化中心颁发的“全国人居·经典楼盘” 和中国房地产品牌战略研究中心颁发的“中国房地产精品住宅示范楼盘”、“中国房地产最佳人居环境典范社区”荣誉称号。

公司始终坚持“质量第一，用户至上”的经营宗旨、“以人为本，保质创优”的质量方针。公司2000年7月1日参加全国百家房地产承诺销售“放心房”联合宣言，2003年3月荣列中国建设系统AAA级单位，做到了社会效益、环境效益和经济效益的同步发展。先后获得“山东省房地产综合效益百强企业”、“省级文明单位”、“省级守合同重信用单位”、“山东省消费者满意单位”、首届“山东省诚信企业”、“山东省文明诚信民营企业”、“山东省房地产行业诚信企业”、“威海市优秀房地产开发企业”、“威海市保护消费者合法权益先进单位”、“威海市房地产行业资信AAA级单位”、“威海市纳税新星企业”、“纳税先进企业”、“威海市房地产优秀企业”、“劳动关系和谐企业”、“慈善明星单位”、“乳山市诚信单位50佳”、“抗震救灾先进集体”、“先进基层党组织”等多项荣誉称号，在社会享有较高信誉度和美誉度。

CERTIFICATE
质量管理体系认证证书
乳山民安物业服务有限公司
GB/T 19001-2008/ISO 9001:2008标准要求
小区物业服务
方圆标志认证集团

国泰城质量管理体系认证证书

CERTIFICATE
质量管理体系认证证书
乳山国泰城建开发有限公司
GB/T 19001-2008/ISO 9001:2008标准要求
房地产开发与销售
方圆标志认证集团

民安物业质量管理体系认证证书

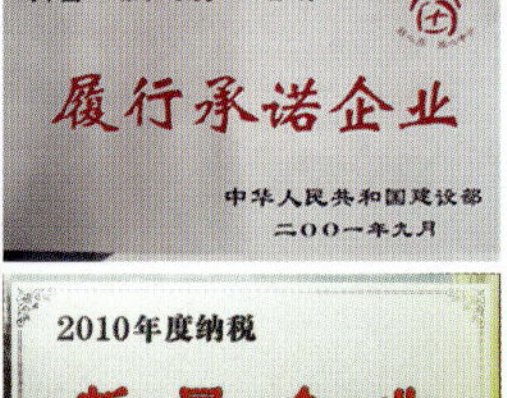

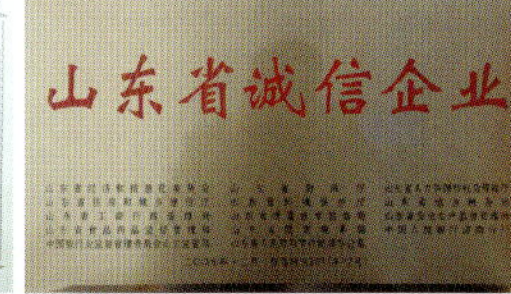

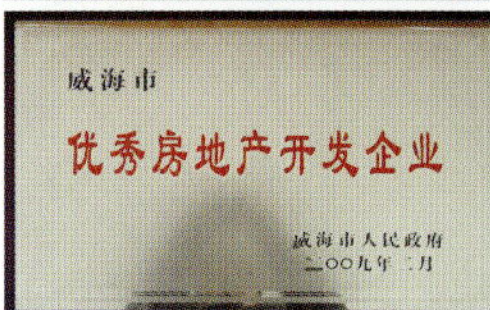

企业荣誉

银泰海景花园小区鸟瞰图

银泰海景花园小区高层效果图

银泰海景花园小区实景图

银泰海景花园小区实景图

银泰海景花园小区实景图

宏泰阳光花园小区鸟瞰图

宏泰阳光花园小区高层效果图

宏泰阳光花园小区实景图

宏泰阳光花园小区实景图

宏泰阳光花园小区实景图

装修样板间

装修样板间

荣成市市政工程有限公司

董事长、总经理　肖模军

荣成市市政工程有限公司隶属于荣成市城乡建设局，成立于1975年10月，原属全民事业单位，1992年改为企业，2004年改制为荣成市市政工程有限公司。是最早批注的山东省二级市政公用施工资质企业，主要业务是城市道路建设工程、公共广场建设工程、各类给排水管道安装工程以及各种水泥制品的生产和加工。公司连续二十多年被市委市政府授予先进党支部、创建国家环保模范城市先进单位、建设行业先进单位、新农村建设先进包扶单位、社会治安综合治理及安全生产先进单位；三项工程获省优，2004年通过ISO9001：2000国际质量体系认证。

公司现有员工158人，其中专业技术人员102人，大中专以上学历86人，具备中高级专业技术职称人员30人，有相应资质等级的持证项目经理11人。公司现有总资产2690万元，下设施工处、水泥制品厂、机械处、机修厂、沥青材料厂等实体。拥有各类大中型施工设备69台（辆），设备原值2106万元，使铲、装、运、储、平、压、拌、铺等作业机械配套成龙，实现市政工程各工序施工的机械

公司办公楼

公司CB200型环保沥青搅拌机组

化，能独立完成道路、桥涵、排水、防洪、管道安装等工程的建设、养护、管理任务。

公司近三年投资2000多万元新购置了西安产先进LB2000型全自动沥青拌合机、GTLY1255型全自动摊铺机、ZL50型装载机、日立EX—220型挖掘机、小松230型挖掘机、CLYG-TS500型路面自动式灌缝机、振动压路机、单双缸轮压路机、自卸车、平地机及混凝土搅拌站等先进施工设备，使施工效率提高3—5倍，工程质量实现了新的飞跃，综合实力明显提高。

公司秉承"笃诚守信，安全优质，不断创新，企求卓越"的理念，完善服务功能，拓展服务领域，提高承载能力，创建一流工程，竭诚为城市建设事业服务，建设更多平安大道。

公司董事长、总经理肖模军同志偕全体员工热情欢迎社会各界新老朋友来公司洽谈业务，合资合作，共同发展。

地址：荣成市文化东路24号
电话：0631　7551895
传真：0631　7552866

公司累计完成道路建设300多公里，质量全部达到国家质量标准

实施道路铺设施工现场

日照新奥燃气有限公司

总经理　孙传林

日照市副市长唐慎视察日照新奥LNG储配站

日照新奥燃气有限公司是由香港上市公司——新奥能源控股有限公司在日照投资的外商独资企业，于2002年7月6日正式成立，总注册资本金为750万美元。主要从事日照市城区管道天然气的投资和经营、汽车天然气加气站的建设和运营等业务。

截至2011年底，日照新奥燃气公司已敷设城市中、低压天然气管网730公里，建设两座CNG加气站，安装天然气配套小区550个，拥有民用天然气用户10.6万户，工商天然气用户238家，为加快日照市城市化进程，促进节能环保做出积极贡献。

多年来，公司在日照市委、市政府的正确领导下，在各级职能部门的科学指引下，始终遵循“以人为本，事求卓越、和谐共生”的企业核心价值观，致力于创新清洁能源，改善生存环境，提高生活品质的企业使命，努力成为受人尊敬的能源企业，公司连续多年被行业主管部门评为安全管理先进单位。2003年被日照市工商联系统评为“先进会员企业”；2007年被日照市燃气热力协会评为全市燃气热力行业“十佳会员单位”；2010年被市委宣传部、文明办、慈善总会及企业信用与社会责任协会联合授予“最具社会责任感企业”荣誉称号；2011年被日照市消防安全委员会授予“十佳集体企业”；2012年被山东省住房和城乡建设厅授予“燃气行业规范化管理优秀单位”称号。

日照新奥燃气作为一家致力于公用事业的燃气专业运营商，将继续依托集团强大的产业背景与系统能效技术创新，在日照“十二五”期间，按照《城市燃气发展规划》要求，围绕节能减排、能源高效、清洁利用，通过全面信息化、市场与战略绩效机制等先进管理手段，持续优化运营机制，不断提高卓越运营能力。立足蓝色经济区、鲁南临海产业区、日照精品钢基地三大优势，在保障房建设、园区开发、食品加工、石油化工、装备制造、港口物流建设中积极开展各项能源服务，为更好地推动日照市经济建设，促进城市节能环保，打造日照市“蓝天、碧海、绿树、金沙滩”海滨生态宜居城市做出更大的贡献！

日照新奥燃气“七一”红歌会

山东省燃气行业规范化管理优秀单位

日照新奥被授予“十佳单位”

日照新奥团体荣誉证书

莱芜金鼎置业有限公司

董事长　翟所慧

总经理　曾祥柱

金鼎房产、居家乐园

莱芜金鼎置业有限公司隶属于莱芜钢铁集团金鼎实业有限公司。作为莱芜唯一一家一级资质房地产开发企业，从2001成立以来就树立了“金鼎房产、居家乐园”的理念，立志为住户打造他们所要寻求的理想家园和居住环境，让城市变得更美好。

公司坚持走专业化管理之路，着力打造管理优势、技术优势和人才优势，形成了市场调查与定位、可行性研究、规划设计、工程清单编制与预决算管理、施工管理、竣工验收、销售管理等于一体的管理控制体系，通过多种方式强化人员培训，造就了一支精技术、会管理、善经营的员工队伍。截至2011年底，公司累计开发100余万平方米，住宅项目多次被评为“莱芜市优秀住宅小区”、“山东省优秀住宅小区”、“全国高科技建材应用示范楼盘”等，公司也多次获得“优秀房地产开发企业”和“企业贡献奖”等荣誉。

莱芜金鼎置业有限公司

阅未来、赢天下，有一种生活就在雪野湖

公司于2010年2月开发的莱钢金鼎·雪野左岸水都项目，位于莱芜市雪野旅游度假区，是唯一一个居于岛上的项目，三面环水，总占地340亩，计划总投资5亿元。项目一期建设49栋高档住宅楼，已入网预销售，户型包括花园洋房、双拼、侧院、联排等，低密度住宅每套面积在260~400m^{2}之间，花园洋房每套面积在100~200m^{2}之间，附赠围合院落、阳光露台、太阳能和地暖铺装，项目地配备有休闲沙滩、游艇滑水设施、垂钓中心、娱乐康健中心及莱钢雪野五星级多功能假日酒店。

一份从容，在山水之间。项目地抬眼即碧波万顷的雪野湖，名门望墅与湖光山色优雅对语，居住者传承的不仅仅是住宅，而是府第，诗意人居，贵胄天成。

莱钢雪野湖五星级假日酒店

莱钢雪野湖五星级假日酒店大堂

休闲沙滩

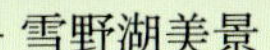

雪野湖美景

左岸水都高档社区鸟瞰图

临沂太谷房地产开发有限公司

市委书记张少军在蓝湾国际C区现场视察在建工程

2011年12月28日，顾云昌副会长亲临柳溪美庐项目现场

临沂太谷房地产开发有限公司成立于2007年9月，注册资本3000万元，法定代表人吴秀梅，主营房地产开发业务，具有三级开发资质。公司下设五部一室，分别为工程部、采购质检部、销售部、核算部、财务部和办公室，现有员工42人。

公司目前开发的“蓝湾国际”项目位于临沂市兰山区涑河北街111号，该项目规划总用地面积142亩，总建筑面积约36万平方米，由11栋高层住宅、2栋小高层、7栋多层和沿街商铺组成，小区中心建有大型中央景观花园，设有健身休闲区、亲子乐园、旱冰场等生活休闲设施，引进了协和国际双语幼儿园，采取全封闭物业管理服务，全智能化管理，为业主打造低碳、环保、节能的居住环境。小区根据拆迁进度共分六期进行开发建设，目前已完成该项目一至四期工程开发建设，累计完成竣工建筑面积24.6万平方米，共交付使用住宅1786户。公司一直严格遵守国家和地方政府颁布的各项房地产法律法规，切实按照土地出让合同约定的期限和规划设计要求进行项目的开发建设，所有开发项目开发手续齐全，所完工项目均比销售合同约定时间提前交房，并且对已交房工程做到当年交房，当年供暖气、燃气，当年配套幼儿园招生，当年启动地下车库以及当年办理房产证的“蓝湾效率”。在建的五期工程建筑面积约5.8万平方米，于2012年1月份开工建设，预计2012年底竣工交付使用。

柳溪美庐项目是临沂太谷房地产开发有限公司在临沂投资开发的第二个项目，位于临沂市中心主干道南京路与柳青河东路交汇处，距市政府3公里，总用地面积约26万平方米，总建筑面积约29万平方米，由联排住宅、电梯洋房、小高层和高层住宅四个部分组成。以整体设计上强调“阳光、溪水、森林、低碳”的生态理念，“一宅、一景、一生”的人文环境和“珍罕豪宅，一生追求”的住宅环境和居住品质作为柳溪美庐的开发理念，营造一种高贵典雅的别墅生活，打造经典传世的完美建筑。目前在建的一期工程建筑面积7.6万平方米，正在销售中。

公司经过不懈努力，其施工进度、工程质量、诚信程度受到普遍赞许，先后荣获临沂市优质结构工程奖、优秀园林景观奖、最佳生态楼盘奖，2010年度进入临沂市纳税百强企业，并获得兰山街道工委、办事处颁发的“2010年度税收特别贡献奖”，2011年10月入选山东省房地产业协会评选的100家“2010年度房地产开发诚信企业”，2011年12月荣获临沂市房产和住房保障局评选的“2011年度优秀房地产开发企业”。公司将始终坚持诚信经营，以人为本，打造卓越团队，做有社会责任感的开发商，建设让市民放心、政府满意、物业管理无后顾之忧的精品工程，为大美临沂建设尽一点力。

中国房地产及住宅研究会副会长顾云昌在认真听取董事长吴秀梅对柳溪美庐的规划汇报

柳溪美庐鸟瞰图

蓝湾国际整体鸟瞰图

蓝湾国际主入口效果图

柳溪美庐效果图

柳溪美庐沿河效果图

山东志华建设工程集团有限公司

董事长、总经理　汪立志

山东志华建设工程集团有限公司位于智圣诸葛亮的故里沂南县城，始建于1975年，拥有国家壹级施工总承包资质，系集建筑施工、装饰装潢、钢结构施工、水利水电、设备及电梯安装、市政园林、道路桥涵、设备租赁、新型建材制造、劳务分包、房地产开发于一体的大型建筑企业集团。集团现有分支机构和控股子公司22家，各类经济技术人员1000余人，其中高、中级职称人员300余人。集团公司现有资产总额5亿元，具有年完成产值30亿元、承建300万平方米工程的总承包能力。

集团成立以来，始终发扬艰苦奋斗、自强不息的优良传统，致力于技术和管理创新，促进科技进步，在工业与民用建筑、大型公共设施建设等领域，积累了管理经验与科技优势。

多年来，集团公司矢志不移地追求“质安百年大计，立志建我中华”的宏伟目标，秉承“用户满意是企业永恒追求”的服务理念，恪守“市场永远在变，诚信永远不变”的经营理念，坚持“以建筑业为主，走多元化发展”的经营方针，使志华集团做大做强。公司经过多年来的执着追求和发展，施工区域遍及全国，形成了国内知名的志华品牌，为社会建设了一大批建筑精品工程，已创建省市级优质工程奖200多项；企业先后荣获“省级守合同、重信用企业”、“建筑业骨干企业”、“先进施工企业”、“外出施工明星企业”、“建筑工程安全生产管理先进单位”等荣誉称号，赢得了广大客户、各级政府行业主管部门及社会各界的认可和信赖。

集团公司董事长、总经理汪立志偕全体员工将始终不渝地弘扬“立信天地、志存高远”的志华精神，竭诚与海内外各界朋友携手合作，共谋发展。

联系电话：0539-3222383　公司网址：www.sdzhihua.cn　邮　箱：sdzhihua@163.com

公司荣誉

证　书

山东志华建设工程集团有限公司

你单位承建的山东同方鲁颖电子有限公司装配车间　工程荣获2011年度山东省建筑工程质量泰山杯奖(省优质工程)

特发此证

编号：0000197

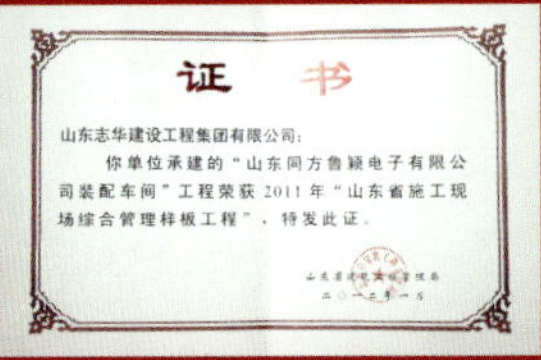
证　书

山东志华建设工程集团有限公司：

你单位承建的“山东同方鲁颖电子有限公司装配车间”工程荣获2011年“山东省施工现场综合管理样板工程”，特发此证。

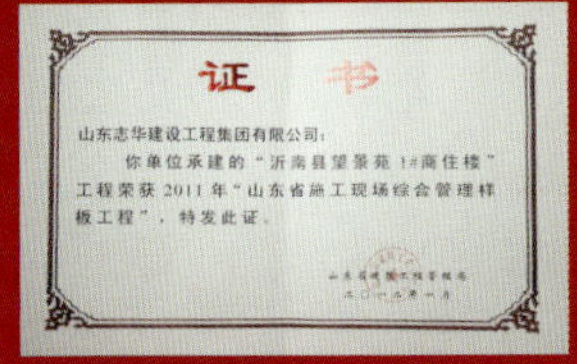
证　书

山东志华建设工程集团有限公司：

你单位承建的“沂南县望景苑1#商住楼”工程荣获2011年“山东省施工现场综合管理样板工程”，特发此证。

荣誉证书

山东志华建设工程集团有限公司：

你单位参建的胜北社区景苑西区（承建15#-18#、44#楼，项目经理：马兴田）被评为2011年度东营市建设工程安全文明小区

特发此证，以资鼓励。

荣誉证书

山东志华建设工程集团有限公司：

你单位承建的“沂南县望景嘉苑1#商住楼”荣获2010年临沂市建设工程质量“沂蒙杯”奖，特发此证。

省　级

守合同重信用企业

山东省工商行政管理局
山东省企业信用协会

临沂市建筑业

骨干企业

临沂市人民政府

古式建筑

丽水家园

古式建筑

古式建筑

临沂富城王府住宅楼

德阳宜居工程

志华集团职工宿舍楼

荣获“泰山杯”工程奖的清华同方鲁颖电子装配车间

山东翔龙房地产开发有限公司

翔龙商务中心效果图

山东翔龙房地产开发有限公司是翔龙集团的核心子公司之一，成立于2004年，注册资金3000万元。根据翔龙集团“一体两翼”发展战略，翔龙地产定位于引领行业前沿的综合性房地产开发商，主要为城市主流阶层提供优质生活。凭借翔龙集团的雄厚实力、良好口碑，以及丰厚的土地储备，翔龙地产立足临沂，布局山东，锐意进取，在短短的五年之内已跻身于临沂地产界第一梯队，成为山东本土新锐开发商的杰出代表之一。

翔龙地产秉承翔龙集团“长青基业和谐家园”的优秀企业理念，坚持与国内外一流的设计、施工、营销、推广、物业管理、资本运营等专业化团队合作共赢。翔龙地产坚持品质领先战略，通过打造竞争区域内性价比最高的精品，提供周到和诚信的服务，树立起“专业、进取、有文化内涵、有社会责任感”的品牌形象。

翔龙第一国际效果图

山东翔龙集团科研中心大厦

公司荣誉

临沂最具品牌影响力的房地产企业

2010年度临沂地产品牌开发企业

2011临沂最具升值潜力楼盘

2011临沂品质大盘

XIANG LONG FANG DI CHAN

近期开发的“翔龙第一国际”位于临沂市金雀山路与通达路两条城市主干道交汇处，地理位置十分优越，区域发展前景广阔，是翔龙地产倾力打造的一个重点项目。该项目引入国际前沿建筑风尚，定位于3K级国际前沿建筑集群，集购物、娱乐、餐饮、休闲、商务、居住于一体，总开发面积达17万平方米。商住公寓、景观住宅和写字楼等多种产品形态有机结合，形成消费互补，聚合增值的良好平台，开临沂综合建筑体之先河，为临沂中产、商贸人士以及梦想阶层打造一处以居住者为中心，汇聚全城顶级时尚生活资源的梦中家园。

翔龙第一国际

即将开盘的山东翔龙清河苑项目

翔龙第一国际

山东临沂水利工程总公司

①

山东临沂水利工程总公司成立于一九五九年，目前已发展成为一个集水利工程施工、房屋建筑、市政路桥工程、高档门窗加工、水工机械制造、酒店餐饮于一体实力雄厚的综合性企业。

山东临沂水利工程总公司拥有水利水电施工总承包壹级资质，房屋建筑工程施工总承包壹级资质，桥梁工程施工专业承包二级资质，公路工程施工总承包二级资质等多项资质。并通过了ISO9000质量体系认证、职业健康安全体系认证和环境管理体系认证。

公司自成立以来，先后完成了近千项大型水利水电工程的施工，为国家水利建设作出了杰出的贡献，创造了多项省部级优质工程。承建的南水北调东线济平干渠工程、沂沭泗河洪水东调南下续建工程、刘家道口枢纽工程获得中国水利工程优质(大禹杯)奖；临沂市小埠东橡胶拦河坝工程、临沂市桃园橡胶坝工程、山东省平邑县唐村水库除险加固工程等多项工程被评选为山东省建筑工程质量“泰山杯”奖。

在生产经营中，公司始终坚持以“提高客户满意度，增强产品美誉度，融智创新，持续发展”的企业核心价值观为指导，全心全意为客户服务。公司先后被授予“全国优秀水利企业”、“全国水利系统职工文化工作先进集体”、“中国建筑业综合实力百强企业”、“水利建设市场主体信用评价AAA级施工单位”、“山东省劳动关系和谐企业”、“山东省明星企业”、“山东省青年文明号”、“山东省工人先锋号”、“山东省水利系统先进单位”、“山东省水利水电优秀施工企业”、“山东省水利十佳企业”等荣誉称号。

① 路桥精品工程：临沂市沂河防洪堤工程

② 路桥精品工程：刘家道口交通桥工程

③ 水闸精品工程：泰安大汶河水库溢洪闸工程

④ 干渠精品工程：南水北调济平干渠工程（获得2008年度中国水利工程优质奖即大禹杯奖）

⑤ 橡胶坝精品工程：临沂市桃园橡胶坝工程（获泰山杯奖）

⑥ 水闸精品工程：沂沭泗河洪水东调南下李庄闸工程（获得2010年度中国水利工程优质奖即大禹杯奖）

<<< 企业荣誉 >>>

临沂华润燃气有限公司

常务副市长左沛廷来公司检查督导安全生产工作

华润集团是国务院国资委下属的特大型央企之一，一直以来大力发展与民生息息相关的主营行业，燃气业务是华润集团七个重点业务单元之一，目前已在成都、天津、南京、武汉、昆明、郑州、济南等超过110个城市投资了燃气项目，居民用户达1200万户，年供应天然气超过100亿立方米，已成为全国最大的城市燃气运营商。

临沂华润燃气有限公司主营城市管道天然气供应、管道敷设、燃气具销售及相关业务。公司于2002年10月正式成立，注册资金3000万元人民币。2006年与临沂市政府（授权临沂市建设局）签订了燃气特许经营协议，是高新区、罗庄区唯一一家具有特许经营权的管道燃气专营企业。

截至2011年末，公司总资产为1.3亿元，累计铺设燃气高压、中压等城区管网320余公里。公司目前拥有各类用工业、公福户90余户，居民用户近2万户，日供气量达20万余立方米。2011年全年，实现销售收入1.15亿元，上缴税费近900万元，预计2012年实现销售收入1.9亿万元，上缴税费1300万元。

公司精神

临沂华润燃气有限公司秉承“诚信、团队、务实、积极、专业、创新”的企业精神，本着提供专业、高效、亲切的服务，供应安全清洁燃气、致力于改善环境质量、提升生活品质的企业使命，不断追求卓越。为广大居民用户提供了安全、稳定、高效的管道天然气。

公司营业厅

施工现场

公司荣誉

奖状

临沂华润燃气有限公司

荣获2011年度山东省燃气行业规范化管理优秀单位

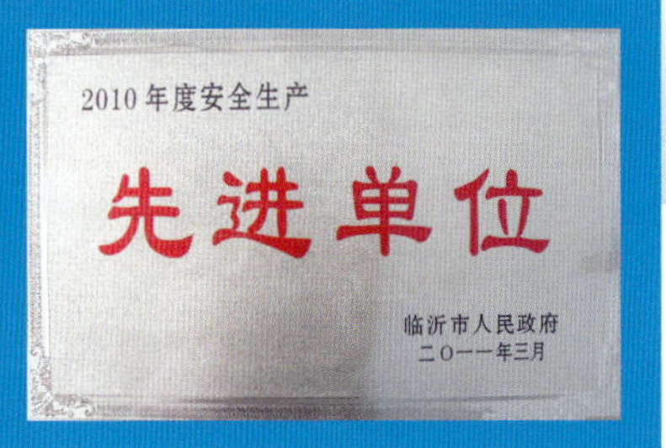
2010年度安全生产

先进单位

临沂市人民政府
二〇一一年三月

临沂市三阳房地产开发有限公司

Linyi City Sanyang Real Estate Development Co., Ltd.

董事长、总经理　段友清

临沂市三阳房地产开发有限公司于2004年7月成立，注册资金6000万元，拥有固定资产2.6亿元，是省住房城乡建设厅核定批准的具有房地产开发能力的二级资质企业，现有管理人员60人，员工200多人。公司自成立以来，本着质量第一、安全第一、服务第一的宗旨，为消费者提供了高质量、环保型的绿色住宅，以高效的工作、优质的建设受到有关部门的赞誉。

已投资6000万元筹建了启阳小区16栋住宅楼，建筑面积10万平方米，实现销售收入9000万元，利税3000万元。投资7000万元开发建设19层金阳大厦，建筑面积5万平方米，已实现销售收入1亿元，利税3000万元。投资2600万元开发建设启阳超市，建筑面积1万平方米，实现销售收入4000万元，利税1400万元。投资4.8亿元开发建设荣华园小区11栋商住楼，建筑面积23万平方米，其中可供经营的住宅面积17万平方米，实现销售收入7亿元，实现利税2.4亿元。2010年3月又开工建设金阳花园，占地182亩，总建筑面积39万平方米，总投资10亿元，销售收入14亿元，利税4亿元。目前，又在积极筹划亲和家源大社区及清华园的建设，其中亲和家源占地2600亩，总建筑面积170万平方米，预计总投资60亿元，被列为“2012年临沂市重点项目”，是集养老服务中心与居民小区为一体的大型项目。

公司在发展房地产企业的同时，积极开拓市场，培育相关产业，不断提高科技水平，领导和员工团结协作，与时俱进，重合同守信誉，公司被住房城乡建设部授予“中国房地产创新企业”称号，所开发的荣华园小区被评为“中国房地产精品楼盘”。金阳花园被中国房地产企业协会授予“中国房地产最佳设计方案奖”。

公司正在建设的亲和家源·临沂市养老服务中心

公司开发建设的荣华园小区

公司开发建设金阳花园

公司正在建设的清华园小区

菏泽城建工程发展集团有限公司

菏泽城建工程发展集团有限公司（原菏泽市市政工程管理处），成立于1965年。四十多年来，伴随着城市的发展，逐渐发展壮大。2009年，正式更名为菏泽城建工程发展集团有限公司。集团公司注册资本金5080万元，总资产5.289亿元。拥有市政公用工程施工总承包一级资质，房屋建筑施工总承包一级资质，城市园林绿化三级资质，城市及道路照明工程、钢结构工程、机电设备安装专业承包三级资质。集团下设九个分公司：六个市政公司、建筑公司、机械公司、综合加工厂；六个全资控股公司：城建置业公司、城建建材公司、城建设备架材租赁公司、鹏远市政工程公司、鹏远商品混凝土公司、鹏远检测公司；一个控投公司：山东嘉达新建建材产业发展有限公司；一个参股公司：菏泽城建建筑设计研究院有限公司。集团公司于2005年通过了ISO9001、ISO14001、ISO18001管理体系认证，拥有先进的施工机械设备142台（套），总功率13000余千瓦。具备承建城市道路、桥梁工程、排水设施、房地产开发等各类工程的能力。现已成为以市政公用、房屋建筑和房地产开发为龙头，兼营设计、建材、商混、设备租赁、检测等产业的多元化企业集团。

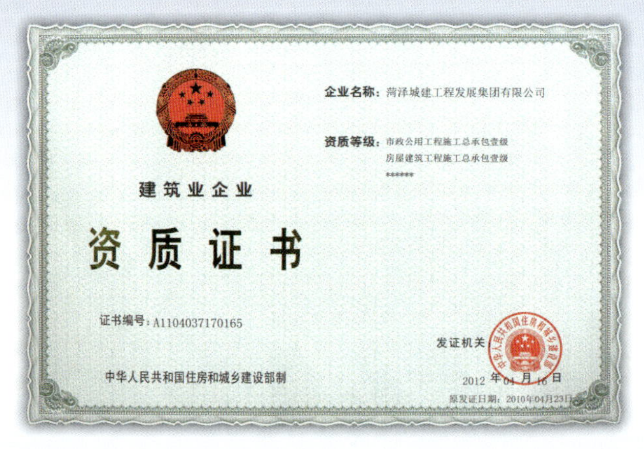

企业名称：菏泽城建工程发展集团有限公司

资质等级：市政公用工程施工总承包壹级
房屋建筑工程施工总承包壹级
******

建筑业企业

资质证书

证书编号：A1104037170165

发证机关

中华人民共和国住房和城乡建设部制

2012年04月16日

原发证日期：2010年04月23日

菏泽城建集团秉承“缔造城市价值，建设城市未来”的理念，承担了从市政建设到安居工程开发的各类民生项目，提高了城市品位，实现了企业服务社会价值取向，成功地塑造了企业的品牌形象。公司所承建的工程先后荣获“中国市政金杯示范工程”奖、山东省“泰山杯”奖、山东省“市政金杯示范工程”奖，山东省“安全文明示范工地”奖、山东省“安全示范小区”奖、菏泽市牡丹杯奖。企业多次被评为“山东省优秀施工企业”、“山东省建设系统先进单位”、“山东省诚信示范单位”、山东省“重合同守信用单位”、“菏泽市文明单位”、菏泽市“AAA”级信用等级企业。

菏泽城建愿与社会各界精诚合作，共谋发展，共创和谐！

Message 董事长致辞 from the president

菏泽城建集团的前身菏泽市市政工程管理处成立于1965年，到现在已经历了四十多个年头。感谢社会各界对菏泽城建集团的大力支持和厚爱，感谢辛勤工作在各个岗位上的兢兢业业的员工们！

君子务本，本立而道生；敬事而信，直道而事人。经过四十多年的搏击，我们确立了“创造价值，服务社会”的企业宗旨，形成了“诚信、自律、细致、奉献”的核心价值观，这是镌刻于每个员工内心的座右铭，更是我们为客户提供优质服务的动力和信念。作为城市建设的一份子，创造价值并不是我们唯一的目标，服务社会才是我们永恒的追求。

万里关山从头越，乘风破浪正当时，我们将继续发扬“知难而进、立志改革、艰苦创业、奋勇争先”的城建精神，不断追求一流品质和服务，构筑出一处处城市经典，让“菏泽城建集团”这个品牌成为提升城市品位最重要的符号和标记。至此，我们诚邀您一起见证她的传奇，领略她的风采。

菏泽城建发展集团董事长　晋卫兵

地址：山东省菏泽市开发区钱江路999号　电话：0530-2078000　传真：0530-2078000　邮编：274000

精品工程展示 Excellent project shows

赵王河景观带（荣获“中国市政金杯示范工程”奖、“泰山杯奖”）

天香路（荣获山东省“市政金杯示范工程”奖）

牡丹广场（荣获山东省“建国60周年60项精品建设工程”奖）

鹏远华府（是集团公司开发、建设、销售的菏泽第一个地上无车辆驶入的“安全小区”）

长城路桥（荣获山东省“市政金杯示范工程”奖）

Enterprise honor 企业荣誉

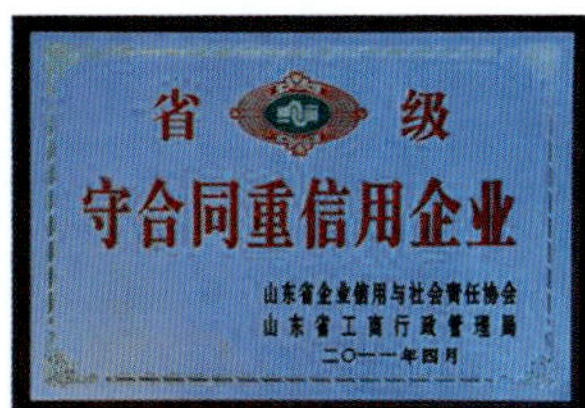

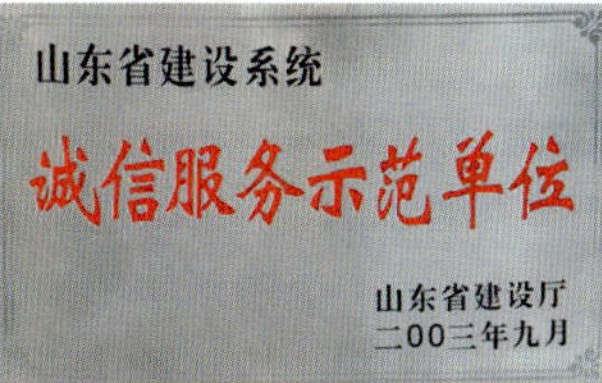

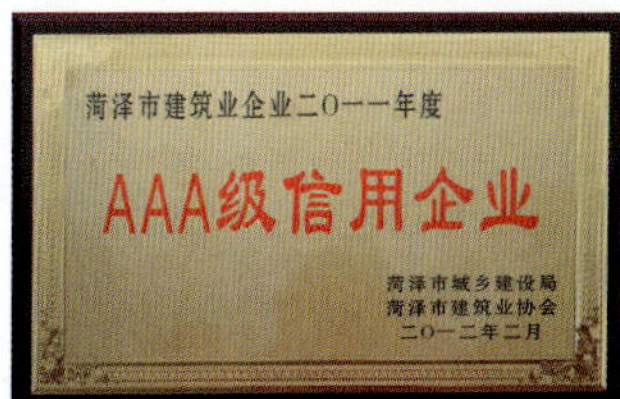

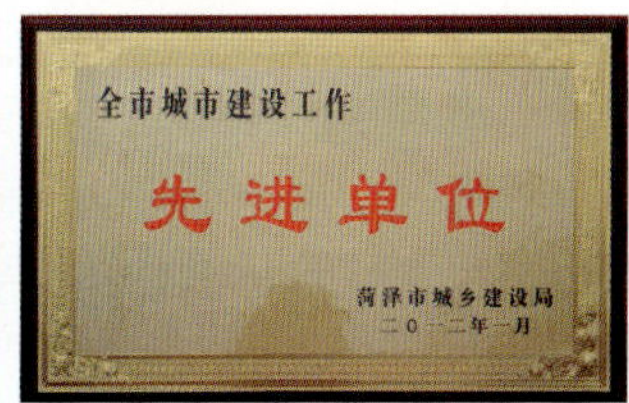

菏泽天华实业有限公司

总经理　李　平

菏泽天华实业有限公司始创于2004年，是一家追求卓越、专注品质和细节的集团化公司。目前拥有员工300余人，95%以上专业技术及管理人员为本科以上学历。公司资产总额10亿余元，具有房地产开发企业一级资质，工程建筑二级资质，物业管理二级资质。

历经8年的潜心发展，天华形成了集投资规划、工程设计、开发建设、营销策划、物业管理为一体的全过程运作能力和系统，产品类型覆盖中端、中高端、高端住宅及商业地产等多个产品系列。成功开发了花都商埠二期、铝材市场、小商品城、金都华庭、菏泽汽车西站、中国牡丹商贸城一二期、天华·交通家园等一大批商业和住宅小区，积累了良好的开发业绩。目前在建项目8个，储备项目2个，包括牡丹万象城、金都华府、天华领秀城、天华明珠、亨达经济适用房、天华豪园、兴华·永和嘉园、康馨雅苑经济适用房，在建和待建项目面积近200万平方米。

天华明珠

多年来，天华秉承“共建和谐天华，共享天华成功”的企业宗旨，凭借优秀的专业管理团队，快

金都华府

中国房地产协会名誉会长、全国工商联房地产商会名誉会长杨慎莅临牡丹万象城体验式营销中心视察指导工作

市委书记赵润田莅临牡丹万象城项目施工现场视察工作

市长孙爱军莅临牡丹万象城项目施工现场指导工作

市委副书记解维俊莅临牡丹万象城体验式营销中心视察工作

速高效的决策保障体系，以“价格最低、品质较好，性价比高”著称于菏泽全市300余家房地产开发企业，赢得了客户、合作伙伴、业内同行、政府的高度信任、尊重和赞誉。企业先后荣获“山东省2010年度房地产开发综合实力50强企业”、“山东省房地产开发诚信企业”、工商银行“AA级”信用企业、“A级纳税信用单位”、“中国淮海地区诚信房地产开发企业”等几十项荣誉称号。

“风劲正是扬帆时。”天华在这个孕育希望，创造梦想的时代，已站在新的历史起点上，实施了新一轮的五年发展规划，确立了三年内崛起腾飞的战略目标，绘制出了天华事业更加宏伟的蓝图，天华人立志与全市房地产开发企业同行一起，共同创造菏泽市房地产产业的美好明天。

牡丹万象城

山东省华诚工程咨询监理有限公司
SHANDONG HUACHENG PROJECT CONSULTANT & SUPERVISION CO.LTD

山东省华诚工程咨询监理有限公司成立于2003年4月，具有独立法人资格。现拥有房屋建筑工程甲级、市政公用工程乙级监理资质。业务范围包括工程监理、项目管理、工程报建、代建、工程设计和工程造价咨询等。

公司成立以来，始终保持高速的发展态势，企业规模不断扩大，执业地区不断增加，企业效益连续增长，社会知名度和满意度不断提高。截至目前，公司共下设六个房建监理分公司，一个市政公用监理分公司，一个项目管理分公司。执业地区分布于西藏自治区、江苏省、山东省的济南市、日照市、临沂市和潍坊市的各县（市、区）。

公司技术力量雄厚，专业人员经验丰富，多年从事建设工程管理工作。现有从业人员180人，其中国家注册监理工程师24名，国家注册造价师7名。

公司始终以“公正执业、诚信服务”为宗旨，坚持“客观、公正”的原则，认真执行国家的有关法律法规，完成了诸多工程项目的监理任务。已竣工工程合格率达到100%，优良率达到50%以上，没有发生任何法律纠纷。

公司监理的高密市广电网络中心工程获得全国建筑装饰最高奖——“全国建筑工程装饰奖”、山东省建筑工程最高奖——“泰山杯”，高密市供电公司办公楼获得山东省装饰装修最高奖——装饰装修“泰山杯”，多项工程获得省级、地市级质量安全奖项，得到了建设单位、施工单位和建设行政主管部门的一致好评。

昌邑市会议中心

潍坊市DBC名苑

昌乐市及第中学

中建·大观天下

公司连年被评为潍坊市级先进监理单位、投标工作先进单位、先进基层党团组织、城建档案管理先进单位等。2011年5月公司又获得“山东省先进建设监理企业”荣誉称号。

公司董事长栾述传愿携全体员工与尊敬的业主精诚合作，以更高的执业水准，更优质的服务质量，竭诚为社会各界提供工程咨询监理服务，以足够的信心和努力共同创造一个辉煌的明天。

企业联系方式：
公司总部地址：山东省高密市人民大街中段市会议中心三楼
邮编：261500 电话（传真）：0536-2123099
公司网址：www.sdhcjl.cn 中文网址：监理公司.中国
电子信箱：jlgscn@163.com

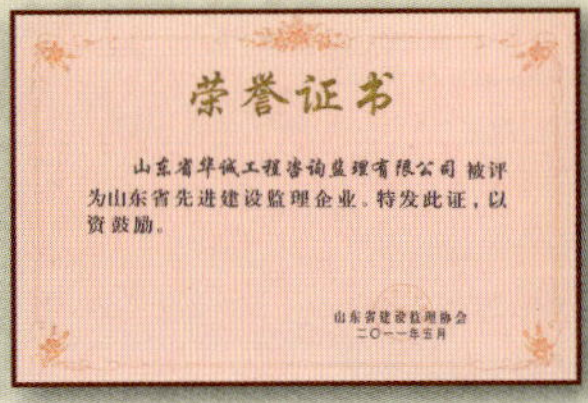

附录

◇全省及设区市城市规划主要统计数据一览表

◇全省及设区市建筑业主要统计数据一览表

◇二〇一一年度中国建设工程鲁班奖（国家优质工程）山东获奖工程名单

◇二〇一一年山东省建筑工程质量『泰山杯』奖获奖工程名单

◇山东省新型墙材与建筑节能技术产品五十强名单

统 计 资 料

表1 全省及设区市城市规划主要统计数据一览表

城市名称	发展战略研究及城镇体系规划		城市总体规划	控制性详规			修建性详规		专业规划	近期建设规划	城市设计
	编制数（项）	面积（平方公里）	期末规划建设用地规模（平方公里）	编制数（项）	面积（公顷）	覆盖率（%）	编制数（项）	面积（公顷）	编制数（项）	面积（公顷）	编制数（项）
山东省	49	144253. 93	7046. 62	374	643512. 24	91. 32	3395	34570. 38	237	1344249. 34	157
济南	0	0	569. 64	8	52066. 82	91. 40	46	1009. 10	17	159	28
青岛	8	675. 22	696. 87	42	69235	99. 35	136	937	11	8500	6
淄博	1	5965	397. 44	24	37179. 94	93. 55	85	770. 79	1	30300	2
枣庄	0	0	237	11	19201. 20	81. 02	37	373. 70	7	142. 37	1
东营	1	7923	348. 30	3	34473	98. 98	19	341. 39	12	300	5
烟台	6	13234	613. 90	22	59778. 29	97. 37	486	7921. 89	36	5100	27
潍坊	10	21891	554. 09	98	54877	99. 04	823	6752. 06	20	226905	32
济宁	4	67706. 19	551. 37	19	47505. 50	86. 16	142	1720. 30	34	18881. 67	7
泰安	3	105. 74	314. 40	86	30940	98. 41	307	2385. 15	8	15620	10
威海	1	1645	304. 30	0	30430	100	224	2144	8	22250	3
日照	2	1623. 24	178. 30	11	17188. 12	96. 4	107	862. 87	1	0	2
莱芜	2	176. 61	74	0	6307. 76	85. 24	31	624. 46	0	0	1
临沂	1	0. 70	655. 31	8	56573. 05	86. 33	511	3487. 39	16	33913. 90	5
德州	1	114. 30	521. 10	12	35301. 11	67. 74	58	1644. 92	19	2665. 40	6
聊城	4	461. 26	287	2	27391. 88	95. 44	121	1053. 14	16	4382	6
滨州	3	21414. 57	348. 22	16	31513. 27	90. 50	148	1336. 23	13	964200	7
菏泽	2	1318. 10	395. 38	12	33550. 30	84. 86	114	1205. 99	18	10930	9

表2 部分省城市市政公用设施水平比较

指标	人口密度（人/平方公里）	全国位次	人均日生活用水量（升）	全国位次	用水普及率（%）	全国位次	燃气普及率（%）	全国位次	建成区供水管道密度（公里/平方公里）	全国位次	人均城市道路面积（平方米）	全国位次
全国	2228	—	170.94	—	97.04	—	92.41	—	13.16	—	13.75	—
山东	1389	28	129.79	23	99.74	7	99.48	5	10.55	18	23.62	1
北京	1428	27	172.62	14	100	1	100	1	21.48	2	5.26	30
河北	2362	18	124.45	27	100	1	99.86	4	8.91	21	17.84	6
辽宁	1712	25	126.16	25	98.36	12	95.46	10	13.83	8	11.28	23
上海	3702	8	183.57	12	100	1	99.87	3	32.26	1	4.04	31
江苏	2013	21	212.26	6	99.58	8	99.03	7	18.77	3	21.86	2
浙江	1741	24	196.3	9	99.84	6	99.34	6	18.75	4	17.53	7
广东	2637	14	241.38	3	98.39	11	91.3	19	17.81	5	12.51	19

指标	建成区排水管道密度（公里/平方公里）	全国位次	污水处理厂集中处理率（%）	全国位次	人均公园绿地面积（平方米）	全国位次	建成区绿化覆盖率（%）	全国位次	建成区绿地率（%）	全国位次	生活垃圾无害化处理率（%）	全国位次
全国	9.5	—	78.08	—	11.8	—	39.22	—	35.27	—	79.77	—
山东	10.69	5	91.19	3	16	3	41.51	6	37.14	7	92.54	8
北京	9	13	80.64	16	11.33	15	45.6	2	43.53	1	98.24	3
河北	9.16	11	92.42	2	14.26	6	42.07	4	37.32	6	72.56	23
辽宁	6.55	23	79.31	18	10.56	19	39.78	10	36.81	10	80.45	19
上海	17.62	2	84.42	8	7.01	31	38.22	17	33.68	17	61.04	26
江苏	14.81	3	70.84	24	13.34	8	42.12	3	38.64	3	93.77	7
浙江	12.65	4	81.12	14	11.77	11	38.39	14	34.73	12	96.43	4
广东	9.98	8	77.06	20	14.35	5	41.1	8	37.07	8	72.12	24

注：各省情况为设市城市数据。

表3　城市（县城）维护建设资金（财政性资金）收支综合表

单位：万元

地区名称	维护建设资金收入合计	中央财政拨款	省级财政拨款	市（县）财政资金			
				合计	市（县）财政专项拨款	城市维护建设税	城镇公用事业附加
山东省	13227789	50505	40772	12961994	1572980	1161307	142620
济南	1112214	3800	5790	1094573	172562	112350	18055
青岛	6066225	0	0	6066225	32624	307198	7232
淄博	250010	3489	1173	243573	100921	29550	152
枣庄	236214	5470	765	201764	20727	36057	4751
东营	262504	220	1987	260297	107462	42074	4752
烟台	972343	260	60	967274	214505	108150	16184
潍坊	616293	1300	960	587523	156389	94658	15931
济宁	390592	7572	2210	380419	163555	49471	10244
泰安	579664	5431	991	573242	202	65928	4840
威海	308615	1074	450	305471	107639	59831	6739
日照	184229	1255	420	165554	66619	18786	5206
莱芜	53067	0	801	52266	1860	8781	1163
临沂	386320	2835	860	375605	94265	34935	15857
德州	668377	9160	20120	624747	247478	65112	15455
聊城	307331	3210	767	303354	9340	33554	8983
滨州	432199	3449	3418	360495	56875	66775	3824
菏泽	401592	1980	0	399612	19957	28097	3252

续表 3

地区名称	市（县）财政资金							
	市政公用设施配套费	市政公用设施有偿使用费	过桥过路费	污水处理费	垃圾处理费	土地出让转让收入	水资源费	其他收入
山东省	1163206	221429	309	182554	30701	8427305	63708	209439
济南	181174	17495	0	15665	563	574750	2681	15506
青岛	335322	57806	0	53394	4412	5318694	6049	1300
淄博	9855	12799	0	10172	2368	85843	3335	1118
枣庄	26999	15097	209	11546	2475	89487	4575	4071
东营	36233	2983	0	2983	0	62329	4000	464
烟台	83546	12485	0	11239	1246	515138	4440	12826
潍坊	46955	29574	0	24987	2416	205025	3928	35063
济宁	33491	10296	0	8619	1267	104230	1732	7400
泰安	64902	8748	0	7376	2338	423012	5610	0
威海	23486	6940	0	5005	1129	97501	2799	536
日照	40032	3874	0	2257	1617	24600	3812	2625
莱芜	7059	1595	0	1353	242	29496	87	2225
临沂	83373	17458	100	10637	5870	96862	3754	29101
德州	56876	9585	0	6861	1922	186211	1030	43000
聊城	41229	5173	0	3682	1491	182105	2617	20353
滨州	68099	6713	0	4212	1114	112776	11994	33439
菏泽	24575	2808	0	2566	231	319246	1265	412

续表 3

地区名称	其他财政资金	维护建设资金支出合计	按构成分			
			维护支出	固定资产投资支出	其他支出	偿还贷款
山东省	174518	7953304	1246282	5602877	1104145	497251
济南	8051	1074226	253068	639450	181708	147057
青岛	0	1466779	187549	1272321	6909	6714
淄博	1775	210581	51893	150923	7765	5000
枣庄	28215	233183	43314	172035	17834	1600
东营	0	247784	61603	182581	3600	89
烟台	4749	883096	115803	404907	362386	83618
潍坊	26510	601521	92592	507929	1000	1000
济宁	391	354348	50468	270791	33089	60
泰安	0	469995	55311	214831	199853	167342
威海	1620	304009	47210	254765	2034	0
日照	17000	133430	27351	94293	11786	1916
莱芜	0	51356	23469	27887	0	0
临沂	7020	390163	67835	242132	80196	57259
德州	14350	459976	62768	379728	17480	2000
聊城	0	236995	38951	171453	26591	2436
滨州	64837	430918	26994	391295	12629	5015
菏泽	0	404944	40103	225556	139285	16145

表4 城市（县城）市政公用设施建设固定资产投资综合表

单位：万元

地区名称	合　计	本年完成投资						
		供水	燃气	集中供热	轨道交通	道路桥梁	排水	污水处理
山东省	9495715	431307	352689	707176	217461	3810584	954836	226489
济南	1103187	92171	49219	105459	22000	218353	412165	3280
青岛	1919475	106335	40155	139001	195461	875680	35727	6948
淄博	377535	30660	51195	40916	0	157372	21170	770
枣庄	350373	13195	10705	25695	0	136879	12946	12802
东营	244782	14332	8745	26539	0	108781	30818	9740
烟台	674587	27973	24264	48072	0	383359	43119	16833
潍坊	758072	24248	25483	82152	0	268968	42704	16083
济宁	562627	6807	14837	22000	0	187280	34536	12550
泰安	386477	6221	10074	22666	0	229631	25096	11996
威海	416784	33314	23969	72123	0	91641	62032	32031
日照	460972	10839	3500	9240	0	195242	17113	0
莱芜	161362	9600	14200	8543	0	113899	630	320
临沂	432732	6567	50653	17431	0	147943	71571	52624
德州	619562	27856	3342	2543	0	355754	59207	37595
聊城	234840	3261	11069	16926	0	59774	15077	1171
滨州	534946	15880	6479	53240	0	202818	43829	10416
菏泽	257402	2048	4800	14630	0	77210	27096	1330

续表 4

地区名称	本年完成投资							本年新增固定资产
	污泥处置	再生水利用	防洪	园林绿化	市容环境卫生	垃圾处理	其他	
山东省	2634	579	80985	1947194	267485	168145	725998	8171456
济南	0	0	1300	42971	18268	14768	141281	340400
青岛	1546	0	24387	253819	57439	42825	191471	2116120
淄博	0	0	300	66193	1759	896	7970	345686
枣庄	0	0	2640	63439	2098	2090	82776	319277
东营	0	0	0	24418	7417	7190	23732	224905
烟台	292	146	2116	94583	13696	3705	37405	342418
潍坊	0	0	0	241956	25840	4400	46721	734672
济宁	0	0	410	257980	6727	5123	32050	504934
泰安	0	0	0	58392	16897	1313	17500	382416
威海	796	85	6507	102192	20681	14813	4325	385410
日照	0	0	9965	194299	16876	0	3898	380423
莱芜	0	0	6000	8220	270	0	0	110638
临沂	0	0	13066	109704	12006	8270	3791	416671
德州	0	0	0	89360	26224	26067	55276	577683
聊城	0	0	74	75695	13199	12434	39765	225949
滨州	0	0	14200	164272	7506	5219	26722	532430
菏泽	0	348	20	99701	20582	19032	11315	231424

表5 城市（县城）市政公用设施建设固定资产投资资金来源综合表

单位：万元

地区名称	本年资金来源合计	上年末结余资金	本年资金来源				
			小计	中央财政拨款	地方财政拨款	国内贷款	债券
山东省	9165603	281313	8884290	52439	6033034	769143	4150
济南	1100767	34531	1066236	0	819945	61905	4150
青岛	2109418	196149	1913269	100	1198690	363443	0
淄博	320403	8872	311531	2209	126253	97656	0
枣庄	350674	1506	349168	2009	174996	110450	0
东营	240705	864	239841	80	222932	0	0
烟台	491643	1303	490340	9884	347058	6270	0
潍坊	726586	1263	725323	4750	472496	6951	0
济宁	579921	32444	547477	3060	454064	0	0
泰安	382233	1820	380413	4279	186798	2130	0
威海	365422	50	365372	1000	253765	12890	0
日照	455388	107	455281	1005	409167	0	0
莱芜	157996	0	157996	0	27887	8200	0
临沂	410835	2344	408491	3560	215740	39948	0
德州	460359	0	460359	9147	393461	0	0
聊城	232949	0	232949	1427	170971	47100	0
滨州	537870	0	537870	6599	337567	0	0
菏泽	242434	60	242374	3330	221244	12200	0

续表 5

地区名称	本年资金来源					各项应付款
	利用外资	外商直接投资	自筹资金	单位自有资金	其他资金	
山东省	24657	14664	1565377	500274	435490	876906
济南	0	0	131770	106570	48466	24538
青岛	14164	14164	233154	157498	103718	305948
淄博	6924	0	46022	11889	32467	154829
枣庄	0	0	31181	7125	30532	5241
东营	0	0	11199	3000	5630	5741
烟台	633	0	104169	8848	22326	183178
潍坊	700	0	227199	83679	13227	28004
济宁	0	0	31661	1521	58692	11780
泰安	0	0	139572	22598	47634	2509
威海	0	0	88419	3000	9298	51362
日照	0	0	209	0	44900	2100
莱芜	0	0	120909	7009	1000	3366
临沂	1736	0	138507	64074	9000	14358
德州	0	0	52951	2731	4800	0
聊城	0	0	9651	404	3800	0
滨州	0	0	193704	16208	0	80952
菏泽	500	500	5100	4120	0	3000

表6　城市（县城）规模以上市政公用设施建设项目综合表

单位：万元

地区名称	项目计划总投资	自开始建设累计		本年计划总投资	本年完成投资	本年新增固定资产
		完成投资	新增固定资产			
山东省	15054312	10153744	5667900	6125217	5720912	4816599
济南	2215642	2049933	327359	941115	913323	241112
青岛	6656287	3851769	1770459	1723548	1500028	1748859
淄博	237617	188358	171237	217962	178124	161003
枣庄	388116	214324	206661	271217	197507	189913
东营	249461	98550	77550	99350	98550	77550
烟台	749489	422720	154077	382307	345210	96647
潍坊	669160	514209	501085	418533	414250	405551
济宁	814569	564612	416197	350562	346559	321859
泰安	633166	457066	452966	304686	295586	288486
威海	283580	278382	239522	233450	229852	205325
日照	372927	358927	322927	330978	330978	261827
莱芜	87600	79962	73962	87600	79962	64362
德州	498638	382825	370112	349638	381825	369112
聊城	501119	258801	173980	107162	107162	106497
滨州	546603	291215	291215	177455	172639	172639
菏泽	150338	142091	118591	129654	129357	105857

表7　全省及设区市建筑业主要统计数据一览表

城市名称	企业个数（个）	建筑业总产值（亿元）	房屋建筑竣工面积（万平方米）	住宅（平方米）	年末从业人员（人）	资产合计（亿元）	负债合计（亿元）
全省	5747	6483.3	19292	128700446	2706784	5992.90	4123.51
济南	464	1129.1	1229.9	7112266	294922	1199.59	970.89
青岛	584	903.1	1717.5	11089794	182989	821.58	559.65
淄博	413	622.7	2212.8	14136114	330893	370.19	215.81
枣庄	223	192.8	889.1	6769820	142623	197.25	132.19
东营	209	266.2	482.4	3084090	87992	273.73	175.71
烟台	798	552.4	1695.7	12072662	216649	497.11	309.55
潍坊	480	524.3	2238.9	14113430	254629	640.53	457.16
济宁	369	352	1213.1	8450818	169372	316.24	217.39
泰安	323	550.8	2074.2	13536563	305265	245.04	136.79
威海	441	193.8	964.2	6171698	103977	203.73	140.22
日照	215	171.1	457.2	3451009	62559	209.41	143.51
莱芜	111	53.8	290.6	2114021	40455	60.71	27.32
临沂	354	353.4	1397.6	10010484	206909	490.79	375.07
德州	180	157.5	688.5	4865121	77680	123.15	71.13
聊城	201	119.1	596.6	3834055	54527	118.53	74.52
滨州	209	182.6	391.5	2664498	65615	130.23	85.55
菏泽	173	158.4	752.3	5224003	109728	95.09	31.04

续表 7

城市名称	所有者权益（亿元）	主营业务收入（亿元）	主营业务成本（亿元）	主营业务税金及附加（亿元）	管理费用（亿元）	财务费用（亿元）	利润总额（亿元）
全省	1869.39	5953.25	5203.98	191.80	211.43	41.46	291.60
济南	228.70	1057.48	945.89	35.26	41.56	5.95	34.75
青岛	261.92	833.26	744.88	22.99	27.64	8.40	30.38
淄博	154.38	622.05	556.03	19.64	20.74	4.15	20.09
枣庄	65.05	182.67	156.17	5.66	7.19	1.02	9.11
东营	98.02	245.39	212.29	7.16	9.54	2.51	13.14
烟台	187.56	537.03	453.14	17.48	17.99	3.92	41.50
潍坊	183.37	538.80	479.57	15.56	13.86	1.08	26.87
济宁	98.85	342.18	303.71	10.33	12.31	2.29	12.47
泰安	108.25	426.39	343.91	16.55	21.42	2.07	38.99
威海	63.51	166.31	138.30	5.95	7.30	1.68	13.30
日照	65.90	161.19	141.31	6.02	5.31	2.49	5.95
莱芜	33.39	46.97	39.56	1.58	1.59	0.31	3.41
临沂	115.73	293.57	251.64	11.05	9.16	2.43	17.04
德州	52.01	138.64	120.49	4.39	3.59	0.87	8.14
聊城	44.01	101.42	89.95	3.21	4.17	0.72	3.41
滨州	44.68	125.54	107.19	4.31	5.44	0.98	7.29
菏泽	64.05	134.37	119.96	4.66	2.62	0.60	5.74

获 奖 名 单

2011年度中国建设工程鲁班奖（国家优质工程）山东获奖工程名单

延边州行政中心办公楼
青岛西海岸医疗中心综合楼
青岛大剧院
威海市民文化中心
泰山环山路建设工程
潍坊市文化艺术中心第二组团
山东省高级人民法院审判综合楼
北川羌族自治县人民医院
福建莆田燃气电厂新建工程

2011年度国家优质工程（银质）奖山东获奖工程名单

山东省500千伏密州变电站工程
青岛港原油码头三期工程
垦东12区块海油陆采工程
黄岛国家石油储备基地工程
德州市人民医院新病房楼工程
鲁商·泉城中心城市广场B座工程
山东大学南新区综合实验楼工程
淄博市运动员公寓2#楼工程
淄博市体育中心工程
淄博鑫盛城市风景商务大厦工程
中国山东临朐龙韵文化艺术城工程
潍坊医学院附属医院门诊医技综合楼工程
阳光大厦工程
临沂市文化公园工程
青岛理工大学教学楼行政办公及新增二级学院楼工程
青岛海都·国际工程
日照游泳馆工程
北川永昌河河道整治及园林工程
北川羌族自治县永昌第二小学工程

2011 年度中国人居环境奖山东获奖名单

山东省潍坊市

2011 年度中国人居环境范例奖山东获奖名单

山东省济南市泉城风貌恢复与保护项目
山东省青岛市李沧区李村河上游片区旧村改造项目
山东省临沂市屋顶绿化项目
山东省德州市太阳能利用项目
山东省沂南县竹泉村旧村改造工程

2011 年度全国市政金杯示范工程奖山东获奖名单

淄博市新村路建设工程
青岛市娄山河污水处理厂工程
淄博市张南路建设工程
京沪高铁泰安新区灵山大街西段建设工程

2011 年度全国优秀城乡规划设计奖山东获奖名单

二等奖

枣庄市中心城棚户区改造规划
山东淄博市周村古商城汇龙街片区修建性详细规划

三等奖

曹州牡丹园修建性详细规划方案
泰安市城市总体规划（2011—2020 年）
山东寿光一中整体迁建修建性详细规划设计
黄河水城——东营总体城市设计
第十一届全运会省建比赛训练场馆及配套设施项目修建性详细规划

2011 年全国建筑工程装饰奖山东获奖工程名单

（公共建筑装饰类）

山推研发中心大楼
济南高新区知识经济总部产业基地 B4 楼
山东广播电视中心综合业务楼
烟台市文化中心
青岛海关办公楼
潍坊市商业银行（时代国际大厦）
青岛警备区办公楼
万基国际商住楼
即墨市新建行政服务大厅
德州市新城综合楼主楼
临沂机场新航站楼
青岛大剧院
利群集团胶州新城区广场
山东省高级人民法院新建审判综合楼
青岛奥帆中心陆域停船区改造项目（渔人码头）32 号地块
山东省廉政教育基地
山东地质资料（科研测试）中心综合服务楼

（公共建筑装饰设计类）

即墨市新建行政服务大厅
青岛海关办公楼
青岛奥帆中心陆域停船区改造项目（渔人码头）32 号地块
青岛警备区办公楼
烟台市文化中心
青岛大剧院

（建筑幕墙类）

青岛高新区企业加速器幕墙工程
青岛中央商务区兴商大厦幕墙及部分门窗工程
烟台市人力资源市场幕墙工程
烟台市公安局指挥中心综合楼幕墙工程
枣庄市公路管理局新城综合服务楼幕墙工程
枣庄高新区科技大厦幕墙工程
鸿润广场 A 座幕墙工程
寿光市凯莱大酒店
山东省民主党派办公楼
知识经济总部产业基地 B1 楼幕墙工程
北川羌族自治县影剧院、川剧团及文化艺术学校工程
日照万基国际商住楼幕墙工程
淄博市体育中心综合体育馆

2011 年山东省建筑工程质量“泰山杯”奖获奖工程名单

工程名称	承建单位
济南市交通局公路主枢纽信息管理调度中心	济南四建（集团）有限责任公司
山东交通学院图书馆、报告厅	山东天齐置业集团股份有限公司
济南大学机械工程楼	山东三箭建设工程股份有限公司
济南大学化学化工楼	济南一建集团总公司
山东省医学科学院研究生教育中心教学楼 A 区	山东省建设建工（集团）有限责任公司
武警山东省边防总队机关办公楼	济南二建集团工程有限公司
鲁商常春藤二期地块四 8#楼	山东平安建设集团有限公司
汇富商务楼 A 座	济南长兴建设集团有限公司
正大城市花园二期 14#楼	山东万正房屋建设有限公司
子锋苑 3#楼	济南舜联建设集团有限公司
钢城新苑 A8#楼	济南建工总承包集团有限公司
平阴县豪门庄园住宅小区 8#楼	济南铸诚建筑工程集团有限公司
港基·滨河华庭 5#楼	山东港基建设集团有限公司
鲁商·泉城中心城市广场 A 座	济南二建集团工程有限公司
城阳区市民文化活动中心（百姓乐园）	青岛一建集团有限公司
青岛理工大学黄岛新校区三标段实验中心	中启胶建集团有限公司
青岛兴商大厦	青岛海川建设集团有限公司
高层公寓式酒店 27#楼	莱西市建筑总公司
胶南市韵动领地	山东兴华建设集团有限公司
市北区老年人服务中心	青岛海川建设集团有限公司

中国石油大学（华东）青岛校区文理综合楼	中启胶建集团有限公司
万科金色城品一期5#楼	莱西市建筑总公司
银沙滩景区道路改造及景观	青岛瑞源工程集团有限公司
	山东兴华建设集团有限公司
青岛百脑汇咨讯广场	青建集团股份公司
即墨市实验高级中学科技楼	通广建工集团有限公司
青岛市国家质检中心一期实验楼	青岛温泉建设集团有限公司
淄博市运动员公寓1号楼	山东天齐置业集团股份有限公司
山东临淄现代学校综合楼与音乐会议中心	山东高阳建设有限公司
淄川区中医院综合病房楼	山东金城建工有限公司
淄博鸿嘉星城健身中心	山东万鑫建设有限公司
淄博市老年福利服务中心	山东黄河建工有限公司
周村客运站站房楼	山东鲁王建工有限责任公司
山东唐骏欧铃汽车制造有限公司科技研发中心	山东淄建集团有限公司
中润华侨城五组团68号楼	山东万鑫建设有限公司
金昌大厦	山东新城建工股份有限公司
滕州市东兴小区住宅2#楼工程	滕州市建筑安装工程集团公司
枣庄市东湖公园景观塔	山东枣庄长城建筑集团有限公司
滕州市鲁班纪念馆	山东振兴建筑有限公司
滕州市爱家豪庭5#楼	山东滕建建设集团有限公司
山亭区人民医院病房楼	山东德标建设有限公司
东营经济开发区软件大厦	青建集团股份公司
东营区新区青少年活动中心	青岛新华友建工集团有限公司
东营市交通运输调度管理中心	胜利油田胜利工程建设（集团）有限责任公司
垦利县第一中学新校1－4号教学实验楼	山东凯泽建筑有限公司
金达源大厦	山东金达源建工有限公司
垦东123井区产能建设地面工程（岛体部分）	胜利油田胜利工程建设（集团）有限责任公司
新居华府1号楼	东营市东发建筑安装工程有限公司
垦利县油区指挥调度中心综合楼工程	山东万达建安股份有限公司
烟台开发区医院门诊病房大楼	烟建集团有限公司
烟台博物馆	烟建集团有限公司
山东舒郎服装股份有限公司1#厂房	烟台宏源建设工程有限公司
山东网源电力工程有限公司实验楼	烟台市飞鸿建筑工程有限公司
烟台开发区高级职业学校教学楼	烟台开发区金桥建筑安装有限公司
天马相城二期5#住宅楼	烟台宏源建设工程有限公司
龙口市博商购物广场北扩工程	山东德信建设集团股份有限公司
烟台大学实训中心实验楼	烟台市清泉建筑建材有限公司
烟台汽车工程职业学院实训中心	烟台市红旗置业有限公司

烟台开发区广源天际住宅小区 4#楼	山东广源集团有限公司
诸城市人民医院康宾楼	山东大源建设集团有限公司
潍坊高新花园住宅楼	潍坊昌大建设集团有限公司
安丘市计划生育服务中心	山东景芝建设股份有限公司
潍坊市疾病预防控制中心	山东寿光第一建筑有限公司
山东瑞森华光光电子管芯净化厂房	潍坊市华夏建安有限责任公司
潍坊科技学院图书信息中心	山东寿光第一建筑有限公司
	潍坊科技学院建筑安装公司
山推研发中心大楼	山东宁建建设集团有限公司
济宁市兴唐·国翠城 9#住宅楼	山东兴唐源建设工程有限公司
金城锦绣前城住宅小区 1#楼	山东圣大建设集团有限公司
济宁市通运苑高层住宅楼工程	山东宁建建设集团有限公司
济宁市丹桂苑小区 2#沿街住宅楼	济宁市汇源建安有限公司
济宁市公路管理局生活区 A 栋	山东诚祥建安集团有限公司
济宁市无线电三厂 4#高层住宅楼	山东鸿顺集团有限公司
建行山东分行档案中心（二期）	山东一箭建设有限公司
泰安国华时代项目 1#、2#楼	山东泰山普惠建工有限公司
兴润·富丽桃源 28#住宅楼	山东兴润建设有限公司
肥城市人民医院专家住宅楼	山东兴润建设有限公司
泰安市自来水公司水表检定站技术楼	泰安东城建筑工程有限公司
新泰市职业中等专业学校教学楼	新泰市建筑安装工程总公司
泰安长城小区搬迁安置 3#高层住宅楼	山东泰安建筑工程集团有限公司
威海市公安局办公科技大楼	威海建设集团股份有限公司
荣成水务综合楼	山东荣城建筑集团有限公司
乐天世纪二期工程 3#楼	山东省建设集团有限公司
威海锦湖韩亚高尔夫俱乐部会馆及 A、B 宾馆	威海建设集团股份有限公司
威海市经区医院综合病房楼	威海市鸿安建筑集团有限公司
金猴·西海景苑 A#楼工程	山东省建设集团有限公司
日照市干部休养所住宅楼	日照山海天建筑安装工程有限公司
日照市中医医院病房楼	山东日建建设集团有限公司
岚山道路交通指挥控制中心	山东锦华建设集团有限公司
日照兴业王府金座商住楼	山东港湾建设集团公司
莱芜市房地产交易有形市场	山东正顺建设集团有限公司
正顺·新东方华庭 15#住宅楼	山东正顺建设集团有限公司
宁津县文化艺术中心	山东德建集团有限公司
德州市临邑县国土资源局办公楼	山东起凤建工股份有限公司
德州市宝林金紫荆花园小区 1#楼	山东德建集团有限公司
德州市环境突发事件应急处理中心综合楼	山东天齐置业集团股份有限公司

柳湖书院	德州天元集团有限责任公司
山东宁津县华府国际大酒店	德州天元集团有限责任公司
临沂飞机场新航站楼工程	天元建设集团有限公司
岚山农村信用合作联社办公楼	山东锦华建设集团有限公司
山东同方鲁颖电子有限公司装配车间	山东志华建设工程集团有限公司
平邑县明德花园35#住宅楼	山东冠鲁置业有限公司
临沂市教育综合服务中心	天元建设集团有限公司
临沂市土地开发服务中心综合楼工程	天元建设集团有限公司
祥和家园15#住宅楼	山东鲁班建设集团总公司
临沂市滨河阳光景观综合工程	临沂市政工程有限公司
中通·领秀城12#住宅楼	山东聊建金柱建设集团有限公司
世博园怡情湾小区13#住宅楼	聊城市龙豪建筑安装工程有限公司
聊城市怡情湾小区4#住宅楼	山东聊建金柱建设集团有限公司
邹平农村合作银行办公楼	山东万鑫建设有限公司
齐星·名都豪园	山东齐星建筑有限公司
博兴县职业中专图书教学楼	博兴县欣锦秋建工有限责任公司
滨州市老干部活动中心·老年大学	山东滨州城建集团公司
单县商务中心	山东菏建建筑集团有限公司
菏泽医学专科学校新校区图书馆楼	山东菏建建筑集团有限公司
单县电力调度中心大楼	山东鲁杰建工集团有限公司
菏泽市赵王河公园景观	菏泽城建工程发展集团有限公司
菏泽龙燕·阳光城3#楼	山东盛宇建设集团有限公司
菏泽泰和水岸嘉苑8#楼	山东丽天建设集团有限公司
山东省军区机关新营区综合指挥楼	中铁十四局集团有限公司
山东大学东校区综合科研楼	中国建筑第八工程局有限公司
济南成城大厦	中建八局第一建设有限公司
山东省行业协会大楼	中建八局第一建设有限公司
青银高速公路济南黄河大桥	山东省路桥集团有限公司
龙口港2×50000吨级通用泊位	中建筑港集团有限公司
诸城市墙夼水库除险加固	山东省水利工程局
荣乌高速公路潍河特大桥	山东宏昌路桥集团有限公司
聊城供电公司电力生产中心	中国建筑第八工程局有限公司
朔州市格瑞特实业有限公司2×135 MW煤矸石综合利用发电项目建筑安装工程	迪尔集团有限公司
山东齐鲁石化开泰实业股份有限公司热电改造项目安装工程	盛安建设集团有限公司
淄博市周村区北郊污水处理厂工程	山东淄建集团有限公司
久泰能源内蒙古有限公司100万吨甲醇10万吨二甲醚项目配套热电站工程	迪尔集团有限公司

锦秋220千伏变电站工程	山东滨州东力电气有限责任公司
青岛胶南绿茵环保科技有限公司安装工程	青岛安装建设股份有限公司
山东东岳100 kt/a有机硅单体A标段安装工程	山东万鑫建设有限公司
广利220千伏变电站	东营鲁能方大集团有限责任公司
临矿集团田庄煤矿通风系统技术改造	临沂华建工程有限责任公司
华能井冈山电厂二期（2×660 MW）超临界机组扩建工程4#机电除尘安装工程	山东兴润建设有限公司
沭山220千伏变电站	烟台东源送变电工程有限责任公司
沿海高速公路青锋农场分离式立交工程	中铁十四局集团第二工程有限公司
福州长乐国际机场高速公路二期工程A5合同段	中铁十四局集团有限公司
沈大与大庄高速公路连接线工程大连湾特大桥第二合同段	中铁十局集团第二工程有限公司
江苏常熟发电有限公司2×1000 MW机组扩建［F标段取水系统工程］	中铁十四局集团有限公司
石家庄市和平路跨线桥工程第Ⅱ标段	中铁十局集团有限公司

2011年度山东省建筑装饰装修工程质量“泰山杯”奖获奖工程名单

室内装饰类（50）

工程名称	承（参）建单位
商河地热研究开发示范基地二期贵宾楼室内精装修工程	山东德泰装饰有限公司
烟台市人力资源市场室内外装饰工程	山东富达装饰工程有限公司
济南市高新区知识经济总部产业基地B4楼室内装饰工程	山东省装饰集团总公司
山东省廉政教育基地室内装饰工程	山东德泰装饰有限公司
山东省高级人民法院新建审判综合楼（五标段）室内装饰工程	山东万得福装饰工程有限公司

山东省高级人民法院新建审判综合楼（四标段）室内装饰工程	山东省鸿鑫工程有限公司
子锋苑办公楼 B 座室内装饰工程	山东天齐置业集团股份有限公司
临邑县国土局办公楼室内装饰工程	山东起风建工股份有限公司
北京四季御苑大酒店	山东佳美建筑装饰工程有限公司
庆云县人民医院病房综合楼室内装饰工程	山东天齐置业集团股份有限公司
济南市园博园主展馆室内装饰工程	山东省齐鲁装饰设计院
山东省海洋与渔业抗灾救灾中心水产品质量检测中心（一标段）室内装饰工程	山东万得福装饰工程有限公司
山东省海洋与渔业抗灾救灾中心水产品质量检测中心（二标段）室内装饰工程	山东省永隆装饰工程有限公司
济南市交通局枢纽中心室内装饰工程	山东福缘来装饰有限公司
	山东富达装饰工程有限公司
青岛市麦岛居住区 B 区中组团 28 号楼室内装饰工程	莱西市建筑总公司
净雅大酒店改扩建室内装饰工程	威海新世纪装饰工程有限公司
青岛琴畅大厦室内装饰工程	青岛德才装饰安装工程有限公司
青岛胶南利群集团家乐城商城室内装饰工程	青岛鑫鸿飞装饰工程有限公司
青岛利群集团城阳大酒店室内装饰工程	青岛金楷装饰工程有限公司
青岛城阳百姓乐园室内装饰工程	青岛东亚建筑装饰有限公司
	青岛建安建设集团有限公司
锦绣华城小区 13#楼室内装饰工程	青岛颐金建筑装饰工程有限公司
青岛华侨国际饭店室内装饰工程	青建集团股份公司
乳山市百合老年公寓配套公建室内装饰工程	乳山市正华装饰有限公司
石油开发中心办公新区改造室内装饰工程	山东中亚装饰工程有限责任公司
杜受田故居布展施工室内装饰工程	山东民强装饰工程有限公司
沾化县冬枣博物馆室内装饰工程	山东日照艺海装饰工程有限公司
东营市经济开发区软件大厦室内装饰工程	山东双宇装修有限公司
天津市南港工业区商务公寓室内装饰工程	山东鑫泽装饰工程有限公司
淄博师专大学生活动中心室内装饰工程	山东金城装饰工程有限公司
莱阳鲁花齐鲁王府大酒店室内装饰工程	山东省装饰集团总公司
烟台市文化中心室内装饰工程	山东文芝建筑装饰工程有限公司
诸城市紫荆花园 9#楼室内装饰工程	山东大源建设集团有限公司
烟台鲁东大学留学生餐厅室内装饰工程	山东宫苑建筑装饰工程有限公司
诸城市中医院病房楼室内装饰工程	山东大源建设集团有限公司
“渤海翡珠”轮室内装饰工程	烟台市正泰装饰工程有限公司
潍坊市市委党校室内装饰工程	青岛东亚建筑装饰有限公司

烟台国际海员俱乐部大楼室内装饰工程	烟建集团有限公司
烟台世界广场室内装饰工程	山东义泰装饰工程有限公司
济宁吉品餐饮台北会馆室内装饰工程	济宁天信装饰工程有限公司
齐鲁证券济宁古槐路营业部室内装饰工程	山东圣大建设集团有限公司
枣庄金尊国际酒店室内装饰工程	山东同大装饰有限公司
泰创国际广场写字楼室内装饰工程	山东精英装饰有限公司
	泰安市新方圆装饰有限责任公司
	泰安市华威装饰有限责任公司
滕州市新市委党校综合公寓室内装饰工程	山东振兴建筑有限公司
金乡县国家税务局综合办税服务楼室内装饰工程	山东宁辉装饰有限公司
泰安市交通局业务综合楼室内装饰工程	山东鲁泉建设工程公司
济宁市全民健身广场游泳中心室内装饰工程	山东鸿顺集团有限公司
临沂人防办防空救灾指挥中心室内装饰工程	山东广博装饰工程有限公司
五莲县供电公司调度楼室内装饰工程	山东安峰装饰工程有限公司
御景东方会所室内装饰工程	山东恒远装饰设计工程有限公司
临沂商城会展中心	山东临亚装饰有限公司
岚山道路交通指挥中心室内装饰工程	山东德丰装饰工程有限公司
东升地毯办公楼（展厅）室内装饰工程	山东德坤建筑装饰工程有限公司
	山东恒远装饰设计工程有限公司

建筑幕墙类（15）

山东省民主党派办公楼幕墙工程	山东省永隆装饰工程有限公司
知识经济总部产业基地 B1 楼幕墙工程	山东津单幕墙有限公司
青岛府都宾馆幕墙工程	青岛鑫山幕墙金属结构集团有限公司
淄博新世纪广场 BC 座建筑幕墙工程	山东东英装饰工程有限公司
淄博福王红木珍品馆建筑幕墙工程	淄博美达装饰设计工程有限公司
寿光土地整理服务中心大楼建筑幕墙工程	寿光市第一建筑有限公司
上海世博会城市最佳实践区男市发电厂主厂房中心幕墙工程	山东雄狮建筑装饰工程有限公司
上海杨浦区 292 街坊 4/2 丘地块商办项目幕墙工程	山东雄狮建筑装饰工程有限公司
宁津县文化艺术中心幕墙工程	山东正泰装饰工程有限公司
中国航天科工集团第二研究院 21 号厂房幕墙工程	青岛德才装饰安装工程有限公司

北京航空航天大学沙河校区教学楼（组团—1）幕墙工程	山东省鸿鑫工程有限公司
临沂市委党校公寓楼建筑幕墙工程	山东天元装饰工程有限公司
岚山区职业中专综合楼建筑幕墙工程	山东恒远装饰设计工程有限公司
2010 年 F1 摩托艇世锦赛主看台幕墙工程	山东广博装饰工程有限公司
临沂澳尔诺国际大厦建筑幕墙工程	临沂市鲁源装饰有限公司

2011 年度山东建设技术创新奖获奖项目名单

（排名不分先后）

一等奖

项目名称	完成单位
临沂市“宜居水城”建设战略研究	临沂市规划局 临沂市城市建设勘察测绘院
既有居住建筑节能改造技术开发与应用	山东省建筑科学研究院
山东省标准设计图集《公共建筑节能保温构造详图》	山东省建筑设计研究院 山东省标准设计办公室
建筑节能与结构一体化技术研究	山东省建设发展研究院
混凝土顶板供冷（暖）/置换通风在低能耗建筑体系中的应用研究	山东同圆设计集团有限公司 山东建筑大学
城市大规模社会保障性住房的组织建设与管理研究	济南市旧城改造投资运营有限公司
型钢支柱盖挖法在地下工程中的应用研究	青建集团股份公司 青岛新华友建工集团股份有限公司
饮用水安全保障关键技术研究与示范工程	济南市供排水监测中心

二等奖

项目名称	完成单位
山东省城镇化监测评价体系研究	山东省建设发展研究院

项目名称	完成单位
公共建筑节能监测系统技术规范	山东省建设发展研究院 山东建筑大学
岩棉板外墙外保温系统应用技术规程	山东省建筑科学研究院
太阳能-空气源复合热泵系统	山东建筑大学 贝莱特空调有限公司
非承重砌块自保温体系应用技术规程	山东省建设发展研究院
FS 外模板现浇混凝土复合保温系统	山东省建设发展研究院 山东春天建材科技有限公司
居住建筑夹芯保温复合砖砌体结构体系研究	淄博市墙体材料改革与建筑节能办公室
地源热泵—太阳能建筑一体化集成系统技术	山东宏力空调设备有限公司
QEM 热量分摊系统	山东联强节能科技有限公司
SK 装配式墙板自保温建筑体系	山东深科保温板墙开发有限公司、山东建筑大学
山东大学综合体育馆钢结构滑移施工技术	中建八局第二建设有限公司
青岛市游泳跳水馆大跨度复杂造型网架拔杆扩展提升关键技术	青建集团股份公司、青岛博海建设集团有限公司、青岛理工大学
节能环保型钢结构厂房施工成套技术	威海建设集团股份有限公司 威海奥华钢结构有限公司
C60 膨胀纤维抗渗混凝土在大体积混凝土工程中的应用	天元建设集团有限公司
济南市防汛预警决策支持系统	济南市排水管理服务中心 山东大学
高边坡破碎岩面预应力锚索施工新技术研究与应用	济南城建集团有限公司
158 米高钢筋混凝土烟囱双向三折叠定向爆破拆除技术	青岛第一市政工程有限公司
山东野生观赏植物资源引种驯化及应用研究	济南市花卉苗木开发中心 山东师范大学生命科学学院
济南地区水生植物引种驯化及生产应用技术研究	济南市中山公园管理处
白颊长臂猿异地驯养繁殖技术研究	济南动物园管理处

三等奖

项目名称	完成单位
快速提高济南市公共交通分担率的管理策略研究	九三学社济南市委员会、济南市规划设计研究院、济南市公共交通发展研究院
建设工程计算机网络辅助评标系统	济南建设工程交易中心 山东金路信息网络有限公司

日照市城区地下管线普查与信息化建设	日照市城市建设档案馆
多功能嵌入式数据采集器	山东力创科技有限公司
保温装饰板外墙外保温系统应用技术规程	山东省建筑科学研究院
居住建筑太阳能热水系统一体化应用技术规程	山东省建设发展研究院、山东省住宅产业化办公室、山东力诺瑞特新能源有限公司
山东省可再生能源建筑应用“十二五”发展规划	山东省建设发展研究院
	山东省建设科技中心
脱硫石膏干粉砂浆	山东丞华建材科技有限公司
德宝高效外墙保温装饰一体化系统	山东德宝建筑节能技术有限公司
废弃新拌混凝土回收利用技术研究	济南四建（集团）有限责任公司
淄博市“十二五”建筑节能规划编制	淄博市墙体材料建筑节能与改革节能办公室
高性能分液式空冷冷凝器	山东创尔沃热泵技术股份有限公司
地下水源热泵取水与回灌技术研究	山东科灵空调设备有限公司、潍坊市水利局、潍坊市建设局、山东省水文仪器研制中心
CL 墙体材料的研制与应用	泰安市华新建材有限责任公司
阻燃节能轻质发泡外墙外保温新材料示范项目	山东新大地工贸有限公司
LJS－蒸压加气混凝土复合墙体自保温体系	威海隆济节能科技有限公司、威海市规划设计研究院有限公司、威海家美房地产开发有限公司
新型节能保温装饰一体化板材项目	山东博信工贸有限公司
烧结页岩注孔保温砌块	山东高岭新型建材有限公司
金属面装饰保温板（岩棉）外墙外保温系统	滨州益邦佳合新型建材有限公司
161 米双曲屋面钢结构吊装施工技术	中建八局第二建设有限公司
可预紧式弹簧隔振器施工技术研究	山东三箭建设工程股份有限公司
PK 空心砌块墙体施工技术研究	山东三箭建设工程股份有限公司
岩土结合逆作法应用技术研究	青建集团股份公司
	青岛青建隆泰兴业建设有限公司
高耐久性海工混凝土施工技术	威海建设集团股份有限公司
利用聚丙烯纤维提高混凝土性能	威海建设集团股份有限公司
电动附着脚手架	山东国安工程技术有限公司
城镇道路塑料排水检查井施工工法	济南城建集团有限公司
道路基层施工混凝土侧模技术研究与应用	济南城建集团有限公司
低能耗污泥堆肥工艺研究与示范	青岛市环境卫生科研所、万若（北京）环境工程技术有限公司、青岛三色源环保科技工程有限公司
青岛市餐厨垃圾收运体系及处理技术研究	青岛市环境卫生科研所
青岛市雨水利用研究与示范工程	青岛市城市节约用水办公室
	山东建筑大学

基于 GIS 的供水“三位一体”巡检管理系统	青岛市海润自来水集团有限公司 武汉中地数码科技有限公司
济南市园林绿化建设质量评价体系研究	济南市园林绿化工程质量监督站
人工植物浮岛在中水水源景观水体中的应用研究	济南泉城公园管理处
千佛山风景名胜区野生地被资源研究与应用	济南千佛山风景名胜区管理处
威海市城市绿化有害生物种类及主要病虫害无公害防治技术应用研究	威海绿苑花卉有限公司

山东省新型墙材与建筑节能技术产品 50 强名单

项目名称	完成单位
“爱纳杰”聚苯板薄抹灰外墙外保温系统	山东省建设科技中心
钢丝网架膨胀聚苯板现浇混凝土外墙外保温系统	济南山水史坦富新型建材有限公司
喷涂硬泡聚氨酯外墙外保温系统	山东沃尔德科技发展有限公司
膨胀聚苯板薄抹灰外墙外保温系统	济南佳易建材有限公司
“赛力得”聚苯板薄抹灰外墙外保温系统	济南特艺建筑新技术有限公司
双级真空挤出机	济南金牛砖瓦机械有限公司
聚苯板薄抹灰外墙外保温系统	青岛欧立华建筑保温工程有限公司
挤塑板薄抹灰外墙外保温系统	青岛欧克斯新型建材有限公司
膨胀聚苯板薄抹灰外墙外保温及装饰砂浆系统	凯诺（青岛）化学建材有限公司
STP 超薄绝热保温装饰系统	青岛科瑞新型环保材料有限公司
LCC－C 系列轻质保温复合墙板	山东莱钢建设有限公司
TLEC60 铝合金节能窗	青岛腾龙铝业有限公司
SPR 膨胀聚苯板外墙外保温系统	山东斯普瑞建材有限公司
煤矸石烧结多孔砖、煤矸石烧结空心砖	淄博鲁王建材有限责任公司
蒸压加气混凝土砌块	山东高阳建材有限公司
煤矸石烧结多孔砖	淄博新开中型建材有限公司
双级真空宽频型挤砖机组	淄博功力机械制造有限责任公司
纸面石膏板	北新集团建材股份有限公司枣庄分公司
膨胀聚苯板薄抹灰外墙外保温系统	山东秦恒科技有限公司
玻化微珠聚合物砂浆复合 PU/EPS 外墙外保温系统	东营市东源新型建材有限公司

蒸压加气混凝土砌块、板	胜利油田营海实业集团有限公司
蒸压加气混凝土砌块、粉煤灰砖	东营市筑金新型建材有限责任公司
三元乙丙橡胶防水卷材	胜利油田大明新型建筑防水材料有限公司
万华硬泡聚氨酯外墙外保温系统	万华节能建材股份有限公司
TH 硬泡聚氨酯外墙外保温系统	烟台同化防水保温工程有限公司
蒸压加气混凝土砌块	烟台宏源新型建材有限责任公司
玻璃用节能隔热环保涂层材料	烟台佳隆纳米产业有限公司
法斯特墙体挂板复合外墙外保温系统	诸城市宏基工贸有限公司
蒸压加气混凝土砌块、蒸压粉煤灰砖	高密市孚日建材有限公司
硅钙/蜂窝复合墙板	安丘东方装饰有限公司
JB 系列干粉砂浆成套设备	昌邑市佳源建材有限公司
SBS 弹性体改性沥青防水卷材	潍坊宏源防水材料有限公司
聚氯乙烯（PVC）防水卷材	山东鑫达鲁鑫防水材料有限公司
欧 K 膨胀玻化微珠保温防火砂浆	山东创智新材料科技有限公司
煤矸石烧结多孔砖、空心砖	兖州煤业股份有限公司宏利新型建材厂
煤矸石烧结多孔砖	泰安市恒盛建材有限公司
CL 网架板	泰安市华新建材有限责任公司
聚合物砂浆用可再分散乳胶粉	山东新大地工贸有限公司
蒸压加气混凝土砌块	日照易通新型建材科技有限公司
保温装饰一体化（XPS 板复合硅酸钙板）外墙外保温系统	山东博信工贸有限公司
挤塑板薄抹灰外墙外保温系统	德州光大建材科技发展有限公司
混凝土多孔砖	山东双企集团双策建材有限公司
煤矸石烧结多孔砖	齐河鸿运新型建材有限公司
蒸压加气混凝土砌块	中化平原化工有限公司
烧结页岩注孔保温砌块	山东高岭新型建材有限公司
烧结页岩多孔砖	临沂天元砖业有限公司
聚苯板薄抹灰外墙外保温系统	山东华能保温材料有限公司
聚苯板薄抹灰外墙外保温系统	山东双能建材有限公司
煤矸石烧结多孔（空心）砖	邹平永和新型建材有限公司
蒸压粉煤灰砖、多孔砖	滨化集团新型建材厂

《山东建设年鉴》2012特邀编委名单

（按姓氏笔画排序）

于亦章　马良德　马忠汉　马祥营　尹德春
文宝忠　王卫东　王　华　王华鹏　王　凯
王爱国　卢洪涛　史连池　叶　露　甘信标
刘凡水　刘士河　刘小华　刘夫江　刘文林
刘来河　刘学平　刘炳俊　刘　峰　刘章箭
刘锋杰　刘增胜　匡立平　吕宏举　吕建平
孙长芳　孙传林　孙爱军　成　伟　曲明旭
朱　刚　江　林　汤吉庆　汤德华　闫复华
闫韶兵　何宪卓　何锡明　吴秀梅　宋永祥
宋远方　宋现平　张传德　张安民　张沛方
张建芳　张　勇　张敏君　张　猛　张新汶
张　磊　李广法　李元洪　李占辰　李　平
李　伟　李观军　李　杨　李学忠　李保忠
李胜山　李振石　李嘉才　李德强　杜山德
杨本忠　杨玉杰　杨庆绪　汪立志　肖模军
陈士杰　陈有志　周长春　周　军　尚绪岳
岳建国　武文忠　罗　东　柳景武　段友清
祝清荣　胡宝林　贺国防　赵国庆　赵洪义
赵润田　赵　颙　钮效东　原晓军　徐子军
徐茂盛　徐　涛　晋卫兵　柴宝贵　栾述传
高文秀　高庆宏　高　峰　高祥琦　戚海峰
曹晓岩　傅明先　彭友杰　曾祥柱　遇功民
韩广涛　韩　飞　解永军　翟延华　蔡小平
穆　杰

《山东建设年鉴》2012 协办单位名单

青岛市城乡建设委员会
枣庄市住房和城乡建设局
东营市住房和城乡建设局
济宁市住房和城乡建设委员会
聊城市住房和城乡建设委员会
滨州市住房和城乡建设局
东营市城乡规划局
济宁市城乡规划局
滨州市规划局
济南市城市管理行政执法局
菏泽市住房保障和房产管理局

《山东建设年鉴》2012
工作执行委员会成员名单

闫卓然　济南市城乡建设委员会公办室主任
丁来强　济南市住房保障和房产管理局公办室主任
刘庆祝　济南市市政公用事业局公办室主任
许多兵　济南市规划局公办室主任
尼志坚　济南市城市管理局（济南市城管执法局）公办室主任
周兴安　济南市住房公积金管理中心公办室主任
荣立楠　济南市园林局公办室主任
田　峰　青岛市城乡建设委员会公办室主任
马晓晖　青岛市市政公用局公办室主任
盛世栋　青岛市规划局公办室主任
赵建军　青岛市国土资源和房屋管理局公办室主任
葛永平　青岛市城市管理行政执法局公办室主任
李雪燕　青岛市住房公积金管理中心公办室主任
沈　刚　淄博市住房和城乡建设局公办室主任
宋汝辉　淄博市房产管理局公办室主任
薛　原　淄博市规划局公办室主任
丁　珊　淄博市公用事业管理局公办室主任
迟庆峰　淄博市城市管理行政执法局公办室主任
秦先刚　淄博市住房公积金管理中心公办室主任
李厚兴　枣庄市住房和城乡建设局公办室主任
崔国华　枣庄市规划局公办室主任
孙传标　枣庄市城市管理局公办室主任
肖　娟　枣庄市住房公积金管理中心公办室主任
李海江　东营市住房和城乡建设委员会公办室主任
高　峰　东营市城乡规划局公办室主任
韩明鑫　东营市城市管理局公办室主任
李仕刚　东营市住房公积金管理中心公办室主任
刘新海　烟台市住房和城乡建设局公办室主任

赵　杰　烟台市规划局公办室主任
张文兵　烟台市城市管理局公办室主任
孙兴军　烟台市住房公积金管理中心公办室主任
李　鹏　潍坊市住房和城乡建设局公办室主任
徐永海　潍坊市规划局公办室主任
张贵森　潍坊市城市管理行政执法局公办室主任
常怀新　潍坊市住房公积金管理中心公办室主任
王　力　济宁市建设委员会公办室主任
颜　斌　济宁市城乡规划局公办室主任
刘　庚　济宁市城市管理综合执法局公办室主任
陈　通　济宁市住房公积金管理中心公办室主任
王　尧　泰安市住房和城乡建设委员会公办室主任
孙启冰　泰安市规划局公办室主任
杨　皓　泰安市住房公积金管理中心公办室主任
于年洪　威海市城乡建设委员会公办室主任
张志伟　威海市规划局公办室主任
赵　鑫　威海市房地产管理局公办室主任
毕崇征　威海市住房公积金管理中心公办室主任
牟耀文　日照市住房和城乡规划建设委员会公办室主任
袁宏文　日照市城市管理行政执法局公办室主任
孙　波　日照市住房公积金管理中心公办室主任
王培水　莱芜市住房和城乡建设委员会公办室主任
郝成国　莱芜市房地产管理局公办室主任
刘　萍　莱芜市城市规划局公办室主任
周　兴　莱芜市城市管理局行政执法局公办室主任
李　航　莱芜市住房公积金管理中心公办室主任
宋振宇　临沂市住房和城乡建设委员会公办室主任
李尊章　临沂市城市管理局公办室主任
李　杰　临沂市规划局公办室主任
孟庆民　临沂市房产和住房保障局公办室主任
季　敏　临沂市园林局公办室主任
李兴群　临沂市住房公积金管理中心公办室主任
王向华　德州市住房和城乡建设局公办室主任
翟立春　德州市规划局公办室主任

李胜军　德州市城市管理行政执法局公办室主任
杨胜志　德州市房地产管理中心公办室主任
闫海波　德州市公用事业管理局公办室主任
牛中水　德州市住房公积金管理中心公办室主任
李春荣　聊城市住房和城乡建设委员会公办室主任
梁　军　聊城市规划局公办室主任
闵　杰　聊城市城市管理行政执法局公办室主任
岳同昌　聊城市市政公用事业管理局公办室主任
梁振华　聊城市住房公积金管理中心公办室主任
许　可　滨州市住房和城乡建设局公办室主任
孟祥东　滨州市规划局公办室主任
初学晖　滨州市城市管理行政执法局公办室主任
苏向华　滨州市住房公积金管理中心公办室主任
丁兆明　菏泽市城乡建设局公办室主任
刘洪柱　菏泽市规划局公办室主任
范永景　菏泽市城市管理局公办室主任
徐龙灿　菏泽市住房保障和房产管理局公办室主任
李现省　菏泽市住房公积金管理中心公办室主任

《山东建设年鉴》2012 主要撰稿人员名单

于秀敏	汤　群	王小强	胡雪晶	类　红	孙　淦	王长征
王　冠	刘建平	娄保来	朱亚东	宫晓芳	郁志伟	程　锦
金纯龙	朱文汇	杨振同	赵　松	闫　民	张尚杰	王志强
李晓楠	王晓飞	潘　峰	杨　阳	李　岳	丁雪峰	国兴华
任世红	冯　蕾	徐燕飞	释　冰	闫　丽	冯向平	王　冬
丁明启	葛永平	王雅娟	赵　峰	陆　洋	宗风刚	马呈礼
李　杰	李春波	张溪琳	徐思宏	王德强	梁大伟	梁生文
卢德华	赵砚新	耿勇滨	马向东	李仕刚	葛振鹏	窦传楠
赵　伟	李志鹏	孙长欣	季书庭	凌晓峰	常怀新	马鲲鹏
孙冠亚	苏建刚	陈　通	桂　洋	邱海燕	时立强	杜继祥
姜晓飞	张艳红	赵　鑫	王漓江	徐　伟	高　鹏	孙　波
刘耐群	吴长征	吕明昌	柏建亮	王富国	宋振宇	高希江
郇　蕾	刘云鹏	王甫亚	孟庆民	王永杰	徐　凯	朱孟才
艾晓娜	张　鹏	王登利	吕永蕾	崔志恩	张英杰	牛中水
田　兴	秦　丽	吴华军	蒋　涛	张　蕴	岳同昌	靖鹏程
王立中	石贝娜	屈文娟	李军帅	张新勇	赵晓志	邹江山
韩燕燕	周金福	杨存生	蒋宝府	蔡孝磊	王亚东	李现省

《山东建设年鉴》编辑部

主　　编：崔秀顺　朱洪祥

副 主 编：于秀敏　雷　刚

编纂人员：郭德芳　李文茂　周建滨　吴先华　刘亚莉　彭山桂
邱　岳　魏云海　郭　冰　郭珊珊　郭智深

地　　址：山东省济南市经六路三里庄 17 号

邮　　编：250001

电　　话：0531—83180941　　83180910

传　　真：0531—83180941

邮箱地址：sdjstszb@163. com